유일자와 그의 소유

유일자와 그의 소유

막스 슈티르너

박종성 옮김

유일자와 그의 소유

1판 2쇄 발행 2023년 10월 31일
1판 1쇄 발행 2023년 2월 28일

지은이 | 막스 슈티르너
옮긴이 | 박종성
디자인 | 민효정
발행인 | 신현부

발행처 | 부북스
주소 | 04613 서울시 중구 다산로29길 52—15[신당동], 301호
전화 | 02-2235-6041
팩스 | 02-2253-6042
이메일 | boobooks@naver.com

ISBN 979-11-91758-21-4 93160

차 례

■ 일러두기

* 이 책은 막스 슈티르너의 "*Der Einzige und sein Eigenthum*"(Otto Wigand, Leipzig 1845[1844. 10])을 완역한 것이다.
* 번역의 기준 판본으로는 슈티르너의 가장 잘 알려진 작품의 현대판인 필립 레클람판(*Der Einzige und sein Eigentum*, Stuttgart: Philipp Reclam, 1972.)을 사용하였으며, 또한 Wolfi Landstreicher의 *The Unique and Its Property*(Underworld Amusements, 2017)도 부분적으로 참조하였다. 출처는 다음과 같다. https://theanarchistlibrary.org/library/max-stirner-the-unique-and-its-property theanarchistlibrary.org
* 옮긴이의 첨언은 [ ]로 표시했고, 원문을 참고할 필요가 있는 독자들이 쉽게 찾아볼 수 있도록 하기 위해 본문 중에 독일어 원본의 쪽수도 [ ]으로 표시했다. 원서에서 이탤릭체로 강조한 부분은 본서에서는 굵은 글씨로 강조했다.
* 본문의 원주 이외의 각주는 모두 옮긴이 주이다.
* 이 세상에 예속과 복종이 있는 한, 이 번역은 쓸모없지는 않을 것이다. - 옮긴이 박종성

[2] 내 연인,

마리 댄하르트(Marie Dähnhardt)에게

[3] 그 무엇도 내가 마땅히 해야 할 일을 결정하지 않는다.

정말이지 모든 일이 내가 마땅히 해야 할 일이구나! 맨 먼저, 선량한 것을 위해, 그다음에는 신을 위해, 인류를 위해, 진리, 자유, 박애, 정의를 위해 해야 할 일이 내가 마땅히 해야 할 일이구나. 더군다나, 내 국민을 위해, 내 군주를 위해, 내 조국을 위해. 마침내 정신을 위해 해야 할 일과 수천가지 다른 것을 위해 해야 할 일이 내가 마땅히 해야 할 일이구나. 나 자신을 위해 마땅히 해야 할 일만이 나의 일이 되어서는 결코 안 된다. "자기 자신만을 생각하는 자기중심적 사람에게 침을 뱉어라!"

그렇다면 그것들이 그것들을 위해 우리가 애쓰도록, 몸을 바치도록, 열광에 휩싸이도록(begeistern)[01] 어떻게 처리하는지를 보자.

당신은 천년 동안 '신성(神性)의 깊이'를 조사해 왔고, 신성의 마음을 보아왔기 때문에 하나님의 일을 속속들이 우리에게 알릴 수 있다. 그래서 아마도 당신은 하나님 자신이 '하나님을 위해 마땅히 해야 할 일'을 어떻게 다루시는지를 우리에게 말할 수 있다. 곧 우리는 마땅히 하나님을 섬겨야만 한다. 당신은 신의 활동도 숨기지 않는다. 이제 신의 도리(道理)는 무엇인가? 신이 우리에게 부당하게 요구하듯이, 신은 타자의 도리, 곧 진리 또는 사랑이란 도리를 자신의 도리로 만들었나? 당신은 이

01 'Begeisterung'는 열광에 휩싸인 상태, 열광에 휩싸여 정신이 혼미해진 상태를 의미한다.

러한 오해에 격분했다. 그래서 당신은 우리에게 틀림없이 하나님의 도리는 진리와 사랑이어서, 이러한 일이 신에게 걸맞지 않다고 말할 수 없다고 우리에게 알려준다. 왜냐하면 하나님 자신이 진리요 사랑이기 때문이다. 그런데 당신은 신이 신 자신에게 걸맞지 않은 일을 자신의 일로 북돋움으로써, 우리처럼 불쌍한 벌레를 닮을 수 있다는 가정에 격분하였다. '신 자신이 진리가 아니라면, 신이 진리를 위해 도리를 북돋우시겠느냐?' 신은 자기 자신의 일만을 염려한다. 그러나 신은 만물 안에서 모든 것이기 때문에, 그러므로 모두가 신의 일이구나! 그러나 우리는, 우리는 만물 안에서 모든 것이 아니다. 우리의 일은 아주 하찮고 경멸할 만한 것이다. 따라서 우리는 '더 높은 일을 위해 봉사해야' 한다. — 이제, 분명하도다. [4] 신은 자신만을 걱정하고, 자신에게만 전념하고, 자신만을 생각하며, 자신만을 안중에 둔다. 신을 기쁘게 하지 않는 모든 사람에게 화가 있으라! 신은 더 높은 어떤 것도 섬기지 않고 자신만을 만족시킨다. 신의 도리는—순전히 자기중심적 일(egoistische Sache)이다.

우리가 우리의 일로 만들어야만 하는 도리는 인류와 어떻게 조화하는가? 혹시 인류의 일은 다른 것을 위한 일이고 인류는 더 높은 일을 섬기는가? 아니다, 인류는 자신만을 바라본다. 인류는 인류만을 북돋아 주길 원한다. 인류 그 자체가 그 자신의 일이다. 인류는 자신이 발전하기 위해 국민과 개인을 인류를 위해 몸 바쳐 고생하도록 한다. 그리고 국민과 개인이 인류가 필요로 하는 것을 성취했을 때, 인류는 감사하는 마음으로 그들을 역사의 똥 더미에 내다 버렸다. 인류의 도리는—순전히 자기중심적 일이 아닌가?

나는 인류의 도리를 우리에게 떠넘기려 했던 모든 것이 우리와 관계있는 것이 아니라 인류 그 자체와만 관계있는 것이고, 우리의 복지와 관계있는 것이 아니라 인류의 복지와만 관계있는 것이라는 사실을 보여줄 필요가 전혀 없다. 제발 나머지 것들은 스스로 생각해 보라. 진리, 자유,

박애, 정의는 당신이 그것들에 열광하고 그것들을 섬기는 것 외에 다른 것을 열망하는가?

그것들에 가장 강한 의무감으로 충성을 맹세할 때, 그때 그것들은 모두 감복할 시간을 가진다. 헌신적 애국자가 지키고 있는 국가를 한번 눈여겨보자. 애국자는 피비린내 나는 전투 속에서 혹은 굶주림과 궁핍과 싸우면서 쓰러져 간다. 국가는 그 일에 대해 뭐라고 말하는가? 애국자들 시체의 똥거름으로 국가는 '꽃 피는 국가'가 되는구나! 개인은 '국가의 위대한 도리를' 위해 죽었다. 그리고 국가는 나중에 그들에게 몇 마디 감사의 말을 보내고 —그 때문에 국가는 그 일에서 이득을 얻는다. 나는 이것을 돈벌이가 되는 자기중심성이라고 부를 것이다.

그러나 '자신의 국민'을 매우 사랑스럽게 돌보는 저 술탄(Sultan)을 보아라. 그는 순전히 자기에게 유용하지 않음 그 자체가 아닌가, 그리고 끊임없이 자신의 국민을 위해 목숨을 바치지 않는가? 그렇고말고, '자신의 국민'을 위해서다. 그럼 한번 시도해 보아라. 그러니까 술탄의 국민답게 행동해 보는 것이 아니라, 오히려 그대 자신답게 행동해 봐라. 그러면 그대는 술탄의 자기중심성에서 빠져나온 대가로 지하 감옥에 보내질 것이다. [5] 술탄 이외에 아무것도 술탄이 해야 할 일을 결정하지 않는다. 그는 그 자신에게 무엇보다 소중한 것이고 유일한(einzig) 사람이다. 그리고 그는 감히 '그의 국민'의 한 사람이 되지 않으려는 어떠한 사람도 허용하지 않는다.

그뿐 아니라 이러한 훌륭한 예를 통해 당신은 자기중심적 사람이 가장 좋다고 배우지 않았는가? 나는 이러한 예로부터 하나의 교훈을 얻으니, 앞으로는 자기에게 유용하지 않은 저 위대한 자기중심적 사람을 섬기지 말고, 오히려 자기중심적 사람 자체가 되라고 제안한다.

신과 인류는 자신이 마땅히 해야 할 일의 근거를 자기 이외에 아무것에도 두지 않았다. 마찬가지로 나는 내가 마땅히 해야 할 일의 근거를 바로 신처럼 다른 모든 것과 비교가 안 되는 나, 나의 전부인 나, 유일자(Einzige)인 나, 나 자신 이외에 아무것에도 두지 않는다.

당신이 확신하듯이, 만약 신이, 만약 인류가 스스로 자신에게 모든 것이기 위해 충분한 내용을 가지고 있다면, 그렇다면 나는 나에게서 만물 안에서 모든 것이기 위한 충분한 내용이 여전히 훨씬 덜 부족할 것이라고 알아챘다. 그리고 나는 나의 '공허함'에 대해 어떤 불평도 늘어놓지 않을 것이라고 느낀다. 나는 공허함의 의미에서 무(無)가 아니라, 오히려 창조가 깃든 무(das schöpferiche Nichts)이고, 나 자신이 창조자로서 모든 것을 창조하는 무이다.

그렇다면 나의 도리가 전혀 아닌 그런 모든 일은 집어 치워라! 적어도 당신은 '선량한 도리'가 내가 해야 할 일이어야만 한다고 생각하는가? 어느 것이 선이고 어느 것이 악인가? 나 자신이 내가 해야 할 일이다. 그리고 나는 선도 아니고 악도 아니다. 둘 다 나에게는 아무런 의미도 없다.

신다운 것은 신의 관심사이고, 인간다운 것은 '인류'의 관심사이다. 나의 관심사는 신다운 것도 인간다운 것도 아니다. 나의 관심사는 진리, 착함, 옳음, 자유 등이 아니라, 오히려 오로지 나의 것이다. 그리고 나의 관심은 전체에 두루 해당되는 것이 아니다, 오히려 내가 유일한 나이듯이,—유일한(einzig) 것이다.

나에게, 나보다 위대한 것은 아무것도 없구나!

제 1 부

인 간

"인간에게 인간이 최고의 존재"라고 포이어바흐는 말한다.

"인간이 이제 막 발견되었다"고 브루노 바우어는 얘기한다.

자, 그렇다면 이 최고의 존재와 이 새로운 발견을 좀 더 주의 깊게 살펴보자.

I

인간의 삶

이 세상에 태어나는 순간부터, 사람 또한 다른 모든 것들과 함께 뒤섞여 이리저리 내던져진 이 세상의 혼돈 속에서 자신을 끄집어내려고 애쓰면서 자기 자신을 찾는다.

하지만 아이와 접촉하는 모든 것 역시 외부의 부당한 간섭에 맞서 저항하고 그 자신의 존재를 유지한다.

누구나 다 자기 자신을 유지하면서 동시에 끊임없이 타자와 충돌하기 때문에, 그 결과로서 자기주장을 위한 투쟁은 피할 수 없다.

승리 또는 패배—전투의 운은 흥하고 망함을 거듭하는 사이에서 서로 뒤바뀌며 술렁인다. 승자는 주인이 될 것이고, 패자는 노예가 될 것이다. 승자는 통치권과 '지배권'을 휘두르나, 패자는 경외와 존경으로 '노예의 의무'를 다한다.

그러나 두 사람은 적으로 남고 항상 매복해 있다. 그들은 서로의 약점에 적의를 품고 숨어 기다린다. 곧 아이는 부모의 약점에, 그리고 부모는 아이의 약점(예를 들어 아이의 두려움)에 적의를 품고 기다린다. 몽둥이가 사람을 이기거나 사람이 몽둥이를 제압하는가이다.

어린 시절에 해방(Befreiung)이 성취되는 과정은, 물건들의 참 모습을 규명하려 하거나 '물건들의 속내를' 알아채려고 애쓰는 과정이다. 그러므로 우리는 모든 것의 약점을 찾아낸다. 모두가 알다시피, 아이는 모든 것에 대해 어떤 확실한 본능을 가지고 있다. 그런 까닭에 아이는 때려 부수는 것을, 숨겨진 구석을 샅샅이 뒤지는 것을 좋아하고, 은폐된 것과 금단의 것을 엿보고 싶어 하여, 할 수 있는 모든 것을 시도한다. 일단 아이가 사물의 속내를 알아채면, 아이는 자신 있게 자기 자신을 알게 된다. 예를 들어 아이가 회초리는 자신의 반항에 비하여 너무나 약하다는 사실을 알 때, 그때 아이는 더 이상 회초리를 두려워하지 않고 '회초리로는 감당할 수 없는 만큼 성장한 것이다.'

[10] 속내를 드러내지 않는 회초리보다 강한 것은 자신의—반항, 반항이 깃든 용기이다. 아이는 자신에게 두렵고 낯설었던 모든 것, 곧 굉장히 두려웠던 회초리라는 힘, 아버지의 엄중한 표정 등등의 드러나지 않는 속내에 무엇이 있는지 천천히 알아낸다. 그뿐이랴 아이는 그 모든 것의 드러나지 않는 속내에서 자기 자신의—평정 상태(Ataraxie)[02], 다시 말해 의연함, 용맹스러움, 자신의 대항하는 힘, 보다 높은 힘, 제압할 수 없음을 발견한다. 한때 자신에게 두려움과 존경심을 불러일으켰던 것들, 그것들 앞에서 아이는 더 이상 두려워 도망치는 것이 아니라, 오히려 용기를 낸다. 모든 것의 드러나지 않는 속내에서 아이는 자기 자신의 용기, 자기 자신의 우월성을 발견한다. 어찌 되었건 윗사람이나 부모의 거친 명령의 드러나지 않는 속내에는 우리 자신의 용기 있는 재량 또는 기략이 뛰어난 총명함이 있다. 그뿐 아니라 자기 스스로 깨닫는 것이 커지면 커질수록, 이전에 극복할 수 없다고 생각했던 것이 더 보잘것없는 것으로 보인다. 그런데 아이의 간지, 총명, 용기, 반항은 무엇인가?—정신 이외에 정말 뭐란 말이냐!

꽤 오랫동안, 아이는 나중에 자신을 매우 숨 막히게 하는 투쟁, 곧 이성과 투쟁하느라 귀찮아하지 않는다. 가장 아름다운 어린 시절은 이성

02 아타락시아는 고대 그리스의 철학자들이 말한 정신적 평정 상태를 뜻한다. 아타락시아는 에피쿠로스학파에서 말하는 행복(쾌락)의 필수 조건이다.

과 맞붙어 싸울 필요가 없이 지나가 버린다. 그 시기에는 이성에 전혀 신경을 쓰지 않고, 이성과 관계하지 않고, 어떤 이성도 받아들이지 않는다. 아이에게 아무것도 설득할 수 없다. 그뿐 아니라 아이는 좋은 논거, 원칙 등과 같은 것에 귀를 기울이지 않는다. 그러나 아이는 애무, 처벌 그리고 이와 닮은 것에 저항하기 어렵다는 것을 알게 된다.

이러한 이성과의 모진 삶의—투쟁은 나중에 나타나며, 어떤 새로운 단계를 시작한다. 그러니까 어린 시절에 아이는 충분히 골똘히 생각하지 않고 뛰어 돌아다닌다.

정신(Geist)은 제1의 자기발견, 신성한 것, 다시 말해 두렵고 낯선 것, 환상의 이름이고, '더 높은 힘'에 대한 최초의 이름이다. 풋풋한 청년의 감정, 이러한 자기감정은 이제 더 이상 어떤 것을 공경하면서 두려워하는 마음을 생기게 하지 않는다. 세계는 평판이 나쁘다고 선포되는데, 그 이유는 청년이 세계보다 위에 있기 때문이며, 청년이 정신이기 때문이다.

이제야 청년은 자신이 지금까지 세계를 전혀 지적으로(mit Geist) 본 것이 아니라, 오히려 세계를 빤히 쳐다보았을 뿐이라는 사실을 깨닫는다.

청년은 자연적 힘에 자신의 힘을 처음으로 휘두른다. [11] 자연적 힘으로서의 부모는 청년에게 공경하면서 두려워하는 마음을 생기게 한다. 나중에 청년은 다음과 같이 말한다. 아버지와 어머니를 떠나야만 하고 모든 자연적 힘은 깨진 것으로 여겨야만 한다. 자연적 힘은 극복되었다. 합리적 인간, 다시 말해 '지적 인간'(Geistigen Menschen)에게는 자연적 힘으로서의 어떤 가족도 없다. 그러니까 그러한 일은 부모, 형제자매 등등에 대한 거부로 나타난다. 만약 이러한 일들이 정신적, 이성적 힘들로 '다시 태어나게' 된다면, 그런 힘들은 이전의 힘들과 전혀 같지 않다.

그런데 청년은 부모를 극복하는 것뿐만 아니라, 일반적으로 사람들도 또한 극복할 수 있다. 말하자면 사람들은 청년에게 어떠한 장애물도 아니며, 청년은 사람들을 생각하고 헤아려 보지 않는다. 당분간 청년은 다음과 같이 말한다. 사람들보다 신께 복종하는 것이 마땅하다.[03] 이러한 고상한 관점에서 '지상의' 모든 것은 경멸할 만한 저편으로 물러간다. 왜냐하면 그러한 관점은—천상의 관점이기 때문이다.

이제 태도는 완전히 뒤바뀌었다. 청년은 정신적 태도를 취한다. 반면에 아직 자신을 정신으로 느껴 깨닫지 못한 어린이는 생각 없이 배우며 자랐다. 저 청년은 물건들을 손아귀에 넣으려고 애쓰는 것이 아니라(예를 들어 역사적 자료를 자신의 머리에 채워 넣는 것이 아니라), 오히려 물건들에 숨겨진 생각들을 파악하려고 애쓴다. 그러므로 청년들은 예를 들어 역사의 정신을 파악하려고 한다. 다른 한편, 틀림없이 어린이는 인과적[논리적] 연관 관계를 이해하기는 하지만 관념, 정신을 이해하지는 못한다. 그러므로 어린이는 선험적으로 그리고 이론적으로 다루지 않고, 다시 말해 관념을 탐구하지 않고, 배울 수 있는 모든 것을 한데 묶는다.

어린이가 세상의 법칙이라는 저항을 극복해야한다면, 이제 청년이 계획하는 모든 일에서, 청년은 마음의 반론, 이성의 반론, 자기 자신의 양심의 반론과 마주친다. '그것은 이성적이지 않고, 기독교적이지 않으며, 애국적이지 않은 것'이라는 의식은 청년에게 큰소리로 명령하고—청년을 위협하여 그와 같이 계획하는 모든 일을 그만두게 한다.—청년이 정말이지 숨겨진 것을 파악하는 한, 청년이 두려워하는 것은 보복하는 복수의 여신(Eumeniden)[04]의 힘도 아니고, 포세이돈의 분노도 아니며, 신도 아니고, 아버지가 휘두르는 징벌의 회초리도 아니다, 오히려 그가 두려워하는 것은 자신의—양심이다.

---

03 「사도행전」, 5장 29절, "베드로와 사도들이 대답했다. 인간에게 복종하는 것보다, 하나님께 복종하는 것이 마땅합니다."

04 이 용어는 문자 그대로 '친절한 사람들'을 의미한다. 그러나 여기서 복수의 여신이었던 고대 그리스 신화의 복수의 여신(Erinnyen)을 나타낸다.

[12] 청년은 '이제 자신의 생각에 몰두한다.' 그리고 청년은 어린 시절에 부모의 명령, 사람의 명령에 복종하는 것과 똑같이 생각의 명령에 복종한다. 어린 시기에 부모의 명령을 따르는 것처럼, 청년의 행위는 청년의 생각(이념, 표상[05], 신념)을 표준으로 삼는다.

우리가 이미 어린이처럼 생각하는 동안에는, 우리의 생각은 육체가 없지 않고, 추상적이지 않고, 절대적이지 않고, 다시 말해 **단지 생각이 아니고**, 그 자체를 위한 천국이 아니고, 순수한 생각의 세계, 논리적 생각이 아니었다.

도리어 우리의 생각은 어떤 물건(Sache)[06]에 대해 가진 생각일 뿐이었다. 우리는 물건을 이렇게 저렇게 생각했다. 그래서 우리는 '우리가 본 세계는 신이 만든 것이었다.'고 생각했을 것이다. 하지만 우리는 '신성(神性) 그 자체의 심연(深淵)'을 생각하지('탐구하지') 않았다. 우리는 '이것이 이 물건에 대한 진리이다'라고 생각했을 것이다. 그러나 우리는 진리 또는 진리 그 자체를 생각하지도 않았고, '신은 진리이시다'라는 한 문장으로 가져오지도 않았다. 우리는 '진리인 신성의 심연'을 건드리지 않았다. 빌라도[07]는 '진리란 무엇인가?'라는 논리적, 신학적 질문에 시

---

05 '표상'(Vorstellungen)의 의미는 상(像)을 마음으로 가져와 그 앞에(Vor) 세운다(stellen)는 뜻이다.

06 이 독일어 단어는 추상스런 일, 용무(Angelegenheit)와 물건(Ding)이라는 의미를 모두 포함하는 말이다. 우리말로 '일과 물건'이다. 일과 물건을 아우르는 말은 사물(事物)이다. 그런데 이 문장에서 'Sache'는 물건을 의미하고 있다.

07 빌라도(Pontius Pilatus)는 유대 지역(AD 26-36)을 다스렸던 로마 5대 총독이고, 처음에 예수에게 호감을 가지고 있었으니 예수의 죄 없음을 알고도 무리들의 반란이 두려워 예수에게 사형을 언도했다. 로마에 소환 후 참수형을 당했거나 자살을 했다는 설이 있다. 「요한복음」 18장 38절에서 그는 진리를 증언한다는 예수의 주장에 대한 응답으로 그는 대답한다. "진리, 그것이 무엇인가?"

간을 낭비하지 않는다. 그러므로 그는 개별적 사례를 결정하는 데에, '그 물건에 무엇이 참인지', 다시 말해 그 물건이 참인지를 밝혀내는 데 주저하지 않는다.

어떤 물건에 연결된 모든 생각은 아직 생각일 뿐인 생각, 곧 절대적 생각이 아니다.

순수한 생각을 밝히는 것, 혹은 순수한 생각을 신봉하는 것, 그것은 청년의 욕망을 의미한다. 그뿐 아니라 진리, 자유, 인간다움, 인간 등과 같은 생각의 세계에 있는 모든 빛나는 자태는 청년의 영혼을 계몽하고 열광에 휩싸이게 한다(begeistern).

그러나 정신이 본질이 깃든 것으로 인식된다면, 이것은 여전히 정신이 빈곤하든 풍요롭든 차이를 만든다. 그렇기 때문에 사람은 영적으로 풍요롭게 되기를 추구한다. 정신은 확장되어 자신의 제국, 이 세계에 속하지 않는 제국, 방금 정복한 세계를 건설하기를 원한다. 그래서 그런 다음에 정신은 스스로 만물 안에서 모든 것[08]이 되기를 동경한다. 다시 말해 비록 내가 정신이기는 하지만, 아직 완전한 정신이 아니기에, 먼저 완전한 정신을 얻으려고 애써야만 한다.

[13] 그러나 완전한 정신을 얻으려고 애써야만 하기에, 지금 막 나 자신을 정신으로 발견했던 나는 나 자신의 완전한 정신에 굴복하는 것이 아니라, 오히려 타자의(Jenseitig)[09] 완전한 정신에 굴복하기 때문에, 곧바로 다시 나 자신을 잃어버리고, 나의 공허함을 느낀다.

---

08 「고린도 전서」, 15장 28절, "만물이 그분께 복종할 때에 그때 아들 자신도 만물을 자기에게 복종케 하신 그분께 복종하시리니 이는 하나님께서 만물 안에서 모든 것(alles in allem)이 되시려 하심이라."

09 이 단어는 '저쪽의', '상대측의'로 번역할 수 있다. 하지만 특히 상징적 의미에서 타자성을 의미한다.

모든 것이 정신에 달려 있긴 하지만, 정말 모든 정신이 '올바른' 정신인가? 옳고 참된 정신은 정신의 이상, '성령'(聖靈)이다. 성령은 나의 정신 혹은 너의 정신이 아니라, 오히려 정확히—어떤 이상적 정신, 천상의 정신이다. 성령은 '신'이다. '신은 정신이다.' 그뿐 아니라 이러한 천상의 "하늘에 계신 아버지께서 구하는 자들에게 성령을 주시지 않겠느냐"[10]

청년은 도처에서 세계를 잘못 생각하고, 세계를 더 낫게 만들려고 하며, 자신의 이상에 따라 세계를 설계하려고 한다. 이와 달리 어른은 세계를 있는 그대로 받아드린다. 이 사실이 청년과 어른의 차이점이다. 어른에게는, 세계를 자신의 이상이 아니라, 자신의 관심에 따라 다루어야만 한다는 견해가 확고하다.

자신을 정신으로만 알고 있고, 자신의 모든 가치를 정신임에 두고 있는 한(무가치한 것을 위해, 가장 하찮은 명예를 위해, 자신의 생명, 그 육체가 깃든 생명을 내팽개치는 것은 청년에게는 쉬운 일이다.), 또한 오직 생각만을 가지고 있는 한, 일단 어떤 행동 영역을 찾아내었다면, 청년은 이념을 실현할 수 있길 희망한다. 그러므로 그동안에 그는 오직 이상, 곧 이루어지지 않은 이상이나 생각만을 가지고 있다.

뼈와 살을 갖춘 자신을 사랑하게 될 때에만, 게다가 있는 그대로의 자기 자신을 즐길 때에만—하지만 그러한 것을 확실히 찾아내는 것은 성숙한 나이, 곧 어른의 경우에서이다.—오직 그런 다음에 어떤 자기만의(persönlich) 또는 자기중심적 관심을 갖는다, 다시 말해, 정신에 대한 관

---

10 원주 1, 「누가복음」, 11장 13절.
("너희가 악하다 할지라도 너의 자녀에게는 좋은 선물을 줄줄 알거든 하물며 하늘에 계신 너희 아버지께서 구하는 자들에게 성령을 주시지 않겠느냐?"라고 하시더라, 「요한복음」, 4장 24절, "하나님은 한 영이시니 그분께 경배드리는 자들은 영과 진리로 경배드려야만 하니라"고 하시니라.- 옮긴이)

심뿐만이 아니라, 예를 들어, 오히려 전체 만족, 모든 사람에 대한 만족, 자기에게 유용한 관심을 가진다. 한 번 더 어른과 청년을 견주어 보고서 어른이 더 엄하고, 덜 고결하며, 더 자기에게 유용한지를 살펴보자. 그렇게 보이기 때문에 어른은 더 나쁜 사람인가? 당신은 아니라고 말한다. 당신은 어른이 더 확실한 사람이 되었을 뿐이라고 말한다. 혹은 [14] 당신 또한 말하듯이 '더 실천적'(praktischer) 사람이 되었을 뿐이다. 하지만 중요한 문제는 다음이다. 타자, 예를 들어 신, 조국 따위에 '열광하는' 청년보다 어른이 더 자기 자신을 중심[11](Mittelpunkte)에 둔다는 것이다.

그러므로 어른은 제2의 자기발견을 보여준다. 청년은 자신을 정신으로서 발견했고, 그러면서 보편적 정신, 완전한 정신, 신성한 정신, 인간, 인류, 요컨대 모든 이상 속에서 자기 자신을 다시 잃어버렸다. 하지만 어른은 자신을 뼈와 살을 갖춘 정신으로서 발견한다.

어린이는 비(非)-지적 관심만을, 다시 말해 생각이 없고 관념이 결여된 관심만을 가지고 있었다. 그러나 청년은 지적 관심만을 가지고 있었다. 이와 달리 어른은 신체적, 자기만의, 자기중심적 관심을 가진다.

어린이는 그 자체에 전념할 수 있는 대상을 가지고 있지 않다면, 그는 지루함을 느낀다. 왜냐하면 아직까지 어린이는 대상 그 자체에 몰두하는 방법을 모르기 때문이다. 거꾸로 청년은 대상을 돌보지 않는다. 왜냐하면 청년에게 생각은 대상의 결과이기 때문이다. 그리고 청년은 자신의 생각, 자신의 꿈에 몰두하고, 자기 자신을 지적으로 채우거나 '그의 정

11 이 문장에서 알 수 있듯이, 슈티르너는 에고이스트를 '어른'으로 비유한다. 그리고 그의 책에서 청년을 관념론자로 묘사하면서 비판한다. 그리고 유일자는 에고이스트이고 "인간답지 않은 인간(자기중심적 사람)"[한글본 2쇄, 194쪽]이기 때문에 '유일자'는 '에고이스트', '인간답지 않은 인간'과 같은 의미이며, 에고이스트는 자기중심적 사람이다. 또한 '50쪽', '252쪽'에서도 '자기 자신을 중심으로 삼는 사람'을 유일자로 표현하고 있다. 따라서 에고이스트는 '자기중심적 사람'으로 읽어야 한다.)

신에 고용되어 있기 때문이다.'

청년은 지적이지 않은 모든 것을 '겉모양'(Äusserlichkeiten)[12]이라는 경멸적 이름으로 취급한다. 그럼에도 불구하고 그가 가장 하찮은 겉모양(예를 들어 학생 클럽의 관습 및 기타 그러한 형식)[13]에 마음이 쏠려 매달린다면, 그가 가장 하찮은 겉모양에서 **정신**을 발견하기 때문이고, 겉모양이 청년에게 **상징**이 되기 때문에 그러하다.

내가 물건의 드러나지 않는 속내에 있는 나 자신을 정신으로 발견하는 것처럼, 나중에 그렇게 또한 나는 **생각의** 드러나지 않는 속내에 있는 **나 자신을**—생각의 창조자이자 **소유자**로서 틀림없이 발견할 것이다. 정신의 시대에, 생각은 내 머리가 낳은 것이라는 사실에도 불구하고, 생각은 내 머리를 덮을 때까지 내 안에서 자라났다. 생각은 고열로 인한 환각처럼, 어떤 소름끼치는 힘처럼, 내 주위를 맴돌았고 나를 뒤흔들었다. 생각은 스스로 **뼈와 살을 갖추게** 되었고, 신, 황제, 교황, 조국 등등과 같은 유령이 되었다. 내가 그것들의 뼈와 살을 갖춘 것을 깨부순다면, 그다음에 생각을 내 것으로 되찾고 다음과 같이 말한다. '오로지 나만이 뼈와 살을 갖춘 존재이다.' 그뿐 아니라 이제 세계를 나와 상관있는 것으로, 내 것으로, 내 소유로 받아들인다. 나는 모든 것을 나 자신과 관련시킨다.

[15] 정신으로서의 내가 세계를 가장 심하게 경멸하고 거부하였다면, 소유자로서 나는 정신과 관념을 그것들의 **'공허함'**(Eitelkeit) 때문에 거부한다. 그 어떤 '지상의 힘'도 정신을 지배하는 권력을 가질 수 없는 것처럼, 정신과 관념은 나를 지배하는 권력을 결코 더 이상 가질 수 없다.

아이는 바로 이 세상의 물건을 보고 속내를 알아채는 데 점차 성공

---

12 이 말은 '사소한 것', '피상적인 것을 의미할 수도 있다.

13 나폴레옹 전쟁(1805-1815) 이후에 등장한 은밀한 학생 조직을 언급하고 있는 것이고, 그러한 조직들은 독일 통일에 헌신했고 더 많은 민주적 제도를 위해 헌신했다.

할 때까지, 이러한 세상의 물건에 사로잡혀 있기 때문에 현실적이었다. 하지만 청년은 물건과 생각을 마음의 욕망에 따라 다루며 자기 자신만의 관심을 모든 것 위에 놓는 어른, 즉 자기중심적 사람에 힘들여 도달할 때까지, 생각에 열광하기(begeistert) 때문에 관념적이었다. 마침내 백발의 노인은 어떠한가? 내가 노인이 되었을 때, 그 일에 관해 이야기할 충분한 시간이 있을 것이다.

II

고대인과 현대인

[15] 우리 각자가 어떻게 발전했는가, 이를테면 그가 무엇을 추구하고, 달성하고 혹은, 놓쳤나, 그러니까 그가 이전에 추구했던 목적이 무엇이고, 그의 마음이 지금 애착을 가지는 계획과 소원은 무엇인가, 그의 견해는 어떠한 변화를 겪는가, 그의 원칙은 어떠한 움직임을 체험하는가,—간단히 말해, 오늘날 그가 어떻게 어제 또는 몇 년 전의 그가 아닌 사람으로 성장하게 되는가.—각자가 이러한 지난 일을 돌이켜 생각해 내는 것은 어느 정도로 쉽다. 그리고 그의 눈앞에 다른 사람의 삶이 펼쳐질 때, 그때 그는 자신에게 일어난 변화를 특히 선명하게 지각한다.

그러면 우리의 선조를 함정에 빠뜨렸던 활동을 들여다보도록 하자.

1. 고대인

[16] 일찍이 그리스도 이전의 우리 선조에게 '고대인'이라는 이름을 준 전통 때문에, 우리가 경험이 풍부한 우리와 비교하여 그들을 실제로 어린아이라고 불러야만 한다고 말하고 싶지 않다. 오히려 그들을 우리의 훌륭한 고대인으로 존경할 것이다. 그러나 어떻게 고대인은 시대에 뒤떨어지게 되었는가? 게다가 누가 자신의 진위가 의심스러운 새로움으로 고대인을 쫓아낼 수 있었는가?

우리는 혁명적 혁신자이자 무례한 상속인이 일요일을 신성하게 하려고 조상의 안식일[14]의 신성(神聖)을 모독했고, 게다가 새로운 연대기를 시작하기 위해 시간의 흐름을 중단시켰던 것을 아주 잘 알고 있다. 우리는 그가—기독교인임을 알고 인식한다. 그런데 그는 영원히 젊음을 유지하는가? 게다가 그는 오늘날에도 여전히 새로운 사람인가? 아니면 그가 '고대인'을 낡고 새롭지 못한 사람으로 만들었듯이, 그 역시 낡고 새롭지 못한 사람이 될 것인가?

고대인 그들 자신은 틀림없이 자신들을 무덤으로 데려갔던 젊은이를 낳았다. 그러니 이러한 출산 행위를 엿들어보자.

"고대인한테 세계는 진리였다"고 포이어바흐[15]는 말한다. 하지만 그는 '고대인은 진리의 속내인 비진리를 알아채려고 애썼고, 마침내 실제로 비진리에 도달했다'라는 중요한 보충의 말을 잊었다. 만약 이 말을 '세계의 공허함과 덧없음'이라는 기독교적 원칙과 관련지어 본다면, 포이어바흐의 이 말이 의미하는 바를 쉽게 알 수 있을 것이다. 왜냐하면 기독교인은 결코 신성한 말씀의 공허함을 확신할 수 없고, 오히려 신성한 말씀의 심연을 더 깊게 탐색할수록 신성한 말씀을 영원하고 확고한 진리로 믿기 때문에, 신성한 말씀을 더 찬란히 백일하에 드러내야만 하고 신성한 말씀의 승리를 축하해야 하듯이, 그렇게 고대인이 자신들의 입장에서 세계 및 세속적 관계(예를 들어 혈연이라는 자연스러운 결속)는 그들의 무력한 '나'('Ich')가 그 앞에서 굴복해야만 하는 진리라는 감정 속에서 살았기 때문이다. 고대인이 가장 가치 있게 여겼던 바로 그것이 [17] 기독교인에 의해 무가치한 것으로 버려졌다. 게다가 고대인이 진리

14 유대교의 안식일로 금요일 저녁부터 토요일 저녁까지의 시간을 말한다.

15 포이어바흐(Ludwig Andreas Feuerbach, 1804~1872)은 헤겔 좌파의 걸출한 인물이다. 『기독교의 본질』(라이프치히, 1841)로 의해 일약 시대의 인물이 되었다.

로 인식한 것을 기독교인은 공허한 거짓말이라며 더럽히고 욕보인다. 기독교인은 스스로를 '이 지상에 이방인'[16]이라고 여겨야만 하기 때문에, 조국의 중요성은 사라진다. 소포클레스의 『안티고네』[17]와 같은 예술 작품에서 나타난 장례식의 신성함을 천박함("죽은 자들이 그들의 죽은 자를 매장하게 하라")[18]이라고 부르게 되었다. 가족 결합 관계라는 깨질 수 없는 진리는, 자기 자신을 속박에서 충분히 신속하게 풀어 줄 수 없는 비진리로 표현된다.[19] 그리고 모든 진리가 이러한 비진리로 표현된다.

이제 양측이 서로 반대되는 것을 진리로 여기고 있다는 사실, 곧 한쪽은 자연스러운 것이 진리이고, 다른 쪽은 정신스러운 것이 진리이며, 한쪽은 지상의 물건과 사람 사이의 이해관계가 진리이고, 다른 쪽은 천상의 것(천상의 조국, 곧 '천국에 있는 예루살렘' 등등)이 진리라는 것을

---

16 원주 2, 「히브리서」, 제11장 13절.
(이들은 모두 믿음 안에서 죽었으나 모두가 그 약속들을 받은 것은 아니로되 멀리서 그 것들을 보았고 확신하여 소중히 간직하였으며, 또 이 땅 위에서 타국인이요 순례자라고 고백하였느리라.- 옮긴이)

17 『안티고네』는 고대 그리스의 비극작가 소포클레스(BC 496~406)가 기원전 441년에 만든 비극이다. 테베의 왕인 크레온은 조국인 테베를 상대로 싸움을 벌였던 조카 폴리네이케스의 시체를 들판에 그대로 방치하고 매장을 금지했으며, 이 명령을 어기는 자는 죽음을 면치 못할 것이라고 경고한다. 시신 매장을 금하는 크레온의 명령에 모든 백성들은 침묵하지만 그의 조카인 안티고네는 테베의 왕인 크레온의 명령을 어기고 오빠의 시체를 묻어 주기로 결심한다.

18 「마태복음」, 8장 22절, 예수께서 그에게 말씀하시기를 "나를 따르라. 그리고 죽은 자들로 그들의 죽은 자를 장사지내게 하라"고 하시니라.

19 원주 3, 「마가복음」, 10장 29절.
(예수께서 대답하여 말씀하시기를 "진실로 내가 너희에게 말하노니, 누구든지 나와 복음을 위하여 집이나, 형제나, 자매나, 아버지나, 어머니나, 아내나, 자식이나, 토지를 버린 사람은,-옮김이)

이해한다면, 현대와 저 부정할 수 없는 반전이 고대로부터 어떻게 생겨날 수 있었는지를 고찰하는 일이 여전히 남는다. 하지만 고대인 그들 자신은 그들의 진리를 어떤 거짓말로 만들려고 노력했다.

고대인의 가장 빛나는 시대 한가운데, 페리클레스의 시대[20]로 바로 들어가 보자. 바로 그 당시 소피스트의 문화가 만연하였고, 그리스는 지금까지 그리스에게 엄청나게 심각한 문제였던 것을 재미로 추구하고 있었다.

후손들이 쓰라린 경험을 스스로 느끼는 것을 배울 필요가 없도록 하기 위해 조상은 너무나 오랫동안 확고부동한 존재의 힘에 사로잡혔었다. 그러므로 소피스트들[21]은 용기 있고 당돌하게 다음과 같이 용기를 북돋는 말을 한다. '당황하지 마라!' 그리고 그들은 다음과 같은 계몽적 가르침을 퍼뜨린다. '모든 것에 맞서 너의 지적 능력(Verstand)[22], 너의 재치, 너의 마음을 사용하라, 그러니까 훌륭하고 숙련된 이해력을 써서, 세상에서 가장 좋은 것에 이르고, 자신을 위해 최고의 몫, 가장 즐거운 삶을 준비하라.' [18] 그들은 이 세상에 맞서는 진정한 무기를 사람의 마음으로 인식한다. 이 때문에 그들은 변증법적 민첩성, 언어 능력, 논쟁의 기술 등등을 매우 높이 평가한다. 그들은 마음이 모든 것에 맞서 사용되어야만 한

20 페리클레스(기원전 495년경~429년)는 고대 그리스 아테나이의 정치가이자, 웅변가, 장군이다. 그가 아테네를 지도하던 시기인 기원전 457년에서 429년 사이를 '페리클레스의 시대'라고 한다. 페리클레스 시대는 아테네 민주주의의 절정기였다

21 소피스트들은 돈을 받고 도덕과 정치뿐만 아니라 수사학을 교육하였고 공적 삶에서 제자들이 성공하기 위해 준비할 것을 주장하였다.

22 오성(悟性)은 이성과 더불어 인간의 인식 능력에서 가장 중요한 능력이다. 오성은 개념을 가지고 사물을 판단하는 능력이다. 이와 달리 이성은 이성과 감성의 모든 것을 아울러서 나오는 인간의 종합적 사고력이다. 오성은 지적 능력, 이해력으로 이해하면 될 것이다.

다고 선언한다. 하지만 그들은 여전히 마음의 신성함과는 거리가 멀다. 왜냐하면 간지나 반항이 아이에게 수단과 무기로서 헌신하는 것처럼, 그들이 마음을 수단, 무기로 여기기 때문이다. 다시 말해 그들의 마음은 매수할 수 없는 지적 능력이다.

오늘날 우리는 이것을 편협한 지적 교육이라고 부를 것이고, '당신의 지적 능력뿐만 아니라, 특히 당신의 마음 또한 도야시켜라'라는 훈계를 첨언할 것이다. 소크라테스[23]도 같은 말을 하였다. 왜냐하면, 만약 마음이 마음의 자연적 충동으로부터 자유롭지 않고, 오히려 마음이 가장 돌발적 내용으로 채워진다면, 그리고 어떤 비판받지 않은 탐욕으로서 물건들의 힘 속에 완전히 남아 있다면, 다시 말해 마음이 가장 다양한 욕망을 위한 그릇일 뿐이라면,—그때에는 자유로운 지적 능력은 '악한 마음'에 헌신할 것이고, 사악한 마음이 열망했던 모든 것을 정당화할 채비를 했다는 사실을 피하기 어렵기 때문이다.

그러므로 소크라테스는 다음과 같이 말했다. 모든 것에 지적 능력을 사용하는 것만으로는 충분하지 않고, 오히려 어떤 대의(大義)를 위해 지적 능력을 발휘하는 것이 중요하다. 이제 우리는 다음과 같이 말할 수 있다. 세상 사람은 '선량한 대의'에 헌신해야만 한다. 그러나 선량한 대의를 섬긴다는 것은—도덕적 일이다. 따라서 소크라테스는 윤리학(Ethik)[24]의 창시자이다.

확실히 소피스트 철학의 원리는 다음과 같은 결론으로 이끌어져야만

---

23 소크라테스(기원전 470년 경~기원전 399년 5월 7일)는 고대 그리스의 철학자이다. 그는 '신성모독죄' 와 '젊은 세대들을 타락시킨 죄'로 사람들에게 기소당하고 기원전 399년에 71세의 나이로 파괴된 민주정 하에서 사약을 마시고 사형을 당했다.

24 '윤리'는 그리스어 '에티코스'(êthikos)를 번역한 말이다. '에티코스'의 어원은 '습관'을 의미하는 '에토스'(ethos)이다.

했다. 곧 자기 욕망에 가장 맹목적이고 가장 의존적 노예가 여전히 뛰어난 소피스트일 수 있다는 결론, 그리고 지적 능력의 명민함으로, 자신의 조야한 마음에 맞게 모든 것을 배열하고 제거할 수 있다는 결론. 그런 일을 위해서라면 어떤 '합당한 근거'를 찾아낼 수 없겠는가? 그리고 어느 것을 힘들여 하지 않겠는가? 그러므로 소크라테스는 다음과 같이 말한다. "당신의 지혜가 존중받아야만 한다면, 당신은 '순수한 마음'이어야만 한다." 이것이 그리스의 지적 해방의 제2 시기, 깨끗한 마음의 시기가 시작하는 곳이다. 제1 시기는 소피스트와 함께 끝난다. 왜냐하면 그들이 지적 능력의 무한한 힘을 선언했기 때문이다. 그러나 마음은 세속이 깃든 마음이었고, [19] 세계의 노예로 남아 있었고, 항상 세속적 욕망의 영향을 받았다. 이제부터 이 조야한 마음은 도야되어야만 했다. 말하자면 마음의 도야 시대이다. 그러나 마음은 어떻게 도야되어야만 하는가? 마음의 한 측면인 지적 능력이 성취한 것, 그것은 모든 내용을 그리고 모든 내용 위에서 자유롭게 노는 능력이다. 마음도 또한 이러한 일에 손대기 시작한다. 이 세계 모든 것은 마음 앞에서 부끄럽게 되어야만 한다. 그 결과 마침내 마음을 위해, 축복받음을 위해, 다시 말해 마음의 축복받음을 위해 가족, 공동체, 조국 등등을 포기하는 것이다.

마음이 수년간 축복받기 위해 두근거리는 동안에, 일상의 경험은 지적 능력이 해야 할 일을 포기한 지 오래일 수도 있다는 사실을 확증해준다. 소피스트의 지적 능력 역시 고대의 지배적 힘들을 너무 많이 지배하여서, 그런 힘들이 오직 부담 없이 거주하던 마음에서 쫓겨나, 마침내 인류의 일부로 남지 않게 되었다.

소크라테스가 이 전쟁을 시작했고, 그러고 나서 전쟁의 평화 조약 체결은 고대 세계가 멸망할 때까지 일어나지 않았다.

마음의 검토는 소크라테스에서 시작한다. 그러면서 마음의 모든 내용이 검사받았다. 최종적이고 극단적 노력으로 고대인은 마음에서 모든 내용을 쫓아냈다. 그래서 마음은 더 이상 그 무엇도 이길 수 없게 되었다. 이것이 회의론자의 행동이었다. 지적 능력이 소피스트의 시대에 성립하는 데 성공했듯이, 이제 동일한 마음의 정화가 회의론의 시대에 성취되었다.

소피스트의 교육을 통해 지적 능력은 어떤 것 앞에서도 가만히 있지 않는다는 사실을 경험했다. 하지만 회의주의 교육을 통해 마음은 그 어떤 것에도 흔들리지 않는다는 사실을 경험했다.

인간이 세계의 소란에 연루되어 있고 세계와의 관계에 얽매여 있는 한,—인간은 고대성의 종말에 이르기까지 이러할 것이다.—왜냐하면 인간이 아직 정신이 아닌 한, 인간의 마음은 여전히 이 세계로부터 독립하기 위해 투쟁해야만 한다. 왜냐하면 정신은 육체가 없고, 세계와 육체성과 어떤 관계도 맺지 않기 때문이다. [20] 세계 및 자연적 결합 관계가 정신을 위해 존재하는 것이 아니라, 오히려 정신적인 것 및 정신적 결합 관계가 정신을 위해 존재하는 것이다. 그러므로 인간은 먼저 아주 완전히 무관심해야 하고, 개의치 말아야 하고, 아주 완전히 세계와 관계를 끊어야만 한다.—그가 자신을 속세의 것이 아닌 것으로서, 곧 정신으로서 느낄 수 있기 전에, 그가 회의주의 교육에서 표현되었듯이, 세계의 몰락조차 그에게 영향을 끼치지 못하도록 세계에 완전히 무관심해야만 한다. 그런데 이런 일은 고대인의 엄청난 노력의 결과이다. 즉 인간은 자신을 세계와 관계 맺지 않는 본질로, 즉 정신으로 알고 있다.

모든 세속적 염려가 인간에게서 다 떠난 후에야 비로소, 인간은 무엇보다도 만물 안에서 모든 것이고, 자신만을 위한 것이고, 다시 말해 정신을 위한 정신이다. 혹은 더 쉽게 말하자면, 인간은 정신적인 것에만 관심을 둔다.

기독교에서 말하는 뱀같이 지혜롭고 비둘기같이 순결함[25], 고대의 정신적 해방의 이러한 두 측면은 그것들이 젊고 다시 새롭게 보일 정도로 매우 완벽하다. 게다가 이것들 어느 것도 더 이상 세속적이고, 자연스러운 것에 당황하지 않는다.

그래서 고대인은 훌쩍 **정신**에 뛰어 올라타고서는 정신적 존재가 되기 위해 노력하였다. 그러나 정신으로 활동하기를 바라는 사람은 그가 이전에 스스로 세울 수 있었던 과제와는 완전히 다른 과제에 마음이 끌린다. 그 과제는 실제로 단순한 지각 혹은 **예리한 지각**(Scharfsinn)[26]에 할 일을 주는 것이 아니라 참으로 정신에 할 일을 주는 것이다. 그 과제에서 정신은 **물건**의 지배자가 되기 위해 전력을 다할 뿐이다. 정신은 오로지 정신적인 것을 얻으려고 애쓴다. 또한 정신은 모든 것에서 '정신의 흔적'을 찾아낸다. **믿음이 깊은** 정신에게 '모든 것은 신으로부터 생겨난다.' 또한 모든 것이 이러한 기원을 계시(啓示)하는 한에서만 신에게 관심을 갖는다. **철학적** 정신에게 모든 것은 이성의 새김으로 나타난다. 또한 어떤 사람이 모든 것에서 이성, 곧 정신적 내용을 발견할 수 있는 한에서만 그에게 관심을 갖는다.

그래서 고대인은 정신을 발휘하지 않았는데, 정신은 완전히 비정신적인 것, 곧 **물건**과 관계하는 것이 아니라, 오히려 오로지 물건의 드러나지 않는 속내와 물건들 위에 존재하는 본질, 곧 생각과 관계했다. 왜냐하면 고대인은 아직 정신을 갖고 있지 않았기 때문이다. 아니다, 고대인은 정신을 얻으려고 노력했고, [21] 정신을 그리워했다. 그러므로 고대인은

---

25 「마태복음」, 10장 16절에서 예수가 사도들에게 충고하는 말의 인용이다. "보라, 내가 너희들을 내보내는 것이 마치 양을 이리들 가운데로 보냄과 같도다. 그러므로 너희는 뱀처럼 지혜롭고 비둘기처럼 순수하라."

26 다음 단락의 'Scharfsinn'과 비교해라.

그들의 너무나 강대한 적, 곧 감각 세계(하지만 이것이 고대인한테 여전히 감각되지 않았을까? 왜냐하면 여호와 혹은 이교도의 신들은 '신이 정신'이라는 개념에 아직 도달하지는 못했기 때문에, 그리고 '천상의' 조국이 아직 지각할 수 있는 조국을 대체하지 않았기 때문에 등등)에 대항하기 위해 정신을 날카롭게 하였다. 고대인은 감각 세계에 맞서 그들의 감각(Sinn), 그들의 예리한 지각(Scharfsinn)을 날카롭게 하였다. 심지어 오늘날까지 고대의 조숙한 아이들인 유대인은 더 이상 나아가지 않았다. 그리고 그들은 섬세하고 힘찬 그들의 모든 지혜와 지적 능력으로 쉽게 물건의 지배자가 되고, 물건이 자신들에게 복종하도록 강제한다. 그들은 물건을 조금이라도 설명하지 않는 정신을 발견할 수 없다.

기독교인한테는 정신적 관심이 있다. 왜냐하면 그는 자신을 정신적 사람이 되도록 허용하기 때문이다. 그러나 유대인은 그것들의 순수성에 있는 정신적 관심을 이해조차 못한다. 왜냐하면 그는 물건에 어떤 가치도 부여하지 않는 자신을 허용하지 않기 때문이다. 그는 순수한 정신성—(어떤 활동 없이) 홀로 옳다고 주장하는, 예를 들어 기독교인의 믿음 속에서, 종교적으로 표현된 정신성—에 도달하지 못했다. 유대인의 정신성의 결여는 유대인을 기독교인과 영원히 구별 짓게 한다. 비정신적 사람이 정신적 사람을 경멸하는 것처럼, 정신적 사람은 비정신적 사람을 이해할 수 없기 때문이다. 하지만 유대인은 '이 세계의 정신'만을 가지고 있다.

고대의 지각의 날카로움과 깊이는, 마치 땅이 하늘과 떨어져 있는 것처럼, 기독교 세계의 정신과 정신성으로부터 멀리 떨어져 있다.

자신을 자유로운 정신으로 느끼는 사람은 이 세계의 물건에 의기소침해하거나 두려워하지 않는다. 왜냐하면 그는 물건을 존경하지 않기 때문이다. 누군가 여전히 물건의 압박감을 느낀다면, 상황이 분명히 그렇듯이, 그가 여전히 그의 '소중한 삶'에 관심을 가질 때, 그는 물건을 중요시할 만큼 충분히 마음이 좁은 기질의 사람이어야만 한다. 온갖 일에서 자신을 자유로운 정신으로 알고 행동하는 사람은 그 일이 그에게 얼마나 비참한 일인지에 대해 거의 질문하지 않으며, 게다가 완전히 자유롭거나 즐거움이 많은 삶을 살기 위해 어떻게 준비해야만 하는지를 전혀 생각하지 않는다. [22] 물건에 의존하는 삶의 불편함이 그를 방해하지 못한다. 왜냐하면 그는 정신적으로, 정신적 자양분으로만 살아가고, 그 이외의 삶을 거의 알지 못하고, 그저 음식을 먹거나 삼키기 때문이다. 물론 그에게 음식물이 다 떨어질 때, 그는 육체적으로 죽지만, 정신으로서의 그는 자신이 죽지 않는다고 알며 기도하거나 생각하며 눈을 감는다. 그의 삶은 정신에 전념하고, 그의 삶은—생각이다. 그는 나머지 삶에서 개의치 않는다. 만약 그가 항상 할 수 있고 원하는 것처럼, 그가 기도, 묵상, 철학적 통찰로 정신적인 것을 다룰 수 있다면, 그가 하는 행위는 언제나 생각함이다. 이처럼 이런 일이 데카르트에게 마침내 아주 분명해져서, 데카르트는 다음과 같은 명제로 대체할 수 있었다. "나는 생각한다, 고로 나는 존재한다." 이것이 의미하는 것은 내 생각함이 내 존재 혹은 내 삶이라는 것이다. 내가 정신적으로 살아 있을 때만, 나는 살아있다. 다시 말해 정말로 오직 정신으로서의 나이거나—나는 철저히 정신이고 정신 이외에 아무것도 아니다. 자신의 그림자를 잃어버린 불행한 페터 슐레밀(Peter Schlemihl)[27]은 정신이 되어버린 그런 사람의 초상화이다. 왜냐하면 정신의 신체는 그림자가 없기 때문이다.—이와 대조하여, 고대인의 경우는 정말 다르구나! 아무리 고대인이 물건의 힘에 굳세고 남자답게 대항하더라도, 그들은 여전히 힘 그 자체를 인정해야 했고, 저 물

27 '슐레밀'은 독일의 유명 작가 아델베르트 폰 샤미소(Adelbert von Chamisso, 1781~1838)의 『페터 슐레밀의 기이한 이야기』(1814)의 주인공이다. 그는 원하는 대로 돈이 나오는 마법의 주머니를 악마에게 판 대가로 자신의 그림자를 판 남자의 주인공이다.

건의 힘에 대항하여 가능한 한 자신들의 삶을 잘 보호하는 것 이외에 다른 것을 성취하지 않았다. 나중에야 비로소 그들은 다음과 같이 인식하였다. 자신의 '참된 삶'은 이 세계의 물건에 대항하는 투쟁으로 들어가는 것이 아니라, 오히려 '정신적 삶'이었다. 그들이 이러한 물건을 '외면할' 때, 그러면서 자신을 있는 그대로 이해했을 때, 그때 그들은 —기독교인, 곧 고대인에 거스르는 '현대인'이자 혁신자가 되었다. 그러나 사물을 외면한 삶, 곧 정신적 삶은 더 이상 자연에서 자양분을 뽑아내는 것이 아니라, 오히려 '생각만으로 산다.' 그리고 그 때문에 더 이상 '삶'이 아니라 —**생각함**이다.

하지만 이제 가장 정신적 사람을 생명이 없이 존재할 수 있다고 생각하지 않는 것처럼, 고대인이 **생각이 없다**고 가정해서는 안 된다. [23] 오히려 고대인은 모든 것에 대해, 세계에 대해, 인류, 신 등등에 대해 자신의 생각이 있었고, 이 모든 것을 그들의 의식으로 가져오기 위해 열심히 활동하여 보여주었다. 그러나 비록 그들이 온갖 종류의 것들을 생각했고 '자신들의 생각으로 괴로워했을'지라도, 그들은 생각하기를 알지 못했다. 고대인의 입장을 다음과 같은 기독인의 격언과 견주어 보라. "내 생각은 당신의 생각이 아니고, 천상이 지상보다 높듯이, 그렇게 내 생각은 당신의 생각보다 높다",[28] 그리고 읽는 이는 앞서 내가 어린아이의 생각하기에 대해 뭐라고 말했는지를 기억하길 바란다.

그렇다면, 고대가 추구했던 것은 무엇인가? 참된 **삶의 향유**, **삶**의 향유구나! 삶의 향유는 실제로 '참된 삶'으로 귀결된다.

그리스 시인 시모니데스(Simonides)[29]는 다음과 같이 노래한다. "건강

28 슈티르너는 「이사야」, 55장 8절 "주가 말하노라. 내 생각은 너희 생각과 다르며 내 길은 너희 길과 다르니."의 말을 바꿔서 설명한다.

29 고대 그리스 서정시인 시모니데스(Simonides of Ceos, BC 556?~BC 468?)는

은 죽음을 면할 수 없는 인간에게 가장 고귀한 좋음이고, 그다음에는 아름다움, 세 번째는 정직하게 얻은 부(富), 네 번째는 젊은 친구와의 회합에서 사교적 기쁨을 향유하는 것이다." 이것들은 모두 **삶의 좋은 것들**, **삶의 기쁨들**이다. 가능한 최소한의 필요에서 참된 삶의 향유를 발견했던 시노페(Sinope) 출신의 디오게네스(Diogenes)[30]는 그 이외에 무엇을 얻으려고 애썼는가? 어떤 상황하에서든 쾌활한 기분 속에서 참된 삶의 향유를 발견했던 아리스티포스(Aristipp)[31]는 그 이외에 무엇을 추구하였는가? 그들 모두는 **삶을 직면하는** 즐거운, 맑은 **용기**, **기분 좋음**을 얻으려고 애쓴다. 그들 모두 '기분 좋게 살길' 바란다.

스토아 철학자는 **현인**(賢人), **삶의 지혜**를 가진 사람, **어떻게 살아야 하는지를 아는** 사람이 되고자 한다. 그러므로 그는—슬기로운 삶을 실현하고자 한다. 그는 세계의 경멸 속에서, 발전이 없는 삶 속에서, 삶을 확장하지 않는 삶 속에서, 세계와 우호적으로 관계 맺지 않는 삶 속에서, 다시 말해 다른 사람과 함께하는 삶이 아니라, **격리된** 삶, 삶으로서의 삶 속에서 자신을 발견한다. 스토아 철학자만이 **살아 있고**, 그가 보기에 그 밖의 모든 것은 죽어 있다. 반대로 에피쿠로스학파의 철학자들은 활발한 삶

초기 그리스 시인 중에서 가장 많은 작품을 쓴 시인의 한 사람이었으나 지금까지 전해지고 있는 것은 몇 개의 단편뿐이다.

30 흑해 연안의 도시 시노페(Sinope) 출신인 디오게네스(435~356 B.C)는 북아프리카의 그리스 도시인 키레네의 쾌락주의 학파의 창시자이다. 그의 실생활 표어는 아스케시스(가능한 한 작은 욕망을 가지는 것), 아나이데이아(수치심을 느끼지 않는 것), 아우타르케이아(스스로 만족하는 것)이다. 그는 옷 한 벌, 한 개의 지팡이와 자루를 메고 통 속에 살았다. 알렉산드로스 대왕이 그를 찾아와 "원하는 것이 무엇인가"라고 물었을 때, "아무것도 필요 없으니 햇빛을 가리지 말고 비켜서라"고 말했다.

31 아리스티포스(BC. 435~350)는 키레네의 '소(小) 소크라테스' 학파의 창시자이다. 이 학파는 행위의 유일한 목적을 즉각적 감각의 즐거움에 두고 있다.

을 갈망한다.

그들은 좋은 것들을 갈망하니까, 고대인은 가장 다양한 형태로 기분 좋은 삶(특히 유대인은 오래 살길 원하며, 아이와 재산이 있는 축복받는 삶을 희망한다.), 행복, 안녕을 갈망한다. 예를 들어 데모크리토스는 그러한 '내면의 평정' 속에서 '두려움과 흥분 없이 평온하게 살아가는' 것을 칭찬한다.

[24] 그래서 데모크리토스가 생각하는 것은, 최선을 다해 내면의 평정에 도달하고, 자신에게 최고의 몫을 마련하고, 세계를 잘 헤쳐 나가는 것이다. 그러나 그는 세계에서 벗어날 수 없는데, 정확히 말하면 결코 근본적으로 빠져나올 수 없는데, 바로 그 이유는 그의 모든 활동이 그 세계에서 벗어나기 위한 노력, 곧 세계를 밀쳐내는 일에 몰두하기 때문이다(밀쳐낼 수 있고 거부될 수 있는 세상이 지속되어야만 하는 것은 여전히 필연적이다, 그렇지 않으면 더 이상 밀쳐낼 수 있는 것이 없기 때문이다). 그러므로 그는 기껏해야 극단의 해방에 도달한다. 그리고 그는 덜 해방된 자와 정도에서만 다르다. 만약 그가 마침내 '옴'(Brahm)[32]이라고 되풀이하는 속삭임만을 인정하여, 세속적 감각을 누그러뜨리는 데까지 도달했다 하여도, 그럼에도 불구하고 그는 감각적 사람과 본질적으로 구분되지 않을 것이다.

스토아적 태도와 남성다운 미덕조차 오직 이것만을 나타낸다—사람은 세계에 대항하여 자신을 유지하고 주장해야만 한다. 게다가 스토아 철학의 윤리(그들의 유일한 학문이다. 왜냐하면 그들은 정신이 세계에 대해 어떤 태도를 취해야만 하는지를 제외하고, 정신에 대해서 말하지

---

32 원어는 'Brahm'인데, 옴이라고 써야했다. '옴'은 브라마를 불러오는 주문이다. 브라마는 고대 힌두 관념론 철학의 핵심 범주이며, 우주의 본질, 다시 말해 비인칭적이며 비물질적이고 창조된 것이 아니며, 제한할 수 없고 영원한 존재이다.

않고, 현인은 세계에 확고히 자신을 주장해야만 한다는 것을 제외하고, 자연[물질]에 대해 말하지 않기 때문이다)는 정신에 대한 가르침이 아니라, 오히려 세계에 대한 거부와 세계에 대항하는 자기주장이라는 가르침일 뿐이다. 그리고 이러한 가르침은 '삶의 의연함과 삶의 평정심'으로 이루어진다. 또한 이러한 가르침은 로마 사람의 가장 명확한 미덕이다.

로마 사람 역시(호라티우스, 키케로, 등등) 이러한 삶의 지혜를 넘어서지 못했다.

에피쿠로스학파의 행복(hēdonē)은 스토아학파의 가르침과 동일한 삶의 지혜이고, 더 교활할 뿐이며, 더 기만적일 뿐이다. 에피쿠로스주의자는 세계에 대한 또 다른 태도만을 가르친다. 그들은 세계에 대해 오로지 영리한 태도를 보이라고 다음과 같이 훈계한다. 세계를 속여야만 한다. 왜냐하면 세계는 나의 적이기 때문이다.

세계와의 단절은 회의주의자와 함께 완전히 완료되었다. 세계에 대한 내 모든 관계는 '가치가 없고 진리가 없는 것'이다. 티몬(Timon)[33]은 다음과 같이 말한다. "우리가 세계부터 끌어 모은 감정과 생각에는 어떤 진리도 없다." [25] 빌라도[34]는 "진리란 무엇인가?"라고 외친다. 피론(Pyrrhon)[35]의 가르침에 따르면, 세상은 좋은 것도 나쁜 것도 아니고, 아름다운 것도 흉한 것도 아니라, 오히려 이것들은 내가 세상에 붙여주는 칭호들이다. 티몬은 다음과 같이 말한다. "그 자체로 선하거나 악한 것은 없다, 사람이 어떤 것을 이렇게 저렇게 생각할 뿐이다." 세상에 직면하여

---

33 티몬(기원전 320~230년)은 그리스의 회의주의 철학자이자 피론의 제자이다.

34 「요한복음」, 18장 38절, 빌라도가 주께 말하기를 "진리가 무엇이냐?"고 하더라.

35 고대 그리스의 엘리스 출신의 철학자(기원전 365~275년), 극단적 회의주의 철학의 창시자이다. "모든 것을 의심하라"는 사유로 확장되는데, 그의 주장은 판단을 멈추라는 것이다. 판단을 멈추면 마음의 평온을 유지할 수 있다.

평정심(Ataraxia)과 실어증(aphásĭa)(침묵하기 혹은 달리 말해, 고립된 내면성)만이 남아 있다. 세상에는 '더 이상 인정할 진리도 없다.' 존재물들은 서로 모순되고, 존재물들에 대한 생각에는 차별이 없다(좋은 것과 나쁜 것은 모두 같은 것이다, 그래서 어떤 사람이 좋은 것이라고 부르는 것을 다른 사람이 나쁜 것이라고 부른다). 여기에서 '진리'에 대한 인식은 끝난다. 그리고 인식하지 않는 사람만이, 곧 세상에서 인식할 것을 아무것도 발견하지 못하는 사람만이 남는다. 이러한 사람은 틀림없이 공허한 진리의 세상을 그대로 내버려 두고 그러한 세상을 고려하지 않는다.

그래서 고대는 물건의 세계, 세계 질서, 세계 전체에 흥미가 없어졌다. 그러나 자연만이 세계 질서 혹은 이 세계의 존재물에 속하는 것이 아니라, 오히려 자연이 사람을 배치한다고 느끼는 모든 관계들, 예를 들어 가족, 공동체, 간단히 말해 이른바 '자연적 결합 관계'가 세계 질서 혹은 이 세계의 존재물에 속한다. 그때 정신의 세계와 함께 기독교가 시작된다. 여전히 정신의 세계에 대항하여 무장한 사람은 고대인—이교도이다(비기독교인으로서의 유대인 역시 이교도에 속한다). 자기 '마음의 욕망', 자신의 동감, 자신의 동정, 자신의—정신 이외에 아무것에도 이끌리지 않는 사람은 현대인, —기독교인이다.

고대인은 세계 극복을 목표로 노력하였고 다른 것들과의 관계라는 무겁게 뒤엉킨 질곡들로부터 사람들을 구해내려고 애썼기 때문에, 그래서 그들은 마침내 국가의 폐지에 도달했고 사적인 모든 것을 특별히 선호했다. 물론 자연적 관계로서의 공동체, 가족 등등은 내 정신적 자유를 제한하는 귀찮은 방해물이다.

2. 현대인

[26] "누구든지 그리스도 안에 있으면, 그는 새로운(neu) 피조물이라. 옛것들은 지나갔으니, 보라, 모든 것이 새롭게 되었도다."[36]

위에서 말했듯이, '고대인한테 세계는 진리였다.' 그렇다면 여기서 '현대인한테 정신은 하나의 진리였다'고 말해야만 한다. 하지만 위에서 말했던 것처럼, 여기에서도 '현대인은 진리의 속내인 비(非)진리를 알아채려고 애썼고, 마침내 실제로 비진리에 도달했다'는 보태는 말을 생략해서는 안 된다.

고대가 밟았던 유사한 과정은 기독교에서도 입증될 수 있다. 종교개혁을 준비할 때까지 지적 능력은 기독교 교리의 지배 아래서 포로가 되었다는 점에서 그렇다. 그러나 종교개혁 이전의 시기에 지적 능력은 궤변을 부리며 일어났고, 모든 교의(教義)를 사용하여 이단의 사냥감을 추적하였다. 이처럼 그때, 특히 이탈리아와 로마의 궁정에는 '오직 마음이 기독교인의 마음으로 남아 있다면, 지적 능력은 어떤 경우에도 지적 능력의 기쁨을 향유할 것이다'라는 말이 있었다.

종교개혁 오래전에, 사람들은 '교묘한 말다툼'에 너무 익숙해져서 교황과 대부분의 다른 사람들은 처음에 루터(Luther)[37]의 외양을 그저 '수도사의 논쟁'에 지나지 않는 것으로 보았다. 인본주의는 궤변과 상응한다. 더구나 소피스트의 시대에 그리스의 삶이 가장 높게 번영했던 것

36 원주 4, 「고린도후서」 5장 17절.
('새로운'이라는 말과 '현대의'라는 말은 독일어 'neu'이다. 따라서 슈티르너는 그리스도와 더불어 '현대'가 시작되었고 현대의 사람을 '현대인(Neuen)'이라고 말한다. 이 또한 'neu'이란 말로 언어유희를 하고 있는 것으로 볼 수 있다. - 옮긴이)

37 마르틴 루터(Martin Luther, 1483~1546)는 독일의 종교 개혁가이다.

처럼(페리클레스의 시대), 인본주의 시대에, 혹은 어쩌면 마키아벨리즘의 시대[38](인쇄술, 신세계 등등)라고 말할 수 있는 시대에, 가장 빛나는 일이 발생하였다. 이 시대에 마음은 여전히 기독교적 내용 그 자체를 없애고 싶어 하지 않았다.

하지만 마침내 종교개혁은, 소크라테스처럼, 마음 그 자체를 진지하게 생각하였고, 그 이후에 마음은 눈에 띄게—더 기독교답지 않게 성장하였다. 사람들이 루터와 함께 그 문제를 진심으로 받아들이기 시작함으로써, 이 종교개혁의 이 단계는 마음 또한 기독교 신앙의 무거운 짐에서 가볍게 되었을 거라는 사실에 틀림이 도달하였을 것이다. [27] 나날이 더 기독교답지 않은 마음은 마음 그 자체에 전념하였던 내용들을 잃어버려, 결국 공허한 따듯한 마음, 완전히 보편적 인류애, 인류의 사랑, 자유에 대한 의식, '자기의식'으로 남았을 뿐이다.

이런 식으로만 기독교가 완성된다. 왜냐하면 기독교는 메마르고, 싱싱함을 잃었으며, 그리고 내용이 없기 때문이다. 정말로 마음이 무의식적으로 혹은 '자기의식' 없이 내용을 무심코 입 밖에 내는 경우를 제외하면, 이제 마음이 반항하지 않았던 어떤 내용도 존재하지 않는다. 마음은 침입하려는 모든 것을 인정사정없이 무자비하게 비판한다. 그리고 마음은 결코 친구일 수 없고, 결코 사랑(이전처럼 무의식적으로 혹은 느닷없이 기습적인 것을 제외하고)일 수 없다. 사람은 모조리 '자기중심적 사람'이고, 그들 중 누구도 인간, 즉 오직 정신인 사람이 아무도 없는데, 인간 가운데 사랑할 수 있는 것이 무엇이 있겠는가? 기독교인은 오직 정신만을 사랑한다. 하지만 실제로 정신이기만 한 그런 사람이 어디에 있겠는가?

38 슈티르너는 여기에서 마키아벨리즘을 옛 그리스와 로마의 문학, 사상, 예술을 본받아 인간중심의 정신을 되살리려 14세기부터 16세기 사이 일어난 르네상스 사상에 이름 붙여진 인본주의(humanism)의 시대와 견주어 얘기하고 있다.

자 이제, 무조건 뼈와 살을 갖춘 인간을 좋아한다는 그 일은 더 이상 '정신이 깃든' 따듯한 마음이 아닐 것이다. 그리고 그 일은 '순수한' 따듯한 마음, '이론적 관심'의 배반일 것이다. 순수한 따듯한 마음을 모든 사람에게 친절하게 악수하는 그런 편안한 즐거움과 같은 것으로 생각하지 않기 때문이다. 이와 반대로 순수한 따듯한 마음은 아무에게도 따듯한 마음이 아니다. 순수한 따듯한 마음은 단지 이론적 관심, 곧 개인으로서의 인간이 아니라, 인간으로서의 인간에 관심을 나타낸다. 개인은 순수한 따듯한 마음에 몹시 불쾌하다. 왜냐하면 개인은 '자기중심적'이기 때문에, 그리고 개인은 인간이라는 그러한 이념으로 존재하는 것이 아니기 때문이다. 하지만 순수한 따듯한 마음은 관념에 대해서만 이론적으로 관심이 있다. 순수한 따듯한 마음 혹은 순수한 이론을 위해 사람들은 비판되고, 조롱받고, 또한 가장 철저히 경멸될 뿐이다. 광신적 세속적 성직자와 마찬가지로, 순수한 따듯한 마음 혹은 순수한 이론에게 개인은 그저 '쓰레기'일 뿐이고 그렇지 않으면 불쾌한 사람과 같은 것이다.

흥미를 갖지 않는 이러한 따듯한 마음을 극단으로 몰아가면, 마침내 우리는 기독교인만이 사랑하는 정신은 아무것도 아니라는 것을, 달리 말해 정신은 일종의—거짓말이라는 것을 틀림없이 인식할 것이다.

[28] 여기서 대략 요약한 것, 그리고 의심할 바 없이 아직 확실히 이해할 수 없게 요약한 것은, 바라건대, 계속하여 점차로 명확해질 것이다.

고대인이 남겨 놓은 유산(遺產)을 받아들여라, 그리고 활동적 일꾼으로서—유산을 다룰 수 있는 만큼 유산을 다뤄라! 세계는 우리의 발아래에서, 우리와 우리의 하늘 아래에서 경멸당하고 있고, 세계의 강력한 힘은 우리에게 더는 영향력을 휘두르지 못하고, 감각을 도취시키는 세계의 숨결은 우리에게 침입하지 못한다. 비록 세계가 유혹하는 자세를 취할 수 있지만, 세계는 우리의 감각만을 속일 수 있다. 세계는 정신을 미혹할 수 없다.—그리고 결국 정신만이 실제로 우리이다. 일단 물건의 속내를 알아채고 나면, 정신 역시 물건보다 상위에 올라섰다. 그러고 나서 정신은 물건의 속박으로부터 자유롭게 되었으며, 해방된 정신, 천상의, 자유로운 정신이 되었다. 그래서 '정신적 자유'를 말한다.

오랜 노고 후에 세계에서 벗어난 정신, 세계에 없는 정신에게, 세계와 세속적인 것의 상실 이후에—정신과 정신적인 것 외에 아무것도 남지 않았다.

그렇지만 정신은 오직 스스로 세계로부터 멀어지고, 정말로 세계를 효력이 없게 할 수 없으므로, 그 자체로 세계로부터 자유로운 존재를 만들었기 때문에, 그래서 세계는 정신에게 어떤 제거할 수 없는 장애물로 남고, 어떤 불신의 존재로 남는다. 그리고 다른 측면에서 정신은 정신과 정신적인 것만을 알고 인정하기 때문에, 이런 이유로 정신은 끊임없이 세계를 정신으로 만들려고, 다시 말해 세계를 '나쁜 평판'으로부터 구제하려는 욕망을 지니고 있음이 틀림없다. 따라서 젊은이처럼, 정신은 세계를 구원할 계획 혹은 세계를 더 좋게 만들 생각을 품고 있다.

우리가 보았듯이, 고대인은 자연스러운 것, 세속스러운 것, 세계의 자연적 질서에 있는 힘을 다해 몸과 마음을 바쳤다. 그러나 고대인은 이러한 헌신으로부터 참으로 해방될 수 있었는지에 대해 끊임없이 자문한다. 그리고 그들은 다시 끊임없이 반란을 기진맥진한 상태까지 애쓰며 시도하였을 때, 그때 그들의 마지막 탄식 속에서, 신은 그들에게 '세계 극복자'로 태어났다. 그들의 모든 행위는 세계에 대한 지혜였을 뿐이고, 세계의 속내를 알아채려는 그리고 세계 위에 도달하려는 노력이었다. [29] 그러면 이어지는 수 세기의 지혜는 무엇인가? 현대인이 무엇의 속내를 꿰뚫어 알아차리려고 노력했던 것인가? 고대인이 성취하였기 때문에, 현대인은 더 이상 세계의 속내를 꿰뚫지 않았다, 오히려 고대인이 현대인에게 유산으로 남긴 신의 드러나지 않는 속사정, 신의 드러나지 않는 속내인 '정신', 모든 정신의 것, 정신적인 것의 속내를 꿰뚫어 알아차리려고 노력했다. 그러나 '신성의 심연까지 탐구하는' 정신의 활동은 신학이다. 만약 고대인이 내세울 것이 세계에 대한 지혜뿐이라면, 현대인은 결코 신학 이상을 넘어서지 못한다. 우리는 가장 최근의 신에 대한 반란조차 '신학'의 가장 극단적 노력, 다시 말해 단지 신학적 반역에 지나지 않는다는 사실을 나중에 알게 될 것이다.

§. 1. 정신

정신의 영역은 엄청나게 거대하고, 그곳에 무한히 많은 정신적인 것들이 있다. 그런데도, 고대인의 유산인 이 정신이 실제로 무엇인지를 보자.

고대인의 출산 진통에서 정신이 태어났지만, 고대인은 자신을 정신으로 나타낼 수 없었다. 고대인이 정신을 낳을 수 있었지만, 정신이 자신을 표현해야만 한다. 맨 먼저 정신, 다시 말해 그분, 신이라고 말로 표현할 수 있는 '태어난 신, 인간의 자식'은 세속적 물건과 세속적 관계와 관련된 것이 아니라, 오히려 오로지 정신과 정신적 관계와 관련된 것이다.

세계에는 정신을 건드릴 것이 아무것도 없기 때문에, 세계의 모든 타격에도 파괴되지 않는 나의 용기, 나의 굽힐 수 없음과 내 반항심은 어쩌면 완전한 의미에서 이미 정신인가? 이런 방식으로 정신은 여전히 세계에 적의를 품고 있을 것이구나! 또한 정신의 행위는 세계에 의해 패배하지 않는 것 속으로 제한될 것인가! 아니다, 정신이 홀로 정신 자체를 다루지 않는 한, 그리고 정신이 **자기 자신의** 세계, 정신적인 것만 관계하지 않는 한, 정신은 **자유로운** 정신이 아니라, 오히려 '이 세계의 정신', 곧 이 세계에 속박된 정신일 뿐이다. 다시 말해 정신은 **자기 자신의** 어떤 세계에서만, 자유로운 정신, 실제의 정신이다. 그러니까 정신은 '이 세계'에서, 곧 지상의 세계에서는 어떤 낯선 것이다. [30] 정신적 세계의 한가운데에서만 정신은 정말로 정신이다. 왜냐하면 '이' 세계는 정신을 이해하지 못하고 '타향에서 온 소녀'[39]가 떠나는 것을 막을 방법을 모르기 때문이다.

그러나 어디에서 이러한 정신적 세계가 나타나는가? 정신 그 자체와는 다른 곳에서인가! 정신은 정신 자체를 드러내야만(offenbaren) 한다. 그래서 정신이 말하는 언어들, 정신이 그 자신을 드러내는 계시(啓示)들[40], 이것들이 정신의 세계이다. 마치 어떤 몽상가가 그가 직접 만들어 낸 환상적 창조물에서만 살아가고 자신의 세계를 가지는 것처럼, 마치 어떤 바보가 꿈나라 없이는 미칠 수도 없는 자신의 꿈나라를 만들어 내듯이, 그렇게 정신은 정신 자체를 위해 자신의 정신세계를 만들어 내야만 한다. 그리고 정신이 자신의 정신세계를 창조하기 전까지 정신은 결코 정신이 아니다.

따라서 정신의 창조물이 정신을 정신으로 만든다. 또한 우리는 정신의 창조물에 의해 정신을 창조자로 알고 있다. 정신의 창조물에서 창조자인 정신을 인식한다. 정신은 정신의 창조물 안에 살고, 정신의 창조물이 정신의 세계이다.

자, 정신은 무엇인가? 정신은 정신적 세계의 창조자구나! 우리가 정신적인 것, 즉 생각을 취득해왔다는 사실을 사람이 알 때까지, 사람들은 당신과 나에게서조차 정신을 인지하지 못한다. 비록 생각들이 우리 앞에 제시되었을지라도, 적어도 우리는 생각들을 우리 안에 살도록 데려왔다. 왜냐하면, 우리가 어렸을 때, 가장 교화적 생각들이 우리가 원하지 않는데도 우리 앞에 제시됐을 수도 있었거나, 또는 우리 안에서 재생산

---

39 이 말은 실러(Johann Christoph Friedrich von Schiller, 1759~1805)의 1796년 시 제목이다.

40 'Offenbarung'은 자주 '계시'(啓示)로 번역된다. 이 때에는 종교에 대한 교묘한 풍자로 이해할 수 있다. 하지만 다른 곳에서 슈티르너는 이 단어를 덜 종교적 용어로 사용하고 있다. 문맥에 따라 '계시' 혹은 '표명', '드러냄'으로 옮겼다.

할 수 있었기 때문이다. 따라서 그렇게 정신이 정신적인 것을 창조할 때만, 정신 역시 존재한다. 정신은 오로지 정신적인 것, 곧 정신의 창조물과 함께 실재한다.

그렇다면 우리가 정신을 정신의 활동들로 인식할 때, 문제는 이러한 활동들이 무엇인가이다. 그러나 정신의 활동들 혹은 정신의 자식들은—정신들 이외에 다른 것이 아니다.

만약 내 앞에 유대인, 곧 성실한 유대인이 있었다면, 그렇다면 거의 2천 년 동안 유대인이 [정신을] 믿지 않고 지식 없이 정신 앞에 서 있었듯이, 나는 여기서 멈춰야 할 것이고 유대인을 이러한 비밀 앞에 내버려 두어야 할 것이다. 그러나 내 친애하는 읽는 이여, 그대가 적어도 순혈종의 유대인은 아니기 때문에,—그러한 순혈종의 유대인이 아닌 사람은 여기까지 길을 잃지 않을 것이기 때문에—[31] 내가 그대를 비웃으며 쳐다보기 때문에, 그대 또한 나에게서 등을 돌릴 때까지, 우리는 함께 조금 더 진전시킬 것이다.

만약 누군가가 그대에게, 그대는 완전히 정신이었다고 말한다면, 그대는 그대의 육체를 움켜쥐면서 그를 믿지 않고, 오히려 다음과 같이 대답할 것이다. '아마 나에게는 정신이 있다. 그러나 나는 정신으로만 존재하는 것이 아니라, 오히려 뼈와 살을 갖춘 사람으로 존재한다.' 그대는 여전히 '그대의 정신'과 그대 자신을 구별할 것이다. 그는 다음과 같이 응답한다. "그러나, 가령 그대가 아직도 육체의 족쇄를 입고 나타난다고 하더라도, 훗날 '구원받은 정신'이 되는 것이 그대의 운명이다. 그리고 아무리 그대가 그대 정신의 미래 모습을 생각할 수 있더라도, 죽음 속에서 이 육체는 사라질 것이고 그럼에도 불구하고 그대 자신, 다시 말해 그대의 정신은 영원히 유지할 것이라는 사실만은 여전히 확실하다. 따라서 그대의 정신은 그대한테 영원하고 참된 것이고, 그대가 떠날 수 있고 아마도 다른 것과 교환할 수 있는 육체는 지금 세계의 일종의 숙소일 뿐이다."

이제 그대는 그를 믿는구나! 현재로서는 참으로 그대는 단지 정신이 아니긴 하지만, 장래 언젠가 죽음을 면할 수 없는 그대의 육체를 떠나야만 할 때, 그때 그대는 육체 없이 지내야만 할 것이다. 그리고 그런 까닭에 그대는 제때 그대 본래의 나(eigentliches Ich)를 준비하고 염려하는 일이 필요한 것이다. "사람이 온 세상을 얻고도 그의 영혼을 잃는다면, 그 일이 사람한테 무슨 도움이 될 수 있는가?"[41]

그러나 의심이 그대에게서 그대 정신의 불멸에 대한 믿음을 빼앗은 이후에도, 시간이 흐르면서 기독교 신앙에 대한 의심이 오랫동안 제기되었다는 점을 인정하더라도, 그럼에도 그대는 흔들리지 않는 하나의 명제를 그대로 두었다. 그러니까 그대는 정신이 그대의 더 나은 부분이라는 것, 또는 다른 어떤 것보다 정신적인 것이 그대한테 더 큰 요구를 한다는 한 가지 진리를 여전히 주저하지 않고 신봉한다. 그대의 무신론에도 불구하고, 그대는 **자기중심성**에 대한 적대적 열정이란 면에서 불멸을 믿는 자들과 일치한다.

하지만 그대는 자기중심적 사람이란 말을 들으면 누구를 생각하는가? 어떤 관념, 즉 어떤 정신적인 것을 위해 살지 않는 사람, 그리고 정신적인 것을 위해 자기 개인의 이익을 희생하지 않는 그런 사람, 자기 개인의 이익을 위해 일하는 그런 사람이다. [32] 훌륭한 애국자는 자신의 희생을 조국의 제단에 바친다. 그러나 조국이 하나의 관념이라는 사실에 다른 의견을 제기할 수 없는데, 그 이유는 마음의 능력이 없는 동물에게 혹은 여전히 아무 생각이 없는 어린이에게는 조국도 애국심도 없기 때

41 슈티르너는 예수가 제자 신분의 조건에 대해 고심하는 것을 인용하고 있다. 「마태복음」, 16장 26절, 사람이 온 세상을 얻고도 자신의 혼을 잃는다면 무슨 유익이 있겠느냐?

문이다. 이제, 누군가가 자신을 훌륭한 애국자로 입증하지 않는다면, 그는 국가와 관련하여 자신의 자기중심성을 드러낸다. 따라서 다른 수많은 경우에서도 마찬가지이다. 이를테면 인간다운 사회에서 평등의 이념에 거슬러 자기중심적으로 어떤 특권을 이용하는 사람은 죄를 범한다. 또는 자유 등등의 이념에 거슬러 통치권을 휘두르는 사람을 자기중심적 사람이라고 꾸짖는다.

그대는 자기중심적 사람을 경멸한다. 왜냐하면 자기중심적 사람은 자신의 일을 선호하여 정신적 일을 얕보기 때문이고, 또한 그대가 자기중심적 사람에게서 이념에 대한 사랑으로 행동하는 것을 보고 싶어 하는데 반하여, 그가 자기 자신을 돌보기 때문이다. 그대는 정신을 중심으로 삼지만, 자기중심적 사람은 자기 자신을 중심으로 삼는다는 점에서, 혹은 그대가 그대의 나(Ich)를 둘로 나누어 그대 본래의 나(eigentliches Ich), 곧 정신을 더 보잘것없는 나머지의 지배자로서 찬양하지만, 자기중심적 사람은 이러한 분열에 대해 아무것도 알려고 하지 않고, 바로 자신의 즐거움에 따라 정신적 관심과 물질적 관심을 추구한다는 점에서 정신을 중심으로 삼는 사람과 다르다. 정말로, 그대는 오직 정신적 문제에 전혀 관심이 없는 사람을 욕한다고 생각하지만, 실제로 그대는 정신적 관심을 '진실하고 가장 높은' 관심으로 여기지 않는 모든 사람에게 욕한다. 그대가 그녀는 이 세상의 유일한 미인이라고 주장하는 한, 그대는 이 아름다움을 위해 기사(騎士)의 직무에 마음과 힘을 다한다. 그대는 그대 자신을 위해 살아가는 것이 아니라, 오히려 그대의 정신, 정신에 관계된 것, 다시 말해 이념을 위해 살아간다.

정신은 정신적인 것을 창조하는 동안에만 존재하기 때문에, 정신이 최초로 창조한 것을 찾아보자. 신화에 따르면 단지 최초의 인간이 창조되기만 하면, 나머지 종족이 저절로 번식할 수 있었던 것처럼, 정신이 이 일을 최초로 완수했다면, 지금부터 창조물의 자연스러운 번식이 뒤따른다. 그러나 최초의 창조물은 '무'(無)에서 생겨야만 한다. 다시 말해 정신은 정신의 실현을 위해 정신 자체 이외에 아무것도 가지고 있지 않다. 더 정확히 말하면, 정신은 아직까지 정신 자체를 가지고 있는 것이 아니라, 오히려 정신 자체를 만들어 내야만 한다. 그러므로 정신의 첫 번째 창조물은 정신 그 자체, 곧 **정신**이다. [33] 이 일이 신비롭게 들리지만, 그럼에도 불구하고 우리는 일상의 경험 속에서 이 일을 체험한다. 그대는 그대가 생각하기 전에 생각하는 존재인가? 그대가 최초로 생각을 창조하는 동안에, 그대는 그대 자신을, 곧 생각하는 그대를 창조한다. 왜냐하면 그대는 그대가 어떤 생각을 생각하기 전에, 다시 말해 어떤 생각을 가지기 전에, 생각하지 않기 때문이다. 그대의 노래가 그대를 가수로 만드는 것이 아닌가? 그대의 연설이 그대를 연설가로 만드는 것이 아닌가? 이제, 마찬가지로 정신적인 것을 생산하는 일이 최초로 그대를 어떤 정신으로 만든다.

한편, 그대는 자기 자신을 생각하는 사람, 가수, 그리고 연설가와 구별하듯이, 똑같이 그렇게 그대는 정신과 자기 자신을 구별하고, 그대가 정신과는 다른 어떤 존재라는 사실을 아주 분명히 느낀다. 그러나 생각하는 나에서와 마찬가지로, 열광(Enthusiasmus)[42]인 생각 속에서는 청각과 시각이 쉽게 흐릿해지는 것처럼, 또한 그렇게 정신의—열광(Geist-Enthusiasmus)이 그대를 사로잡았고, 그래서 이제 그대는 온전한 정신이 되기 위해 그리고 정신에 흡수되기 위해 온 힘을 다해 갈망한다. 정신

---

42 '열광'(Enthusiasmus)이란 말의 유래는 다음과 같다. 신의 살과 피를 먹고 마심으로써 신과 하나 되는 행위를 그리스어로 'enthousiamos'라 한다. 이 낱말은 '안'을 뜻하는 접두어 'en-'과 '신'을 의미하는 어간 'thou-'의 합성어로 이루어진 것으로 직역하면 '신 안으로 들어가기' 또는 '신과 하나 되기'의 의미를 갖는다. 바로 이 낱말에서 '열광'이란 뜻의 영어 낱말 'enthusiasm'이 유래한다.

은 그대의 이상이고, 도달할 수 없는 것이며, 저세상의 것이다. 정신은 그대—신의 이름이다. "신은 정신이다."[43]

그대는 정신이 아닌 모든 것에 반대하는 열광자이다. 그러므로 그대는 비정신적 잔재들에서 벗어날 수 없는 그대 자신에 극구 반대한다. 그대는 "나는 정신보다 더 높게 존재하노라"라고 말하는 대신, 이렇게 참회하며 말한다. "나는 정신보다—못하다. 그리고 정신, 곧 순수한 정신, 혹은 모름지기 정신인 그 정신. 이런 것만을 나는 생각할 수 있다. 그러나 나는 정신이 아니다. 그리고 나는 정신이 아니기 때문에, 정신은 다른 것이고, 정신은 내가 '신'이라고 부르는 그런 다른 형태로 존재한다."

순수한 정신으로서 존재해야만 하는 정신은 천상의 정신이어야만 한다는 사실이 문제의 핵심이다. 그 이유는 내가 정신이 아니기 때문에, 정신은 내 밖에서만 존재할 수 있다. 어떤 경우에도 인간이 '정신'이라는 개념에 절대로 완전히 흡수되지 않기 때문에, 순수한 정신, 그러한 정신은 인간 밖에서, 인간 세계를 넘어서—지상이 아니라 천상에서만 존재할 수 있다.

나와 정신은 이러한 갈등 속에서만 놓여있다. 왜냐하면 오로지 '나'와 '정신'은 하나이자 같은 것에 대한 이름이 아니라, 오히려 완전히 다른 것에 대한 다른 이름이기 때문이다. 왜냐하면 오로지 나는 정신이 아니고 정신은 내가 아니기 때문이다. [34]—오로지 이런 이유에서 정신이 저세상에 살아야 할 필요, 다시 말해 정신이 신이 되어야 할 필요를 설명하는 일은 완전히 동어 반복으로 밝혀진다.

이 일로부터 포이어바흐[44]가 우리에게 제공하려고 애쓰는 해방이 얼

43 「요한복음」, 4장 24절, "하나님은 한 영이시니 그분께 경배드리는 자들은 영과 진리로 경배드려야만 하니라"고 하시니라.

44 원주 5, 포이어바흐, 『기독교의 본질』 제2판, 라이프치히, 1843.

마나 철저히 신학적인지, 곧 신에 관한 학문인지가 또한 추론된다. 특히 그가 말하길, 우리는 단지 우리 자신의 본질을 잘못 판단했기 때문에, 본질을 다른 세계에서 얻고자 애썼다. 그러나 이제, 우리는 신이 우리 인간의 본질일 뿐이라는 사실을 이해할 때, 우리는 우리 인간의 본질을 우리 자신의 것으로 인정해야만 하고 저세상에서 이 세상으로 다시 가져와야만 한다. 포이어바흐는 정신인 신을 '우리의 본질'이라고 부른다. '우리의 본질'이 우리와 대립하는 것, 그리고 우리가 본질적인 나와 비본질적인 나로 분리되는 것을 불평하지 않고 참을 수 있는가? 포이어바흐가 그렇게 주장해서 우리는 우리 자신에게서 쫓겨난 우리 자신을 봐야 하는 애처로운 불행으로 다시 돌아간 것이 아닌가?

일찍이 우리가 여느 때와 달리 우리 외부의 신적인 것을 우리 내부로 옮겼을 때, 도대체 무엇을 얻었는가? 우리는 우리 안에 있는 존재인가? 우리는 우리 밖에 있는 존재가 아니듯이 우리는 그렇지 않다. 내가 내 연인, 이러한 나의 '다른 나'가 아닌 것과 마찬가지로 나도 나의 마음이 아니다. 오로지 우리는 우리 안에 깃들어 있는 정신이 아니니까. 바로 그런 이유 때문에 우리는 정신을 우리 밖으로 옮겨 놓아야만 했다. 정신은 우리가 아니었고, 우리와 일치하지 않았다. 그러므로 우리는 정신을 우리 밖에, 곧 우리의 저세상, 내세(來世)에 존재하는 것일 뿐이라고 생각할 수밖에 없었다.

포이어바흐는 절망의 힘으로 기독교의 모든 본질을 붙잡는다. 조금도 정신을 내던져 버리지 못한다, 아니, 정신을 자신에게 끌어당기기 위해, 항상 멀리 떨어져서, 오랫동안 동경하였던 정신을 최후의 노력으로 정신의 천국에서 끌어당겨서 정신이 그와 함께 영원히 머무르도록. 이 일은 마지막 절망의 붙잡음, 생사를 건 붙잡음이 아닌가? 게다가 이 일은 동시에 내세에 대한 기독교의 그리움과 열망이 아닌가? 신인(神人)은 내세에 들어가고 싶은 것이 아니라, [35] 오히려 내세를 신인에게 끌어들이고 싶어 한다! 그리고 올세상이 지금 세상이 되도록 강제하고 싶어 한다! 그리고 그때부터 너나 할 것 없이 어느 정도로 의식을 가지고 '지금 세상'이 중요하고, 천상은 지상으로 내려와야만 하고 지상에서 체험되어야만 한다고 외치지 않는가?

포이어바흐의 신학적 견해와 우리의 모순을 간략하게 서로 대조해 보자! "인간의 본질은 인간성의 최고 본질(höchsten Wesen)[45]이다. 확실히 이제 최상의 본질은 종교에 의해 신이라고 이름 붙여졌고, **대상적** 본질로 여겨졌지만, 실제로 최고의 본질은 인간다움 자신의 본질일 뿐이다. 그러므로 세계사의 전환점은 다음과 같다, 지금부터 신은 인간한테 더 이상 신으로 나타나는 것이 아니라, 오히려 인간이 신으로 나타나야만 한다."[46]

이 말에 나는 다음과 같이 대답한다. 최고의 본질은 인간의 본질일 수도 있지만, 정확히는 단지 최고의 본질은 인간의 **본질**이지 인간 그 자신은 아니기 때문이다. 그래서 우리가 최고의 본질을 인간 외부에서 보고 그것을 '신'으로 인지하든, 아니면 인간 내부에서 발견하고 그것을 '인간의 본질' 혹은 '인간'이라고 부르든, 그것은 나와 무관한 일이다. 나는 신도 아니고 인간도 아니며, 최고의 본질도 아니고 나의 본질도 아니다. 그러니 전체적으로 보아, 내가 그 본질이 내 안에 있다고 생각하든 내 밖에 있다고 생각하든, 매한가지이다. 정말, 우리는 실제로 항상 가장 높은 본질을 동시에 내적 세계와 외적 세계라는 두 가지 종류의 다른 저 세계

---

45 'Wesen'은 개인들의 편차(인간의 본성과 같은)와는 다른 존재자들 집단의 본질적(essential) 본성이라는 의미와 존재, 창조물 혹은 존재자(신이라는 최고의 존재(Supreme Being)라는 의미가 있다. 'Wesen'이 존재와 본질이라는 뜻이 있다는 것을 간직해야 할 것이다. 그리고 höchst는 '최상의'과 '최고의'라는 말과 같다.

46 원주 6, 포이어바흐, 『기독교의 본질』 제2판, 라이프치히, 1843, 402쪽.

로 생각한다. 그 까닭은 기독교의 견해에 따르면, '신의 정신'은 '우리의 정신'이고 또한 '우리 안에 깃들어 있기' 때문이다.[47] 신의 정신은 천상에 깃들어 있고 우리에 깃들어 있다. 그래서 불쌍한 녀석인 우리는 단지 신의 정신이 사는 '거주지'일 뿐이다. 그런데 포이어바흐가 신의 정신이 사는 천국 같은 곳을 파괴하고, 신으로 하여금 가진 것을 모두 챙겨 우리네 집으로 이사하도록 강요한다면, 그때 신의 정신이 이 세상에 머물러 묵는 곳인 우리의 내면은 매우 초만원이 될 것이다.

그러나 이렇게 중심 주제에서 벗어난 이야기 (기왕 순조롭게 진행하려고 제안할 바엔, [36] 반복을 피하기 위해서는 이후의 페이지로 연기했어야만 했다.) 이후에 정신의 첫 번째 창조, 정신 그 자체를 다시 화제로 삼을 것이다.

정신은 나와는 다른 어떤 것이다. 하지만 다른 이것, 이것은 무엇인가?

§. 2. 정신을 빼앗긴 사람들

낭만주의자 1: 그대는 정신을 본 적이 있니?[48]

낭만주의자 2: 아니, 나는 본 적이 없지만, 우리 할머니는 본 적이 있어.

낭만주의자 1: 자, 알다시피, 나도 마찬가지란 말이야. 나 자신은 결코 본 적이 없지만, 정신들이 할머니의 발 사이로 여기저기 뛰어다녔던

---

47 원주 7, 「로마서」, 8장 9절, (그러나 하나님의 영이 여러분 안에 살아 계시면, 여러분은 육신 안에 있지 않고, 성령 안에 있습니다. 누구든지 그리스도의 영이 없으면, 그리스도의 사람이 아닙니다. - 옮긴이), 「고린도전서」, 3장 16절(여러분은 하나님의 성전이며, 하나님의 성령이 여러분 안에 거하신다는 것을 알지 못합니까? - 옮긴이), 「요한복음」, 20장 22절(이렇게 말씀하신 다음에, 그들에게 숨을 불어넣으시고 말씀하셨다. 성령을 받아라. - 옮긴이), 그리고 헤아릴 수 없는 또 다른 곳에서.

48 낭만주의자들의 대화로 재구성하는 것이 이해력을 높일 수 있다고 생각하여 재구성하였다.

걸 할머니는 본 적이 있어. 그래서 우리 할머니의 정직함을 신뢰하여서 우리는 정신들의 존재를 믿어.

낭만주의자 2: 그러나 그때 우리에게는 할아버지들이 없었지? 그리고 우리 할머니들이 그녀들의 혼령들에 대해 이야기할 때마다, 할아버지들은 언제나 혼령들에는 관심이 없다는 듯이 당혹스러운 표정으로 어깨를 움츠리지 않았니?

낭만주의자 1: 그렇구나, 할아버지들은 우리의 훌륭한 종교에 손상을 많이 끼친 신앙이 없는 사람, 곧 계몽주의 철학자들이었구나! 우리는 이 사실을 느낄 거야!

도대체 '영적 본질 일반의 현존'에 대한 믿음이 아니라면, 이러한 유령들에 대한 열렬한 믿음의 밑바닥에 놓여있는 것은 무엇인가? 그리고 뻔뻔스럽고 슬기로운 사람이 유령들에 대한 열렬한 믿음을 흔든다면, 영적 본질의 현존에 대한 믿음 그 자체는 비참하게 흔들리지 않겠는가? 낭만주의자들은 정신에 대한 믿음—혹은 유령에 대한 믿음을 버림으로써 바로 신에 대한 믿음이 얼마나 큰 타격을 입는지를 매우 잘 의식하고 있었다. 그리고 그들은 그들이 소생시켰던 상상의 세계를 통해서뿐만 아니라, 마침내, 특히 '어떤 더 높은 세계의 침입'을 통해, 그들의 몽유병자와 프레포르스트(Prevorst)의 공상가들[49]을 통해서도 비참한 결과를 제거하기 위해 노력하였다. 선한 신자와 교부는 유령에 대한 믿음과 함께, 종

49 예를 들어 프리데리케 하우페(Friederike Hauffe, 1801~1829)은 '프레포르스트의 공상가'로 알려져 있다. 독일의 시인 케르너(Andreas Justinus Kerner, 1786~1862)는 몽유병에 관심을 가지고 1826~29년에 몽유병 환자이자 투시자인 프리데리케 하우페를 검진한 뒤 『프레포르스트의 예언녀, 인간의 내면 생활과 정신 세상의 우리 세상으로의 투영에 관한 고찰』(1829)에서 그 결과를 발표했다.

교는 종교의 토대를 잃게 되었다는 사실을, 그리고 그 이후로 종교는 공중에 떠다니게 되었다는 사실을 깨닫지 못했다. 더 이상 어떤 유령도 믿지 않는 사람은 전혀 물건들의 드러나지 않는 속내에는 어떤 분리된 본질도, 어떤 유령도 혹은—우리의 단어를 사용할 때 순진하게 동의어로 여긴—어떤 정신도 숨겨져 있지 않다는 사실을 이해하기 위해서는 오직 변함없이 믿지 않기만 하면 된다.

[37] '정신이 존재하는구나!' 세상의 여기저기를 둘러보고 어떤 정신이 모든 것의 밖에서 그대를 응시하지 않는지를 그대 자신한테 말해보라. 사랑스러운 작은 꽃에서 그 꽃을 그토록 멋지게 만드신 창조주의 목소리가 나온다. 별들은 별들을 질서 있게 만든 정신을 증명한다. 숭고한 정신이 산꼭대기에서 불어오고, 갈망이란 정신이 물에서 솟아오른다. 그리고—인간들의 수백만 정신이 말한다. 산이 내려앉을 수 있고, 꽃이 시들 수 있으며, 별의 세계는 붕괴할 수 있고, 사람은 죽을 수 있다.—그러니 이러한 눈에 보이는 물체들의 소멸은 상관없지 않은가? 정신, '눈에 보이지 않는' 정신은 영원히 머무르는구나!

아, 온 세상에 유령이 출몰하는구나! 단지 온 세상에 유령이 출몰하는가? 아니다, 온 세상 자체에 유령이 출몰한다. 온 세상은 완전히 두렵고 낯선 것이고, 어떤 정신이 모습을 바꾸는 겉치레의 육체(Scheinleib)이다. 온 세상은 유령이다. 그렇다면 유령은 겉치레의 육체, 속치레의 정신과 다른 무엇이란 말인가? 이제, 세계는 '덧없는' 것이다. 세계는 '공허한' 것이다. 세계는 매혹적 '겉보기'(Schein)[50]일 뿐이다. 그리하여 세계의 진리는 오로지 정신이다. 세계는 어떤 정신이라는 겉치레의 육체이다.

가까이서 혹은 멀리서 보라, 어떤 유령 같은 세계가 어디에서나 그대

---

50 다음 몇 단락에 걸쳐 슈티르너는 겉보기(Schein)이라는 단어로 익살을 부린다. 허깨비(Erscheinungen), 다음 문장에서 허깨비의 세상(Erscheinungwelt).

를 에워싼다. 그대는 언제나 '허깨비'(Erscheinungen) 혹은 환상을 가지고 있다. 그대에게 나타나는(erscheint) 모든 것은 내재하는 정신의 겉보기(Schein)일 뿐이고, 어떤 유령 같은 '허깨비'(Erscheinung)일 뿐이다. 세계는 그대에게 허깨비 세상(Erscheinungswelt)일 뿐이다. 세계의 드러나지 않는 속내에서 정신이 출몰한다. 그대는 '정신을 본다.'

혹시 그대는 도처에서 신들을 보았던 고대인과 그대 자신을 견주어 볼 생각을 하고 있는가? 나의 친애하는 현대인이여, 신들은 어떤 정신들도 아니다. 신들은 세계를 겉보기로 전락시키지 않고 세계를 정신으로 만들지 않는다.

그러나 그대에게 온 세계는 정신이 되었고 어떤 수수께끼 같은 유령이 되었다. 그러므로 그대가 그대 자신에게서 모름지기 유령을 발견하지 않는다고 해도 놀라지 말라. 그대의 정신은 그대의 육체 안에서 유령처럼 떠돌지 않는가? 그리고 그대의 정신은 오로지 참된 것이고 실재하는 것이 아닌가? 그대의 육체는 단지 '덧없는 것, 공허한 것' 혹은 어떤 '가상'이 아닌가? 우리는 '구원'을 기다리는 모든 유령들, 두렵고 낯선 존재들,—곧 '정신들'이 아닌가?

[38] 세계에 정신이 나타난 이후로, '말씀이 육체가 된' 이래로[51], 그 이후에 세계는 정신이 되었고, 마법에 걸렸고 유령이 되었다.[52]

유령 : 그대가 생각을 가지니까, 그대는 정신을 가진다. 그대의 생각은 무엇인가?

현대인 :—정신적 본질들입니다.

51 「요한복음」, 1장 14절을 보라, "그 말씀이 육신이 되어 우리 가운데 거하시므로…."

52 아래의 글은 원래 대화 형식으로 이루어지지 않았지만 유령과 현대인의 대화 형식으로 재구성하면 훨씬 더 역동적으로 읽을 수 있기 때문에 이렇게 구성하였다.

유령 : 그렇다면 그것은 물건들은 아니겠지?

현대인 :—그렇습니다, 하지만 물건들의 정신, 모든 물건들의 핵심, 물건들의 가장 내부에 있는 것, 물건들의—이념이지요.

유령 :—그렇다면 그대가 생각하는 것이 그대의 생각만은 아닌 거지?

현대인 : 정반대이죠, 내가 생각하는 것은 가장 실재하는 것, 세상에서 참으로 참된 것이지요. 그러니까 그것은 진리 그 자체이죠. 내가 오직 참되게 생각하면, 나는 진리를 생각합니다. 물론, 나는 진리를 잘못 생각하고 오인(verkennen)할 수도 있죠. 그러나 내가 참으로 인식한다(erkenne)면, 내 앎(Erkenntnis)의 대상은 진리입니다.[53]

유령 :—그렇다면 그대는 항상 진리를 인식하려고 노력하고 있는가?

현대인 :—진리는 나한테 신성한 것입니다. 내가 불완전한 진리를 발견하고 그것을 더 나은 진리로 대체하는 일은 충분히 일어날 수 있습니다. 그러나 나는 진리를 버릴 수는 없습니다. 나는 진리를 믿습니다. 그러므로 나는 진리를 탐구합니다. 아무것도 진리를 능가하지 않습니다. 진리는 영원합니다.

진리는 신성하고, 영원하다. 그러니까 진리는 신성한 것이고, 영원한 것이다. 그러나 이러한 신성한 것에 의해 자기 자신을 가득 채우고 이끌리는 그대는, 그대 스스로 신성하게 된다. 더욱이 신성한 것은 그대의 감각을 위한 것이 아니므로, 그대는 감각적 사람으로서 신성한 것의 흔적을 결코 발견하지 못한다. 오히려 신성한 것은 그대의 믿음을 위한 것 혹은 더욱더 확고한 그대의 정신을 위한 것이다. 왜냐하면 신성한 것 그 자체가 정말로 정신적인 것이고, 정신이기 때문이다. 신성한 것은—그 정신을 겪은 정신이다.

53 여기에 'verkennen', 'erkennen' 그리고 'Erkenntnis'로 익살을 부리고 있다.

이러한 '이치에 맞지 않는' 말을 더는 하지 않는 많은 사람들이 현재 주장하듯이, 신성한 것(Das Heilige)은 그 자체가 쉽게 제거되는 것을 절대로 허용하지 않는다. 정말이지 한 가지 점에서라도 내가 여전히 '자기중심적 사람'이라고 신랄하게 비판받는다면, 이러한 비판에는 나 자신보다 더 나은 존재를 섬겨야만 하고, 모든 것보다 나한테 더 중요한 것이 있다는 다른 사람의 생각이 남아 있다. 요컨대, 이러한 비판에는 내가 나의 참된 행복(Heil)을—'신성한 것'(Heiliges)[54]에서 찾아야만 한다는 다른 사람의 생각이 어느 정도 남아 있다. 아무리 신성한 것이 인간답게 보이고, 인간다움 그 자체일지라도, 신성한 것은 그것의 신성함(Heiligkeit)을 제거하는 것이 아니라, [39] 오히려 기껏해야 이 세상 것이라고는 생각되지 않는 어떤 신성한 것을 이 세상 것이라고 생각되는 어떤 신성한 것으로, 곧 어떤 신다운 신을 어떤 인간다운 인간으로 바꾼다.

[39] 신성한 것은 자기 자신을 인정하지 않는 자기중심적 사람들, 비자발적 자기중심적 사람들에게만 존재한다. 왜냐하면 그들은 언제나 자기 것을 돌보지만 자신을 가장 높은 존재로 여기지 않고, 자신만을 섬기면서 동시에 항상 어떤 더 높은 존재를 섬기고 있다고 생각하기 때문이다. 또한 그들은 자신보다 더 높은 것이 아무것도 없다는 것을 알고 있지만, 더 높은 것에 열광하기 때문이다. 간략히 말해, 자기중심적 사람이 되고 싶지 않은 자기중심적 사람들은 자기 자신을 겸손하게 낮추지만(자신들의 자기중심성과 싸우며), 그러나 동시에 오로지 '고귀한 존재'를 위해서만 자기의 품위를 더럽히기 때문이다. 그러므로 그들은 자신들의 자기중심성을 만족시킨다. 왜냐하면 그들은 자기중심적 사람이 되는 것을 그만두고 싶었기 때문에, 천상과 지상의 사방팔방에서 더 높은 존재를 섬기고 더 높은 존재에 자기 자신을 희생하려고 애쓴다. 그러나 아무리

54 'Heil'과 'Heiliges'로 익살을 부리고 있다.

많이 그들이 분발하여 일어날지라도, 아무리 많이 자기 자신을 벌할지라도, 결국 그는 자기 자신을 위하여 모든 것을 한다. 그래서 평판이 나쁜 자기중심성이 그에게서 떨어지지 않을 것이다. 이 때문에 나는 그들을 비자발적 자기중심적 사람들이라고 부른다.

그 자신에서 벗어나려는 그의 노력과 염려는 자기 파멸로 향하려는 잘못 이해한 충동에 불과하다. 만약 그대가 그대의 지나간 시간에 묶여 있었다면, 만약 그대가 어제 수다 떨었기 때문에 오늘 수다 떨어야만 한다면,[55] 만약 그대가 매 순간에 자신을 변화시킬 수 없다면, 그렇다면 그대는 그대 자신에게서 노예의 속박을 느끼고 마비된 자기 자신을 느끼는 것이다. 그러므로 그대 현존의 매 순간 너머로, 새로운 미래의 순간이 그대에게 손짓하여 부르고, 그대 자신을 발전시켜서 '그대 자신에게서', 다시 말해 현재 존재하는 자신에게서 벗어난다. 그대가 매 순간 존재하듯이, 그대는 그대 자신의 창조물로 존재한다. 그리고 바로 이 '창조물'에서 그대는 그대 자신, 창조자를 잃어버리지 않기를 바란다. 그대 자신은 그대가 존재하는 것보다 더 높은 존재이고 그대 자신을 능가한다. 그러나 그대는 그대보다 더 높은 사람이라는 사실, 다시 말해 그대는 창조물일 뿐이고, 또한 그대의 창조자라는 바로 이러한 사실을 그대가 비자발적 자기중심적 사람으로서 잘못 판단한다. [40] 그러므로 '더 높은 본

---

55 원주 8,

"성직자들이 방울 울린다! 사람들이 와서 수다 떠는 것에
그들은 얼마나 신경 쓰는지, 어제처럼 오늘도!
내게 신부들 욕은 하지 마라. 그들도 인간의 욕구를 알고 있거늘,
인간은 자신이 행복하다고 오늘처럼 내일도 떠들 테니까!"

("사람들 와서 수다 떠는 것에"란 신부가 고해소에 들어가기 전에 방울을 올리면 한 사람씩 들어가 고해 성사(告解聖事)를 보는 것을 말한다. 위 글은 슈티르너가 괴테의 '베네치아 에피그람'(1790년)이란 제목의 풍자시 103개 중 11을 인용한 것이다. - 옮긴이)

질'은 그대에게—낯선 것(Fremdes)이다. 진리, 인류 등등과 같은 더 높은 모든 본질은 우리보다 상위에 있는 본질이다.

낯섦(Fremdheit)은 '신성한 것'의 식별 기준이다. 신성한 모든 것에는 '두렵고 낯선'(Unheimliches) 다시 말해 낯선 어떤 것이 놓여있다. 그와 같은 것은 우리에게 전혀 친숙하지(heimisch) 않고 익숙하지 않다. 나에게 신성한 것은 나 자신의 것이 아니라는 것을 의미한다. 그리고 예를 들어 나에게 다른 사람의 소유가 나에게 신성하지 않다면, 나는 다른 사람의 소유를 내 것으로 보고서, 그것을 좋은 기회가 생기면 빼어올 것이다. 또는 거꾸로 중국 황제의 얼굴이 나에게 신성한 것으로 여겨지고, 그 얼굴이 내 눈에 낯선 것으로 남는다면. 나는 그 얼굴의 출현에 눈을 감을 것이다.

일반적 단어의 의미에서 영원하다고 할 수도 있는 논박할 수 없는 수학적 진리는 왜—신성하지 않은가? 왜냐하면 수학적 진리는 절대로 묘명된 것이 아니거나, 어떤 더 높은 본질의 표명(Offenbarung)이 아니기 때문이다. 이른바 종교적 진리를 계시된 것으로만 이해할 때, 매우 갈팡질팡하고, '더 높은 본질'이라는 개념의 범위를 완전히 오해한다. 무신론자는 '최상의 것' 혹은 최고의 존재(être suprême)[56]라는 이름으로 섬겨졌던 더 높은 본질 또한 조롱한다. 그런데 무신론자는 더 높은 본질이 필요해서, 새로운 본질을 위한 공간을 만들기 위해서 낡은 본질을 파괴하고 있을 뿐이라는 사실을 눈치채지 못한 채, 잇따라 '더 높은 본질의 현존이라는 증거'를 허섭스레기로 만든다. '인간'은 어떤 개별적 인간보다 더 높은 본질이 아닌가? 게다가 인간이란 개념에서 생긴 진리, 권리, 관념이 바로 그러한 개념의 표명으로 존경받아야만 하고, 신성한 것으로—유지되어야 하지 않는가? 왜냐하면, 우리가 인간이란 개념에 의해 아주 명

56 프랑스 말로 최고의 존재, 곧 신을 의미한다.

백해진 것처럼 보인 어떤 진리를 다시 제거한다면, 이런 일은 신성한 개념 그 자체에 조금도 해를 입히지 않거나, 혹은 똑같은 것의 표명들로 정당하게 여겨졌어야만 하는 진리들로부터 그것의 신성함을 빼앗지 않고, 우리 쪽에서 보면 오해의 증거를 줄 뿐이기 때문이다. [41] 인간은 모든 개별적 인간을 넘어선다.―비록 이것이 인간의 본질일지라도―실제로는 인간의 본질이 아니다, 그 대신에 인간의 본질은 저마다 다른 그 자신처럼 독특한 것이 아니라, 오히려 어떤 보편적이고 '더 높은' 것이고, 아니 그뿐인가, 무신론자에게 인간의 본질은 '최고의 본질'이다. 그리고 마치 신의 표명들이 신의 자필로 기록된 것이 아니라, 오히려 '신의 도구들'을 통해서 표명된 것처럼, 그렇게 새로운 최고의 본질 또한 그것의 표명 그 자체를 기록하는 것이 아니라, 오히려 '참된 인간'을 통해 우리에게 알려준 것이다. 오직 새로운 본질만이 실제로 낡은 신보다 더 정신적 개념이다. 왜냐하면 낡은 신은 여전히 일종의 충만한 육체성 혹은 형체로 묘사되었지만, 이와 달리 새로운 본질은 맑은 정신성을 가지고 있었고, 게다가 새로운 본질이 어떤 특별한 물질적 신체를 지녔다고 날조하지 않았기 때문이다. 그럼에도 불구하고, 최고의 본질은 육화를 결여하지 않아, 여전히 더욱더 유혹적으로 보인다. 왜냐하면 새로운 본질은 더 자연스럽고 더 세속적으로 보이고, 다름 아닌 모든 뼈와 살을 갖춘 인간,―단순한 '인류' 혹은 '모든 사람'일 뿐이기 때문이다. 이로 인하여 외관상의 신체 속에 있는 정신의 유령성은 또다시 아주 단단하고 평판이 좋게 되었다.

그래서 최고의 본질은 신성하고, 이 최고의 본질 자체를 드러내거나 드러나게 할 모든 것과 함께 있다. 그러나 이 최고의 본질을 그 본질 자체와 함께, 다시 말해 바로 그 본질의 표명들과 함께 인식하는 사람은 신성하다. 신성한 것은 다시 그것을 섬기는 사람을 신성하게 한다. 신성한 것을 섬기는 사람은 어떤 신성한 행실, 어떤 신성한 생각과 행위, 어떤 신성한 저술과 열정 등등과 마찬가지로 그가 하는 것이 신성한 것이듯이, 숭배를 통해 그 자신이 신성한 사람이 된다.

가장 격렬한 적대자들이 숭배와 섬김에 합당한 최고의 본질이 있다는, 그런 주요한 문제를 서로에게 양보하는 한에서만, 무엇을 최고의 본질로 숭배하느냐에 대한 갈등이 오직 의미가 있는 것으로 이해될 수 있다. 가령 누군가가 시아파 신도와 수니파 신도 사이의 [42] 혹은 바라문과 불교도[57] 사이의 말의 전쟁에서, 기독교인처럼, 최고의 본질에 관한 투쟁 전체에 자비롭게 미소 짓는다면, 그때 그에게 최고의 본질이라는 가설은 공허한 것이고, 게다가 그러한 가설에 대한 갈등은 공허한 일이다. 그렇다면 유일한 신이든 삼위일체의 신이든, 루터파의 신이든 최고의 본질(être suprême)이든 혹은 신이 아니라, 오히려 '인간'이든지 간에, 최상의 본질 그 자체를 부정하는 사람에게 이런 것들은 전혀 차이가 없다. 왜냐하면 그러한 사람의 눈에는 최고 본질의 저 하인들은 다 함께—신앙이 깊은 사람들이기 때문이다. 가장 미친 듯이 날뛰는 무신론자는 가장 믿음이 깊은 기독교인에 지나지 않는다.

그래서 신성한 것의 맨 앞에 가장 높은 본질과 이러한 본질에 대한 믿음, 우리의 '신성한 믿음'이 있다.

§2—1 유령

우리는 유령들과 함께 정신의 왕국, 곧 본질의 왕국에 다다른다.

천지 만물에 유령으로 출몰하는 것, 그리고 천지 만물의 신비로운 존재, '이해할 할 수 없는' 존재로 출몰하는 것, 그것은 정확하게 우리가 가장 높은 본질이라고 부르는 신비로운 유령을 의미한다. 그리고 이러한 유령의 참된 모습을 규명하기 위해, 그러한 유령을 이해하기 위해, 그 유령에서 현실성을 발견하기 위해('신의 현존'을 논증하기 위해)—이러

57 각각 이슬람교와 힌두교 사회의 종교적 세계에 대한 두 가지 주요한 구분이다.

한 과제를 하고자 사람들은 수천 년 동안 노력하였다. 그러니까 사람들은 유령을 비-유령으로, 비현실적인 것을 현실적인 것으로, 정신을 어떤 완전하고 뼈와 살을 갖춘 인격으로 변화시키려는 잔혹한 불가능성, 끝없는 헛된 노동[58]으로—자신을 괴롭혔다. 현존하는 세계의 드러나지 않는 속내에서 그들은 '물(物) 자체'(das Ding an sich), 곧 본질을 찾았다. 이를테면 그들은 물건(**Ding**)의 드러나지 않는 속내에서 무의미한 것(**Unding**)을 찾았다.[59]

어떤 사물(事物)의 밑바닥을 바라볼 때, 다시 말해 사물의 본질을 조사할 때, 종종 그 본질의 겉모습(**scheint**)과는 완전히 다른 어떤 것을 발견한다. 이를테면 달콤한 말과 거짓의 마음, 과장된 말과 궁색한 생각 등등을 발견한다. 본질을 강조함으로써, 이전에 잘못 판단된 현상(Erscheinung)을 어떤 단순한 겉모습(**Scheine**)[60]으로, 어떤 속임수로 격하시킨다. [43] 너무나 매력적이고 멋진 세계의 본질은 세계의 본질을 꿰뚫어 보는 사람에게—공허함이다. 공허함=세계의 본질(세계의 활동(Welttreiben)). 이제 신앙심이 깊은 사람은 기만적 현상을 취급하지 않고, 공허한 현상을 다루지 않고, 본질을 들여다보고, 본질에서—진리를 얻는다.

어떤 현상들의 결과로서 생긴 본질들은 나쁜 본질들이고, 반대로 다른 현상들의 결과로서 생긴 본질들은 좋은 본질들이다. 예를 들어 인간적 감정의 본질은 사랑이고, 인간적 의지의 본질은 좋음이며, 인간적 생

---

58 직역하면 다나이덴의 노동(Danaidenarbeit)이다. 다나이덴(Danaiden)은 다나오스의 딸들을 의미한다. 이 이야기는 그리스 신화에서 비롯된 것으로, 다나오스 왕은 딸들에게 결혼 첫날밤에 남편들을 죽이라고 명하였다. 이 죄로 다나오스의 딸들은 저승에서 구멍 난 항아리에 영원히 물을 퍼 담는 형벌을 받는다. 우리 속담에 "밑 빠진 독에 물 붓기"라는 말이 있다.

59 독일어 'Ding'과 'Unding'으로 단어 놀이를 하고 있다.

60 여기서 다시 'Erscheinung'과 'schein'으로 단어 놀이를 하고 있다.

각의 본질은 진리이다, 등등.

맨 먼저 세계와 같은 그런 실존으로 여겨졌던 것, 그것은 이제 순수한 가상으로 나타난다(erscheint als). 그리고 참으로 실존하는 것은 오히려 본질인데, 신, 정신, 악마, 다시 말해 좋은 본질 혹은 나쁜 본질로 채워진 본질의 왕국이다. 이러한 거꾸로 된 세계만이, 본질의 세계만이 지금 정말로 존재한다. 사람의 마음에는 사랑이 없을 수도 있다. 그러나 마음의 본질에는 '사랑인' 신이 존재한다. 인간의 생각은 오류로 변할 수 있다. 그러나 생각의 본질에는 진리가 존재한다. 그러니까 '신은 진리이다' 등등.

본질만을 인식하고 인정하며 모름지기 본질을 인식하고 인정하는 것, 그것이 종교이다. 종교의 왕국은 본질의 왕국, 유령의 왕국이자 허깨비의 왕국이다.

유령을 만져서 알 수 있게 만들려는 갈망 또는 터무니없는 것을 실현하려는 갈망이, 뼈와 살을 갖춘 유령, 실제의 신체를 가진 유령이나 정신, 살찐 유령을 성취하여왔다. 가장 강력하고 가장 재능 있는 기독교인이 이 유령 같은 현상(Erscheinung)의 본질을 확실히 이해하기 위해 얼마나 자신을 고문해 왔는가! 그러나 이 유령 같은 허깨비에는 신다운 성질과 인간다운 성질, 다시 말해 유령적 성질과 감각적 성질이라는 두 가지 성질의 모순이 항상 남아있었다. 이 유령 같은 허깨비에는 여전히 가장 놀랄 만한 유령, 터무니없는 것이 남아있었다. 그토록 정신에 고통을 주는 것은 유령 말고는 없었다. 기독교인이 저 가장 이해하기 어려운 허깨비 때문에 겪은 정신의 고통은 허깨비를 내쫓기 위하여 분노하여 미친 듯이 소리치고 신경을 잡아 찢는 경련을 일으키며 자신을 찌르는 무당이라도 참고 견디지 못할 것이다.

[44] 그러나 동시에 예수 그리스도를 통해서만 본래의 정신(eigentliche Geist) 혹은 본래의 유령(eigentliche Gespenst)이—인간이라는 그러한 일이 백일하에 드러났다. 뼈와 살을 갖춘 혹은 살찐 정신이 바로 인간이다. 그

러니까 인간 그 자신이 끔찍한 본질이고 동시에 본질의 현상이며 실존(Existenz) 혹은 현존(Dasein)이다. 이제부터 인간은 더 이상 자기 밖의 유령들에 몸서리치는 것이 아니라, 오히려 그 자신에게 전율한다. 인간은 자기 자신을 무서워한다. 인간의 가슴 깊숙한 곳에 죄악의 정신이 깃들어 있다. 그래서 가장 대수롭지 않은 생각(이 생각이 그 자체로 정신이니까 말이다)도 악마일 수 있다, 등등. —유령이 육체를 갖추었고, 신은 인간이 되었다. 하지만 이제 인간 그 자체가 소름끼치는 유령이다. 인간은 이러한 유령의 속내를 꿰뚫어 알아차리려고, 이러한 유령을 추방하고, 해명하고, 현실로 데려오고 말하려고 애쓴다. 그러니까 인간은—정신이다. 정신이 구제되기만 한다면, 심지어 육체가 사멸되어도 상관없지 않은가? 모든 것이 정신에 달려 있다. 그래서 정신의 구원—혹은 '영혼의 구원'이 유일한 목적이다. 인간은 그 자신에게 어떤 허깨비, 어떤 두렵고 낯선 유령이 되었고, 더욱이 허깨비와 유령에 육체의 특정한 자리를 지정하였다(정신의 자리에 대한 논쟁, 곧 정신이 머리에 있는지 아닌지 등등).

그대는 나에게 더 높은 본질이 아니고, 동시에 나는 그대에게 더 높은 본질이 아니다. 그럼에도 불구하고 우리 각자에게 더 높은 본질이 들러붙을 수도 있어서, 서로에게 존경을 불러일으킬 수 있다. 바로 최고 보편을 받아들이기 위하여, 그대 안에 동시에 내 안에 인간이 산다. 만약 내가 그대 안에 있는 인간을 보지 않는다면, 그대를 존경해야만 하는 이유가 무엇이란 말인가? 확실히, 그대는 인간의 참되고 적합한 모습의 인간이 아니라, 오히려 인간의 어떤 육체일 뿐이다. 인간은 끊임없이, 어떤 육체에서 배제될 수 있다. 그러나 현재로서는 여전히 이러한 일반적 본질 및 더 높은 본질이 그대 안에 거주하기 때문에, 게다가 죽지 않는 정신이 그대에게서 죽을 운명의 육체를 가정하였기 때문에, 그대의 모습은 실제로 '가정하였던' 모습일 뿐이다. 그대의 육체에 매이지 않은 존재로 그리고 이 특정한 현상 양식에 얽매이지 않은 존재로 그대에게 나타나는—그러므로 유령으로 나타나는 정신을 생생하게 그려낸다. [45] 이런 이유로 나는 그대를 어떤 더 높은 본질로 여기지 않고, 오히려 그대 안에서 '출몰하는' 저 더 높은 본질만을 존경한다. 나는 '그대 안에 있는 인간을 존경한다.' 고대인은 그들의 노예에서 인간이라는 관념을 거들떠보지 않았다. 그래서 더 높은 본질인 '인간'은 거의 호응을 얻지 못했다. 그 대신, 고대인은 서로에게서 다른 종류의 유령을 보았다. 인간 혹은 인간의 정신처럼, 민족[61]은 개인보다 더 높은 본질이고, 개인에게 유령으로 돌아다니는 어떤 정신, —민족이라는 정신이다. 그러므로 고대인은 이러한 정신을 존경하였고, 그가 가족정신, 등등과 같은 것과 연관된 이런저런 다른 정신을 섬기는 한에 있어서만, 개인은 중요하게 보일 수 있었다. 오직 더 높은 본질, 곧 민족을 위하는 것, 그것이 '민족의 구성원'에게 남아 있는 하나의 가치이다. 그대가 그대에게 유령으로 출몰하는 '인간'에 의해 우리에게 신성하게 된 것처럼, 바로 그렇게 개인은 언제든지 민족, 가족 등등과 같은 더 높은 본질에 의해 신성하게 되었다. 옛날부터 더 높은 본질을 위해서만 누구든 존경받을 수 있었다. 오로지 어떤 신성화한, 보호되고 인정된 인격만이 유령으로 간주되었다. 내가 그대를 사랑하기 때문에, 그대에게서 내 마음의 자양분을 찾기 때문에, 그대에게서 내 욕구의 만족을 찾기 때문에, 만약 내가 당신을 보호하고 돌본다면, 그 일은 그대의 신성하게 된 육체의 더 높은 존재를 위해 일어난 것이 아니다. 왜냐하면 내가 그대에게서 유령, 곧 그대에게서 나타나는 정신을 바라보기 때문이 아니라, 오히려 자기중심적 즐거움(egoistischer Lust)에서 그런 것이기 때문이다. 그대의 존재와 함께 있는 그대 자신이 나에게 가치가 있다. 왜냐하면 그대의 존재는 그대보다 더 높은 존재가 아니며, 그대보다

61 어떤 특정한 민족 혹은 민족의식.

더 높은 존재이거나 더 보편적 존재가 아니기 때문이다. 그대의 존재는 그대 자신처럼 독특하다. 왜냐하면 그대의 존재가 그대이기 때문이다.

그러나 인간뿐만이 아니라, 모든 것에서 유령이 출몰한다. 모든 것에서 출몰하는 정신, 곧 더 높은 본질은 동시에 아무것에도 묶여 있지 않고 모든 것에서—'나타날' 뿐이다. 구석구석에 유령이구나!

출몰하는 정신들이 다시 계속하여 우리 앞에 모습을 내밀지 않아, 자기중심성 앞에서 사라져 버린다면, 출몰하는 유령이 떠돌며 지나가는 장소는 이곳일 것이다. 따라서 곧바로 그것들을 향한 우리의 태도로 즉각 이어지기 위하여, 오직 그것들의 몇 가지 주목할 만한 예를 더 들어봐도 좋을 것이다.

[46] 예를 들어 무엇보다도 '성령'은 신성하고, 진리는 신성하다. 권리, 법, 좋은 대의(大義), 존엄, 결혼, 공공의 선, 질서, 조국 등등이 신성하다.

§ 2—2 미친 사람

이 사람아, 자네 머릿속에 유령이 출몰하고 있네. 자네는 미쳤다고(Du hast einen Sparren zu viel)![62] 그대는 위대한 일을 상상하면서, 그대를 위해 존재하는 신들의 모든 세계를, 그대가 초청받은 유령의 왕국을, 그대에게 손짓하여 부르는 이상을, 그대 자신을 위해 마음속에 그린다. 그대는 어떤 고정 관념(fixe Idee)을 가지고 있구나!

더 높은 것에 집착하여 매달리는 사람들을 내가 바라보며, 그런데 여기에 엄청난 다수가, 세계의 거의 모든 사람이 속하기 때문에, 그들을 진짜 바보, 정신병원에 있는 바보로 여길 때, 내가 농담한다거나 비유적으로 말한다고 생각하지 마라. 그렇다면 '고정 관념'이라고 부르는 것은 무

---

62 이 문장은 문자 그대로 말하면 "너는 너무 많은 서까래를 가지고 있구나!"로 번역되지만, 이것은 '당신이 미쳤다'는 것을 의미하는 독일어 표현이다.

엇인가? 사람을 그 자체에 복종시켰던 어떤 관념이다. 당신이 그와 같은 고정 관념을 어리석은 생각으로 알아차린다면, 당신은 고정 관념의 노예를 정신병원에 가두는 것이 된다. 그런데 의심해서는 안 되는 믿음의 진리, 예를 들어 질문해서는 안 되는 인민의 존엄(그렇게 한 사람은—불경 죄인이다), 검열관이 한마디 말도 해서는 안 되는 미덕 덕분에, 도덕성이 순수하게 유지된다. —이러한 것들이 고정 관념이 아닌가? 모든 것은 예를 들어 우리의 대부분 신문에서, 어리석은 잡담, 바보들(도덕성, 합법성, 기독교 등등의 고정 관념으로부터 고통받는 바보들)의 허튼소리인가? 바보들이 거니는 정신병원이 매우 넓은 공간을 차지하기 때문에, 단지 자유롭게 돌아다닐 수 있는 것처럼 보이는가? 당신이 그런 바보의 고정 관념을 건드리면, 당신은 곧바로 미치광이들의 음흉한 꾀로부터 자신의 등을 지켜야만 할 것이다. 왜냐하면 이러한 다수의 미치광이는 자신들의 고정 관념을 건드리는 사람을 음흉하게 습격한다는 점에서 또한 이른바 소수의 미치광이와 같다. 먼저 다수의 미치광이는 자신들의 고정 관념을 건드린 사람에게서 무기를 훔치고, 그에게서 자유로운 연설을 몰래 빼앗고, 그런 다음에 자신들의 못을 들고 그를 습격한다. [47] 이제 매일매일 이러한 광인들의 비겁함과 복수심이 드러난다. 그러고 나면 어리석은 대중은 그들의 근사한 조치에 갈채를 보낸다. 사람들은 사람이 바보들의 집에 갇혀있다는 끔찍한 확신을 얻기 위하여, 이 시기의 일간지를 읽어야만 하고 속물[63]의 말을 들어야만 한다. "그대는 형

63 속물(Philister)이라는 말(본래 성경에 나오는 이스라엘인들의 적대 세력 '블레셋'(팔레스타인)을 일컫는 말이다)은 매튜 아널드(Matthew Arnold, 1822-1888)의 저작에서 '무식하고 행실이 천박한 사람들로, 문화나 예술에 대한 이해와 감상 능력이 부족하고, 오로지 물질적 가치에만 관심을 두는' 사람들을 일컫는 말이다. 이러한 근대적 용법은 1689년 독일의 예나대학에서 대학인들과 지역 주민들 사이에 충돌이 벌어졌을 때 대학인들이 지역 주민들을 블레셋 놈들(Philister)이라고 부른 데에서 유래했다고

제를 바보라고 부르지 말지어다. 그대가 그렇게 한다면…"[64] 그러나 나는 저주의 말을 두려워하지 않고 다음과 같이 말한다. 내 형제는 지독한 바보들이다. 정신병원의 불쌍한 바보가 자신이 하나님 아버지이고, 일본의 황제이고, 성령 등등이라는 망상에 정신을 빼앗기거나 말거나, 혹은 어떤 풍족한 부르주아지가 자신이 선한 기독교인, 믿음이 깊은 개신교도, 충직한 시민, 미덕이 있는 사람 등등이 되는 것이 사명이라고 생각하거나 말거나—양자는 하나이며 똑같은 '고정 관념'을 의미한다. 선한 기독교인, 믿음이 깊은 개신교도, 덕이 높은 사람 등등이 되려고 한 번도 시도하지 않았고, 과감히 행하지 않았던 사람은 믿음, 덕행 등등에 구속되고 그것들에 의해 사로잡힌다. 꼭 스콜라 철학자가 교회의 믿음 내에서만 철학자인 체하는 것처럼, 꼭 교황 베네딕도 14세[65]가 언제나 이 믿음을 전혀 의심하지 않고, 가톨릭 신자의 미신 속에서 두꺼운 책들을 썼던 것처럼, 꼭 저술가가 국가 자체의 고정 관념을 의심하지 않고 국가에 관해 2절판의 대형 서적[66]을 가득 채운 것처럼, 꼭 우리의 신문들이 사람은 정치적 동물(zoon politikon)[67]이 되기 위해 태어났다는 망상에 사로잡혀 있기 때문에, 우리의 신문들이 정치 기사로 가득한 것처럼, 그렇게—사

한다.

64 슈티르너의 언급은 「마태복음」, 5장 22절에 예수의 말이다. "내가 너희에게 말하노니, 까닭 없이 자기 형제에게 노하는 자는 누구나 심판의 위험에 처하게 될 것이며, 자기 형제에게 라카라하는 자는 누구나 공회의 위험에 처하게 될 것이요. 또 어리석은 자라 하는 자는 누구나 지옥불의 위험에 초하게 될 것이라."

65 교황 베네딕도 14세(1675~1758)는 제247대 교황(1740~1758)이다.

66 책의 크기를 이르는 말인데, 2절의 크기는 515×728mm이다. 일반 서적물은 32절(128×182mm)이다.

67 이 말은 "정치적 동물" 혹은 더 정확히 말하면 "도시 국가 내에서 잘 자라는 동물"이다. 아리스토텔레스의 『정치학』, 1253a3 참조.

람들은 또한 자신들의 고정 관념에 비판의 날카로운 칼을 전혀 대지 않고, 피지배자는 피지배자의 근성으로, 덕이 있는 사람은 미덕으로, 자유주의자는 '인간성' 등등으로 무기력하게 살아간다. 미친 사람의 망상 같은, 제거할 수 없는 그러한 생각은 견고한 토대 위에 서 있구나! 게다가 그러한 생각을 의심하는 사람은—**신성한 것**을 공격하는 것이구나! 그렇구나, '고정 관념', 그것은 참으로 신성한 것이로구나!

혹시 우리가 만나는 사람이 단지 악마에 의해 정신을 빼앗긴 사람인가? 혹은 반대로 우리는 그와 똑같이 자주 선에, 미덕에, 도덕성에, 법에, 혹은 또 다른 '원리'에 의해 **정신을 빼앗긴 사람**과 만나는가? 악마에 의한 홀림은 유일무이한 일이 아니다. 신은 우리에게 영향을 미친다. 그리고 악마도 우리에게 영향을 미친다. [48] 앞엣것은 은혜의 활동이고, 뒤엣것은 악마의 활동이다. 정신을 빼앗긴 사람(Besessene)[68]은 신 및 악마의 관점[69](Meinungen)**에 열중해 있다**(versessen).

만약 '정신을 빼앗긴 상태'(Besessenheit)라는 말이 당신을 불쾌하게 한다면, 그렇다면 이 말을 편견이라고 부르자. 아니 그뿐인가, 정신이 당신을 사로잡기 때문에, 그리고 모든 '생각을 열렬히 주장해서 불어넣는 일'이 정신으로부터 나오기 때문에, 정신을 빼앗긴 상태를—열정[70] 및 열광이라고 부르자. 부진하고 철저하지 못한 상태로 멈출 수 없기 때문에, 나는 완전한 열광은—광신이라 불러야 한다고 덧붙인다.

광신은 정확하게 교육을 받은 사람들에게 익숙하다. 왜냐하면 그가 정신적인 것에 관심을 가지는 한, 그만큼 그는 교육받은 사람이기 때문이다. 그리고 정신적인 것이 살아있을 때, 그의 정신적인 것에 대한 관심

68 'Besessene'와 'versessen'으로 언어유희를 하고 있다.

69 관점(Meinungen): 각자가 자기 자신의 관점에서 세상을 경험하는 방식이다.

70 '열정'(Begeisterung)은 열정에 휩싸여 정신이 혼미해진 상태를 의미한다.

은 광신이고 광신이어야만 하기 때문이다. 광신은 신성한 것(신전)에 대한 광신적 관심이다. 우리의 자유주의자를 관찰하라, 『작센의 조국신문』(die Sächsischen Vaterlandsblätter)[71]을 살펴봐라, 그리고 쉴로써(Schlosser)[72]가 한 말을 들어 봐라.

> "홀바흐[73]와 그 일행은 전통적 교리와 현존하는 체제에 반대하여 정기적으로 음모를 조직하였다. 그리고 그 일행들은 승려와 성직자, 예수회의 수도사와 경건주의자, 선교사와 성서 보급 협회와 마찬가지로 그들의 불신을 대신하여 광신적이었다. 그 일행들은 흔히 기계적 예배와 정통을 주장하는 것이 예사였다.[74]"

'도덕적 사람'이 어떻게 행동하는지 지켜봐라, 오늘날 그는 종종 신과 관계를 끊었다고 생각하고 노쇠한 기독교 신앙을 벗어던진다. 만약 당신이 도덕적 사람에게, 형제자매와의 성교가 근친상간이라는 것을, 일부일처제가 결혼의 진리라는 것을, 효성이 어떤 신성한 의무라는 것 등등을 일찍이 의심한 적이 있는지 묻는다면, 그때 그에게 자신의 누이동

71 자유주의적 신문이고 1837년부터 드레스덴에서 발행하였고 1841년부터는 라이프치히에서 발행하였다.

72 프리드리히 크리스토프 쉴로써(Friedrich Christoph Schlosser(1776~1861) 프랑크푸르트, 하이델베르크의 역사 교수였다. 그는 그 시대에 가장 유명한 역사가이기도 했다.

73 독일 태생의 프랑스의 철학자(1723~89) 돌바크(Paul Henri Dietrich d'Holbach)의 독일 이름은 홀바흐(Paul Heinrich Dietrich Holbach)이다. 그는 프랑스 계몽시기의 지도적 인물이다. 그는 무신론과 물질주의를 주장했다.

74 원주 9, 쉴로써(Friedrich Christoph Schlosser), 『18세기와 19세기부터 프랑스 제국의 몰락까지의 역사: 지적 교육에 대한 특별한 배려』 제2권(하이델베르그, 1837), 519쪽.

생조차 부인으로서 접촉해도 좋다는 생각에 도덕적 전율이 엄습할 것이다. 그렇다면 어째서 이러한 전율이 생기는가? 그 이유는 그가 그러한 도덕적 계율을 믿기 때문이다. 이러한 도덕적 믿음이 그의 가슴에 깊이 박혀있다. 그가 신앙이 깊은 기독교인에 극구 반대하지만, 그럼에도 불구하고 그 자신은 전적으로 기독교인 [49] —다시 말해서 여전히 도덕적 기독교인이었다. 기독교는 도덕성의 형태로 그를 포로로, 정확히 말하면 그를 믿음의 포로로 잡아둔다. 일부일처제는 어떤 신성한 것이어야만 하고 아마 배우자가 있는 사람이 이중으로 혼인하여 살면 범죄자로 처벌되어야만 하며, 근친상간을 범한 사람은 범죄자로서 고통받아야만 한다. 국가에서 종교는 중히 여기지 말아야만 한다고, 그리고 유대인은 기독교인과 똑같이 국가의 시민이어야 한다고 항상 외치는 사람들은, 이러한 견해에 자기 자신들이 동의한 것임을 증명한다. 저 근친상간과 일부일처제에 대한 이러한 시각은 종교상의 신조가 아닌가? 이러한 문제에 손을 대면, 당신은 이러한 도덕적 사람이 또한 어떻게 믿음의 영웅인지 경험으로 배울 것이고, 크룸마허(Krummacher)[75]나 펠리페 2세(Philipp II)[76] 못지않다는 것을 경험으로 알 것이다. 이들[크룸마허와 펠리페 2세]은 교회의 믿음을 위해 싸우고, 도덕적 사람은 국가의 믿음 혹은 국가의 도덕적 법을 위해 싸운다. 그럼에도 불구하고 양자 모두 믿음의 조항을 위해, 자신들의 믿음이 허용할 수 있는 것과는 다르게 행위 하는 사람을 벌한다. 다르게 행위 하는 사람들에게는 '범죄자'라는 낙인이 찍히고, 그들은 도덕

75 아마도 슈티르너가 프리드리히 빌헬름 크룸마허(Friedrich Wilhelm Krummacher, 1796~1868)를 언급하는 것 같다. 그는 1847년에 베를린의 교회 목사가 되었고 1853년 포츠담의 궁정목사로 임명된 크룸마허는 16년간 왕 앞에서 설교하였다.

76 펠리페 2세(Philipp II, 1527~1598))는 합스부르크 왕가 출신의 스페인 왕(1556~1598)이었고 포르투칼 왕(1580~1598)이었다. 로마 가톨릭의 맹주를 자처하며 로마 가톨릭을 통한 국가 통합을 이상으로 추구하였다.

교화원에서, 지하 감옥에서 괴롭게 살 것이다. 도덕적 믿음은 종교적 믿음만큼 광신적이구나! 형제자매가 자신들의 '양심'과 해결을 보았어야 할 관계 때문에 감옥에 갇혔을 때, 그들은 그 일을 '믿음의 자유'라고 부른다. '그러나 형제자매는 치명적 본보기를 제공하는구나!' 실제로, 그렇다, 다른 사람들은, 국가가 그들의 관계에 간섭할 일이 없다고, 그로 말미암아 '도덕의 순수성'이 무너질 것이라고 생각할 수도 있다 그래서 종교적 믿음의 영웅은 '신성한 신'에 열광적이고, 도덕적 믿음의 영웅은 '신성한 선'에 열성적이다.

어떤 신성한 것을 열망하는 사람들은 종종 서로 거의 닮아 보이지 않는다. 엄격한 정통파 혹은 오래된 신자는 '진리, 계몽, 그리고 정의'를 위해 싸우는 사람과 얼마나 다른가, 그리고 진리를 사랑하는 사람(Philalethen), 빛의 벗(Lichtfreunden), 합리주의자(Aufgeklärten)[77] 등등과 얼마나 다른가. 그럼에도, 이 차이는 전혀 중요하지 않구나! 만약 어떤 사람이 단일한 전통적 진리(예를 들어, 기적, 무제한적 군주의 권능 등등)에 의문을 제기하면, 합리주의자도 그것들에 의문을 제기하나, 오직 오래된 신자만 한탄할 뿐이다. 그러나 어떤 사람이 진리 그 자체에 의문을 제기하면, 그는 곧바로 합리주의자와 오래된 신자라는 두 적대자를 가진다. 그래서 도덕성에 따라서, [50] 엄격한 신자들은 가혹하고, 더 명석한 사람들은 더 관대하다. 그러나 도덕성 그 자체를 공격하는 사람은 두 사람을 상대해야 한다. '진리, 도덕, 정의, 계몽 등등'은 '신성하게' 존재하고 남아 있다고 알려져 있다. 기독교에서 비난하는 것은 합리주의자의 견해에서 보면 단순히 '비기독교적인 것으로' 간주된다. 그러나 기독교는 '기념비'로 남아 있어야만 한다. 그리고 기독교를 위협하는 것은 버

77 이 세 가지 용어는 모두 슈티르너 시대의 기독교 내에서의 더 '진보적'이거나 '합리적' 운동을 나타낸다.

르장머리 없는 것이고, 어떤 '모독 행위'이다. 확실히, 순수한 신앙에 반대하는 이교도는 더 이상 자신을 초기의 종교적 박해의 광포성에 내맡기지 않는다. 하지만 이제 그것은 순수한 도덕에 거스르는 이교도에게 더욱더 적용되고 있다.

한 세기 동안 신앙심은 매우 많은 타격을 받아왔다. 또한 그 초인간적 본질을 '비인간다움'이라고 책망했던 소리를 너무나 종종 들어야만 해서, 다시는 신앙심을 설명할 강렬한 욕구를 느낄 수 없었다. 그런데도 또 다른 최상의 본질에 찬성하여 최상의 본질을 공격하는 투쟁의 장소에 나타났던 사람은 거의 항상 도덕적 적대자였을 뿐이다. 그래서 대담하게 프루동(Proudhon)[78]은 다음과 같이 말한다. "인간은 종교 없이 살 운명이다. 그러나 도덕률(la loi morale)은 영원하고 절대적이다. 오늘날 누가 뻔뻔스럽게 도덕을 공격하려는가?"[79] 도덕적 인간들은 종교에서 최고의 지방질을 빼내어, 그것을 스스로 먹었다. 그런데 이제 그들은 그 일로 발생하는 연주창(連珠瘡)에서 벗어나기 위해 골치를 앓는다. 그러므로 만약 우리가 사람들이 오직 종교의 초인적 본질 때문에 종교를 비난하는 한, 종교의 가장 깊은 부분에 상처를 입히지 않는다고 지적하면, 그리고 종교는 궁극적으로 정신에게만 호소한다(신은 정신이기 때문에)고 지적한다면, 그렇다면 우리는 도덕과 종교의 궁극적 조화를 충분히 지적했고, 게다가 우리의 드러나지 않는 속내에 놓여있는 도덕과 종교의 집

78 프루동(Pierre-Joseph Proudhon, 1809~1865)은 프랑스의 급진적 작가이고 흔히 '아나키즘의 아버지'라고 불리 운다. 그의 주요 저작은 『빈곤의 철학—경제적 모순의 체계』(1846)이다. 그러나 잘 알려진 책은 『소유란 무엇인가』(1840년)이고 여기서 "모든 소유는 도둑질한 것"이라고 주장하였다.

79 원주 10, 프루동(Pierre-Joseph Proudhon), 『인류에서의 질서의 창조』(De la Création de l'ordre dans l'humanité, ou principes d'organisation politique) (파리, 브장송, 1843), 36쪽.

요한 다툼을 그대로 둘 수 있다. 종교와 도덕에서 문제는 최상의 본질이지, [51] 최상의 본질이 초인간적 혹은 인간적 본질인지는 나에게 별로 중요하지 않다. 왜냐하면 어느 경우든 그것은 내 위에 있는(über Mir) 어떤 본질, 말하자면 나의 것을 넘어선 본질이기 때문이다. 결국 인간적 본질 혹은 '인간성'에 대한 태도는 낡은 종교라는 뱀 껍질을 벗자마자, 머지않아 다시 종교적 성격을 띠는 뱀 껍질을 입을 것이다.

포이어바흐는 우리한테 "우리가 사변 철학을 뒤집기만 한다면, 다시 말해 언제나 술어를 주어로 만든다면, 그래서 주어를 객체와 원리로 만든다면, 감추어져 있지 않은 진리, 순수하고 아주 분명한 진리를 얻는다"고 가르친다.[80] 틀림없이 그렇게 하여, 우리는 편협하고 고루한 종교적 견해를 잃어버렸고, 이 점에서 주체인 신을 잃어버렸다. 그러나 우리는 편협하고 고루한 종교적 견해를 종교적 입장의 또 다른 측면, 곧 도덕적 입장으로 교환한다. 그러므로 우리는 더 이상 '신은 사랑이다'라고 말하지 않고, 오히려 '사랑은 신다운 것이다'라고 말한다. 게다가 우리가 '신다운'이라는 술어의 자리에 동일한 의미인 '신성한'이라는 말을 대신한다면, 상황은 모든 낡은 것으로 다시 귀환한다. 이것에 따라 사랑은 인간에 있어서 선, 사람에게 명예를 주는 사람의 신성, 사람의 참된 인간다움(이것은 '처음으로 사람을 인간으로 만든다.' 왜냐하면 처음으로 인간에서 인간을 만들었기 때문이다.)이라고 간주된다. 그러므로 더 정확하게 다음과 같이 말할 수 있을 것이다. '사랑은 인간에 있어서 인간다움이다. 그리고 인간답지 않은 인간(Unmenschliche)[81]은 애정이 없는 자기

80 원주 11. 포이어바흐: 「철학의 개혁을 위한 예비명제」, 편집인 아놀드 루게, 『최근 독일 철학과 정치적 저널리즘에 관한 일화집』(Anekdota zur neuesten deutschen Philosophie und Publizistik) 제2권, (취리히와 빈터투어, 1843) 64쪽.

81 'Unmensch'는 인간답지 않은 인간, 어떤 사람을 의미한다. 호랑이, 양배추, 가뭄

중심적 사람이다.' 그러나 정확히 기독교 그리고 기독교와 함께하는 사변 철학(예를 들어 신학)이 선한 것, 완전한 것으로서 제공하는 모든 것은 자기소유성(Eigenheit)에서는 전혀 선한 것이 아니다(혹은 똑같은 의미로는 오로지 선한 것이다). 그러므로 술어를 주어로 변화시킴으로써 기독교의 **본질**(실제로 술어는 본질을 포함한다)은 더 강압적으로 고정될 뿐이다. 신과 신다운 것은 더욱 떼려야 뗄 수 없이 나와 서로 얽혀있을 것이다. [52] 신을 신의 천상에서 추방하는 것 그리고 신에게서 신의 '**초월성**'을 빼앗는 것은, 만약에 그 점에서 신을 오로지 인간의 가슴 속에서 몰아넣고, 뿌리 뽑을 수 없는 내재성을 주었다면, 완전한 승리에 대한 주장을 아직 확증할 수 없다. 이제 다음과 같이 말해진다. 신다운 것은 참으로 인간다운 것이구나!

국가의 기초로서의 기독교에 반대하는 사람들, 다시 말해 이른바 기독교 국가에 반대하는 사람들은 도덕성이 '사회생활과 국가의 중요한 대들보'라고 반복하는 말에 싫증 내지 않는다. 마치 도덕성의 지배가 완전히 신성한 것의 지배, 어떤 '위계질서'(Hierarchie)가 아니었던 것처럼.

그래서 여기에서 다음과 같은 계몽운동을 언급할 수 있다. 곧 믿음만이 종교적 진리를 확실히 파악할 수 있고, 신은 신자들에게만 자신을 계시한다고, 따라서 오로지 마음, 감정, 믿음의 환상이 종교적이라고, 신학자들이 오랫동안 주장해온 이후에, 갑자기 '타고난 지적 능력', 인간의 이성 또한 신을 인식할 수 있다고 주장하기 시작했다. 이러한 주장은 이성이 몽상가의 환상과 같은 것이라고 주장하는 것 이외에 달리 무엇을 의미하는가? 이러한 의미에서 라이마루스(Reimarus)[82]는 『자연 종교

등은 인간답지 않은 인간이 아니다. 그리고 인간답지 않은 인간은 자기중심적 인간을 의미하거나 자기다운 사람을 의미한다.

82 라이마루스(Hermann Samuel Reimarus, 1694~1768)는 독일의 철학자, 이신

의 가장 고귀한 진리들에 대한 논고』를 썼다. 인간의 모든 재능을 구비한 인류 전체는 종교적이라고 증명될 운명이었다. 왜냐하면 마음과 영혼, 지적 능력과 이성, 감정, 앎 그리고 의지, 간략히 말하면 인간에 있는 모든 것은—종교적으로 나타났기 때문이다. 헤겔(Hegel)은 철학조차 종교적이라는 것을 보여주었다. 그렇다면 오늘날 종교라고 불리지 않는 것은 무엇인가? '사랑의 종교', '자유의 종교', '정치의 종교'—요컨대 모든 열광이 종교이다. 실제로도 또한 그렇다.

오늘날까지도 속박의 개념을 표현하는(ausdrückt) 라틴어 '종교'(Religion)라는 단어를 사용한다. 확실히, 종교가 우리 내면을 차지하고 있는 한, 우리는 여전히 속박되어 있다. 그러나 정신도 묶여 있는가? 묶여 있기는커녕, 정신은 자유로우며, 정신이 유일한 지배자이다. 정신은 우리의 정신이 아니라, 오히려 제약을 받지 않는 정신이다. [53] 따라서 종교라는 말을 긍정적으로 번역하면—'정신의 자유!'일 것이다. 감각이 자유로운 사람을 감각적 사람이라고 부르는 것과 같은 방식에서, 정신이 자유로운 사람은 종교적 사람이다. 정신은 종교적 사람을 속박하고, 욕망은 감각적 사람을 속박한다. 그러므로 종교는 나와의 관계에서 속박 혹은 다시 묶음(religio)이다.[83] 나는 속박된 사람이다. 그러나 나는 정신과의 관계에서 자유이다. 정신은 자유롭거나 정신의 자유를 가지고 있다. 많은 사람은 욕망이 자유롭고 멋대로 거리낌 없이 우리를 뚫고 들

론자이고 계시와 기적을 부정하는 유대인 학자였다. 그의 책 『자연 종교의 가장 고귀한 진리들에 대한 논고』는 처음 함부르크에서 1754년 출판되었다.

83 라틴어 어원 'religio'는 2개의 어원적 배경을 가지고 있다. Re(다시)가 lego(읽다)와 합하여 '다시 읽다', '반복 음미하다', '주의깊이 관찰하다'의 의미로 신에게 예배하는 것과 관계된 것들을 지속적으로 살피는 것이다. 다시 말해 신을 혹은 조상을 숭배하는 것이다. 다른 하나는 re(다시)가 ligare(묶다)와 합해 '다시 묶다'가 되었다는 견해이다. 어거스틴은 이 견해를 따랐다.

어올 때, 그 일이 우리한테 얼마나 불쾌한 것인지를 경험으로 알고 있었다. 그러나 자유로운 마음, 영광스러운 정신성, 정신적 추구에 대한 열광, 이것을 가장 다양한 구절들로 무엇이라 부르든 이것을 매우 중요한 것이라고 부를 수 있는 모든 것은, 정말이지 가장 통제하기 어려운 뻔뻔함(Ungezogenheit)보다 훨씬 더 나쁜 궁지로 우리를 몰아넣는다. 사람들은 이 사실을 알아차리고 싶어 하지 않는다. 의식적으로 자기중심적 사람이 되지 않고서는 그 사실을 알아차릴 수 없다.

라이마루스와 또한 우리의 이성, 우리의 마음 등등을 신께로 이끈다는 것을 보여주었던 모든 사람은 이렇게 하여 우리가 완전히 정신을 빼앗긴 사람이라는 것을 보여주었다. 확실히, 그들은 종교를 높이 북돋는 특별한 권리를 신학자로부터 빼앗아 신학자를 화나게 하였다. 그러나 그렇게 하여 그들은 종교와 정신적 자유를 위한 훨씬 더 많은 영역을 정복했다. 왜냐하면 정신이 더 이상 감정 혹은 믿음에 국한되지 않는다면, 그러나 대체로 지적 능력, 이성 그리고 생각이 정신 그 자체에 속하고, 또한 그래서 지적 능력의 형태로 정신적이고 천상의 진리에 참여할 수 있다면, 그런 경우 온 정신은 오로지 정신적인 것에, 다시 말해 정신적인 것 그 자체에 전념하고, 그래서 자유롭기 때문이다. 이제 우리는 철저히 종교적이어서 '배심원'(Geschworne), 곧 맹세한 자(Geschworne)가 우리에게 사형을 선고하고 저 선량한 기독교인으로서, 모든 경찰관이 '복무 선서'로 우리를 감방에 넣을 정도이다.

어쨌든 도덕성은 신앙심과 충돌할 수밖에 없었다. '명령'(칙령, 계율 등)처럼 보였던 모든 것의 맹렬한 증오는 반란 속에서 구멍이 생기고, 그리고 개인적 '절대적 지배자'가 조롱받았고 박해받았다. [54] 그러므로 도덕성은 자유주의를 통해서만 독립에 이를 수 있었는데, 자유주의의 첫 번째 형태는 '부르주아 시민 신분'으로서 세계사에서 중요성을 획득하였다. 그러면서 실제로 종교적 권능을 쇠약하게 하였다(아래 '자유주의'를 참조하라). 왜냐하면 도덕성의 원리는 단순히 신앙심과 나란히 가는 것이 아니라, 오히려 더 이상 신의 계율 안에 놓여 있지 않고, 오히려 신앙심의 원리에서 떨어져 이성의 법칙에 놓여 있기 때문이다. 만약 신의 계율이 여전히 타당성을 유지해야만 한다면, 우선은 이성의 법칙으로부터 계율의 타당성을 위한 허가를 기다려야만 한다. 이성의 법칙 속에서, 인간은 자기 자신 밖에서 자신을 규정한다. 왜냐하면 '인간'은 이성적이기 때문이고, 이성의 법칙은 필연적으로 '인간적 본질'에서 발생하기 때문이다. —신앙심이 신을 입법자로 만들고, 도덕성이 인간을 입법자로 만든다는 그 점에 있어서 신앙심과 도덕성은 서로 협력한다.

도덕성이라는 어떤 정해진 입장에서, 사람들은 대략 다음과 같이 투덜거린다. 인간의 육욕(Sinnlichkeit)이 인간을 몰아대고, 동시에 인간의 육욕을 좇으면, 그는 **비도덕적**이라고 하거나, 그가 착함에 이끌려, 착함을 의지로 받아들였을 때, 그는 도덕적 신념과 착함을 향한 편애를 지니고 있다고 불렸다. 그다음 그는 그 자신이 **도덕적임**을 증명한다. 이러한 관점에서, 예를 들어 코체부에 반대하는 잔트의 행위는 비도덕적이라고 부를 수 있는가?[84] 사람들이 보통 자기에게 유용하지 않은 일로 이해한 것은, (그중에서도 특히) 가난한 사람을 위한 성(聖) 크리스핀[85]의 도둑질

84 코체부(August Friedrich Ferdinand von Kotzebue, 1761~1819)는 낡은 정치질서의 방어자이며, 자유주의에 반대하였다. 잔트(Karl Ludwig Sand, 1795~1820)는 독일 신학 대학생이었고 급진적 그룹인 '절대파'(Unbedingte)의 구성원이었다. 잔트는 진보적 학생단체를 조롱했던 작가 코체부를 살해한다(1819년 3월). 이를 계기로 반동정책이 진척되어 1819년 8월의 카를스바트 결의에 의해 혹독하게 탄압되기에 이르렀다. 잔트는 1820년 5월에 처형되었다.

85 슈티르너의 도둑질에 대한 언급은 헤겔의 『법철학』에서 가져온 것으로 보인다. 『법철학』에서 크리스핀(Crispin)은 가난한 사람들에게 신발을 만들어주기 위해 가죽을 훔치는 것으로 묘사된다.

과 가장 확실히 동일한 의미였다. '그는 살인하지 말았어야 했다. 왜냐하면 살인하지 말라! 라고 쓰여 있기 때문이다.' 그래서 어쨌든 잔트가 하려고 꾀했던 것처럼, 국민의 복지, 선을 섬기는 것은—도덕적이고, 혹은 성 크리스핀이 하려고 꾀했던 것처럼, 가난한 사람의 복지에 몸을 바치는 것은—도덕적이다. 하지만 살인과 도둑질은 비도덕적이다. 그러니까 목적은 도덕적이고, 수단은 비도덕적이다. 왜 그런가? '그 이유는 살인, 암살은 절대적으로 나쁜 일이기 때문이다.' 게릴라 부대[86]가 조국의 적들을 좁은 골짜기로 유인해서 숲에 숨어 그들을 사살했을 때, 그 일은 암살이 아니었는가? 선을 섬기라고 명령하는 도덕성의 원칙에 따른다면, [55] 당신은 단지 살인이 어떤 상황에서도 결코 선의 실현이 될 수 없는지를 물을 수 있었다. 그러고 나서 당신은 선을 실현하는 살인을 인정해야 할 것이다. 당신은 잔트의 행위를 전혀 비난할 수 없다. 잔트의 행위는 도덕적이었다. 왜냐하면 그 행위는 선을 섬기는 것이었기 때문이다. 그리고 그 행위는 자기에게 유용하지 않는 일이었기 때문이다. 잔트의 행위는 개인이 수행한, 자기의 목숨을 걸고 실행했던—사형집행이라는 일종의 처벌행위였다. 어찌 되었건, 그의 계획은 폭력으로 집필을 금지하려는 것 이외에 달리 무엇이란 말인가? 당신은 '적법한' 소송 절차 그리고 법률의 재가를 얻은 소송 절차와 같은 바로 그 법률의 소송 절차를 잘 알고 있지 않은가? 그렇다면 당신의 도덕 원칙에서 잔트의 행위에 대하여 이의를 제기할 수 있는 것은 무엇인가?—'그러나 그의 행위는 법에 어긋난 사형집행이었다.' 그래서 잔트의 행위에서 부도덕한 것은 불법 행위, 법에 불복종이란 말이지? 그래서 당신은 선한 것은 다름 아닌—법일 뿐이고, 도덕성은 다름 아닌 순종이라는 것을 시인한다. 당신

86 이는 십중팔구 영국과 프랑스의 반도 전쟁(1808~1814) 동안 나폴레옹의 침공에 맞서 싸우는 스페인의 지역 민병대에 대한 언급일 것이다.

의 도덕성은 또한 이러한 '순종'이라는 외형으로 기세가 약해져야만 한다. 그리고 법이 옛 시대의 고결한 활동보다 더 폭군 같지 않고 더 혐오감을 갖지 않으면, 당신의 도덕성은 법의 실행이라는 이러한 고결한 활동으로 기세가 약해져야만 한다. 왜냐하면 옛 시대의 고결한 활동은 행위만을 필요로 하지만 당신은 마음가짐 또한 필요로 하기 때문이다. 사람은 그 자신 속에 법, 법령을 지니고 있어야 한다. 그리고 가장 적법한 마음을 품고 있는 사람이 가장 도덕적 사람이다. 가톨릭적 삶의 마지막 기분 좋음의 흔적조차도 이러한 개신교의 적법성 속에서 사라져야만 한다. 여기서 마침내 법의 지배가 처음으로 완성된다. '내가 살아가는 것이 아니라, 오히려 법이 내 안에서 살아간다.' 그래서 나는 '그것의[법의] 숭고함을 담는 그릇'에 불과하기 위해 정말이지 여태까지 여기까지 왔다. '프로이센 사람이라면 누구나 가슴에 자신의 헌병을 품고 있다'고 프로이센의 고위 장교가 말한다.

어떤 반대 운동들이 번성하지 못하는 이유는 무엇인가? 단지 그 이유는 반대 운동들이 전혀 도덕성 혹은 적법성의 길에서 벗어나려 하지 않기 때문이다. 따라서 헌신, 사랑 등등의 지나친 위선을 역겨워하는 이유에서, 사람들은 '합법적 반대'의 이러한 부패하고 위선적 관계에 대해 매일 가장 심한 메스꺼움을 느낄 수 있다.—사랑과 충실이라는 도덕적 관계에서 서로 싸우고, [56] 대립하는 의지는 일어날 수 없다. 한 사람이 이것을, 다른 사람이 정반대로 하려 한다면, 아름다운 관계는 어지럽혀질 것이다. 그러나 지금, 반대파의 현재 관행과 낡은 편견에 따르면, 무엇보다도 도덕적 관계는 보존되어야만 한다. 그렇다면 반대파에 남아 있는 것은 무엇인가? 어쩌면 애인이 자유를 거부하겠다고 생각할 때, 이것이 자유를 가지려는 의지인가? 조금도 아니어라! 자유를 가지려고 하지 않을 것이다. 오직 자유를 원할 수 있는데, 그 이유는 혀짤배기소리로 '제발', '부디'라고 흥얼거리며 청원하기 때문이구나! 반대파가 정말로 하고자 했고, 의지의 충만한 정력으로 하고자 했다면, 어떤 결과가 거기에서 나올 수 있는가? 아무것도 생기지 않는다, 반대파는 사랑을 겪으며 살아가기 위해 의지를 포기해야만 하고—도덕의 사랑을 위해 자유를 포기해야만 한다. 반대파는 '호의로 구걸'하는 것이 오직 허용되는 것을 결코 '권리로서 요구'할 수 없다. 사랑, 헌신 등등은 다른 사람들이 헌신하고, 섬기고, 따르며, 사랑하는 단 하나의 의지가 있어야 한다는 것을 불가피하고 단호하게 요구한다. 이러한 의지가 이치에 맞든 이치에 안 맞든, 두 경우 모두 사람이 그러한 의지를 따르면 도덕적으로 행동하는 것이고, 그러한 의지에서 벗어나면 비도덕적으로 행동하는 것이다. 검열을 명령하는 의지는 많은 사람들에게 이치에 맞지 않는 것처럼 보인다. 그러나 검열의 나라에서, 검열로부터 자신의 책을 지키는 사람은 비도덕적으로 행동하는 것이지만, 검열에 복종하는 사람은 도덕적으로 행동하는 것이다. 예를 들어 어떤 사람이 자신의 도덕적 판단을 버리고 어떤 비밀 언론을 창립했다면, 사람들은 그를 비도덕적이라고 불러야 할 것이고, 게다가[87] 그가 자신을 체포되도록 했다면, 사람들은 그를 영리하지 못하다고 불러야 할 것이다. 그러나 그런 사람은 '도덕'의 눈으로 어떤 가치를 가지고 있다고 주장할 수 있을까? 어쩌면 그럴 것이다!—만약 실제로 그가 어떤 '더 높은 도덕성'을 섬기고 있다고 상상했다면.

오늘날 위선의 그물은 두 영역의 가장자리에 붙어 있으며, 그 사이에서 우리 시대는 앞뒤로 흔들리면서, 기만과 자기기만의 가느다란 실을 붙인다. 더 이상 약함을 의심하지 않고 도덕성을 섬길 만큼 확고하지 않고, 아직 완전히 자기중심성으로 살아갈 만큼 무모하지 않은 상태에서, [57] 우리 시대는 위선의 거미줄 속에서 어떨 때는 한쪽으로 우유부단하

87 원문에 'obenein'은 'obendrein'(게다가)의 오타로 보인다.

게 행하고 어떨 때는 다른 쪽으로 우유부단하게 행하면서, 어중간한 저주에 마비되어 어리석고, 불쌍한 각다귀만을 포획한다. 누군가가 일단 '자유로운' 청원을 과감히 행사하면, 그는 곧바로 사랑을 확신하며 다시 ' 자유로운' 청원의 효력을 약하게 하고 그러한 청원을—체념한 척한다. 반면에, 누군가가 확신에 대한 도덕적 언급으로 자유로운 청원에 맞서 싸울 만큼 철면피라면, 그는 도덕적 용기도 즉시 쇠하고, 청원자에게 그들이 특별한 기쁨으로 자유로운 말을 듣는다는 것을 확신시키고—인정한 척한다. 요컨대, 사람은 전자를 갖고 싶어 한다. 그러나 후자 없이는 갖고 싶어 하지 않는다. 그러니까 사람은 어떤 자유의지를 갖고 싶어 한다. 그러나 그는 도덕 의지 없이 한 평생을 보내지 않을 것이다.—자유주의자[88]인 당신은 단지 노예 같은 충성스러운 사람과 접촉하고 있다. 당신은 가장 충직한 신뢰의 눈길로 모든 자유의 말을 달콤하게 할 것이다. 그리고 노예 같은 충성스러운 사람은 자신의 노예근성을 자유의 가장 아부하는 어구로 표현할 것이다. 그런 다음에 당신은 그와 떨어져 나간다. 게다가 당신처럼, 그는 다음과 같이 생각한다. '나는 너를 교활한 사람으로 알고 있나니!' 당신이 그에게서 음울한 늙은 주 하느님의 냄새를 맡아내는 만큼 그는 당신에게서 악마의 냄새를 맡아낸다.

네로(Nero)[89]는 '선한 사람'의 시선에서만 '악한' 사람이다. 하지만 나의 시선에서 네로는 선한 사람과 마찬가지로 정신을 빼앗긴 사람일 뿐이다. 선한 사람은 네로에게서 흉악한 자의 모습을 발견하고 그를 지옥으로 추방한다. 왜 아무도 네로의 자의적 행동을 방해하지 않았는가? 왜

---

88 슈티르너가 여기서 말하는 사람은, 1840년대의 독일에서 개혁을 하는 사람들이다. 개혁을 하는 사람들은 강력한 국가 통일의 옹호자이고, 입헌적 법, 더 대폭적 정부의 참여, 그리고 법률로 제정된 시민의 권리와 정치적 권리를 주장했다.

89 네로(Nero)는 로마 제국의 제5대 황제(37년~68년, 재위 54년~68년)이다.

사람들은 그렇게 많은 것을 참았는가? 어쩌면 자신들의 모든 의지를 그와 같은 폭군에 묶어 놓은 순종적 로마 사람이 털끝만큼이라도 더 나았는가? 고대 로마에서 사람들은 당장 폭군을 죽였을 것이고, 결코 폭군의 노예가 되지 않았을 것이다. 그러나 로마 사람 중 동시대의 '선한 사람들'은 자신들의 의지가 아니라, 오직 폭군에게 도덕적 요구를 반대하였다. 그런 까닭에 선한 사람은 자신들의 황제가 자신들처럼 도덕성에 경의를 표하지 않았다고 한탄했다. 그들 자신이 마침내 '도덕적, 순종적 복종'을 포기할 용기를 발견할 때까지, 그들 자신은 '도덕의 피지배자'로 남았다. [58] 그다음에 '순종하는 피지배자'로서 '선한 로마 사람'은 의지 부족의 모든 치욕을 견디어 내었고, 반란자의 오만방자한, 비도덕적 행위에 만세를 불렀다. 누군가가 혁명을 성취한 이후에, 이제 선한 사람이 찬미했던 혁명을 위한 용기는 도대체 선한 사람 어디에 있었는가? 선한 사람은 이러한 용기를 가질 수 없었다. 왜냐하면 혁명, 그리고 심지어 반란은 언제나 '도덕적이지 않은' 어떤 것이기 때문이다. 사람이 '선한' 사람이길 그만둘 때, 그리고 '악한' 사람 혹은—양쪽 어느 쪽도 아닐 때, 오로지 그때만 도덕적이지 않은 어떤 것을 결심할 수 있다. 선한 사람 혹은 악한 사람 둘 중 한 사람만 될 수 있었던 네로의 시대에, 네로는 자신의 시대만큼 나빴다. 네로의 시대가 네로를 심판해야만 했다. 다시 말해 그는 나쁜 사람이었다, 실제로 가장 높은 수준에서 그는 소심한 남자가 아니라 비열한 악당이었다. 모든 도덕적 인간은 그에게 그러한 판결만을 내릴 수 있다. 네로 같은 악당들은 오늘날 여기저기에서(예를 들어, 『리터 폰 랑의 기억』(Memoiren des Ritters von Lang)[90]을 보라) 여전히 도덕적 사람들 사이에서 살아간다. 그렇지만 악당들과 함께 살아가

90 리터 폰 랑(Karl Heinrich Ritter von Lang, 1764~1835)는 독일의 역사가이자 정치가이다.

는 일은 편안하지 않다. 왜냐하면 사람들은 잠시도 자신의 삶을 확신하지 못하기 때문이다. 하지만 도덕적 사람들 사이에서 조금 더 편안하게 살 수 있는가? 그곳에서 '합법적 방법으로' 교수형을 당했지만,—적어도 자신의 명예를 확신하고 있다는 것을 제외하면, 더 이상 자신의 삶을 확신하지 못한다. 그리하여 모자에 붙이는 한 나라를 상징하는 꽃 모양의 표지(Nationalkokarde)[91]는 순식간에 날아가 버린다. 도덕성이라는 단단한 주먹은 자기중심성이라는 고귀한 성질을 매우 무자비하게 다룬다.

'하지만 설마 악당과 정직한 사람을 동일한 수준에 두는 것은 아니지!' 자, 어떤 사람도 당신보다 더 빈번히 남의 품행을 비평하지 않는다. 아니 그뿐인가, 더군다나 당신은 공공연히 현존하는 국가의 헌법, 신성해진 제도 등등에 저항하는 정직한 사람을 범죄자로 가두어 넣는다. 게다가 당신은 당신의 장관 지위와 훨씬 더 중요한 일들을 교활한 악당에게 맡긴다. 그러므로 당신은 실천적으로 내게 비난받을 짓을 전혀 하지 않았다. '하지만 이론적으로는!' 실은 그런 상황에서 나는 실제로 두 가지 대립적 극을 같은 수준,—다시 말해 두 가지 일을 도덕법칙의 같은 수준에 놓는다. 두 가지 대립적 일은 '도덕적' 세계에서만 의미가 있다. 꼭 그리스도 이전의 시대에 법을 지켰던 유대인과 법을 어겼던 유대인은 유대인의 법과 관련해서만 의미와 중요성이 있는 것처럼 말이다. [59] 이에 반하여 예수 그리스도 앞에서 바리새인은 '죄인과 세금 징수원'[92]에 불과하다. 그래서 또한 자기소유성 앞에서 도덕적 바리새인은 비도덕적

---

91 색상과 형태로 착용자의 계급, 소속 정당 또는 국적을 나타내는 표지로써 18-19세기에 널리 사용되었고 대체로 모자 장식으로 사용되지만, 옷깃, 어깨, 가슴, 팔, 소매 등에 부착하기도 하고 그냥 머리핀처럼 달기도 한다.

92 이 언급은 「누가복음」, 18장 10절에 대한 비유이다. "두 사람이 기도하러 성전에 올라갔는데 한 사람은 바리새인이요. 또 한 사람은 세금 징수원이더라."

죄인만큼이나 매한가지이다.

네로는 정신을 빼앗긴 상태로 매우 불편하게 되었다. 그러나 폭군이 신성한 것에 관심을 기울이는 것이 아니라, 오히려 그의 의지에 관심을 기울일 때, 자신을 소유하고 있는 사람은 그 일에 한탄할 정도로 어리석게 네로의 '신성한 것'에 반대하지 않을 것이다. 양도할 수 없는 인간 권리라는 신성함은 양도할 수 없는 인간 권리의 적들 앞에서 얼마나 자주 도움이 되었는가! 그리고 도대체 어떤 자유가 얼마나 자주 '인간의 신성한 권리'로 입증되었고 증명되었는가! 이 일을 한 사람들은, 무의식적으로라도 목표에 이르는 길을 여전히 진정으로 따르지 않았다면, 의식적으로 그런 것처럼, 비웃음을 당할 만하다. 그들은 단지 대다수가 설득하여 저 자유를 얻었다면, 대다수는 그러한 자유 또한 원하고 그다음에 가지고 싶어 하는 것을 손에 넣을 것이라고 추측했다. 자유라는 신성함과 이 신성함의 가능한 모든 논증은 결코 자유를 마련해 줄 수 없다. 한탄하는 것과 청원하는 것은 정확하게 거지들임을 입증할 뿐이다.

도덕적 사람은 '비도덕적 사람' 이외에 결코 다른 적을 알지 못한다는 점에서 필연적으로 마음이 좁은 기질의 사람이다. '도덕적이지 않은 누구나 행실 나쁜 사람이구나!' 따라서 그런 사람은 그악 무도한 사람, 경멸할 만한 사람이다. 그러므로 도덕적 사람은 자기중심적 사람을 결코 이해할 수 없다. 혼외 성관계는 부도덕한 행위가 아닌가? 도덕적 사람은 그가 원하는 대로 방향을 바꿀 수 있지만, 그는 이 진술을 지지해야 할 것이다. 에밀리아 갈로티(Emilia Galotti)[93]는 이러한 도덕적 진리를

93 고트홀트 레싱(1728~1781)이 쓴 작품 『에밀리아 갈로티』의 여주인공 이름이다. 이 작품은 르네상스 시대 이탈리아의 작은 공국 구아스탈라의 영주가 에밀리아를 수중에 넣기 위해 음모를 꾸미고 부당한 권력을 휘두르자, 그녀의 아버지가 딸의 순결을 지키기 위해 딸을 칼로 찔러 죽인다는 비극 내용을 바탕으로 하고 있다.

위해 그녀의 삶을 포기하였다. 그런데 이 일은 진리이고, 그러면서 이 일은 어떤 비도덕성이다. 어떤 미덕 있는 소녀는 어떤 노처녀가 될 것이다. 그리고 어떤 덕 있는 남성은 어쩌면 그의 자연스러운 충동들을 둔하게 할 때까지, 그의 자연스러운 충동들과 싸우면서 시간을 보낼 것이고, 게다가 성 오리게네스(Origenes)[94]가 천국을 위하여 거세했던 것처럼, 덕 있는 남성은 미덕을 위하여 그 자신을 거세(去勢)할 것이다. 그렇게 하여 그는 신성한 결혼 생활, 신성한 순결을 침범해서는 안 되는 것으로 존경한다. 그는—도덕적이다. 비순결은 결코 도덕적 행위가 될 수 없다. 도덕적 사람이 아무리 관대하게 그 일을 범한 사람을 판단하고 용서할지라도, 그 일은 여전히 범죄이고, 도덕 질서에 대한 죄이며, [60] 여전히 그 일에 붙어 있는 지울 수 없는 낙인이다. 순결이 옛날에 수도회의 엄숙한 선서에 속했듯이, 그렇게 순결은 이제 도덕적 삶의 방식에 속한다. 순결은 일종의—착함이다. 이와 반대로, 자기중심적 사람에게 순결은 마찬가지로 그가 착함 없이는 살아갈 수 없는 그런 착함이 아니다. 그는 전혀 착함에 관심이 없다. 이제 이 일로부터 도덕적 사람의 판단에 무슨 일이 일어나는가? 그는 자기중심적 사람을 도덕적 인간 이외에 자신이 알고 있는 유일한 인간의 부류—비도덕적 사람—에 빠뜨리는 일이 일어난다. 그는 달리할 수가 없다. 그러니까 그는 자기중심적 사람이 도덕성을 전혀 존중하지 않는 모든 점에서 자기중심적 사람이 비도덕적이라는 것을 틀림없이 발견할 것이다. 그가 자기중심적 사람이 그렇다는 것을 발견하지 못

---

94 오리게네스(Origenes)는 그리스도 기원 182~185년 경 아마도 이집트 알렉산드리아에서 태어났던 기독교 학자 및 신학자이다. 카이사레아의 에우세비우스(그리스도 기원 260~340의 신학자, 교회사가)에 따르면 오리게네스는 일찍이 맹렬히 금욕적 존재를 이끌었고, 「마태복음」, 19장 12절을 상당히 문자 그대로 받아들인 독해의 결과로서 열의를 초과하여 그 자신을 거세하였다. 「마태복음」, 19장 12절에서 예수는 "천국을 위하여 스스로 고자가 된 자들이 있느니라"라고 언급하였다.

했다면, 그는 이미 도덕성을 인정하지 않는 배신자가 되었을 것이고, 더는 참으로 도덕적 사람이 아닐 것이다. 그럼에도 불구하고 사람들은 오늘날 확실히 더 이상 희귀한 것에 속하지 않는 그러한 현상에 의해서 현혹되지 말아야 할 것이다. 그리고 도덕성에 조금이라도 손상을 주는 사람은 진정으로 도덕적 사람으로 간주 될 수 없다는 점을 기억해 둬라. 왜냐하면 레싱[95]—잘 알려진 우화에서 이슬람교와 유대교뿐만 아니라, 기독교를 '가짜 반지'에 비유한 사람—은 경건한 기독교인이었기 때문이다. 종종 사람들은 감히 그들 자신이 인정하는 것보다 이미 훨씬 더 앞서 있다. 소크라테스가 이 경우일 것이다. 그는 도덕성이라는 교육 수준에서 있었기 때문에, 그가 크리톤[96]의 매혹이 깃든 위로의 말을 따라 지하 감옥에서 구사일생으로 빠져나온다면, 그 일은 비도덕적이었을 것이다. 감옥에 남는 것이 유일한 도덕이었다. 그러나 오로지 소크라테스가—도덕적 인간이었기 때문에 도덕적 일이었다. 도리어 부도덕하고, 양심의 가책이 없는 혁명적 인간은 루이 16세(Ludwig XVI)[97]에게 충성을 맹세하였고, 게다가 그의 폐위, 아니 그뿐인가 그의 죽음을 보통 사람들에게 널리 알렸다. 그러나 그 행위는 도덕적이지 않은 일이었다. 도덕적 사람은 이 일에 영원히 혐오를 느끼게 될 것이다.

그렇지만 이 모든 것은 대체로 자유인이 경멸적으로 바라보는 부르주아의 도덕성에게만 해당한다. [61] 엄밀히 말하면, 부르주아의 도덕성

95 고트홀트 에프라임 레싱(Gotthold Ephraim Lessing, 1729~1781)은 독일의 극작가, 비평가이다.

96 크리톤(Kriton)은 소크라테스와 절친한 사이이다. 그는 플라톤의 저작 『변론』, 『파이돈』 그리고 『에우튀데모스』에 등장한다. 그리고 『크리톤』에서 그는 소크라테스한테 탈옥을 권유한다.

97 루이 16세(1754~1793)는 1774년부터 1792년까지 프랑스 왕국을 통치한 부르봉 왕가 출신의 왕이다.

은, 자신의 본래 토대, 부르주아의 삶 일반과 마찬가지로, 비판 없이 후자의 법을 이식하지 않도록, 혹은 부르주아의 도덕성 자체의 독립적 가르침 대신에 그 해당 영역으로 추가 고려사항을 이식하지 않도록, 종교적 천국에서 여전히 너무나 벗어날 수 없고 자유로울 수 없다. 도덕성이 도덕성의 존엄이라는 의식에 다다를 때, 그리고 도덕성이 유일한 권위 있는 힘이 될 정도로, 도덕성의 원리, 인간의 본질 혹은 '인간다움'을 북돋워서 높일 때, 도덕성은 완전히 다르게 보인다. 그러한 확고한 의식에 도달한 사람들은 종교와의 관계를 완전히 끊는다. 그리고 그들의 신을 '인간성' 외의 어디에서도 찾지 않고, 그들(아래를 보라) 자신이 국가 자체라는 배의 밑바닥을 뚫어 침몰시키듯이, 그렇게 국가에서만 번성하는 '도덕'조차 깨뜨려 부수고, 그들은 지속해서 도덕성이라는 이름조차 사용하지 않을 것이다. 왜냐하면 이러한 '비판가들'이 도덕성이라고 부르는 것은, 이른바 '부르주아의 혹은 정치적 도덕성'과 매우 정확히 구별되고, 게다가 시민들에게 '의미가 없고 고삐 풀린 자유'처럼 틀림없이 보였을 것이기 때문이다. 그러나 그것에는 오직 '원리의 순수성'이라는 장점이 있을 뿐인데, 원리의 순수성은 종교적인 것에 의한 오염으로부터 해방되어, 이제 그것의 세련된 확고함—'인간성'으로 전능한 힘이 되었다. 그러므로 사람들은 또한 '도덕성'이라는 이름이 자유, 자비심, 자기의식 등등과 함께 지속한다는 것을 의심해서는 안 되며, 비록 부르주아 국가가 폄하되더라도, 여전히 국가는 다시 '자유로운 국가'로서 일어서야만 하며 혹은 비록 이런 식으로는 아니지만, 여전히 '자유로운 사회'로서 다시 일어서야 하듯이, '자유로운' 도덕성을 덧붙임으로써 오직 때때로 꾸며질 것을 이상하게 여겨서는 안 된다.

인간성으로 완성된 이러한 도덕성은 역사적으로 발전한 종교를 충분히 다루었기 때문에, 도덕성이 혼자 힘으로 종교가 되는 것을 방해하는 것은 아무것도 없다. 그 까닭은 오로지 인간 세계와 맺는 우리의 관계는 초인적 본질과 맺는 우리의 관계에 의해 지배되고 신성화되는 한, 혹은 우리의 행위가 '신을 위해' 하는 일인 한, 종교와 도덕 사이의 구별이 널리 퍼져있기 때문이다. [62] 이와 반대로, 만약 '인간은 인간에게 최고의 본질'이라고 한다면, 그때 종교와 도덕 사이의 구별이 사라지고, 도덕은, 자신의 종속적 위치를 제거함으로써—종교로 완성된다. 왜냐하면 그때 지금까지 최고의 존재에 종속되었던 더 높은 존재인 인간이 절대적 정점의 자리에 올랐기 때문이다. 그리고 우리는 종교적으로 가장 높은 존재와 관계하듯이 인간과 관계하기 때문이다. 이제 도덕과 깊은 신앙심은 기독교의 초기 때와 아주 똑같이 동의어이다. 그리고 가장 높은 본질은 신성한 삶의 방식이 더 이상 어떤 '신성한' 것이라 불리지 않고, 오히려 어떤 '인간다운' 것이라는 다른 본질이 되었다. 도덕이 승리했다면, 그다음에 완전한 — 지배자의 교체(Herrenwechsel)가 일어났다.

믿음이 파기된 이후에, 포이어바흐는 자칭 사랑의 안전한 피난처로 달려 들어가는 생각을 한다. "가장 높은 제1의 법칙은 인간을 향한 인간의 사랑이 되어야만 한다. 인간은 인간에게 신이다(Homo homini Deus est)—이것이 최상의 실천적 원칙이다.—이것이 세계 역사의 전환점이다."[98] 그러나 실제로 저 신(Gott)이 이 신(Deus)으로 [이름만] 바뀌었을 뿐이고, 사랑은 그대로 남는다. 이를테면 저 세상에서는 인간다움을 넘어선 신에 대한 사랑이고, 이 세상에서는 인간다운 신에 대한 사랑, 신(Deus)으로서의 인간(homo)에 대한 사랑이다. 그러므로 인간은 나에게—신성한 것이다. 그리고 '참으로 인간다운' 모든 것은 나한테—신성하구나! "결혼은 그 자체로 신성한 것이다. 그리고 모든 도덕적 관계들도 이와 마찬가지이다. 우정은 널 위해 신성한 것이고, 신성해야만 하고, 재산, 결혼,

98 원주 12, 『기독교의 본질』, 제2판(라이프치히, 1843), 402쪽.

모든 인간의 복지도. 하지만 그것들은 그 자체만으로도 신성한 것이다."[99] 거기서 우리가 다시 성직자를 갖지 않겠지? 누가 그의 신인가? 그 인간이구나! 신성한 것은 무엇인가? 인간다운 것이구나! 그래서 단지 술어(Prädikate)[100]가 주어로 바뀌어, '신은 사랑이다'라는 명제 대신에 사랑은 신적이다'라고 사람이 말한다. '신이 인간이 되었다'라는 명제 대신에—'인간이 신이 되었다' 등등. 이것은 새로운—종교에 지나지 않는다. "이와 같은 관점에서 모든 도덕적 관계들은, [63] 그 관계들이 그 자체로 (성직자의 축복에 의한 종교적 축성 없이) 종교적으로 여겨지는 경우에만 윤리적이고, 도덕적 의미로 배양된다."[101] 포이어바흐의 명제인 '신학은 인간학이다.'라는 의미는 오로지 '종교는 윤리가 되어야만 하고, 윤리만이 종교이다'라는 것이다.

대체로 포이어바흐는 단지 주어와 술어를 바꾸어 놓고 술어에 우선권을 준다. 그러나 그 스스로 다음과 같이 말한다. "사랑이 신의 어떤 속성(屬性)에 의해서 (그리고 절대로 인간들에 의해서 신성하다고 간주되지 않는다) 신성한 것이 아니라, 오히려 사랑이 그 자체로 자체만으로 신적이기 때문에 사랑은 신의 속성이다."[102] 그래서 그는 속성 자체, 곧 사랑과 모든 신성한 것들에 거스르는 투쟁이 열려있어야 한다고 판단할 수 있었다. 그가 인간들에게 신적인 것을 남겨 놓았을 때, 그가 인간들이 신을 외면할 수 있기를 어떻게 기대할 수 있었을까? 포이어바흐가 말하듯

---

99 원주 13, 같은 책, 403쪽.

100 이 단어는 문법 용어로 '술어' 또는 신학 용어로 '속성'(屬性)으로 번역할 수 있다. 독일어 'Prädikate'에 두 가지 뜻이 있다는 것을 기억해야 할 것이다. 다음 구절에서 이 독일어 단어는 '속성'으로 번역하였다.

101 원주 14, 『기독교의 본질』, 제2판(라이프치히, 1843), 403쪽.

102 원주 15, 같은 책, 406쪽.

이, 인간들에게 신 그 자신이 결코 주요한 문제가 아니라, 오히려 신의 속성만이 주요한 일이라면, 그렇다면 그는 적어도 인간들에게 겉만 번지르르한 것(Flitter)[신의 주어]을 좀 더 오래 남겨둘 수 있었을 것이다. 왜냐하면 본래의 핵심(eigentliche Kern)인 인형[신의 속성]이 그럼에도 불구하고 여전히 남아 있었기 때문이다. 또한 그는 그에게 있어서 '환상을 파괴하는 일이 중요하다'는 것을 인지한다. 그렇지만 그는 환상이 "인간에게 근본적으로 파괴적 영향을 미치는데, 그 이유는 그 자체로 가장 내적이고 가장 진실한 마음가짐인 사랑까지도, 종교성을 통하여 하찮은, 환상적 사랑이 되기 때문이다. 종교적 사랑은 신을 위해서만 인간을 사랑하는 것에 불과하며, 따라서 겉으로만 인간을 사랑할 뿐이고, 실제로는 신만을 사랑하기 때문이다."[103]라고 생각한다. 이것은 도덕적 사랑과 다른가? 도덕적 사랑은 그 인간을 위해, 혹은 도덕을 위해, 그 인간을 위하여, 그래서—**인간이 인간에게 신**(homo homini Deus)이기 위해—신을 위하여, 그 인간을, 그 인간을 사랑하는 것인가?

미친 사람들한테는 수많은 다른 형식의 모습들이 있는데, 그것들 중 일부를 여기에서 간략히 언급하는 것은 유용할 것이다.

[64] 따라서 **자기부정**(Selbstverleugnung)은 신앙심이 있는 사람과 신앙심이 없는 사람, 곧 순수한 사람과 순수하지 않은 사람에게 공통적이다. 순수하지 않은 사람은 모든 '더 나은 감정', 곧 모든 부끄러움, 심지어 자연스러운 겁도 **인정하지 않는다**(verleugnet). 그리고 순수하지 않은 사람은 그를 지배하는 탐욕(Begierde)만을 추구한다. 순수한 사람은 세계와의 자연적 관계를 부정하고('세계를 인정하지 않는다') 그를 지배하는 '열망'만을 따른다. 화폐에 대한 갈망(Gelddurst)에 사로잡힌 탐욕스러운 사

103 원주 16, 같은 책, 408쪽. 슈티르너의 인용문인데, 포이어바흐는 "unscheinbaren" 대신에 "nur scheinbaren"로 썼다.

람(Habgierige)은 모든 양심의 충고, 모든 명예심, 모든 관대와 동정을 인정하지 않는다. 탐욕스러운 사람은 모든 헤아림을 무시한다. 왜냐하면 탐욕이 그대의 마음을 빼앗기(fortressen) 때문이다. 신앙심이 있는 사람은 비슷하게 행동한다. 그는 자신을 '세상의 웃음가마리'로 만든다. 그는 냉정하고 '엄하게 공정한' 사람이다. 왜냐하면 열망이 그대의 마음을 빼앗기 때문이다. 신앙심이 없는 사람이 탐욕의 신 앞에서 자신을 부정하듯이, 신앙심이 있는 사람은 신과 신성한 법 앞에서 자신을 부정한다. 오늘날 우리는 신앙심이 있는 사람의 파렴치한 언행이 날로 더 많이 느껴지고 겉으로 드러나는 시대에 살고 있다. 그런 일로 인하여 신앙심이 있는 사람의 파렴치한 언행은 동시에 매일 점점 더 그 자체를 드러내지 않을 수 없고 그 자체를 털어놓지 않을 수 없다. 사람들이 '시대의 진보'에 반대 행동을 취한 근거인 파렴치한 언행과 어리석음은 오래전에 모든 척도와 모든 기대를 능가하지 않았는가? 하지만 이런 일이 일어나야만 한다. 자기를 부정하는 사람은, 신앙심이 있는 사람들이 행한 것과 똑같은 길을 틀림없이 선택할 것이다. 그리고 신앙심이 없는 사람이 최대한도로 자기를 부정하는 비열함과 비천함으로 점차 가라앉듯이, 신앙심이 있는 사람은 가장 수치스러운 고상함으로 올라가야만 한다. 지상의 재물의 신과 천상의 신 모두는 정확하게 똑같은 수준의—자기부정을 요구한다. 고상한 사람처럼 천한 사람은 어떤 '좋음'을 잡으려고 손을 뻗친다.—천한 사람은 물질적 좋음을 잡으려고 손을 뻗치고, 고상한 사람은 이상적 좋음, 이른바 '최고의 좋음'을 잡으려고 손을 뻗친다. 그러면서 마침내 양자는 또한 서로를 다시 보충한다. '물질에 마음이 있는 사람'은 어떤 이상적 환영, 곧 자신의 공허함을 위해 모든 것을 희생하고, '정신에 마음이 있는 사람'은 어떤 물질적 즐거움, 곧 좋은 삶을 위해 모든 것을 희생한다.

사람에게 '이타주의'[104]를 말로 단단히 부탁하는 사람들은 자신들이 매우 흔치 않은 것을 말하고 있다고 믿는다. [65] 그들은 이타주의를 무슨 뜻으로 이해하는가? 아마 그들이 '자기부정'으로 이해하는 것과 같은 것이다. 그러나 부정되어야만 하고 어떤 이익도 얻지 못한다고 여겨지는 바로 이 자신은 누구인가? 그대 자신이 그것이라고 여겨질 것처럼 보인다. 그리고 사람들이 그대에게 이타적 자기부정을 추천하는 것은 누구의 이익을 위해 그렇게 하는 것인가? 이타주의를 통해 당신이 자신의 '참된 이익'을 획득하는 경우를 제외하면, 다시 그대의 이익을 위해.

그대는 그대에게 유용해야만 한다. 그럼에도 그대는 그대의 유용을 얻으려고 애쓰지 말아야만 한다.

세상 사람은 고아원을 설립한 프랑케[105]와 아일랜드 국민을 위해 끊임없이 노력하는 오코넬[106]처럼 은혜를 베푸는 사람을 이타적 사람으로 여긴다. 하지만 성 보니파시오[107] 같은 광신자조차 이교도를 개종시키기 위해 목숨을 걸고, 혹은 로베스피에르[108]처럼 미덕을 위해 모든 것을 제

---

104 '이타주의'(Uneigennützigkeit)는 글자 뜻 그대로 '않음-자기에게-유용'이다.

105 프랑케(August Hermann Francke, 1663~1727)는 독일의 프로테스탄트 종교 지도자, 교육자, 신학자, 교수이고 1698년 할레에서 고아원을 설립하였다.

106 오코넬(Daniel O'Connell, 1775~1847)는 아일랜드의 민족운동 지도자이다. 슈티르너가 언급하는 '오코넬의 자금'은 아마도 자신들의 보호와 증진을 위한 자금을 제공하기 위해 가톨릭에서 가톨릭 협회에 매달 지불하였던 금전을 가리키는 것으로 보인다.

107 성 보니파시오(Sankt Bonifatius, 675~754)는 독일의 사도라고 불리며, 로마 가톨릭교회에서는 그를 독일의 수호성인으로 지정하여 공경하고 있다.

108 로베스피에르(Maximilien-François-Marie-Isadore de Robespierre, 1758~1794)는 법률가이자 급진적 자코뱅당 지도자로 프랑스 혁명의 주요인물이다.

물로 바치고,—쾨르너[109]처럼 신, 왕과 조국을 위해 죽는다. 그러므로 오코넬의 적들은, 무엇보다도, 오코넬의 자금이 자신들에게 기반을 제공하는 것처럼 보인, 어떤 이기심과 이익을 탐내는 마음을 오코넬에게 전가하려고 노력한다. 왜냐하면 만약 그들이 오코넬의 '이타주의를 의심하는 데 성공한다면, 그들은 그의 추종자들로부터 오코넬을 쉽게 떼어낼 수 있기 때문이다.

오코넬의 반대자들이 오코넬이 공언한 목적보다, 다른 목적을 위해 노력하였다는 것보다 무엇을 더 많이 보여줄 수 있었는가? 하지만 그가 아마 돈 버는 것을 목표로 하든지 국민의 해방을 목표로 하든지 간에, 다른 경우와 마찬가지로, 그가 어떤 목적을 위해, 정확히 말하면 그의 목적을 위해 노력한다는 것은 여전히 확실하다. 그의 국가의 자기 이익조차 다른 사람에게 도움이 되는 것을, 그리고 공동의 이익이 되는 것을 제외하면, 저기에서처럼 여기에서 자기 이익이 남는다.

혹시 이타주의는 실재하지 않고 아무 곳에도 없다고 생각하는가? 그러기는커녕, 이타주의보다 더 평범한 것은 아무것도 없구나! 만약 사람들이 이타주의라는 단단한 물질에 높은 비용을 지급하는 것이 필요하다면, 적어도 이타주의라는 겉만 번지르르한 것으로 자신을 치장하고 자기에게 유용하지 않는 체한다면, 너무나 없어서는 안 될 것으로 여기던 문명화한 세계에서 이타주의를 어떤 유행의 품목이라고 부를 수도 있다. 이타주의는 어디에서 시작하는가? [66] 소유자로서의 우리가 원하는 대로 다룰 수 있는 우리의 목적과 우리의 소유물이 어떤 목적이 되는 것을 중지하는 바로 그곳에서 시작한다. 그러니까 어떤 목적이 하나의 고정된

---

109 쾨르너(Karl Theodore Körner, 1791~1813)는 독일의 애국 시인이고 극작가이다. 1813년 나폴레옹에 대항한 해방전쟁에 뤼초 자원부대의 일원으로 참전하여 전사함으로써 민중의 영웅이 되었다.

목적 혹은 하나의—고정 관념이 되는 곳, 어떤 목적이 우리를 열정에 휩싸이게 하고(begeistern), 열광하게 하고, 광신하게 하기 시작하는 곳, 요컨대, 어떤 목적이 우리의 독단(獨斷)이 되고 우리의—지배자가 되는 곳. 목적을 자신의 힘으로 간직하고 있는 한, 사람은 이타적이지 않다. 그러나 사람은 "여기에 나는 서 있고, 나는 다른 것을 할 수 없노라."[110]라는 정신을 빼앗긴 사람의 모든 근본적 준칙을 통해서만 그렇게 된다. 사람들은 어떤 신성한 목적을 가지고, 그에 상응하는 신성한 열정을 통해 그렇게 된다.

목적이 나 자신의 것인 이상, 나는 이타적 사람이 아니다. 그리고 나는 비굴하게 목적의 성취를 위한 맹목적 수단이 되기는커녕, 오히려 항상 목적을 열린 문제로 남겨둔다. 그런 까닭에 내 열정이 가장 광신적 열정보다 더 약할 필요는 없지만, 동시에 나는 그것에 대해 냉담하고 차갑게, 믿지 않고, 그것의 가장 화해할 수 없는 적으로 머물러 있다. 나는 그것의 소유자이기 때문에, 나는 그것의 재판관으로 남아 있다.

어떤 선한 정신에 의한 홀림만큼이나 악마에 의한 홀림에 정신을 빼앗기는 한, 자기에게 유용하지 않음은 넘쳐흐를 정도로 무성하게 자란다. 악마의 홀림에는 악, 어리석음, 등등이 있고, 선한 정신의 홀림에는 겸손, 헌신, 등등이 있다. 자기부정의 희생자들을 만나지 않고서 어디를 바라볼 수 있을까? 저기 내 맞은편에 한 소녀가 앉아 있는데, 아마 그녀는 이미 10년 동안 그의 영혼을 위해 피비린내 나는 희생을 해왔을 것이다. 육감적 모습 위로 활기 없이 지친 머리가 축 늘어지고, 창백한 뺨은 그녀의 젊음에서 피가 천천히 사라지는 것을 드러낸다. 불쌍한 아이여, 얼마나 자주 정열들이 그대의 마음을 두들겼을까? 그리고 얼마

110 1521년 4월 보름스(Worms)의 제국의회서 열린 루터의 재판에서 루터의 진술이다.

나 자주 젊음이라는 풍부한 힘들이 힘들의 권리를 요구했을까? 부드러운 베개에 그대의 머리를 비빌 때, 그대의 팔다리를 통해 깨어난 본성이 얼마나 떨렸는지, 얼마나 피가 그대의 혈관을 팽창시켰는지, 그리고 얼마나 불타는 공상들이 그대의 눈에 욕망의 광채를 쏟아 넣었는지! 그때 영혼의 유령과 영혼의 구원이 나타났다. 그대는 겁에 질려 손을 깍지 끼었으며, 고통스러워하던 눈을 위쪽을 향하여, 그대는—기도하였다. 본성의 폭풍우는 잠잠해지고, 그대 욕망의 바다 위로 고요히 미끄러졌다. [67] 느리게도 지친 눈꺼풀이 희생자들의 소멸된 생명 위로 스르르 감기었다. 긴장감은 충만한 팔다리에서 알아차리지 못할 정도로 천천히 움직였고, 마음속 활기 넘치는 파도는 말라 버렸으며, 그들의 깍지 끼었던 두 손은 쇠약해져 저항할 수 없는 가슴 위에 지친 무게를 얹었었다. 그다음에 마지막으로 '아이고!'라고 가냘픈 소리로 한탄하였고,—영혼은 평온하였다. 그대는 아침에 일어나 새로운 전투와 새로운—기도에 가기 위해 잠들었다. 이제 체념의 습관은 그대 욕망의 열기를 식히고, 그대 청춘의 장미꽃들은 그대의 구원—생기의 결핍으로 창백해진다. 영혼은 구원받고, 육체는 썩어 없어질 것이다! 오 라이스[111]여, 오 니농[112]이여, 당신은 이 창백한 미덕을 너무 잘 경멸했구나! 미덕을 닦으

111 라이스(Lais)는 아마 고대 그리스의 코르티잔(Courtesan(고급 창부)) 중 한 사람일 것이다. 철학자 데모스테네스(기원전 384~322년)가 그녀에게 갔을 때, 그녀는 하룻밤에 자신의 몸값을 1,000드라크마에서 10,000드라크마로 인상했다. 반면에 그녀는 그녀의 매력을 시노페의 디오게네스(냉소주의자)에게 대가 없이 제공했다. 1드라크마는 약 4.3그램의 은으로 주조하였다.

112 니농 드 랑클로(Ninon de Lenclos, 1620~1705)는 17세기 프랑스의 코르티잔(Courtesan)이고, 작가이자 자유로운 사상가였다. 그녀는 많은 연인이 있었고 독립을 유지하기 위해 결혼하지 않기로 결정했다. 그녀는 자신의 삶의 방식과 종교에 대한 자신의 의견에 대해 개방적이었습니다. 그녀는 종교가 없으면 삶이 더 나아질 것이라고

며 백발이 된 수천 명의 소녀와 달리 자유로운 회색 옷을 입은 소녀(eine freie Grisette)[113]여!

고정 관념은 또한 '교의, 원리, 관점' 따위로 이해될 수 있다. 아르키메데스는 지구를 움직이기 위해 지구 바깥의 관점을 요구했다.[114] 사람들은 이러한 관점을 끊임없이 추구하였고, 아르키메데스가 할 수 있었던 것과 마찬가지로 모두가 이 관점에 사로잡혔다. 이러한 타자의(fremd) 태도는 마음의, 이념의, 생각의, 개념의, 본질의 세계이다. 그러니까 이 타자의 관점은 '천상'이다. 그리고 이 천상의 '관점'에 기초하여 지구는 움직였고, 지상의 활동을 감시했고—경멸하였다. 천상을 자신에게 확신시키기 위하여, 천상의 관점을 확고히 그리고 영원히 받아들이기 위하여, 인류가 얼마나 고통스럽고 지칠 줄 모르게 필사적으로 싸웠는가!

따라서 기독교는 우리를 본성에 의해 규정된 삶으로부터, 우리를 움직이는 욕망에서 구하는 것을 목표로 삼아왔다. 그러므로 기독교가 원했던 것은 인간이 자신의 욕망에 따라 결정되지 않도록 해야 한다는 것을 의미했다. 이것은 인간이 어떤 욕망도 소유하지 말아야 한다는 생각을 포함하는 것이 아니라, 오히려 욕망이 인간을 소유하지 말아야 한다는 것, 욕망이 고정(fix)되어서는 안 되고, 제어할 수 없게 되어서는 안 되며, 해

생각했다. 그녀는 또한 다음과 같은 재치로 유명했다. "사랑을 하려면 군대를 지휘하는 것보다 훨씬 더 많은 천재가 필요하다."

113 'Grisette'는 원래 값싼 회색 천과 그것으로 만든 드레스를 언급했다. 프랑스의 젊은 여성 노동자들은 그러한 천만을 살 수 있었기 때문에, 이 용어는 그러한 젊은 여성들에 대해 사용되기 시작했다. 결국 이 단어의 의미에 농탕치고 성적으로 잘 놀며 개방적이라는 의미가 추가되었다. 따라서 회색 옷을 입은 소녀는 미덕으로 늙어간 수천의 처녀와 달리 미덕에 의해 방해받지 않는다.

114 아르키메데스는 히에론 왕에게 '나에게 충분히 긴 지레와 설 수 있는 장소만 준다면, 지구를 움직여 보이겠습니다"라고 말했다고 한다.

소할 수 없게 되어서는 안 된다는 생각을 포함한다. [68] 자 그럼, 우리는 기독교(종교)가 욕망에 반대하여 고안했던 것, 곧 **정신**(생각, 표상, 이념, 믿음 등등)이 우리를 규정해야만 한다는 것을 기독교 그 자체의 규율에 적용할 수 없을까? 자, 정신, 표상, 이념이 우리를 규정하도록 허락되어서는 안 되고, **고정적으로**, 불가침적으로 혹은 '신성하게' 될 수 없다는 것을 우리는 요구할 수 없었을까? 그러면 그것은 **마음의 해체**(Auflösung), 모든 사상의 해체, 모든 표상의 해체로 끝날 것이다. 그때 '우리가 정말로 욕망을 소유해야지, 욕망이 우리를 소유해서는 안 된다.'라고 말해야 했듯이, 이제 우리는 '우리가 정말로 정신을 소유해야지, 정신이 우리를 소유해서는 안 된다.'라고 말해야만 한다. 만약 후자에게서 정확한 의미가 부족해 보인다면, 다음을 생각해 봐라, 생각이 많은 사람에게 생각은 '행위 준칙'이 되는데, 그것에 의해 그 자신들이 바로 그 준칙의 포로가 된다는 사실 말이다. 그러면 사람들이 준칙을 소유하는 것이 아니라, 오히려 그러한 준칙이 사람들을 소유하는 것이다. 그리고 사람들이 준칙을 다시 어떤 '고정된 입장'으로 소유한다는 사실을 생각해 봐라. 교리문답의 신조들은 우리가 그것을 알아내기 전에 우리의 **행동 원리들**이 되었고 더는 거부할 수 없게 되었다. 바로 그 신조의 사상 혹은—정신이 유일한 권력을 가지고 있으며, 어떤 '육체'의 항의도 더 이상 듣지 않는다. 하지만 그럼에도 불구하고 나는 오직 '육체'를 통해서만 정신의 폭정을 깨뜨릴 수 있다. 왜냐하면 사람이 자신의 육체 또한 지각할 때에만 **자신**을 온전히 이해하는 것이고, 게다가 자신을 온전히 인식할 때에만 지각하는 사람 혹은 이성적 사람이기 때문이다. 기독교인은 자신의 노예 본성의 비참함을 지각하지 못하고, '겸손'하게 산다. 그러므로 그는 자신의 **인신**에 생긴 부당한 일에 투덜대지 않는다. 왜냐하면 그는 자신이 '정신의 자유'에 만족한다고 생각하기 때문이다. 그러나, 만약 육신이 일단 발언하기 위해 일어선다면, 그리고 그 육신의 말투가 '정열적', '무례한', '호의 있지 않은', '나쁜 속셈의' 목소리(그렇지 않을 수 없으므로)라면, 그때 기독교인은 악마의 목소리, 정신에 반하는 목소리를 듣는다고 생각하고(왜냐하면 예의범절, 냉정함, 호의 따위가 바로—정신이기 때문이다), 틀림없이 그러한 목소리에 열렬히 반대한다고 생각한다. 그가 기꺼이 그런 목소리를 견딘다면, 그는 기독교인이 될 수 없었을 것이다. 기독교인은 도덕성만을 듣고 입으로 비도덕성을 혹평한다. 그는 오로지 적법성에만 귀 기울이고 불법적 말에 재갈을 물린다. 도덕성과 적법성의 정신이 그를 포로로 잡는다. 정신은 완고하고 고집 센 지배자이다. 사람들은 이것을 '정신의 지배'라고 부른다.—동시에 정신의 지배는 정신의 관점이다.

[69] 그러면 이제 평범한 자유주의 신사들은 누구를 자유롭게 만들려고 하는가? 그렇다면 그들이 큰 소리로 부르짖고 갈망하는 것은 누구의 자유인가? 정신의 자유구나! 도덕성, 적법성, 깊은 신앙심, 신에 대한 두려움이라는 정신의 자유이다. 이것은 반자유주의 신사들도 원하는 것이다. 그리고 반자유주의 신사들 또한 이 '동일한 이익의 향유에 참여'에 대해 유일하게 말할 권리가 있는지, 혹은 자유주의 신사들이 '동일한 이익의 향유에 참여'를 받아야만 하는지—이 둘 사이의 모든 논쟁은 이익에 관한 것이다. 정신은 양자에게 있어서 절대적 지배자(Herr)이다. 그들의 유일한 싸움은 '하느님의 대리인'에 당연히 속해야 하는 계급 조직상의 왕좌를 누가 차지할 것인가에 대한 것이다. 가장 좋은 일은, 역사의 야수들은 자연의 야수처럼 서로를 갈기갈기 찢어버릴 것이라는 동요 상황을 확신을 가지고 차분히 바라볼 수 있다는 것이다. 그들의 부패하는 시체는—우리 농작물을 위해 땅을 기름지게 한다.

우리는 나중에 다른 많은 미친 사람—소명에, 진실에, 사랑에 미친 사람 등등—을 다시 이야기할 것이다.

자신의 것(Eigene)이 고취된 것(Eingegebenen)과 대조될 때, 우리는 어떤 것도 따로 떼어진 것으로 소유할 수 없고, 오히려 우리 주변에 있는 것의 인상을 통해서, 전반적으로 연결된 것으로 받아들일 수 있으므로, 그 결과 우리 주변에 있는 것을 '고취된 것'으로 가지고 있다는 반론은 도움이 되지 않는다. 왜냐하면 그 밖의 어떤 것들을 통해 내 안에서 일어났던 감정이나 생각과 나에게 주어진(gegeben) 감정이나 생각 사이에는 큰 차이가 있기 때문이다. 신, 불멸, 자유, 인간다움 등등은 어린 시절부터 우리의 내면을 다소 강하게 움직이는 생각과 감정으로 우리에게 새겨져 있고(eingeprägt), 우리가 모르는 사이에 우리를 지배하거나, 체제들과 예술품들을 통해 더 풍부한 성질들로 자신들을 나타낼 수 있다. 하지만 그것들은 항상 우리를 마음 내키게 했던 감정들이 아니라, 오히려 우리에게 불어 넣어진(eingegeben) 감정들이다. 왜냐하면 우리는 그것들을 믿고 의지해야만 하기 때문이다. 어떤 절대적 존재가 있다는 것, 그리고 우리가 이것을 받아들이고, 느끼고 생각해야만 하는 것은 [70] 절대적 존재를 인식하고 묘사하는 데 온 정신을 바친 사람들에 의해 믿음으로 세워진 것이다. 절대적 존재에 대한 감정은 어떤 불어 넣어진 감정으로서 존재하고, 그때부터 오직 절대적 존재 그 자체의 가장 다양한 계시들(Offenbarungen)로만 나타난다. 그래서 클롭슈톡[115]에게 종교적 감정은 그저 『구세주』(*der Messiade*)에서 예술적으로 표현했던 불어 넣어진 감정이었다. 이와 반대로 그가 찾아냈던 종교가 그에게 감정과 생각을 자극하는 것일 뿐이었다면, 게다가 종교에 대해 자기 자신이 완전히 반대하는 방법을 알고 있었다면, 그렇다면 그 결과 종교적 열광(Begeisterung) 대신에 대상의 해체와 소비(Auflösung und Verzehrung)가 발생했을 것이다. 그

115 클롭슈톡(Friedrich Gottlieb Klopstock, 1724~1803)는 독일의 시인이자 작가이다. 그는 주저 『구세주(*Der Messias*)』(1773년)로 잘 알려졌다. 이 저작은 종교적 서사시이고 1751~1773년까지 20개 지역에서 출판되었다.

대신에 그는 어린 시절에 받은 애 같은 감정을 성숙한 나이에 계속 이어 갔고, 그의 유치한 언행을 치장하는 데 그의 남성다운 힘을 헛되이 썼다.

그렇다면 차이는 나에게 불어 넣어진(eingegeben) 감정인지 혹은 단지 나를 마음 내키게 했던 감정인지이다. 나를 마음 내키게 했던 감정들은 나 자신의, 자기중심적 감정들이다. 왜냐하면 그것들은 감정으로서 나에게 새겨지지(eingeprägt) 않았고, 나에게 받아쓰게 하지 않았으며, 강제하지 않았기 때문이다. 그러나 나는 나에게 불어 넣어진 감정들을 팔 벌려 받아들여, 그것들을 상속 재산으로서 내 마음에 품고, 조심스럽게 돌보고, 그것들에 정신을 빼앗긴다. 감정들이 아무리 드러나도 감정들의 발생을 우리 자신에게 맡기지 않고, 우리의 모든 교육이 우리 안에 감정들을 만들어 낸다는 것을, 다시 말해 우리에게 감정들을 불어 넣는 것을 목표로 한다는 것을 누가 의식적으로 대략이나마 알아차리지 못할까? 우리가 신의 이름을 들을 때, 우리는 신에 대한 두려움을 느껴야만 한다. 우리가 왕자의 존엄이란 이름을 들을 때, 그것을 경외, 경건, 복종으로 받아들여야만 한다. 우리가 도덕이라는 이름을 들을 때, 침범해서는 안 되는 어떤 것을 듣는다고 생각해야만 한다. 우리가 악마나 악인의 이름을 들을 때, 우리는 몸서리쳐야만 한다 등등. 이러한 감정을 내던져 버리는 그런 사람이 있다면, 예를 들어 '나쁜 사람'의 행위를 즐겁게 듣는 사람이 있다면, 그런 사람은 징계용 회초리로 '징벌받고 교육받아야만' 할 것이다. 이렇게 불어 넣어진(eingegeben) 감정들로 꽉 채운 우리는 성년의 입구 앞에 나타나서, '성년이 되었다고 말했다.' 우리의 소양은 '북돋워서 높아진 감정, 고상한 생각, 열광케 하는(begeisternd) 가르침, 영원한 원리' 등등으로 이루어진다. 젊은이가 늙은이처럼 재잘재잘 지껄여댈 때, 그때 젊은이는 성년이다. [71] 그러니까 젊은이를 학교에서 낡고 진부한 이야기를 배우도록 몹시 닦달하고, 젊은이가 그러한 이야기를 마음에 받아들일 때, 젊은이는 성년이 된다.

우리는 우리에게 떠오르는 모든 것과 모든 이름에 대해 그때 우리가 느끼고 싶었고 느낄 수 있었던 것을 느끼도록 허락되지 않았다. 예를 들어 우리는 신의 이름을 조금도 우스운 것으로 생각해서는 안 되고, 조금도 경건하지 못한 것으로 느껴서는 안 되며, 오히려 그 이름을 언급하는 데서 우리가 무엇을 그리고 어떻게 느끼고 생각해야만 하는지가 우리에게 규정되고 북돋아져 있다.

나 자신이 원하는 것이 아니라, 다른 존재가 그것이 옳다고 생각하는 것에 내 영혼 혹은 내 정신을 일치시키는 것이 영혼 돌봄의 의미이다. 마침내 적어도 이런저런 이름을 언급하면서 자신의 감정을 자신에게 확실하게 하는 것은, 그리고 자신들의 연설에 대해 우리에게 신성한 얼굴과 차분한 표정을 기대하는 많은 사람들을 비웃으며 쳐다보는 것은, 많은 노력이 필요하지 않다. 불어 넣어진 것은 타자의 것이고, 우리 자신의 것이 아니다. 그러므로 불어 넣어진 것은 '신성한' 것이고, '그 앞에서 공경하면서 두려워하는 마음'을 버릴 수 있는 것은 어려운 일이다.

오늘날 우리는 '매우 중요한 주제와 토론에 대한 진지함', '독일적 진지함' 등등의 말과 같은 '진지함'의 칭찬을 다시 듣는다. 이러한 종류의 진지함은 지랄과 정신을 빼앗긴 상태가 이미 얼마나 낡고 심각한지를 분명하게 나타낸다. 왜냐하면 미치광이가 그의 미친 지랄의 중심에 올 때, 미치광이보다 더 진지한 것은 아무것도 없기 때문이다. 그때 그의 대단한 진지함 때문에 그는 농담을 웃으며 받아들일 수 없다.(정신병원의 환자를 보아라)

§ 3. 위계질서

내가 가끔 이 자리에서 삽화로 집어넣을 우리의 몽골인 기질에 대해 정확성을 요구하거나 심지어 진실의 증명을 요구하면서 역사적 성찰을 하려는 것이 아니라, 다만 그러한 성찰이 나머지 문제를 뚜렷하고 분명하게 하는 데 도움이 될 것으로 생각하기 때문에 그렇게 한 것이다.

실제로 완전히 백인종에 속하는 모습을 띤 세상사(世上事)는 지금까지 백인 세계의 두 가지 시대를 거친 것처럼 보인다. [72] 첫 번째 시대에 우리 자신의 타고난 흑인의 특성을 완전히 해결하고 완성하였다. 그러고 나서 마침내 두 번째 시대에 마찬가지로 끔찍한 최후를 맞이해야 하는 몽골인 기질(중국인 기질)로 이어진다. 흑인의 특성은 물건들에 의존하는 시대, 고대를 묘사한다(수탉의 먹이, 새의 비행, 재채기, 천둥과 번개, 신성한 나무의 바스락거리는 소리 등등). 몽골인의 성질은 생각들에 의존하는 시대, 기독교의 시대를 보여준다. 다음의 말은 미래를 위해 준비해 두었다. '나는 물건 세계의 소유자이다. 그러고 나서 나는 정신 세계의 소유자이다.'

대체로 세소스트리스[116]의 출정과 이집트와 관련된 사건들과 북아프리카와 관련된 사건들은 흑인 세계의 시대에 속한다. 훈족과 몽골족의 출정은 몽골인 시대의 세계에 속한다. 러시아인도 마찬가지이다.

신과 세계의 경우와 마찬가지로—비아(非我)인 단단한 다이아몬드가 엄청난 가격을 지닌 한, 내 가치는 도저히 높이 평가를 받을 수 없다.—나 아닌 것은 내가 소비하고 흡수하기엔 여전히 너무 거칠고 단단하다. 오히려 신체에 기생하는 동물이 바로 그 신체의 체액으로부터 양분을 섭취하지만, 신체를 완전히 먹어 없애지 않듯이, 사람들은 이 움직이지 않는 실재, 곧 이 실체 위에서 대단히 부지런히 기어 다닐 뿐이다. 이것은 해충의 부지런함이고, 몽골인의 활동성이다. 실제로 중국인들 사이에서는 모든

116 세소스트리스(Sesostris)는 기원전 19세기-20세기 이집트 파라오의 이름인데, 슈티르너가 언급하고 있는 이름은 아마 세소스트리스 3세(Sesostris III, 1887~1849 BC)일 것이다. 그리스의 역사가 헤로도토스와 디오도로스에 따르면, 그는 유럽과 아시아의 일부를 정복하기 위한 운동을 이끌었다.

것이 옛날 그대로 남아 있고, '본질' 혹은 '실체'는 아무런 변화를 겪지 않는다. 이를테면 중국인은 '오래된 것', '선조' 등등의 이름을 지닌, 남아 있는 것에 기대어 더욱더 적극적으로 열심히 일한다.

결과적으로, 우리의 몽골 세계의 시대에서 모든 변화는 개혁적이거나 교정적일 뿐이지, 결코 파괴적이거나 소비적이거나, 없애는 것은 아니었다. 실체, 곧 객체는 그대로 있다. 우리의 모든 활동성은 겨우 개미의 활동과 벼룩의 뛰어오름일 뿐이고, 대상을 움직이지 않게 바짝 죈 밧줄의 요술에 불과하며, [73] 변하지 않는 혹은 '영원한' 통치하에서의 강제 노동일 뿐이다. 중국인은 가장 실제적 사람이다. 왜냐하면 완전히 법규에 몰두하기 때문이다. 그러나 기독교 세계의 시대도 또한 실재하는 것, 다시 말해 '제한된 자유', '일정한 제한 내에서의' 자유에서 벗어나지 않았다. 가장 진보적 교육 수준에서 이러한 활동은, 흔들리지 않는 전제, 뒤집어엎을 수 없는 가설을 바탕으로 하는 과학적 활동이라는 이름을 얻는다.

그런 활동의 최초의 형태와 가장 이해하기 어려운 형태 속에서 도덕성은 그 자체를 습관으로 나타낸다. 자기 나라의 관습(Sitte)과 습관에 따라 행위하는 것은—거기에 도덕적인 것(sittlich)이 있다는 것을 의미한다.[117] 그러므로 어떤 순수한 도덕적 행위, 아주 분명하고 거짓이 없는 도덕성(Sittlichkeit)이 가장 분명히 중국에서 실행되었다. 중국인들은 오래된 습관과 관습에 머물면서 모든 개혁을 사형에 처할 범죄로서 증오한다. 왜냐하면 개혁은 습관, 낡은 것, 영속성에 대해 불구대천의 원수이기 때

---

117 'Sitte'는 한 공동체에 수용된 행동인 관습을 의미할 수 있고 도덕을 의미할 수 있다. 헤겔은 도덕성(Moralität)과 인륜성(Sittlichkeit)을 구분한다. 도덕성은 개인의 의식, 감정 혹은 이성에 토대를 두고 있는 것이며, 인륜성은 윤리적 표준, 다시 말해 한 공동체의 제도와 관습으로 유형화된 것이다. 슈티르너는 이러한 구별을 체계적으로 하지는 않지만, 종종 'Sitte'라는 어원을 도덕성에 수용된 성질에 대해 주장할 때 사용한다.

문이다. 또한 참으로 의심할 바 없이, 사람은 습관을 통해 물건들의, 간섭하는 성질에 저항하여 자기 자신을 지키고, 홀로 있고 마음 편히 느끼는 자기 자신의 세계를 확립한다, 다시 말해 자기 자신에게 어떤 천상을 지어준다. 그렇다, 천상은 다음과 같은 사실 이외의 다른 의미가 아니다. 천상은 인간 본래의(eigentlich) 고향이고, 그 속에서 낯선 것이 인간을 더 이상 규정하거나 지배하지 않고, 세속적 영향력도 더 이상 그를 그 자신으로부터 소외시키지 않는다. 한마디로 말하면, 내세에서 세속적인 찌꺼기를 벗어던지고, 세계와의 전쟁은 종말을 고했다.—그러므로 그 속에서 더 이상 어떤 것도 인간을 거부하지 않는다. 천국은 금욕의 종착역이다. 천국은 자유로운 향유이다. 그곳에서 인간은 더 이상 아무것도 스스로 거부하지 않는다. 왜냐하면 그에게 더 이상 아무것도 낯설고 적대적이지 않기 때문이다. 바로 지금 습관은 '제2의 본성'이다. 제2의 본성은 바로 그것의 만일의 사태로부터 인간을 안전하게 한다는 점에서, 최초의, 원래의 자연 상태로부터 인간을 떼어내어 자유롭게 한다. 중국인의 수련된 습관 덕택에 모든 돌발적 사건을 헤아렸고, 모든 것을 '미리 헤아려 보았다.' [74] 무슨 일이 일어날지라도, 중국인은 항상 자신이 어떻게 행동해야 하는지 알고 있다. 그리고 그는 상황에 따라 먼저 결정할 필요가 없다. 예견하지 못했던 상황은 그의 안식의 천국에서는 절대 일어나지 않는다. 도덕적으로 익숙하고 적응된 중국인은 깜짝 놀라고 무장 해제를 당하지 않는다. 그는 모든 것에 대해 침착하게(즉, 변치 않는 마음 혹은 차분한 기분으로) 행동한다. 왜냐하면 전통적 관습에 의해 보호되는 그의 기분은 당황하지 않기 때문이다. 이렇게 하여 인류는 습관을 통해 교양과 문화라는 사다리의 첫 발판에 오른다. 그리고 인류는 문화에 기어오르면서 동시에 천상에, 다시 말해 문화의 영역 혹은 제2의 자연에 기어오를 수 있다고 표상하기 때문에, 인류는 정말이지—천상에 이르는 사다리의 첫 디딤판에 오른다.

몽골인 기질이 정신적 본질들의 현존을 확립했다면, 정신의 세계, 천국을 창조했었다면—백인은 이 정신적 본질들의 진상(眞相)을 규명하기 위하여 이러한 정신적 본질들과 수천 년 동안 필사적으로 싸워왔다. 그렇다면 백인이 행한 것은 백인이 몽골인의 토대 위에서 건축하였던 것과 다른 것이란 말인가? 백인들은 모래 위에서 건설하였던 것이 아니라, 오히려 공중에 건설하였다. 그러니까 그들은 몽골적인 것들과 필사적으로 싸웠으며, 몽골인의 천국인 텐산(Tian)을 돌격하여 점령하였다. 언제 그들은 마침내 이 천국을 최종적으로 없앨까? 그들은 정말이지 언제 **진정한 백인**이 되어, 자기 자신을 발견하게 될까? 영혼 불멸이 자신을 '정신 불멸'로 드러냈다면, 그들이 현대에 더욱더 확실하다고 생각했던 '영혼 불멸'은 마침내 언제 **정신의 필멸성**으로 변할 수 있을까?

몽골 종족의 부지런한 싸움 속에서 사람들이 **천국을 세워왔다면**, 백인이 그들의 몽골인 기질로 천국과 관계 맺는 한, 백인 혈통의 싸움은 정반대의 사명, 저 관습의 천국을 돌격하는 사명, **천국을 돌격하여 점령하는**[118] 활동을 떠맡았다. 제거된 건축 부지 위에 어떤 새롭고—더 나은 인간의 규칙을 제정하기 위해, 모든 인간의 규칙을 음험한 수단으로 훼손하는 일, 모든 관습의 자리에 언제나 새롭고—더 나은 관습을 대체하기 위해, 모든 관습을 파괴하는 일 등등.—백인 혈통을 지닌 자의 행위는 그런 일에 제한된다. [75] 그러나 그들의 행위는 그렇다면 벌써 순전히 그리고 실제로 되려고 노력한 바인가? 그들의 행위는 최후의 목표에 도달한 것인가? 아니다, 그들의 행위는 '더 나은 것'을 창조하는 과정에 몽골인 기질에 물든 것이다. 그들의 행위는 단지 천국을 다시 만들기 위하여 천국

118 'himmelstürmend'는 '무한한 것 혹은 사납게 열망하는 것'을 의미한다. 'Himmelstürmer'은 '공상적 이상주의자' 혹은 '선동가'를 의미한다. 파괴스러운 급진주의에 대한 독일 표현 방식이다.

을 돌격하여 점령하고, 오로지 어떤 새로운 권력을 정당화하기 위하여 낡은 권력을 뒤집어엎는다. 곧 그들의 행위는 오직 더 좋게 만든다. 그럼에도 불구하고 모든 새로운 접근의 순간에, 표적이 눈앞에서 자주 사라질 수도 있지만, 표적은 천국, 관습 등등의 실제적이고 완전한 몰락이다. 한마디로 말하면 표적은 세계에 대한 단지 안전한 인간의 몰락, 인간의 고립 혹은 인간 내면성의 몰락이다. 문명이라는 천국을 통해, 인간은 세계로부터 자신을 고립시키려고 애쓰고, 세계의 적대적 힘을 꺾어버리려고 애쓴다. 하지만 이러한 천국의 고립은 마찬가지로 파괴되어야만 한다. 그리고 돌격하여 점령한 천국의 진정한 종말은 천국의 몰락, 천국의 파괴이다. 고쳐 좋게 하는 일과 새롭게 뜯어고치는 일은 백인의 몽골인 기질이다. 왜냐하면 백인은 그런 일로 이전에 이미 존재했던 것, 곧 규칙, 보편, 천국을 다시 새로이 만들기 때문이다. 그는 천국에 대해 가장 화해할 수 없는 적개심을 품지만, 매일 새로운 천국을 세운다. 천국 위에 천국을 쌓아 올리는 그는 천국을 다른 천국으로 눌러 죽일 뿐이다. 그러니까 유대인의 천국이 그리스인의 천국을 파괴하고, 개신교도의 천국이 유대인의 천국을 파괴하며, 개신교도의 천국이 가톨릭교도의 천국을 파괴한다 등등.—만약 천국을 돌격하여 점령하는 백인의 피를 가진 사람들이 자신의 몽골인 피부를 벗겨낸다면, 그들은 감상적 사람을 엄청난 감상적 세계의 파편 아래 매장할 것이고, 고립된 사람을 그 사람의 고립된 세계에 매장할 것이며, 신을 찬미하는 사람을 그 사람의 천국에 매장할 것이다. 그리고 천국은 정신의 왕국, 곧 정신적 자유라는 왕국이다.

천국의 왕국, 정신과 유령의 왕국은 사변 철학 속에서 자신의 정당한 입장을 발견했다. 사변 철학에서 그런 왕국은 생각, 개념과 관념의 왕국으로 표현되었다. 천국은 생각과 관념으로 가득 차 있고, 이 '정신의 왕국'이 그때 참된 현실성이다.

[76] 정신의 자유를 얻고자 하는 것, 그것이 몽골인 정신이고, 정신

적 자유는 몽골인의 자유, 감상적 자유, 도덕적, 윤리적 자유 등등이다.

틀림없이 사람들은 '도덕성'이란 말을 자발성(Selbsttätigkeit), 자기결정(Selbstbestimmung)과 동의어로 여길 것이다. 그러나 도덕성은 자발성, 자기결정을 포함하지 않는다. 오히려 백인은 자신의 몽골적 기질을 띠는 도덕성에도 불구하고 자신의 도덕성을 자발적으로 증명할 뿐이다. 몽골적 기질을 띠는 천국 혹은 관습은 강력한 요새(feste Burg)[119]로 남아있고, 백인은 이 요새를 향해 끊임없이 돌격하여, 자신을 도덕적이라고 증명한다. 만약 그가 더 이상 관습과 전혀 관계가 없다면, 만약에 그가 그것을 그의 제어할 수 없는, 끊임없는 적으로 가지고 있지 않다면, 관습과의 관계는 끝날 것이고, 그 결과 도덕성은 중지할 것이다. 따라서 백인의 자발성이 여전히 도덕적 자발성이라는 것은, 정확하게 자발성의 몽골인 기질이고,—그가 그 도덕적 자발성 속에서 자기 자신에게 도달하지 못했다는 표시이다. '도덕적 자발성'은 완전히 '종교철학과 정통철학', '입헌 군주제', '기독교적 국가', '정해진 제한 내에서의 자유', '언론 · 출판의 제한된 자유'와 일치하거나 병상에 포박된 영웅의 모습과 완전히 상응한다.

사람이 유령에 대한 믿음(Gespensterglauben)뿐만이 아니라 정신에 대한 믿음(Glauben an den Geist)도, 초자연적 믿음(Geisterglauben)뿐만이 아니라 정신적 믿음(Geistesglauben) 도 버릴 힘을 소유할 때, 그제야 실질적으로 샤머니즘과 샤머니즘의 유령을 극복한다.

유령을 믿는 사람은 정신을 믿는 사람보다 '더 높은 세계의 침입'을 승인하지 않는다. 그리고 양자는 감성적 세계의 드러나지 않는 속내인 초감각적 세계를 추적한다. 한마디로 말하면 그들은 또 다른 세계를 만들어 내고 그것을 믿는다. 그리고 그들 마음의 생성물인 이러한 다른 세계

119 슈티르너는 루터가 만든 찬송가 "강력한 요새는 우리의 신입니다"(Ein Feste Burg ist unser Gott)를 참조하고 있다고 가정하기 때문에 이렇게 번역하였다.

는 어떤 정신적 세계이다. 실제로 그들 감각은 또 다른 세계, 곧 지각할 수 없는 세계를 전혀 이해하지 못하고 알지 못한다. 그들 정신만이 정신적 세계에서 살아간다. 이러한 몽골인의 정신적 본질의 현존에 대한 믿음에서 출발하는 것은, 인간 본래의 본질(eigentliches Wesen) 또한 그의 정신이고, [77] 그리고 모든 관심은 오로지 이러한 것, '영혼의 구원'에 쏟아져야만 한다는 것은 어려운 일이 아니다. 이것으로 정신에 끼치는 영향, 이른바 '도덕적 영향력'은 확실하게 되었다.

그런 까닭에 몽골인 기질은 감각 본성의 완전한 부재를 나타내고, 비감각 본성과 부자연적인 것을 나타내고, 그리고 죄와 죄의식이 우리의 수천 년 동안 지속된 몽골적 괴로움이었다는 것은 아주 분명하다.

그렇다면 정말 누가 정신을 아무것도 아닌 것(Nichts)으로 해체할까? 바로 그다, 정신을 이용하여 자연을 공허한 것(Nichtige), 유한한 것, 덧없는 것(Vergängliche)으로 보여주는 그다, 그만이 정신조차 자연과 마찬가지로 덧없다고 과소평가한다. 내가 그것을 할 수 있다. 당신들 중 누구나 그것을 할 수 있다, 제약되지 않은 나로서 자신의 뜻대로 행하는 사람, 한 단어로 말하면—자기중심적 사람이다.

* * *

신성한 것 앞에서 사람들은 모든 힘의 감각과 모든 용기(Mut)를 잃어버린다. 그래서 사람들은 신성한 것에 대해 무기력하고 겸손하게(demütig) 행동한다. 그럼에도 어떤 존재물도 자신을 통해 신성한 것이 아니라, 오히려 내가 성스러운 것임을 선포하여, 곧 나의 판단, 나의 결정, 나의 굴복에 의해, 한마디로 말하면 나의—양심을 통해 신성한 것이다.

자기중심적 사람이 접근할 수 없고, 건드릴 수 없고, 그의 권능 밖에 있고, 다시 말해 자기중심적 사람보다 위에 있는 모든 것은 신성하다. 한마디로 말하면 양심의 문제는 신성하다. 왜냐하면 '이것은 나에게 양심의 문제다'라는 것은 정확하게 '나는 이것을 신성하게 여기노라'를 의미하기 때문이다.

어린아이에게는, 바로 동물처럼, 아무것도 신성하지 않다. 왜냐하면 신성한 것이란 표상이 가능하기 위해서는, 이미 '좋고 나쁜, 정당하고 부당한' 것과 같은 것을 구별할 수 있는 지적 능력 정도는 발달해야만 하기 때문이다. 그러한 정도의 반성 혹은 사리 판단 능력(종교의 고유한 관점)에 의해서만 자연스럽지 않은(다시 말해, 지금 막 생각에 의해서 존재하게 된) **경외**(Ehrfurcht), '신성한 두려움'이 자연적 **두려움**(Furcht)을 대신할 수 있다.[120] 이러한 신성한 두려움은 자신의 외부에 어떤 것을 더 강력한, 더 큰, 더 정당한, 더 나은 것 등등으로 여긴다는 것을 포함한다. 그다음 어떤 낯선 힘을 인정하는 태도는 그 낯선 힘을 단순히 느끼는 것이 아니라, 그 낯선 힘을 명확하게 인정하고, [78] 다시 말해 낯선 힘을 시인하고, 그것에 굴복하고, 항복하며, 자신을 속박하도록 하는 것이다(헌신, 겸손, 굴종, 복종 등등). 여기에 '기독교적 미덕'이라는 모든 허깨비의 무리가 유령으로 돌아다닌다.

어떤 존경 혹은 경외를 느끼는 모든 것은 신성한 것이라는 이름을 받을 만하다. 또한 당신 자신에게 말하길, 당신은 그것을 살짝 건드리며 '**신성한 두려움**'을 느낄 것이다. 그리고 당신은 신성하지 못한 것(교수대, 범죄 등등)에게서도 이러한 기미를 띠게 한다. 당신은 신성한 것을 만지는 것이 무섭다. 신성한 것에는 어떤 두렵고 낯선 것, 다시 말해 어떤 친숙하지 않은 것 혹은 **자신의 것이 아닌 것**이 있다.

'어떤 것이 사람들에게 신성한 것으로 여겨지지 않으면, 참으로

---

120 슈티르너는 자연스럽지 않은 경외(Ehrfurcht)과 자연스러운 두려움(Furcht)을 구분하여 강조하고 그 다다음 단락에서 이 단어로 언어유희를 하면서 주장을 펼치고 있다.

수문(水門)은 자유재량, 무한한 주관성에 문을 열어줄 것이네!' 두려움(Furcht)[121]이 시작하면, 가장 무례한 사람들을 두려워하게 할 수 있다. 그러므로 두려움은 이미 가장 무례한 사람의 뻔뻔스러움에 적대하는 어떤 장애물이다. 그러나 두려움에는 간지(奸智), 기만, 책략(Pfiffe)[122] 등을 통해 두려워했던 것들(Gefürchteten)로부터 자신을 해방시키려는 시도가 항상 여전히 있다. 이에 반하여 두려움은 경외와 완전히 다르다. 경외는 두려워했을(gefürchtet) 뿐만 아니라, 또한 존경했던(geehrt) 것이다. 두려워했던 것(Gefürchtete)은 내가 더 이상 벗어날 수 없는 내면적 힘이 되었다. 왜냐하면 나는 두려운 것을 존경하고(ehre), 두려운 것에 사로잡히며, 그것에 헌신하고 그것의 소유이기 때문이다. 내가 두려운 것에 나타내는 존경(Ehre)에 의해, 나는 완전히 두려움의 힘 속에 존재하고 결코 더 이상 해방을 시도조차 하지 않는다. 이제 나는 모든 믿음의 힘으로 두려운 것에 달라붙는다. 나는 믿는다. 나와 내가 두려워했던 것은 일치한다. "내가 살아가는 것이 아니라, 오히려 존경받는 것이 내 안에서 살아가는구나!"[123] 왜냐하면 정신, 무한한 것은 끝을 허용하지 않기 때문인데, 그런 이유로 정신은 정지된 것이다. 다시 말해 정신은 죽음을 두려워한다, 정신은 갓난아이 예수를 놓아 주지 않을 것이다. 눈먼 정신의 눈은 더 이상 유한한 것의 위대함을 인식할 수 없다. 이제 경외로 높아진 두려워했

---

121 이어지는 구절에서 슈티르너는 자신의 요점을 설명하기 위해 약간의 말장난을 사용한다. 두려움(Furcht), 경외(Ehrfurcht), 두려워했고(gefürchtet), 존경했던(geehrt).

122 Pfiff은 여러 뜻이 있다. 먼저 두려워하는 것을 조롱하는 것을 의미하고, 자신의 매력을 사용하여 자신을 두렵게 하는 것을 무안하게 하는 것이다. 이 단어는 219, 364쪽에 언급.

123 「갈라디아서」, 2장 20절. "그러나 내가 사는 것이 아니요, 그리스도께서 내 안에 사시는 것이라."

던 것을 더 이상 만지면 안 된다. 그러니까 경외는 영원히 남게 될 것이고, 존중받았던 것은 신처럼 섬겨진다. 이제 세상 사람은 더는 창조하지 않고, 오히려 배운다(지식, 연구 등등). 다시 말해 어떤 고정된 대상에 전념하고, 그것에 침잠(沈潛)하여, [79] 자기 자신으로 되돌아오지 않는다. 이런 대상과의 관계는 지식의 관계, 발견의 관계, 확증의 관계 등등이지, 해체의 관계(폐지의 관계 등등)가 아니다. '인간은 종교적이어야만 한다.'는 것은 확실하다. 그런 까닭에 사람은 오직 다음과 같은 물음, 이것을 어떻게 성취할 수 있는지, 종교성의 정확한 의미는 무엇인지 등등에 전념한다. 이 공리 자체를 불확실하게 만들고 의심하며 그것을 또한 뒤집어엎어야 마땅한데도, 완전히 그렇게 하지 않는다. 도덕성 또한 그러한 신성한 표상이다. 이를테면 인간은 도덕적이어야만 하고, 도덕적이어야만 하는 올바른 '방법', 올바른 방식만을 찾아내야만 한다. 세상 사람은 '도덕성 그 자체가 하나의 기만적 모습이 아닌가'라고 질문하면서 대담하게 도덕성 그 자체를 공격하지 않는다. 도덕성은 계속 모든 의심보다 높아져 있고, 변하지 않는다. 그래서 도덕성은 신성한 것, 곧 단계적으로 '신성한 것'에서 '신성한 것들 가운데 신성한 것'으로 순조롭게 진행되고 있다.

* * *

때때로 인간은 두 가지 부류, 곧 교양이 있는 사람과 교양이 없는 사람으로 나누어진다. 교양이 있는 사람들이 그 이름에 어울리는 사람인 한, 교양인들은 생각, 마음에 몰두하고, (교양인의 원리가 바로 생각인 그리스도 이후의 시대에 생각이 교양인을 지배하는 것이었기 때문에), 자신들에 의해 인식된 생각을 위해 노예 같은 존경을 요구한다. 국가, 황제, 교회, 신, 도덕성, 명령 등등은 마음만을 위한 그러한 생각들 혹은 정신들이다. 단순히 살아있는 존재, 동물은 어린이와 마찬가지로 그것들에 신경을 쓰지 않는다. 그러나 교양이 없는 사람은 실제로 모름지기 어린이이다. 게다가 자신의 삶의 필요에만 몰두하는 사람은 저 정신들에 대해 무관심하다. 그러나 그 사람 역시 저 정신들 앞에서 약하기 때문에, 정신들의 힘에 굴복하고,—생각에 의해 지배된다. 이것이 위계질서의 의미이다.

위계질서는 생각의 지배, 정신의 지배구나!

우리는 오늘날까지 위계적으로 살아왔고, 생각에 의지하는 그런 사람들에 의해 억눌려왔다. 생각은 신성한 것이다.

그러나 항상 두 사람은 서로 충돌하고 있다. 교양이 있는 사람이 교양이 없는 사람과 충돌하고, 그 반대도 마찬가지이다. [80] 더 정확히 말하면 두 사람 간의 충돌일 뿐만 아니라, 또한 한 사람과 동일한 사람 내에서의 충돌이다. 왜냐하면 교양이 있는 사람 또한 물건들에서 기쁨을 느끼지 못할 정도로 그렇게 교양이 있지 않기 때문이다, 그리고 그렇게 교양이 없어도, 교양이 없는 사람도 완전히 생각이 없지 않기 때문이다. 마침내 헤겔은 가장 교양이 있는 사람조차 **물건들**을 갈망하고 모든 '공허한 이론'을 품는 것이 얼마나 끔직한가를 폭로한다. 그에게 물건의 세계인 현실은 철두철미 생각과 일치해야만 하며, 어떤 개념도 실재 없이 존재해서는 안 된다. 이것 때문에 마치 헤겔의 학설에서 생각과 물건이 그것들의 합일을 축하했었듯이, 헤겔의 학설이 가장 객관적 성격을 띠는 것으로 알려졌다. 하지만 이것은 단순히 생각함의 가장 극단적 폭력성, 생각의 가장 높은 전제정치와 생각함의 독재권, 마음의 대승리, 그리고 마음과 함께하는 **철학**의 대승리일 뿐이었다. 이제부터 철학은 더 이상 더 높은 것을 성취할 수 없다. 왜냐하면 철학의 최고 형태는 **정신의 전능**, 마음의 전능함이기 때문이다.[124]

124 원주17, 루소, 박애주의자들과 다른 사람은 교양과 지성을 적대시하였다. 그러나

정신적 인간들은 실현되어야만 하는 어떤 것을 생각해 왔다. 그들은 사랑, 선 따위 같은 것에 대한 개념을 가지고 있는데, 그것들을 실현하여 보고 싶어 한다. 그러므로 그들은 사랑의 왕국을 지상에 건설하고자 하는데, 거기에서는 결코 더 이상 어떤 자기유용성(Eigennützigkeit)으로 행동하지 않고, 오히려 각자 '사랑으로' 행동한다. 사랑이 지배해야 한다. 그들이 생각해 왔던 것을 —고정 관념이라는 말 말고 달리 어떻게 불러야만 하는가? 그렇군, '그들의 머릿속에 유령이 출몰한다.' 가장 괴롭히는 유령은 인간이다. 다음과 같은 속담을 기억하라. '몰락에 이르는 길은 선한 속셈들로 포장되어 있다.' 기본적으로 인간다움을 완전히 실현하려는 의도, 모든 인간이 되려는 속셈은 그렇게 파멸의 근원이 되는 방식이다. 이는 선하게 되고 고귀하게 되고 애정이 깊게 되려는 등등의 속셈에 속한다.

『회상록』[125]의 제6부 7쪽에서 브루노 바우어는 다음과 같이 말한다.

> 현대 역사에서 그렇게나 엄청난 중요성을 얻게 될 저 부르주아 계급은 [81] 절대로 자기 희생할 수 없고, 절대로 관념에 대해 열광(Begeisterung)할 수 없으며, 이념을 북돋을 능력도 없다. 부르주아 계급은 그들 평범한 재능의 이익을 위해 헌신할 뿐이다. 다시 말해 부르주아 계급은 언제나 그 자신들에 한정해서 남아 있고, 마침내 계급의 거대한 다수를 통해서 승리하고, 거대한 다수와 함께—열정의, 열광의, 일관성의 노력을 자신의 표면을 통해, 녹초가 될 정도

그들은 교양과 지성이 모든 기독교인에게 파묻혀있다는 사실을 간과하였고, 박학하고 정제된 교양에 대해서만 공격을 하였다.

125 에드가 바우어의 논문 「바이유와 프랑스 혁명의 첫 번째 날」, 이 논문은 브루노 바우어와 에드가 바우어의 공저인 『혁명 이래로 최근 역사에 대한 회상록』에 들어 있다.

로, 자신 안으로 새로운 관념의 부분을 받아들이는 데 성공했다.[126]

그리고 6쪽에서 다음과 같이 말한다. "부르주아 계급은 혁명적 이념을 바꾸어 놓았고, 그것을 위해서는 아니지만, 그러나 자기에게 유용하지 않은 사람들 혹은 정열적인 사람들은, 오로지 자기 자신의 이익을 위해, 정신(Geist)[127]을 화폐(Geld)로 바꾸었다.—확실히, 바로 그렇다, 부르주아 계급이 저 이념에서 그들의 신랄한 말, 그들의 일관성, 그들의 파괴적 진지함, 모든 자기중심성에 반대하는 광신적인 진지함을 제거한 이후에 말이다." 그러므로 이러한 사람들은 자신을 희생하는 사람이 아니고, 열광하는 사람이 아니며, 이상적인 사람이 아니고, 한결같은 사람이 아니며, 광신하는 사람이 아니다. 그러니까 그들은 통상적 의미에서 자기중심적 사람이고, 자기에게 유용한 사람이고, 자신의 이익에 신경을 쓰고, 냉정한 사람이며, 계산하는 사람 등등이다.

도대체 누가 '자신을 희생하는' 사람인가? 확실히, 완전한 의미에서, 하나의 것, 곧 하나의 목적, 하나의 의지, 하나의 열광 등등에 다른 모든 것을 위험에 내맡기는 그런 사람이다. 연인이 자신의 목표에 도달하기 위하여 모든 위험과 궁핍을 견디고, 부모를 버린다면, 그는 자신을 희생하지 않는 사람인가? 혹은 유일한 열광에 자신의 모든 욕망, 소원을 바치는 야심이 있는 사람은 자신을 희생하지 않은 사람인가? 혹은 재물을 모으기 위하여 자신의 모든 것을 단념하는 탐욕스러운 사람(Geizige)은 자신을 희생하지 않는 사람인가? 혹은 쾌락을 좇는 사람은 자신을 희생하지 않는 사람인가? 하나의 열광이 그를 지배한다. 그는 하나의 열광을

126 원주 18, 브루노 바우어, 『1792년 9월의 날과 프랑스 공화국 정당들의 첫 전투』 1부(샤를로텐부르크, 1844), 7쪽.

127 원뜻은 흥분, 격앙(Aufgeregtheit)이다.

위해 다른 모든 것을 희생한다.

그뿐 아니라 이러한 자신을 희생하는 사람들은 어쩌면 자기에게 유용한 사람, 곧 자기중심적 사람이 아닌가? 그들은 하나의 지배적 열광만을 지니고 있으므로, 또한 오로지 하나의 만족에 힘을 다하지만, [82] 만족을 위해 더욱더 열렬한 사람이다. 그들은 만족에 열중해 있다. 그들의 모든 행위와 행동은 자기중심다운 것이다. 그러나 그들의 모든 활동은 어떤 한쪽으로 치우친, 열려있지 않은, 편협하고 고루한 자기중심성이다. 이것은 정신을 빼앗긴 상태이다.

'그렇군, 그러한 자기중심성은 하찮은 정열들이니, 도리어 그런 정열들에 의해 자신을 노예로 만들도록 해서는 안 된다. 사람은 어떤 위대한 이념, 위대한 대의를 위하여 희생해야만 하는구나!' 어떤 '위대한 이념', 일종의 '선량한 대의'는 아마 신의 명예일 것인데, 헤아릴 수 없는 사람이 신의 명예를 위해 목숨을 버렸다. 기독교는 기독교에 기꺼이 한 몸을 바치는 순교자를 찾아내었다. 또한 신성한 가톨릭교는(die alleinseligmachende Kirche)[128]는 이교도의 희생을 게걸스레 요구해 왔다. 그러니까 피투성이 단두대가 자유와 평등을 도왔다.

위대한 이념, 선량한 대의, 학설, 체제, 고상한 소명(Beruf)[129]을 위해 살아가는 사람은 아마 어떤 세속적 욕망, 자기 자신을 추구하는 이해관계도 그에게 샘솟지 않도록 할 것이다. 여기서 우리는 **성직주의**라는 개념, 혹은—아무리 성직주의를 교수법의 활동이라고 부를 수 있더라도—교사다움이라는 개념을 가진다. 왜냐하면 이상주의자는 우리에

128 'alleinseligmachend'는 '유일하게 구언을 주는'이라는 뜻이다. 그러니까 자신만이 '유일하게 옳은' 것이다.

129 슈티르너는 이 단락과 그다음 단락에서 'Beruf'의 두 가지 뜻을 이용하여 자신의 주장을 펼치고 있다.

게 선생 같은 말투로 훈계하기 때문이다. 성직자는 특히 이념에 따라 살고 이념을 위해서 사는 것이 천직이고, 참으로 선량한 대의를 위하여 일하는 것이 천직이다. 그 때문에 사람들은 어떤 세속적 건방짐을 보여주는 것, 어떤 기분 좋은 삶을 욕망하는 것, 춤과 놀이 같은 즐거움에 참여한다는 것—한마디로 말하면 어떤 '신성한 이익'과는 다른 어떤 것을 소유한다는 것—이 자신에게 거의 어울리지 않는다는 것을 느낀다. 이로부터 십중팔구 자기 직업(Beruf)의 신성함에 의해서만 보답받아야 하고, 그 밖의 향유를 '체념해야'만 한다고 여겨지는 선생의 보잘것없는 월급도[130] 나온다.

심지어 한 사람이 자신의 사명(Beruf)으로 여겨야만 하는 하나 이상의 신성한 이념의 목록이 부족하지 않다. 가족, 조국, 학문 따위가 내 안에서 그것들의 부름(Beruf)에 충실한 하인을 찾아낼 수 있다.

여기서 우리는 세계의 대단히 오랜 광기와 마주치는데, 이 광기는 아직 성직주의 없이 하는 법을 배우지 않았다. 성직주의는 어떤 관념을 위해 살고 일하는 것이 인간의 사명(Beruf)이고, 그 소명을 충실하게 실행함에 따라 그의 인간다운 가치가 평가된다는 것이다.

[83] 이것은 관념의 지배이다. 달리 말하면, 이것은 성직주의이다. 예를 들어 로베스피에르, 생쥐스트[131] 등등은 완전히 성직자였고, 관념에 열광하는 열광자였으며, 이러한 관념의 한결같은 도구였으며, 관념적 인간이었다. 그래서 생쥐스트는 연설에서 다음과 같이 외친다.

---

130 학교 교사로서의 슈티르너 자신의 경험을 풍자하고 있는 것으로 보인다.

131 루이 앙투안 레옹 드 생쥐스트(Louis Antoine Léon de Saint-Just, 1767~1794)은 프랑스 혁명 시대의 정치가이다. 로베스피에르(Robespierre) 등과 함께 혁명 활동에 투신하였고, 로베스피에르의 공포정치를 지지하였다.

조국에 대한 신성한 사랑에는 어떤 무서운 것이 있다. 그러니까 조국에 대한 신성한 사랑은 연민 없이, 두려움 없이, 인간다운 유념 없이 공공의 이익을 위해 모든 것을 희생에 바칠 정도로 배타적이다. 조국에 대한 신성한 사랑은 만리우스[132]를 낭떠러지 아래로 던져 버린다. 이를테면 그것은 사적 성향을 희생한다. 그것은 레굴루스[133]를 카르타고[134]로 이끌고, 로마 사람을 나락으로 팽개치고, 마라[135]를 자기 헌신의 희생자로서 판테온에 놓는다.[136]

---

132 만리우스(Marcus M. Capitolinus Manlius)는 로마의 정치가이다. 기원전 390년 갈리아에 살던 세노네스족이 이탈리아에 침입했다. 로마에 남은 자들은 카피톨리노 언덕에 결집하여 만리우스 카피톨리누스의 주도 아래 그 습격을 무산시켰다. 그렇지만 만리우스 카피톨리누스가 왕권을 획책하고 있다는 혐의로 사형을 선고받았고 감옥에 갇힌 뒤 1년 만에 타르페이아 바위에서 던져져 사망했다고 한다.

133 마르쿠스 아틸리우스 레굴루스(Marcus Atilius Regulus)는 기원전 255년 카르타고와의 전쟁에서 포로로 잡혔고, 카르타고로 돌아올 것을 맹세하고, 포로로 잡혀 있던 부유한 카르타고인들을 석방하기 위해 로마로 파견되었고, 그리고 돌아오자 카르타고인에게 고문을 받아 죽임을 당했다고 한다.

134 고대의 페니키아의 도시 이름.

135 장폴 마라(Jean-Paul Marat, 1743~1793)는 프랑스의 혁명가이자 『인민의 벗』이라는 신문을 발행하였고, 지롱드파 지지자 샤를로트 코르데에 의해 암살되었다. 입법의회는 1794년 9월에 그를 명사(名士)의 기념묘에 안치할 것을 지시했지만, 1795년 2월에 그의 유해는 평판이 좋지 않은 이유로 명사(名士)의 기념묘에서 제거되었다.

136 원주 19, 생쥐스트, 「당통에 대한 연설, 국민의회에서 1794년 3월 31일에 한 연설문」, 루텐베르크(Adolf Rutenberg)(발행), 『18세기와 19세기의 정치 연설 총서 제3권』(베를린 1844), 146쪽.
(프랑스 혁명의 지도자인 조르주 자크 당통 (Georges Jacques Danton, 1759~1794)은 공포정치에 반대했다. 이 때문에 체포, 재판, 처형으로 이어졌다. 슈티르너가 인용한 글은 1794년 3월 31일에 당통에 반대하는 집회에서 생쥐스트가 한 연설이다. 그는 로베스피에르의 공포정치를 적극 지지, 옹호한 사람들 가운데 한 사람이었다.- 옮긴이)

이제 관념적 혹은 신성한 이해관계의 대변인들과 대립하여 수많은 '개인의' 세속적 이해관계의 세계가 마주한다. 어떤 관념도, 어떤 체제도, 어떤 신성한 대의도 이러한 개인의 이해관계에 의해 능가도 변경도 되지 않을 정도로 그렇게 위대하지 않다. 가령 그것들이 열망의 시대에, 그리고 광신의 시대에 잠깐 침묵할지라도, '사람들의 건전한 감각'을 통해 곧 다시 정상에 오른다. 그러한 이념들이 더 이상 개인의 이해관계에 적대적이지 않을 때까지, 다시 말해 그러한 이념들이 자기중심성을 만족시킬 때까지, 그러한 이념들은 완전히 승리하지 않는다.

바로 창문 밖에서 훈제 청어를 팔기 위해 '청어 사세요'라고 외치는 저 남자는 좋은 판매에 개인적 이해관계가 있다. 그리고 그의 아내나 다른 사람이 그 사람에게 같은 마음을 바랄 때, 이 일은 여전히 개인적 이해관계로 남는다. 이와 반대로 어떤 도둑이 그 남자의 바구니를 빼앗았다면, 그때 곧바로 많은 사람의 이해관계, 온 도시의 이해관계, 온 나라의 이해관계, 한마디로 도둑질을 혐오하는 모든 사람의 이해관계가 발생할 것이다. 그런데 훈제 청어 상인은 무관심해지고, 그 자리에 '강도 피해자'라는 범주가 전면에 등장할 그런 이해관계이다. 그러나 여기에서도 모두가 개인적 이해관계로 귀결될 수 있다. 마치 각각의 참여자가 [84] 훈제 청어 상인은 도둑을 처벌하는 데 찬성해야만 하는데, 그렇지 않으면 처벌받지 않은 도둑질이 일반화되어 훈제 청어 상인 또한 자기 재산을 강탈당할 수 있기 때문이라고 생각하기 때문이다. 하지만 그러한 예상은 많은 사람에게 거의 가정될 수 없다. 오히려 우리는 다음과 같은 외침을 듣게 될 것이다. 그 도둑은 '범죄자'이다. 여기서 우리는 우리 앞에 다음과 같은 어떤 판단이 놓여 있다. 도둑의 행위를 '범죄'라는 개념의 표현으로 받아들이는 그런 판단 말이다. 이제 문제는 다음과 같다. 사실 범죄가 나에게든, 내가 관심을 가진 어떤 사람에게든 가장 가벼운 손해도 끼치지 않았는데도, 나는 범죄를 극구 반대할 것이다. 어째서? 나는 도덕성에 열광하기(begeistert) 때문에, 도덕성이라는 관념으로 가득 차 있기 때문이다. 그래서 나는 도덕성에 적의를 품고 있는 것을 단호하게 공격한다. 왜냐하면 의심의 여지 없이 그의 마음에서 도둑질은 혐오스러운 것으로 여겨지기 때문인데, 예를 들어 프루동은 "소유는 도둑질이다."라는 명제로 곧바로 소유라는 말에 명예를 더럽히고 욕되게 하였다고 생각하기 때문이다. 성직자의 의미에서 도둑질은 언제나 범죄이거나 적어도 악행이다.

여기서 개인의 이해관계는 끝난다. 바구니를 훔쳤던 이 특정한 인격은 내 인격에 완전히 무관심하다. 이를테면 내가 오직 관심을 두는 개념은 저 특정한 인격을 표본으로 보여주는 이 개념, 도둑일 뿐이다. 도둑과 인간은 내 마음속에서 화해할 수 없는 대립이다. 왜냐하면 사람이 도둑일 때, 사람은 참으로 인간이 아니기 때문이다. 그러니까 사람이 훔칠 때, 사람은 그 자체로 인간, 혹은 '인류'의 품위를 떨어뜨리기 때문이다. 자기만의 이해관계에서 떨어져 나와서, 사람들은 박애주의(Philanthropismus)[137], 인간에 대한 사랑에 빠지는데, 이것이 모름지기 인간의 사랑, 실재하지 않는 개념의 사랑, 유령의 사랑이거늘, 마치 이것이 사람들에 대한 사랑, 저마다 다른 사람들에 대한 사랑인 것처럼 보통 오해한다. 박애주의자는 사람들(tous anthropous)을 마음에 들어 하는 것이 아니라, 오히려 인간(ton anthropon)을 마음에 들어 한다. 확실히 그는 저마다 다른 사람들에게 관심을 두지만, 자신의 사랑하는 이상이 어디에서나 실현된 것을 보고 싶어서 그렇게 한 것일 뿐이다.

그러므로 나, 당신, 우리에 대한 염려의 말이 여기에는 결코 없다. [85] 그것은 개인의 이해관계일 것이고 '세속적 사랑'의 일에 어울리는

137 'Philanthrop'(박애주의자)는 '인간'(anthropos)에 대한 '사랑'(philos)이라는 의미를 내포하고 있다.

것이다. 박애주의는 천국의, 정신적,—성직자 풍의 사랑이다. 그런 까닭에 박애주의에 의해 우리가 가난한 녀석으로 몰락했을망정, 인간은 우리 안에서 회복되어야만 한다. 그것은 저 유명한 말인 "세상이 망할지라도, 정의를 행하라"(fiat justitia, pereat mundus)[138]와 같은 성직의 교의이다. 인간과 정의는 사랑을 위해 모든 것을 희생으로 바치는 이념, 허깨비가 될 것이다. 그러므로 성직자의 정신은 '자신을 희생하는' 정신이다.

인간에 열광하는 사람은 저 열광이 관념적, 신성한 이해관계로 뻗치는 한, 그리고 관념적, 신성한 이해관계로 떠돌아다니는 한, 개인들을 무시한다. 어때, 아시겠지, 인간은 개인이 아니라, 오히려 이상, 유령이란 말이야.

자, 되도록 서로 다른 것들이 인간에 속할 수 있고 그렇게 여겨질 수 있다. 만약 사람들이 인간의 주요한 필요조건을 경건에서 발견한다면, 거기에서 종교적 성직주의가 싹튼다. 그리고 인간의 주요한 필요조건을 도덕적 입장에서 본다면, 사람의 머리에 도덕적 성직주의가 세워진다. 이 때문에 오늘날(우리 시대의) 성직자다운 정신은 모든 것을 '종교', 곧 '자유의 종교, 평등의 종교 등등'으로 만들려고 한다. 그리고 그것들을 위해 모든 관념은 '신성한 대의, 예를 들면 심지어 국가의 시민권, 정치학, 공공성, 언론 · 출판의 자유, 배심 재판 등등이 된다.

자, 이런 의미에서 '자기에게 유용하지 않음'은 무엇을 의미하는가? 그 앞에서는 결코 개인들을 존중하지 않는 관념적 이해관계만을 의미

---

138 세상이 망할지라도 정의를 행하라(Fiat iustitia, et pereat mundus)는 라틴어 문장으로, 신성로마황제 페르디난트(Ferdinand, 1503~1564) 1세의 좌우명이었다. 또한 칸트는 1795년, 『영구평화론』에서 자신의 반(反)공리주의적 윤리철학을 요약하기 위해 이 문장을 "세상의 악들이 정의로 인해 모두 죽게 되더라도 정의를 행하라"로 해석했다. 이 문장은 138쪽에서 '정의' 대신 '자유'로 변주되어 다시 나오고, 320쪽에서 사랑에 대한 비판으로 다시 한 번 인용한다.

하는구나!

세속적 인간의 고집 센 태도는 관념적 이해관계에 저항한다. 그러나 수천 년 동안 그는 적어도 굴복하며 반항적 목을 굽혔어야 하고 '더 높은 권력을 존경'했어야만 했다. 이를테면 성직주의는 반항적 목을 억압한다. 세속스러운 자기중심적 사람이 어떤 높은 권력(예를 들어 『구약성서』에 관한 법률, 로마의 교황 등등)을 떨쳐 버렸다면, 곧바로 일곱 곱의 더 높은 권력—예를 들어 법 대신에 믿음이, 제한된 성직자 대신에 모든 평신도의 성직자로의 변화 등등—이 다시 그보다 위에 있게 되었다. [86] 그의 경험은, 정신을 빼앗긴 사람이 정신을 빼앗긴 사람으로부터 자기 자신이 해방되었다고 생각했을 때, 정신을 빼앗긴 사람이 일곱 악마로 변한 경험과 같은 것이다.[139]

위에서 인용된 구절에서 모든 관념성 등등은 부르주아 계급에게 인정되지 않을 것이다. 부르주아 계급은 확실히 로베스피에르가 원칙을 실행하고자 했던 관념적 일관성에 반대하는 계획을 세웠다. 그 계급의 이해관계의 본능은 당신에게 다음과 같이 말한다. 이러한 관념적 일관성은 그 계급이 결심했던 것과 거의 일치하지 않는다고, 그리고 그 계급이 원칙에 대한 열광(Begeisterung)을 더 높이고자 했다면, 그 계급은 그 계급 자체에 반대하여 행동하였을 것이라고 말한다. 그 계급은 가혹한 이론을 계급의 대승리로 이끌기 위하여, 과연 자신의 모든 목적을 포기할 정도로 자기에게 유용하지 않게 행동한 것일까? 대중이 성직자의 호소에 따를 때, 확실히 그것은 성직자에게 훌륭하게 어울린다. 이를테면 "그대의 모든 것을 버리고 나를 따르라," 혹은 "그대가 가진 것을 모두 팔아 가난

---

139 '더러운 영이 어떤 사람에게서 나와'라는 구절에 대해 에둘러 암시한다. 「마태복음」, 12장 43절, 더러운 영이 어떤 사람에게서 나와, 물 없는 곳으로 두루 다니면서 쉴 곳을 찾다가 찾지 못하자.

한 사람에게 나눠 주면, 그대가 하늘에서 보물을 얻게 되리니, 그런 후에 와서 나를 따르라."[140] 몇몇 단호한 관념주의자는 이러한 부름에 복종한다. 이와 반대로 대부분은 아나니아와 삽비라[141]처럼 행동하는데, 그들은 어중간한 성직자 풍의 행동이거나 어중간한 종교적 행동으로 그리고 설익은 세속적 행동으로 신과 재물(Mammon)[142]을 섬긴다.

나는 부르주아 계급이 로베스피에르에 의해 자기 계급의 목표가 좌절되는 것을 원치 않았다는 점을, 다시 말해 부르주아 계급이 혁명적 관념에 기회를 줄 수도 있는지를 자기중심성에 물어보는 것을 나쁘게 생각하지 않는다. 그러나 누군가는 부르주아 계급의 이해관계로 말미암아 그들 자신의 이해관계가 좌절되도록 하는 사람들을 나쁘게 생각할 수 있다(대체로 나쁘게 말하는 것이 여기서 적절한 것이라면). 그러나 그들도 마찬가지로 조만간 자신의 이익이 무엇이어야 하는지를 이해하는 것을 배우지 않겠는가? 아우구스트 베커[143]는 다음과 같이 말한다.

---

140 예수의 말을 보라, 「마태복음」, 19장 21절, "네가 온전해지기를 원하면, 가서 네가 가진 것을 팔아 가난한 사람들에게 나누어 주라. 그리하면 하늘에 있는 보물을 가지게 되리니, 그런 후에 와서 나를 따르라."

141 아나니아(Ananias)와 삽비라(Sapphira)는 초대교회가 재산 공동체를 제정할 때 자기 재산의 일부를 숨겨두었던 기독교인 부부. 「사도행전」 5장 1-11절을 보라. 초기 기독교의 부흥은 성도들이 자신들의 물질을 가난한 사람들에게 나누어 줌으로 이어졌다(「사도행전」 4장). 그런데 「사도행전」 5장 1-11절에서는 아나니아와 그의 부인 삽비라는 땅을 판 후에 얼마를 감추어 생명을 잃게 된 사건이 나온다. 베드로는 아나니아가 하나님을 속였다고 말한다. 교회의 신적인 정결함을 해친 신성모독 차원의 죄인 것이다.

142 'Mammon'은 성서에서 특히 '지상의 부(富)'라는 뜻으로 쓰인다. 「마태복음」, 6장, 24절과 「누가복음」, 16장, 13절에서 "하나님과 재물을 동시에 섬길 수는 없느니라"고 하였다.

143 아우구스트 베커(August Becker, 1814~1871)는 독일의 공상적 사회주의자이

> 생산자(프롤레타리아)들을 마침내 자기편으로 만들기 위해서는 전통적 법률상의 개념(Rechtsbegriffe)을 부정하는 것만으로는 충분하지 않다. 유감스럽게도 사람들은 이념의 이론적 승리에 대해 거의 신경을 쓰지 않는다. 누구든지 그러한 이념의 승리가 실제 삶에서 어떻게 이용될 수 있는지를 생산자들의 눈앞에서(ad oculos) 증명해야만 한다.[144]

그리고 베커는 같은 책 32쪽에서 다음과 같이 말한다. [87] "당신이 그들에게 영향을 미치고 싶다면, 그들의 실질적 이익으로 그들을 장악해야만 한다." 그다음에 곧바로 베커는 농부 사이에서 이미 점잖은 도덕의 방탕이 얼마나 만연한지를 보여준다. 왜냐하면 농부가 도덕의 계율보다는 농부의 현실적 이익을 끝까지 추구하는 것을 더 좋아하기 때문이다.

혁명적 성직자들 혹은 교사들은 인간을 섬겼기 때문에, 그들은 사람들의 목을 베었다. 하지만 혁명적 평신도들, 현세주의자들은 결코 머리가 잘리는 것을 더 두려워하지 않고, 인간의 권리, 다시 말해 인간의 권리보다는 자신들의 권리를 걱정하였다.

그럼에도 불구하고 개인적 이익을 주장하고, 늘 그것을 문의하는 사람들의 자기중심성은 어떤 성직의 혹은 교사다운, 곧 관념적 이익에 항상 굴복하는 일이 어떻게 일어나는가? 개인적 이익을 주장하는 사람들의 인격은 성직자 혹은 교사에게 너무 작고, 너무 하찮은 것처럼 보인다. 그리고 실제로 그런 것 같으나, 그들의 인격은 모든 것에 대한 권리를 주

다. 1840년경 바이틀링의 신봉자가 되었다. 초기 정치적 팜플렛은 「공산주의자는 무엇을 원하는가?」이다. 베커는 젊은 프리드리히 엥겔스에게 스위스 공산주의자들 중 가장 똑똑한 사람이라고 칭찬받았다.

144 원주 20, 베커, 『오늘날의 민중철학』, (취리히 근처 노이뮌스터 1843), 22쪽.

장할 수도, 모든 것을 완전히 행할 수도 있다. 이런 사실에 대한 확실한 표시는 그들 자신이 두 가지 인격으로, 곧 영원한 인격과 일시적 인격으로 분할하는 점에 있다. 그리고 그들은 늘 일요일에는 영원한 인격만을, 평일(Werkeltage)[145]에는 일시적 인격만을 돌보는데, 곧 영원한 인격을 위해 기도하고, 일시적 인격을 위해 노동한다. 그들은 자기 내면에 성직자를 들여놓는다. 그러므로 그들은 성직자를 제거하는 것이 아니라, 그들 자신이 매주 일요일에 마음속에서 설교하는 것을 듣는다.

이러한 이원론적 본질을 밝혀내기 위하여 얼마나 필사적으로 싸웠었고 얼마나 생각하고 헤아려 보았었는가! 관념은 관념을, 원리는 원리를, 체제는 체제를 뒤따라갔다. 그리고 아무것도 '세속적' 인간들, 이른바 '자기중심적 사람들'의 모순을 오랫동안 억제하는 방법을 알지 못했다. 이 일은 저 모든 관념들이 너무 연약해서 내 모든 의지를 받아들이고 만족시키지 못한다는 것을 증명하는 것이 아닌가? 적대감이 상당한 시간 동안 숨겨져 있을지라도, 저 모든 관념들은 나에게 적대적이었고 적대적으로 남았다. 이 일은 자기소유성과 아주 똑같은 것일까? 자기 소유의 성질 또한 다툼을 화해시키려는 시도일 뿐인가? 내가 어떤 원리로 방향을 돌렸든, 그것이 아마 이성의 원리 쪽일 수도 있고, [88] 나는 자꾸만 이성의 원리를 외면해야만 한다. 그렇지 않으면 나는 항상 합리적일 수 있고, 내 삶의 모든 것을 이성에 따라 설계할 수 있는가? 정확히 나 또한 신과 모든 다른 관념을 사랑할 수 있는 것처럼, 의심할 여지 없이 나는 합리성을 얻고자 노력할 수 있고, 합리성을 사랑할 수 있다. 내가 신을 사랑하듯

145 여기서 슈티르너는 'Werkeltage' 단어를 사용한다. 이 말은 고어로 지금은 'Werktag'(평일)으로 쓴다. 이렇게 보면 단순히 시대착오적일 수 있다. 그러나 'Werkel'은 '손잡이를 돌리는 수동식 풍금'으로 번역할 수 있다. 아마도 슈티르너는 농담이나 말장난을 하고 있는 것으로 보인다.

이, 나는 지혜를 사랑하는 사람, 곧 철학자일 수 있다. 그러나 내가 사랑하는 것, 내가 얻으려고 애쓰는 것, 그것은 나의 관념, 나의 표상, 나의 생각에만 있다. 그것은 내 마음, 내 머리에 있고, 마음처럼 내 안에 있지만, 그것은 나(Ich)가 아니며, 나는 그것이 아니다.

특히 성직자 마음의 효력에 속하는 것은 사람들이 '**도덕적 영향력**'이라고 빈번히 듣는 것이다.

도덕적 영향력은 **굴복**(Demütigung)이 시작되는 곳에서 출발한다. 그뿐이 아니라, 도덕적 영향력은 바로 이러한 굴복 그 자체 이외에 다른 것이 아니며, 용기(Mut)를 꺾고 굽혀 **겸손**(Demut)에 이르는 것이다. 가까이에 있는 암석이 폭발할 때, 내가 어떤 사람에게 도망가라고 큰 소리로 말한다면, 나는 이러한 요구를 하여도 어떤 도덕적 영향력을 행사하지 않는다. 그리고 내가 아이에게, '식탁에 있는 음식을 먹지 않는다면, 너는 배고플 것이다'라고 말한다면, 이것은 어떤 도덕적 영향력도 아니다. 그러나 내가 아이에게, '기도해라, 어른을 존중해라, 십자가를 존경해라, 진리를 말해라 등등. 왜냐하면 그 일이 인간이 해야 하고 인간의 소명이기 때문에' 혹은 '그 일이 신의 의지이기 때문에'라고 말한다면, 그때 도덕적 영향력은 완성된다. 그리고 그때 어떤 사람은 인간의 **소명**에 굴복해야만 한다, 곧 그는 고분고분한 사람이어야만 하고, 겸손한 사람이 되어야만 하고, 규칙과 법으로 세워진 자신의 것이 아닌 의지를 위해 자신의 의지를 포기해야만 한다. 그는 **더 높은 것에 굴종해야**(sich erniedrigen)만 한다. 자기비하(Selbsterniedrigung)이다. "제 몸을 낮추는 사람은 높아질 것이다."[146] 그래, 그렇다, 아이는 일찍부터 깊은 신앙심, 신에 귀의함, 존경할 만함을 실천하도록 만들어져야만 한다. 그래서 품행이 좋은

146 「마태복음」, 23장 12절을 빗대고 있다. "누구든지 자신을 높이는 자는 낮아질 것이요. 자신을 낮추는 자는 높아지리라."

교육을 받은 사람은 누군가가 그에게 '선량한 교의'를 주입시키고 새기고(eingeprägt), 억지로 머릿속에 넣어주고(eingetrichtert)[147], 억지로 주입시키고 설교하였던 사람이다.

어떤 사람이 이 일에 당혹스러운 표정으로 어깨를 움츠린다면, 곧바로 선량한 사람은 절망하여 두 손을 비비며 다음과 같이 소리친다. [89] "그러나 천국을 위해, 아이에게 어떤 좋은 가르침을 주지 않는다면, 그럼, 그때 아이들은 바로 지금 죄의 길로 걸어 들어갈 것이고 쓸모없는 개구쟁이들이 될 것이노라!" 차분해라, 당신은 재앙의 예언가이다. 당신의 생각대로 아이들은 변변치 못한 사람이 될 것이다. 그러나 당신의 생각은 정확하게 매우 쓸모없는 생각이다. 뻔뻔스러운 개구쟁이들은 당신이 말한 어떤 것도 더 이상 믿지 않을 것이고 당신이 말한 것에 의해 흐느껴 울지 않을 것이며, 유사 이래로 당신이 열광하고 되는 대로 지껄인 모든 우둔함에 대해 어떤 동정도 갖지 않을 것이다. 이를테면 개구쟁이들은 상속권을 지양하게 될 것이다. 다시 말해 그들은 당신이 아버지로부터 상속받았던 것과 같은 당신의 무지를 계승하지 않으려 할 것이다. 악동들은 원죄를 뿌리 뽑는다.

선량한 설교자 : 가장 높은 이에게 굴복하라.

뻔뻔한 악동들 : 만약 가장 높은 이가 우리를 굴복시키고자 한다면, 스스로 와서 그 일을 행하라. 적어도 우리는 자발적으로 굴복하지 않을 것이다.

---

147 'eintrichtern'란 단어는 문자 그대로 무엇을 누군가에게 깔때기로 주입하는 것을 의미한다. 그러나 보통 학생에게 무엇을 (귀가 아프도록) 되풀이하여 주입시키는 것을 의미하는 것으로 사용된다.

아무리 당신이 악동들을 노여움과 처벌로 위협할지라도, 악동들은 그러한 위협을 멍멍이의 위협과 같은 것으로 받아들일 것이다. 악동들에게 허깨비에 대한 공포를 느끼게 하는 것을 당신이 더 이상 성공하지 못한다면, 허깨비의 지배는 끝나고, 허황된 이야기는 결코 믿음을 찾지 못한다.

그렇다면 이것은 정확하게 다시 좋은 교육과 교육 체계의 증진을 끝까지 고집하는 자유주의자가 아닌가? 대관절 그들의 자유주의, '법의 한계 안에서의 그들의 자유는' 어떻게 규율 없이 성취될 수 있었을까? 자유주의자는 정확히 신에 대한 두려움을 교육하지 않을지라도, 여전히 더욱 엄격하게 인간에 대한 두려움을 요구하고, 규율을 통해 '참으로 인간다운 소명에 대한 열광(Begeisterung)을 일깨운다.

* * *

오랜 시간이 흘렀다. 그 긴 시간 속에서 아마 사람들은 진리를 소유하기 위하여 자신들이 진실해야만 하는지에 대해 진지하게 생각하지 않고, 자신들이 진리를 가졌다는 망상에 만족했다. [90] 이러한 시대가 중세였다. 사람들은 평범한(gemein)[148] 의식, 다시 말해 물질적(dinglich) 의식, 물건들만을 받아들이는 의식 혹은 감각에 관한 것(Sinnliches)과 눈에 띄는 것(Sinnfälliges)만을 받아들이는 의식으로 물질답지 않는 것과 감각답지 않은 것을 파악하려고 생각했다. 실제로 멀리 있는 것을 보기 위해

148 독일어 단어 'gemein'은 종종 부정적 의미를 가지고 있다. 따라서 '보통의', '평범한', 그리고 또한 '비천한'이란 의미가 있다. 읽는이는 이 구절 전체에서 이것을 마음에 두어야 한다. 왜냐하면 슈티르너는 기독교적, 합리적, 철학적, '과학적' 의식을 굳게 지키는 사람들, 다시 말해 정신적인 것 혹은 관념이 자신들에게 더 높은 의식을 제공한다고 믿고 있는 사람들의 오만함을 지적하고 있기 때문이다.

역시 자신의 눈을 사용하듯이, 혹은 건반을 예술적으로 치기 위해서 손가락의 숙련을 완전히 체득할 때까지 자신의 손을 부지런히 움직이는 수고를 아끼지 않듯이, 그런 방식으로 사람들은 감각을 넘어선 것(das Übersinnliche)을 완전히 체득할 수 있기 위해서 가장 다양한 방법으로 그들 자신이 자기 몸을 단련시켰다. 그러나 어찌 되었건, 사람들이 자기 몸을 단련시켰던 것은 단지 감각적 인간, 보통의 의식, 이른바 유한한 또는 물질적 생각이었다. 그럼에도 불구하고 루터가 이성이란 이름으로 '비웃은'(anpfuit)[149] 이러한 사상, 이러한 이해로는, 신적인 것을 이해할 수 없었듯이, 몸을 단련시켰던 것은 마치 해마다 춤추면서 발 연습을 하는 것처럼, 진리의 이해에 확실히 기여했고, 이러한 방법으로 마침내 피리 부는 것을 배울 것을 기대했다. 중세 시대를 마감한 루터는 다음과 같은 사실을 깨달은 최초의 사람이었다. 곧 인간 그 자신은 자기 자신이 아닌 다른 사람이 되어야만 한다, 그러니까 사람이 진리를 이해하고 싶다면, 진리 그 자체만큼이나 진실하여야만 한다. 이미 믿음 속에 진리를 간직하는 사람만이, 곧 진리를 믿는 사람만이 진리에 관여할 수 있다. 다시 말해 믿음이 깊은 사람만이 접근하기 쉬운 진리를 발견하고 바로 그 진리의 깊이를 잰다. 폐로 바람을 불 수 있는 인간의 그러한 기관만이 피리 불기보다 더 많은 능력을 획득할 수 있다. 그리고 진리를 위해 올바른 기관을 가지고 있는 그러한 사람만이 진리의 참여자가 될 수 있다. 오로지 감각에 관한 것, 물질에 관한 것, 물건에 관한 것만을 생각할 수 있는 사람은 또한 물건에 관한 것만을 표상한다. 그러나 진리는 정신이고, 전적으로 지각할 수 없는 것이며, 그런 까닭에 진리는 '세속에 마음이 있는 의

---

149 'anpfuit'은 'pfui'에서 파생된 동사이다. 'pfui'은 혐오, 불쾌, 경멸 따위를 나타내어 침을 뱉는 의성어이다. 루터는 마귀와 싸울 때 사용할 수 있는 적절한 무기로 방귀를 꼽기도 했다는 이야기에서와 같이 그러한 일에 대해 명성이 있다.

식'을 위한 것이 아니고, 오로지 '더 높은 의식'을 위한 것이다.

[90] 따라서 다음과 같은 인식이 루터와 함께 등장한다. 곧 진리는 생각이기 때문에, 진리는 **생각하는** 인간을 위해서만 존재한다. 그리고 이것이 의미하는 것은, 지금부터 인간은 완전히 다른 관점, 다시 말해 천국의, 신앙의, 과학적 관점을 채택해야만 하거나, [91] 진리의 대상과 관련된 **생각함**의 관점, 그—**생각**, 곧 정신과 관련된 정신의 관점을 채택해야만 한다는 것이다. 그 결과로서, 오로지 닮은 것이 닮은 것을 인식한다. "그대는 그대가 이해하는 정령과 닮았다."[150]

개신교가 중세의 위계질서를 깨뜨렸기 때문에, 대체로 개신교에 의해 위계질서가 부서졌다는 관점(Meinung)이 뿌리를 내릴 수 있었고, 개신교가 정확히 '종교개혁'이었다는 것, 시대에 뒤떨어진 위계질서의 재생이라는 사실을 완전히 간과하게 되었다. 저 중세적 위계질서는 쇠약한 위계질서에 불과할 뿐이다. 왜냐하면 그것은 모든 발생 가능한 세속적 야만성이 통제 불능 상태로 발생하도록 내버려 두어야 했기 때문이다. 종교개혁은 처음으로 위계질서의 힘을 단련시켰다. 브루노 바우어가 다음과 같이 생각한다면:

> 종교개혁은 예술과 국가, 학문으로부터 주로 종교적 원리를 추상화해 잡아떼낸 것이었기 때문에, 그것의 해방이 교회의 유물과 중세의 위계질서와의 결합이었던 바로 저 권력으로부터의 해방이었다. 그래서 종교개혁 이후에 일어난 신학적, 교회적 운동 또한 인류의 다른 세력들로부터 종교적 원리를 추상화하여 일관되게 수행한 것일 뿐이다.[151]

---

150 괴테, 『파우스트』 제1부』, 512행. 밤 장면에 『파우스트』에게 정령이 한 말이다.

151 원주 21, 브루노 바우어, 「테오도르 클리포트의 『교조사 개론』(파르힘과 루트비히슬루스트, 1839)에 대한 비평」, 편집인 아놀드 루게,『최근 독일 철학과 정치적 저널

나는 정확히 정반대를 올바르게 여겨, 정신의 지배 혹은 마음의 자유(결국 같은 것이다)가 예전에는 그렇게 광범위하지도 전능하지도 않았다고 생각한다. 왜냐하면 오늘날 사람들은 종교적 원리를 예술과 국가, 학문에서 떼어내기는커녕, 오히려 후자들을 세속성에서 완전히 '정신의 왕국'으로 드높여 종교적으로 만들었기 때문이다.

세상 사람은 루터와 데카르트의 "믿는 자가 신이다"와 "나는 생각한다, 그러므로 나는 존재한다"(cogito, ergo sum)는 어구를 잘 어울리게 함께 세워 놓았다. 인간의 천국은 생각하기—정신이다. 모든 것을 인간에게서 빼앗을 수 있지만, 생각하기, 믿음은 빼앗을 수 없다. [92] 제우스, 아스타르테[152], 여호와, 알라 등과 같은 특정한 믿음은 파괴될 수도 있다. 이와 반대로 믿음 그 자체는 파괴될 수 없다. 생각하기 속에 자유가 있다. 내가 필요한 것 그리고 내가 갈망하는 것은 더 이상 신의 은혜에 의해, 성모 마리아에 의해, 성인(聖人)의 대신 간청함에 의해 혹은 느슨하게 하고 구속하는 교회에 의해 나에게 허용되는 것이 아니라, 오히려 나는 그것을 나 스스로 마련한다. 간략하게 말하면 내 존재(das sum)는 생각의, 정신의 천국의 삶, 생각하기(cogitare)이다. 정말로 나 자신은 정신, 사유하는 자(데카르트에 따르면), 믿는 자(루터에 따르면) 외에 다른 것이 아니다. 나의 신체는 내가 아니다. 나의 육체는 충동과 고통에 시달릴 수도 있다. 나는 나의 육체가 아니라 나는 정신, 오직 정신이다.

이러한 생각은 종교개혁의 역사를 거쳐 오늘날까지 이어온다.

리즘에 관한 일화집』 제2권(취리히와 빈터투어, 1843), 152-53쪽.
(클리포트(Theodor Friedrich Kliefoth, 1810~1895)는 정통 독일 루터주의 신학자이다. 베를린 대학과 로스토크 대학에서 공부하였다. 그는 신학적 합리주의와 경건주의를 반대하였다.(옮긴이 주)

152 아스타르테(Astarte)는 페니키아 신화에 나오는 여신, 사랑과 풍숙다산(豊熟多産)을 주관하는 여신이다.

데카르트 이후 더 새로운 철학은 '과학적 의식'을 유일하게 참되고 유효한 것으로 끌어올림으로써 기독교 정신이 완전한 효력을 발휘하도록 진지한 노력을 기울였을 뿐이다. 그러므로 그것은 절대적 의심으로 모든 것을 의심하기 시작하고, 상식을 '산산이 부수면서', '정신'과 '사유'가 합법적으로 인정하지 않는 모든 것에 등을 돌리면서 의심하기 시작한다. 자연은 새로운 철학에게 아무것도 아니다. 그러니까 사람들의 관점, 사람들의 '인간의 규칙들'은 아무것도 아니다. 그리고 그것은 모든 것에 이성을 가져올 때까지 활동을 쉬지 않는다. 그리고 새로운 철학은 다음과 같이 말할 수 있다. "현실적인 것이 이성적인 것이고, 동시에 이성적인 것만이 현실적인 것이다.[153]" 그러므로 마침내 새로운 철학은 정신, 이성을 승리로 이끌었다. 그리고 모든 것은 정신이다. 왜냐하면 모든 것은 이성적이기 때문이고, 심지어 가장 성질이 삐뚤어진 사람의 관점도 이성을 포함하는 것처럼 자연적인 모든 것은 이성을 포함하기 때문이다. '모든 것이 최고의 것을 섬겨야만 한다.', 다시 말해 모든 것이 이성의 승리에 이르게 해야만 하기 때문이다.

데카르트의 '의심하다'라는 말은 다음과 같은 단호한 발언을 포함한다. 곧 오직 생각하다(cogitare), 생각, 정신만이—존재한다. 이성이 없는 물건들을 현실이라고 주장하는 '일상[상식]의' 의식과 완전한 결별이구나! 이성만이 존재하고, 정신만이 존재하는구나! [93] 이것이 새로운 철학의 원리이고, 진정한 기독교인의 원리이다. 데카르트는 이미 그 당시에 마음으로부터 육체를 날카롭게 분리했고, 괴테는 "육체를 이루는 것은 정신이다."[154]라고 말한다.

---

153 헤겔, 『법철학』의 '서문'을 언급하고 있다.

154 여기서 슈티르너는 실수를 한다. 이 인용문은 실제로 실러의 희곡 『발렌슈타인의 죽음』(Wallersteins Tod), 3막, 13장에서 발렌슈타인이 하는 말이다.

그러나 이 철학 자체, 기독교의 철학은 여전히 이성을 제거하지 못한다. 그로 말미암아 '단지 주관적인 것'을 극구 반대하고, 변덕들, 우연들, 마음대로 함 등등을 통렬히 반대한다. 그것이 원하는 것은 신적인 것이 모든 것에서 보여야만 하고, 모든 의식은 신성한 것의 앎이 되어야 하고, 사람은 어디에서나 신을 바라봐야만 한다는 것이다. 그러나 신은 악마 없이 결코 존재하지 않는다.

바로 이런 이유로, 철학자라는 이름은 실제로 세계의 존재물에 눈을 뜬 사람, 세계를 통찰력이 있는 시선과 현혹되지 않는 시선으로 보는 사람, 세계를 올바르게 판단하는 사람에게 주어지는 것이 아니라, 오히려 세계 속에서 세계만을, 대상에서 대상만을 보는 사람, 그리고 간단히 말해, 모든 것을 있는 그대로 무미건조하게 보는 사람에게 주어지는 것이다. 그러나 현세에서 내세를, 지상에서 천상을, 신성하지 않은 것에서—신성한 것을 보고, 증명하거나 논증하는 사람만이 철학자이다. 전자는 대단히 슬기로운 존재일 수도 있다. 그러나 누구도 다음과 같은 사실에서 벗어나지 못한다.

> 이성적인 사람들이 지혜로는 볼 수 없는 것을,
> 어린애 같은 마음은 천진난만하게 본다.[155]

신성한 것을 향한 이러한 어린애다운 마음, 이러한 어린애다운 눈이 비로소 철학자를 만든다. 첫 번째로 언급된 사람은 '보통의' 의식만을 지니고 있다. 하지만 신성한 것을 알고 그것을 말하는 방법을 아는 그 사

155 슈티르너의 인용은 실러(Johann Christoph Friedrich von Schiller)의 서정시 「신념의 말씀」(Die Worte des Glaubens)(1797)이다. 원문에는 시의 형식이 아닌데, 번역자가 시의 형식으로 바꾼 것이다.

람은 '과학적' 의식을 지니고 있다. 이러한 이유에서 사람들은 베이컨을 철학의 영역에서 추방했다. 그리고 말할 것도 없이 사람들이 영국 철학이라고 일컫는 것은 베이컨과 흄과 같은 이른바 '명민한 지성'이 발견한 것 이상을 성취하지 못한 것처럼 보인다. 영국 사람들은 아이 같은 마음의 소박함을 철학적 의미로 북돋워서 높이는 방법을 알지 못했고, 아이 같은 마음으로 철학자를 만드는 방법을 알지 못했다. 이것은 다음과 같은 것을 말하는 듯하다. 곧 영국 철학은 신학적 혹은 신학이 될 수 없다. 그럼에도 영국 철학은 철학이 자기 자신을 실제로 실현할 수 있고, 완성할 수 있는 신학으로서만 존재한다. 그 철학이 죽을힘을 다해서 싸우는 전쟁터는 신학이다. [94] 베이컨 자신은 신학적 질문과 근본적 문제에 관심을 두지 않았다.

인식은 삶에서 인식의 대상을 가진다. 독일풍의 생각하기는 다른 생각하기보다 더 삶의 기원과 근원에 도달하려고 애쓰고, 인식 그 자체를 볼 때 비로소 삶을 본다. 데카르트의 "나는 생각한다, 그러므로 나는 존재한다."라는 말은 사람이 생각할 때, 그때만 사람은 살아간다는 의미이다. 생각하는 삶을 '정신적 삶'이라고 하는구나! 정신만이 살아 있고, 정신의 삶이 참된 삶이다. 그다음, 아주 똑같이 자연계에서 '영원한 법칙'만이, 자연 상태의 정신 혹은 이성만이 자연 상태의 참된 삶이다. 자연계에서처럼 인간에게는 생각만이 살아 있다. 그 외에 모든 것은 죽는구나! 이러한 추상화, 곧 일반성의 삶 혹은 생명이 없는 삶은 정신의 역사가 될 운명이었던 것이다. 정신인 신이 홀로 살아 있다. 모름지기 허깨비가 살아 있다.

현대의 철학 혹은 현대가 우리를 대상성의 힘으로부터 우리를 해방시키지 않았기 때문에, 어떻게 그것들이 자유를 성취했다고 주장할 수 있는가? 혹은 내가 확실히 개인적 통치자가 아니라, 내가 그에게 빚지고 있다고 생각하는 존경심에 대한 모든 위반행위를 두려워할 때, 어쩌면 나는 독재자로부터 자유로울까? 현대도 이것과 다른 태도를 보이지 않는다. 현대는 단지 **실존하는** 대상, 현실적 지배자 등등을 **표상된** 대상으로, **관념**으로 변화시켰다. 이것들 이전에는 오래된 존경을 상실하지 않았을 뿐만 아니라 강도(強度)가 증가되었다. 비록 사람들이 이전의 지독한 현실에서 신과 악마에게 손가락질했을지라도, 그들은 더욱더 많이 자신들의 관념에 전념했을 뿐이다. "그들이 악마에게서 벗어났는데, 악은 그대로 남아 있다."[156] 일단 사람들이 존재하는 것과 손으로 만질 수 있는 것에 공경하면서 두려워하는 마음이 더는 생기지 않도록 결심하였다면, 만들어진 국가를 혁명하는 것, 만들어진 법을 뒤집어엎는 것에 대해 거의 양심의 가책(Bedenken)[157]을 느끼지 않았을 것이다. 하지만 국가라는 **관념**에 거슬러 죄를 범하고, 법이라는 **관념**에 복종하지 않는 일을 누가 뻔뻔스럽게 하겠는가? [95] 그렇게 하지 못해서 '국가의 시민'이고 '법을 지키는' 사람, 충성스러운 사람으로 남는다. 아니 그뿐인가, 사람들은 '법이라는 정신'에 존경하는 뜻을 나타내기 위하여 바로 전의 불완전한 법을 제거했던 사람들이 자신들에게 훨씬 더 합리적으로 보였고, 법을 훨씬 더 존중하는 사람으로만 보였다. 이 모든 일에서 대상들은 형태의 변화만을 겪었다. 그러나 대상들은 우세와 우위 상태에 머물렀다. 한마디

156 괴테의 『파우스트』 1부 2509행의 '마녀의 부엌'에 나오는 메피스토펠레스의 말을 슈티르너가 고쳐 말하고 있다.

157 울피 랜드스크라이커는 『슈티르너 비평가들』(Recensenten Stirner's)의 '옮긴이 서문'에서 이 단어에 대해 다음과 같이 설명한다. 이 단어를 "불안", "양심의 가책", "걱정" 또는 "의심"으로 번역할 수 있습니다. 이 본문에서 "Bedenken"라는 단어는 그가 "도덕적 양심의 가책"(moral scruples)을 말하고 있음이 분명합니다. 이와 관련하여 슈티르너는 보통의 현재 의미와는 다소 다른 방식으로 두 가지 다른 단어를 사용합니다. 그는 "Bedenklichkeit"와 "Unbedenklichkeit"을 문맥상 전자의 경우 "양심 있음"으로, 후자의 경우 "양심 없음"으로 번역할 경우에만 의미가 있습니다.

로 말하면, 사람은 여전히 복종과 정신을 빼앗긴 상태에 파묻혔고, 반성 속에 살았으며, 반성의 대상으로 가지고 있었고, 그 대상을 존중했고, 그 대상 앞에서 경외와 두려움을 느꼈다. 사람들은 물건들을 물건들의 표상으로 변형시켰고, 생각과 관념으로 변형시킬 뿐이었고, 그로 인해 사람의 종속은 더욱더 밀접하고 해소될 수 없었다. 그러므로 예를 들어 부모의 명령으로부터 해방될 수 있는 것이나 삼촌과 이모의 훈계, 형제자매의 부탁에서 벗어나는 일은 어려운 일이 아니다. 그러나 가족에 대한 복종을 그만두면 걸핏하면 양심의 가책이 일어난다. 그리고 그는 자기 자신의 이성을 사용하여 가족들이 사려가 없다고 합리적으로 인식하기 때문에, 가족들의 요구에 더 적게 양보하면 할수록 그만큼, 그는 더욱더 양심적으로 효성, 가족 사랑에 고착하므로, 그래서 그만큼 그가 가족 사랑과 효성에 대해 품었던 표상에 거슬리는 죄를 용서하는 것이 더욱더 어렵게 된다. 그는 현존하는 가족의 종속에서 벗어나지만, 가족이라는 개념의 더 구속력이 있는 종속에 빠진다. 그는 가족 정신에 지배받는다. 자신의 지배가 무력해진 철수, 영희 등으로 구성된 가족은 '가족' 일반으로 남아, 오직 내면화될 뿐이고, 바로 다음과 같은 속담을 그대로 가족에 적용한다. "사람보다 하나님께 순종해야만 한다."[158] 여기서 이 말의 의미는 다음과 같다. "확실히 나는 당신의 무의미한 요구 사항에 순종할 수는 없다, 하지만 나의 '가족'으로서의 당신은 여전히 내 사랑과 보살핌의 대상으로 남아 있다." 왜냐하면 '가족'은 개인이 결코 모욕해서는 안 되는 어떤 신성한 개념이기 때문이다. —[96] 하나의 생각, 하나의 개념으로 내면화되어 감각할 수 없어진 이 가족은, 이제는 '신성한 것'으로 여겨지며, 그것의 전제정치는 내 양심 안에서 큰 소동을 일으키기 때문에 열 배나 더 고통스럽다. 가족이라는 개념 역시 나에게 무가 될 때, 그때만

158 「사도행전」, 5장 29절.

이러한 전제정치는 깨진다. 기독교인의 교의는 다음과 같다. "여인이여, 내가 당신과 무슨 상관이 있나이까?"[159] "내가 온 것은 아들은 그의 아버지와, 딸은 그의 어머니와 서로 대적하게 하려 함이니라."[160] 그리고 다른 교의는, 우리가 신성한 혹은 본래의(eigentlich) 가족에 눈길이 쏠리게 하는 것이다. 그리고 국가와 가족 사이에 충돌이 있을 때, 국가의 명령에 순종해야 한다는 국가의 요구 이외에 다른 의미가 아니다.

도덕성의 경우는 가족의 경우와 같다. 많은 사람이 도덕과의 결별을 선언하지만, '도덕성'이라는 표상과 결별을 선언하는 것은 매우 어렵다. 도덕성은 도덕들의 '이념', 도덕들의 정신적 힘, 양심을 지배하는 도덕들의 힘이다. 반면에, 도덕들은 정신을 지배하기에는 너무 물질적이어서, '정신적' 사람, 이른바 독립적 사람, '자유사상가'[161]를 사로잡지 못한다.

개신교도는 아마 그가 원하는 대로 그것을 '성서', 곧 '신의 말씀'으로 표현할 수도 있고, 여전히 그에게 신성하게 남아 있다. '신의 말씀'이 자신에게 더 이상 '신성하지' 않는 사람은—개신교도이길 그만두었다. 그러나 여기에 잇달아, 성서, 신의 말씀이 '규정한' 것, 신에 의해 설계되었던 정부 등등은 그에게 역시 신성하게 남아 있다. 이러한 존재물들은 개신교도에게 계속 파기할 수 없는 것으로, 접근하기 어려운 것으로, '모든 의심하는 것보다 더 높이' 있다. 그리고 실제로 뒤흔들림이 되는 의심은 대부분 인간이 소유한 것이기 때문에, 이러한 것들은 개신교도 자신보다 '높아진' 상태로 남아 있다. 그러한 것들에서 벗어날 수 없는 사람

---

159 원주 22, 「요한복음」, 2장 4절.

160 원주 23, 「마태복음」, 10장 35절.

161 'Freigeist'를 직역하면 '자유로운 정신'이다. 그러나 자유사상가를 지칭하는데 사용되곤 한다. 자유사상가는 종교 문제를 합리적으로 고찰하며 교회의 권위를 무시하는 사람을 의미한다.

은 그러한 일을 믿을 것이다. 왜냐하면 그것들을 믿는 것은 그것들에 결합해야 하기 때문이다. 개신교에서 **믿음**은 더 내면적 믿음이 된다는 사실을 통해, 노예근성 또한 더 내면적 **노예근성**으로 되었다. 사람들은 저 성스러운 것을 내면에 받아들였고, 저 성스러운 것을 자신의 모든 희망과 노력으로 엮어, 그것을 **'양심이 마땅히 해야 할 일'**로 만들었고, 그것에서 '성스러운 의무'를 만들어 냈다. [97] 그러므로 개신교도의 양심이 벗어날 수 없는 대상은 그에게 신성한 것이고, 양심성은 개신교도의 성격을 가장 분명하게 나타낸다.

개신교는 틀림없이 실제로 사람을 일종의 '비밀—경찰—국가'로 만들어왔다. 간첩과 엿듣는 사람인 '양심'은 마음의 모든 가벼운 움직임을 감시하고, 게다가 모든 생각과 행동은 개신교에서 '양심이 마땅히 해야 할 일', 다시 말해 경찰행정이 마땅히 해야 할 일이다. 개신교도는 '본능'과 '양심'(내면의 폭도와 내면의 경찰행정)이라는 이러한 인간의 내적 분열로 존재한다. 성경의 이성(가톨릭의 '교회의 이성' 대신에)은 신성한 것으로 여겨지며, 성서의 말씀은 신성한 것이라는 이러한 감정과 의식을 바로—양심이라고 부른다. 그런 다음에, 이것을 가지고 신성함을 인간의 양심에 밀어 넣는다. 인간이 양심, 신성한 것의 의식으로부터 자신을 자유롭게 하지 않으면, 양심적이지 않게 행동할 수도 있지만, 절대로 파렴치하게 행동하지는 않을 것이다.

가톨릭교도는 **명령**을 따를 때 스스로 만족감을 느낀다. 그러나 개신교도는 자신의 최선의 '지식과 양심'에 따라 행동한다. 가톨릭교도는 오직 **평신도**일 뿐이다. 반면에 개신교도는 그 자신이 **성직자**(Geistlicher)이다. 바로 이것이 중세를 넘어서는 종교개혁 시기의 진보이자, 동시에 종교개혁 시기의 저주—**정신적인 것**(Geistliche)의 완성—이다.

이런저런 특정한 상황에서 궤변가가 저지른 죄는 전혀 죄가 아니었기 때문에, 죄의 무게에서 이제 해방된 사람은 죄의 감면 또한 **통찰하고**,

그의 죄가 예수회 수도사에 의해 정말로 얼마나 제거되었는지를 확신하였다는 점을 제외하면, 가톨릭 예수회 수도사의 도덕은 계속 면죄부를 판매하기 위해 찾아 돌아다니는 일(Ablasskrames)[162]말고 달리 무슨 일을 했겠는가? 면죄부의 판매는 모든 죄와 위법 행위를 허용할 수 있게 만들었고, 모든 양심의 움직임을 끽소리 못하게 만들었다. 만약 죄의 사함을 교회에서만 구입된다면, 모든 육욕이 지배할 수도 있다. 엄격하게 도덕적이고, 무지몽매하고, 광신적이고, 참회할 뜻이 있고, 뉘우치고, 기도하는 개신교도를 (틀림없이 기독교 정신의 진정한 완성자로서) 지적이고 종교적 사람으로만 인정하는 반면에, 이러한 육욕의 애호는 예수회의 수도사에 의해 계속되었다. [98] 가톨릭, 특히 예수회의 수도사는 이러한 방식으로 자기중심성을 촉진하였고, 개신교 자체 내부에서 비자발적이고 비의식적 지지자를 발견하였고, 육욕의 타락과 파멸로부터 우리를 구제하였다. 그럼에도 불구하고 개신교의 정신은 자신의 지배권을 점점 더 멀리 확장한다. 그리고 그것과 비교해서 '신성한 것', 예수회 수도사의 정신은 '악마 같은 것'만을 표현하는데, 이것은 모든 신성한 것으로부터 분리할 수 없다. 예수회 수도사의 정신은 홀로 그 자체를 주장할 수 있는 것이 아니라, 오히려 예를 들어 프랑스에서 마침내 개신교의 속물근성(Philistertum)이 승리하는 것을 그리고 정신이 꼭대기에 있는 것을 주의해서 봐야만 한다.[163]

---

162 독일어 'Ablasskrames'에서 Ablass는 '면죄부'로 번역할 수 있다. 'Kram'는 '장사'로 번역할 수 있고 동사 'kramen'은 '찾아 돌아다니다'로 번역할 수 있다.

163 울피 랜드스트라이커(Wolfi Landstreicher)는 자신의 번역 책 'The Unique and Its Property'에서 다음과 같이 주장한다. 'The Ego and Its Own'(1995)(Cambridge University Press)에서 이것이 칼뱅주의에 대한 언급이라고 추정한다. 그는 그러한 언급을 다소 직역주의자이고 천박한 가정이라고 생각한다. 그는 슈티르너가 데카르트에서 디드로와 루소를 거쳐 프랑스 혁명 시대에 이르기까지의 프랑스 사상

개신교는 결혼, 국가 등등과 같은 세속적인 것에 명예를 회복시켜주었다고 노상 칭찬을 받았다. 하지만 개신교가 가톨릭교보다 세속적인 것으로서의 세속적인 것 그 자체, 비종교적인 것에 훨씬 더 무관심하다. 가톨릭교는 세속적 세계를 그대로 내버려 둔다, 아니 그뿐이 아니라, 가톨릭교는 세속적 세계의 쾌락을 즐긴다. 반면에 이성적이고 일관된 개신교도는 세속적인 것을, 단순히 신성하게 함으로써, 완전히 없앤다. 그래서 결혼이 신성해짐으로써 결혼의 자연스러움을 잃게 되었는데, 결혼이 교회로부터 축성(祝聖)을 받고, 그래서 본질적으로 신성하지 않다는 가톨릭 성사(聖事)의 의미에서가 아니라, 우선 신성화한 어떤 것 그 자체, 신성한 관계라는 의미에서 그렇다. 국가 또한 같은 경우이다. 예전에 로마 교황이 국가에 축성과 축복을 주었다. 이제 국가는 본질적으로 신성하다. 황제와 황후는 성직자의 축복이 필요 없이 신성하다. 대체로 자연의 질서 혹은 자연법은 '신의 명령'으로 신성하게 되었다. 그런 까닭에 그것은 예를 들어 『아우구스부르크 신앙고백』[164] 제2부에서 다음과 같이 말한다. "그래서 우리는 법률학자가 슬기롭고 정확하게 말했듯이, '남성

에 대해 언급할 가능성이 훨씬 더 높다고 보고 있다. 프랑스 혁명은 사고와 행동을 판단하는 방법으로 이성을 가장 강조했다. 디드로와 같은 경우의 사람들은, 예수회의 일부가 무신론적 개신교로 남아 있었다고 주장할 수 있다. 왜냐하면 그들은 육욕을 유지했기 때문이다. 그러나 칼뱅주의는 프랑스에서 결코 승리하지 못한 반면, 데카르트적 합리주의와 그에 뒤따른 철학적, 과학적, 사회정치적 탐구는 승리했고, 혁명을 행하고 그 후 얼마 동안 새로운 혁명적 발효로 반동정권에 계속 대항하기에 충분했다.

164 16세기 초반 종교개혁으로 루터를 따르는 독일의 복음주의자들이 탄압을 받자 자신들이 이단이 아니며 기존 가톨릭과 공존할 수 있다는 것을 보여주기 위해 아우크스부르크 의회에 즈음하여 1530년 6월 25일에 황제 칼 5세에게 제출한 것이다. 필리프 멜란히톤(Philipp Melanchthon, 1497~1560)이 작성하고 마르틴 루터가 감수했다. 1555년에 아우크스부르크 종교평화는 마침내 이 텍스트를 독일 개신교 교의의 기초로서 인정했다.

과 여성이 마땅히 나란히 존재하는 것이 자연법이다.'라는 격언을 고집한다. 이제, 그것이 **자연법**이라면, **그렇다면 그것은 신의 명령이다.** 따라서 본성에 심어졌고 또한 **신성한** 법이기도 하다.[165]" [99] 그리고 포이어바흐가 신의 명령으로서가 아니라, 그 대신에 도덕적 관계에 깃들어 있는 **정신**을 위하여 신성하다고 선언할 때, 그것은 개화한 개신교보다 더 나은 어떤 것인가?

> 그러나 결혼—물론 사랑의 자유로운 유대로서의 결혼—은 그 **자체로서**, 결합이라는 **본성**에 의하여 **신성하다**. 결혼이나 사랑의 **본질**에 상응하는 유일한 결혼, **진실한** 결혼이 **종교적** 결혼이다. 모든 윤리적 상황도 이와 마찬가지다. 윤리적 상황은 **그 자체로 신성하다고** 여겨지는 경우에만, **도덕적** 상황이 되며, 윤리적 의미에서 배양된다. 진실한 우정은, 신자가 신의 위엄을 지키는 것과 똑같은 양심으로, 종교적 양심으로 우정의 **한계**를 지키는 곳에서만 존재한다. 그대에게 우정, 재산, 결혼, 모든 사람의 복지가 **신성하게 하라**, 그러나 그것들은 **그 자체만으로도** 신성하다.[166]

이것은 매우 중요한 판단양식을 의미한다. 가톨릭교에서 세속적인 것이 **성스럽게** 되고 **신성하게** 될 수 있긴 하지만, 사제의 축복 없이 신성하게 되지는 않는다. 그와 반대로 개신교에서 세속적 관계들은 **그 자체로** 신성하고, 그 관계들의 실존이라는 단순한 사실에 의해 신성하게 된다. 가톨릭교 예수회 수도사의 행위원칙인 '목적이 수단을 정당화한다'라는 말은 축성과 정확하게 서로 연결되어 있는데, 신성성은 축성에 의해 주

165 이것은 아우크스부르크 신앙고백서의 정확한 인용이 아니라 신앙고백 제2부(시정된 악폐를 설명한 조항) 제23조(사제들의 결혼에 관하여)를 요약한 것이다.

166 원주 24, 『기독교의 본질』제2판(라이프치히, 1843), 403쪽.

어진다. 어떤 수단도 혼자 힘으로 신성하거나 신성하지 않은 것이 아니라, 오히려 교회와의 그들의 관계, 교회를 위한 그들의 유용성이 수단을 신성하게 한다. 국왕 살해는 이러한 경우를 말한다. 국왕 살해가 교회에 도움을 준다면, 그것이 공공연히 선언되지 않을지라도, 교회에 의해 신성하게 될 수 있다. 개신교도에게 국왕은 신성한 것으로 여겨지지만, 가톨릭교도에게 국왕은 고위 성직자에 의해 축성될 때에만 신성한 것으로 여겨진다. 그리고 교황이 특별한 행동을 하지 않을지라도, 교황이 단연코 이러한 신성함을 국왕에게 수여하기 때문에, 오로지 그 때문에 가톨릭교도에게 국왕은 신성한 것이다. 교황이 자신의 축성을 철회한다면, 가톨릭교도에게 왕은 어떤 '세상 물정에 밝은 사람 혹은 평신도', 어떤 '축성 받지 못한 사람'으로만 남았을 것이다.

[100] 만약 개신교도가 감각적인 것 자체에서 신성함을 찾으려고 애쓴다면, 그러면 개신교도는 감각적인 것 그 자체를 신성한 것과 연결시킬 수도 있다. 오히려 가톨릭교도는 감각적인 것을 자신에게서 멀리 떨어져 있는 특별한 영역으로 추방하기 위하여 그렇게 노력한다. 특별한 영역에서 감각적인 것은, 나머지 자연과 마찬가지로, 혼자 힘으로 감각적인 것의 가치를 유지한다. 가톨릭교 교회는 축성의 명령으로부터 세속적 결혼 생활을 제거하고 세속적 가족으로부터 세속적 가족을 멀리 있게 하였다. 반면에 개신교 교회는 결혼 생활과 가족 관계가 거룩하다고 선언했으므로 교회의 성직자에게 부적합하지 않았다.

예수회의 수도사는 훌륭한 가톨릭교도로서 모든 것을 신성하게 한다. 예를 들면 그는 자신에게 다음과 같이 말하기만 하면 된다. "나는 성직자로서 교회에 필요한 사람이지만, 나의 욕망을 적절하게 채울 때, 교회를 더 열렬하게 섬긴다. 결과적으로 나는 이 소녀를 유혹할 것이고, 교회에서 내 적을 독살할 것이다, 등등." 내 목적은 신성한데, 그 이유는 어떤 성직자의 목적이기 때문이다. 그 결과 내 목적은 수단을 신성하게 한다. 내 목적은 결국 여전히 교회의 유익을 위해서 행해진다. 과연 어째서 가톨릭교의 성직자는 교회의—복지를 위해 국왕 헨리 7세[167]에게 독을 넣은 성찬용 빵을 건네주는 것을 두려워할까?

정말로—교회에 충실한 개신교도들은 모든 '순수한 즐거움'을 극구 반대한다. 왜냐하면 오로지 신성한 것, 곧 정신적인 것만이 순수할 수 있기 때문이다. 그들이 신성한 정신을 증명할 수 없었던 것들을 그들은 거부해야만 했다. 이를테면 그들은 춤, 극장, 화려한 구경거리(예를 들어 교회에서) 따위를 거부해야만 했다.

이러한 금욕적 칼뱅주의[168]와 견주어 보면 루터주의는 다시 더 종교다운 길, 다시 말해 정신적 노선에 있고—더 급진적이다. 왜냐하면 전자는 감각적이고 세속적인 많은 것들을 신속히 배제하고, 교회를 **정화하기** 때문이다. 이에 반하여 루터주의는 가능한 모든 것들에 **정신**이 생기게 하려고 애쓰고, 신성한 정신을 모든 것의 본질로 인식하려고 노력한다. 그래서 루터주의는 모든 현세다운 것을 **신성하게** 하려고 노력한다. ('아무도 명예로운 입맞춤에 저항할 수 없다.' 명예로운 정신은 그것을 신성하게 한다.) 그런 까닭에 루터주의의 신도인 헤겔은 (좌우간 그는 어떤 구절에서 다음과 같이 선언한다. "루터주의의 신도로 남고자 한다.")[169] 관념을 모든 것을 통과시키는 데 완전히 성공했다. 모든 것에 이성, 다시 말

167 헨리 7세(Henry VII, 1457~1509)는 튜더 왕가 출신으로는 첫 번째 잉글랜드 왕국의 국왕이다(재위 1485~1509).

168 종교개혁의 주요 인물인 장 칼뱅(1509~1564)은 프랑스 출신의 개혁교회 신학자이자 종교 개혁가이다.

169 슈티르너의 어중간한 기억의 언급은 확실하지 않다. 그러나 헤겔은 실제로 루터주의 교회의 개인의 신성을 믿었다.

해 신성한 정신이 있다. [101] 혹은 "현실적인 것은 이성적인 것이다."[170] 왜냐하면 현실적인 것은 참으로 모든 것이기 때문이다. 예를 들어, 각각의 사물에서, 각각의 거짓말에서 참이 폭로될 수 있기 때문이다. 결코 절대적 거짓말, 절대적 악 따위는 존재하지 않는다.

개신교도만이 참된 제자이고 정신의 완성자이기 때문에, 위대한 '정신의 활동'은 거의 전적으로 개신교도에 의해서 창조되었다.

* * *

정말 사람은 제압할 수 있는 게 거의 없구나! 사람은 태양이 자기의 궤도를 돌고, 바다가 파도를 굽이치게 하고, 산이 하늘 높이 솟는 것을 허용해야 한다. 그러므로 그는 제어할 수 없는 것 앞에서 힘없이 서 있다. 그가 이 거대한 세계에 무력하다는 인상을 지울 수 있는가? 그 세계는 사람이 굴복해야만 하는 견고한 법칙이며, 사람의 운명을 결정한다. 자, 기독교 이전의 인류는 무엇을 향해 일했는가? 그 일은 운명의 침입에서 벗어나게 하는 것이고, 운명의 침입에 격분하지 않도록 하는 것이다. 스토아 철학자는 자연의 공격에 무심하다고 선언하고, 그것에 의해 자신이 영향 받지 않게 만들어서, 이 일을 아파테이아(Apathie)[171]에서 성취하였다. 호라티우스는 "어떤 일에도 놀라지 않는다"(nil admirari)[172]는 유명

170 헤겔의 『법철학 요강』(1821).

171 아파테이아(Apatheia)는 그리스어로서 사전적 의미는 "정념(情念)이나 외계의 자극에 흔들리지 않는 초연한 마음의 경지"를 의미한다. 아파테이아는 스토아학파의 생활 이상이었다. 스토아학파는 욕망을 불러일으키는 '감정 혹은 경험'(pathos) 자체로부터 벗어나, 자유로워지라고 말한다. 이 상태가 바로 '아파테이다'(A-patheia) 상태, 곧 '감정 혹은 경험'(pathos)이 '부재한'(A-) 상태다.

172 호라티우스의 『서간시』제1권 6장에 있는 말이다. 이 말은 사람을 행복하게 하고 행복하게 해줄 수 있는 유일한 것이다.

한 말을 하고, 마찬가지로 그것에 의하여 다른 것, 세계에 대하여 무관심을 표명한다. 그것은 우리에게 영향을 끼치지 않고, 우리를 놀라게 하지 않는다고 추측된다. 그리고 저 "두려워 할 것이 없다."(impavidum ferient ruinae)[173]라는 말은 다음과 같은 「시편」 46장 3절과 매우 동일한 흔들리지 않음을 표현한다. "이 세상이 망할지라도, 우리는 두려워하지 않으리라." 이 모든 것에서 '세계는 공허한 것이다'라는 기독교인의 원리와 기독교인이 세계를 경멸하기 위한 공간이 열린다.

'현인'의 동요하지 않는 정신—그들과 함께 고대 세상은 종말을 향해 작동하였다—은 이제 어떤 내적 동요를 겪었다. 내적 동요에 맞서 평정 상태(Ataraxie)도, 스토아 철학의 용기도 현인의 동요하지 않는 정신을 보호할 능력이 없었다. 세계의 모든 영향력으로부터 안전하고, 세계의 타격에 무감각하고, 세계의 공격을 극복하고, 아무것도 경탄하지 않고, 세계의 몰락에 당황하지 않았던 정신은—끓어오르는 거품처럼 경계를 넘어섰다. [102] 왜냐하면 가스들(정신들(Gase(Geister))이 그 내부에서 진화되고 있었기 때문이다.[174] 그리고 이후에 밖에서 오는 기계적 충격이 작동하지 않게 되자, 내부에서 흔들어대는 화학적 긴장이 놀라운 유희를 작동시키기 시작하였기 때문이다.

사실, 고대 역사는 다음과 같이 끝난다. 나는 세계에서 내 소유권을

173 호라티우스의 『서간시』제3권에 나오는 "세상이 무너져도 두려워할 것이 없다"(Si fractus illabatur orbis, impavidum ferient ruinae.)에서 나오는 말이다.

174 『마르크스의 유령들』 236쪽에서 데리다는 이 구절을 가스와 정신 사이의 화체(化體)라는 재기를 놓쳐서는 안 된다고 한다. 데리다는 또한 마르크스가 『독일 이데올로기』(독어판 169쪽)에서 기술하는 "놀라운 유희"를 제시한다. 바로 헤겔이 이미 가스와 정신 사이의 유사성에 주의를 기울인 적이 있다. 곧 죽음의 노동, 분해되고 있는 시신의 발효는 자연철학에서 정신철학으로의 이행을 표시한다는 것이다.

노력하여 얻었다. "나의 아버지께서 내게 모든 것을 주셨다."[175] 고대 역사는 나에 대해 압도적이고, 접근할 수 없고, 신성하고, 신적이기를 그만두었다. 고대 역사는 신에 대한 믿음을 제거한다. 그리고 이제 나는 고대 역사를 완전히 내 마음 내키는 대로 다룬다. 그것이 나에게 중요한 문제라면, 나는 모든 불가사의한 힘, 다시 말해 정신의 힘을 역사에 휘두를 수 있다. 산을 제거하고, 이 뽕나무에게 '뿌리가 뽑혀 바다에 심어져라' 하였을 것이다."[176] 그리고 다시 말해 모든 가능한 것, 생각할 수 있는 것을 행하라. "믿는 사람에게는 모든 것이 가능하니라."[177] 나는 세계의 지배자(Herr)이고, 내 것은 '영광'(Herrlichkeit)이다. 세계는 무미건조하게 되었는데, 그 이유는 신적인 것(das Göttliche)이 세계에서 사라졌기 때문이다. 세계는 내가(요컨대 정신이) 좋아하는 대로 처리하는 나의 소유이다.

내가 자신을 드높여 세계의 소유자가 되었을 때, 그때 자기중심성은 처음으로 완전한 승리를 거두었고, 세계를 극복하였고, 속세가 없게 됐으며, 오랜 세대의 획득물을 엄중히 간수하였다.

최초의 소유, 최초의 '영광'을 얻었구나!

그럼에도 불구하고 세계의 지배자는 아직 자기 생각, 감정, 의지의 지배자는 아니다. 그는 정신의 지배자와 소유자가 아니다. 왜냐하면 정신은 여전히 신성하고, '성령'이기 때문이다. 그리고 '속세가 없는' 기독교인은 '신 없이' 존재할 수 없다. 고대의 투쟁이 세계와의 투쟁이었다면, 중세의(기독교의) 투쟁은 자신, 곧 정신과의 투쟁이었다. 고대가 외면세계와의 투쟁이라면 중세(기독교)는 내면세계와의 투쟁이었다. 중세인은 '자신의 내면으로 돌아온' 사색하는 명상적 인간이다.

---

175 「마태복음」, 11장 27절.

176 「누가복음」, 17장, 6절.

177 원주 25, 「마가복음」, 9장 23절.

[103] 고대인의 모든 지혜는 세계에 대한 지식이고 현대인의 모든 지혜는 신에 대한 지식이다.

이교도(물론 유대인을 포함하여)는 세계를 극복한다. 그러나 이제 중요한 문제는 또한 자신, 정신을 극복하는 것이다. 다시 말해 정신이 없게 되거나 신이 없게 되는 것이 중요한 문제이다.

거의 2천 년간 우리는 성령을 우리에게 굴복시키기 위해 일 해왔다. 그리고 차츰차츰 우리는 신성함의 많은 부분을 뜯어내었고 발로 짓밟았다. 그러나 거인 같은 적대자는 언제나 변형된 모습과 이름으로 새로운 것으로 일어선다. 정신은 아직 신에 대한 믿음을 제거하고, 신성을 모독하고, 성직을 빼앗지 못한다. 확실히 정신은 비둘기처럼 우리 머리 위로 훨훨 날아다니는 것을 오랫동안 중단했다, 확실히 정신은 더 이상 정신의 신성함을 홀로 기뻐하지 않는다, 그러나 그 자체를 평신도에 의해 또한 붙잡히도록 한다. 하지만 정신이 우리의 뜻대로 처리하는 우리의 무제한적 소유가 아직 되기는커녕, 정신은 인류의 정신으로서, 인간의 정신으로서, 다시 말해 인간의 정신으로서 나에게, 너에게 여전히 생경한 정신으로 남아 있다. 여전히 우리가 제멋대로 처분하는 우리의 제한 없는 소유와는 거리가 멀다. 그동안에 한 가지 확실한 일이 일어났고, 그리스도 탄생 이후의 과정을 아주 분명하게 이끌었다. 이 한 가지 일은 성령을 더 인간답게 만들고 그것을 인간에게 혹은 그것에 인간을 가까이 가게 하려는 노력이었다. 이를 통해 결국 정신은 '인류라는 정신'으로 이해할 수 있었으며, '인류의 관념, 인간성, 인간다움, 보편적 인류애'라는 다른 표현들(Ausdrücken)을 통해 더욱더 매력적이고 더욱더 친숙하며 더욱더 접근하기 쉽게 나타났다.

이제 사람들은 모든 사람이 성령을 소유할 수 있고, 인류의 이념을 자신의 내면에 받아들일 수 있으며, 인류를 자기 안의 형체로 그리고 실존으로 데려올 수 있다고 생각하지 않을까?

그렇게 생각하지 않는다, 정신은 정신의 신성함이 제거되지 않고 정신의 접근할 수 없음을 빼앗기지 않으며, 우리에게 도달할 수 없고, 우리의 소유가 아니다. 왜냐하면 인류라는 정신은 나의 정신이 아니기 때문이다. 정신은 나의 이상일 수도 있고, 나는 생각으로서 그것을 나의 것이라고 부른다. 이를테면 인류라는 생각은 나의 소유이다. [104] 그리고 나는 인류라는 생각을 완전히 내 생각대로 구성하여 '나의 소유'를 충분히 증명한다. 그리고 나는 오늘은 인류라는 생각을 그렇게 형상화하고, 내일은 그것을 달리 형상화한다. 우리는 인류라는 생각을 가장 다양한 방식으로 표상한다. 그러나 인류라는 생각은 동시에 내가 양도할 수 없고 벗어날 수도 없는 신탁 유증(Fideikommis)이다.[178]

가지각색의 변신 가운데 성령은 시간이 흘러 '절대적 이념'이 되었다. '절대적 이념'은 다시 다양하게 이리저리 달라져서 인류애, 합리성, 시민의 미덕 등등의 갖가지 관념으로 분리되었다.

그러나 관념이 인류의 관념이라면, 나는 그 관념을 나의 소유라고 부를 수 있는가? 그리고 내가 정신을 섬겨야만 하고, 정신에 '나 자신을 희생해야'만 한다면, 내가 정신을 극복했다고 생각할 수 있을까? 고대가 종말에 이르렀을 때, 세계의 우세함과 '신성함'을 깨버렸을 때만, 그러니까 세계의 무력함과 '공허함'을 인식했을 때만, 고대는 세계의 소유권을 획득하였다.

상황은 정신과 일치한다. 내가 정신을 어떤 허깨비로 격하시켰을 때, 그리고 나를 지배하는 정신의 힘을 미친것으로 과소평가할 때, 그때 나는 신성을 더럽힌 것으로, 신성을 모독한 것으로, 신에 대한 믿음을 제거한 것으

178 'Fideikommis'이란 말의 뜻은 신탁유증(信託遺贈)이다. 토지와 같은 특정한 부동산은 매매 될 수 없고 단지 상속 내지 유증만 될 수 있게 한 원칙을 말하는데, 이 결과 상속인이 갖게 되는 것은 그 상속 물에서 생긴 수확물의 처분권이다.

로 여겨질 수 있다. 그리고 그때 양심의 가책을 느끼지 않고(unbedenklich) 마음대로 자연을 사용하는 것처럼, 나는 정신을 사용할 수 있다.

'대의의 성질', '관계의 개념'이 나를 그와 같은 대의를 어떤 태도로 대하거나 처리하도록 안내할 것으로 기대되거나 그와 같은 관계를 완성하도록 안내할 것으로 기대된다. 대의라는 개념이 그 자체로 존재하는 것은 아니겠지, 그리고 오히려 대의를 만드는 것이 개념은 아니겠지! 우리가 맺는 관계 자체가, 관계 맺는 사람의 유일성(Einzigkeit) 때문에, 유일하지는 않겠지! 관계가 다른 사람이 관계를 어떤 범주로 나누는가에 의존하는 것은 아니겠지! 그러나 마치 '인간의 본질'을 현실의 사람들과 분리하였고, 게다가 인간의 본질에 따라 실제의 사람들을 판단했었듯이, 그렇게 그들 또한 사람의 행동을 인간의 본질과 분리하고, '인간적 가치'에 따라 사람들의 행위를 평가한다. 개념이 도처에서 결정할 것이고, 개념이 삶을 규정할 것이고, 개념이 지배할 것이다. [105] 이것이 종교적 세계이다. 이 세상에다 헤겔이 조리(條理) 있는 일을 무의미한 일로 만듦으로써, 개념의 규정을 잘 다듬어지고 확고하게 확립된 독단적 신학으로 완성함으로써, 체계적 표현을 주었다. 모든 것은 개념에 따라 기계적으로 만들어졌고, 실제의 인간, 곧 나는 이러한 개념적 법률에 따라 살지 않을 수 없다. 이보다 더 사악한 법률의 지배가 있을 수 있을까? 그리고 기독교는 유대교의 법의 지배를 더 엄격하게 적용하려는 의도를 처음부터 인정하지 않았는가? ("율법의 한 글자도 잃어버리지 아니하리라!"[179]

---

179 슈티르너의 언급은 「마태복음」, 제5장 17절-18절과 관계가 있다. "내가 율법이나 선지서들을 폐기하러 온 줄로 생각하지 마라. 폐기하러 온 것이 아니라 이루려고 왔노라. 진실로 내가 너희에게 말하노니, 하늘과 땅이 없어지기 전에는 율법의 일점 일획도 모든 것이 이루어질 때까지 결코 없어지지 아니하리라."

자유주의는 그저 또 다른 개념들을 화제에 올린다. 요컨대 신적인 개념 대신에 인간적 개념을, 종교적 개념 대신에 국가적 개념을, 교리적 개념 대신에 '과학적' 개념을 혹은 더 일반적으로 말해 '조야한 교의들'과 규약들 대신에 현실적 개념들과 영원한 법률들을 화제에 올린다.

이제 세계를 지배하는 것은 정신 이외에 아무것도 없다. 헤아릴 수 없는 수많은 개념이 사람들의 머릿속 여기저기에서 스쳐 지나간다. 그리고 더 많은 개념을 얻으려고 노력을 하는 사람은 무엇을 하고 있는가? 그들은 개념의 자리에 새로운 개념을 놓기 위하여 이전의 개념을 부정하는구나! 그들은 다음과 같이 말한다. "당신은 올바름에 대하여, 국가에 대하여, 인간에 대하여, 자유에 대하여, 진리에 대하여, 결혼 등등에 대하여 잘못된 개념을 형성한다. 오히려 올바름의 개념 등등은 우리가 지금 구성하는 것이다." 이처럼 개념의 혼란이 진행된다.

세계사는 우리를 잔혹하게 다루었다. 그리고 정신은 전능한 힘을 얻었다. 그대는 벌거벗은 그대의 발을 보호할 수 있는 나의 초라한 구두를 존중해야만 하고, 그대의 감자를 먹을 만하게 만들 수 있는 나의 소금을 존중해야만 하며, 그대의 모든 수고스러운 처지를 한 번에 해결할 수 있는 나의 화려한 마차를 존중해야만 한다. 그대는 손을 뻗쳐 나의 것들을 잡아서는 안 된다. 인간은 이 모든 것들의 그리고 헤아릴 수 없는 다른 것들의 자립성을 인정해야만 한다. 그러니까 인간은 그것들을 움켜쥘 수 없고 접근할 수 없는 것으로 여겨야만 하고, 그것들을 인간에게서 박탈된 것으로 여겨야만 한다. 인간은 그것들을 존중하고 존경해야만 한다. 따라서 그가 열망하여 자신의 손가락을 쭉 뻗는다면, 그에게 화가 있으라! 우리는 이것을 '훔치다'라고 부른다!

정말 걸인처럼 우리에게 남아 있는 것은 거의 없구나, 그뿐인가 정말이지 아무것도 남아있지 않구나! 모든 것이 제거되었으므로, 모든 것이 우리에게 주어지지 않는 한, 우리는 아무것도 감행하지 않아야 한다. 우리는 주는 사람의 은혜로만 계속 살아간다. [106] 정말로 그대가 그렇게 할 허락을 받지 않는 한, 바늘 하나라도 집어 들어서는 안 된다. 그러면 누구로부터 바늘을 얻는가? 존경하는 사람으로부터이구나! 오로지 수여자가 그대에게 바늘을 소유로 넘겨줄 때, 오로지 그대가 바늘을 소유로 존경할 수 있을 때, 오로지 그런 때에만 그대는 바늘을 자기 것으로 할 수 있다. 그리고 재차, 그대는 어떤 생각도 마음속에 품지 않아야만 하고, 한마디도 말하지 않아야만 하며, 어떤 행위도 하지 말아야 한다. 도덕 혹은 이성 혹은 인간성에 의해 그것들[생각, 음절, 행위]의 허락을 받기는커녕, 그것들의 허락은 오로지 그대만이 가질 수 있다. 욕망하는 사람의 행복한 구속받지 않음(Unbefangenheit)이여! 사람들이 금지(Befangenheit)의 제단 위에 있는 그대를 얼마나 무자비하게 학살하려고 노력해 왔는가!

그러나 제단 주변에 교회의 아치가 세워지고, 교회의 벽은 점점 더 밖으로 멀리 세워진다. 교회의 벽이 둘러싸는 것은—신성하다. 그대는 더 이상 신성한 것에 도달할 수 없고, 더 이상 그것을 만질 수 없다. 그대를 삼켜버리는 굶주림에 절규하면서 얼마 안 되는 현세주의자를 찾으려고 이 둘러막은 벽 주변을 배회한다. 그리고 그대의 배회의 순환은 점점 더 확장되고 있다. 저 교회는 금방 온 세상을 둘러쌀 것이다. 그리고 그대는 맨 끝 변두리로 추방될 것이다. 한 걸음 더, 신성한 것의 세계는 승리를 얻었다. 그대는 심연 속으로 가라앉는다. 아직 시간이 있으니까 용기를 내라, 더 이상 먹을 것이 없는 현세주의자 근처에서 헤매지 마라, 주저하지 말고 뛰어라, 출입문을 지나 바로 신성한 곳으로 뛰어들어라. 그대가 신성한 것을 먹어 치운다면, 그것을 너 자신의 것(Eigenen)으로 만든 것이구나! 성체(聖體)를 삼켜 소화해버려라, 그러면 그대는 성체에서 해방될 것이구나!

3. 자유인

앞의 두 절에서 고대인과 현대인이 다루어졌다고 하여, 마치 자유인이 여기 제3장에서 독립되고 분리된 인간이라고 주장해야 할 것처럼 보일 수도 있다. 자유인은 그렇지 않다. 자유인이란 '현대인' 중 더 현대인일 뿐이고 가장 현대인일 뿐이다. 게다가 자유인은 현대에 속하고, [107] 무엇보다도 여기서 현재라는 것이 우리의 주의(注意)를 끌기 때문에, 하나의 별개의 장으로 다룰 뿐이다. 나는 단지 자유주의자라는 말의 번역어로서 '자유인'(Freien)이라는 단어를 쓸 뿐이지만, 자유 개념과 관련하여서(미리 끌어와 사용할 수밖에 없는 다른 많은 개념의 경우와 마찬가지로) 차후에 언급할 수밖에 없다.

§ 1 정치적 자유주의

이른바 전제 군주제라는 성배(聖杯)의 마지막 한 방울까지 맛본 이후에, 18세기 사람은 자신들이 맛본 전제 군주제가 다른 잔을 갈망하지 않기 위해 인간다운 맛이 없다는 것을 너무나 명확히 깨달았다. 결국, 우리 조상들은 '인간들'이었기 때문에, 마침내 또한 그들은 인간으로 여겨지길 바랐다.

누군가가 우리 자신 속에서 인간과는 다른 어떤 것을 본다고 하여도, 우리는 그 사람 속에서 인간을 보는 것이 아니라, 오히려 인간답지 않은 인간을 볼 것이다. 그리고 우리는 그런 사람을 어떤 인간답지 않은 인간으로 대할 것이다. 이와 반대로 우리 자신을 인간으로 승인하면서, 인간답지 않은 존재로 다루어질 위험에 빠지지 않도록 우리를 보호하는 사람은 누구나 우리의 진정한 보호자이고 후원자로서 존경하고자 한다.

이번에는 우리를 하나로 합쳐서 인간을 서로서로 보호하자. 그때 우리는 하나로 합침 속에서 필요한 보호를 찾고, 또한 하나로 합친 우리 자신 속에서, 인간의 품위를 알고 '인간'으로서 하나로 합치는 사람들의 공동체를 발견한다. 우리의 하나로 합침이 국가이며, 하나로 합치는 우리가 국민이다.

국민 또는 국가로서 하나로 합쳐있을 때 우리는 인간일 뿐이다. 우리가 개인으로서 다른 방식으로 행동하는 방식과 자신을 찾는 충동에 굴복할 것인가 하는 문제는 전적으로 우리의 사적 삶에 속한다. 우리의 공적 혹은 국가의 삶이란 순전히 인간다운 삶이다. 그런 삶은 우리에게 달라붙는 인간답지 않은 것 혹은 '자기중심다운' 것을 '개인의 문제로 그 격을 낮추는 것이다. [108] 그리고 우리는 자기중심성이 자기 본래의 특질을 발휘하는 '시민 사회'[180]와 국가를 아주 세심하게 구분한다.

참된 인간이 국민이다. 하지만 저마다 다른 사람들은 항상 자기중심적 사람이다. 그런 까닭에 자기중심적 비동등성과 일치하지 않음이 깃들어 있는 그대의 개성과 분리를 떨쳐 버려라, 그러고 나서 그대 자신은—국민 또는 국가, 참된 인간에게 완전히 헌신해라. 그런 때에 그대는 인간으로 여겨지고, 인간의 모든 것을 갖게 될 것이다. 참된 인간인 국가가 국가에 속한 모든 권리를 그대에게 줄 것이다, 게다가 그대에게 '인간의 권리'를 선사할 것이다. 인간이 그대에게 인간의 권리를 주는구나!

부르주아 계급(Bürgertums)[181]은 이런 식으로 말한다.

부르주아 계급은 국가가 둘도 없이 소중한 것이고, 참된 인간이라고,

---

180 독일어 "bürgerlichen Gesellschaft"는 "부르주아 사회"로도 옮길 수 있다.

181 'Bürger'은 원래 성(Burg)을 지키는 사람들이었다. 이들은 12세기부터 도시에 거주하였다. 하지만 3월 혁명의 태동기('3월 전기'(Vormärz), 다시 말해 1848년 3월 혁명의 태동기를 가리킨다. 넓은 의미로는 1815년 빈 체제의 확립에서 1848년까지이며, 좁은 의미로는 1830년대부터 1848년까지의 시기)에 영국에서는 '중간계급'(middle class), 프랑스에서는 '부르주아지'(bourgeoisie)와 유사한 의미가 되었다.

그리고 개인들의 인간다운 가치는 국가의 시민이 되는 것에 있다고 생각할 뿐이다. 부르주아 계급은 선량한 시민이 되는 것에서 자신의 최고의 명예를 얻으려고 애쓴다. 부르주아 계급은 기껏해야 낡아서 새롭지 못한 것 —'선량한 기독교인임'보다 더 높은 것은 아무것도 알지 못한다.

부르주아 계급은, 자신들을 '제3의 신분'으로 거만하게(cavalièrement) 취급하고, 자신들을 '하층민'(canaille)과 함께 멸시했던 저 특권층에 대한 투쟁 과정에서 발전했다. 달리 말하면 오늘날까지 국가는 '인간의 불평등을 보와 왔었다.' 가장 뛰어난 부르주아 계급이 헛되이 우러러보았던 관직, 그런 관직은 귀족의 아들에게만 돌아갔다. 부르주아의 감정은 이것에 반감을 품었었다. 결코 사람에게는 더 이상 구별도 없구나! 결코 사람을 우대함도 없구나! 그 어떤 계급적 차이도 없구나! 모두를 같게 하라! 개별적 이익이 아니라, 오히려 모든 사람의 보편적 이익이 훨씬 더 추구되어야 한다. 국가는 자유롭고 평등한 인간 공동체가 되어야만 하며, 모두는 '전체의 복지'에 몸을 바쳐야만 하고, 국가에 흡수되어야 하고, 국가를 자신의 목적과 이상으로 삼아야만 한다. 국가구나! 국가이어라! 그렇게 보편의 외침이 울려 퍼졌고, 그때부터 사람들은 '국가의 올바른 형태', 최상의 헌법을 찾았으며, 따라서 그것의 최고의 공식화인 국가를 추구하였다. 국가의 생각이 모든 사람의 마음속에 스며들어 열광(Begeisterung)을 불러일으켰다. [109] 세속적 신이라는 국가를 섬기는 일은 새로운 예배이자 섬김이 되었다. 진짜 정치의 시대가 시작되었다. 국가라든가 국민을 섬기는 일이 가장 높은 이상이 되었고, 국가의 이익이—가장 높은 이익이 되었으며, 나라의 정무(그 때문에 결코 공무원이 될 필요가 없다)는 최고의 영광이 되어 버렸다.

그래서 그때 한 사람 한 사람의—이해관계들과 개성들은 대수롭지 않게 여겨 무시돼버렸고, 국가를 위한 자기희생이 표어가 되었다. '자기 자신'을 포기하고, 오직 국가를 위해서 살아야만 한다. '사욕이 없이' 행동해야 하며, 자신에게 이익이 될 것이 아니라, 오히려 국가에 이익이 되길 원해야만 한다. 이 결과 국가가 본래의 인격(eigentlichen Person)이 되었으며, 국가 앞에서 저마다 다른 개성(einzelne Persönlichkeit)은 사라진다. 곧 내가 사는 것이 아니라, 국가가 내 속에 사는 것이다. 그러므로 이전의 자기를 찾는 일과 견주어 보면, 이것은 자기에게 유용하지 않음이고 특정한 개인과 관계없음 바로 그것이었다. 이러한 신—국가—앞에서는 모든 종류의 자기중심성이 사라졌고, 모두가 평등했다. 모든 사람은 서로 다른 차이가 전혀 없는 인간—오직 인간일 뿐이었다.

혁명[182]은 재산이라는 불붙기 쉬운 물질에서 발발했다. 정부는 돈이 필요했다. 이제 정부는 정부가 절대적이며, 그래서 모든 재산의 주인이고, 유일한 재산 소유자라는 명제를 입증해야만 했다. 그리고 정부는 스스로 국민의 재산이 아닌, 오직 국민의 소유였던 정부의 돈을 착복해야만 한다. 그런데 그렇게 하기는커녕, 정부는 이 돈을 자신에게 승인되도록 하기 위해 삼부회(Generalstände)를 소집했다. 최종적 논리적 결과에 대한 두려움은 절대적 정부라는 환상을 파괴하였다. 왜냐하면 반드시 무언가가 그에게 '승인되도록 하는 사람은 절대적 존재로 여겨질 수 없기 때문이다. 국민은 자신들이 진짜 재산 소유자라는 사실을 인시하였고, 정부가 요구하였던 돈은 자신들의 돈이었다는 사실을 인식하였다. 이제까지 국민이었던 사람들이 자신들이 재산 소유자라는 의식에 도달했다. 베일리[183]는 이 사실을 몇 마디로 묘사한다.

---

182 이하에서 말한 혁명은 프랑스 혁명(1789)을 말한다.

183 베일리(Jean Sylvain Bailly, 1736~1793)는 1789년 삼부회(三部會) 선거 때는 파리 선거집회 서기장이 되어 의원으로 선출되었으며, 국민의회 의장으로서 프랑스혁명을 맞았다.

만약 당신이 내 동의 없이 내 재산을 당신 마음대로 처분할 수 없다면, 하물며 당신은 내 정신적이고 사회적 입장과 관련 있는 모든 것을, 내 인격을 당신 마음대로 처분할 수 없구나! 그 모든 것은 내가 경작하고 있는 한 뙈기의 [110] 땅과 마찬가지로 모두 내 소유이다. 그리고 나는 자신에게 법을 만들 수 있는 권리와 이해관계를 가지고 있다.[184]

확실히 베일리의 말은 마치 이제는 **모든 사람이** 재산 소유자인 것처럼 들린다. 하지만 정부 대신, 군주 대신, 이제—**국민**이 재산 소유자이자 지배자이다. 그때부터 이상은—'민중의 자유'—'자유로운 국민' 등등이라고 불린다.

이미 1789년 7월 8일에 오툉의 주교[185]와 바레르(Barrères)가 하였던 선언으로, 입법과정에서 각각 대의원들, **개인들이** 중요한 역할을 한다는 가상이 깨졌다. 그것은 구성원들의 완전한 **무력감**을 보여주었다.[186] 왜냐하면 **대의원**(Repräsentanten)**의 다수가 주인**이 되었기 때문이다.[187] 7월 9일, 입헌작업에 들어가기 위한 계획안이 제출되었을 때,

---

184 원주 26, 에드가 바우어, 『베일리와 프랑스 혁명의 첫날』(샤를로텐부르크, 1843), 89쪽.
(프랑스 혁명 이후의 최근의 역사 이해를 위해 가치 있는 글로서 원전과 기록에 의거해서 브루노 바우어 및 에드가 바우어가 개정 발간한 것이다.- 옮긴이)

185 오툉(Autun)의 주교는 탈레랑(Charles-Maurice de Talleyrand-Périgord, 1754~1838)이다. 그는 프랑스의 정치가, 외교관, 로마 가톨릭교회 성직자이다. 1789년 삼부회 위원에도 당선되었다.

186 슈티르너는 다수가 결정했기 때문에 각 개별 대의원은 중요하지 않다고 지적하고 있다.

187 원주 27, 에드가 바우어, 『베일리와 프랑스 혁명의 첫날』(샤를로텐부르크, 1843), 102-3쪽.

미라보[188]는 다음과 같이 말한다. "정부는 권력(Gewalt)[189]만 있지, 권리는 없다. 모든 **옳음**의 원천은 **국민** 속에서만 발견되어야 한다."[190] 또 7월 16일에는 바로 그 미라보가 "국민은 모든 **권력**의 원천이 아닌가?"[191]라고 외쳤다. 그래서 국민이 모든 옳음의 원천이고 모든—권력의 원천이란 말이구나! 말이 나온 김에 말하지만, 여기에서 '옳음'의 내용이 나타난다. 말하자면 옳음은—**권력**이다. '권력을 가진 사람이 옳음을 가진다.'

부르주아 계급이란 특권 계급의 상속인이다. 실제로 귀족에게서 '강제로 빼앗은' 권리가 부르주아 계급에게로 넘어간 것일 뿐이다. 왜냐하면 이제는 부르주아 계급을 '국민'이라고 불렀기 때문이다. 모든 **특권들**(Vorrechte)은 '국민의 손으로' 되돌려졌고, 그렇게 하여 모든 특권들은 '특권들'이 되는 것을 중지하였다. 다시 말해 모든 특권들은 '권리들'(Rechte)이 되었다.[192] 국가는 이제부터 십일조(十日組)와 강제 노동을 요구한다. 그리고 국가는 군주의 법정, 수렵할 수 있는 권리, 그리고—노예들을 상속하였다. 8월 4일의 밤 파리 국민의회 대표들은 8월 4일[193]은 '특별히 베푸는 은전' 또는 특권에게 있어서는 죽음의 밤이었다(도시, [111] 공동체 및 시청에도 역시 특권이 있었고, 특별히 베푸는 은전과 지

---

188 오노레 미라보(Honoré Gabriel Riquetti Comte de Mirabeau, 1749~1791)는 1789년 5월 삼부회에 제3신분 대표로 출마하고, 6월 23일 궁정이 국민의회를 해산시키려 하자 열변을 토하여 위기를 극복하였다.

189 슈티르너는 여기서 그리고 다음 인용문에서 'Gewalt'란 말을 사용하는데, 이 말은 종종 불법성의 함축과 함께 '강제' 또는 '폭력'으로도 번역될 수 있다.

190 원주 28, 에드가 바우어, 『베일리와 프랑스 혁명의 첫날』(샤를로텐부르크, 1843), 113쪽.

191 원주 29, 위의 책, 133쪽.

192 슈티르너는 'Vorrechte'와 'Rechte'으로 익살을 부리고 있다.

193 밤부터 다음날 새벽까지 계속된 역사적 회의에서, 과거의 특권을 조국에 바치고, 국민의회는 장엄하게 '봉건제를 폐지한다.'고 선언하였다.

배자의 권리가 제공되었다). 그리고 이 밤은 '권리', 곧 '국가의 권리', '국민의 권리'라는 새로운 아침으로 끝났다.[194]

'왕과 같은 지배자'의 인격 속에 있는 군주는 '주권이 있는 국민'이라는 이 새로운 주권자에 비하면 하찮은 군주에 불과했다. 이 새로운 군주 정체는 수천 배나 더 가혹하고, 더 엄격하며, 더 한결같았다. 더 이상 이 새로운 군주에 대항할 어떠한 권리, 어떠한 특별한 권리도 전혀 없었다. 이 새로운 군주와 견주어 보면, 프랑스 혁명 전의 구체제(ancien régime)[195]인 '절대 왕정'은 얼마나 한정된 제도인가! 혁명은 제한된 군주 정체에서 전제 군주 정체로의 변화를 가져왔다. 그때부터 이 전제 군주가 주지 않은 권리는 '월권'이다. 그러나 그가 주는 모든 특권은 '권리'이다. 이 시대는 절대 왕정, 곧 전제 군주를 열망하였다. 그러므로 수천의 작은 군주에 의해 제약을 받았던 절대 왕정을 절대적으로 만드는 방법을 거의 이해하지 못했던 이른바 저 절대 왕정은 붕괴하였다.

수천 년 동안 열망했고 얻으려고 노력한 것, 다시 말해 자신의 권력을 꺾을 다른 군주들과 작은 군주들이 더 이상 존재하지 않는 절대적 지배자를 찾는 것, 그런 일을—부르주아지가 실현하였다. 부르주아지는 오로지 '정당한 권리'를 수여하는 하느님을 드러내었고, 하느님의 허락 없이는 아무것도 정당화되지 않는 그러한 하느님을 들추어내었다. "그러므로 이제 우리가 아는 것은 우상들은 세상에서 아무것도 아니며 신은 한 분밖에 계시지 아니한다는 것이라."[196]

---

194 원주 30, 에드가 바우어, 『베일리와 프랑스 혁명의 첫날』(샤를로텐부르크, 1843), 141-2쪽.

195 프랑스어로 '옛 제도'를 의미하는 말이나, 일반적으로 프랑스 혁명 전의 '구제도'라는 개념으로 쓰인다.

196 원주 31, 「고린도전서」 1, 8장 4절.

어떤 옳음과 견주어 그 옳음에 대해, 그 옳음은 '어떤 그름'이라고 더 이상 주장할 수 없다. 이제 그 옳음은 무의미한 일, 곧 어떤 착각일 뿐이라고 말할 수 있다. 누군가가 어떤 옳음을 그르다고 말했다면, 어떤 옳음에 반대하는 어떤 다른 옳음을 내세워야만 할 것이고 이러한 다른 옳음에 견주어 어떤 옳음을 평가해야만 할 것이다. 이와 반대로 누군가가 그 자체인 옳음을, 그 자체로 자기 스스로인 옳음을 전부 거부한다면, 그름이라는 개념도 또한 거부해야 하고, [112] 모든 옳음의 개념(여기에는 그름의 개념도 포함해서)을 폐지해야 할 것이다.

우리가 모두 '정치적 권리의 평등'을 누린다는 말은 무슨 뜻인가? 이 말은 오로지—국가가 나 자신의 인격을 전혀 헤아리지 않는다는 사실을 의미한다. 또한 이 말은—나는 다른 모든 사람과 마찬가지로, 국가에게 또 다른 두드러진 의미가 없는, 그저 국가에 대해 한 인간일 뿐이라는 사실을 의미할 뿐이다. 나는 귀족으로서, 귀족의 아들로서, 또는 심지어 상속으로 나에게 주어진 권리로서(중세의 백작 지위처럼, 등등 그리고 그 이후 절대 왕정 아래에서 세습 관직이 발생한 것처럼) 국가에 공경하면서 두려워하는 마음이 생기지 않는다. 오늘날에는 국가가 무수한 권리, 가령 군대의 대대, 회사 등등을 지휘할 권리, 대학에서 강의할 수 있는 권리 등등을 준다. 그 권리들이란 것이 국가의 것들, 다시 말해 국가의 권리들, 또는 '정치적' 권리들이기 때문에, 국가가 그것들에게 주어야만 한다. 게다가, 만약 권리를 받는 사람이 그 위임된 권리로부터 발생하는 의무를 완수할 뿐이라면, 국가가 누구에게 권리를 줄 것인지는 중요하지 않다. 우리는 모두 국가에 적합한 사람이며, 어떤 사람과 다른 사람은 정

(성경 구절은 다음과 같다. "그러므로 우상들에게 바쳐진 제물을 먹는 일에 관하여 우리가 아는 것은 우상들은 세상에서 아무것도 아니며 신은 한 분밖에 계시지 아니한다는 것이라."- 옮긴이)

확히 가치가—동등한 사람이다. 군대의 명령을 누가 받는지는 나에겐 아무래도 좋은데, 그러한 일은 그 명령을 받게 될 사람이 그 명령을 충분히 이해한다는 조건에서, 주권 국가가 말하는 것이다. 따라서 '정치적 권리의 평등'이라고 하는 것은, 사람에 대한 편애(마음에 드는 사람(persona grata)) 속에서 추구해야만 하는 것이 아니라, 개별적 권리의 성격에서만 추구해야만 한다는 추가된 조건을 충족시킬 경우에만, 모든 사람은 국가가 제공하는 모든 권리를 얻을 수 있다는 사실을 의미한다. 가령, 장교가 될 수 있는 권리의 성격은 그가 건강한 두 팔 두 다리와 적절한 지식을 소유해야 한다는 필요성을 불러오지만, 그가 귀족 출신이어야 한다는 조건을 요구하지 않는다. 반대로, 가장 큰 공을 세운 부르주아 계급조차 장교라는 관직에 도달할 수 없었다면, 그때 정치적 권리의 불평등이 행해진 것이다. 오늘날의 국가 중 어떤 국가는 그러한 평등의 준칙을 좀 더 많이 달성하였고, 또 다른 국가는 그러한 준칙을 보다 적게 성취하였다.

신분적 군주정(그래서 나는 프랑스 혁명 이전의 [113] 왕정 시대를 절대 왕정이라고 부르고자 한다)은 개인을 작은 규모의 많은 군주 정체들에 종속시켰다. 이것들은 동업조합들, 귀족 계급, 성직자 사회, 자치 도시의 시민 계급, 도시 국가들, 지방 자치체들 등과 같은 협동조합들(단체들)이었다. 어디에서나 맨 먼저 개인은 이 작은 단체의 구성원으로 여겨야만 했으며, 개인의 군주로서 (esprit de corps)[197], 곧 그 단체의 정신에 절대적 복종을 해야만 했다. 예를 들어, 그의 가족이나 혈통의 명예라고 하는 것이 귀족이라는 개인 그 자신보다 그에게 더 가치가 있어야만 한다. —가톨릭교에서 개인이 신부를 통해서만 신과 매개하는 것처럼, 개인은 그의 직업단체(Korporation), 그의 신분을 통해서만 더 큰 단체, 곧 국가와 관계를 맺는다. 이제 제3신분은 신분 그 자체를 부정하는 용기를 보

197 단결심은 18세기 말부터 쓰인 프랑스어다

여줌으로써, 그러한 제3신분의 결말을 지었다. 제3신분은 더 이상 다른 신분들과 함께 어떤 신분으로 존재하거나 이름을 붙이려고 결심하였던 것이 아니라, 오히려 그 자신을 '국민'으로 변용(變容)시키고 보편화시키려고 결심하였다. 그렇게 함으로써, 제3신분은 훨씬 더 완전하고 절대적 군주 정체를 만들어 내었고, 큰 군주 정체 속에 작은 군주 정체가 존재한다는 원리, 곧 이제까지 지배적이었던 신분의 원리를 완전히 멸망시켰다. 따라서 프랑스 혁명은 제1의 그리고 제2의 특권 신분 계층에 대한 혁명이었다고 말할 수 없다. 오히려 그 혁명은 작은 신분의 군주체제 일반에 대한 혁명이었다고 말할 수 있다. 그러나, 만약 신분들과 그 신분적 전제정치가 무너졌다면(왕 역시, 에—뭐라고 할까, 시민의 왕이 아니라, 신분적 왕이었을 뿐이다), 신분의 불평등에서 해방된 개인이 남게 되었다. 이제 정말이지 개인은 보편적 결합 관계없이 더 이상 어떠한 신분(지위 status)에 묶여있지 않아서, 과연 신분이 없는 존재이고 '제멋대로 하는' 존재일까? 실제로 그렇지 않다. 분명히 단지 제3신분이었기 때문에 다른 신분과 더불어 어떤 신분으로 남기 위해서가 아니라, 오히려 유일한 신분이 되기 위해서 그 자신을 국민이라고 선언하였다. 이 유일한 신분이 국민, '국가'(지위 status)라는 것이다. 이제 개인은 무엇이 되었는가? 개인은 국가, 자신의 신과 직접 관계를 맺었으니까, 정치적 개신교도가 되었다. 개신교도는 이제 더는 [114] 귀족 군주국에서의 귀족, 동업조합 군주국에서의 수공업자가 아니었다, 오히려 그는 모든 사람처럼 오로지—하나의 지배자, 곧 국가만을 인지하였고 인정하였으며, 국가의 하인으로서 모든 사람들은 모두 '시민'이라는 동일한 명예로운 호칭을 얻었다.

부르주아지는 공로가 있는(Verdienste) 귀족이다.[198] 부르주아지의 좌우

---

198 슈티르너는 이 단락에서 'dienen'(섬기다)라는 말을 이용해 'Verdienst'(공로), 'Verdienstvolle'(공로가 있는 사람), 'Diener'(하인) 그리고 'Dienen'(섬김)으로 익

명은 '공로가 있는 사람에게 왕관을 씌워라'이다. 그들은 '게으른' 귀족에 대항해서 투쟁했다. 왜냐하면 근면과 공로로 획득한 근면한 귀족에 따르면, '타고난 사람'은 자유롭지 않고 나조차도 자유롭지 않고, 오히려 '공로가 있는 사람', 곧 성실한 **하인**(Diener)(자기 왕의 성실한 하인, 국가의 성실한 하인, 그리고 입헌국가에서는 국민이란 성실한 하인)이 자유롭다. 사람이—재물(Mammon)을 섬기었을지라도(diente), **섬김**(Dienen) 때문에 자유를 얻는다, 다시 말해 '당연한 보상'(Verdienste)을 획득한다. 누구든지 국가에, 국가의 원리에, 국가의 도덕적 정신에 공로가 있게 만들어라. 국가의 이러한 정신을 **섬기는**(dienen) 사람은 일종의 선량한 시민이다. 그를 그가 원하는 어떤 정직한 생업 분야에 살게 하라. 부르주아지의 눈으로 보면, '혁신하는 사람'은 어떤 '돈벌이가 안 되는 일'을 일삼아서 한다. '상인'만이 '실용적' 사람이다. 그리고 장사에서 부정한 수단으로 돈을 모으거나 어떤 다른 방법으로 그 자신이나 남에게 쓸모 있게 되려고 애쓰거나, 또는 관직을 찾아 헤매는 사람의 정신은 장사꾼 정신과 같은 것이다.

그러나, 만약 공로가 있는 사람을 자유인이라고 여긴다면(안락한 부르주아(Bürger), 충직한 공무원이 자신의 마음이 원하는 자유가 부족한 이유는 무엇입니까?), 그렇다면 '하인'이—자유인이다. 복종하는 하인이 자유로운 사람이구나! 이 얼마나 뻔한 헛소리인가! 그럼에도 불구하고 이것이 부르주아지의 의식이다. 그리고 부르주아지의 시인, 괴테는 부르주아지의 철학자인 헤겔과 마찬가지로 주체의 객체에 대한 의존, 객관적 세계에 대한 복종을 찬미하는 방법을 알고 있었다. 오로지 대의명분을 섬기고, '완전히 대의에 자기 자신을 헌신하는' 사람이 참된 자유를 갖는다. 그리고 사상가에게 그러한 대의란 바로—**이성**이며, 이성은 국가

살을 부리고 있다.

나 교회처럼—보편적 법칙을 주며, 인류라는 생각을 통해서 개인을 속박시킨다. 이성은 '참된' 것을 규정하고, 그다음에 사람은 그 참된 것을 표준으로 삼아야만 한다. [115] 정직한 하인보다 더 '이성적' 인간은 없고, 이들은 맨 먼저 국가의 하인으로서 선량한 시민으로 불린다.

부르주아 계급의 국가는 그대가 큰 부자이든 빈자이든, 그것을 그대의 선택에 맡긴다. 그러나 그대는 '선량한 마음가짐'만을 가져야만 한다. 국가는 그대에게서 선량한 마음가짐을 요구하며, 모든 사람에게 이 선량한 마음가짐을 확립하는 것을 국가의 가장 절박한 사명으로 여긴다. 그러므로 한편으로 국가는 '악의가 있는 사람'을 억압하고, 그들의 선동적 이야기를 검열로 삭제하거나 언론관계법 또는 감옥 장벽을 통해 갑자기 침묵시킴으로써 '사악한 부추김'으로부터 그대를 지키고, 다른 한편으로 국가는 '선량한 마음가짐'의 사람을 검열관으로 선출하여, 여하튼 간에 '마음씨가 착한 사람과 선의를 지닌 사람'이 그대에게 도덕적 영향력(moralischen Einfluss)을 오래 미치길 원한다. 만약 국가가 사악한 부추김에 대해 그대를 귀머거리로 만들었다면, 그다음에 국가는 그대의 귀를 다시 선량한 부추김(Einflüsterungen)을 향해 더욱더 부지런히 열어 놓는다.

부르주아지의 시대와 더불어 자유주의 시대가 시작한다. 세상 사람들은 어디에서나 '이성적인 것', '시대에 적합한 것' 등등이 만들어지는 것을 보고 싶어 한다. 자유주의에 경의를 표해야만 한다고 말하는 다음과 같은 자유주의에 대한 정의가 자유주의를 완전히 특징 짓는다. "자유주의란 우리의 현존하는 관계에 실제로 적용된, 이성의 지식 이외에 다른 것이 아니다."[199] 자유주의의 목표는 무법 상태(die Anarchie), 법의 부재,

199 원주 32, 칼 비트(Carl Witt) (익명의), 「아른트의 투옥 이후부터 바우어의 파면에 이르기까지의 프러시아」, 편집 헤르베크(Georg Herwegh), 『스위스에서 보낸 21

자기 소유가 아니라, '이성적 질서', '도덕적 태도'이며, '제한된 자유'이다. 그러나 이성이 지배하게 되면, 그때 개인은 굴복한다. 예술은 이미 오래전에 추한 것을 인정하였을 뿐만 아니라, 예술의 존재에 필요한 것으로 여겨 추한 것을 추한 것 그 자체로 받아들였다. 다시 말해 예술은 악인을 필요로 한다. 가장 극단적 자유주의자는 너무 극단으로 나가서 가장 종교적 인간을 국가의 시민(Staatsbürger), 즉 종교적 악인으로 여겨지는 것을 보고 싶어 한다. 그러면서도 그들은 가톨릭교의 입장과는 다른 교리를 신봉하는 이교도에 대해 재판하는 것을 더 이상 보고 싶어 하지 않는다. 그러나 이제 '이성적 법'에 대해서는 [116] 어느 누구도 반항해서는 안 된다. 그렇지 않으면 가장 극심한 형벌을 받게 될 것이라고 위협받는다. 원했던 것은 개인 혹은 나 자신의 자유로운 운동과 실현이 아니라, 오히려 이성의 자유로운 운동과 실현—다시 말해 어떤 이성의 지배, 어떤 지배를 원한다. 자유주의자들은 결코 신, 신앙을 위한 열광자가 아니라, 틀림없이 이성, 자신의 주인을 위한 열광자이다. 자유주의자들은 뻔뻔함을 못 참는다. 따라서 자기발전도, 자기결정도 용납하지 않는다. 그들은 가장 절대적 지배자들임에도 불구하고 자신들의 의지를 강제한다.[200]

'정치적 자유', 이 말로 무엇을 이해해야만 하는가? 혹시 국가와 국가의 법률로부터 개인의 자유인가? 아니다, 그러기는커녕, 국가 속에서 그리고 국가의 법을 통한 개인의 속박이다. 그런데, 왜 '자유'인가? 왜냐하면 인간이 더 이상 중개인에 의해 국가와 분리되는 것이 아니라, 오히려 국가와 직접적인 그리고 즉각적인 관계에 있기 때문이다. 그러니까 인

개 전지(全紙)』, (취리히와 빈터투어 1843), 12-13쪽.

200 슈티르너가 "자유주의적" 지배자들을 절대적 지배자들과 비교한 것이 아니라 "절대적 지배자들"로 추정되는 곳에서도 여전히 자유주의자들이 자신들의 의지를 강요하고 있다고 말한 것으로 보인다.

간은—국가의 시민이지, 어떤 다른 사람의 신하도 아니고, 한 인격으로서의 왕의 신하도 아니고, 오히려 '국가의 최고 우두머리'라는 왕의 속성(屬性)에서만 신하이기 때문이다. 자유주의의 근본 원리인 정치적 자유는 단지—개신교의 제2단계일 뿐이고 '종교적 자유'와 완전히 평행하게 나아간다.[201] 또한 어쩌면 이 종교의 독립을 종교적 자유로 이해할 수 있을까? 전혀 그렇지 않다. 중개인의 독립은 중개하는 성직자의 독립, '평신도'의 폐지를 진술할 뿐이어서, 이것은 종교나 신에 직접적인 그리고 즉각적인 관계이다. 사람이 종교를 가진다는 전제를 기초로 종교의 자유를 향유할 수 있다. 종교의 자유는 종교가 없는 것을 의미하는 것이 아니라, 오히려 신과의 직접적 교류인 신앙의 영성을 뜻한다. 그래서 '종교적으로 자유로운' 사람에게 있어서, 종교는 마음의—대의이고, 그 자신의 대의이며, 어떤 '신성하게 진지한 대의'이다. 아 그랬구나, 게다가 '정치적으로 자유로운' 사람에게 국가는 신성하게 진지한 대의이다. 국가는 그런 자유인의 마음의 대의이고, 그의 주요한 대의이며, 그 자신의 대의이다.

[117] 정치적 자유는 도시 국가(Polis), 국가가 자유롭다는 것을 의미하고, 양심의 자유는 종교가 자유롭다는 것을 의미하는 것처럼, 양심의 자유란 양심이 자유롭다는 것을 의미한다. 따라서 정치적 자유와 양심의 자유 그리고 종교의 자유는 내가 국가, 종교, 양심으로부터 자유롭다나, 내가 그것들로부터 해방된다는 것을 의미하지 않는다. 그러한 자유는 나 자신의 자유가 아니라, 오히려 나 자신을 지배하고 제압하는 권력의 자유를 의미한다. 그러니까 그러한 자유는 국가, 종교, 양심과 같은 나 자신

---

201 원주 33, 루이 블랑(Louis Blanc), 『10년간의 역사. 1830~40』 제1권(파리 1841), 138쪽에서 왕정복고시대에 대해 "프로테스탄티즘이 사상과 관습의 토대가 되었다."고 기술하였다.
(블랑(1811~1882)는 프랑스의 사회주의자이자 역사가이다.- 옮긴이)

의 폭군이 자유롭다는 것을 의미한다. 국가, 종교, 양심, 이러한 전제 군주는 나 자신을 노예로 만들며 그것들의 자유란 곧 나 자신의 예속이다. 이 점에서 그것들이 '목적이 수단을 정당화한다'는 교의를 필연적으로 따른다는 것은 자명하다. 국가의 안녕이 목적이라면, 전쟁은 어떤 신성화 수단이다. 또한 정의가 국가의 목적이라면, 살인은 신성화 수단이 되고, 그것을 '사형 집행'이라는 이름으로 부른다. 신성한 국가는 자신에게 도움이 되는 모든 것을 신성하게 한다.

시민적 자유주의가 방심하지 않고 지켜보는 '개인의 자유'는 행동이 완전히 내 것이 되는 완전히 자유로운 자기결정을 의미하는 것이 전혀 아니라, 오히려 인간들로부터의 독립을 의미할 뿐이다. 어떤 인간에게도 책임이 없는 사람은 개인적으로 자유로운 사람이다. 개인의 자유를 이런 의미로 이해하고—개인의 자유를 다른 방식으로 이해해서는 안 된다는 것은—지배자가 개인적으로 자유로울 뿐만 아니라, 다시 말해 지배자가 인간을 향해 책임이 없을 뿐만 아니라(분명히 그는 '신 앞에서' 자기 자신이 책임이 있다고 인정한다), '오직 법에 대해서만 책임이 있는' 모든 사람에 대해서도 또한 책임이 없다. 이런 종류의 자유는 백 년간의 혁명운동을 통해—다시 말해 개인적 의지로부터의 독립, 혹은 이것이 짐의 뜻이노라(tel est notre plaisir)[202]라는 의지로부터의 독립을 통해 얻은 것이었다. 그러므로 인격으로서, 곧 개인적 인간으로서 입헌군주는 다른 사람의 '개인적 자유'를 손상하지 않기 위해서, 그 자신의 모든 인격이 제거되어야만 했고, 모든 개인적 결정이 빼앗겨야만 했다. 지배자의 개인적 의지는 입헌군주에서 사라졌다. 그런 이유로 절대군주가 입헌군주에 저항하는 것은 정당한 감정이다. 그럼에도 불구하고 절대군주는 가장 좋은 의미에

202 'tel est notre plaisir' 프랑스의 군주들이 새로운 법에 찬동을 표할 때 사용하는 관용 표현이었다.

서 '기독교적 군주'가 되고자 한다. [118] 그러나 이렇게 되기 위해서 절대군주는 순수한 정신적 힘이 되어야만 했다. 왜냐하면 기독교인은 오직 정신에 종속되어 있기 때문이다('신은 정신이다.'). 순수한 정신적 힘은 입헌군주에서만 한결같게 나타난다. 입헌군주는 어떤 완전한 '정신', 두렵고 낯선 '정신', 이념으로 여겨질 수 있을 정도까지 정신이 되어, 어떤 개인적 의미도 없는 상황에 놓인다. 입헌군주라고 하는 것은, 참으로 기독교적 군주이고, 기독교적 원리의 진정한 일관성이다. 입헌군주제에서 개인적 지배—실재로 의지하는 지배자는 끝을 맺었다. 그러므로 여기에서 모든 개인적 독재자로부터의 독립, 곧 그러한 나에게 이것이 짐의 뜻이노라(tel est notre plaisir)며 명령할 수 있는 모든 독재자로부터의 독립이라는 개인적 자유가 지배하게 된다. 그것이 바로 완전한 기독교다운 국가적 삶이며, 정신이 된 삶이다.

부르주아 계급은 철두철미 자유롭게 행동한다. 다른 사람의 영역에 침입하는 모든 개인적 간섭은 시민의 의식을 불쾌하게 한다. 시민이 누군가가 기분, 기쁨, 개인으로서(곧 '더 높은 권력'에 의해 주어진 것으로서가 아니라)의 어떤 사람의 의지에 의존한다는 것을 알면, 시민은 자신의 자유주의를 드러내 보이고 '자유재량'을 외친다. 간단히 말하면, 시민은 이른바 명령(법령)이라고 부르는 것으로부터 자신의 자유를 주장한다. '누구도 나에게—어떤 일을 명령해서는 안 된다!' 명령이란, 내가 해야만 하는 것은 다른 사람의 의지라는 의미이고, 이와 반대로 법은 다른 사람의 개인적 권위를 표현하는 것이 아니다. 부르주아 계급의 자유란 다른 사람의 의지로부터, 이른바 개인이나 개체의 자유로부터 자유 혹은 독립이다. 말하자면 개인적으로 자유로운 존재라는 것은, 어느 누구도 내 것을 마음대로 처리할 수 없다는 의미에서만, 또는 내가 해도 좋거나 해서는 안 되는 일이 다른 사람의 개인적 결정에 좌우되지 않는다는 의미에만 자유롭다. 특히 그중에서도 언론 · 출판의 자유는, 오로지 개인적 자유재량의 강제와 같은 검열의 강제와 싸우는 자유주의, 그러한 자유주의의 자유일 뿐이다. 만약 그렇지 않으면, 언론 · 출판의 자유는 그 자체를 극단적으로 보여주고 싶어 하며, 기꺼이 저 '언론법'이라는 것에 의해 언론 · 출판의 자유를 압제하고자 한다. [119] 곧 시민적 자유주의자는 자신을 위한 글쓰기의 자유를 원한다. 왜냐하면, 자신이 법을 지키는 사람이니까, 그들의 글들이 그들을 법에 굴복시키지 않을 것이기 때문이다. 오직 자유주의의 문제, 곧 오로지 법령을 지키는 문제만 인쇄할 수 있어야만 한다. 그렇지 않을 경우, 언론법은 '언론관계 형사법'으로 위협을 가한다. 누군가가 개인의 자유가 보장된 것을 안다면, 어떻게 그렇게 되는지 전혀 알아채지 못한다. 어떤 새로운 문제가 발생한다면, 가장 눈부신 속박이 지배하게 된다. 왜냐하면, 사람은 정말로 명령에서 해방되고, '우리에게 명령할 사람은 아무도 없지만', 더욱더 —법에 비굴해져 버렸기 때문이다. 세상 사람들은 이제 정당한 법령 양식에 노예 그 자체가 되었다.

부르주아-국가에는 수천 가지 일(가령 경건, 어떤 신앙고백 따위를)을 강요받는 '자유로운 사람들'만이 있다. 그러나 그 일이 어떻다는 말인가? 저런, 사람들을 복종시키는 것은 어떤 인간이 아니라, 오로지—국가, 법이구나!

부르주아지는 모든 개인적 명령, 다시 말해 '대의', '이성' 등에 근거하지 않은 모든 명령을 극구 반대함으로써 대체 무엇을 하려는 것인가? 그것은 단순히 '인간'의 지배에 대항해 '대의'를 위해 싸우고 있는 것이구나! 그러나 정신이 마땅히 행해야 할 큰 도리는 이성적인 것, 선한 것, 적법한 것 등등이다. 그러니까 정신이 마땅히 해야 할 일은 '선량한 대의'이다. 부르주아지는 어떤 비인격적[특정 개인과 상관없는] 지배자를 원한다.

더군다나, 원칙이 이렇다면, 대의(Sache)[203]만이 인간을 지배해야만 한다는 것, 다시 말해 도덕성이라는 대의, 적법성이라는 대의 등등이 인간을 지배해야만 한다는 것이고, 그런 다음 다른 사람에 의한 어떤 사람의 개인적 제한도 승인될 수 없다(예를 들어, 이전에 부르주아 계급은 귀족의 직책이 되는 데 제한받았고, 귀족은 부르주아지의 장인 조합 등등에 가입하는 데 제한받았다). 다시 말해 **자유로운 경쟁**이 일어나야만 한다. 사람들은 오직 물건(Sache)을 통해서만 다른 사람을 제한할 수 있지(가령 부자는 돈, 곧 물건을 통해서만 재산이 없는 사람을 제한한다), 어떤 개인으로서 다른 사람을 제한할 수 없다. 지금부터 하나의 지배권, 곧 **국가**의 지배권만이 중요하다. 이를테면 개인적으로 어느 누구도 더 이상 다른 사람의 지배자가 아니다. 이미 태어날 때부터 아이는 국가의 소유이다. 그리고 유아 살해를 허용하지 않는 국가라는 이름으로만 부모에게 아이의 세례를 요구한다.

[120] 그러나 게다가 모든 국가의 아이들은 국가가 보기에는 완전히 평등하고('시민적 또는 정치적 평등'), 아이들은 어떻게 서로를 상대해야 하는지를 준비할 것이다. 그들은 **경쟁할** 것이다.

자유로운 경쟁이란 모든 사람이 다른 사람에 대항하여 자신을 나타낼 수 있고, 자신을 주장할 수 있으며, 투쟁할 수 있다는 사실 이외에 다른 것을 의미하는 것이 아니다. 봉건적 당파는 자신의 실존을 경쟁하지 않는 것에 의존하였기 때문에, 당연히 경쟁을 거절했다. 프랑스의 왕정복고 시대에서 투쟁이란 부르주아지가 자유로운 경쟁을 얻으려고 노력

203 이 구절에서 슈티르너는 'Sache'의 다양한 의미로 놀이를 하고 이 말장난에서 중요한 요점을 만든다. 몇 문장 뒤에 그는 그것을 '물건', 특히 돈의 의미로 사용한다. 따라서 슈티르너는 대의라는 명백한 지배가 실제로 피와 살을 가진 개인들에 대한 물건의 지배로 작동한다는 점을 지적한다.

했고 봉건주의자들은 동업조합 체제로 되돌리려고 애썼다는 것 이외의 다른 내용을 지니는 것이 아니다.

이제, 자유로운 경쟁이 동업조합 체제에 대항해 승리했었고 승리했어야만 했다. (자세한 내용은 아래를 참조하시오.)

만약 프랑스 혁명이 반동으로 길을 잃었다면, 이 일은 단지 혁명이 실제로 무엇이었는지를 백일하에 드러냈던 것이다. 왜냐하면 모든 노력이 제정신으로 돌아올 때, 그것은 반동에 이르고, 그것이 오직 어떤 열광, '무분별한 언행'인 한에서만, 원래의 행동으로 휘몰아쳐 가기 때문이다. '신중히 생각하는 것'은 항상 반동의 신호가 될 것인데, 왜냐하면 그렇게 신중히 생각하는 것은 한계를 정하고, 정말로 원했던 것, 곧 원칙을 처음의 '무절제'와 '무제한'에서 자유롭게 하기 때문이다. 모든 고려사항을 생각하지 않는 거친 젊은이, 허풍선이 학생은 실제로 속물이다. 왜냐하면 속물들과 마찬가지로 고려사항들이 그들의 행동의 본질을 형성하기 때문이다. 그러나 다음과 같은 점만이 차이가 있다. 그들은 허풍선이처럼 고려사항들에 반항하고 부정적 태도를 취했다가, 나중에는 속물처럼 고려사항들에 헌신하고 고려사항들에 긍정적 태도를 취한다. 두 경우에 그들의 모든 행위와 생각은 '고려사항들'로 향한다. 그러나 속물은 젊은이에 대해 반동적이고, 제정신으로 돌아온 거친 사람이다. 왜냐하면 젊은이는 반성하지 않는 속물이기 때문이다. 일상의 경험이 이러한 변화의 진실을 확인시켜 주고, 또한 허풍선이가 어떻게 백발의 속물이 되어 가는지를 보여준다.

[121] 아 그랬구나, 게다가 독일에서 이른바 반동은 반동이 자유에 대한 호전적 환희의 반성적 연속일 뿐임을 증명한다.

프랑스 혁명은 모든 현존하는 권력 기구를 겨냥했던 것이 아니라, 오히려 바로 그 현존하는 권력 기구, 다시 말해 어떤 특정한 권력 기구를 겨냥했었다. 그 혁명은 지배자 전체가 아니라 특정한 지배자를 제거하는 것이었지만, 도리어 프랑스인은 가장 냉혹하게 지배받게 되었다. 프랑스 혁명은 늙은 악덕 지배자를 살해했다. 그러나 실제로 미덕 있는 자에게 어떤 확실히 확립된 지위를 보장해 주고자 했다, 다시 말해 프랑스 혁명은 악덕의 자리에 미덕을 놓았던 것일 뿐이다. (다시, 악덕과 미덕은, 마치 어떤 거친 젊은이가 어떤 속물과 구별되는 것처럼, 서로의 편에서만 구별된다.) 그리고 등등.

오늘날까지 혁명의 원리란, 이런저런 현존하는 것을 맹렬히 공격하는 것, 곧 새롭게 뜯어고치는 일이라는 것 그 이상을 넘어서지 못하였다. '신중한 진보'에 강하게 굳게 고착될 수 있는 만큼, 그만큼 새롭게 뜯어고쳐지게 될 것이다. 항상 오래된 지배자의 자리에 단지 새로운 지배자가 들어섰다. 그리고 혁명은 일종의 무너진 것을 다시 일으켜 세우는 일이다. 여전히 오래된 속물과 새로운 속물의 차이가 남아 있다. 프랑스 혁명은 중간계층인 제3신분의 봉기와 함께 속물근성(spiessbürgerlich)으로 시작했다가 속물근성으로 바싹 마른다. 자유롭게 된 것은 저마다 다른 인간이 아니라(오로지 저마다 다른 인간이 그 인간이다[204]), 오히려 부르주아, 시민 또는 정치적 인간이 자유롭게 되었다. 바로 그 이유로 그는 그 인간이 아니라, 오히려 인간이란 유개념(類概念)의 어떤 표본, 더 상세히는 시민이란 유개념의 한 표본, 곧 자유로운 시민이다.

프랑스 혁명에서 세계사적으로 행동했던 것은 개인이 아니라 국민이었다. 국민, 곧 주권을 가진 국민이 모든 일을 실현하고자 했었다. 국민

204 슈티르너는 대체로 '그 인간'(Der Mensch)을 추상적 인간을 의미할 때 사용한다. 따라서 '인간'이라고 옮겼다. 그런데 여기서 정관사를 강조하면서 쓴 '그 인간'(Der Mensch)은 구체적 인간을 의미하고 있음에 주의할 필요가 있다. 그래서 여기서 정관사는 특정한 사람을 가리키는 것이므로 추상적 인간과 구별하여 '그 인간'(Der Mensch)으로 옮겼다.

인, 어떤 상상속의 나(eingebildetes Ich), 어떤 이념이 행위를 통해 등장한다. 다시 말해 개개인이 이러한 이념의 도구에 관여하고 '부르주아'로 행동한다.

부르주아지는 요컨대 **적법성** 속에서, 즉 **헌법** 속에서, 헌장[205] 속에서, '이성적 법칙'을 표준으로 삼고 지배하는 합법적 혹은 '정당한' 군주 속에서, 자신의 힘을 가지면서 동시에 자신의 한계를 가진다. 부르주아지 시대는 적법성이라는 영국적 정신에 의해 지배되었다. [122] 신분제 의회 계급들의 회합은 그것의 권한(Befugnisse)이 그 정도까지만 미친다는 점을, 어쨌든 은총에 의해서만 소집한 것이라는 점을, 총애를 잃을 경우에 그것의 권한이 다시 거부될 수 있다는 점을 항상 기억시킨다. 그것은 항상 회합 그 자체의 **소명**(Beruf)을 상기시킨다. 아버지가 나를 낳았다는 사실을 인정하지 않을 수 없지만, 이제 내가 일단 태어난 이상, 아무튼 생식하려는 아버지의 의도는 전혀 나와 상관이 없다. 아버지가 나를 **소집하더라도**(berufen), 나는 나 자신이 원하는 것을 행한다. 그러므로 혁명 초기의 프랑스 의회, 소집된 신분대표회의조차도, 소집하는 사람(Berufer)에 예속되지 않는다는 것을 매우 올바로 인식했었다. 만일 신분대표회의가 **존재했고**, 그리고 그것은 존재와 권리를 확고히 하는 것이 아니라, 오히려 아버지에게서처럼 의존해 있다고 생각한다면, 바보 같은 존재일 것이다. 소집 받은 사람은, '소집하는 사람이 나를 창조했을 때 그는 무엇을 원했는가?'라고 더 이상 물어볼 필요가 없는 것이며, 오히려 '일단 내가 그 부름을 따른 이후에는 내가 무엇을 원하는가?'라고 물어야 한다. 회합결성의 근거는 소명을 준 자도 아니고, 선거구 주민도 아니며, 헌장도 아니다, 그 어느 것도 그에게 신성불가침의 힘이 되지 못한다. 그

205 아마도 슈티르너가 1814년 루이 18세가 반포한 헌장인 프랑스에 입헌군주의 법률적 보호를 언급하고 있는 것으로 보인다.

는 그의 힘 안에 있는 모든 것에 대해 권한을 부여한다(befugt). 그래서 그는 어떤 제한하는 '권한'(Befugnis)도 알려고 하지 않을 것이며, 충성을 바치고자 하지도 않을 것이다. 기왕 누군가가 이러한 일을 그러한 회합에 기대할 바엔, 누군가는 모든 탯줄에서 절단되고 가차 없이 완전히 자기중심적 회합을 제공할 것이다. 그러나 그러한 회합은 항상 경외하는 마음으로 가득 차기 때문에, 너무나 많은 어중간한 또는 단호하지 않은, 다시 말해 거짓의 '자기중심성'이 회합 안에서 점차 확대된다고 해도, 사람들은 놀라지 않을 것이다.

신분제 구성원들은 헌장을 통해, 왕의 의지 등등을 통해 그들에게 미리 확정된 제도 내에 머물러야만 한다. 그러나 그들이 그런 일을 원치 않거나 또 그럴 수 없다면, 그들은 그 제도를 '탈퇴해야[206]'(austreten)만 한다. 의무 관념이 강한 사람이 다른 식으로 행동할 수 있을까? 의무 관념이 강한 사람이 자기 자신, 자신의 확신과 자신의 의지를 가장 중요하게 생각할 수 있을까? 다시 말해 자기 자신, 자신의 확신과 자신의 의지 때문에 단체(die Körperschaft)[207]와 모든 것이 멸망할지라도, 누가 자신을 주장하고 싶을 만큼 비도덕적일 수 있을까? 세상 사람들은 자기 권한의 한계 내에 조심스럽게 머무르는 법이다. [123] 물론 어느 경우에 사람들은 자신의 힘의 한계 내에 머물러야만 한다. 왜냐하면 그 누구도 자신이 할 수 있는 것보다 더 많이 할 수 없기 때문이다. '나의 능력 혹은 더 정확히 나의 무능이 바로 내 유일한 한계일망정, 그렇다고 해서 권한이란 것

---

206 탈퇴라는 말은 316쪽, 334쪽에서 등장한다. 탈퇴는 국가의 유대(紐帶)를 제거하는 운동이다.]

207 'Körperschaft'은 상업의 의미에서 '법인'을 의미할 수 있지만, 또한 공동(정치) 단체, 입법 단체에서도 쓰이는 말이다. 여기서 본질적 측면은 그것이 집합체이며 그 안에 있는 개인에 대해 권위로 작동한다는 것이다.

이 단지 의무로서 해야만 할—법령일까? 나는 모든 것을 뒤집어엎는 이러한 견해를 신봉해야 하는가? 아니, 나는—법을 지키는 시민이라오!'

부르주아지는 자신들의 본질에 가장 밀접히 연관되는 도덕성을 신봉한다. 이 도덕성이 첫 번째로 요구하는 것은, 사람은 건실한 사업을 하고, 명예로운 직업을 일삼고, 도덕적 삶을 영위해야 한다는 점이다. 이러한 입장에서 보면, 고등사기꾼, 매춘부, 도둑, 강도, 살인자, 도박꾼, 무능력한 실업자, 경솔한 사람은 모두 윤리적이지 못한 사람들이다. 정직한 부르주아지는 이 '도덕적이지 못한 사람들'에 대한 반감을 '가장 큰 환멸'이라고 표현한다. 이들 도덕적이지 못한 사람들 모두에게는, 고정적 거주지라든지 건실한 사업이라든지, 건실하고 훌륭한 삶이라든지, 고정 수입과 같은 것 등등이 모두 결여되어 있다. 간단히 말하자면, 이들은 자신의 존재가 안정된 기반에 의해 지탱되지 못하기 때문에, 위태로운 '개인들 혹은 개별자들'인, 위험한 프롤레타리아트(Proletariat)에 속하게 된다. 다시 말해 그들은 어떤 '보증'도 없고 '잃어버릴 것도 없으며' 따라서 위험을 겪을 것도 없는 '개인적 말썽꾸러기들'에 불과하다. 가령 한 가족 유대관계의 결성이 그 사람을 구속하고, 이런 구속됨이 그들에게 안전을 제공해 준다고 하는 점은 쉽게 이해될 수가 있지만, 그에 반해서 창녀는 그렇지 못하다. 도박꾼은 모든 것을 도박에 걸어 자신과 남을 파멸시키고—어떤 보장도 없다. 부르주아지에게 의심스럽고, 적대적이고 위협적으로 나타나는 이러한 모든 사람은 '부랑자'(Vagabund)라는 이름으로 통칭될 수 있다. 그래서 뜨내기 방랑자의 모든 생활방식은 부르주아지의 마음에 들지 않는 법이다. 또한, 똑똑한 부랑자 역시 있기 때문에, 그들의 아버지가 살아왔던 거주지는 너무나 좁고 갑갑한 것으로 여겨져서 그들은 제한된 공간에 더는 만족하여 살지 못하였다. 온화한 사고방식의 한계 내에서 자신을 유지하고 많은 사람에게 위안과 안정을 주는 것을 침범해서는 안 되는 것을 진리로 받아들이기는커녕, 예부터 내려온 모든 한계를 뛰어넘으면서 자신의 뻔뻔스러운 비판과 [124] 길들여지지 않는 의심하는 버릇을 통해 자신들의 극단적 방랑자 태도를 더욱 도에 지나치게끔 만든다. 이런 부랑자란 변하기 쉬운 자, 초조한 자, 불안정한 자, 다시 말해 프롤레타리아를 구성하며, 그들이 한곳에 안주하지 못하는 자신들의 본성을 표현할 때 '통제하기 어려운 사람'이라고 불린다.

이른바 프롤레타리아트라든가 또는 집단 빈곤(Pauperismus)은 그런 넓은 의미를 지니고 있다. 만약 누군가가 부르주아지가 할 수 있는 한 가난(집단 빈곤)을 제거하기를 원한다고 믿는다면, 얼마나 큰 잘못인가! 그러기는커녕 선량한 시민은 '신의 현명한 충고에 따라—행복이라는 좋은 일은 지금 불공평하게 나누어져 있으며 앞으로도 그렇게 남아있을 것이다'라는 비길 데 없이 위안을 주는 확신으로 자구책을 강구한다. 사방에서 그를 둘러싸고 있는 빈곤이란 것은 성실한 부르주아지로 하여금 기껏해야 구호품을 내팽개치듯 자선을 베풀며 빈곤과 타협하거나, 또는 '충실하고 쓸모 있는' 젊은이에게 일자리와 양식을 제공하는 것 이상으로 부르주아지를 더는 귀찮게 하지 않는다. 그러나 성실한 부르주아지는 조용히 행동하고 인내하는 것이 아니라, 오히려 점차 난폭해지고 불안해지기 시작한 빈곤한 자에 의해 그리고 또한 새로움에 강한 욕망을 지니고 불만에 찬 빈곤에 의해서 점차 자신들의 안정된 향유가 교란되고 있음을 느끼게 된다. 부랑자를 가두어 넣어라, 평화의 교란자를 어두운 토굴 속에 처넣어라! 그들은 국가 내에서 '불만을 일으키며, 이미 정해져 있는 질서에 반대하여 봉기하고자 한다.' 그들을 돌로 쳐 죽여라, 돌로 쳐 죽여라!

그러나 동일한 불만을 지닌 사람들로부터 대략 다음과 같은 추론이 나온다. '선량한 시민들'에게 있어서는, 만약 자신들이 안전하게 보호된다면, 그들과 그들의 원칙을 보호해주는 것이 전제군주이든, 입헌군주든 또는 공화정이든 그런 것들은 아무래도 좋은 것이다. 그렇다면, 그들이 항상 '사랑하는' 보호자의 원리는 무엇인가? 그것은 노동의 원리도 태생의 원리도 아니다. 하지만 그것은 평범함이라든가 중용의 원리이다. 그러니까 어느 정도는 태생의 원리이면서도 또 한편으로는 어느 정도는 노동의 원리, 다시 말해 **이자를 낳는 소유의 원리**가 그것이다. 여기서 소유란 고정된 것, 주어진 것, 상속된 것(태생)을 말하는바, 그로 인하여 이자란 수고(노동)이며, 따라서 **노동하는 자본**(arbeitendes Kapital)이다. 어떤 과도함도, 어떤 극단주의자도, 어떠한 급진주의도 허용되지 않는구나! 틀림없이 태생의 권리는 인정되지만, 오직 태어나면서부터 지닌 소유만이 허용된다. 확실히 노동이 인정되긴 하나, [125] 거의 또는 전혀 자신의 노동이 아니라, 자본의 노동과 고분고분한 노동자의 노동만이 인정될 뿐이다.

한 시대가 오류에 사로잡혀 있다면, 이것으로부터 어떤 사람은 손해를 입는 데 반해, 어떤 사람은 항시 이득을 본다. 중세에는 교회가 이 세상에서 모든 권력을, 혹은 최고의 주권을 가져야만 한다는 오류가 기독교인 전체에 해당된 오류였고, 성직자는 평신도 못지않게 이 '진리'를 믿었으며, 양자는 모두가 동일한 오류에 사로잡혀 있었다. 그렇지만 그러한 오류를 통해서 성직자는 권력이라는 **이득**을 보았던 반면, 바로 그러한 오류 때문에 평신도는 복종이라는 **손해**를 입었다. 그러나 '손해를 보아야 지혜롭게 된다'라는 속담처럼, 그렇게 평신도는 마침내 슬기로워졌고, 이제는 더 이상 중세의 '진리'를 믿지 않았다. 이와 동일한 관계가 부르주아 계급과 노동자 계급 사이에도 존재한다. 부르주아와 노동자는 돈의 '진리'를 믿는다. 돈을 소유하지 못한 노동자는 돈을 소유한 부르주아 못지않게 돈의 진리를 믿는데, 이러한 것은 과거에 평신도와 성직자가 그러했던 것과 마찬가지이다.

'돈이 세상을 지배한다.'가 부르주아 시대의 지배적 분위기이다. 재산이 없는 귀족과 재산이 없는 노동자는 '몹시 가난한 사람'으로서 정치적 가치가 전혀 없는 자다. 그러니까 태생과 노동이 가치를 가져오는 것이 아니라, 오히려 돈(Geld)이 가치(Geltung)를 가져온다.[208] 소유자들이 지배한다. 하지만 국가는 무산자 중에서 국가의 '하인들'을 양성한다. 국가는 소유자들이 국가의 이름으로 얼마나 많이 지배(통치)하는지에 비례하여 소유자들에게 돈(봉급(Gehalt))을 준다.

나는 국가로부터 모든 것을 받는다. **국가의 동의** 없이 내가 가진 것은 있는가? 국가는 내가 국가의 승인이 없이 가진 것이 '법적 소유권'이 없다는 것을 발견하자마자 내 것을 **빼앗아 간다**. 그러므로 나는 국가의 은총, 국가의 동의를 통해 모든 것을 소유하고 있지 않은가?

부르주아지는 오로지 그러한 **법률적 소유권**에 의존하고 있다. 부르주아지는 **국가의 보호**에 의해서, 국가의 은총에 의해서 부르주아지로 존재한다. 만일 국가의 권력이 무너진다면, 부르주아지는 모든 것을 잃게 될까 두려워할 것이다.

그러나 잃어버릴 것이 아무것도 없는 사람은 어떤가? [126] 그러니까 프롤레타리아의 경우는 어떠한가? 그는 잃어버릴 것이 아무것도 없으므로, 자신의 '아무것도 없음'을 위해 국가의 보호가 필요로 하지 않다. 국가의 보호는커녕, 피보호자에게서 저 국가의 보호를 빼앗는다면, 그는 이익을 얻을 것이다.

그러므로 프롤레타리아는 소유자에게는 특혜를 주고, 반대로 프롤레타리아에게 아무것도 주지 않고, 오로지 고혈을 빨아대는 국가를 소

---

208 Geld의 어원은 gelten(가치가 있는)이다. 여기서 가치(Geltung)라는 말이 유래하기에 슈티르너는 어원적으로 화폐와 가치의 문제에 접근하고 있다. 이 또한 슈티르너가 잘 쓰는 언어적 유희이다. 이러한 방식은 296쪽에서 사용된다. 또한 돈Geld(봉급Gehalt)이라고 쓰고 있는데, Gehalt의 어원은 halten 1.붙잡다 2.지속하다 3.지속되다이다. 돈의 지배력을 봉급과 연결하여 사용하고 있다.

유자를 보호하는 권력으로 여긴다. 국가란 —**부르주아 국가**(Bürgerstaat)이며 부르주아 계급의 상태(status des Bürgertums)이다. 국가는 인간을 인간의 노동에 따라 보호하는 것이 아니라, 오히려 그의 순종('충성')에 따라—다시 말해 국가가 그에게 위임한 권리를 향유 하는가 아닌가에 따라, 그리고 의지, 다시 말해 법, 국가의 법에 맞게 일을 처리하는가 아닌가에 따라, 인간을 보호한다.

부르주아지의 정부 아래에서 노동자는 국가의 소유(Staatsgut)(소유 가능한 모든 것은 국가의 소유이며, 또 국가에 속하는 것이고, 국가가 하사한 개인의 봉토일 뿐이다.[209])를 조금이라도 마음대로 처분할 수 있는 소유자, 특히 돈과 땅을 조금이라도 마음대로 처리할 수 있는 사람, 따라서 자본가의 수중에 놓이게 된다. 노동자는 자기 노동의 결과를 향유하는 자를 위한 가치의 척도에 따라 자기 노동을 **이용할** 수 없다. '적당하지 않은 가격이 노동에 지급되었구나!' 자본가는 이러한 일로부터 가장 큰 이익을 얻는다. —국가의 영광과 **권세**(Herrschaft)[210]를 드높이는 사람의 노동만이, 곧 국가의 고위 공무원들의 노동만이 가격을 잘 지급받고, 가격을 훨씬 더 잘 지급받는다. 국가는 자신의 '선량한 시민', 곧 소유자가 아무런 위험 없이 저임금을 지급할 수 있게끔, 소유자에게 높은 봉급을 지급한다. 국가는 높은 임금을 지급함으로써 공무원으로부터 자신의 안전을 도모하며, 그런 공무원 중에서 '선량한 시민'을 보호하는 권력, 곧 '경찰행정'(Polizei)[211](군인, 모든 종류의 관료, 예를 들어 사법부, 교

---

209 'Eigentum'이 아닌 'Staatsgut'라고 쓰고 있다. 따라서 특히 경제적 의미에서만 재산에 대한 언급이다. 소유란 국가가 하사한 것에 불과하다는 의미이다.

210 이 경우 'Herrschaft'은 특히 지배권을 의미하지만 주기도문 마지막 구절인 "권세와 영광"에 대한 분명한 언급인 것으로 보인다.

211 '경찰행정'이라는 말로 옮긴 '폴리차이'라는 말은 흔히 경찰을 의미하지만 18세

육 등등, 간단히 말해 모든 '국가기계'(Staatsmaschine)가 경찰행정에 속한다)을 양성해 내는바, '선량한 시민'은 자신의 노동자에게 더욱더 낮은 임금을 지급하기 위하여, 국가에 기꺼이 높은 세금을 바치게 된다.

그러나 노동자 계급은 자신에게 중요한 것을 보호받지 못하기 때문에(왜냐하면 그들은 노동자로서 국가의 보호를 향유하는 것이 아니라, 오히려 국가의 국민으로서 경찰행정, 이른바 [127] 법의 보호를 함께 누리기 때문이다), 이러한 국가, 이러한 소유자의 국가, 이러한 '부르주아 군주국'에 대해 적대 세력으로 남는다. 노동자 계급의 원리, 곧 노동은 노동의 가치에 따라 인정받지 못한다. 그러니까 노동은 착취되고(ausgebeutet), 소유자, 곧 적의 전리품(Kriegsbeute)이 된다.

노동자는 엄청난 힘을 소유하고 있다. 그리고 만일 언젠가 그들이 엄청난 힘을 철저히 자각하고 그 힘을 사용하게 되었다면, 아무도 그들에게 저항할 수 없다. 그들은 동맹 파업을 하고, 노동의 산물을 자신의 것으로 여기고 그것을 향유하기만 하면 된다. 바로 이것이 여기저기에서 불쑥 나타나는 노동 불안의 의미이다.

국가는—노동의 노예제에 의존하고 있다. 노동이 자유롭게 된다면, 국가는 사라진다.

§2 사회적 자유주의

우리는 자유롭게 태어난 사람들인데, 둘러보는 곳곳마다 자기중심적 사람의 하인으로 만든 우리 자신을 보는구나! 그러므로 우리 역시 자기중심적 사람이 되어야만 하는가? 당치도 않다! 차라리 우리는 자기중심적 사람을 망신시키고 싶구나! 우리는 그들 모두를 '극빈자'로 만들고

기에는 점 더 넓은 의미로 씌어졌는데, 오늘날의 내정이라든지 국가행정이라고 할만하다. 헤겔은 이 말을 넓은 의미로 사용하고 있다.

싶다. 모두가 아무것도 소유하지 않아서, 모두가 소유할 수 있길 원한다.
—이렇게 사회주의자(Sozialen)는[212] 말한다.

슈티르너: 당신이 '모두'라고 부르는 이러한 인격은 누구인가?[213]

사회주의자:—그것은 '사회'다!

슈티르너:—그렇다면 그 사회라는 것이 대관절 몸을 갖춘 것인가?

사회주의자:—우리가 사회의 몸이다!

슈티르너:—그대들이라고?[214] 뭐라고, 이봐, 그대들은 그대들 자신의 몸이 아니다. —그대는 확실히 몸을 갖고 있다. 그대나 그대도 역시 그렇다. 그러나 그대들과 함께 있는 것은 몸이 아니라, 몸들일 뿐이다. 그러므로 사회는 확실히 그 사회에 헌신할 몸들을 갖게 될 것이지만, 그 사회 자신의 단일한 몸은 갖지 않는다. 정치인[215]에게 '국민'이라고 하는 것과 마찬가지고, 사회는 모름지기 어떤 '정신'으로 드러날 것이고, 사회의 몸이라는 것은 가상에 불과한 것으로 드러날 것이다.

정치적 자유주의에서 인간의 자유는 개인들로부터, 개인의 지배로부

212 울피 랜드스트라이커는 'Socialen'을 '사회주의자'로 번역했다. 그러면서 그는 이 말이 사실, '사회적으로 의식이 있는 사람', '개인보다 사회를 우선시하는 사람'이라는 더 넓은 의미를 가지고 있다고 덧붙인다. 또한 그는 슈티르너가 여기서 비판하는 대상은 단순히 '사회적으로 의식이 있는 사람'이 아니라 분명히 사회주의자인 것으로 보인다고 주장한다.

213 이 부분도 슈티르너와 사회주의자의 대화 형식으로 재구성했다.

214 여기서 슈티르너는 'Ihr'을 사용한다. 'Ihr'은 2인칭 복수 1격이다. 그러므로 집단으로서의 그대들이다.

215 여기서 정치인이란 제1절의 정치적 자유주의를 지칭한다.

터, 주인으로부터의 자유이다. 말하자면 다른 개인에 맞서서 저마다 다른 개인을 보호하는 것, 곧 개인의 자유이다.

그 누구도 어떤 명령을 내릴 수 없다. 법만이 명령을 내린다.

[128] 그러나 사람들이 평등하게 되었을지라도, 사람들의 소유물은 평등하지 않다. 그런데도 가난한 사람은 재물이 많은 사람을, 재물이 많은 사람은 가난한 사람을, 그리고 또한 가난한 사람은 재물이 많은 사람의 돈이, 재물이 많은 사람은 가난한 사람의 노동이 필요하다. 그래서 누구도 다른 사람을 어떤 사람으로서 필요하지 않지만, 오히려 주는 사람으로서, 곧 줄 것이 있는 사람으로서, 소유자 또는 점유자로서 다른 사람이 필요하다. 그런 까닭에 그가 소유하고 있는 것이 그 사람을 만든다. 그리고 소유라든가 '소유물'에 있어서 사람들은 평등하지 않다.

따라서, 사회적 자유주의는 다음과 같이 결론을 내린다, 정치적 자유주의에 따라 어느 누구도 명령하지 말아야 마땅하듯이, 어느 누구도 소유해서는 안 된다. 다시 말해 정치적 자유주의에서 국가만이 명령권을 가지고 있듯이, 이제 사회적 자유주의에서 사회만이 재산을 가지고 있다.

국가가 사람들 각각의 신체와 재산을 다른 사람으로부터 보호함으로써, 국가는 사람들을 서로로부터 분리시킨다. 각자는 각자를 위한 각자의 몫이고, 각자를 위한 각자의 몫을 소유한다. 현재 자신의 존재와 자신의 소유에 만족하는 사람은 지금의 상태가 유익하다고 생각한다. 그러나 더 많은 것을 원하며 더 나아지고자 하는 사람은 더 많은 것을 추구하며, 더 많은 것을 다른 개인들의 힘 속에서 발견한다. 여기서 그는 하나의 모순에 부딪힌다. 이를테면 인격으로서의 사람은 어느 누구도 다른 사람에게 뒤지지 않는다. 그런데도 한 사람은 다른 사람이 갖고 있지 않지만 갖고 싶어 하는 것을 가지고 있다. 아 그렇구나, 그런 이유에서 그는 다음과 같은 추론을 끌어낸다. 결국 어떤 사람은 다른 사람보다 월등하다. 왜냐하면 전자는 그가 필요로 하는 것을 가지고 있지만, 후자는 그가 필요로 하는 것을 갖고 있지 못하기 때문이다. 전자는 부자이고, 후자는 빈자이다.

그는 이제 자신에게 질문을 계속한다. 우리가 정당하게 매장해 버렸던 것을 다시 부활시켜야만 하는가? 이렇게 간접적으로 회복된 개인적 불평등을 허용해야만 하는가? 아니, 천만에, 우리는 절반만 완성했던 것을 완전히 끝내야 한다. 다른 사람으로부터 [나온] 우리의 자유는 다른 사람이 명령할 수 있는 것으로부터, 자신의 개인적 힘 속에 지닌 것으로부터, 요컨대 '개인의 소유'로부터 [나온] 자유가 여전히 부족하다. 그렇다면 개인적 소유를 없애버리자. 누구도 더는 아무것도 소유하지 못하게 하자, 모두가—극빈자가 되게 하자. 소유를 비개인적 소유로 하자, 소유를—사회에 종속시키자.

[129] 최고의 지배자, 유일한 명령자 앞에서 우리는 모두 평등하고, 평등한 사람들, 다시 말해 가치 없는 사람들이 되었다.

최고의 소유자 앞에서 우리는 모두 평등한 —극빈자들이 된다. 현재 어떤 사람은 다른 사람의 평가로는 여전히 '극빈자들', '빈털터리'이다. 하지만 그다음에 이러한 평가는 중단된다. 우리는 모두 함께 극빈자들이고, 공산주의 사회의 전체 대중으로서 우리 자신을 '극빈자들의 패거리'라고 부른다.

만일 프롤레타리아가 부자와 빈자의 격차가 제거되어야만 하는 곳, 자신이 맘먹었던 '사회'를 실제로 설립하게 된다면, 그런 때에 그는 극빈자일 것이다. 왜냐하면, 그때 그는 결국 극빈자가 되는 것은 중요한 일이라고 생각할 것이고, '극빈자'란 말을 명예로운 직함으로 높일 수 있기 때문인데, 이는 프랑스 혁명이 '시민'이란 말을 명예로운 직함으로 높였던 것과 마찬가지이다. 극빈자가 프롤레타리아의 이상이다. 그래서 우리는 모두 극빈자가 되어야 한다.

이러한 것이 바로 '인간다움'을 위해 '개인다움'을 강탈하는 두 번째의 사례이다. 개인들에게는 명령도 소유도 허용하지 않는다. 왜냐하면 명령은 국가가 하고, 소유는 사회가 하니까.

사회 속에서는 가장 포악한 해악을 특히 그들 자신이 느끼기 때문에, 그러므로 특히 억압받는 자들, 다시 말해 사회의 가장 낮은 영역의 구성원들은 사회 속에서 잘못을 찾아냈다고 생각하고, **올바른 사회**를 발견하는 것을 자신의 사명으로 여긴다. —그런 사람들은 자신을 제외하고 모든 곳에서 잘못을 찾는다, 곧 국가라든가, 부자의 이기심 등등에서 잘못을 찾는다. 이러한 일은 낡은 현상일 뿐이다.

공산주의의 돌이켜봄과 최종적 판단은 매우 단순해 보인다. 국가와 관련된 지금 현 상황들에 여러 문제가 놓여 있듯이, 그리고 어떤 무리가 다른 무리에, 보다 정확히 말하면 소수와 견주어 보면 다수가 불리한 처지에 있다. 이러한 **상황**(Stande)에서 소수는 **번영의 상황**(Wohlstande)에 있고, 다수는 **필요의 상황**(Notstande)에 있다. 그런 까닭에 당면한 사태의 **상황**(Stand), 다시 말해 국가(상태 = 상황(status = Stand))가 [130] 폐지되어야만 한다. 그렇다면 폐지된 국가의 자리에 무엇이 오는가? 개별적 번영의 상황 대신에—**보편적 번영의 상황, 모두의 번영**이다.[216]

혁명을 통해서 부르주아지는 전능한 존재가 되었다. 그리고 모두가 **부르주아라는** 존엄(Würde)으로 신분이 높아지거나 낮아짐으로써 모든 불평등이 지양되었다. 이를테면 평민은—신분이 높아졌고 귀족은—신분이 낮아졌다. 제3신분이 유일한 신분,—곧 **국가의 시민**(Staatsbürger)이라는 신분이 되었다. 지금에 이르러 공산주의는 다음과 같이 항변한다. 다시 말해 우리의 참된 값어치(Würde)와 본질은, 우리는 모두 우리 어머니

216 슈티르너의 언어의 유희를 볼 수 있는 부분이다. 번영(Wohlstande)은 번영의 상황(번영(Wohl) + 상황(stande)이고 곤궁(Notstande)은 필요의 상황(필요(Not) + 상황(stande)), 또한 당면한 사태의 상황(Stand)은 국가(상태 = 상황(Staat (status = Stand))이다.

의, 국가의 **동등한 자식**이고, 모두가 어머니와 국가의 사랑과 보호를 동등하게 요청할 수 있는 권한을 지니고 태어났다는 점에 있는 것이 아니라, 오히려 우리는 모두 **서로를 위해** 존재한다고 하는 점에 있다. 나뿐만 아니라 그대 그리고 당신들 모두가 나머지 다른 사람을 위해 활동하거나 서로서로 '노동한다'. 그때 우리 각자는 **노동자**이다. 이것이 우리의 동등성이며, 이 점에서 우리는 **동등하다**. 우리에게 중요한 것은, 우리가 **국가를** 위해 존재하는 것(시민)이 아니라, 이처럼 우리의 **부르주아지 신분**이 아니라, 우리는 **서로를 위해** 존재한다는 것, 다시 말해 우리 각자가 타자를 통해서만 존재하는데, 타자는 내 필요를 충족시켜 줌으로, 그는 동시에, 나에 의해 자신의 욕구가 충족된다는 점을 인식하고 있다는 것이다. 타자는, 가령 내 의복을 위해 노동하며(재단사), 나는 그의 유희 욕구를 위해 일하며(희극작가, 줄 타는 광대 등), 그는 내 식량을 위해 노동하며(농사꾼), 나는 그의 교육을 위해 일한다(학자 등). 그래서 우리의 **노동자 계급임**이 바로 우리의 존엄이며 우리의—평등이다.

중산층(Bürgertum)[217]임이 우리에게 어떠한 이득을 가져다주는가? 세금(Lasten)[218]이구나! 우리의 노동은 얼마나 높게 평가되는가? 가능한 한 매우 낮게 평가하는구나! 그러나 그럼에도 불구하고 노동은 우리의 유일한 가치이다. 우리가 **노동자**라는 것, 그것은 우리에게 가장 좋은 일을 의미한다. 그것은 세상에서 우리의 의미이다. 그러므로 그것 또한 우리의 가치(Geltung)가 되어야 하고, 그것이 **효과**(Geltung)를 발휘해야(zur

---

217 넓은 의미에서의 부르주아지이다. 그러니까 쁘띠 부르주아지, 곧 소규모 상점주인, 자영업 공예가 등을 포함한다. 따라서 '중산층'이다. "Bürger"은 종종 "시민"으로 번역할 수 있다. "Bürgertum"은 특정한 계급을 함축한다.

218 독일어 'Lasten'은 문자 그대로 '부담'이다. 그러나 특히 세금과 유사한 비용을 언급하는 데 사용된다.

Geltung kommen)한다. 당신은 우리와 무엇으로 만날 수 있는가? 물론—정말 **노동** 말고는 아무것도 없다. 우리는 당신의 단순한 실존에 대해서가 아니라, 오직 노동과 행함에 대해서만 당신에게 보상의 책임을 진다. [131] 또한 당신들 자신을 위해 당신들인 바를 위해서가 아니라, **우리를 위해** 당신들인 바를 위해 보상의 책임을 진다. 당신은 무엇을 가지고 우리에게 요구하는가? 아마도 당신의 지체 높은 혈통을 가지고? 아니다, 우리에게 바람직하고 유용한 일로만 우리에게 요구하는 것이다. 따라서 다음과 같다. 우리는 우리가 당신에게 행하는 것만큼만 당신에게 가치가 있길 바란다. 그러나 당신도 마찬가지로 우리를 그렇게 평가해야 한다. **행함**이 가치를 결정한다. 다시 말해 가치를 결정하는 그러한 행함은 우리에게 어떤 가치가 있다. 따라서 그러한 행함은 **서로를 위한 노동, 공익을 위한 노동**이다. 다른 사람의 눈에 각자는 **노동자**일 것이다. 유용한 일을 성취하는 사람은 조금도 열등하지 않다. 혹은—모든 노동자(물론, '공익을 위한', 곧 공산주의적 노동자라는 의미에서의 노동자)는 평등하다. 하지만, 노동자는 자기 임금을 받을 자격이 있으니까[219], 임금도 똑같이 하자.

믿음이 사람의 명예와 존엄을 위해 충분하기만 하면, 노동이 사람의 믿음을 단지 방해하지 않으면, 아무리 힘든 노동일지라도 반대할 수 없다. 그런데, 이와 반대로, 모두가 자기 자신을 사람으로 도야시켜야만 할 때, 사람을 기계와 같은 노동에 속박하는 것은 노예 상태나 매한가지다. 어떤 공장노동자가 12시간 이상을 아주 녹초가 되도록 노동해야만 한다면, 그는 사람됨으로부터 점점 멀어진다. 모든 노동은 사람을 만족시킨다는 목표를 가져야만 한다. 그러므로 그 역시 그 속에서 주인이 되어야만 하고, 즉, 그것을 전체성으로 창조할 수 있어야만 한다. 핀 공장에

---

219 「누가복음」, 10장 7절을 빗대고 있다. "이는 일꾼이 자기 삯을 받는 것이 합당하기 때문이라."

서 핀 대가리만 붙이고 철사를 만들기만 하는 사람은 기계적으로, 하나의 기계처럼 노동한다. 다시 말해 그는 여전히 서투른 사람이고, 주인이 되지 않는다. 그의 노동은 그를 만족시킬 수 없으며, 오히려 그를 피곤하게 할 뿐이다. 그의 노동은 자신을 위해 아무것도 가져오지 않고, 그 자체로 아무런 목적도 없으며, 그 자체로 완전한 것이 아니다. 그러니까 그는 오직 다른 사람 손안에서 일하고 이 다른 사람에 의해 사용당한다(착취당한다). 다른 어떤 사람에게 봉사하는 이런 노동자에게 교양 있는(gebildet) 마음의 향유라는 것은 결코 없으며, 기껏해야 조야한 오락만이 있다. 어때, 아시겠지, 그에게 교양(Bildung)은 폐쇄되어 있단 말이야. 선량한 기독교인이 되기 위해서, 단지 사람들은 믿기만 하면 된다. 그런데 그런 일은 [132] 가장 억압적 상황에서 일어날 수 있다. 그런 까닭에 기독교다운 마음을 품고 있는 사람은 오로지 억압된 노동자의 신앙심, 그들의 인내, 복종 등등을 보살핀다. 억압받는 계급이 기독교인인 한에서만, 그들의 모든 불행을 참아낼 수 있었다. 왜냐하면 기독교는 그들이 불평하고 격분하지 않도록 하기 때문이다. 이제 더 이상 욕망의 달래기로는 충분하지 않고, 오히려 기독교는 그 욕망의 충족을 요구하게 된다. 부르주아지는 현세적 향유, 물질적 향유라는 복음을 전파해 왔다. 그리고 이번엔 부르주아지는 이 교리를 우리 중 가난한 사람들이 지지한다는 점에 놀란다. 부르주아지가 가르쳐 주었던 것은, 신앙과 빈곤이 아니라 교양과 소유가 사람을 구원받게 만든다는 것이다. 프롤레타리아인 우리 역시 이 점을 확실히 이해한다.

부르주아 계급은 우리를 개인의 명령과 전횡에서 해방하였다. 그러나 저 전횡은 여전히 남아있었다. 이 전횡은 정세의 국면에서 발생하는데, 그래서 상황의 우연성이라고 불릴 수 있는 것이다. 은혜를 베푼 행운과 '행운에 의해 은혜를 받은 사람들'은 여전히 남아 있다.

예를 들어, 어떤 산업부문이 망하고 수천 명의 노동자가 직장을 잃게 되면, 사람들은 개인이 책임지는 것이 아니라, 오히려 '악은 정세에 있다'를 인정할 만큼 충분히 합리적이다. 그렇다면, 우리가 이 상황을 바꾸되, 상황을 깡그리 바꾸자! 그래서 그 상황의 우연성을 무기력하게 하자. 그러면 하나의 법칙이 된다! 더는 우연의 노예가 되지 않도록 하자! 우리가 이런 혼란스럽고 술렁임을 끝장낼 새로운 질서를 창조하자! 그다음에 이 질서를 신성하게 하자!

옛날에 누군가가 무엇을 얻기 위해서는 지배자들의 마음에 들어야만 했다. 그러나 프랑스 혁명 이후에는 '행운을 잡아라!'라고들 말한다. 시민적 삶은 행운을 찾아 헤매거나 우연의 도박에 전념하게 되었다. 그다음에, 이와 함께, 무엇인가를 얻은 사람은 그것을 다시 경솔하게 도박에 걸지 말라고 요구한다.

이는 이상하지만, 지극히 자연스러운 모순이다. 시민적 또는 정치적 삶이 단독으로 펼쳐지는 경쟁은, [133] 증권거래소 투기에서부터, 공직 지원, 고객 사냥, 구직, 승진과 훈장의 추구, 악덕 상인의 하찮은 값 깎기 등등에 이르기까지 철저하게 도박(Glücksspiel)이다. 누군가가 경쟁자를 제치고 능가한다면, 그때 '행운의 던지기'가 이루어진다. 승자는 자신이 어떤 능력(비록 이것이 정성을 다한 근면의 결과로 형성되었을지라도)을 갖추고 있다고 이해하고, 다른 사람은 그러한 능력에 필적하는 방법을 모르기에, 결과적으로 능력이 더 있는 사람을 찾을 수 없다는 점을 우선 첫째로 하나의 행운으로 받아들여야만 하기 때문이다. 그리고 이제 이러한 운의 한가운데서 운의 어떤 피해도 보지 않고 자신의 일상적 삶을 영위하는 사람은, 자신의 원칙이 적나라한 모습으로 드러나고,—도박이 '불운을 일으킬' 때에, 가장 도덕적 분노에 사로잡힌다. 어때, 아시겠지, 도박은 너무나 뻔하고 철면피한 경쟁이고, 모든 뚜렷한 적나라함처럼 명예로운 겸손의 감정을 손상한단 말이야.

사회주의자는 이러한 우연의 활동(Ungefähr)[220]을 멈추고 싶어 한다. 그리고 사회주의자는 사람들이 더 이상 운에 의존하는 그런 사회를 만드는 것이 아니라, 오히려 운에 얽매이지 않는 그런 사회를 만들고 싶어 한다.

가장 자연스러운 방식으로 이러한 노력은 가장 먼저 '행운이 있는 사람'을 향한 '불행한 사람'의 증오, 다시 말해 운이 자신들을 위해 모든 것을 해준 사람들을 향해 운이 자신들을 위해 아무것도 해주지 않은 사람들의 증오 그 자체로 표현된다.

그러나 실제로 불만은 운이 좋은 사람을 겨냥한 것이 아니라, 오히려 운, 곧 부르주아지라는 이러한 썩은 지점을 겨냥하고 있다.

공산주의자들이 처음으로 자유로운 활동을 인간의 본질이라고 선언하기 때문에, 그들은 온종일 노동하는 날의 성향처럼, 휴일이 필요하다. 다시 말해 그들은 모든 물질적 열망과 마찬가지로, 신, 곧 그들의 얼빠진(geistlos)[221] '노동'과 나란히 있는 어떤 정신의 드높임(Erhebung)[222] 과 정신의 드날림(Erbauung)이 필요하다.

공산주의자가 당신에게서 인간, 형제를 본다는 것은 공산주의의 휴일의 측면일 뿐이다. 노동하는 날의 측면에 따르면, 공산주의자는 어떻게든지 당신을 그와 같은 인간으로 여기는 것이 아니라, 인간다운 노동자 또는 노동하는 인간으로 여긴다. 첫 번째 견해는 자유주의의 원리를

---

220 Ungefähr은 형용사 ungefähr의 명사형이다. ungefähr은 '대략의', '대개의'란 뜻이다. 따라서 이 단어는 추측과 관련이 있다. 여기서 함축하는 것은 사회주의자가 삶에서 어림잡아 하는 노동을 종식시키고 싶어 한다는 것이다.

221 'geistlos'는 '머리를 쓸 필요가 없는', '정신이 없는', '정신적이지 않은'으로 번역할 수 있다.

222 'Erhebung'은 '반란'을 의미할 수도 있다. 그러나 공산주의자들이 '혁명'을 요구했기 때문에 슈티르너는 이 단어를 재치 있는 말의 주고받기로 말했을 것이다.

내재하고 있고, [134] 두 번째 견해는 편협함을 숨기고 있다. 만일 당신이 '게으름뱅이'라면, 공산주의자는 정말로 그대에게서 인간을 알아차리지 못할 것이지만, '게으른 인간'으로서의 그대를 게으름으로부터 정화시키려고 노력할 것이고, 노동이 인간의 '운명이자 소명'이라는 믿음으로 당신을 개종시키기 위해 노력할 것이다.

그러한 점에서 공산주의자는 이중적 모습을 보인다. 한편으로 그는 정신적 인간이 만족하도록 주의를 기울이고, 또 다른 한편으로 그는 육체적 인간의 물질을 위한 수단을 찾는다. 그는 인간에게 이중의 일자리, 다시 말해 물질적 취득과 정신적 획득이란 과제를 제공한다.

부르주아지는 정신적, 물질적 재화(財貨)들을 공개적으로 내던져 놓고, 사람들 각자가 강한 욕구를 느낀다면, 재화들에 손을 뻗치도록 허용했었다.

공산주의는 정말로 각자에게 그러한 재화들을 제공해 주면서, 각자가 그런 재화들을 취득하도록 촉구하며 강요한다. 공산주의는, 오직 정신적 · 물질적 재화들만이 우리를 인간으로 만들기 때문에, 우리가 인간이 되기 위해서는, 이러한 재화들을 의심할 바 없이 획득해야만 한다고 진지하게 생각한다. 부르주아지는 취득을 자유롭게 만들었다. 그러나 공산주의는 취득을 강요하며, 오직 취득자, 거래자만을 인정한다. 매매가 자유롭다는 것으로 충분한 것이 아니라, 그대가 매매를 붙잡아야 한다.

그런 까닭에 유일하게 남아 있는 비판은, 이런 재화들의 취득은 결코 우리를 인간으로 만들지 못한다는 것을 증명한다는 것이다.

모든 사람은 자기 자신으로 인간을 만들거나, 자신을 인간으로 만들어야만 한다는 자유주의의 계율에는, 모두가 이 일을 위해 시간을 얻어야 한다는 필연성, 곧 모두가 자기 자신에 전념할 수 있어야 한다는 필연성이 전제되어 있었다.

부르주아지는, 인간의 모든 것을 경쟁에 양도해 버리고, 개인에게 인간의 모든 것의 권리를 준다면, 이 일을 처리할 수 있다고 믿었다. "각자는 모든 것을 얻으려고 노력할 수도 있어요(darf)!"

사회적 자유주의는 '…할 수도 있다'(Dürfen)로는 문제가 해결되지 않는다는 것을 발견한다. 왜냐하면 '…할 수도 있다'라는 말은 [135] 누구에게도 금지되지 않았다는 것을 의미하지, 모든 사람이 가능하다는 것을 뜻하는 것은 아니기 때문이다. 따라서 사회적 자유주의는 부르주아지는 입과 말로만 자유로우며, 행동에 있어서는 가장 자유롭지 못하다고 단언한다. 사회적 자유주의의 편에서는 우리 모두에게 자신에 전념할 수 있는 수단을 주고자 한다.

운과 경쟁의 원리는 확실히 노동의 원리를 능가한다. 그러나 동시에 노동자는 자신에게 본질적인 것은 '노동자'라는 것을 의식하는 것이고, 자기중심성을 멀리하고 마치 부르주아가 헌신적으로 경쟁-국가에 매달리듯이, 노동자 사회라는 최고 권력에 복종한다. '사회적 의무'라는 아름다운 꿈을 여전히 계속 꿈꾸고 있다. 사람들은 사회는 우리가 필요한 것을 마련해 주며, 그 때문에 우리는 사회에 의무가 있고, 사회에 모든 것을 지급할 의무가 있다고 거듭 생각한다.[223] 사람들은 여전히 '모든 선한 것을 주는 최상의 사람'을 섬기기를 원하는 지점에 있다. 그러나 사회는 전혀 나(Ich)—주고, 빌리고, 승인할 수 있는 나—가 아니라, 우리가 이득을 얻어낼 수 있는 도구나 수단이다. 우리가 사회적 의무를 갖는 것이 아니라, 사회가 이해관계를 추구하도록 우리에게 봉사해야만 하는 그 이해관계를 단지 지닌다. 그리고 또 우리는 사회에 아무런 희생도 빚지고 있지 않다, 그러나 만약 우리가 무엇이든 희생하면, 우리는 우리 자신에게 무엇이든 희생한다,—이러한 점을 사회주의자는 생각하지 못한다, 왜냐

223 원주 34, 프루동은 다음과 같이 외쳤다. "과학에 있어서처럼 산업에 있어서 어떤 발명품을 공개한다는 것은 제일의 의무이자 가장 신성한 의무이다!" 『인류에서의 질서의 창조』(파리와 브장송, 1843), 414쪽.

하면 그들은—자유주의자로서—종교적 원리라는 감옥에 갇혀 있으며, 이제까지는 국가가 그랬던 것처럼, 신성한 사회를—추구하려고 열심히 노력하기 때문이다.

사회—거기에서 우리가 모든 것을 얻는다—는, 우리를 사회에 '봉사하고 충성하게 만드는', 새로운 주인이고, 새로운 유령이며, 새로운 '최고의 존재'로구나!

정치적 자유주의 및 사회적 자유주의에 대한 보다 상세한 평가는 다음 장에서 훨씬 더 구체적으로 기술될 것이다. 현재로서는 먼저 이 두 가지 자유주의를 인간적 혹은 비판적 자유주의의 법정에 세우기 위해 이것을 건너뛰어 읽자.

§ 3 인간적 자유주의

[136] 자유주의는 자기비판, '비판적'[224] 자유주의로 완성되고, 그 과정에서 비판자는 자유주의자로 남고, 자유주의의 원리, 곧 인간을 넘어서지 않기 때문에, 그러한 자유주의는 특히 인간이란 이름으로 명명될 수도 있고 '인간적' 자유주의라고 부를 수도 있었다.

노동자는 가장 물질적이고 자기중심적 인간(egoistischsten Menschen)으로 여겨진다. 노동자는 전혀 **인류를 위해** 아무것도 하지 않는다. 그는 **자신을 위해**, 자신의 복지를 위해 모든 것을 한다.

부르주아지는, 그는 오로지 출생에 따라 인간의 자유를 선언했기 때문에, 인간을 평생 인간답지 않은 인간(자기중심적 사람)의 손아귀에 남겨두어야만 했다. 따라서 정치적 자유주의의 체제하에서 자기중심성은 자유로운 활용을 위한 거대한 분야이다.

---

224 슈티르너는 브루노 바우어와 그를 따르는 사람들이 행했던 '순수 비판의 운동'을 언급하고 있다.

부르주아가 국가를 이용하듯이, 노동자는 자신의 **자기중심적** 목적을 위해 사회를 **이용**할 것이다. 그래서 인간적 자유주의는 그대가 오직 자기만의 목적, 그대의 복지를 가지고 있다고, 사회주의자를 비난한다. 만일 당신이 **순수한 인간다운 관심**을 가진다면, 그때 나는 당신의 동반자가 될 것이다. "그러나 그것에는 **노동자의** 의식보다 더 강력하고 더 포괄적 의식이 필요하다." "노동자는 아무것도 만들지 않는다. 그러므로 그는 아무것도 소유하지 않는다. 말하자면 그는 자신의 노동이 항시 개인적 노동으로 머물러 있고, 날마다 자기 자신의 필요에 따라 계산된 것이기 때문에, 그는 아무것도 만들지 않는다."[225] 이와 반대로 다음과 같이 생각할 수도 있다. 구텐베르크[226]의 노동은 개인적 노동으로 머물렀던 것이 아니라, 무수하게 많은 결실을 산출했고, 오늘날까지도 살아있다, 그것은 인류의 필요를 생각해 본 것이었고, 영원한 노동이었으며, 소멸될 수 없는 노동이었다.

---

225 원주 35, 에드가 바우어(익명으로) (비평), 플로라 트리스탕(Flora Tristan), 『노동자연합』(대중판, 파리 1843), 편집인, 브루노 바우어, 『일반문예신문』제5호(샤를로텐부르크, 4월 1844), 18-23(18)쪽.

(플로라 트리스탕(Flora Tristan, 1803-1844)은 프랑스 사회주의 사상가, 활동가, 페미니스트이고 『어느 파리아의 편력』, 『런던 산책』, 『노동자연합』책을 썼다. 『노동자연합』은 그가 전 노동자(여성, 남성)의 해방을 호소하는 말년의 저작이다. 그는 이 책을 들고 "같은 나라에 살고 있는 모든 남녀노동자들 사이에 직업의 구별없이 조직되는 전체적인 유니온"의 결성을 호소하는 선교 여행이자 프랑스 순례를 시작하였는데, 1844년 9월 보르도에서 병으로 쓰러져 11월에 사망했다. 『일반문예신문』 (Allgemeine Literatur-Zeitung)은 월간지이고 브루노 바우어가 발간하였다(1843년 12월-1844년 12월). - 옮긴이)

226 요하네스 구텐베르크(Johannes Gutenberg, 1398~1468)는 약 1440년 경에 금속 활판 인쇄술을 사용한 독일의 금(金) 세공업자이다. 그는 1455년에 42행의 구약성서를 인쇄하였다.(옮긴이)

인간다운 의식은 부르주아 의식뿐만 아니라, 또한 노동자—의식도 경멸한다. [137] 왜냐하면 부르주아는 방랑자들에 대해서만(전혀 '특정한 직업'이 없는 모든 사람에 대해서만) 그리고 방랑자들의 '비도덕성'에 대해서만 격분하기 때문이다. 또한 노동자는 게으름뱅이('빈둥거리는 사람')와 게으름뱅이의 '비윤리적 태도'에 의해 '화가 난다'. 왜냐하면 게으름뱅이와 비윤리적 태도는 기생적이고 반사회적 원리이기 때문이다. 인간적 자유주의는 이러한 원리에 대해 다음과 같이 반박한다. 많은 사람이 불안정한 것은, 속물들, 그대의 결과물일 뿐이구나! 프롤레타리아, 그대가 모두에게 힘든 일을 요구하고 고된 일을 보편화하려는 것은, 그대에게 얽매여 있으며, 이제까지 짐 나르는 당나귀 삶의 한 부분이다. 그대는[227] 확실히 모두가 똑같이 고되게 힘든 일을 해서 고된 일 자체를 가볍게 하고 싶어 한다, 그러나 오로지 이 이유 때문에, 모두가 같은 정도로 여가를 얻을 수 있다. 그러나 그들의 여가로 무엇을 하면 좋을까? 이러한 여가가 인간답게 사용되기 위해서 그대의 '사회'가 하는 일은 무엇인가? 부르주아 계급의 획득물, 사람들의 주인 없음이 국가에 의해 어떤 인간다운 요소로 채워질 수 없었고, 그래서 자유재량에 맡겨질 수밖에 없었기 때문에, 사회는 획득된 여가를 다시 개인의 선호에 맡겨야만 하고, 그대의 사회가 진전시킨 바로 그 획득물은 자기중심적 사람의 것이 되어야 한다.

인간에게 지배자가 없어야 한다는 것은 확실히 필요하다. 하지만 그런 까닭에 자기중심적 사람이 다시 인간의 주인이 되어야 하는 것이 아니라, 오히려 인간이 자기중심적 사람의 지배자가 되어야 한다. 확실히 인간은 여가를 찾아야만 한다. 그러나 자기중심적 사람이 그러한 여가

---

227 이는 사회적 자유주의자를 칭하는 것으로서, 저자는 헤스(M. Heß)나 그 밖의 당시의 사회주의자 등을 마음에 두고 있는 것으로 보인다.

를 이용한다면, 여가는 인간에게서 사라진다. 그런 까닭에 당신은 여가에 어떤 인간다운 의미를 붙여 주었어야만 했다. 그러나 노동자인 당신은 역시 자기만의 동기에서 노동을 꾀한다. 왜냐하면 당신은 먹고, 마시고, 살기를 원하기 때문이다. 다시 말해 당신은 여가에 있어서 얼마나 보다 적게 자기중심적 사람이어야 하는가? 당신은 단지, 노동이 끝난 후에 충분히 쉴 수 있기(게으름을 부리기) 때문에, 노동하는 것일 뿐이며, 당신의 여가 시간에 당신이 무엇을 할지는 우연에 맡겨져 있다.

그러나 자기중심성에 모든 문의 빗장을 걸어 잠가야 한다면, 어떤 완전히 '이해관계가 없는' 행동, 완전한 무관심을 얻으려고 노력하는 것이 필요할 것이다. 이것이 오로지 인간다운 것이다. 왜냐하면 인간만이 이해관계가 없고, 자기중심적 사람은 항상 이해관계가 있기 때문이다.

---

[138] 당분간 이러한 무관심성이 논쟁의 대상이 되지 않도록 그대로 내버려 둔다면, 그다음에 다음과 같이 물어본다. 그대는 아무것에도 관심이 없는가? 자유나 인류 등등 아무것에도 열광하지(begeistert) 않는가? '그렇고말고, 그것은 결코 어떤 자기다운 관심도 아니며, 이해관계도 아니지, 그러나 인간적 관심, 사색적 관심, 다시 말해 한 개인이나 개인들('모두')을 위한 관심이 아니라, 이념을 위한, 인류를 위한 관심이라고!'

그렇다면 그대는[228], 그대 또한 단지 그대의 이념, 그대의 자유의 이념에 열광적일 뿐이라는 사실을 감지하지 못하나?

그리하여 장차 그대는 그대의 무관심이 다시, 종교적 무관심처럼, 천국의 관심이라는 점을 알지 못하는가? 개인의 이익은 확실히 그대를

228 이는 인간적(비판적) 자유주의자를 칭하는 것으로 대표적으로 브루노 바우어(B. Bauer) 같은 이를 그 예로 들 수 있다.

냉담케 한다. 그리고 그대는 "세상이 망할지라도, 자유를 행하라."(fiat libertas, pereat mundus)라고 추상적으로 선언할 수 있을 것이다. 또한 그대는 그대의 앞날이나 개인의 욕망에 대해서 염려치 않고, 그대 자신의 좋은 삶이나 다른 사람의 좋은 삶에도 관심이 없다. 그러나 이는 그대가 몽상가이기 때문에, 그대는 단지 이 모든 것에서 아무것도 만들지 않는다.

당신은 인간에게 가능한 모든 것이 **인간다운 것**이라고 단언할 정도로 그렇게 인간적 자유주의자가 자유롭다고 생각하는가? 자유로운 존재이기는커녕! 인간적 자유주의자는 참으로 매춘부에 대한 속물의 도덕적 편견을 공유하지 않지만, "이 여자는 자신의 육체를 돈 버는 기계(Gelderwerb-Maschine)로 삼는다."[229]라고 하는 점이, '인간'으로서의 그가 그녀를 경멸하는 이유가 된다. 인간적 자유주의자는 다음과 같이 판단한다. 매춘부는 인간이 아니다, 또는 한 여자가 매춘부인 한, 그만큼 그녀는 인간답지 않고, 인간성을 잃은 인간이다. 더 나아가서 유대인, 기독교인, 특권을 지닌 자, 신학자 등등도 인간이 아니다. 그대가 유대인, 기타 등등인 한, 그대는 인간이 아니다. 또다시 다음과 같은 절대적 요청이 제기된다. 그대의 특별한 모든 것을 버리고, 그것을 비판하고 떨쳐버려라! 유대인이나 기독교인이 되지 말고, 인간이 되어라, 오직 인간만이 되어라! 제한하는 모든 규정을 떨쳐 버리고, 너의 **인간다움**을 내세워라. 그렇게 해서 너 자신을 인간으로 만들고, [139] 저 한계들로부터 자유로워져라. 그리고 너 자신을 '자유로운 인간'으로 만들어라. 다시 말해 인간다움을 그대의 모든 것을 규정하는 **본질**로 인식하라.

나는 다음과 같이 말한다. 그대는 참으로 유대인보다, 기독교인, 등

---

229 원주 36, 에드가 바우어(익명): 「베로, 창녀에 관하여」(F. F. A. Béraud: Les filles publiques de Paris et la police qui les régit. T. 1-2. Paris et Leipzig 1839). 『일반문예신문』제5호, 26쪽. (F. F. A. Béraud는 파리의 경찰청장이었다- 옮긴이)

등보다 더 낫다, 그러나 그대는 또한 인간보다 더 낫다. 그것들은 모두 이념이다. 하지만 그대는 뼈와 살을 갖춘 존재이다. 그렇다면 그대는 언젠가 '그와 같은 인간'이 될 수 있다고 생각하는가? 그대는 우리의 힘이 충분하지 못했기 때문에, 우리의 후손이 편견과 한계를 떨쳐 버릴 수 없다고 생각하는가? 혹은 어쩌면 당신이 40세나 50세에 그 나이에 도달해서, 다음 날에는 더 이상 당신의 마음을 비울 것이 없을 정도에 이를 것이고, 그대가 인간이 될 것이라고 믿는가? 후대의 사람들은 우리가 결코 그리워하지 않은 많은 자유를 쟁취할 것이다. [139] 저 후대의 자유를 그대는 무엇 때문에 필요로 하는가? 그대가 인간이 되기 이전에 그대 자신을 하찮은 사람으로 여기려고 한다면, 그대는 인간이나 인류가 완전함을 얻게 될 그날까지, '최후의 심판'의 그날까지 기다려야만 할 것이다. 그러나 그대가 그날 이전에 확실히 죽을 것이기 때문에, 그대의 승리의 대가란 대체 어디에 있단 말인가?

그런 이유로 그대는 되레 상황을 역전시키고 그대에게 다음과 같이 말해라. **나는 인간이구나!** 나는 나 자신에게서 인간을 구태여 만들어낼 필요가 없다. 왜냐하면 인간은 내 모든 속성(屬性)들과 마찬가지로 이미 나의 소유이기 때문이다.

그러나, 비판적 자유주의자는 다음과 같이 물을 것이다. 어떻게 누군가가 유대인이면서 동시에 인간일 수 있는가? 나는 다음과 같이 대답할 것이다. 첫째로, 만일 '누군가가' 유대인이거나 인간과 같은 의미이어야만 한다면, 누군가는 전혀 유대인일 수도, 인간일 수도 없다. '누군가는' 항상 이러한 규정을 넘어선다. 그리고—이삭이 그렇게 유대인이 되게 하라—유대인, 유대인일 뿐, 결코 유대인이 될 수 없다, 그는 바로 이 유대인이기 때문이다. 둘째로, 만일 인간임이 전혀 특별한 것이 아니라는 것을 의미한다면, 유대인으로서의 누군가는 확실히 인간일 수 없다. 셋째로, 그리고—이 점이 중요하다—나는 유대인으로서—오로지 내가 전적으로 존재할 수 있는 바의 나일 수 있다. 사무엘이나 모세[230], 그리고 다른 사람에 대해서도, 당신은 그들이 결코 아무도 '인간들'이 아니었다고 말할 수밖에 없다고 해도, 그들 자신이 스스로 유대교를 넘어서리라고는 기대하기 어려울 것이다. 그들은 단순히 그들이 존재할 수 있었던 바 그대로 있었다. [140] 오늘날의 유대인에게 사정은 다른가? 당신이 인류의 이념을 발견했기 때문에, 모든 유대인이 다른 종교로 개종할 수 있는가? 유대인이 그렇게 할 수만 있다면 그는 으레 그렇게 할 것이며, 그가 그렇게 하지 않는다면, 그것은 그렇게—할 수 없다. 당신의 부당한 요구가 그에게 무슨 상관이 있는가? 당신이 그에게 내렸던 인간이 되라는 소명이 그에게 무슨 의미가 있다는 말인가?

인간적 자유주의가 약속한 '인간다운 사회'에서는 어떤 사람 혹은 다른 사람이 가지고 있는 '개별적 성질'은 결코 인정되어서는 안 되며, '개인적' 성격을 지닌 어떤 것도 결코 가치를 지녀서는 안 된다고 한다. 인간과 인간적 자유에서 자신의 선의 원리를 찾고, 자기중심적 사람과 모든 개인적인 것을 악의 원리—전자에서 신을 갖고, 후자에서 악마를—로 규정하는 자유주의의 원환이 이런 방식으로 완성된다. '국가' 속에서 독특한 혹은 개인적 인격이 그 가치를 상실하게 된다면(어떤 자기만의 특질도 없다면), 또 '노동자 사회나 극빈자 사회'에서 독특한(개인적) 소유가 인정되지 않는다면, 이제 '인간다운 사회'에서는 모든 독특하거나 개인적 의지가 무시될 것이다. 그리고 만약 '순수한 비판'[231]이 그 힘든

---

230 성서에 나오는 사무엘과 모세에 대한 언급으로, 여기에서는 히브리 민족에게 입법자를 상징하며 유대 종교와 문화 형성의 핵심을 의미한다.

231 순수한 비판이란 1842년 이후 베를린을 중심으로 활동한 바우어(B. Bauer) 등의 사변적 비판주의를 칭하는 것으로서 이 글에서는 인간적(또는 비판적) 자유주의에 해당된다.

작업을 완수하게 됐을 때, 그때 개인적인 모든 것, 그리고 '자신의 무의미함의 감각으로 꿰뚫어 봤던 것', 바로 그것을 우리가—그대로 내버려 두어야만 한다는 것을 알게 될 것이다.

인간적 자유주의는 국가와 사회 양자를 부정하는 동시에 보존한다. 왜냐하면 인간적 자유주의의 입장에서 국가와 사회는 충분하지 않기 때문이다. 그래서 한때는, '정치적 과제가 아니라, 오히려 사회적 과제'가 시대의 사명이라고 주장하면, 그런 때에는 다시 '자유로운 국가'가 미래를 위해 약속된다. 사실, '인간다운 사회'가 가장 보편적 국가이자 가장 보편적 사회이다. 오직 제한된[232] 국가에 반대해서만, 제한된 국가는 정신적 개인적 이해관계를(가령 사람들의 종교적 신앙) 너무 많이 떠들어대고, 그리고 제한된 사회에 반대해서만, 제한된 사회는 물질적 개인적 이해관계를 너무 많이 만들어낸다고 주장한다. 이 양자는 개인적 이해관계를 개인들에게 맡겨야만 하며, [141] 인간다운 사회처럼 보편적 인간의 이해관계에만 관심을 두어야만 한다.

개인의 의지(eigenen Willen), 자기의지 혹은 자유재량을 없애려는 정치인들은 소유를 통해서 **자기의지**가 더 안전한 도피처를 유지했다는 사실을 눈치채지 못했다.[233]

소유를 빼앗는 사회주의자 역시 이 소유 자체가 **자기소유** 안에서 존속한다는 점을 거들떠보지 않는다. 그렇다면 돈과 재화만이 소유인가? 아니면 모든 관점(Meinung)도 나의 것(Mein), 나 자신의 것(Eigenes)인가?

---

232 인간적 자유주의의 관점에서 보자면, 정치적 자유주의에 있어서의 국가란 아직 완전히 자유롭게 개진된 것은 아닌, 따라서 제한된 정도로 밖에는 발전하지 못한 국가에 불과한 것으로 간주된다.

233 이 구절과 다음 구절에서 슈티르너는 '자신의'(eigen)이란 단어를 강조하여 다음과 같이 표현한다. 넓은 의미의 소유(Eigentum), 자기의지(Eigenwille), 자기소유(Eigenheit).

그러므로 모든 **관점**은 폐지되어야만 하거나 모든 관점을 개인과 관계없게 만들어야만 한다. 개인은 어떤 관점도 지닐 자격이 없으며, 오히려 자기의지가 국가에 위임되고, 소유가 사회에 위임되듯이, 그렇게 관점 또한 **보편**, 곧 '인간'에게 위임되어야만 하고, 그렇게 하여 보편적 인간의 관점이 되어야만 한다.

위와 같은 관점이 지속된다면, 그렇다면 나는 내 신을 가지고 있고 (그렇군, 신은 '내 신'으로서만 존재하고, 나의 신은 어떤 관점이거나 또는 내 '신앙'이다), 결과적으로 내 믿음, 내 종교, 내 생각들과 내 이상들을 가지고 있다. 그런 까닭에 어떤 보편적 인간의 믿음, 곧 **'자유를 위한 광신'**이 생겨야만 한다. 요컨대 이것은 '인간이란 본질'과 일치하는 어떤 믿음일 수 있으며, '인간'만이 이성적이기 때문에(나와 그대는 매우 이성이 없는 존재일 수 있구나!), 어떤 이성적 신앙일 수 있다.

자기의지와 소유가 **무력하게** 되는 것처럼, 그렇게 자기소유성 혹은 자기중심성 일반도 무력하게 되어야만 한다.

'자유로운 인간'의 이러한 최고의 발전 속에서, 자기중심성, 자기소유성은 원리를 기초해서 계속 싸우며, 그 결과 사회주의자의 사회적 '복지' 등등과 같은 그러한 하위 목적은 고상한 '인류의 이념' 앞에서 사라지고 만다. 어떤 '보편적 인간다운 것'이 아닌 각각의 것은 분리된 것이고, 오직 어떤 사람 혹은 한 사람만을 만족시킨다. 혹은 그것이 모든 사람을 만족시킨다면, 그것은 인간으로서가 아니라 단지 개인들로서의 그들에 대해 그렇게 하는 것이고, 그 때문에 '자기다운 것'이라고 불린다.

[142] 자유로운 **경쟁**이 정치적 자유주의자에게 환영받았던 것처럼, 사회주의자에게 **복지**는 여전히 최고의 목표이다. 이제 복지도 역시 자유롭다. 그리고 경합(경쟁)에 들어가려고 했던 사람이 그렇게 자유롭게 경쟁을 선택할 수 있었던 것과 똑같이, 우리는 자유롭게 복지를 성취할 수 있다.

오로지 경쟁에 참여하기 위해서, 단지 당신은 부르주아이기만 하면 되고, 복지의 혜택을 받기 위해서는 당신은 단지 노동자이기만 하면 된다. 부르주아와 노동자는 아직 '인간'과 동일한 의미는 아니다. 인간이 또한 '지적으로 자유로울' 때, 비로소 인간은 '참으로 행복한' 존재이구나! 왜냐하면 인간은 마음이기 때문이다. 그러므로 인간에게 걸맞지 않은 모든 힘들—인간을 넘어선 모든 힘들, 천국의 힘들, 인간답지 않은 힘들—은 전복되어야만 하며, '인간'이라는 이름이 모든 이름 위에 있어야만 한다.

이런 이유로 현대 말엽에 이르러서는 현대의 초엽에 주요한 문제이었던 것, 다시 말해 '지적(geistig) 자유'라는 것이 주요한 문제로 다시 돌아온다.

특별히 인간적 자유주의자는 공산주의자에게 다음과 같이 말한다. 사회가 그대에게 활동을 지시한다면, 이것은 정말로 개인, 즉 자기중심적 사람의 영향력에서 자유롭긴 하지만, 그것이 순수하게 인간다운 활동일 필요가 없고, 게다가 그대가 인류의 완전한 기관일 필요가 없다. 사회가 당신에게 어떤 행위를 요구하는지는 우연으로 남는다, 그렇고말고. 사회는 그대를 고용해서 신전 건축, 등등을 하도록 명할 수도 있다. 또는 심지어 그런 일이 아닐지라도, 그대는 물론 자신의 충동으로 인해 어리석은 일에, 그렇게 인간답지 않은 일에 적극적일 수도 있을 것이다. 이전보다 훨씬 더, 그대는 인류의 영광을 위해서가 아니라, 정말이지 오로지 생계를 잇기 위해, 일반적으로 삶을 위해, 소중한 생명을 위해 노동한다. 따라서 자유로운 행위는 오직 다음일 때 비로소 성취된다, 그대가 모든 어리석음으로부터 자유로울 때, 모든 인간답지 않은 인간, 즉 자기다운 사람(Egoistischen)(개인 속에 있는 인간에 속하는 것이 아니라, 개인 속에 있는 개인에 속하는)으로부터 자유로울 때, 인간이나 인류의 이념을 모호하게 하는 진실하지 못한 생각을 모두 모조리 쓸어버릴 때, 간단히 말하면, [143] 그대가 그대의 행위에 방해받지 않을 뿐만이 아니라, 또한 그대 행위의 내용 역시 오직 인간다움일 때, 그리고 그대가 오직 인류를 위해서 살고 일할 때 성취된다. 그러나 그대 노력의 목표가 단지 그대의 복지일 뿐이고, 모든 사람의 복지일 뿐인 한에서는 자유로운 행위는 성취될 수 없다. 다시 말해 그대가 극빈자 사회를 위해 한 일은 아직 '인간다운 사회'를 위해 아무것도 하지 않은 것이다.

노동은 형식상의 어떤 것이고 그 대상은 우연적이기 때문에, 노동만으로는 그대를 인간으로 만들지 않는다. 문제는 노동하는 그대가 어떤 사람인가이다. 단순히 그대는 음식물 따위를 그대에게 마련해 주기 위해 자기중심적(물질적) 충동에서 노동할 수도 있다. 노동은 인류를 발전시키는 노동, 인류의 복지를 위해 계산된 노동, 역사의(인간의) 발전에 봉사하는 노동—요컨대 인간다운 노동이어야만 한다. 인간다운 노동에는 두 가지 측면이 있다. 한편으로는 인간다운 노동이 인류에게 도움이 된다는 점과 다른 한편으로는, 인간다운 노동은 어떤 '인간'의 노동이라는 점이다. 첫 번째 경우만이 모든 종류의 노동에 해당될 수 있다. 왜냐하면 자연의 노동, 가령 동물의 노동도 인류에 의해 학문 등등의 발전에 이용될 수 있기 때문이다. 그리고 두 번째 경우는, 노동하는 사람은 자기 노동의 인간다운 목적을 알아야 한다는 점을 요구한다. 그리고 노동하는 사람은 자신을 인간으로서 알고 있을 때에만 이러한 의식을 지닐 수 있기 때문에, 결정적 조건은—자기의식이다.

그대가 '파편 노동자'(Stückarbeiter)[234]이기를 그만둘 때, 의심의 여지

234 이 독일어는 보통 '삯일꾼'으로 번역된다. 그러나 슈티르너는 여기에서 공장 생산 라인의 분업을 언급하고 있고, 실제로 공장 생산 라인의 분업에서 노동자는 제품을 만드는 데 필요한 부분만 행하고, 따라서 노동자는 생산에 필요한 모든 것에 대한 인식이 거의 없다.

없이 이미 많은 것이 성취된다. 그러나 이것과 관련하여 그대는 여전히 그대 노동의 전체성을 전망할 뿐이고, 그대 노동에 대한 의식을 얻게 될 뿐인데, 그러한 의식은 자기의식, 그대의 진정한 '본성' 혹은 '본질', 인간에 대한 의식과는 아직 거리가 먼 의식이다. 노동자는 그가 여가 시간에 충족시킬 '더 높은 의식'에 대한 갈망을 여전히 유지하고 있다. 왜냐하면 노동 활동이란 그러한 높은 의식을 충족시켜 줄 수 없기 때문이다. 그런 까닭에 휴식이 그의 노동을 도와준다. 그리고 노동자는 어쩔 수 없이 노동과 게으름을 거의 동시에 인간다운 것으로 주장하는데, 다름 아닌 게으름뱅이와 휴식하는 자에게 참된 정신의 드높임이 있다고 생각한다. 그는 노동에서 벗어나기 위해서만 노동한다. [144] 그러니까 그가 노동에서 자유로울 수 있기 위해서만, 그는 노동을 자유롭게 만들고 싶어 한다.

간단히 말하면, 그의 노동은 결코 만족스러운 내용을 가질 수 없다. 왜냐하면 그의 노동은 단지 사회에 의해서 강요된 것, 곧 과업, 사명, 소명일 뿐이기 때문이다. 반대로 그의 사회도 만족하지 않는다. 왜냐하면 사회는 노동만을 제공하기 때문이다.

노동이 인간으로서의 그를 만족시켜야만 한다. 그 대신에 노동은 사회를 만족시킨다. 사회가 그를 인간으로 취급해야만 한다. 그리고 사회는 그를—거지같은 노동자 또는 노동하는 극빈자로 취급한다.

마치 그가 인간으로서가 아니라, 오히려 '자기중심적 사람'으로서 노동과 사회를 필요로 하는 것처럼, 노동과 사회는 그에게 유용할 뿐이다.

이것이 노동에 대한 비판의 태도이다. 이 비판은 '정신'을 지적하고, '대중의 정신'과의 전쟁을 벌인다.[235] 그리고 이 비판은 공산주의적 노동

---

235 원주 37, 브루노 바우어(익명으로), 「힌리히스(H. F. W. Hinrichs), 『정치학 강의』

을 정신적이지 않은 대중의 노동이라고 선언한다. 일을 싫어하는 사람들처럼, 대중은 자신을 위해 노동을 쉽게 만드는 것을 좋아한다. 오늘날 대량으로 제공되는 문학에서 노동에 대한 이러한 혐오감은 보편적으로 알려진 **천박함**을 낳고, 이 천박함은 '연구의 노고'를 강력하게 부인한다.[236]

그러므로 인간적 자유주의는 다음과 같이 말한다. 당신은 노동을 원한다. 자 이제, 우리도 마찬가지로 노동을 원한다. 그러나 우리는 가능한 최대한 노동을 원한다. 우리는 여가를 얻기 위해서 노동을 원하는 것이 아니라, 오히려 노동 그 자체에서 모든 만족을 얻기 위해서 노동을 원한다. 우리는 노동을 원한다. 왜냐하면 노동이 우리의 자기발전이기 때문이다.

그렇다면 노동도 또한 노동의 목적에 맞게 조정되어야만 하는구나! 인간은 인간다운 노동, 자기 의식적 노동, 노동의 목적을 위해 '자기중심적' 의향을 갖는 것이 아니라, 오히려 인간만을 갖는, 그리고 인간의 자기표명(Selbstoffenbarung)인 노동에 의해서만 존경받는다. 그래서 다음과 같이 말해야만 한다. **laboro, ergo sum : '나는 노동한다, 그러므로 나는 존재한다.'**라고 해야만 한다. [145] 인간적 자유주의자는 모든 물질에 **작동하는 정신**의 노동을, 어떤 것도 가만히 두거나 기존 상태로 내버려 두지 않는 그런 정신의 노동을, 아무것에도 안심하지 않는 정신의 노동을, 모든 것을 제거하고, 획득한 모든 결과물을 새롭게 비판하는 정신의 노동

제2권(할레, 1843)에 대한 비판」, 편집, 브루노 바우어, 『일반문예신문』(Allgemeine Literaturzeitung)제5호(4월 1844), 24쪽.

(바우어의 글에서는 "대중의 정신과의 투쟁"이라고 쓰여 있다. 르만 프리드리히 빌헬름 힌리히스(1794~1861)는 종교를 전투적으로 변호하는 사람이었다. 헤겔 우파인 그는 헤겔 철학을 기독교적 정통성이라는 정신 속에서 해석하였으며 현존하는 정치상황을 모두 정당화하였다.- 옮긴이)

236 위의 책, 같은 쪽.

을 원한다. 이러한 안절부절못하는 정신이 참된 노동자이고, 편견을 없애며, 한계와 제한(Schranken und Beschränktheiten)을 때려 부수고[237], 인간을 지배하고자 했던 모든 것 위로 인간을 끌어올린다. 이와 달리 공산주의자는 자신만을 위해서 일한다. 그리고 공산주의자는 확실히 자유롭게 일하는 것이 아니라, 오히려 마지못해 하는 수 없이 노동한다. —간략히 말해 그는 고된 노동을 선고받은 사람을 의미한다.

그러한 인간적 자유주의자라는 노동자는 '자기중심적' 노동자가 아니다. 왜냐하면 그는 개인을 위해서도, 자기 자신을 위해서도, 또 다른 개인을 위해서도, 따라서 **개인에 관계되는** 사람을 위해서도 노동하는 것이 아니라, 오히려 인류와 인류의 진보를 위해서 노동하기 때문이다. 다시 말해 개인들의 고통을 덜어주는 것이 아니라, 개인들의 욕구를 돌보는 것이 아니라, 오히려 인류의 억눌린 한계들을 무너뜨리고, 모든 시대를 지배하던 편견을 파괴하며, 모든 사람의 길을 가로막던 장애물을 극복하고, 사람들이 자기 자신을 얽매는 오류를 제거하며, 모든 사람과 모든 시대를 위해 자신에게 밝혀지게 될 진리를 발견하는 것이다. 요컨대—그는 인류를 위해 살고 인류를 위해 노동한다.

자, 첫째로, 위대한 진리의 발견자는 그 진리가 다른 사람에게 유용할 수 있다는 점을 틀림없이 알고 있고, 질투심이 많아 진리를 주지 않는 것은 그에게 어떤 즐거움도 주지 못하기 때문에 그는 위대한 진리를 알린다. 그러나 아무리 그가 위대한 진리를 알리는 일이 다른 사람에게 매우 가치 있는 일이라는 의식이 있어도, 그는 아직도 결코 다른 사람을 위해서가 아니라, 오히려 자기 자신을 위해서 그의 진리를 추구했고 발견했다. 왜냐하면 그 자신이 진리를 원했기 때문이며, 또한 그가 최선을 다해서 빛과 계몽을 얻을 때까지 어둠과 망상이 그를 결코 쉬게 하지 않

237 이 구절에서 슈티르너는 두운(頭韻)을 통해 말장난을 한다.

았기 때문이다.

따라서 그는 자신을 위해서 그리고 자신의 욕구 충족을 위해서 노동했다. 그런 노동을 통해 그가 다른 사람에게 아니, 후손에게도 유용했다는 점이 그의 노동에서 자기중심적 성격을 빼앗아 가지는 않는다.

둘째로, 아무리 그가 자신을 위해서만 노동했다면, [146] 왜 그의 행위는 인간다운 행위이고, 다른 사람의 행위는 인간답지 않은가, 즉 자기다운가? 아마도 그 이유는 이 책이나, 이 그림, 이 교향곡 등등의 것이 그의 온전한 존재의 노동이기 때문에, 또 그가 그런 일에 최선을 다했기 때문에, 자신을 완전히 펼치었고 그런 상황에서 완전히 알려졌다. 이와 달리, 어떤 장인의 작품은 '인간'을 반영하는 것이 아니라, 단지 그 장인만을, 곧 장인의 숙련도만을 반영하기 때문이 아닐까? 우리는 실러의 시 속에서 실러 전체를 본다. 이와 반대로 우리는 너무나 많은 수백 개의 화로에서 '인간'을 보는 것이 아니라, 우리 앞에 있는 화로 제작자를 볼 뿐이다.

그러나 바로 이러한 사실이 다음 이상의 것을 의미하는 것인가? 즉 하나의 작품 속에서 당신이 가능한 한 나를 완전히 보지만, 다른 작품 속에서는 나의 숙련도만을 본다는 것인가? 그런 행위를 표현하는 것은 다시 내가 아닌가? 그리고 한 작품에 있는 세계에 자신을 드러내는 일, 자신의 노동 뒤에 숨는 일보다 자신을 만들어내고 형성하는 일이 더 자기중심적 일이 아닐까? 확실히 그대는, 그대가 인간을 드러낸다(offenbarest)고 말한다. 하지만 그대가 드러낸 인간은 그대이다. 그대는 그대 자신만을 드러낸다. 장인과 다른 구별로 자신을 드러낸다. —장인은 자신을 하나의 노동으로 압축하는 방법을 이해하지 못한다. 그러나 자기 자신으로 알려지기 위해서, 그는 오히려 그의 삶의 다른 관계에서 찾아져야만 한다. 그리고 노동을 있게 한 너의 만족을 통해서, 그대의 욕구는 어떤—이론적 욕구였다.

그러나 그대는 그대가 완전히 다른 인간, 더 가치 있고, 더 높고, 더 위대한 인간, 다른 인간보다 그 이상인 인간을 드러낸다(offenbarest)고 대답할 것이다. 나는 그대가 인간적으로 가능한 일을 완수해냈으며, 어느 누구도 이루지 못했던 것을 그대가 이루어냈다고 하는 점을 확언하고자 한다. 그대의 위대함은 도대체 어디에 있다는 것인가? 그것은 바로, 그대가 다른 인간들(그 '대중들')보다 그 이상이라는 것, 보통 사람들, '평범한 사람들'보다 그 이상이라고 하는 사실에 있다. 정확히 인간을 넘어선 그대의 고귀함이라고 하는 점에 있다. [147] 그대가 인간이란 존재이기 때문이 아니라, 오히려 그대가 '독특한' 인간이기 때문에 그대는 그대 자신을 다른 사람들과 구별한다. 그대는 한 인간이 성취할 수 있는 것을 아주 잘 보여준다. 그러나 한 인간인 그대가 그 일을 성취하기 때문에, 따라서 다른 사람들, 인간들 또한 결코 그 일을 성취할 수 없다.[238] 그대는 독특한 인간으로서만 그 일을 행했고 그런 점에서 그대는 유일한 것이다.

인간이란 것이 그대의 위대함을 형성하는 것이 아니라, 오히려 그대가 그대의 위대함을 창조한다. 왜냐하면 그대는 인간보다 더 나은 존재이며, 다른—인간보다 더 강하기 때문이다.

세상 사람들은 한 사람은 인간보다 더 나은 존재일 수 없다고 믿는다. 오히려, 한 사람은 인간보다 더 못한 존재일 수 없구나!

게다가 세상 사람들은 한 사람이 성취하는 것이 무엇이든 간에 인간에게 유익하다고 믿는다. 내가 항상 어떤 사람으로 남아 있는 한, 또는

---

238 슈티르너가 보기에, 매 순간 각 개인의 완전한 고유성은 어떤 두 개인이 실제로 동일한 것을 달성할 수 있다고 생각하는 것은 터무니없는 일이다. 그들은 비슷해 보이지만, 결코 같은 것을 성취할 수 없다.

마치 실러 같은 슈바벤 사람, 칸트[239] 같은 프로이센 사람, 구스타프 아돌프[240] 같은 근시안적인 사람으로 남아 있는 한, 내가 다른 사람에 앞서서 있기 때문에 나는 확실히 어떤 뛰어난 인간, 슈바벤 사람, 프로이센 사람 또는 근시안적인 사람이 된다. 그렇지만 그럴 경우, 프리드리히를 위해 유명해진 프리드리히 대왕[241]의 T자형 지팡이보다 훨씬 낫지 않다.

'신에게 영광을'이라는 말은 현대에서 '인간에게 영광을'이라는 말과 상응한다. 그러나 나는 영광을 나 자신을 위해 간직할 생각이다.

비판이[242] 사람들에게 '인간적 존재'가 되라고 요구하면서, 사교성에 필요한 조건을 선언한다. 왜냐하면 인간들 속에서 한 인간으로서만 사람은 사귈 만하기 때문이다. 이것으로, 이 비판은 '인간적 사회'의 성립, 비판의 사회적 목표를 공표한다.

이 비판은 사회이론 중에서도 반박의 여지가 없는 가장 완전한 이론이다. 왜냐하면 이 이론이 인간으로부터 인간을 분리시키는 모든 것을 제거하며, 그런 것들을 아무 가치가 없게 하기 때문이다. 다시 말해 이 비판은 신앙의 특별한 권리를 포함해서 모든 종류의 특별한 권리를 제거하며, 그런 것들을 아무 가치가 없게 한다. 이 비판 속에서 기독교의 사랑의 원리, 곧 진정한 사회적 원리가 가장 순수하게 완성된다. 그리고 이 비판은 사람에게서 물리치는 성질과 서로 밀쳐내는 힘(die Ausschliesslichkeit

---

239 이마누엘 칸트(Immanuel Kant, 1724~1804년)는 독일 관념철학의 기반을 확립한 프로이센의 철학자이다.

240 구스타브 2세 아돌프(Gustav Adolf, 1594~1632)는 스웨덴의 국왕(1611~1632)이자 구스타브 1세 바사의 손자이다.

241 프리드리히 2세(Friedrich II, 1712~1786)는 독일 프로이센 왕국의 제3대 프로이센 국왕이다(1740-1786).

242 구체적으로 비판적 자유주의를 의미하고 이는 인간적 자유주의와 같은 말이다.

und das Abstossen)[243]을 제거하고자 하는 마지막 가능한 실험이 될 것이다. 이를테면 이 비판은 자기중심성의 가장 단순한 형태이기에 가장 견고한 형태인, 바로 유일성(Einzigkeit), 배타성(Ausschliesslichkeit), 자기중심성의 형태에 대한 투쟁이다.[244]

[148] **비판가** : 당신들 사이에 여전히 하나의 배타성만이 존재하는 한, 어떻게 참으로 사회적으로 살 수 있단 말이냐?

슈티르너 : 나는 다음과 같이 거꾸로 묻고 싶다. 당신들 사이에 여전히 하나의 관계 맺음이 존재하는 한, 어떻게 진정으로 독특하게(einzig) 살 수 있단 말이냐? 당신이 연관되어 있다면, 당신은 서로를 떠날 수 없다. 그러니까 어떤 '결합 관계'가 당신을 둘러싼다면, 당신은 **다른 것과 관련하여** 어떤 것일 뿐이다, 당신들 12명이 모여 한 다스를 만들고, 당신들 수천 명이 모여 하나의 국민을 만들고, 당신들 수백만 명이 모여 인류를 만든다.

비판가 : 마치 당신이 애국적일 때만, 서로를 애국자로서 이해할 수 있듯이, 당신이 인간다울 때만, 서로를 인간다운 존재로서 취급할 수 있다고!

슈티르너 : 그러면, 나는 다음과 같이 응답하고 싶다. 당신이 유일할

243 'Ausschliesslichkeit'는 유일성, 배타성, 물리치는 성질로 번역하였다. 문맥으로 이해하면, 슈티르너는 이 단어를 인간다움이라는 보편성에 반대하는 의미로 사용한다. 그러므로 유일성으로 번역할 수 있다. 또한 유일성은 각각의 고유한 성질이기 때문에 통합하고 일치하는 것이 아니라, 서로를 밀어내는 성질을 갖는다는 의미에서 배타성을 띠고 있으며 이는 서로 물리치는 성질이며 서로 밀쳐내는 힘이라고 볼 수 있다. 영어로는 repulsion인데, 이는 물리학에서 척력(斥力)이라 한다. 척력은 같은 종류의 전기나 자기를 가진 두 물체가 서로 밀어내려는 힘을 말한다.

244 아래의 글은 비판가와 슈티르너의 대화 형식으로 재구성한 것이다.

(einzig) 때만, 당신다운 존재로서 서로 함께 교류할(verkehren) 수 있다.

정확하게도 자기 원칙의 저주로 인해 가장 큰 타격을 받은 사람은 가장 날카로운 비판가이다. 그가 차례차례 배타적인 것, 교회주의, 애국심 등등을 떨쳐버리면서, 다른 사람과의 하나의 결합 관계를 걷어치우고, 종교적 사람, 애국자 등등과 자신을 분리하여, 마침내 모든 결합 관계를 걷어치웠을 때, 그는 고립해—있다. 무엇보다도 그는 배타적이거나 개인적인 모든 것을 제쳐두어야만 한다. 그가 철저하게 그렇게 했을 때, 배타적, 유일한 사람 그 자체보다 더 배타적일 수 있는 것은 무엇이란 말인가!

아니면 그는, **모든 사람이** '인간'이 되어 배타성을 포기했다면 아마도 상황이 더 좋았을 것으로 생각하는 것일까? 정말로, '모든'은 '모든 개인'을 의미하기 때문에, 바로 그렇기 때문에, 가장 날카로운 모순이 여전히 지속한다. 왜냐하면 '개인'이 바로 배타성 그 자체이기 때문이다. 인간적 자유주의자가 더 이상 개인에게 개인적인 것, 배타적인 것, 어떤 개인적 생각과 개인적 어리석음을 허용하지 않는다면, 다시 말해 개인다운 것에 대한 그의 증오는 절대적이고 광신적 증오이기 때문에, 그가 자신의 면전에 없는 개인의 모든 것을 비판한다면, 그러니까 개인다운 모든 것은 **인간답지 않은 것**이기 때문에, 그는 개인다운 것에 대해 어떤 관용도 모른다면, 그는 사삿사람(Privatperson) 그 자신을 끊임없이 비판할 수 없다. 왜냐하면 개인다운 사람의 견고함이 그의 비판에 저항하기 때문이다. [149] 그리고 그는 이런 사람을 '사삿사람'이라고 선언하는 데 만족해야만 하고, 실제로 이런 사람에게 다시 개인다운 모든 것을 남겨두어야 한다.

더 이상 개인다운 것에 관심을 두지 않는 사회는 무엇을 할까? 개인다운 것을 불가능하게 하는가? 아니다, 오히려 "개인다운 것을 사회적 이해관계에 종속시킬 것이다. 그리고 예를 들자면, 사회적 이해관계가 보편적 이해관계와 충돌하지 않는 한에서, 그것이 원하는 만큼 휴일을 제정하는 것은 개인의 의지에 맡겨라."[245] 개인적인 모든 것이 자유롭게 남는다. 다시 말해 그것은 사회에 대해 어떤 이해관계도 갖지 않는다.

교회와 종교성이 과학을 차단함으로써, 둘은 항상 그러한 바의 존재였다는 점, 다시 말해 그것들은 국가의 필요한 토대이자 기초—순전히 사적인 일—라고 공포될 때, 이것은 또 다른 가상 아래 숨는 것이라는 점을 선언한 셈이다. 또한 그것들이 국가와 연결되어 국가를 기독교다운 것으로 만들었을 때조차, 그것들은 다음과 같은 점을 증명할 뿐이다. 즉 국가가 아직 그 자신의 보편적 정치적 이념을 전개하지 못했다는 점, 그런 국가란 단지 사권(私權)만을 제정한다는 점—이러한 점들은 국가의 일은 사적인 일이고 사적인 일에만 관계해야만 한다는 사실을 가장 잘 표현해 준 것에 불과하였다. 국가가 마침내 용기와 힘을 갖게 되어, 자신의 보편적 목적을 완수하고, 자유로워질 때, 따라서 국가가 또한 사적인 이해관계와 사적인 볼일을 교회와 신앙심의 참된 입장에 줄 수 있을 때—그때 종교와 교회는 아직 그런 적이 없지만, 자유롭게 될 것이다. 종교와 교회는 가장 순수한 사적인 일, 순수하게 개인적 욕구의 충족으로서, 그것들은 그것들 자신에게 맡겨질 것이다. 그리고 모든 개인, 모든 공동체와 교회공동체는 그것들이 원한 대로, 필요하다고 간주한 대로 영혼(Seele)의 구원을 돌볼 수(sorgen) 있을 것이다. 각자는 영혼의 구원이 자신에게 개인적 욕구인 한에 있어서 영혼의 구원을 돌보고, [150] 자기 욕구의 충족을 가장 잘 보장해 줄

245 원주 39, 브루노 바우어, 『유대인 문제』, (브라운슈바이크, 1843), 66쪽.
(바우어는 "국가적 이해관계" (Staatinteresse)및 "국가의 보편적 이해관계"라고 말한다. - 옮긴이)

것이라 여겨지는 자만을 목사(Seelsorger)로서 받아들이고 그에게 비용을 지급할 것이다. 과학이란 결국 완전히 그 역할을 잃게 될 것이다.[246]

그러나 무슨 일이 일어나야 할까? 사회적 삶이 종말을 고해야 하는가? 그리고 모든 사교성, 모든 친교 맺음, 곧 사랑의 원리 또는 사회의 원리에 의해 창조된 모든 것이 사라져야 하는가?

마치 항상 그가 다른 사람을 찾지 않는 이유가, 그가 필요한 사람은 그이기 때문에. 마치 그가 다른 사람과 함께 어울리면 안 되는 때는, 그가 필요한 사람은 그이기 때문에. 그러나 다음과 같은 다른 점이 있다. 그 당시에 실제로 개인은 개인과 힘을 **합친다**(vereinigt), 이와 달리 예전에는 개인은 결합 관계(Band)를 통해서 개인과 **결합되었다**(verbunden). 다시 말해 어른이 되기 이전에, 자식과 아버지는 하나의 결합 관계를 통해 결합되지만, 어른이 된 이후에 그들은 자립 상태에서 모일 수 있다. 다시 말해, 어른이 되기 전에, 그들은 **함께** 가족의 구성원을 **이룬다**(가족에 '복종하는 사람들'이었다). 그러나 어른이 된 이후에, 그들은 자기중심적 사람들로서 서로 힘을 합친다(vereinigen). 물론 어른이 된 이후에도 자식임과 아버지임이라는 사실은 남아 있다. 하지만 더 이상 자식과 아버지는 그러한 추상적 사실에 구속되지 않는다.

실제로 마지막 특별한 권리는 '인간'이다. 그러니까 '인간'으로서 모든 사람은 특별한 권리가 있거나 특별한 권리를 받는다. 왜냐하면 바로 브루노 바우어가 말한 것처럼 "모든 사람에게 특별한 권리가 확대되더라도, 특별한 권리는 여전히 남아 있기"[247] 때문이다.

---

246 원주 40, 브루노 바우어, 『자유라는 훌륭한 일과 나 자신의 사적 용무』, (취리히와 빈터투어, 1842), 62-3쪽.

247 원주 41, 브루노 바우어, 『유대인 문제』, 60쪽.

따라서 자유주의는 다음과 같은 변신들로 진행된다.

첫째, 개인은 인간이 아니다. 그러므로 개개의 인격체는 아무런 가치가 없다. 곧 개인적 의지도, 어떤 자유재량도, 어떤 지시 또는 명령도 없구나!

둘째, 개인은 인간다운 것을 **소유하지** 않는다. 그러므로 내 것과 네 것, 또는 소유라는 것은 중요하지 않다.

셋째, 개인은 인간도 아니고, 인간다운 어떤 것도 소유하지 않기 때문에, 개인은 전혀 존재하지 않아야 한다. [151] 자기중심적 소유물이 있는 자기중심적 사람으로서의 개인은 비판에 의해 없어져야만 하고, 인간, '이제야 비로소 발견된 인간'을 위하여 자리를 양보해야만 한다.

그러나 비록 개인이 인간이 아니기는 하지만, 인간은 여전히 개인 속에 현존한다. 그리고 인간은 모든 유령과 모든 신적인 것과 마찬가지로 역시 개인 속에 자신의 실존이 있다. 그러므로 정치적 자유주의는 '타고난 인간'으로서의 자유, 다시 말해 양심의 자유, 소유의 자유 등등—요컨대 '인간의 권리'를 포함하는 타고난 인간으로서의 개인에게 마땅히 귀속되어야 할 모든 것들을 개인에게 붙여 준다. 사회주의[사회적 자유주의]는 **활동적** 인간으로서, 다시 말해 '노동하는' 인간으로서 개인에게 속하는 것을 개인에게 허락한다. 마지막으로 인간적 자유주의는 개인이 '인간'으로서 가지고 있는 것, 다시 말해 인류에 속하는 모든 것을 개인에게 준다. 그 결과, 유일자(Einzige)는 아무것도 갖지 못하지만, 인류는 모든 것을 갖는다. 그리고 기독교에서 설교되었던 '부활'의 필연성이 아주 분명하게 그리고 최대한 요청된다. 어떤 새로운 창조물이 되어

(위의 인용문은 바우어의 글에서는 유대인과 관계되는 것으로, 바우어는 유대인에게 있어서는 "하나의 특별한 권리는 단지 또 다른 특별한 권리와 교환될 뿐"이며, "그들이 기독교인이 된다는" 조건으로 해방을 얻게 된다고 기술하고 있다.- 옮긴이)

라, '인간'이 되어라!

게다가 사람은 주기도문의 마지막 구절이 생각났다고 생각할 수도 있었다. 지배('힘' 또는 뒤나미스(Dynamis))는 인간에 속한다. 그러므로 어떤 개인도 지배자가 될 수 없지만, 인간은 개인의 지배자이다. —다시 말해서 인간의 소유가 왕국, 세계이다. 따라서 개인이 재산 소유자가 아니라—'모두'인 인간이 세계를 소유물로서 지배한다. 모든 것 중에서 인간은 명성, 찬미(Verherrlichung) 혹은 '영광'(Herrlichkeit(독사Doxa[248])을 받을 가치가 있다. 왜냐하면 인간 또는 인류는 개인의 목적이고, 개인은 그것을 위해 일하고 생각하며 살아가기 때문이다. 그리고 그것의 영광을 기리기 위해 개인은 '인간'이 되어야만 하기 때문이다.

지금까지 인류는 항상 다른 관점에서 그들의 비동등성이 '중요하지 않게' 될 공동체를 찾아내기 위해 노력해 왔다. 따라서 사람들은 동등화를 얻고자 노력하였고, 그 결과 평등을 열망했다. 그리고 사람들은 모두를 일치시키고(unter einen Hut kommen) 싶어 했다. 이것은 사람들이 동일한 지배자, 동일한 결합 관계와 그리고 동일한 신앙('우리는 모두 동일한 신을 믿는다')을 얻으려고 애쓰는 것과 별반 다르지 않다. [152] 사람들에게 인간 그 자체보다 더 공통적이거나 더 평등한 것은 없다. 그리고 사랑의 충동은 이러한 공동체 속에서 그 충동의 만족을 찾았다. 다시 말해 사랑의 충동은 이것이 이런 최종적 동등화를 가져올 때까지, 모든 같지 않음을 같게 만들 때까지, 인간이란 관념을 사람들의 마음에 명심케 할 때까지 쉬지 않았다. 그러나 바로 이 공동체 아래에서 부패와 파

248 원시 기독교 신학의 중요한 개념으로, 초현세적 신의 존엄(위엄)을 의미한다. 원래 독사는 '정통(ortho)의 믿음(dox)에 따른다'는 정교(Orthodox)에서 보듯이 정설 또는 정통의 믿음이라는 의미이고 기독교의 성경에서는 영광(glory)이라는 뜻으로도 쓰인다.

멸이 가장 심하게 나타난다. 더 제한된 공동체 속에서 프랑스 사람은 여전히 독일 사람을 적대했으며, 여전히 기독교인은 이슬람교인을 적대하였다, 등등. 그뿐만 아니라, 이제는 그 인간(der Mensch)이 그 인간들(die Menschen)에 적대하고, 또는 그 인간들이란 그 인간이 아니기 때문에 그 인간은 인간답지 않은 인간들에 적대하고 있다.[249]

이제 "신이 인간이 되었다."라는 문장에 다음 문장이 이어진다. "인간이 내가 되었다." 이 문장은 **인간다운 나**를 의미한다. 그러나 우리는 이 문장을 뒤집어서 다음과 같이 말한다. 내가 인간으로서의 나 자신을 찾는 한, 나는 나 자신을 결코 찾을 수 없다. 하지만, 이제 인간이 내가 되길 열망하고 나 속에서 뼈와 살을 갖추길 갈망한다는 일이 아주 분명하다. 어찌 되었건 나는, 모든 것이 나에게 달려있다는 것, 그리고 내가 없으면 인간도 없다는 사실에 주목한다. 하지만 나는 이런 가장 신령스러운 영역에서 나를 희생시키고 싶지 않다. 그리고 나는 이제부터 내가 추적하는 것이 인간인지 또는 인간답지 않은 인간들인지를 묻지 않을 것이다. 그러한 **정신**으로 나를 괴롭히지 말게!

인간적 자유주의는 근본적으로 작동한다. 만약 그대가 한 가지 점에서 특별한 사람이 되거나 특별한 것을 갖고 싶다면, 만약 그대가 그대를 위해 남보다 뛰어난 특질이라도 지키길 원한다면, 그리고 만약 그대가 '보편적 인간의 권리'가 아니라 한 사람의 권리라도 요구한다면, 그대는 **자기중심적 사람**이다.

그럼, 어디 두고 보자! 나는 남들보다 특별하거나 특별한 것을 갖고

---

249 지금까지 'der Mensch'을 인간으로 옮겼다. 그리고 그 의미는 앞서 설명하였다. 그런데 이 부분에서 정관사를 그대로 두고 번역하였다. 왜냐하면 슈티르너는 단수와 복수의 대조를 통해 추상적 인간과 구체적 인간을 대립시키고 있기 때문에 정관사를 그대로 두고 옮기는 것이 더 명확해 보이기 때문이다.

싶지 않다. 나는 다른 사람보다 뛰어난 특질을 요구하고 싶지 않다. 그러나—또한 나는 다른 사람에 견주어 나를 측정하고 싶지 않다. 그리고 나는 결코 어떤 권리도 갖고 싶지 않다. 나는 내가 될 수 있고 갖고 싶은 모든 것이고자 한다, 다른 사람이 비슷하게 존재하든 비슷하게 갖든, 그것이 나와 무슨 상관이냐? 다른 사람들은 동일한 사람일 수도 없으며, 동일한 것을 가질 수도 없다. [153] 나는 내가 운동에 있어서 바위보다 '우월하다'는 사실로 인해서 그 바위에 어떤 피해도 끼치지 않는 것처럼, 나는 사람들에게 어떤 피해도 끼치지 않는다. 그들이 같은 것을 가질 능력이 있다면, 그들은 같은 것을 가질 것이다.

다른 사람에게 어떤 피해도 끼치지 말라는 말은 아무런 특질도 갖지 말라는 요구로 귀결된다. 이는 모든 '우월한 존재'를 체념하라는 가장 엄격한 금욕-론이다. 사람은 유대인이나 기독교인처럼 자신을 '어떤 특별한 존재'로 여기지 않아야만 한다. 이것 참, 나는 나 자신을 어떤 특별한 존재로 여기는 것이 아니라, 유일한 존재로 여긴다. 확실히 나는 남들과 비슷한 점이 있다. 하지만 그것은 견주어 보거나 돌이켜보는 경우에만 해당한다. 실제로 나는 비교할 수 없는 존재이며, 유일한 사람이다. 나의 육신은 다른 사람의 육신이 아니고, 나의 마음은 다른 사람의 마음이 아니다. 당신이 나의 마음과 나의 육신을 '육신, 마음'이라는 일반성에 포섭시킨다면, 그것들은 나의 육신, 나의 마음과 아무런 관계가 없는 당신의 생각이다. 그리고 당신이 내 것에 대해 '호명'할 수 있는 것은 조금도 없다.

나는 그대가 재산 소유자도 아니고, 몹시 가난한 사람도 아니며, 심지어 인간도 아니라는 것을 인정하거나 존중할 생각이 없다. 오히려 나는 그대를 이용할 생각이다. 나는 소금이 나에게 음식을 맛있게 만든다는 것을 알기 때문에, 나는 소금을 녹인다. 그리고 나는 생선을 음식으로 인식하기 때문에, 나는 생선을 먹는다. 나는 그대 안에서 내 삶을 즐겁게 해줄 재능을 발견하기 때문에, 나는 그대를 동반자로 선택한다. 또는, 나는 소금에서 결정체를 연구하고, 생선에서는 동물성을, 그대에게서는 사람을 연구한다, 등등.[250] 그대는 나에게 너는 오직 나를 위한 사람, 즉 나의 대상일 뿐이다. 그리고 그대가 나의 대상이기 때문에, 나의 소유이다.

극빈자 신세는 인간적 자유주의에서 완성된다. 우리가 자기소유성에 도달하고자 한다면, 우리는 먼저 가장 거지같은 상태, 가장 궁색한 상태로 내려가야만 한다. 왜냐하면 우리는 우리에게 걸맞지 않은 모든 것을 벗어버려야만 하기 때문이다. 그러나 벌거벗은—인간보다 더 거지 같은 사람은 아무도 없다.

그럼에도 불구하고 내가 인간조차 떨쳐 버린다면, 이 일은 극빈자 신세보다 더 나은 일이다. 왜냐하면 나는 인간 역시 나에게 걸맞지 않다고 느끼고, 인간이라는 이유로 자만할 수 없다고 느끼기 때문이다. 이 사람은 더 이상 한낱 극빈자가 아니다. 왜냐하면 마지막 누더기와도 헤어졌기 때문이고, [154] 여기에 진정한 솔직함이, 곧 나에게 걸맞지 않은 모든 것이 드러나 있기 때문이다. 극빈자는 빈곤 자체를 벗어던졌고 그 일로 자신의 과거의 모습인 극빈자이기를 중지하였다.

나는 이제까지는 극빈자였어도, 이제는 더 이상 극빈자가 아니노라.

현재 낡은 자유주의자와 새로운 자유주의자 사이에서의 투쟁만이, 다시 말해 '자유'를 좁게 이해한 사람과 자유를 '최대한으로' 원하는 사람 사이의 투쟁만이, 따라서 온건한 사람과 과격한 사람 사이의 투쟁만이 있었기 때문에, 이 순간까지 불화가 폭발적으로 발생할 수 없었다. 모든 것은 이 질문에 달려있다. 인간은 얼마나 자유로워야만 하는가? 인간은 자유로워야 한다고 모두가 그렇게 믿고 있다. 그러므로 모두가 자유주의자이기도 하다. 그러나 모든 개인의 어딘가에 있는 인간답지 않은 인간

---

250 탐구의 방법론이 구체적인 것에서 추상적인 것으로 나가는 방식을 채택하고 있다. 추상 속에 갇힌 개인의 압박을 해소하기 위한 목적에 부응하는 방법론이라 볼 수 있다

을 얼마나 억누를 수 있겠는가? 어떻게 인간과 동시에 인간답지 않은 인간이 자유롭지 않도록 할 수 있을까?

마치 신이 악마를 가지고 있듯이, 모든 자유주의는 불구대천의 원수, 정복할 수 없는 적대자가 있다. 인간 곁에는 항상 인간답지 않은 인간, 개인, 곧 자기중심적 사람이 서 있다. 국가와 사회, 그리고 인류는 이러한 악마를 극복하지 못한다.

인간적 자유주의는, 여전히 '자유'를 원하지 않는 다른 자유주의자를 보여주는 사명을 끝까지 추구한다.

만약 다른 자유주의자들이 고립된 자기중심성만 마음에 두고 가장 중요한 부분을 깨닫지 못했다면, 급진적 자유주의는 고립된 자기중심성에 반대하여 '대중'의 자기중심성을 지니고 있고, 대중 속에서 대의를 만드는 것처럼, 자유의 대의를 자신의 것으로 만들지 못하는 모든 사람을 내동댕이친다. 그 결과 이제 인간과 인간답지 않은 인간이 엄격하게 분리되어, 서로 적으로서, 다시 말해 '비판'과 '대중'[251]으로서 맞서고 있다. [155] 더 정확히 말하자면 바우어가 언급했듯이, 예컨대 "자유로운, 인간다운 비판"[252]이 조야한, 종교적 비판과 맞서고 있다.

---

251 원주 42, 브루노 바우어(익명으로), 「힌리히스(H. F. W. Hinrichs), 『정치학 강의』제2권(할레, 1843)에 대한 비판」, 편집, 브루노 바우어, 『일반문예신문』제5호(샤를로텐부르크 4월 1844), 23-25쪽. 또한 「콘라드 멜히오르 히르첼(Konrad Melchior Hirzel), 「취리히에서 보낸 편지」에 대한 비판」, 『일반문예신문』 제5호(샤를로텐부르크 4월, 1844), 11-15쪽.

(바우어는 헤겔의 '절대정신'에 해당하는 '보편적 자기의식'을 획득할 것을 주장하는 동시에 기독교가 보편적 자기의식 획득의 장애임을 역설했다. 나아가 기독교와 국가의 분리, 자기의식을 획득한 비판철학과 국가의 결합을 주장했다. 하지만 보편적 자기의식을 실체화한 나머지 1844년에는 보편적 자기의식에 도달하지 못한 채 반체제운동을 전개하는 자를 모두 '대중'이라고 부르고 이에 대한 비판으로 향하게 된다. - 옮긴이)

252 원주 43, 브루노 바우어, 『유대인 문제』(브라운슈바이크, 1843), 114쪽.

비판은 비판이 모든 대중을 이길 것이고 "대중에게 보편적 결점을 증명하게 될 것이라고"[253] 희망한다. 따라서 그 비판은 마침내 비판의 주장이 올바르길(Recht) 원하고, '용기 없고 마음이 약한 사람들'의 모든 말다툼을 자기중심적 **독단**(Rechthaberei), 곧 쩨쩨한 것, 하찮은 것이라고 묘사하고 싶어 한다. 모든 논쟁은 의미를 잃고 사소한 다툼은 포기된다. 왜냐하면 비판에서는 공동의 적이 싸움터로 들어가기 때문이다. '당신은 전부 자기중심적 사람들이야, 어느 쪽도 다른 쪽보다 낫지 않아!' 이제 자기중심적 사람들은 함께 비판에 맞서 있다.

정말로 자기중심적 사람들이 그럴까? 아니다, 대중들은 그 비판이 자신들을 자기중심성이라고 비난하기 때문에, 그 비판과 정확히 싸운다. 다시 말해서 대중들은 자기중심성을 인정하지 않는다. 따라서 비판과 대중은 똑같은 기반 위에 서 있다. 다시 말해 양자는 자기중심성에 대항해서 투쟁하고, 스스로 자기중심성을 받아들이지 않으며, 다른 자에게 죄를 전가한다.

비판과 대중은 자기중심성으로부터의 해방이라는 동일한 목표를 추구한다. 그리고 그들 중 누가 그 목표에 가장 근접할지 또는 게다가 그 목표를 달성할지에 대해서 말다툼할 뿐이다.

유대교인들, 기독교인들, 독재자들, 반계몽주의자들[254]이나 계몽된

---

253 원주 44, 히르쩰, 「취리히에서 보낸 편지」, 『일반문예신문』제5호(샤를로텐부르크, 4월 1844), 15쪽.

(히르쩰(1793~1843)은 스위스의 법학자이자 정치가였다. 정치인으로서 그는 1825년부터 1839년까지 취리히 대협의회 회원이었다. 1832년에 그는 시장(市長)이었는데 1839년 사회의 대변동에 의해 시장직을 빼앗겼다.- 옮긴이)

254 Dunkelmänner(어둠의 사람)은 누군가를 반계몽주의라고 비난하는데 사용되는 용어이다. 이 단어와 반대되는 Lichtmänner(빛의 사람)은 오늘날 서양에서 계몽된 사람을 언급하는데 사용되는 용어이다.

사람들, 정치가들이나 공산주의자들—간단히 말해 모든 사람은 자기중심성에 대한 비난을 자신과 아무런 관계가 없다고 여긴다. 그리고 비판은 그들을 향해 노골적으로, 가장 넓은 의미로 이렇게 비난하기 때문에, 그들은 모두 자기중심성의 비난에 반대하여 자신들을 정당화하고, 비판이 전쟁을 벌이는 똑같은 적, 곧 —자기중심성과 싸운다.

비판과 대중, 둘은 모두 자기중심적 사람의 적이다. 그리고 이 둘은 자기중심성을 상대편에 속하게 하는 만큼, 자신을 정화하거나 깨끗하게 함으로써, 자기중심성으로부터 그들 자신을 자유롭게 하려고 노력한다.

[156] 비판가는 대중에게 자기중심성의 '단순한 개념과 상투어'를 전달하는 진정한 '대중의 대변자'이다, 반면에 대중들의 승리를 인정하지 않는 대변자는 솜씨가 서투른 사람이었을 뿐이다.[255] 그는 자기중심성에 대항하는 자유의 전쟁에서 대중의 군주이며 야전군 사령관이다. 비판가가 맞서 싸우는 것에 맞서 대중 또한 싸운다. 그러나 동시에 비판가 또한 대중의 적이나, 단지 대중 앞에 있는 적이 아니라, 대중에게 용기를 강요하기 위해서 소심한 사람들 뒤에서 가죽 채찍을 휘두르는 친근한 적이다.

이렇게 함으로써, 비판가와 대중의 대립은 다음과 같은 모순으로 환원된다.[256]

비판가: 너희는 자기중심적 사람들이구나!

255 원주 45, 브루노 바우어(익명으로), 「힌리히스(H. F. W. Hinrichs), 『정치학 강의』제2권(할레, 1843)에 대한 비판」, 편집, 브루노 바우어, 『일반문예신문』제5호(4월 1844), 24쪽.

256 아래에 비판가와 대중의 대화를 반박의 형식으로 재구성하였다. 그래야만 내용이 잘 전달되기 때문이다.

대중: 아니야, 우리는 자기중심적 사람들이 아니라고!

비판가: 나는 너희가 자기중심적 사람들임을 증명해 보일 거야! 너희는 우리가 정당하다는 것을 들을 거야!

그렇다면 이 둘을 그들이 주장하는 사람, 자기중심적이지 않은 사람들이라고 간주해보자, 그리고 이 둘이 서로를 자기중심적 사람으로 간주해보자. 그들은 자기중심적 사람이면서 아니기도 하다.

비판은 실제로 다음과 같이 말한다. 그대는 그대의 나(dein Ich)를 모든 제약으로부터 완전히 자유롭게 만들어서 그것이 인간다운 나(ein menschliches Ich)가 되게 해야 한다. 이에 대해 나는 다음과 같이 주장한다. 그대가 할 수 있는 만큼 자신을 자유롭게 하라, 그러면 그대는 그대의 역할을 다한 것이다. 왜냐하면 모든 한계를 헤치고 나갈 수 있는 그대의 나가 모든 사람에게 제공되는 것은 아니기 때문이다. 혹은 더 풍부하게 표현하면, 나머지 사람들에게 한계인 것이 모든 사람에게 주어진 한계는 아니기 때문이다. 따라서 다른 사람의 한계에 그대 자신을 피로하게 하지 마라. 다시 말해, 그대가 그대의 한계를 부순다면, 그것으로 충분하다. 이제까지 모든 인간을 위해서 하나의 한계만이라도 파괴하는 일에 성공한 적이 있는 사람은 누구인가? 언제나 그렇듯이, 오늘날에도 무수한 사람이 모든 '인류의 한계'를 안고 돌아다니는 것은 아닌가? 자신의 한계 중 하나를 극복한 사람이 다른 사람에게 방법과 수단을 가르쳐 줄 수 있다. 다시 말해, 그들의 한계를 극복하는 일은 자신들의 일로 남는다. 어떤 사람도 다른 사람의 일을 하지 못한다. 사람에게 완전히 인간이 되라고 무리하게 요구하는 것은 모든 인간의 한계를 무너뜨리라고 요구하는 것을 의미한다. 그런 일은 불가능하다. 왜냐하면 인간에게는 어떤 한계도 없기 때문이다. 사실 나는 몇몇 한계를 갖고 있긴 하지만, 나와 상관있는 나의 한계이다. [157] 그리고 그것들은 나에 의해서만 극복될 수 있다. 나는 한 인간이 될 수 없다, 왜냐하면 나는 단지 나이고, 한낱 인간이 아니니까.

그렇지만 그 비판이 우리 마음에 새길 수 있는 어떤 교훈을 주지 않았는지 살펴보도록 하자! 내가 이해관계가 있는 인간이라면 나는 자유롭지 못한가? 내가 사심이 있는 사람이면, 나는 인간이 아닌가? 글쎄, 비록 내가 열광적으로 자유롭거나 인간적이 아니라도, 내가 자신을 내세우거나 나 자신을 주장할 기회를 놓치고 싶지 않다. 비판은 다음과 같은 교훈을 통해 나에게 이 기회를 제공해 준다. 곧 어떤 것이 내 마음속에서 점점 더 뿌리내리고 그것이 용해될 수 없다면, 나는 그것의 포로이고 노예, 곧 정신을 빼앗긴 사람이 된다. 하나의 이해관계가 무엇을 위한 것이든지 간에, 내가 그것에서 벗어날 수 없다면, 그것은 내 안에 있는 노예를 노획한다. 그리하여 그것은 더 이상 내 소유가 아니라, 오히려 내가 그 이해관계의 소유가 된다. 그러므로 우리는 비판의 지시를 받아들여, 우리 소유의 어떤 부분도 견고한 상태가 되게 하지 말고, 그 이해관계를 해체하는 것에서만 안락함을 느끼도록 하자.

따라서 비판이 "그대가 끊임없이 비판하고 해체할 때만 그대는 인간이야!"라고 말한다면, 그다음에 우리는 다음과 같이 말한다. "나는 어떤 경우에도 인간이고, 또한 나는 나이다." 그러한 이유로 나는 오로지 다음과 같은 것을 염려한다. 나는 오직 내 소유를 나에게 확보하기를 원하는 것, 그리고 그것을 안전하도록 항시 내 소유를 나 자신에게 귀속시키고, 그것 속에서 자립성을 향한 모든 움직임을 파괴하는 것이다. 그리고 나는 내 소유가 그 자체로 고정되거나 하나의 '고정 관념' 혹은 하나의 '병적 욕망'이 될 수 있기 전에 그것을 꿀꺽 삼켜 넘긴다.

그러나 내가 그 일을 하는 것은 나의 '인간다운 소명'을 위해서가 아니라, 오히려 나 자신이 그 일을 불러일으키기 때문이다. 나는 한 사람이

해체할 수 있는 그 모든 것을 해체한다고 뽐내며 걷지 않는다. 그리고 예를 들어 내가 아직 열 살이 아닌 동안에, 계명들의 말도 안 되는 소리를 비판하지 않는다, 그러나 그럼에도 나는 인간이다. 그리고—내가 여전히 계명들을 비판하지 않고 내버려 둔다는 바로 그 점에서 정확하게 나는 인간답게 처신하고 있다. 요컨대, 나는 어떤 소명도 없고, 어떠한 소명도 따르지 않는다. 다시 말해 사람이 되라는 소명조차 따르지 않는다.

이제 나는 자유주의가 다양한 노력으로 성취했던 것을 거부하는가? 획득한 어떤 것이 없어진다는 것은 당치도 않는 소리구나! [158] 자유주의를 통해 '인간'이 자유롭게 된 이후에, 오로지 나는 다시 나 자신을 돌아보고 나 자신에게 솔직하게 고백한다. '인간이 획득했던 것처럼 보이는 것, 그것은 내가 획득했던 것일 뿐이다.'

"인간이 사람에게 최고의 존재일" 때, 인간은 자유롭다. 따라서 모든 최고의 존재가 파괴되었고, 신학이 인간학에 의해 전복되었고, 신과 신의 은총이 비웃음을 받고, '무신론'이 두루 널리 퍼지게 되었다는 점이 자유주의의 완성의 주요 부분이다.

'나의 신'마저 의미가 없어졌을 때, 소유의 자기중심성은 그것의 최후의 것을 상실하였다. 왜냐하면 개인이 신에게서 자신의 구원을 찾으려고 애쓰듯이, 개인의 구원이 신에게 대단히 소중할 때만 신이 존재하기 때문이다.

정치적 자유주의는 주인과 하인의 불평등을 폐지하였다. 그것은 사람들을 주인이 없는, 무질서한 상태(anarchisch)로 만들었다. 이제 주인은 하나의 허깨비—법과 국가—가 되기 위해, 개인들, '자기중심적 사람들'부터 아득히 멀어지게 되었다. 사회적 자유주의는 소유의 불평등, 곧 빈자와 부자의 불평등을 폐지하고, 사람들을 재산이 없게 또는 소유물이 없게 만든다. 개인에게서 소유물을 빼앗아 허깨비 같은 사회로 넘겨주었다. 인간적 자유주의는 사람들을 신이 없는, 다시 말해 무신론적으로 만들었다. 그러므로 개인들의 신, 다시 말해 '나의 신'은 제거되어야만 한다. 이제 주인 없음은 사실 동시에 봉사할 일이 전혀 없다는 것이고, 소유 없음은 동시에 소유에 대한 근심이 전혀 없다는 것이며, 신이 없음은 동시에 선입견이 전혀 없다는 것이다. 왜냐하면 주인과 함께 하인도 사라지고, 소유와 함께 소유에 대한 근심도 사라지고, 단단히 뿌리내리고 있던 신과 함께 선입견도 사라지기 때문이다. 그러나 주인이 국가로 다시 살아나기 때문에, 하인이 국민으로 다시 나타난다. 또한 소유가 사회의 소유가 되기 때문에, 근심이 노동으로서 새로이 생긴다. 그리고 인간으로서의 신이 선입견이 되기 때문에, 새로운 신앙, 다시 말해 인류 또는 자유라는 신앙이 생긴다. 개인들의 신 대신에, 이제 모든 사람의 신, 다시 말해 '인간'이 찬양되었다. '왜냐하면 인간답게 존재한다는 것이 우리 모두에게 최상의 일이기 때문이다.' [159] 그러나 아무도 앞서 말한 '인간'이 완전히 될 수 없기 때문에, 개인들에게 인간이라는 것은 하나의 고상한 내세, 하나의 도달할 수 없는 최고의 본질, 곧 하나의 신으로 남는다. 그렇지만 동시에 인간이라는 것은 '참된 신'이다. 왜냐하면 인간이라는 것은 우리에게, 다시 말해 우리 자기 '자신'에 충분히 적합하기 때문이다. 인간이라는 것은 우리 자신이지만, 우리로부터 분리되었고 우리를 멸시하였다.

주해(註解)[257]

앞에서 말한 '자유로운 인간 비판'의 비평은, 다른 곳에서 이런 경향의 저술을 언급했듯이, 그와 관련된 책들이 출판된 직후에 단편적으로 쓰였던 것이고, 나는 그런 단편들을 모으는 일 이외에는 거의 아무 일도 하지 않았다. 그러나 비판이 쉴 새 없이 출간되었기 때문에, 한 번 더 그러한 비판을 다시 화제로 삼아, 내 책이 끝난 지금, 이 결말 주해를 첨가하는 일이 꼭 필요하였다.

나는 브루노 바우어가 발간한 『일반문예신문』 최신호, 제8호를 내 앞에 두고 있다.[258]

그 신문의 맨 위에 또다시 「사회의 보편적 이해관계」라는 글이 있다. 하지만 바우어의 비판은 깊이 헤아린 것이었고, 이 '사회'에 새로운 정의를 주어 이전에 여전히 그 말과 혼동되었던 형태와 분리해서 생각하게 되었다. 다시 말해 이전의 구절에서 여전히 '자유로운 국가'라고 찬양했던 '국가'는 완전히 포기되었다. 왜냐하면 국가는 결코 '인간다운 사회'의 사명을 다할 수 없기 때문이다. 바우어의 비판은 오직 1842년에 "잠시 인간의 본질과 정치적 본질을 동일시하지 않을 수 없다는 것을 깨달았

---

257 슈티르너는 자신의 책 초안을 완성한 다음, '순수 비평가'(브루노 바우어)의 새로운 자기 비판적 기사가 포함된 월간『일반문예신문』 제8호(7월 1844)을 읽었다. 그 신문에 실린 기사는 브루노 바우어가 익명으로 쓴 글인 「이제 비판의 대상은 무엇인가?」(Was ist jetzt der Gegenstand der Kritik?)이다. 그 글에서 슈티르너는 브루노 바우어의 '비판'에 본질적 변화가 있음을 알았다. 그래서 슈티르너는 제1부 마지막에서 브루노 바우어의 '비판'에 대한 변화에 응답하고자 한 것이다.

258 원주 46, 브루노 바우어(익명으로), 「이제 비판의 대상은 무엇인가?」, 월간 『일반문예신문』제8호(샤를로텐부르크, 7월 1844), 18-26쪽. 별도의 언급이 없는 한 이 장의 마지막 부분까지의 모든 인용명은 상기 논문에서 발췌한 것임.

다.” [160] 이제 막 그의 비판은 국가, ‘자유로운 국가’조차 인간다운 사회는 아니라는 점을 발견했고, 또한 마찬가지로, 국민이 ‘인간’이 아니라는 점을 발견했다. 우리는 그 비판이 어떻게 신학으로 끝나는지를 알았고 그 비판이 어떻게 신이 인간 앞에서 맥없이 쓰러지는지를 명확히 보여주었다. 그리고 우리는 이제 같은 방식으로 어떻게 그것들이 정치와 타협하는지 알고, 어떻게 인간 앞에서 민족들과 국적들이 무너져 흩어지는지를 보여준다. 그래서 우리는 그 비판이 교회와 국가를 인간답지 않은 것으로 선언함으로써 어떻게 그것들을 설명하는지를 알 수 있다. 그리고 우리는 국가가 심지어 ‘정신적 본질’이라고 불렀던 ‘대중’이 인간 앞에서 무가치한 존재로 보인다는 점(그것은 이미 우리에게 이것을 제공하기 때문에)을 또한 그것이 증명할 수 있다는 것을 알 것이다. 얼마나 하위의 ‘정신적 본질’이 최고의 정신 앞에서 굽히지 않고 버틸 수 있다고 생각하는가? ‘인간’이 거짓 우상을 진압한다.

그래서 지금 비판가가 목표하는 것은 ‘대중’의 고찰이다. 이러한 입장에서 비판가가 그들과 싸우기 위해 ‘인간’ 앞에 ‘대중’을 배치할 것이다. ‘이제 비판의 대상은 무엇인가?’—‘대중, 정신적 본질이구나!’ 비판가는 그들을 ‘알게 될’ 것이며, 그들이 인간과 모순된다는 점을 발견할 것이다. 비판가는 그들은 인간답지 않은 존재라는 점을 보여줄 것이다. 그리고 그는 신다운 것과 국민다운 것, 또는 교회다운 것과 국가다운 것은 인간답지 않다는 주장을, 이전의 증명에서처럼, 아주 똑같이 성공적으로 증명해 보일 것이다.

대중은 ‘혁명의 가장 중요한 산물’로서 정의되고, ‘정치적 계몽의 환상에 속아 넘어간 군중’으로 정의되며, 그리고 ‘일반적으로 끝없이 분노를 표출했던 18세기의 전체 계몽운동의 환상에 기만당한 군중’으로 정의된다. 혁명은 혁명의 결과로 어떤 사람을 만족시켰지만 다른 사람을 만족시키지 못했다. 그러니까 시민 계급(부르주아지나 속물 등등)은 만족한 사람이지만,—대중은 만족하지 못한 사람이다. 그렇게 보자면 비판가 그 자신은 '대중'에 속하는 것이 아닌가?

그러나 만족하지 못한 사람들은 여전히 심한 불확실성 속에 있으며, 이들의 불평은 [161] '끝없는 불만' 그 자체로만 나타난다. 대중과 마찬가지로 만족하지 못한 비판가는 이제 다음과 같은 지배자가 되길 원한다. 비판가는 대중이라는 저 '정신적 존재'의 불만을 가져오는 것 이상을 원할 수도 또 이루어낼 수도 없다. 그리고 비판가는 단지 그런 불만스러움을 '끌어 올리는' 것 이상을, 다시 말해 대중에게 극복해야 할 혁명의 결과에 대한 올바른 관점을 제시하는 것 이상을 원할 수도 또 이루어낼 수도 없다. —하지만 비판가는 대중의 우두머리, 대중의 확실한 대변자가 될 수 있다. 그러므로 비판가는 또한 '자신을 군중과 분리시킨 저 깊은 차이를 없애길' 원한다. 그는 하층 계급의 사람들뿐만 아니라, 자기 자신 또한 '불만'에서 구해내려 한다는 점에서, '하층 계급의 사람들을 향상시키려는' 사람과 구별된다.

하지만 물론 비판가가 대중을 '이론의 자연스러운 반대자'로 생각할 때, 그리고 '이 이론 자체가 더욱더 발전할수록 이론은 더욱더 대중을 견고히 할 것이라고' 예견할 때, 비판가의 의식도 비판가를 속이지 않는다. 왜냐하면 비판가는 인간이라는 자신의 전제 조건을 가지고 대중을 계몽하거나 만족시킬 수도 없기 때문이다. 대중이 부르주아 계급과 비교하여 단지 '하층 계급의 사람들', 곧 정치적으로 어떤 무의미한 대중이라면, 그렇다면 대중은 '인간'과 비교하여 훨씬 더 단순한 '대중'에 불과하고, 그저 인간적으로 무의미한—실제로 인간답지 않은—대중, 또는 인간답지 않은 인간의 군중에 불과하다.

비판가는 인간다운 모든 것을 제거하고, 그것이 진리라는 전제 조건에서 출발하여, 이제까지 그것이 발견되는 곳마다, 그것을 부정함으로써, 자신에게 반대한다. 그는 인간다운 것이 그의 머리를 제외하고는 어디에서도 발견되지 않지만, 인간답지 않은 것은 어디에서나 발견되는 것을 증명한다. 그러나 인간답지 않은 것이 현실적인 것이고, 도처에 현존하는 까닭에, 비판가는 그것이 '인간답지 않다'라는 논증을 통해서, 그것이 바로 인간답지 않은 것이라고 하는 동어반복의 명제를 아주 분명하게 선언할 뿐이다.

그러나 결연한 용기로 비판가를 등진 인간답지 않은 인간이, 동시에 걱정하는 비판가를 외면하고, [162] 비판가의 항의에 영향 받지 않고 기분 상하지 않은 채, 그를 그대로 내버려 둔다면 어떻게 될까? 인간답지 않은 인간은 비판가에게 다음과 같이 말할 수 있을 것이다.[259]

그대는 나를 인간답지 않은 인간이라고 부를 수 있다.
나는—그대가 보기에 참으로 인간답지 않은 인간이외다.
하지만 그대가 나를 인간다운 인간과 대립시키기 때문에만 그렇다네.
나는 나 자신이 이러한 대립에 매료되는 한에서만,
나는 나 자신을 경멸할 수 있었나이다.

나는 경멸당할만한 사람이외다.
왜냐하면 내가 나의 '**보다 나은 자신**'을 내 밖에서 찾았기 때문이외다.
나는 인간답지 않은 인간이었다. 왜냐하면 내가 '**인간다운 인간**'을 꿈꾸었기 때문이외다.
나는 인간다운 인간이라는 '**참된 나**'를 갈망하고
항시 '**가엾은 죄인**'으로 남아 있는 신앙심이 깊은 사람을 닮았나이다.

259 아래의 구절은 시의 형식은 아니지만, 시의 형식으로 읽는 것이 인간답지 않은 인간에 대한 주장을 잘 보여주고 있어서 그렇게 변형하였다.

나는 오직 다른 사람과 견주어서만 나 자신을 생각했나이다.
나는 충분히 둘도 없이 소중한 것이 아니었고 충분히—**유일한** 것도 아니었나이다.
바로 지금 나는 나 자신이 인간답지 않은 인간으로 여겨지기를 중지하나이다.
그리고 나를 인간에 견주어 측정하거나 측정 당하는 일을 그만두고,
나보다 높은 어떤 것도 인정하기를 중단하나이다.
그럼—인간다운 비판가에게, 신의 가호가 있기를(Gott befohlen)[260]!

나는 이제까지 오직 인간답지 않은 인간에 불과했나이다.
하지만 이제부터 더 이상 인간답지 않은 인간이 아니외다.
오히려 유일한 것이외다.
참으로 그대가 몹시 싫어하는, 자기다운 사람(Egoistische)이외다.
하지만 자기다운 사람은 인간다운 인간과 인도적 인간,
그리고 자기에게 유용하지 않은 인간에 견주어
자기다운 사람 그 자체를 평가하는 것이 아니외다.
오히려 자기다운 사람은—유일한 것으로서의 자기다운 사람과 견주어 보아
자기다운 사람 그 자체를 평가하나이다."

게다가 같은 신문 제8호에 있는 또 다른 글에 눈길을 줄 필요가 있다. "비판은 결코 독단들을 세우지 않고, 단지 **사태**를 알기를 원할 뿐

---

260 이 인사를 슈티르너가 '인간적 비판가들'에게 작별 인사를 하는 수단으로 사용하고 있다. 그러나 또한 그것은 '인간'을 실제로 피와 살을 지닌 사람들을 지배하는 힘으로 설정했으며, 그러한 힘에 부응하는 이상이었던 순수한 비판의 지속적 경건을 지적하는 슈티르너의 날카로운 풍자이다. 왜냐하면 순수한 혹은 '인간적' 비판가들은 자칭 무신론자로써 매우 단호했기 때문이다.

이다."[261]

비판가는 '독단적'이 되거나 독단들을 세우려는 것을 두려워한다. 물론이다, 그리하여 비판가는 참으로 비판가와 반대되는 사람—즉 독단가 될 것이다. 비판가는 비판가로서 선하기 때문에, 그는 이제 악하게 될 수 있거나, 자기중심적이지 않은 사람에서 자기중심적 사람으로 바뀔 수 있다. '무엇을 하든, 독단적이지 마라!' 이것이 비판가의—독단이다. 왜냐하면 비판가는 독단가와 동일한 영역, 생각의 영역에 머무르기 때문이다. 독단가와 마찬가지로 비판가는 항상 생각에서 출발하지만, 그는 근본적 생각이, 고정된 상태로 있지 않도록, 생각의 과정 속에 휘말리게 두지 않는다는 점에서 독단가와 차이가 있다. [163] 비판가는 오로지 사유의 신봉에 반대해서 생각의 과정을 주장하며, 사유의 정체에 반대해서 생각하기의 진행을 주장한다. 비판 앞에서는 어떠한 생각도 안전할 수가 없다. 왜냐하면 비판이란 생각하기 또는 생각하는 정신 그 자체이기 때문이다.

그러므로 나는 다음 사실을 반복해서 주장하고자 한다, 즉 종교적 세계(이것은 단순히 사유의 세계이다)는 비판 속에서 종교적 세계의 완성을 획득한다, 생각이 모든 사유를 잠식하는 곳에서는, 그 어느 것도 "자기중심적으로" 확립되는 것이 허용되지 않는다. 단 하나의 생각이라도 사유의 과정을 벗어나면, '비판의 순수성', 사유의 순수성은 어디에 남을까? 이것은 비판가가 여기에서 사유는 독단적 고정성에 접근하고 있다고 의심하기 때문에, 여기저기에서 그가 인간, 인류 그리고 인간성이라는 생각을 이미 조용히 비웃기 시작한 이유를 설명한다. 그러나 비판가는 그 생각이 녹아 사라질 어떤—'보다 높은' 생각을 발견할 때까지 이 생각을 해체할 수 없다. 왜냐하면 그는 사유 속에서만 움직이기 때문이

261 원주 47, 에드가 바우어(익명으로), 「1842」, 월간 『일반문예신문』 제8호, 8쪽.

다. 이런 훨씬 더 높은 사유는 생각 자체의 운동 또는 과정의 사유, 즉 생각 또는 비판의 사유로서 표현될 수 있을 것이다.

이에 의하여 생각의 자유라는 것이 실제로 완성될 것이며, 정신의 자유가 자신의 승리를 찬양한다. 왜냐하면 개인들의, '자기중심적' 생각들이 그런 생각들의 독단적 격렬함을 상실했기 때문이다. 이렇게 되면—자유로운 사유의, 또는 비판의 독단 이외에는 아무것도 남지 않게 된다.

생각의 세계에 속하는 모든 것에 대한 비판은 옳다, 다시 말해 권능이 있다. 그래서 비판은 승자이다. 비판, 그리고 비판만이 '최신 상태를 유지한다.' 생각의 관점에서 보면 그대 자신의 힘보다 우월할 수 있는 힘이란 없다. 그리고 [비판이라는] 이 용(龍)이 얼마나 쉽고 장난스럽게 생각이라는 다른 모든 고뇌들을 먹어 치우는지를 보는 것은 즐거운 일이다. 확실히, 개개의 고뇌들은 몸부림치며 괴로워 하지만, 이 용은 모든 '표현 방법들'로 그 고뇌들을 눌러서 뭉갠다.

나는 결코 비판에 반대하는 사람이 아니다. 다시 말해 나는 결코 독단가가 아니다. 그리고 나는 독단가를 갈기갈기 찢어버리는 비판가의 이빨에 나 자신이 다친다고 생각하지 않는다. [164] 만일 내가 '독단가'라면, 나는 맨 위에 독단, 즉 어떤 사유, 어떤 관념, 어떤 원리를 놓을 것이다. 그리고 나는 그 독단을 어떤 체계, 다시 말해 어떤 생각의 구조로 짜냄으로써, 그 독단을 '체계를 세우는 사람'으로서 완성한다. 반대로 내가 독단가를 반대하는 비판가라면, 나는 노예화한 생각에 대항하여 자유로운 사유의 투쟁을 이끌고, 생각했던 것에 맞서서 생각하기를 방어할 것이다. 그러나 나는 어떤 생각의 투사도, 생각하기의 전사도 아니다. 왜냐하면 나로부터 출발하는 '나라고 하는 존재'는 어떤 사유도 아니고, 생각하기로 구성되어 있지도 않기 때문이다. 사유의 왕국, 생각하기의 왕국, 그리고 정신의 왕국은 이름 붙일 수 없는 사람, 나에 부딪쳐 산산조각이 난다.

비판은 보통 말하는 정신을 빼앗긴 상태, 모든 정신을 빼앗긴 상태에 반대하여 정신을 빼앗긴 사람의 투쟁이다. 도처에서 정신을 빼앗긴 상태, 또는 비판가가 칭하듯, 종교적이고 신학적 태도가 현존한다는 의식에서 발견되는 투쟁이다. 그는 사람들이 신에 대해서뿐만 아니라, 권리, 국가, 법 등등과 같은 다른 이념에 대해서도 또한 종교적으로 그리고 경건하게 행동한다는 것을 알고 있다. 다른 말로 비판가는 도처에서 정신을 빼앗긴 상태를 인지하고 있다. 그러한 이유로 비판가는 생각하기를 통해 사유들을 해체하고자 한다. —하지만 나는 오직 생각하지 않기만이 참으로 사유들에서 나를 구해준다고 주장한다. 나를 정신을 빼앗긴 상태에서 자유롭게 하는 것은 생각하기가 아니라 생각하지 않기 혹은 생각할 수 없는, 개념적으로 파악할 수 없는 나이다.

한순간의 결단은 나를 위해 세심한 사유의 노고를 밀쳐내 주고, 사지를 펴는 것은 생각의 고통을 떨쳐버리고, 갑작스러운 도약은 내 가슴으로부터 종교적 세계의 악몽을 날려버리고, 환희의 외침은 해묵은 짐을 벗겨준다. 그러나 생각하지 않음에 갈채를 보내는 엄청난 의미는 사유와 신앙의 긴긴 어둠이 지속되는 한 이해될 수 없다.

가장 어려운 문제를 풀기 위해, 가장 포괄적 과제를 중단하는 일은 얼마나 서툴고 경솔한가!

그러나 그대 자신이 과제를 주지 않는다면, 그대에게 과제가 있는가? 그대가 과제를 설정하는 한, 그대는 과제를 포기하지 않을 것이다. [165] 그리고 그대가 생각할지라도, 생각하면서 수천 가지 사유를 창조할지라도, 확실히 나는 그 일에 신경 쓰지 않는다. 그러나 과제를 정한 그대가 과제를 다시 뒤집어엎어야 하지 않겠는가? 그대는 그 과제에 속박되어야만 하며, 또 그 과제는 절대적 사명이 되어야만 하는가?

한 가지만 언급하자면, 사람들은 정부가 사유에 대해 폭력적 수단을 취했기 때문에, 검열이라는 경찰력으로 언론에 개입했기 때문에, 또한 문학적 싸움을 개인적 싸움으로 만들었기 때문에 정부를 과소평가해 왔다. 사유만이 문제는 아닐 텐데! 그리고 세상 사람들이 사유에 대해서 자기에게 유용하지 않은 태도, 자신을 부정하며 자신을 희생하는 태도를 취해야만 하는 것은 아닐 텐데! 그러한 사유가 자신들을 지배하는 사람들을 공격하고, 자기중심성을 불러일으키지 않는가? 그리고 사상가들은 사유와 이념의 힘을 공경하기 위해 종교적 요청을 공격당하는 사람들 앞에 늘어놓지 않는가? 공격당하는 사람들은 자발적으로 체념하여 굴복할 것으로 기대된다. 왜냐하면 사유의 거룩한 힘, 곧 미네르바[262]가 공격당하는 사람들의 적들의 편에서 싸우고 있기 때문이다. 그것은 정신을 빼앗긴 상태의 행위, 종교적 희생일 것이다. 확실히, 지배하는 사람들은 종교적 편견을 깊게 간직하고 있으며, 어떤 관념이나 믿음의 지도적 힘을 따른다. 그러나 그들은 또한 인정되지 않은 자기중심적 사람들이다. 그리고 바로 여기에서, 그들의 억눌린 자기중심성이 그들의 적을 향해 터져 나온다. 자신들의 믿음에 정신을 빼앗긴 사람들, 그들은 동시에 적의 믿음에 정신을 빼앗기지 않은 사람이다. 다시 말해 그들은 적의 믿음에 반대하는 자기중심적 사람들이다. 만약 자기중심적 사람들을 비난하고 싶은 사람들이 있다면, 그 일은 단지 정반대의 결과를 불러올 수 있는데,—곧 그런 사람들은 자신들의 관념에 정신을 빼앗긴 사람들이다.

사유에 반대해서 자기중심적 폭력도, 경찰의 폭력도, 기타 등등도 나타나서는 안 된다. 생각의 신봉자는 그렇게 믿는다. 그러나 생각하기와 그것의 결과인 사유는 나에게 신성한 것이 아니다. 그리고 나는 또한 생각하기와 사유로부터 내 피부를 보호한다. 이러한 일은 이성적이지 못한

262 미네르바(Minerva)는 수공예의 신으로 이탈리아 전역에서 섬겼고, 자주 여신 아테나와 동일시되었으며, 전쟁과 기술의 신이다. 19세기 독일의 철학자 헤겔은 그의 저서 『법철학』(1820년) 서문에서 "미네르바의 부엉이는 황혼이 저물어야 그 날개를 편다."라는 유명한 경구를 남겼다. 여기서 미네르바는 지혜의 화신을 의미한다.

방어일지도 모른다. 그러나 내가 이성적이어야만 한다면, 그때 나는, 아브라함[263]처럼 이성을 위해 가장 소중한 것을 희생해야만 한다!

[166] 하늘의 왕국—믿음의 왕국처럼—인 사유의 왕국에서, 사람들이 마치 사랑의 왕국에서 사랑 없이 행동하거나, 기독교인인데도, 사랑 없이 행동하는 모든 자들이 그른 것처럼, 사랑의 왕국에서 그렇게 살고, 비기독교인의 방식으로 여전히 행동하면 그른 것처럼, 생각하지 않으려는 힘을 사용하면 모든 사람은 확실히 올바르지 못하다. 자기 자신이 그러한 왕국들에 속해 있다고 생각하면서도 그 왕국들의 법들을 피하는 사람은, 이 왕국들에서 '죄인'이거나 '자기중심적 사람'이다. 하지만 그가 그 왕국들에 대항하는 범죄자가 될 때만, 그 왕국들의 지배를 벗어날 수 있다.

여기에서 결론은 역시 다음과 같다. 곧 사상가의 투쟁이 정부에 반대하는 한, 정부에 반대하는 사상가의 투쟁은 정말로 올바르고, 힘이 있다(정부는 침묵하고, 중대한 문학적 이의를 제기하는 방법을 모른다). 이와 반대로 사상가의 투쟁이 개인적 힘에 반대하는 논거로서 겨우 사유를 이끄는 정도만 알고 있는 한, 사상가의 투쟁 그 자체는 그릇되고, 힘이 없다(자기중심적 힘이 사상가의 입을 막는다). 이론적 투쟁은 승리를 완성할 수 없다. 그리고 사유의 신성한 힘은 자기중심성의 힘에 굴복한다. 자기중심적 투쟁만이, 다시 말해 양쪽의 자기중심적 사람들의 투쟁만이 모든 것을 분명하게 한다.

이제 마지막으로, 생각하기를 자기중심적 의향(意向)의 문제로, 유일자의 문제로, 말하자면 기분 전환이나 그저 취미에 지나지 않는 것으로 만들어 버리기, 생각하기로부터 '마지막 결정적 힘으로 존재하는' 중요

---

263 아브라함(1700 BC)은 신에 복종하는 인물로 잘 알려져 있다. 그는 그의 신앙심을 시험하려는 야훼에 의하여 아들 이삭을 제물로 바치라는 명령을 받고 이행하려 하였다.

성을 빼앗기, 생각하기의 이런 과소평가와 신성모독, 생각하지 않는 나와 생각으로 꽉 찬 나라는 이런 대등화, 조야하긴 하지만 현실의 이런 '대등'—그런 비판은 일어날 수 없다. 왜냐하면 비판 자체란 생각하기의 성직자일 뿐이고, 쇄도(殺到)를 제외하고 생각하기 이외에는 아무것도 보지 못하기 때문이다.

비판은 자유로운 비판이 국가를 이길 수도 있다고 주장하긴 하지만, 동시에 정부에 의해서 비판은 '자유분방함과 뻔뻔스러움'(Willkür und Frechheit)이라고 주장하는 비난에 맞서 비판은 자신을 방어한다. 따라서 비판은 '자유분방함과 뻔뻔스러움'이 승리해서는 안 되며 오직 비판만이 승리해야 한다고 생각한다. [167] 사실은 오히려 그 반대이다. 다시 말해 국가란 뻔뻔한 자유분방함(frecher Willkür)에 의해서만 참으로 극복될 수 있다.

이렇게 마무리하자, 이제 다음이 분명할 수도 있다, 비판가는 새로운 표현 전환(Wendung)[264]으로 자신을 완전히 바꾼 것이 아니라, 오히려 단지 '어떤 실수를 더 좋게 만들었을 뿐'이고, '어떤 주제를 해결하였'고,[265] 그리고 그가 '비판 자체를 비판하는 비판'에 관하여 너무 많이 말하였다. 비판 아니 오히려 비판가는, 비판의 '실수'만을 비판했을 뿐이고, 비판의 '비일관성'을 제거했을 뿐이다. 비판가가 비판을 비판하고 싶었다면, 그는 그 비판의 전제에 무엇이 놓여 있는지를 먼저 살펴보았어야만 했다.

나로서는 나 자신을 전제하는 전제에서 출발한다. 그렇지만 나의 전제

264 'Wendung'는 '방향 전환', '표현법'이라고 번역할 수 있다. 이 두 가지 가능한 번역을 조합하여 번역하였다. 슈티르너는 종종 하나 이상의 의미를 함축하려는 의도로 하나 이상의 의미를 가진 단어를 사용한다.

265 원문 160쪽을 참조하라

는, '자신의 완성을 추구하는 인간'처럼 나 자신의 완성을 얻으려고 노력하는 것이 아니라, 다만 나 자신을 향유하기 위해 그리고 나 자신을 소비하기 위해서 나에게 봉사할 뿐이다. 나는 단지 내 전제를 소비할 뿐이고, 오직 그것을 소비함으로써만 존재한다. 그러나 그런 까닭에 그런 전제는 전혀 전제가 아니다. 왜냐하면 나는 유일자이기 때문에, 전제하는 나와 전제되는 나라는 이원성('불완전한' 나 그리고 '완전한' 나 또는 인간)을 전혀 알지 못한다. 오히려 내가 나 자신을 소비한다는 것은 내가 나로 있다는 것(dass Ich bin)을 의미할 뿐이다. 나는 나 자신을 전제하지 않는다. 왜냐하면 나는 매 순간 나 자신을 정립하거나 창조하기 때문이다. 그리고 나라는 존재는 전제되는 것이 아니라, 오히려 정립되기 때문에, 나는 존재할 뿐이고, 다시, 내가 나 자신을 정립하는 순간에만 내가 정립되기 때문이다. 다시 말해 나는 창조자이자 창조물이다.

만약 이전의 전제들이 완전히 해체되어 녹아 사라져야 한다면, 그것들은 다시—어떤 사상 혹은 생각하기 그 자체, 비판이라는 더 높은 전제로 해체되어서는 안 된다. 왜냐하면 그러한 해체는 나에게 유익해야만 하기 때문이다. 그렇지 못할 경우, 그것들은 과거의 진리를 비진리로 선언하고, 정확히 인간, 신, 국가, 순수한 도덕 등등과 같이, 타자의 이익이 되도록 오랫동안 키워 온 전제를 제거해 버렸던 일련의 수많은 해체에 귀속되고 말 뿐이다.

제 2 부

나

[170] 현대인의 입구에는 '신인'(神人)이 서 있다. 현대인의 출구에서 신인 중에 신(神)만이 사라질까? 그리고 만일 신인 안에서 신만이 죽는다면, 정말로 신인이 죽을 수 있을까? 세상 사람들은 이러한 물음을 생각하지 않았고 우리가 오늘날 신을 극복하는 계몽의 사업을 승리로 끝냈을 때, 계몽의 사업을 완성했다고 착각하였다. 그러니까 사람들은 이제—'높은 곳에 있는 유일한 신'이 되기 위해 인간이 신을 죽였다는 사실을 알아채지 못했다. **우리 밖의 올세상**은 정말로 한꺼번에 싹 제거되었고, 계몽주의자의 위대한 사업은 완성되었다. 그러나 **우리 안의 올세상**은 어떤 새로운 천국이 되었으니 우리에게 되살아난 천국을 향해 다시 돌격하여 점령할 것을 호소한다. 신은 인간에게 자리를 비어주어야만 했다. 그러나 그 일은 우리를 위해서가 아니라, 오히려—인간을 위해서였다. 당신은 신인 안에서 신뿐만 아니라 인간이 죽기 전에, 어떻게 신인이 죽었다고 믿을 수 있는가?

I

자기소유성[266]

'마음은 자유를 갈망하지 않는가?'—아아, 내 마음뿐만이 아니라, 내 육체도 또한 매시간 자유를 갈망하는구나! 향기로운 냄새를 풍기는 대저택 부엌 앞에 서 있을 때 내 코는 그곳에서 준비하고 있는 맛있는 일품요리를 내 미각에 전하고, 그때 내 미각은 말라빠진 빵에 꽂혀 지독한 갈망을 느낀다. 내 눈이 굳은살이 박인 내 등에게 압축된 가마니에 누워있는 것보다 더 기분 좋게 누워있을 수 있는 부드러운 솜털에 대해 말할 때, 그때 내 등은 분노에 사로잡힌다. —그때 더 이상 고통을 추구하지 않도록 하자. —그대는 그것을 자유에 대한 갈망이라고 부르나? 도대체, 그대는 무엇으로부터 자유롭기를 원하는가? 그대의 군용 빵과 그대의 짚을 깐 잠자리로부터인가? 그렇다면 그것들을 내던져 버려라!—그것들은 진정 그대에게 도움이 되지 않는 것으로 보인다. 오히려 그대는 맛있는 음식과 푹신한 침대를 향유할 수 있는 자유를 소유하길 원한다. 세상 사람들이 그대에게 그러한 '자유'를 주어야만 하는가? 세상 사람들이 그대에게 그런 자유를 허용해야만 하는가? 그대는 세상 사람들의 인

266 '자기소유성'(Eigenheit)은 또한 특정 개인을 구별한다는 의미에서 소유, 특질, 개성으로 번역될 수 있다. 이 책의 이탈리아어 번역 본 중 하나에서 이 단어는 'l'originalita', 즉 독창성으로 번역된다.

류애로부터 그런 일을 희망하지 않는다. 왜냐하면 그대는 세상 사람들이 모두 당신처럼 생각한다는 것을 알기 때문이다. '제 몸보다 더 소중한 것은 없구나!' 그렇다면 그대는 어떻게 저 음식과 침대의 향유를 성취할 계획인가? 십중팔구 그대가 그것들을 그대의 소유로 만드는 일 이외에는 다른 방법이 없다!

그대가 소유를 완전히 올바르게 숙고한다면, 그대는 이러한 좋은 물건들을 소유할 수 있는 모든 자유를 원하지 않는다. 왜냐하면 그대는 이런 자유를 가지고서는 아직 좋은 물건들을 소유하지 못하기 때문이다. 그대는 정말로 물건들을 소유하기를 원하고, 참으로 물건들을 그대의 것이라고 부르길 원하고, 그대의 재산으로 소유하길 원한다. 실제로 자유가 아무것도 가져오지 않는다면, 그대에게 자유가 무슨 소용이 있는가? 그리고 그대가 모든 것으로부터 자유로워졌다면, 그대는 더 이상 아무것도 가지고 있지 않을 것이다. 왜냐하면 자유는 내용이 없기 때문이다. 자유를 이용할 방법을 모르는 사람에게 이렇게 쓸모없는 허용은 어떤 가치도 없다. [172] 하지만 내가 자유를 어떻게 이용하느냐는 나 자신의 자기소유성에 달려있다.

나는 전혀 자유를 반대하지 않는다. 그러나 나는 그대에게 자유 그 이상의 것을 원한다. 그러니까 그대가 원하지 않는 것에서 단지 벗어나서는 안 되고, 그대가 원하는 것도 또한 소유해야 한다. 그대는 단지 '자유인'이 되어서는 안 되고, 그대는 또한 '소유자'이어야만 한다.

무엇에서—자유로운가? 오, 떨쳐 버릴 수 없는 것이 무엇인가? 노예신분의 굴레, 통치권의 속박, 귀족과 군주의 압제, 욕망과 열광의 지배는 떨쳐 버릴 수 있다. 아니 그뿐인가, 자신의 의지, 곧 자기의지의 지배조차 떨쳐 버릴 수 있다. 왜냐하면 가장 철저한 자기부정이—자유, 요컨대 자기결정에서의 해방, 자기 자신에서의 해방일 뿐이기 때문이다. 게다가 절대적인 어떤 것으로서의 자유를 갈망하는 것, 어떤 가격의 가치는 우리의 자기소유성을 빼앗았다. 이를테면 그러한 갈망은 자기부정을 창조하였다. 그러나 내가 더 자유로울수록, 그만큼 더 많은 제약이 내 눈앞에서 수북하게 쌓인다. 나는 더욱더 무기력함을 느낀다. 황야에서 자유가 없는 자식은 교육받은 사람에게 밀려오는 모든 한계를 아직 조금도 느끼지 못한다. 다시 말해 그는 자신이 교육받은 사람보다 더 자유롭다고 생각한다. 나 자신을 위해 내가 더 많은 자유를 획득하면 할수록 그만큼 더 나는 나 자신을 위해 새로운 한계와 새로운 과제를 만들어낸다. 내가 철도를 고안했다면, 나는 다시 나 자신이 약하다고 느낀다. 왜냐하면 나는 아직 새처럼 창공을 날지 못하기 때문이다. 그리고 만약 내가 내 마음을 불안하게 하였던 불명료한 문제를 해결하였다면, 바로 내 진보를 방해하고, 내 자유로운 시선을 어둑하게 하며, 내 자유의 한계를 나에게 고통스럽게 느낄 수 있게 만드는 수많은 난처한 일들이 나를 기다린다. "너희는 죄에서 해방되어, 정의(正義)의 종이 되었음이라."[267] 공화주의자는 그들의 넓은 자유 속에서 법의 노예가 된 것은 아닌가? 참된 기독교인의 마음은 항상 '자유롭게 되기를' 얼마나 동경했는가? [173] 참된 기독교인의 마음은 '이 세계 삶의 굴레'에서 자신들을 구제하기 위하여 얼마나 비통해했는가! 참된 기독교인의 마음은 자유의 땅을 기대한다. ("위에 있는 예루살렘은 자유로우니, 우리 모두의 어머니이다." 「갈라디아서」, 4장 26절)

무엇으로부터 자유롭다라는 것은—단지 무엇에서 벗어나 있거나 무엇을 제거하다(ledig oder los sein)라는 것을 의미한다. '그가 두통으로부터 자유롭다'(frei)라는 것은 '그가 두통에서 벗어났다'(ist los)"는 말과 같은 뜻이다. '그가 그러한 편견으로부터 자유롭다'는 것은 '그가 그러한 편견을 결코 마음속에 품지 않는다'는 말이거나 '그가 그러한 편견을

267 원주 48, 「로마서」, 6장 18절.

없앴다(los geworden)'는 말과 같은 뜻이다. '죄가 없는, 신앙이 없는, 도덕이 없는(sündlos, gottlos, sittenlos) 등등의 '…이 없는'(los)에서 우리는 기독교가 권장하는 자유를 완성한다.[268]

자유는 기독교의 가르침이다. "그대, 친애하는 형제여, 그대들은 자유의 자격이 있다."[269] "자유의 법에 따라 심판받을 사람처럼 말하며 행동하라."[270]

자유 그 자체가 기독교적 이상을 나타내기 때문에, 그렇다고 우리는 자유를 포기해야만 하는가? 그렇지 않다, 아무것도 잃어버려서는 안 된다. 자유조차 잃어버려서는 안 된다. 그러나 자유는 우리 자신의 것이 되어야만 한다. 그런데 자유는 자유의 형식으로 우리 자신의 것이 될 수 없다.

자유와 자기소유성 사이의 차이는 얼마나 큰가! 사람은 아주 많은 것에서 벗어날 수 있지만, 모든 것에서 벗어날 수 없다. 사람은 많은 것에서 자유로워지나, 모든 것에서는 아니다. 또한 비록 사람이 노예 상태에도 불구하고 내적으로 자유로울 수도 있지만, 실은 노예 상태는 다시 모든 것으로부터는 아니고, 수많은 것들로부터만 자유롭다. 그러나 노예인 사람은 주인의 채찍, 고압적 기분, 등등으로부터 자유롭지 않다. '자유는 꿈의 나라에서만 살아가는구나!' 이와는 반대로 자기소유성, 그것은 내 온전한 존재이자 현존을 의미한다. 자기소유성은 나 자신이다. 나는 내가 벗어난 것에서부터 자유롭다. 나는 나의 힘 속에 가지고 있는 것 혹은 내가 마음대로 제어하는 것의 소유자이다. 만일 내가 나 자신을 소유하는 방법

268 "…los"는 합성용어로 명사와 결합하여 형용사를 만들며 '결핍된' '…이 없는'의 뜻을 지닌다. 예를 들어 "형식이 없는"(formlos), 희망이 없는(hoffnungslos).

269 원주 49, 「베드로전서」, 2장 16절.

270 원주 50, 「야고보서」, 2장 12절.

을 알고 나를 타인에게 맡기지 않는다면, 언제든지 그리고 어떤 일이 있더라도 온갖 일을 제쳐놓고 나는 나 자신의 것이다. 자유로움은 정말로 내가 의지로 할 수 없는 어떤 것이다. 왜냐하면 나는 그것을 만들 수 없고, 창조할 수 없기 때문이다. 나는 다만 그것을 원할 수 있을 뿐이고—그것을 추구하려고 노력할 수 있을 뿐이다. 왜냐하면 자유로움은 하나의 이상이요, 유령이기 때문이다. 현실의 족쇄는 매 순간 내 육체에 가장 날카롭고 길고 빨갛게 상처 자국을 입힌다. 그러나 나는 나 자신의 것으로 남는다. [174] 나는 지배자에게 노예 상태로 넘겨져도, 나 자신과 내 이익만을 생각한다. 정말 지배자가 나를 매질하면, 나는 거기서 자유롭지 않다. 하지만 나는 어쩌면 지배자를 속이기 위하여 그리고 인내심을 거짓으로 꾸며 그를 안심시키기 위하여, 혹은 또다시 명령 불복종으로 나 자신을 더 악화시키지 않기 위하여, 내 이익을 위해서만 매질을 참고 견딘다. 나는 나 자신과 내 유용성을 응시하고 있을 때, 나는 노예 소유자를 짓밟을 수 있는 최초의 좋은 기회를 포착한다. 그때 내가 그와 그의 채찍에서 자유로운 것은 나의 우선하는 자기중심성의 결과일 뿐이다. 어쩌면 여기서 누군가는, 노예제도라는 신분에서조차 '자유로운' 존재, 요컨대 '본래' 혹은 '마음속으로' 자유로운 존재일 수 있다고 말할 것이다. 그러나 '마음속으로 자유롭다'라는 것은 '정말로 자유롭지' 않다는 것이고 '속으로' 자유롭다는 것은 '겉으로' 자유롭지 못하다는 것이다. 이와 반대로 나는 자기 자신이었고, 나는 완전히 속으로 그리고 겉으로 나 자신의 것이었다. 잔인한 지배자의 지배하에서 내 육체는 고문의 고통과 채찍질로부터 '자유롭지' 못하다. 그런데 고문에 신음하는 것은 내 뼈이고, 매질로 경련을 일으키는 것은 내 발열이고, 내 몸이 신음하기 때문에 나는 비탄한다. 내가 한숨짓고 전율하는 것은 내가 아직 나 자신을 잃지 않았다는 것, 내가 여전히 나 자신의 것이라는 것을 증명한다. 내 다리는 주인의 몽둥이로부터 '자유롭지' 못하다. 그런데 그건 내 다리이고 분리할 수 없다.

자, 보아라! 주인이 내 다리를 떼어 내더라도, 그가 여전히 내 다리를 가지고 있는지를! 주인은 그의 손에—죽은 내 다리 외에 아무것도 가지고 있지 않다. 죽은 개는 여전히 개가 아닌 것처럼, 내 죽은 다리는 내 다리가 아니다. 말하자면 개는 고동치는 심장을 가지고 있는데, 이른바 죽은 개는 고동치는 심장을 가지고 있지 않으므로 결코 더 이상 개가 아니다.

만약 노예가 여전히 마음속으로 자유로운 존재일 수도 있다고 주장한다면, 그는 실제로 가장 반론의 여지가 없는, 가장 사소한 것만을 말한 것이다. 누군가가 완전히 자유가 없다고 누가 주장할 것 같은가? 내가 고용주의 눈앞에서만 일하는 체하는 고용인일지라도, 그 때문에 내가 셀 수 없이 많은 일, 예를 들어 제우스에 대한 믿음, 명성에 대한 욕망 따위에서 자유로울 수 없는가? [175] 그렇다면 왜 채찍으로 맞는 노예 또한 마음속으로 비기독교적 기질, 적에 대한 증오 등등에서 자유로우면 안 되는가? 그때 그 노예는 '기독교적 자유'를 가지고 있다. 다시 말해 그는 비기독교적인 것에서 벗어나 있다. 하지만 그는 모든 것으로부터, 예를 들어 기독교적 망상, 혹은 육체적 고통 등등으로부터 정말로 자유로운가?

그동안에, 이 모든 것은 해야 할 일보다 이름에 불리하게 더 많이 말하여진 것 같다. 그러나 이름은 대수롭지 않은가, 그리고 한 단어, 진부한 문구는 항상 사람들을 열광케 하고(begeistert)—우롱하지 않았는가? 하지만 자유와 자기소유성 사이에, 그저 말 사이의 차이에 불과한 것보다 더 깊고 심한 대립이 여전히 있다.

너나 할 것 없이 자유를 열망하고, 모두가 자유의 왕국을 간절히 소망한다. 오, 번성하는 '자유의 왕국', '자유로운 인류'는 얼마나 매혹적으로 아름다운 꿈인가!—누가 그런 꿈을 꾸지 않겠는가? 그렇게 사람들은 자유롭고, 완전히 자유롭고, 모든 강제로부터 자유로워야 한다! 모든 강제로부터—정말이지 모든 강제로부터 자유로운가? 그들은 자기 자신에게 어떤 강제도 더 가하지 않아야만 하는가? '그렇고말고, 당연하다. 그런 일은 전혀 강제가 아닌 것처럼 보이지 않니?' 이것 참, 하여튼 그렇다면, 그들은 종교적 믿음, 도덕성의 엄격한 의무, 법의 무자비함 등등으로부터 자유로워야 한다. — '이 얼마나 끔찍한 오해인가!' 자 이제, 도대체 사람들은 **무엇으로부터** 자유롭게 되어야만 하고, 무엇으로부터 자유롭게 되지 않아야만 하는가?

매혹적 꿈은 사라졌고, 잠에서 깬 어떤 사람이 반쯤 뜬 눈을 비비며 재미없는 질문자를 응시한다.

재미없는 질문자: 사람들은 무엇으로부터 자유롭게 되어야만 하는가?

첫 번째 사람(큰 소리로 소리친다): 맹목적 믿음으로부터 자유롭게 되어야만 한다네.

두 번째 사람(큰 소리로 소리친다): 아이고, 그게 뭐야? 모든 믿음은 맹목적 믿음이네. 사람들은 모든 믿음으로부터 자유롭게 되어야만 한다네.

첫 번째 사람(다시 통렬히 비난한다): 아니야, 아니야, 신을 위해서—모든 믿음을 팽개치지 마라, 그렇지 않으면 잔인한 힘이 난입하니까.

세 번째 사람(자신의 목소리가 들리게 큰 소리로 말한다): 우리는 공화국을 가져야만 하네, 그래서 모든 명령조의 지배자로부터—자유롭게 되어야만 하네.

네 번째 사람: 그건 아무런 도움이 안 될 거네. 그렇게 되면 우리는 어떤 새로운 지배자만을, 곧 '지배하는 다수'만을 얻게 되네. 그러니 차라리 이 끔찍한 불평등에서 우리 자신을 자유롭게 하자고.

첫 번째 사람:—오, 매우 불행한 평등이여, 나는 너의 비천한 아우성을 또다시 듣는구나! [176] 바로 지금 나는 **자유의** 낙원을 얼마나 아름

답게 꿈꿔왔구나, 정말이지 이제—뻔뻔스러움과 무절제함이 그들의 거친 외침을 지르는구나!

그리하여 첫 번째 사람은 슬퍼하고, 마음을 가다듬더니 '무절제한 자유'에 대항하기 위해 큰 칼을 움켜쥔다. 곧 우리는 각기 다른 자유를 꿈꾸는 사람들의 칼 소리 이외에 아무것도 듣지 못한다.

자유에 대한 갈망은 항상 신앙의 자유와 같은 어떤 **특정한** 자유에 대한 요구가 되었다. 다시 말해 종교적 사람들은 자유롭고 독립적이길 원했다. 무엇에서 자유롭고 독립적인가? 혹시 신앙에서 자유롭고 독립적인가? 그럴 리가! 오히려 종교 재판관들로부터 자유롭고 독립적이길 원했다. 그래서 이제 '정치적 혹은 시민적' 자유를 원했다. 시민은 시민성에서가 아니라, 관료, 국왕의 횡포 따위에서 자유롭길 원한다. 메테르니히[271] 영주는 '모든 미래를 위해 **진정한** 자유의 오솔길로 사람들을 안내하는 데 적합한 방법을 찾았다'라고 말한 적이 있다. 프로방스 백작[272]은 정확하게 프랑스가 '자유의 지배'를 준비하는 그 순간에 프랑스에서 도주해서 다음과 같이 말했다. "나의 구속은 참을 수 없었다. 하나의 열광, 곧—**자유**에 대한 열망만을 가지고 있었고, 나는 자유만을 생각했다."

어떤 **특정한** 자유를 향한 갈망은 항상 새로운 **지배**의 목표를 수반한

271 클레멘스 벤첼 로타어 폰 메테르니히(Klemens Wenzel Lothar von Metternich, 1773~1859)는 오스트리아의 정치가이자 외교가였다. 다양한 좌익과 급진적 운동에 맞서 싸운 반동군주이다.

272 루이 18세(Louis XVIII, 1755~1824)는 부르봉 왕가의 여섯 번째 군주(재위 1814-1824)이다. 국왕이 되기 전에는 프로방스(Provence) 백작으로 불렸다. 1789년, 프랑스 혁명이 일어나자 프랑스를 탈출해 영국으로 망명하여 처형을 면한 루이 16세의 동생은 프랑스 혁명에 반대하는 음모를 꾸몄고, 1814년 반동이 성공하자 루이 18세에 즉위했다.

다. 혁명이 그때 '혁명의 옹호자들에게, 당신들은 자유를 위해 싸우고 있다는 드높은 감정을 줄 수 있었지만', 실제로 그들은 어떤 특정한 자유를 추구하였기 때문에, 그들에게 새로운 지배, '법의 지배를 주었던 것처럼 말이다.

당신들 모두 자유를 원한다, 당신은 자유를 원한다. 도대체 왜 자유의 많고 적음에 대하여 언쟁하는가? 자유는 오로지 자유 전체일 수밖에 없다. 따라서 자유 한 조각은 자유가 아니다. 당신은 자유 전체를, 모든 것으로부터의 자유를 얻을 가능성을 체념하는가, 아니면 심지어 자유를 바라는 것조차 광기라고 생각하는가?—자 이제, 그렇다면 환상을 찾아 헤매는 일을 그만두라—도달할 수 없는 것보다 더 나은 것에 공을 들여라.

[177] '그렇지만 말이야 자유보다 더 나은 것은 아무것도 없다네!'

당신이 자유, 완전한 자유를 가지고 있을 때—왜냐하면 여기서 나는 당신의 단편적 자유를 말하지 않기 때문이다—도대체 당신은 무엇을 가지는가? 그런 다음 당신은 모든 것, 곧 당신을 성가시게 한 모든 것에서 해방되고, 삶 속에서 당신을 괴롭히는 것과 불편하게 하는 것은 아마 아무것도 없을 것이다. 그리고 대관절 누구를 위해 당신은 모든 것에서 벗어나고자 하는가? 틀림없이 당신을 위해서구나! 왜냐하면 모든 것이 당신에게 방해가 되기 때문이구나! 어떤 것이 조금도 당신에게 불편하지 않다면, 그러니까 오히려 반대로 당신의 마음에 아주 불편한 것이라면(예를 들어 당신 애인의 친절하지만 반항하기 어려운 명령조의 눈길이라면) —그렇다면 당신은 그것에서 벗어나길 원하지 않을 것이다. 왜 원하지 않는데? 또다시 당신을 위해서구나! 그래서 당신은 당신을 모든 것에 대한 척도와 재판관으로 삼는단 말이구나. '사랑의 달콤한 섬김', 부자유가 당신의 마음에 들 때, 당신은 기꺼이 자유를 놓아 준다. 그리고 자유가 당신의 마음에 더 들기 시작할 때—여기서 이 점이 중요한 것은 아니지만, 당신이 다른 (어쩌면 종교적) 이유로 그러한 연합의 폐지를 두려워하지 않는다고 가정할 때, 당신은 다시 당신의 자유를 손에 쥔다.

정말이지 왜 당신은 완전히 그리고 전적으로 자기 자신을 중심으로 삼고 중요한 사람으로 만들 용기를 갖지 않으려 하는가? 왜 당신은 자유, 곧 현실성이 없는 당신의 꿈에 와락 달려드는가? 당신은 당신의 꿈인가? 당신의 꿈들, 당신의 표상들, 당신의 생각들을 묻는 것으로 시작하지 말라. 왜냐하면 그것들은 모두 '공허한 이론'이기 때문이다. 자기 자신에게 물어보고 자기 자신을 찾아 구하라. —그것이 실천적(praktisch)이다. 그리고 알다시피 당신은 무척 실천적이기를 원한다. 그러나 그때 한 사람이 그의 신이(물론 그가 신이라는 이름으로 상상하는 모든 것이 그의 신이다) 실천에 관해 말하는 것을 경청한다. 그리고 또 다른 사람은 자신의 도덕적 감정, 자신의 양심, 자신의 의무감이 실천에 관해 결정하는 것에 귀 기울이고, 세 번째 사람은 세상 사람들이 실천에 관해 어떻게 생각하지를 계산한다. —그리고 각자가 자신의 하느님께 물었을 때(세상 사람들이 내세와 상상의 하느님만큼 선한 하느님이고, 실제로 내세와 상상의 하느님보다 더 견고한 하느님이다. 인민의 소리가 신의 소리다(vox populi, vox dei)), 그다음에 그는 자기 자신을 지배자의 의지에 순응시키고, [178] 그가 자기 자신에게 말하고 싶고 결정하고 싶어 하는 것을 전혀 들으려고 하지 않는다.

따라서 당신의 신 혹은 우상보다 소중한 당신 자신으로 돌아가라. 그대 속에 파묻혀 있는 당신 자신을 끄집어내고, 백일하에 드러내고, 당신 자신을 표명하라.[273]

어떤 사람이 오직 자기 자신으로 행동하고, 아무것도 더 요구하지 않는 방식을 표상해 왔지만, 기독교인은 '신'을 표상해 왔다. 그는 '그 일

273 'Offenbarung'는 매우 자주 '계시'(啓示)로 번역되는 말이지만, 여기서 '드러냄', 혹은 '표명함'으로 옮겼다.

이 그를 기쁘게 하는 대로' 행동한다. 그리고 그와 정확히 똑같은 것을 할 수 있는 어리석은 사람은 그와 같이 행동하지 않고, '그 일이 신을 기쁘게 하는 대로' 행동해야 한다. ―만약 누군가가, 신조차 영원한 법칙에 따라 행동한다고 말한다면, 그것은 나에게도 적합하다, 그 이유는 나 역시 내 살갗을 떠날 수 없기 때문이 아니라, 오히려 나의 완전한 본성, 다시 말해 나 자신 속에서 나의 법칙을 가지기 때문이다.

하지만 곧바로 당신들을 절망에 빠지게 하려면, 당신들에게 당신 자신들을 상기시키기만 하면 된다. 그러면 여러분 각자는 자신에게 '나는 어떤 사람인가?'라고 묻는다. 불법적이고 무질서한 충동, 욕망, 소망, 열정의 구렁텅이. 빛도 없고 이끄는 별도 없는 일종의 카오스로구나! 내가―신의 계율이나 도덕이 규정하는 의무를 헤아리지 않고, 역사의 흐름 속에서 쓰라린 경험을 거쳐 가장 훌륭하고 가장 도리에 맞는 일을 법으로 드높였던 이성의 목소리를 헤아려 보지 않고―단순히 자문만 한다면, 어떻게 올바른 대답을 얻을 수 있겠는가? 내 열정은 나에게 가장 의미 없는 일을 하라고 충고할 것이다. ―따라서 각자는 자기 자신을―악마라고 생각한다. 왜냐하면, 만약 그가 종교 등등에 대한 관심이 부족하여, 자신을 오직 어떤 동물로 여겼다면, 그는 쉽게 다음을 발견할 것이다. 즉 동물―동물은 자신의 충동(말하자면 동물의 충고)만을 따른다―은 스스로에게 '가장 의미 없는 일'을 하도록 충고하거나 압박하는 것이 아니라, 오히려 매우 올바른 조처를 마련한다. 그러나 종교적 사고방식의 습관은 우리의 마음을 너무 심하게 편향시켜 우리 스스로 우리의 솔직함과 자연스러움을 무서워하게 한다. 또한 종교적 사고방식의 습관은 우리 자신을 천성적 악마, 타고난 악마라고 여기도록 우리의 품위를 더럽힌다. 물론, 그것은 당신의 소명이 당신에게 '착함', 도덕, 옳음을 행하도록 요구한다는 것을 당신에게 퍼뜩 떠오르게 한다. [179] 이제, 당신이 당신 자신에게 무엇을 해야 하는지 물어본다면, 어떻게 착함, 옳음, 진리 등등의 길을 가르쳐주는 목소리(Stimme), 곧 올바른 목소리가 당신에게서 나올 수 있는가? 어떻게 신과 벨리알[274]이 조화를 이루는가(stimmt)?

그러나 누군가가 당신한테 다음과 같이 묻는다면 당신은 어떻게 생각할까? "사람이 신, 양심, 의무, 법 등등을 따라야만 한다는 것은, 사람들이 당신에게, 머리와 가슴에 쑤셔 넣은, 당신을 미치게 만든 허튼 생각이다." 그리고 누군가가 당신에게 "당신은 본성의 목소리가 어떤 유혹자라는 사실을 어떻게 그렇게 확실히 아는가"라고 질문했다면? 그리고 누군가가 당신에게 심지어 "당신은 상황을 뒤집어엎어서, 실제로 신의 목소리와 양심의 목소리를 악마의 소행으로 여겨야 한다"고 요구했다면? 그런 신앙심이 없는 사람들이 있다. 당신은 어떻게 그런 사람을 상대할 것인가? 당신은 당신의 성직자, 부모, 그리고 선량한 사람한테 호소할 수 없다. 왜냐하면 신앙심이 없는 사람들은 그들을 정확히 당신의 유혹자, 젊은이의 진정한 유혹자이자 젊은이를 파괴하는 사람이라고 부를 수 있기 때문이다. 그들[성직자, 부모, 그리고 선량한 사람]은 자기경멸과 신에 대한 섬김의 해로운 잡초를 눈코 뜰 새 없이 심고, 젊은이의 마음을 진흙으로 채우고 젊은이 머리를 멍청하게 만든다.

하지만 이제 그 사람들은 계속해서 질문한다. 당신은 누구를 위해 신의 계율과 다른 사람의 계율에 관심을 두는가? 확실히 당신이 관심을 두는 일은 단지 신을 향한 공손한 행위에서 한 일이라고 생각하지 않는가? 아니다, 당신은 또다시—당신 자신을 위하여—그 일을 한다. —따라서 여기에서 다시 당신이 주요한 문제이다. 그래서 각자는 각자에게 다음과

---

274 '벨리알'(Belial)이란 단어의 어원은 명확하지 않지만, 히브리어로 '가치 없음', '사악함', 혹은 '파괴'라는 뜻이 있다. '신명기, 13장 13'에서 "벨리알의 자식들"이라고 한 것은 이와 같은 뜻이다. 사도 바울은 고린도서후서, 6장 15절에서 이 말을 악마와 같은 뜻으로 사용하였다. 슈티르너는 명확하게 이 말을 악마의 의미로 사용하고 있다.

같이 말해야만 한다. "나는 나의 모든 것이고 나는 모든 것을 하는데, 나는 나 자신을 위하여 모든 것을 한다." 어느 날 신, 계명 등등이 오직 당신을 해치고, 그것들이 당신을 쇠약하게 하고 파멸시키는 것이 아주 분명해진다면, 꼭 기독교인들이 아폴로[275]나 미네르바(Minerva) 혹은 이도교의 도덕을 비난했었듯이, 당신은 신, 계명 등등을 내던질 것이다. 분명히 기독교인들은 기독교의 도덕뿐만 아니라, 예수 그리스도를 그리고 그다음에 마리아를 자신들의 마음에 밀어 넣었다. 그러나 그들 역시 자신들의 영혼의 구제를 위해서, 이렇게 자기중심성 혹은 자기소유성으로 이 일을 하였다.

이러한 자기중심성, 이러한 자기소유성으로 그들은 신이라는 낡은 세계를 벗어났고 거기에서 자유롭게 되었다. 자기소유성이 새로운 자유를 창조하였다. [180] 왜냐하면 자기소유성은 모든 것의 창조자이기 때문이다, 그건 마치 천재성(Genialität)(특정한 자기소유성)—항상 독창성(Originalität)이다—이 새로운, 세계사적 생산물의 창조자로 오랫동안 여겨져 온 것과 같다.

당신이 '자유'를 문제 삼으려고 노력하려면, 그때 자유의 요구를 깊이 따져 논하라. 도대체 누가 자유롭게 되어야만 하는가? 그대, 나, 우리이다. 무엇으로부터 자유인가? 그대, 나, 우리가 아닌 모든 것으로부터. 따라서 나는 모든 포장에서 벗어나야 하는 핵심이고, 속박하는 모든 겉껍데기로부터—자유롭게 되어야만 하는 핵심이다. 내가 아닌 모든 것으로부터 내가 자유롭게 되었을 때, 남은 것은 무엇인가? 오로지 내가 남아 있고 모름지기 내가 남아 있다. 그러나 자유는 이러한 나 자신한테 아무것도 제공하지 않는다. 내가 자유롭게 된 이후에, 이제부터 무엇이 더

---

275 아폴로(Apollo)는 그리스 신화에 나오는 태양과 예언 및 광명·의술·궁술·음악·시를 주관하는 신이다.

일어나야만 하는가에 대해 자유는 침묵한다. —마치 죄수의 구금 기간이 만료되었을 때, 우리 정부는 그저 죄수를 석방하고 그를 버림받게 만들 듯이 말이다.

왜 나를 향한 사랑에서 자유를 얻으려고 노력한다면, 왜 나 자신을 시작으로, 중심과 끝으로 선택하지 않는가? 나는 자유보다 더 가치가 없는가? 나 자신을 자유롭게 만드는 것이 나 아닌가, 가장 우선하는 것이 나 아닌가? 자유롭지 않더라도, 수천의 족쇄에 묶여있더라도, 나는 여전히 존재한다. 그리고 나는 자유처럼 미래 속에서만 그리고 희망 속에서만 잔존하는 것이 아니라, 오히려 나는 가장 비천한 노예이더라도—현재에 존재한다.

이것을 잘 생각해라, 그리고 당신의 깃발에 '자유'라는 꿈을 꽂아 넣을지 '자기중심성', '자기소유성'이라는 결단을 꽂아 넣을지 결정하라. '자유'는 당신이 아닌 모든 것에 대해 당신의 분노를 불러일으킨다. 그러나 '자기중심성'은 당신에게 당신 자신의 기쁨, 자기향유(Selbstgenusse)를 불러일으킨다. '자유'는 갈망이고 갈망으로 남아 있고, 공상적 탄식이며 공상적 탄식으로 남아 있고, 내세와 미래에 대한 기독교적 희망이고 그러한 기독교적 희망으로 남아 있다. 그러나 '자기소유성'은 어떤 현실성이다. 이 현실성은 자신의 길을 막아 당신한테 방해가 되는 꼭 그만큼의 비자유를 자연히 제거한다. 당신은 당신을 괴롭히지 않는 것과 결별하길 원하지 않을 것이다. 그리고 만약 그것이 당신을 괴롭히기 시작한다면, 저런, 그때엔 당신은 '당신이 사람들보다 자기 자신에게 복종해야만 하는' 이유를 아는구나!

자유는 오직 다음을 가르친다. [181] 당신을 모든 무거운 짐으로부터 자유롭게 하라, 해방하라. 그러나 자유는 당신한테, 당신이 누구인지 가르치지 않는다. 해방하라, 해방하라! 이렇게 자유의 표어(標語)는 명령한다. 그리고 열망하는 자유는 다음과 같이 외친다. 당신 자신에서조차 벗어나라, '당신 자신을 인정하지 말라.' 하지만 자기소유성은 당신한테 당신 자신을 불러들인다. 자기소유성은 다음과 같이 말한다. '당신 자신에게로 오라!' 자유의 보호를 받으며 당신은 많은 것들에서 벗어난다. 그러나 새로운 어떤 것이 다시 당신을 괴롭힌다. "당신이 악마를 벗어났지만, 악은 남아 있다."[276] 자기 자신으로서의 당신은 실제로 모든 것에서 해방된다. 그리고 당신한테 달라붙은 것은 당신이 받아들였던 것이다, 그것은 당신의 선택이고 당신의 의향이다. 처음부터 자기 소유자(Der Eigene)는 타고난 자유인이고, 자유로운 사람이다. 이와 반대로 자유인은 자유에 미친 자, 몽상가이자 광신자일 뿐이다.

자기 소유자는 처음부터 자유롭다. 왜냐하면 자기 소유자는 모름지기 자신을 인정하기 때문이다. 또한 그는 맨 먼저 자신을 자유롭게 할 필요가 없다. 왜냐하면 그는 처음부터 자기 밖에 있는 모든 것을 거부하기 때문이고, 자기 자신보다 더 소중한 것은 아무것도 없고, 자신보다 더 높은 것은 아무것도 없다고 평가하기 때문이다, 간략히 말해 그는 자기 자신에서 출발하여 '자기 자신으로 돌아오기' 때문이다. 자기 자신인 사람은 자식 된 도리에 사로잡히지만, 그럼에도 불구하고 그는 이미 그러한 강제에서 자신을 '자유롭게' 하려고 여전히 노력하고 있다. 자기소유성은 어린 자기중심적 사람 속에서 작동하여 그에게 원하고 바라던—자유를 마련해 준다.

수천 년의 문명화된 문화는 당신에게 당신이 어떤 사람인지를 은폐하였고, 당신에게 자기중심적 사람이 아니라, 오히려 이상주의자('선량한 인간')가 천직이라고 믿게 하였다. 그것을 떨쳐 버려라! '자기부정으로

---

276 괴테, 『파우스트』 제1부, '마녀의 부엌'에서 메피스토펠레스의 말을 약간 잘못 인용한 것이다. "악마를 피했다는데, 무수한 악마들이 그대로 남아 있거든", 2509행.

바로 당신 자신을 잃게 하는 자유를 얻고자 애쓰지 마라, 오히려 당신 자신을 얻고자 애써라, 곧 자기중심적 사람이 되어라, 당신 각자가 어떤 전능한 나가 되어라! 혹은 더 분명하게 말한다. 꼭 당신 자신을 다시 알아라, 정말로 당신이 어떤 사람인지를 정확히 알아라. 그리고 당신의 위선적 노력, 곧 당신으로 존재하기보다는 다른 어떤 것으로 존재하려는 당신의 어리석은 병적 욕망을 포기하도록 하라. 나는 당신을 위선적이라고 부른다. 왜냐하면 당신은 여전히 수천 년 동안 온통 자기중심적 사람으로 남아있기 때문이다. 하지만 당신은 잠자코 있는 사람, 자기 자신을 기만하는 사람, 미친 자기중심적 사람, 당신은 고행자(Heautontimorumenen)[277], 곧 당신은 자기 자신을 괴롭히는 사람이다. 종교가 내세를 언급하든지 현세('오랜 삶' 등등)를 언급하든지, 여전히 종교는 결코 이런저런 '약속'을 나누어줄 수 없다. [182] 왜냐하면 인간은 보수에 강한 욕망을 지니고 있고 '공짜로' 아무것도 하지 않기 때문이다. 그러나 보상을 바라지 않고 '선을 위해 선을 행하는' 것은 어떤가? 마치 여기에서도 보상이 만족에 포함되지 않는다는 듯이, 그것은 허락할 것이다. 이처럼 종교 또한 우리의 자기중심성에 기반을 두고 자기중심성을—이용한다. 그러니까 종교는 우리의 욕망들에 기대를 걸고, 욕망들 중 하나의 욕망을 위하여, 다른 많은 욕망들을 억누른다. 그러면 이러한 사실은 기만당한 자기중심성이라는 현상을 제공한다. 그곳에서 나는 나 자신을 만족시키는 것이 아니라, 오히려 내 욕망들 중 하나, 예를 들어 축복을 향한 욕망을 만족시킨다. 종교는 나에게 다음과 같이 약속한다. — '가장 높은 선', 이것을 얻기 위해 나는 나의 다른 욕망들에 주의를 기울이지 않고 다른 욕망들에 자양분을 주지 않는다. —당신의 모든 행위들은 고백하지 않고, 은밀하고,

277 카르타고 출신의 해방 노예였던 작가 푸블리우스 테렌티우스 아페르가 기원전 163년에 라틴어로 쓴 희곡 제목이다.

감춰지고 숨겨진 자기중심성이다. 그러나 그것들은 당신이 자신에게 고백하고 싶지 않은 자기중심성, 당신 자신에게 숨긴 자기중심성이기 때문에, 이런 이유로 분명하고 공공연한 자기중심성이 아니라, 무의식적 자기중심성이다. 따라서 그것들은 자기중심성이 아니라, 오히려 굴종, 섬김, 자기부정이다. 당신은 자기중심적 사람이다. 그리고 당신이 자기중심성을 부정하기 때문에, 당신은 자기중심적 사람이 아니다. 당신이 가장 많이 자기중심성일 것 같은 경우, 그때 당신은 '자기중심적 사람'이라는 말에—혐오와 경멸을 끌어들인다.

내가 세계를 나 자신의 것으로 만드는 만큼, 다시 말해 나 자신을 위해 세계를 '얻고 손에 넣은' 만큼, 나는 세계에 대해 내 자유를 안전하게 한다. 그리고 이 일을 어떤 힘으로, 곧 설득, 청원, 단언적 요구로 해도 상관없고, 아니 그뿐인가, 심지어 거짓 꾸밈, 속임 등등으로 해도 상관없다. 왜냐하면 내가 그 일을 위해 사용한 수단들은 내가 어떤 사람인지에 따라 결정되기 때문이다. 내가 약하다면, 나는 약한 수단들만을 가진다. 그러나 그럼에도 불구하고 앞서 말한 것들[설득, 청원, 단언적 요구]과 같은 것은 세계의 상당한 부분에 충분히 부응한다. 말할 것도 없이 그것들보다 더 나빠 보이는 것들은 속임, 거짓 꾸밈, 거짓말이다. 누가 경찰을, 법을 속이지 못하겠는가? 본인이 행했을지도 모르는 불법행위를 숨기기 위하여, 누가 자신과 마주치는 관료의 앞잡이 앞에서 재빨리 명예로운 충성의 표정을 짓지 못하겠는가? 이것을 행하지 않는 사람은 그야말로 자신한테 폭력을 가한 사람이다. 그는—양심의 처지에서 약한 사람이었다. [183] 나는 타자들에게 (이러한 타자들은 바위와 같이 자기의지가 없는 것이거나 정부, 개인과 같이 자기의지가 있는 것이거나) 내 의지를 관철할 수 없으므로 확실히 내 자유가 축소된 것을 이미 알고 있다. 나는 나 자신을—타자들 앞에서—포기할 때, 즉 복종(Ergebenheit), 순종(Ergebung)을 통해 타자들에게 굴복하고, 자신을 포기하며, 단념할 때(ergebe), 나는 내 자기소유성을 부정한다. 현재의 과정이 목표에 이르지 않고 따라서 잘못된 길로 이끌기 때문에, 내가 내 방식을 포기하는 것은 다른 경우이다. 또 다른 경우는 내가 항복하여 포로가 될 때이다. 내가 충분한 화약을 가지고 있어서 돌을 깨뜨릴 수 있을 때까지, 나는 나에게 방해가 되는 암석을 피하여 에둘러간다. 그리고 내가 법을 전복할 수 있는 힘을 모을 때까지, 국민의 법을 피해간다. 내가 달을 움켜쥘 수 없으므로, 그런 까닭에 달은 나한테 '신성한' 존재, 곧 아스타르테이어야만 하는가? 내가 그대를 움켜쥘 수만 있다면, 나는 확실히 그랬을 것이다. 그리고 내가 그대한테 다가갈 방법을 안다면, 그대가 나를 두려워하지 않게 하리라! 오직 내가 나 혼자 힘으로 이해력을 획득하여 그대를 나 자신의 것이라고 부를 때까지, 이해하기 어려운 사람인 그대는 나에게 이해하기 어려운 사람으로 남을 것이다. 나는 그대 앞에서 나 자신을 포기하는 것이 아니라, 오히려 나의 때가 오기를 고대할 뿐이다. 지금 내가 그대의 무언가를 만지는 것에 만족한다면, 나는 여전히 그대의 무언가를 기억한다!

강력한 사람은 항상 그렇게 해왔다. 만약 '헌신적 사람들'(Ergebenen)이 강제되지 않는 힘을 자신의 지배자로 찬양하고 섬겼을 때, 그리고 그들이 모든 사람한테 섬기기를 요구하였을 때, 그때 복종하지 않으려는 그런 기질의 자식이 출현했다. 그리고 그는 다다를 수 없는 올림포스산에서 섬김을 받는 힘을 내쫓았다. 그는 회전하는 태양에 '가만히 있어라'라고 큰소리로 외쳤고, 지구가 회전하라고 했다. 헌신적 사람들은 그것을 어떻게든 참아야만 한다. 그는 신성한 떡갈나무에 자신의 도끼를 내려놓았다. 그리고 '헌신적 사람들'은 천국의 불이 결코 그를 다 태워버리지 않는다는 사실에 놀랐다. 그는 교황의 의자에서 교황을 팽개쳤다. 그리고 '헌신적 사람들'은 그 일을 저지할 방법을 몰랐다. 그는 신의 은총이라는 일을 파괴하고 있고, '헌신적 사람들'은 헛되이 원망하는 말을 하다가, 마침내 침묵한다.

[184] 나의 자유가 나의—힘일 때에만, 나의 자유는 완성된다. 그러나 이런 일을 통해 그저 어떤 자유로운 사람이길 그만두고 어떤 자기 소유자가 된다. 왜 인민의 자유가 '헛소리'인가? 인민은 결코 어떤 힘도 갖고 있지 않으니까! 네로의 숨결이든, 중국 황제의 숨결이든, 혹은 가난한 작가의 숨결이든, 살아 있는 나의 숨결로 나는 사람들을 불어 넘어뜨린다. 대관절 왜 독일의 국회(d…[278] Kammern)가 헛되이 자유를 동경하고, 왜 장관들이 선생 같은 말투로 자유를 훈계해야 하는가? 그들은 결코 '강력한 사람'이 아니니까! 힘은 일종의 멋진 물질이고, 많은 일들에 유용하다. 왜냐하면 '사람은 한 자루의 권리보다 한 움큼의 힘으로 더 멀리 나아가기' 때문이다. 당신은 자유를 동경하는가? 당신은 바보구나! 당신이 힘을 얻는다면, 자유는 자연히 올 것이다. 봐라, 힘을 가진 사람은 '법 위에 서' 있다. '법을 지키는' 당신이여, 당신에게 이러한 전망은 어떤 맛이 나는가? 아이고, 당신은 어떠한 맛도 느끼지 못하는구나!

'자유'에 대한 외침이 사방에서 큰 소리로 울린다. 그러나 사람들은 증여된 혹은 허가된 자유가 무엇을 의미하는지를 느끼거나 알고 있는가? 모든 자유는 본래—자기해방(Selbstbefreiung)이라는 말을, 다시 말해 내가 내 자신의 자기소유성(Eigenheit)을 통해 얻는 자유만큼만 나는 자유를 가질 수 있다는 말의 의미를 온전히 인정하지 못한다. 아무도 사람들의 언론 · 출판의 자유를 제한하지 않는다는 사실이 양같이 온순한 사람들한테 무슨 쓸모가 있는가? 그들은 계속 우는소리를 한다. 내면적으로 이슬람교인, 유대교인 혹은 기독교인인 사람에게 자신이 좋아하는 것을 말하도록 허가한다면, 그들은 머지않아 편협 고루한 허튼소리만을 말할 것이다. 이와 반대로 어떤 다른 사람들이 당신에게서 말하고 들을 자

278 이것은 'deutsch'(독일의)을 의미한다. 이러한 형태의 글쓰기는 검열을 피하기 위한 것이었다.

유를 빼앗는다면, 그들은 그들의 일시적 이익이 어디에 있는지 아주 정확히 이해한다. 당신은 어떤 것을 말할 수 있고 들을 수 있기 때문인데, 그것을 통해서 '어떤 사람들'은 자신들의 신용을 잃을 것이다.

그럼에도 불구하고 그들이 당신에게, 자유를 준다면, 그들은 그들이 가진 것보다 더 많은 것을 주는 악당들일 뿐이다. 왜냐하면 그때 악당들은 자기가 소유한 재화(財貨)를 당신한테 주는 것이 아니라, 오히려 훔친 상품을 당신한테 주기 때문이다. 그들은 당신한테 당신 자신의 자유, 곧 당신이 당신 자신을 위하여 자기 것으로 여겨야만 하는 자유를 준다. [185] 그런데 그들이 단지 당신에게 자유를 주기 때문에, 그 결과 당신은 자유를 자기 것으로 하지 못하고 도둑들과 사기꾼들에게 책임을 묻지 않는다. 그들은 주어진(허가된) 자유는 어차피 자유가 아니라는 것을 약삭빠르게 잘 알고 있다. 왜냐하면 오로지 자유는 자기 자신을 위하여 자기 것으로 여겨야 하는 것이기 때문이다. 그러므로 자기중심적 사람의 자유는 전속력으로 항해한다. 주어진 자유는 폭풍이 불자마자 혹은—바람이 잔잔해지자마자 급히 돛을 내린다. 주어진 자유는 항상—부드럽고 온화한 산들바람이 있어야 한다.

여기에 자기해방과 해방[279](Emanzipation)(자유롭게 방면함, 자유롭게 놓아줌) 사이에는 차이가 있다. 오늘날 '반대파에 있는' 사람은 '자유롭게 놓아줌'을 갈망하고 외친다. 군주는 자기 민중한테 '성년임을 선고'

279 해방(Emanzipation): 에만치파레(emancipare)는 라틴어에서 우선 타동사로 사용되었고, 또한 체들러가 번역하듯이 '팔다'(verkaufen), '양도하다'(veräußern)의 뜻이었는데, 특히 경작지를 팔거나 양도하는 것을 말한다. 이 동사와 명사형이 서유럽 민족 언어로, 14세기에는 이탈리아와 프랑스로, 17세기에는 영국 그리고 그 후 독일로 유입된 이후에 재귀적 사용이 대두됐는데, 이는 성년이 됨/성숙하게 됨(Mündigwerdung)이 지니는 관습적 의미에서 출발하여 궁극적으로는 이전의 법률 용어에서 배제되었던 자기 전권 위임(Selbster-mächtigung)을 지시하게 되었다.

해야만 하노라, 다시 말해 자기 민족을 해방해야만 하노라! 당신이 마치 성인이 된 것처럼 행동하라, 그러면 당신은 성년의 선언 없이 그렇게 된 것이다. 그리고 당신이 그렇지 않다면, 당신은 성년의 자격이 없는 것이고, 당신은 성년의 선언을 통해서조차 성인이 될 수 없을 것이다. 성숙한 그리스 사람들은 그들의 폭군을 쫓아내고, 성숙한 자식은 아버지로부터 독립하게 만든다. 그리스 사람들이 그들의 폭군이 가장 자비롭게 자신들을 성년으로 승인할 때까지 기다렸다면, 그들은 오래 기다렸어야 했을 것이다. 슬기로운 아버지는 어른이 되려고 하지 않는 자식을 집에서 내쫓고 그 자신이 집을 지킨다. 왜냐하면 그렇게 하지 않으면 바보한테 권리가 생기는 것이기 때문이다.

자유로워진 사람[280]은 바로 자유로운 사람, 방탕자(libertinus)[281], 사슬의 조각을 질질 끌고 다니는 개에 불과하다. 이를테면 그는 사자의 탈을 쓴 당나귀[282]처럼 자유의 옷을 입은 자유롭지 못한 사람이다. 확실히 해방된 유대인은 스스로 나아졌다기보다는, 오히려 오직 유대인으로서 안도감을 느꼈을 뿐이다. 비록 자신의 처지를 전보다 나아지게 하는 사람은 확실히 독실한 기독교인보다 더 낫더라도 말이다, 왜냐하면 독실한 기독교인은 모순 없이 자신의 처지를 나아지게 할 수 없기 때문이다. 그러나 해방됐든 해방되지 않았든 유대인은 유대인으로 남는다. 스스로 해방되지 못한 사람은 그저—해방된 사람이다. 기독교 국가는 틀림

---

280 슈티르너는 자유로워진 사람(Freigegebene), 석방(Freigebung)을 해방(Emanzipation) (자유롭게 방면함(Freisprechung), 자유롭게 놓아줌(Freilassung))과 같은 맥락으로 이해하고 비판하고 반대한다.

281 「사도행전」, 6장 9절에 나오는 말로 본래 유대인이었지만 B.C. 53년 폼페이의 유대인 토벌 후 로마에 노예로 팔려갔다가 자유인이 된 사람들의 후손이라고 한다.

282 사자의 탈을 쓴 당나귀는 약자의 허세, 꾸민 기세를 의미한다.

없이 가톨릭교도를 자유롭게 할 수(그들을 해방할 수) 있다. 하지만 가톨릭교도는 자신들을 자유롭게 만들지 못하기 때문에, 그들은 그저—가톨릭교도로 남는다.

자기유용성과 자기에게 유용하지 않음은 위에서 이미 말했다. [186] 자유의 친구들은 자기유용성에 화가 난다. 왜냐하면 자유를 추구하는 자신들의 종교적 노력 속에서 숭고한 자기부정으로부터 자기 자신들을—자유롭게 할 수 없기 때문이다. 자유주의자의 분노는 자기중심성을 향하고 있다. 왜냐하면 자기중심적 사람은, 에~뭐라고 할까, 대의를 위하여 대의를 얻으려고 애쓰는 것이 아니라, 오히려 자기를 위하여 대의를 얻으려고 애쓰기 때문이다. 대의가 자기중심적 사람을 섬겨야만 한다. 대의에 고유한 가치 혹은 '절대적' 가치를 주는 것은 자기중심적 행위가 아니라, 오히려 그 대의의 가치를 내 안에서 찾는 것이 자기중심적 행위이다. 세상 사람들은 매우 통상적으로 돈을 벌기 위한 학문을 자기중심적 행위의 가장 역겨운 특성이라고 자주 생각한다. 왜냐하면 돈을 벌기 위한 학문은 학문의 가장 모욕적 신성모독을 표명하기 때문이다. 그러나 학문에 몰두하지 않으면, 학문은 무엇을 위해 있는가? 어떤 사람이 학문이 밥벌이 이외에 아무것에도 더 유용하지 않다는 것을 안다면, 그의 자기중심성은 참으로 편협한 것이다. 왜냐하면 이러한 자기중심적 사람의 힘은 제한된 힘이기 때문이다. 하지만 정신을 빼앗긴 사람만이 제한된 힘 속에 있는 자기중심적 요소를 학문의 신성모독으로 비난할 수 있다.

왜냐하면 기독교는, 개인들을 유일한 사람으로 인정할 수 없었으니, 개인들을 오직 의존하는 사람으로 생각했었고, 실제로는 단지 **사회이론**일 뿐이기 때문이다. 그 사회이론은 인간이 신과 함께 그리고 인간이 인간과 함께 살아가는 것의 가르침이었다. 그래서 개인들에게 모든 '자신의 것'(Eigene)이라는 말은 가장 화나는 나쁜 평판을 얻어야만 했다. 이를테면 자기유용(Eigennutz), 자기고집(Eigensinn), 자기의지(Eigenwille),

자기소유(Eigenheit), 자기사랑(Eigenliebe) 등등. 사물을 바라보는 기독교적 방식은 모든 측면에서 대체로 명예로운 말을 점차 명예롭지 못한 말로 다시 나타내었다. 과연 어째서 그것들을 다시 명예롭게 하지 못할까? '모욕적 언동'은 오래된 의미에서 농담과 같은 의미이다. 그러나 기독교다운 진지함에 있어서 재미는 어떤 모욕이다. 왜냐하면 기독교다운 진지함은 이전에 대담하고, 용감한 것으로만 이해되었던 '뻔뻔스러움'(Frech), 오로지 대담한 것이었던 '모독 행위'(Frevel)를 결코 농담으로 웃으며 받아들일 수 없기 때문이다. '이성'이라는 말이 얼마나 오랫동안 멸시당하게 되었다는 것은 잘 알려져 있다.

우리의 언어는 기독교적 관점 그 자체에 꽤 잘 적응하였다. 그리고 어떤 불완전한 것이거나 나쁜 것과 같은 모든 기독교답지 않은 것에 놀라서 물러서지 않기 위하여, 보편적 의식은 여전히 너무 기독교적이다. 그 때문에 보편적 의식은 '자기유용'에 또한 나쁜 것이다.

[187] 기독교적 의미에서 자기 유용은 다음과 같은 뜻이다. 나는 어떤 것이 육욕적 사람인 나한테 유용한지 유용하지 않은지만을 살핀다. 그러나 도대체 육욕이 내 모든 자기소유성인가? 내가 육욕에 몰두할 때, 나는 나 자신의 감각으로 있는가? 내가 육욕을 따를 때, 나는 나 자신, 곧 나 자신의 결정을 따르는가? 육욕이나 어떤 다른 것(신, 인류, 권위, 법, 국가, 교회)에 의해 지배되지 않고, 내가 나 자신의 주인일 때에만 나는 나 자신의 것이다. 나의 자기 유용은 나에게, 바로 자신의 소유인 사람 혹은 자신을 소유하고 있는 사람에게 유용한 것을 끝까지 추구한다.

게다가, 사람들은 끊임없이 모독받았던 자기유용성을 모든 것을 통제하는 힘이라고 매 순간 억지로 믿어야 했다, 1844년 2월 10일의 회의에서[283] 벨커(Welcker)는 판사의 의존성에 대한 발의에 대해 논쟁하며, 다음과 같

283 바덴 입법부의 회의에서.

이 상세한 말로 설명한다. 곧 해임할 수 있는, 해고할 수 있는, 다른 관직으로 옮길 수 있는, 그리고 연금을 받을 자격이 있는 판사들(한마디로 말해 단순한 행정 절차에 의해 피해를 입을 수 있고 위험에 처할 수 있는 법원의 구성원들)은 완전히 신뢰성이 없고, 아니 그뿐인가, 사람들로부터 모든 존중과 모든 신뢰를 잃어버린다. 벨커가 외치기를, 판사라는 직업은 이러한 의존성에 의해 사기를 잃게 되었구나! 솔직히 말해 이것은 다음과 같은 것을 의미할 뿐이다. 판사들은 법이 원하는 대로 판결하는 것보다 장관이 원하는 대로 판결하는 것이 더 자신들에게 이익이 된다는 것을 알고 있다. 이 일을 어떻게 해서 고쳐야 하는가? 아마도 돈에 좌우되는 판사들의 치욕을 절실히 느끼게 해서? 그다음에 그들이 회개하고 이제부터 정의를 그들의 자기유용성보다 매우 더 높이 평가할 것이라는 확신을 품게 해서인가? 아니다, 그 사람들은 이러한 공상적 확신에 고조되지 않는다. 왜냐하면 자기유용성이 어떤 다른 동기보다 더 강력하다고 느끼기 때문이다. 그러므로 지금까지 재판관들이었던 사람이 똑같은 사람으로 그렇게 있을 수도 있다. 그러나 사람들은 재판관들이 자기중심적 사람들로서 행동한다고 철저히 확신했다. [188] 그렇지만 재판관들은 돈에 좌우되는 정의로부터 자기들의 자기유용성이 더 이상 이익이 안 된다는 것을 알아야만 한다, 그러나 정부로부터 너무나 독립적이어야만 한다는 것도 알아야만 해서 적절한 판단으로 재판관들은 그들 자신의 대의, 그들이 '잘 알고 있는 이해관계'를 무색하게 하지 않고, 오히려 충분한 봉급과 시민들 사이의 존경이라는 기분 좋은 결합을 확보한다.

그래서 판사들이 자기유용성에 의지할 수 있을 때만, 벨커와 바덴 시민은 자신들이 안전하다고 생각한다. 그렇다면 평소에 재판관들의 입에서 흘러나오는 자신에게 유용하지 않은 셀 수 없는 말에 대해 어떻게 생각해야만 하는가?

나는 내가 유용하지 않게 섬기고 있는 대의보다 내가 유용하게 추진하고 있는 대의에 다른 관계를 맺고 있다. 이러한 관계에 대해 누군가는 다음과 같은 인식표를 내세울 수 있다. 이를테면 나는 내가 유용하지 않게 섬기고 있는 대의에 반대하여 죄를 범하거나 어떤 죄를 저지를 수 있다. 하지만 나는 단지 내가 유용하게 추진하고 있는 대의를 경솔한 짓을 해서 잃고, 밀어제치거나, 나에게서 박탈할 수 있는데, 다시 말해 경솔하게 행동할 수 있다. 자유로운 거래는 두 가지 방식으로 고찰할 수 있는데, 즉 하나는 부분적으로 사정에 따라서 허용되거나 철회될 수 있는 자유로 여겨지거나, 다른 하나는 부분적으로 어떤 사정이 있더라도 만사를 제쳐놓고 신성한 것으로 유지되어야만 하는 자유로 여겨진다.

내가 대의 그 자체에 관심을 두지도 않고, 대의 그 자체를 위해 대의를 열망하지 않는다면, 그렇다면 나는 오로지 대의가 나에게 주는 유용성 때문에, 곧 대의의 유용성 때문에, 또 다른 목적 때문에, 예를 들어 마치 굴처럼 좋은 풍미 때문에, 대의를 열망한다. 이제 모든 대의는 수단으로서 자기 자신이 최종 목적인 자기중심적 사람을 위해 일하고 있지 않은가? 그리고 그는 자신에게 아무것도 봉사하지 않는 것을 보호해야만 하는가? 예를 들어 프롤레타리아는 국가를 보호해야만 하는가?

자기소유성은 그 자체로 자기 자신인 모든 것을 포함한다. 그리고 자기소유성은 기독교의 언어가 명예롭지 않게 만든 것을 다시 명예롭게 만든다. 그러나 또한 자기소유성은 타자의 판단 기준을 가지고 있지 않다. 왜냐하면 자기소유성은 자유, 도덕, 인간다움 따위와 같은 이념이 전혀 아니기 때문이다. 자기소유성은—소유자의 묘사일 뿐이다.

II

소유자

[189]—나는 자유주의를 통해서 나 자신에 그리고 나의 것에 이르는가?

자유주의자는 누구를 자신과 동등한 사람으로 여기는가? 인간이구나! 오직 인간이 되어라—여하튼 그대는 인간이다—그래서 자유주의자는 그대를 형제[284]라고 부른다. 자유주의자가 그대에게서 '인간'만을 찾아낼 수 있다면, 자유주의자는 그대 개인의 관점(Privatmeinungen)과 개인의 어리석은 생각에 대해 거의 묻지 않는다.

그러나 자유주의자는 그대가 **사생활에서**(privatim) 무엇인지 거의 관심이 없고, 실로 그는 자신의 원리에 더 강하게 복종하여 그것에 전혀 가치를 주지 않으므로, 그는 그대 안에서 그대가 **유적으로**(generatim)[285] 무엇인지를 볼 뿐이다. 바꿔 말하면, 자유주의자는 그대에게서 그대를 보는 것이 아니라, 오히려 **유개념**을 보고, 또는 철수나 영희를 보는 것이 아니라, 오히려 **인간**을 보며, 현실적인 사람 혹은 유일한 사람을 보는 것이 아니라, 오히려 그대의 본질이나 그대의 개념을 보고, 뼈와 살을 갖춘 사람

---

284 여기서 형제라는 말은 자신과 같은 부모에게서 태어난 남자를 가리키는 의미보다는 인류 또는 특정한 인종, 민족의 총칭으로서의 형제를 의미한다.

285 공통 성질의 부류, 범주를 의미한다.

을 보는 것이 아니라, 오히려 정신을 본다.

철수인 당신은 그와 똑같은 사람이 아닐 것이다, 왜냐하면 그는 수철이고, 따라서 철수가 아니기 때문이다. 그러나 인간으로서의 철수는 수철과 똑같은 존재이다. 그리고 철수로서의 당신은 사실상 전혀 수철을 위해 존재하지 않기 때문에(다시 말해, 지금까지 수철은 자유주의자이고 무의식적으로 자기중심적 사람이 아니기 때문에), 그래서 수철은 자신을 위해 참으로 쉽게 '형제애'라는 말을 만들었다. 이를테면 수철은 자신이 아무것도 모르고 아무것도 알고 싶지 않은 철수인 당신을 사랑하는 것이 아니라, 오히려 인간인 당신을 사랑한다.

그대와 나에게서 '인간' 이외에는 아무것도 보지 않는 것, 그것은 사물을 바라보는 기독교적 방식을 의미하고, 그러한 방식에 따라 한 사람은 다른 사람을 위해, 극단적으로, 단지 **개념**(예를 들어, 구원을 받도록 선택된 사람 등등)일 뿐이다.

본래의 기독교는, 덜 보편적 개념 아래로 우리를 모은다. 거기에서 우리는 '신의 자식들'이고 '신의 영으로 이끌림을 받는 이들'[286]이다. 그렇지만 모든 사람이 신의 아들임을 자랑으로 여길 수 있는 것이 아니다, [190] 오히려 "친히 우리의 영에게 우리가 신의 자녀들임을 목격한 똑같은 성령이, 역시 누가 마귀의 자녀들인지를 드러낸다."[287] 따라서 신의 자식이 되려는 사람은 마귀의 자식이 되어서는 안 된다. 그러니까 신의 자식임은 어떤 일정한 사람을 배제하였다. 이와 달리 우리가 **인류의 자식**,

---

286 원주 51, 「로마서」, 8장 14절,
(무릇 신의 영으로 인도함을 받는 이들은 곧 너의 신의 아들들이니라.-옮긴이)

287 원주 52, 「로마서」, 8장 16절(성령이 친히 우리의 영과 함께 우리가 신의 자녀임을 증거하시거니와. 옮긴이)과 요한일서, 3장 10절(여기서 신의 자녀와 마귀의 자녀가 드러나느니라. 옮긴이)을 비교하라.

곧 인간이 되기 위해서는, 우리는 인류에 속할 필요가 있을 뿐이고, 그저 그와 같은 유개념의 표본으로 존재하기만 하면 된다. 구체적 나로서의 내가 무엇인지, 그것은 선량한 자유주의자로서의 당신에게 전혀 관심이 없다, 오히려 그것은 오로지 나의 개인적 일이다. 결국 우리는 하나이자 같은 어머니, 요컨대 인류의 자식이다. 말하자면 나는 '인류의 자식'으로서 그대와 같은 사람이다.

그럼 당신에게 나는 무엇인가? 혹시 그것은 내가 걸어가고 서 있듯이, 뼈와 살을 갖춘 그러한 나인가? 그건 아니다. 생각과 결단, 정열을 가진, 이렇게 뼈와 살을 갖춘 나는 그대의 눈에는 그대의 관심사가 아닌 '개인의 관심사'이고, '자신을 위한 관심사'이다. 오로지 나의 개념, 곧 나의 유개념, 다시 말해 철수라고 불리기도 하고, 쉽게 영희 혹은 영수로도 존재할 수 있는 인간만이 '너를 위한 관심사'이다. 그대는 나에게서 나를, 곧 뼈와 살을 갖춘 사람을 보는 것이 아니라, 오히려 실재하지 않는 것, 곧 유령, 다시 말해 인간을 본다.

기독교의 수 세기 동안 우리는 가장 다양한 사람을 '우리와 같은 사람'으로 선언하였다. 그러나 매번 우리가 그들로부터 저 정신의 척도에 따라, 예를 들어 그들에게서 구원할 필요가 있는 정신을 가정할 수도 있는 각자를, 그 이후에는 정당함의 정신을 갖는 각자를, 마침내 인간다운 정신과 인간다운 얼굴을 본 각자를 기대하였다. 이렇게 '평등'의 원칙은 변화하였다.

이제 평등은 인간다운 정신의 평등으로 이해되었기 때문에, 모든 인간을 포괄하는 어떤 평등은 확실히 발견된 것이다. 우리 인간은 어떤 인간다운 정신, 다시 말해 인간 정신 말고 다른 정신을 결코 가지고 있지 않다는 사실을, 도대체 누가 부정할 수 있단 말인가!

[191] 그러나 위에서 말한 이유 때문에 현재 우리는 기독교의 초기보다 더 앞으로 나아가고 있는가? 그 당시 우리는 신다운 정신을 가져야

마땅했고, 이제는 인간다운 정신을 가져야 마땅했다. 그러나 만약 신다운 정신이 우리를 지치게 하지 않는다면, 인간다운 정신은 우리가 무엇인지를 어떻게 온전히 표현하겠는가? 예를 들어 포이어바흐는 그가 신다운 것을 인간다운 것으로 만든다면, 그는 진실을 발견했다고 생각한다. 아니다, 신이 우리를 괴롭혔다면, '인간'은 우리를 더 고통스럽게 압박할 수 있다. 다음과 같이 간단히 말할 수 있다. 우리가 인간이라는 것은 우리한테 가장 대수롭지 않은 것이고, 우리의 속성들(Eigenschaften), 곧 우리의 소유(Eigentum) 중 하나인 한에서만 의미가 있을 뿐이다. 사실 무엇보다, 나는 인간이다, 예를 들어, 내가 동물이거나 짐승이고 유럽사람, 혹은 베를린 사람 따위이듯이. 그러나 나를 인간으로만 혹은 베를린 사람으로만 여기는 사람은, 나와 매우 무관한 것에 주의를 기울였다. 왜 그런가? 그런 사람은 나의 속성들 중 하나만을 의식했고 나를 의식하지 않았기 때문이다.

정신 역시 그와 같은 태도를 취한다. 기독교인의 정신, 정직한 정신, 등등은 획득한 나의 속성, 곧 나의 소유일 수 있다. 그러나 나는 이러한 정신이 아니다. 그것은 나의 것이지, 내가 그의 것은 아니다.

그런 까닭에 우리는 자유주의에서 뼈와 살을 갖춘 사람인 나에 대한 오래된 기독교인의 깔보는 일을 지속하고 있다. 사람들은 나를 있는 그대로의 나로 받아들이지 않고, 나의 소유, 나의 속성들을 눈여겨본다. 그리고 나의—소유를 위해서만 나와 결혼한다. 말하자면 사람들은 나라는 존재와 결혼하는 것이 아니라, 나의 소유와 결혼한다. 기독교인은 나의 정신에 매달리고, 자유주의자는 나의 인간다움에 매달린다.

그러나 만약 정신—뼈와 살을 갖춘 나의 소유로 여겨지는 것이 아니라, 오히려 본래의 나 그 자체(das eigentliche Ich selbst)로 여겨지는 정신—이 허깨비라면, 나의 속성으로 인정되는 것이 아니라, 오히려 본래의 나로 받아들이는 인간 역시 모름지기 유령, 생각, 개념이다.

그러므로 자유주의자도 기독교인처럼 똑같은 원 안에서 맴돌고 있다. 왜냐하면 그리스도라는 정신이 그대에 깃들어 있을 때, 그대가 기독교인이듯이, 인류라는 정신, 곧 인간이 그대에 깃들어 있을 때, 그대는 인간이기 때문이다. [192] 그러나 인간이 그대의 본래의 나 혹은 '더 나은' 나이기는 하지만, 인간이 어떤 제2의 나로서만 그대에 깃들어 있기 때문에, 인간은 그대에게 올세상으로 남아 있다. 그리고 그대는 완전히 인간이 되기 위해 노력해야만 한다. 완전히 구원받은 정신이 되기 위해 기독교인의 노력과 아주 똑같이 보람 없구나!

이제, 자유주의가 인간을 선언한 이후에, 사람들은 이러한 선언으로 기독교의 지속적인 수행을 완성하였을 뿐이라고, 진실로 기독교 그 자체는 처음부터 '인간', 곧 '참된 인간'을 실현하는 과제 이외의 다른 과제에 착수하지 않았다고 선언할 수 있다. 그런 까닭에, 그때 기독교가 나에게 무한한 가치(예를 들어 불멸의 가르침, 목사의 돌봄 등등에서)를 주었다는 것은 착각으로 드러난다. 아니다, 기독교는 이러한 무한한 가치를 오로지 인간에게만 준다. 오로지 인간만이 불멸이고, 나는 인간이기 때문에, 오로지 나 또한 죽지 않는다. 마치 자유주의가 모든 사람이 인간으로서 평등하다고 하는 것처럼, 실제로 기독교는 누구도 사라지지 않는다고 가르쳐야만 했다. 그러나 기독교의 영원성은, 자유주의의 평등처럼, 나한테 적용되는 것이 아니라, 내 안의 인간한테만 적용된다. 모두가 알다시피 "왕은 절대 죽지 않는다."[288]처럼, 인간성의 짐꾼 그리고 피신처로서만 나는 죽지 않는다. 루이 왕은 죽었으나 왕은 살아있다. 다시 말해

288 1560년 로피탈(Michael de L'Hospital)이 권력의 실제적 휘두름인 왕권과 좀더 추상적인 개념인 국왕의 존엄함을 혼동하면서 "왕권은 결코 소멸되지 않는다." 라고 선언한 지 16년 후, 장 보댕은 한 단계 더 나아가서 "국왕은 결코 죽지 않는다."(Le Roy ne meurt jamais) 라는 왕정의 불멸 영속의 원칙을 주장하였다.

나는 죽었으나 내 정신, 인간은 지속된다. 이제 나를 인간과 완전히 동일시하기 위하여, 누군가는 나는 어떤 '현실의 유적존재'(Gattungswesen)가 되어야만 한다는 요청을 고안하였고 설계하였다.[289]

인간다운 종교는 기독교다운 종교의 최후의 변신(Metamorphose)일 뿐이다. 왜냐하면 자유주의가 어떤 종교이기 때문이다. 그 이유는 자유주의가 나로부터 내 본질을 분리하고 내 위에 내 본질을 놓기 때문에, 다른 종교가 자신의 신 혹은 우상을 숭배하는 것과 같은 정도로 자유주의가 '인간'을 숭배하기 때문에, 자유주의가 나의 것을 어떤 올세상의 것으로 만들기 때문에, 대체로 자유주의가 나의 것을, 곧 나의 속성들과 나의 소유를 어떤 타자의 것—다시 말해 어떤 '본질'로 만들기 때문이다. [193] 한마디로 말하면 자유주의가 인간 아래 나를 놓고, 그렇게 하여 나한테 '소명'을 주기 때문이다. 그러나 또한 자유주의가 이러한 최고의 본질, 인간다움, 어떤 종교적 열정, "최종적으로 역시 신앙의 불타는 열정, 극복되지 않을 열정을 증명할 신앙"[290]을 요구할 때, 자유주의는 자기 자체를 형식의 측면에서 종교로 선언한다. 그러나 마치 신하가 어떤 방식으로 축복을 받든, 프리드리히 대왕이 신하로서 자신의 의무를 다하는 모든 사람에게 했던 것처럼, 자유주의가 인간다운 종교이기 때문에, 자유주의의 신봉자는 어떤 다른 신봉자(가톨릭교인, 유대교인 등등)에 대해 관용적 태도를 취한다. 이제 이 종교는 보편적이고, 흔히 사용되는 종교로 드높여질 것이고, 그저 '개인의 어리석은 생각들'에 지나지 않는 다

289 원주 53, 예를 들어, 칼 마르크스(Karl Marx), 「유대인 문제에 대하여」, 편집인 아놀드 루게, 『독일-프랑스 연보』(파리, 1844), 197쪽.
(마르크스는 『스위스에서 보낸 21보겐』(1843)에 개재된 바우어의 논문 「현대의 유대교인과 기독교인이 자유로워질 수 있는 능력」에 대해 비판한다. 여기서 마르크스는 바우어가 유대교인의 해방 문제를 종교 문제로 전화시키고 있다고 비판한다.- 옮긴이)

290 원주 54, 브루노 바우어, 『유대인 문제』(브라운슈바이크, 1843), 61쪽.

른 종교와 분리될 것이며, 그런데 그것들은 너무 중요하지 않기 때문에, 그것들에 대해 사람들은 매우 **자유롭게** 행동한다.

사람들은 인간다운 종교를 **국가-종교**, '자유로운 국가'의 종교라고 부를 수 있었는데, 이는 그것이 지금까지 국가에 의해 우대되었거나 특별한 권리를 받았다는 의미 때문이 아니라, 오히려 '자유로운 국가'는 국가에 속하는 사람들 각자—개인적으로 각자가 유대인, 기독교인 또는 그 외에 사람인지와 상관없이—에게 요구하기 위하여, 또한 자격이 주어질 뿐 아니라 강요되는 종교로서 부를 수 있었다. 왜냐하면 효도가 가족에 대해 봉사하는 것과 마찬가지로, 인간다운 종교가 국가에 대해서 똑같이 봉사한다. 가족이 각 구성원 각자에 의해서 가족의 지속되는 현존을 인정받고 보존되어야만 한다면, 각자에게 혈연은 신성한 것이어야만 하고, 혈연에 대한 각자의 감정은 효성이어야만 하고, 곧 혈연을 존경하는 감정이어야만 하며, 이로써 각자에게 각각의 혈연은 신성한 것이 된다. 그래서 또한 국가 공동체의 구성원에게 이러한 공동체는 신성한 것이어야만 하고, 마찬가지로 국가에서 최고의 개념이 그들한테서도 최상의 개념이어야만 한다.

하지만 국가에서 가장 높은 개념은 무엇인가? 의심할 여지 없이 참으로 인간다운 사회이다, [194] 다시 말해 **인간답지 않은 인간이 아니라**, 정말로 **인간으로서의** 모든 인간이 구성원으로 들어갈 수 있는 사회이다. 비록 아무리 국가가 광대하게 관용을 베풀지라도, **인간답지 않은 인간** 그리고 인간답지 않은 것에 대해서 국가는 관용을 베풀지 않는다. 그럼에도 이러한 '**인간답지 않은 인간**'은 인간이고, 그래도 '인간답지 않은 것'조차 인간다운 어떤 것인데, 아니 그뿐인가, 결코 어떤 동물한테 가능한 어떤 것이 아니라 인간한테만 가능한 어떤 것이다. 사실 이것은 '인간적으로 가능한' 어떤 것이다. 그러나 모든 **인간답지 않은 인간**이 인간이라 하더라도, 그럼에도 불구하고 국가는 그를 배제한다. 다시 말해 국가는 그를 감금하거나 그를 국가의 동반자에서 감옥의 동반자로 바꾼다(공산주의에 따르면, 정신병원 동반자 혹은 병원의 동반자).

인간답지 않은 인간이 무엇인지 알기 쉽게 말하는 것은 정말 힘들지 않다. 그러니까 인간답지 않은 인간다움이 인간이라는 개념에 해당하지 않는 어떤 인간다움이듯이, 인간답지 않은 인간은 인간이라는 개념과 일치하지 않는 어떤 인간이다. 논리학은 이것을 '자기 모순적 판단'이라 부른다. 실존으로부터 인간의 개념을 분리할 수 있고, 현상(Erscheinung)으로부터 본질을 구분할 수 있다는 가설을 인정하지 않는다면, 어떤 사람이 인간이 아니면서 인간으로 존재할 수 있다는 이러한 판단을 선언하는 것이 허용될 수 있을까? 사람들의 말에 따르면, 그는 실제로 한 인간으로 나타나긴(erscheint) 하지만 그는 결코 한 인간이 아니다.

인간은 이러한 '자기 모순적 판단'을 수 세기 오랜 세월 동안 승인해 왔구나! 정말로, 더더구나 이러한 오랜 세월 동안 —인간답지 않은 인간들만이 존재했다. 어떤 개인이 개인이란 개념과 일치할 수 있었을까? 기독교는 한 인간만을 알고 있다. 그리고 이 한 사람—그리스도—은 다시 거꾸로 보면 즉, 인간을 넘어선 인간, 어떤 '신'이다. 오로지 —인간답지 않은 인간이 현실의 인간이다.

인간이 아닌 인간은 허깨비 이외에 무엇일까? 모든 현실의 인간은 어떤 유령이다. 왜냐하면 모든 현실의 인간은 '인간'이라는 개념과 일치하지 않거나, 그는 '인류'가 아니기 때문이다. [195] 그러나 내가 인간(그는 나 자신을 능가했고, 나한테 내 이상, 내 사명, 내 본질 혹은 내 개념으로서 올세상으로 남아 있다)을 나 자신의 속성, 곧 나에 고유하고 내재하는 속성으로 축소할지라도, 나는 여전히 어떤 인간답지 않은 인간으로 남아 있을까? 그래서 인간은 나의 인간다움, 나의 인간적 조건 이외에 다른 것이 아니다, 그리고 내가 하는 모든 것이, 그것이 '인간' 개념에 일치하기 때문이 아니라, 단순히 내가 그것을 행하기 때문에 '인간적'이다. 나는 정말로 인간이면서 동시에 인간답지 않은 인간이다. 왜냐하면 나는 인간이면서 동시에 인간보다 그 이상이기 때문이다. 나는 이러한, 나의 단순한 속성인 나(das Ich)이다.

마침내 다음의 결론에 도달해야만 했다. 곧 우리한테 더는 기독교인이 되라고 요구하지 말고, 오히려 오직 인간이 되라고 요구해야 한다. 비록 우리가 실제로 기독교인조차 될 수 없을지라도, 항상 '불쌍한 죄인'(왜냐하면 기독교인도 성취할 수 없는 이상이었기 때문에)으로 남아있었고, 아직 우리의 의식에 이것의 부조리가 나타나지 않았고 속임수는 지금보다 훨씬 쉬웠으므로, 인간이며 인간답게 행동하는 우리에게 그 요구가 주어졌을 때, 실로 우리가 인간, '실제의 인간'이어야만 하고, 그렇게 행동하는 것 이외에 달리할 수가 없었기 때문이다.

오늘날 우리의 국가들—교회에 어울리는 어머니로부터 받은 온갖 종류의 것들이 여전히 국가들에 달라붙어 있기 때문에—은, 실로 국가와 조금도 관련이 없는 가지각색의 의무(예를 들어 교회에 어울리는 종교성)를 국가들에 속한 국민들에게 짊어지게 한다. 그럼에도 불구하고 국가들은 대체로 국가들의 중요성을 부정하지 않는다. 왜냐하면 국가는, 비록 어떤 국가의 구성원이 다른 구성원보다 특권이 덜하더라도, 인간으로서의 인간이 구성원일 수 있는 인간다운 사회로 보이기를 원하기 때문이다. 그리고 국가 대부분은 모든 종교적 분파의 신봉자를 허용하고, 인종이나 종족의 구별 없이 사람들을 받아들인다. 이를테면 유대인, 터키인, 무어인 등등은 프랑스 시민이 될 수 있다. 그러므로 국가의 수용에 있어서 국가는 오로지 인간인지 아닌지를 본다. 신자들의 사회인 교회는 자신의 품속에 모든 사람을 받아들일 수 없었다. 이와 달리 인간들의 사회인 국가는 그렇게 할 수 있다. [196] 그러나 국가가 모든 국가의 구성원들은 사람(지금까지 심지어 북아메리카인은 그들 자신의 구성원들이 종교, 적어도 정직, 성실의 종교를 가지고 있다고 전제한다)일 뿐이라고 가정하면서, 국가의 원리를 완전히 이행했을 때, 그때 국가는 자기 자신의 무덤을 팠던 것이다. 국가가 소유하고 있는 사람들은 모조리 인간다운 사람이라고 국가가 상상하고 있는 동안, 그러는 사이에 사람들은 예외 없이 자기중심적 사람들이 되어갔고, 그들 각자는 자신의 자기중심적 힘과 목적을 위해 국가를 이용한다. '인간다운 사회'는 자기중심적 사람들에 부딪히면서 난파된다. 왜냐하면 그들은 더 이상 서로 인간다운 사람으로서 관계 맺는 것이 아니라, 오히려 나와는 완전히 다르고 대립하는 그대와 마주하여 나는 자기중심적으로 등장하기 때문이다.

국가가 우리의 인간다움을 기대해야만 한다면, 그것은 국가가 우리의 도덕성을 기대해야만 한다고 말하는 경우와 마찬가지이다. 서로에게서 인간다움을 보는 일, 그리고 서로에게 인간답게 행동하는 일, 이것을 도덕적 태도라고 불렀다. 이것은 완전히 기독교의 '정신적 사랑'이다. 내가 나한테서 인간다움을 보듯이, 동일하게 그대한테서 인간다움을 보고 인간다움 이외에는 아무것도 보지 않는다면, 그렇다면 내가 나 자신을 돌보는 방식으로 나는 그대를 돌본다. 어때, 아시겠지, 우리 둘 다 다음과 같은 수학적 명제 이외에는 아무것도 의미하지 않는다. 곧 A = C이고 B = C이다. 따라서 A = B인데, 다시 말해 나는 단지 인간다운 사람일 뿐이고 너는 단지 인간다운 인간일 뿐이다. 고로 나와 그대는 같다. 도덕성은 자기중심성과 사이좋게 지내지 못한다. 왜냐하면 도덕성은 나를 받아들이는 것이 아니라, 오히려 내 안에 있는 인간다움만을 받아들이기 때문이다. 그러나 국가가 자신만을 돌보는 나들의 연합이 아니라, 인간다운 사회라면, 국가는 도덕성 없이 존재할 수 없고, 도덕성에 중점을 두어야만 한다.

그러므로 국가와 나, 양자는 적이다. 이러한 '인간다운 사회'의 복지는 나에게, 곧 자기중심적 사람한테 대단히 중요하지 않다. 나는 그러한 사회를 위해 아무것도 희생하지 않으며, 나는 그러한 사회를 이용할 뿐이다. 그러나 그러한 사회를 완전히 이용할 수 있기 위해서, 오히려 나는 그것을 내 소유로 또 내 창조물로 바꾼다. 다시 말해 나는 '인간다운 사회'를 없애고 그 자리에 **자기중심적 사람들의 연합**(Verein von Egoisten)을 세운다.

[197] 그러므로 국가는, 내가 인간다운 인간이 되어야 한다는 것을 요구함으로써 나에 대한 적대관계를 나타낸다. 그 요구는 나는 인간다운 인간이 아니라, 나를 '인간답지 않은 인간'이라고 간주할 수 있다는 것을 전제한다. 그리고 이를테면 국가는 나에게 인간다운 존재가 되는 것을 의무로 지운다. 더 나아가 국가는 국가의 존속을 막으려는 어떠한 행위도 내가 하지 않을 것을 요구한다. **국가의 존립**은 나한테 신성한 것이어야만 한다. 그렇다면 나는 자기중심적 사람이 아니어야만 하고, 오히려 '존경할 만한, 의로운 사람', 다시 말해 도덕적 인간이어야만 한다. 잘 알았다, 나는 국가 앞에서 그리고 국가의 존립 앞에서 무기력한 사람이고 경의를 표하는 사람이어야만 한다 등등.

실제로 현존하는 국가가 아니라, 여전히 창조될 필요가 있는 이러한 국가는 진보적 자유주의의 이상이다. 국가는 참된 '인간다운 사회'가 되어야만 하고, 인간다운 사회는 모든 '인간다운 사람'이 자리를 찾는 곳이다. 자유주의는 '인간다움'을 실현하고자 한다, 다시 말해 인간다움을 위한 세계를 창조하고자 한다. 그리고 이 일은 **인간다운** 세상이거나 보편적(공산주의적) 인간다운 사회일 것이다. 누군가는 다음과 같이 말했다. "교회는 오직 정신만을 고려할 수 있었고, 국가는 인간다운 존재만을 고려할 수 있었다."[291] 그러나 '인간다운 존재'는 '정신'이 아닌가? 국가

---

291 원주, 56, 모제스 헤스(Moses Hess) (익명으로), 『유럽 삼두제』(라이프치히, 1841), 76쪽.
(헤스(Moses Hess, 1812~1875)는 유대인 상인의 아들로 본에서 태어나 유소년 시기에 엄격한 유대교 교육을 받은 뒤 독학으로 독일 철학을 공부한다. 처녀작 『인류의 거

의 핵심은 정확히 '인간', 이 비현실성이고, 그 자체는 '인간다운 사회' 일 뿐이다. 신자(믿는 정신)가 창조한 세계를 교회라고 부른다, 인간(인간다운 혹은 인본 정신)이 창조한 세계를 국가라고 부른다. 그러나 그런 세계는 나의 세계가 아니다. 나는 결코 추상적으로(abstracto) 인간다운 어떤 것을 실행하는 것이 아니라, 오히려 항상 나 자신의 것을 실행한다. 다시 말해 나의 인간다운 행위는 다른 모든 사람의 인간다운 행위와는 다른 것이고 이러한 차이에 의해서만 나의 인간다운 행위는 나에게 속하는 실제의 행위이다. 다른 사람의 인간다운 행위 안에 있는 인간다운 것은 추상이며, 그 자체로 정신, 다시 말해 추상된 본질이다.

예를 들어 바우어는 『유대인 문제』에서 다음과 같이 진술한다. 비판의 진리는 최종적 진리이고, 사실 기독교 그 자체가 추구하였던 진리는—바로 '인간'이다. 그는 다음과 같이 말한다.

> "기독교 세계의 역사는 가장 높은 진리를 위한 투쟁사이다. 왜냐하면 진리 안에서—[198] 그리고 오로지 진리 안에서의 투쟁사이기 때문이구나!—중요한 것은—인류와 자유라는 최종적 혹은 최초의 진리라는 발견이다."[292]

룩한 역사』(1837) 및 『유럽 삼두제』(1841)의 두 저술로 독일 초기 사회주의 사상의 선구자 중 한 명이 된다. 『삼두제』를 출판한 후의 헤스는 1841년 여름부터 『라인 신문』 발행 준비에 참여하며, 신문이 발행된 뒤에는 사실상의 편집주간을 맡았다. 1842년 10월부터 마르크스가 『라인 신문』의 편집주간이 된 후 헤스는 이 신문의 통신원으로서 파리로 가며, 거기서 독일인 및 프랑스인 공산주의자, 사회주의자들과 접촉했다. 헤스는 『라인 신문』을 비롯해 다수의 신문과 잡지에 기고하여 철학적 공산주의의 논객으로서 알려지며, 『스위스에서 보낸 21보겐』(1843)에 게재된 「행위의 철학」이나 「사회주의자와 공산주의자」, 또한 1844년에 『독일-프랑스 연보』를 위해 집필된 「화폐체론」은 포이어바흐의 소외론의 사회 · 경제적 영역에 대한 적용과 그 밖의 점에서 청년 마르크스에게 영향을 준다.- 옮긴이)

292 원주 56, 브루노 바우어, 『유대인 문제』, (브라운슈바이크, 1843), 84쪽.

자 그렇다면, 우리는 이러한 발견의 결과로 얻은 이익을 받아들일 것이고, 인류를 기독교와 종교의 새로운 성과로 그리고 인류 일반의 이상적 노력으로 받아들일 것이다. 지금 인간은 누구인가? 나구나! 기독교의 목적이자 결과인 그 인간(Der Mensch)은 나처럼, 새로운 역사의 시작이자 이용할 수 있는 재료, 희생의 역사 이후의 향유의 역사, [198] 인간 혹은 인류의 역사가 아니라, 오히려—나 자신의 역사이다. 그 인간이 보편으로 여겨진다. 그렇다면, 나와 자기중심적 사람이 정말로 보편이다. 왜냐하면 모든 사람이 자기중심적 사람이고 모든 일을 자기 자신을 위해 하기 때문이다. 유대인은 도무지 자기중심적 사람이 아니다. 왜냐하면 유대인은 아직도 여호와에게 자기 자신을 헌신하기 때문이다. 게다가 기독교인도 전혀 자기중심적 사람이 아니다. 왜냐하면 기독교인은 하느님의 은혜로 살아가고 자기 자신을 하느님에게 복종시키기 때문이다. 기독교인처럼 그리고 유대인처럼, 인간은 자기 자신의 욕구를 만족시키는 게 아니라, 오로지 자신의 욕구 중 일부를, 특정한 욕구만을, 어떤 어중간한 자기중심성을 만족시킨다. 왜냐하면 그것은 어중간한 인간의 자기중심성이고, 어중간한 자기 자신의, 어중간한 유대인의, 어중간한 자기 자신의 소유자, 어중간한 노예의 자기중심성이기 때문이다. 이것이 유대인과 기독교인이 항상 서로를 어중간하게 배제하는 이유이기도 하다. 다시 말해 그들은 서로를 인간으로서 인정하지만, 서로를 노예로서 배척한다. 왜냐하면 그들은 서로 다른 두 주인의 노예이기 때문이다. 그들이 완전한 자기중심적 사람이 될 수 있으려면, 그들은 훨씬 더 확고하게 서로를 완전히 배제해야 하고 그런 일을 함께 유지해야 할 것이다. 그들에게 치욕은 서로를 배제하는 일이 아니라, 오히려 서로를 배제하는 일이 그저 어중간하게 일어나는 것이다. 반면에 브루노 바우어(Br. Bauer)가 말하기를, 만약에 유대인과 기독교인이 그들을 분리하고, 영원한 분리로 묶는 특정한 본질을 포기하고, '인류'의 보편적 본질을 인정하고, 이것을 그들의 '참된 본질'로 여길 수 있다면, 유대인과 기독교인은 오직 서로를 '인간'으로 간주할 수 있고, 암묵적으로 서로를 '인간'으로 대우할 수 있다.

[199] 브루노 바우어의 설명에 따르면, 유대인과 기독교인이 단지 인간다운 인간 대신에, 인간다운 것—요컨대 '보편적 인간의 권리'를 얻으려는 대신에, 어떤 '특별한' 사람이길 그리고 '특별한' 것을 소유하길 원한다는 점에서 유대인과 기독교인의 흠은 똑같다. 그는 그들의 근원적 오류는, 그들이 '특별한 권리가 있는' 사람들이고, '남보다 뛰어난 특질들'을 소유하고 있다는 믿음에, 다시 말해 대체로 **특별한 권리**(Vorrecht)를 믿는다는 데 있다고 생각한다. 이러한 그들의 오류에 반대하여 그는 그들에게 보편적 인간의 권리를 모범으로 제시한다. 인간의 권리를!—

그 인간은 **인간 일반**이다. 그리고 이 한도까지 모든 사람은 인간이다. 이제 공산주의자의 관점에 따르면, 모든 사람은 영원한 인간의 권리를 가져야만 하고, 완벽한 '민주정체'(Demokratie) 혹은 더 정확하게 말하자면—인류정체(Anthropokratie)에서 영원한 인간의 권리를 향유해야만 한다. 그러나 나는 내가 나에게—마련해주는 모든 것만을 가진다. 왜냐하면 나는 인간으로서 아무것도 가지고 있지 않기 때문이다. 사람들은 모든 인간에게 모든 재화가 주어지길 원한다. 왜냐하면 단지 모든 사람이 '인간'이라는 칭호를 가지고 있기 때문이다. 그러나 나는 **나**를 강조하지, 내가 **인간다운** 존재라는 것을 강조하지 않는다.

인간이라는 것은 남자다움 혹은 여자다움처럼, 나의 속성(소유)과 같은 어떤 것일 뿐이다. 고대인은 완전한 의미에서 **남자다운 남자**라는 존재에서 이상을 발견했다. 고대인의 덕(德)은 역량(virtus)과 훌륭함(arete)[293], 곧—남성다움이다. 세상 사람들은 오로지 완전한 '여성'이길

293 Tugend(덕(德))의 어원은 라틴어 'virtus'(남성적 힘)이다. 이 말은 '남자' 또는 '인간'을 뜻하는 'vir'(인간)에서 유래한 것으로 어떤 효과를 산출하는 한 사물의 고유한 힘

원하는 그런 여성을 어떻게 생각할까? 그런 여성은 모두에게 주어진 것이 아니다. 그런데 많은 여성은 이런 도달하기 어려운 목표를 그녀 자신에게 고정할 것이다. 반면에 말할 것도 없이 여성은 본래 **여성다운 여성**이다. 여성다움은 여성의 속성이다. 그리고 여성은 '진정한 여성다움'을 필요로 하지 않는다. 바로 지구가 별인 것처럼, 나는 인간이다. 지구가 '완전한 별'로 존재하는 것을 사명으로 삼는다면 너무 웃기듯이, 나에게 '완전한 인간'으로 존재해야 하는 소명을 짊어지게 하는 것은 너무 우습다.

피히테가[294] "나는 모든 것이다"라고 말할 때, 그 말은 나의 의견과 완전히 조화를 이루는 것처럼 보인다. 그러나 나는 모든 것이 아니라, 오히려 나는 모든 것을 **파괴한다**. 그리고 오로지 자기 자신을 해체하는 나, 결코 현재에 머물지 않은 나—**유한한** 나만이 정말로 나이다. 피히테는 '절대적'(absoluten) 나를 말한다. 그러나 나는 나를, 덧없는(vergänglich) 나를 말한다.

[200] 인간과 나가 같은 의미라는 가정이 정말로 자연스러운 일일까! 그런데도 예를 들어 사람들은 포이어바흐로부터 다음과 같은 점을 알아차린다. 곧 '인간'이란 표현은 덧없는 나, 개별적 나를 지시해야만 하는 것이 아니라, 절대적 나, 유개념을 가리켜야만 한다는 것이다. 자기중심성과 인간다움(인간성)은 같은 의미이었어야만 했다. 그러나 포이어바

을 의미한다. 아리스토텔레스에 따르면 덕은 어떤 존재의 본성이 가장 뛰어난 방식으로 실현되게 해 주는 것을 말한다. 'arete'는 'agathos'(좋음)에서 유래한 말로 덕, 훌륭함(탁월함)으로 옮길 수 있지만 그 의미를 일반화 한다면, '어떤 것의 그것다움을 가장 드러나게 하는 성질'이라고 할 수 있다.

294 요한 고틀리프 피히테(Johann Gottlieb Fichte, 1762~1814)는 독일 철학자이다. 헤겔, 프리드리히 셸링과 더불어 독일 관념론을 대표한다. 피히테가 말하는 절대적 나는 총체적이고 종합적 본질이면서 자아활동의 근거인 동시에 자기반성의 원리, 곧 자유로운 정신 활동의 근거이고 원리라고 할 수 있다.

흐에 따르면 개체('개인')는 "개별성의 한계를 극복할 수 있지만, 자신의 유개념이라는 법칙, 유개념이라는 실제적 본질 규정을 극복할 수 없다."[295] 실제와 따로 떨어져 있는 유개념, 그런 유개념은 아직 아무것도 아니다. 그리고 만약 개인 그 자신이 자기 개별성의 한계를 넘어선다면, 오히려 이 일이 바로 개인으로서의 그 자신이다. 개인은 자신을 드높임으로써만 개인이다. 개인은 있는 그대로 머물러 있지 않음으로써만 개인이다. 그렇지 않으면 개인은 끝장날 것이고 죽은 것이다. 인간은 어떤 이상일 뿐이다. 유개념은 어떤 생각 속에서만 존재하는 것일 뿐이다. 어떤 인간이 존재한다는 것, 그것은 인간이라는 이상을 성취하는 것을 의미하는 게 아니라, 오히려 자기 자신, 개인을 표현하는 것을 의미한다. 내가 어떻게 일반적 인간다움을 실현할 것인지가 나의 사명이 아니라, 오히려 어떻게 나 자신을 만족시킬 것인지가 나의 사명일 필요가 있다. 나는 나의 유개념이고, 규범이, 법이, 모범 등등이 없다. 아마도 나는 나 자신을 아주 조금 만들 수 있다. 그러나 아주 조금이 전부이고, 내가 다른 것의 힘—관습, 종교, 법, 국가 등등의 길들임을 통해서—이 나를 만들도록 허용하는 것보다 더 나은 것이다. 더 나은 것에 대해 의견을 말한다면—조숙한(altklug) 아이보다 뻰뻰한(ungezog) 아이가 더 나은 것이고, 모든 일에 고분고분한(willig) 사람보다 고집 센(widerwillig) 사람이 더 나은 것이다. 뻰뻰한 사람과 고집 센 사람(Der Ungezogene und Widerwillige)은 여전히 자기 자신을 자기 자신의 의지에 따라 형성해 가는 과정에 있다. 그러나 조숙한 사람과 고분고분한 사람(der Altkluge und Willige)은 '유개념', 보편적 요구 사항 등등에 의해 규정된 사람이다. 유개념은 그런 사람에게 법이다. 그런 사람은 유개념에 의해 결정된(bestimmt) 사람이다. 그러면, 유개념은 그런 사람에게 자신의 '운명'(Bestimmung), 자신의 '소명'

295 원주 57, 『기독교의 본질』, 제2판(라이프치히, 1843), 401쪽.

과 다른 무엇이란 말인가? 나는 이러한 최고의 이상을 얻으려고 노력하기 위해, '인류', 유개념을 바라보거나 같은 노력으로 신과 그리스도를 바라본다. 근본적 차이점은 어디에 있을까? 기껏해야 신과 그리스도보다는 인류, 유개념이 더 선명하지 못하다. [201] 개인이 자연계의 전체이듯, 개인 역시 유개념의 전체이다.

내가 행위하고 생각하는 모든 것—요컨대 나의 표현 혹은 표명(Äusserung oder Offenbarung)—은 참으로 내가 어떤 사람인지에 의해 **조건지워진다**. 예를 들어 유대인은 이러이러한 것을 할 수 있을 뿐이고, 유대인은 오로지 그렇게 '자기 자신을 나타낼' 수 있다. 기독교인은 오로지 기독교인답게 자기 자신을 나타내고 표명할(offenbaren) 수 있다, 등등. 만약 그대가 유대인 혹은 기독교인일 수 있었다는 것이 가능했다면, 그대는 오직 유대인 혹은 기독교인이었던 것을 드러냈을 것이다. 그러나 그런 일은 불가능하다. 가장 강렬한 변화를 통해, 그대는 여전히 **자기중심적 사람**, 개념—'그대는 아니다 = 유대인(Du bist nicht = Jude).'[296]—에 반대하는 죄인으로 남는다, 다시 말해 이제, 자기중심다운 것이 계속 모르는 사이에 나타나기 때문에, 어떤 사람들은 그대가 어떤 사람인지를 정말로 완전히 표현할 수 있는 더 완벽한 개념을 요구해 왔다. 그리고 그것은 그대의 참된 본성이기 때문에, 그대 활동의 모든 법칙을 포함하는 더 완벽한 개념을 요구해 왔다. 그 종류의 가장 완벽한 개념인 '인간'에 도달했다. 한 유대인으로서 그대는 너무 보잘것없고, 유대인은 그대의 사명이 아니다. 그리스인, 독일인으로 존재하는 것은 충분하지 않다. 그러나—인간이 되어라, 그러면 그대는 모든 것을 갖는다. 인간다운 것을 그대의 소명으로 여겨라.

296 슈티르너는 "Du bist nicht = Jude"라는 수학 기호를 사용하여 이 문구를 썼기 때문에, 이 형식으로 쓴다.

이제 나는 내가 해야만 하는 것을 안다. 그리고 나는 새로운 교리서가 쓰이길 기다릴 것이다. 다시 주어는 술어에 복종하고, 개인은 어떤 보편에 복종한다. 그러니까 규칙이 다시 관념에 의해 보호되고 어떤 새로운 종교를 위한 기초가 세워졌다. 이러한 일은 종교의 영역에서, 특히 기독교의 영역에서 앞으로 나간 한 걸음이다. 하지만 기독교의 영역을 한 걸음도 넘어서지 못한다.

이 한 걸음은 말할 수 없는 것[297]으로 이끈다. 나에게 비참한 말은 어떤 언어도 아니다. 그리고 '하느님의 말씀', 로고스[298]는 나한테 '그저 말에 지나지 않는 것'이다.

세상 사람들은 자신의 본질을 얻고자 애쓴다. 자신의 본질이 유대인, 독일인 등등이 아니라면, 어차피—인간이다. '인간이 나의 본질이다.'

나는 나 자신이 불쾌하거나 싫다. 나는 나 자신이 질색이고 몹시 싫다. 나는 나 자신에게 혐오의 대상이다. 혹은 나는 나 자신을 위해서 절대로 충분하지 않으며, 나 자신을 만족시키는 데도 절대 충분하지 않다. 이러한 감정으로부터 자기폐지 혹은 자기비판이 샘솟는다. [202] 종교성은 자기부정에서 시작하여 완성된 비판으로 끝난다.

나는 정신을 빼앗긴 사람이다. 그래서 나는 '사악한 정신'을 제거하고자 한다. 어떻게 시작하지? 나는 두려워하지 않고 기독교인한테 가장 최악으로 보이는 죄를 범하고, 성령한테 죄를 짓고 신성모독을 저지른다. "성령을 거슬러 모독하는 자는 결코 용서받지 못하고, 영원한 정죄

---

297 'Unsagbare'는 '이름 없는', '말로 표현할 수 없는'으로 번역될 수 있다.

298 '로고스'(Logos)는 같은 어근의 동사 '레게인'(legein)이 '말하다'를 의미하는 데서 알 수 있듯, 일차적으로 '말'이나 '말을 통해 전달된 것'을 의미하고, 보다 전문적으로 '논리'나 '논증', '이성'을 의미한다. 그래서 인간을 '이성'적 동물이자 '언어'를 가진 동물이라고 정의할 때, 이성과 언어 모두 '로고스'의 번역어다.

의 위험에 처하리라!"[299] 나는 결코 용서를 원하지 않고 그러한 심판을 두려워하지 않는다.

그 인간은 최후의 사악한 정신 혹은 유령이고, 가장 기만적 혹은 가장 친밀한 거짓말쟁이, 성실한 표정을 한 가장 교활한 거짓말쟁이, 거짓말의 아버지이다.

자기중심적 사람은 오늘날의 요구들과 개념들에 반대함으로써, 그는 가장 과격한 것—**신성모독**을 무자비하게 실행한다. 그에게 신성한 것은 아무것도 없구나!

나의 것 위에 어떤 힘도 없다고 주장하는 것은 어리석은 일일 것이다. 오로지 내가 보이는 태도는 종교적 시대가 보이는 태도와 완전히 다르다. 나는 더 높은 모든 힘의 적이 될 것이다. 그 반면에 종교는 더 높은 모든 힘을 우리의 친구로 만들어야 하고, 그 앞에서 겸손한 사람이 되라고 우리를 가르친다.

신성모독자는 신에 대한 모든 **두려움**에 대항하여 자신의 힘을 키운다. 신에 대한 두려움이 그가 신성하게 지키는 모든 것으로 그를 규정할 것이기 때문이다. 신–인간(Gottmenschen)에서 신 혹은 인간이 신성한 힘을 휘두르든, 이것—어떤 것이 신 혹은 인간(인간다움)을 위해 신성하게 유지되든—은 신에 대한 두려움을 바꾸지 않는다. 왜냐하면—'최고의 본질'로서의 신은 특히 종교적 관점에서, 우리를 위압하는, 두려움과 경외를 요구하는 만큼, 그와 마찬가지로 '최고의 본질'[300]로 섬겨졌

299 원주 58, 「마가복음」, 3장 29절.
(성령을 거슬러 모독하는 자는 결코 용서받지 못하고, 영원한 정죄의 위험에 처하리라." 고 하시더라.- 옮긴이)

300 '최고의 본질'(höchstes Wesen)은 '최고의 존재'로 번역될 수 있고, 이 구절은 헤겔적 관점에서 중요하다. 이러한 맥락에서 슈티르너는 분명히 두 가지 의미를 모두 의도하고 있다. 왜냐하면 그는 종교와 헤겔주의적 범주와 용어에 대한 조롱을 가차 없이

기 때문이다.

신에 대한 두려움은 그 자체로 오래전에 동요를 겪어 왔었다. [203] 그리고 다소 의식적 '무신론', 외부에 널리 퍼져서 식별할 수 있는 '비(非)교회성'은 모르는 사이에 생활양식이 되었다. 그렇지만, 신에게서 끌어냈던 것이 인간에 추가되었고, 인간다움의 힘은 신앙심의 힘이 중요성을 잃어버린 만큼 그 정도까지 더 증대되었다. 이를테면 '인간'이 오늘날의 신이다. 그리고 인간에 대한 두려움이 신에 대한 오래된 두려움을 대신하였다.

그러나 인간이라는 것이 단지 어떤 또 다른 최고의 존재를 표상하기 때문에, 실제로 최고 존재의 어떤 변신 이외에 아무 일도 일어나지 않은 것이며, 인간에 대한 두려움은 그저 신에 대한 두려움의 변형된 모습에 지나지 않는다.

우리네 무신론자들은 신앙이 깊은 사람들이다.

우리가 이른바 봉건 시대에 모든 것을 신이 하사한 봉토로서 가지고 있었다면, 자유주의 시대에는 똑같은 봉건적 관계가 인간과 함께 일어난다. 과거에 신이 하느님이었고, 지금은 인간이 하느님이다. 그러니까 과거에 신이 매개자였고, 지금은 인간이 매개자이다. 그리고 과거에 신이 정신이었고, 지금은 인간이 정신이다. 이러한 삼중의 관계에서 봉건적 관계는 변형을 경험했다. 우선 첫째로 당분간 우리는 우리의 힘을 전능한 인간이 하사한 봉토로 가지고 있다. 우리의 힘은 더 높은 것으로부터 오기 때문에, 힘 혹은 권능이 아니라, 오히려 '권리',—'인간의 권리'라고 부른다. 게다가 우리는 세상에서 우리의 처지를 인간이 하사한 봉토로 가지고 있다. 왜냐하면 매개자인 인간이 다른 사람과 우리의 교류(Verkehr)를 매개하기 때문이다. 그러므로 매개자는 '인간다운 인간'과

하고 있기 때문이다.

다름없을 것이다. 그리고 마침내 우리는 우리들 자신을—요컨대 우리 자신의 가치 혹은 우리가 가치 있는 존재라는 것을 모두 인간이 하사한 봉토로 가지고 있다. —왜냐하면 인간이 우리 자신들에 깃들어 있지 않을 때, 그리고 언제 어디서나 우리가 '인간다운' 인간이 아닐 때, 우리는 정말로 아무런 가치도 없는 존재이기 때문이다. —힘은 인간의 힘이고, 그 세계는 인간의 세계이며, 나는 인간의 나다.

그러나 나는 나 자신을 권리를 주는 사람, 매개자, 그리고 자기 자신인 나라고 선언할 자유가 없는가? 그렇다면 선언은 이렇게 된다.

나의 힘은 나의 소유이다.

나의 힘은 나에게 소유를 준다.

나의 힘은 나 자신이다, 게다가 나의 힘을 통해서 나는 나의 소유이다.

1. 나의 힘

정의(正義)[301]는 사회의 정신이다. 사회가 어떤 의지를 가지고 있다면, 이러한 의지가 바로 정의이다. 사회는 정의를 통해서만 존재한다. 그러나 사회는 개인에게 지배를 휘둘러야만 존재하므로, 정의는 사회라는 지배자의 의지(Herrscherwllle)이다. 아리스토텔레스는 정의가 사회의 이익이라고 말한다.

모든 현존하는 정의는—타자의 정의이다. 모든 현존하는 정의는 누군가가 나의 언행이 옳다고 '하는', 그리고 나를 '정당하게 취급하는' 것

301 'Recht'라는 독일어 단어는 시민권, 인권에서처럼 '권리'라는 뜻과 '법', '정의'라는 뜻이 있다. 슈티르너는 여기서 세 가지 의미를 모두 사용하고 있는 것처럼 보이므로 이 구절을 읽을 때 이 의미를 염두에 두어야 할 것이다.

이다. 그러나 모두가 나의 언행이 옳다고 한다고 해서, 나의 언행이 옳은 것이어야 하는가? 그럼에도 내가 국가에서, 사회에서 얻은 정의는 나와 관계가 없는 국가와 사회의 정의가 아니고 무엇이란 말인가? 어떤 멍텅구리가 내 언행이 옳다고 할 때, 나는 내 언행이 옳다고 좀처럼 믿지 않게 된다. 왜냐하면 나는 그에게서 그것을 듣고 싶지 않기 때문이다. 아니, 어떤 현명한 사람이 나를 올바르다고 할 때조차도, 앞선 그런 평가 때문에 여전히 나는 올바르지 않다. 내 언행이 옳은지 그른지는 바보들과 현명한 사람들이 그것을 인정하는 것과 완전히 무관하다.

그럼에도 불구하고 우리는 지금까지 이런 [타자가 주는] 정의를 얻으려고 노력해왔다. 우리는 정의를 얻고자 애쓰고 이런 목적을 위해 사법기구에 의지한다. 무엇에 의지한다고? 왕의, 로마 교황의, 민중의 법정 등등에. 술탄의 법정은 술탄이 옳다고 규정한 것 이외의 다른 정의를 선언할 수 있는가? 내가 술탄의 정의와 일치하지 않는 어떤 정의를 얻고자 애쓴다면, 술탄의 법정은 나의 언행을 옳다고 할 수 있는가? 예를 들어 술탄의 생각대로, 내가 얻고자 애쓴 정의는 확실히 정의가 아니기 때문에, 술탄의 법정은 나한테 대역죄를 정의로 인정할 수 있는가? 술탄이 이러한 나 자신의 정의에 찬성하지 않을 것이기 때문에, 어떤 검열 사법기구로서의 술탄의 법정은 나한테 자유로운 의견 발표를 정의로 허용할 수 있는가? 그렇다면 나는 이러한 법정에서 무엇을 얻고자 애쓰는가? 나는 나의 정의가 아니라, 술탄의 정의를 얻고자 애쓴다. 다시 말해 나는—타자의 정의를 얻고자 애쓴다. 이러한 타자의 정의가 나의 정의와 일치하는 한에서, 확실히 나는 정말이지 타자의 정의에서 나의 정의를 발견할 것이다.

국가는 그대에게 개인 대 개인으로서 서로 충돌하는 것을 허용하지 않는다. 그러니까 국가는 두 사람간의 싸움에 반대한다. [205] 하지만 내가 그대를 몽둥이로 때리는 경우가 아니라, 한 집안의 가장이 아이를 몽둥이로 때리는 경우를 제외하고, 싸우는 사람 어느 쪽도 경찰을 부르지 않았는데도 불구하고, 모든 일상의 싸움조차 처벌받을 것이다. 가족에게 매질할 권리가 주어져 있다.[302] 그리고 가족이라는 이름으로 아버지에게 매질할 권리가 주어져 있다. 그러나 유일한 개인으로서의 나에게는 그런 권리가 주어져 있지 않다.

『포시쉐 차이퉁』(Die Vossische Zeitung)[303]은 우리에게 '법치국가'(Rechtsstaat)를 제시한다. 법치국가에서 모든 것은 재판관과 법원을 통해서 결정되어야만 한다. 검열의—최고—법원은 그런 일을 '정의가 시행되는' 법원으로 생각한다. 어떤 종류의 정의인가? 검열의 정의이다. 저 법원의 판결을 정의로 인정하기 위해서는 검열을 정의로 여겨야만 한다. 그러나 사람들은 여전히 이러한 법원이 보호를 제공한다고 믿는다. 그렇다, 개별 검열관의 오류에 대한 보호. 이를테면 법원은 검열 입법자를 자기의지의 잘못된 해석으로부터 보호할 뿐만 아니라, 법원의 서기에게 '정의의 신성한 힘'이라고 쓰게 하여 검열 입법자의 법을 견고하게 만들고 있다.

내가 올바른지 올바르지 않은지, 그것을 판단하는 사람은 나 자신밖에 없다. 그것에 관해서 다른 사람은 내 올바름을 지지하는지, 그리고 내 올바름이 또한 다른 사람을 위해서 올바름으로 존재하는지만을 판단할 수 있다.

---

302 물론 더 이상 그렇지 않다. 이제는 아버지가 자식을 때려도 국가가 개입한다. 왜냐하면 아이는 법에 따라 먼저 국가에 속하고 국가의 허가에 의해서만 가족에 속하기 때문이다.

303 독일 베를린 일간지로 알려진 『포시쉐 차이퉁』(Vossische Zeitung)은 독일 바이마르 공화국 시기 현지 최대 언론사 가운데 하나였다. 이 신문은 1704년에 창간해 200여 년 동안 독일을 대표하던 언론사로 1934년 독일 나치체제가 들어서면서 이 신문이 폐간되었다.

이제 그 문제를 다른 방식으로 이해해 보자. 나는 술탄국에서 술탄의 법을 숭배해야만 하고, 공화국에서 국민의 법을 존경해야만 하며, 가톨릭 공동체에서 교회법을 숭배해야만 한다 등등. 나는 이러한 법에 나 자신을 종속시켜야만 한다. 그러니까 나는 그러한 것들을 신성한 것으로 여겨야만 한다. 그러한 종류의 '올바름을 이해하는 마음'(Rechtssinn) 그리고 '법을 지키는 마음'(rechtlicher Sinn)이 사람들의 머릿속에 너무나 단단히 꽂혀있어서 오늘날 가장 혁명적 사람들은 우리를 어떤 새로운 '신성한 올바름'에, '사회의 올바름'에, 인류의 올바름에, '모두의 올바름' 따위에 복종시키고자 한다. '모두'의 올바름은 나의 올바름보다 중요해야만 한다. 내가 나머지 사람들과 함께 모든 사람에 포함되기 때문에, 모두의 올바름으로서의 올바름은 물론 또한 내 올바름일 것이다. 그러나 올바름이 동시에 다른 사람의 올바름이거나 심지어 다른 모두의 올바름이라는 것, 그러한 사실이 나 자신에게 그와 같은 올바름을 지지하도록 하지 않는다. 나는 **모두의** 올바름으로 올바름을 방어하려는 것이 아니라, 오히려 **나의** 올바름으로 올바름을 지키려는 것이다. 그리고 그런 다음 다른 모든 사람들은 그도 똑같이 자신을 위해 올바름을 어떻게 유지해야 하는지를 볼 수 있을 것이다. [206] 모든 사람의 권리(예를 들어, 먹을 권리)는 모든 개인의 권리이다. 각자가 이러한 권리를 **자신을 위해** 쇠약해지지 않도록 유지하라, 그다음에 모두가 이것을 자발적으로 실행하라. 그러나 개인이 모두를 돌보지 않도록 하라,—개인이 모두의 권리를 위하는 것처럼 권리에 열중하지 마라.

그러나 사회를 새롭게 뜯어고치는 사람은 우리한테 어떤 '**사회의 올바름**'을 설교한다. 거기에서 개인은 사회의 노예가 된다. 그리고 사회가 개인의 언행을 옳다고 **할** 때, 다시 말해 개인이 사회의 **법령**에 따라 살아가고, 그래서—**충성스러운** 사람일 때, 그때만 개인은 옳다. 내가 어떤 전제정치 하에서 충직한 사람이든 혹은 어떤 바이틀링다운[304]의 '사회'하에서 충직한 사람이든, 그것은 두 경우에 내가 나의 올바름이 아니라, 타자의 올바름을 가지는 한에서 동일한 올바름의 결여이다.

권리와 관련한 질문은 항상 다음과 같다. '무엇이 또는 누가 나에게 권리를 주는가?' 대답은 다음과 같다. 신, 사랑, 이성, 자연, 인간다움, 기타 등등이다. 아니다, 오로지 당신의 능력(Gewalt), 당신의 힘(Macht)이 당신에게 권리를 준다(따라서 당신의 이성이 당신에게 권리를 줄 수도 있다).

공산주의는 인간은 '태어날 때부터 평등한 권리를 가진다.'라고 가정하면서, 인간은 태어날 때부터 전혀 어떤 권리도 갖지 않는다고 주장하므로 자신의 명제와 모순된다, 왜냐하면 공산주의는 다음을 인정하지 않는데, 예를 들어 부모가 아이와 비교하여, 아이가 부모와 비교하여 '태어날 때부터' 권리를 가진다는 것을 기꺼이 인정하지 않기 때문이다. 공산주의는 가족을 폐지한다. 자연은 부모들, 형제자매들, 등등에 전혀 어떤 권리도 주지 않는다. 대체로 이러한 모든 혁명적 또는 바뵈프주의자[305]의 교의(敎義)[306]는 어떤 종교적, 다시 말해 잘못된 견해에 근거한다. 그 자신이

---

304 바이틀링(Wilhelm Christian Weitling, 1808~1871년)은 19세기 30년대-40년대의 유럽 도시들에서 독일 수공업 직인의 결사운동을 지도하고, 1850-60년대의 뉴욕에서 이민노동자의 사회건설을 주창한 독일인 혁명가이다. 일종의 급진적 기독교 교리를 통해 공산주의를 진전시킨 독일의 유토피아적 사회주의자이다.

305 프랑스의 혁명가이자 공산주의자인 바뵈프(François-Noël Babeuf, 1760~1797년)에서 유래한다. 바뵈프주의는 자연 상태애서의 개인들의 평등에서 출발해 사회의 목적을 불평등의 철폐, 공동의 행복을 창출하는 것이다.

306 원주 59, 다음을 보라. 블룬칠리(Johann Caspar Bluntschli), 「바이틀링에게서 압수한 자료에 의한 스위스의 공산주의자」, 『취리히 주 정부 고문관의 보고서 인쇄물』, 취리히(Zürich), 1843. 3쪽.
(이 보고서는 취리히 주 정부 고문관 요한 카스퍼 블룬칠리가 독일인 공산주의자 빌헬름 바이틀링으로부터 압수한 문서들을 기초로 작성한 보고서이다. 국외에서 활동하는

종교적 관점을 차지하지 않는다면, 누가 '권리'를 찾을 수 있을까? '권리'는 종교적 개념, 신성한 것이 아닌가? 물론이지, 혁명 때 제안되었던 '권리의 평등'은 단지 '기독교인의 평등', '같은 신도의 평등', '신의 자식들의' 평등, '기독교인의' 평등에 대한 또 다른 이름이다. 요컨대 형제애(fraternité)에 대한 또 다른 이름이다. [207] 권리에 대한 각각의 물음과 질문은 실러의 말로 비꼴 가치가 있다.

> 이미 몇 년 동안 나는 내 코를 냄새를 맡는 데 사용하고 있는데,
> 그 코에 대해 실제로 증명할 수 있는 권리도 내게 있습니까?[307]

혁명이 평등에 '권리'라는 낙인을 찍었을 때, 평등은 종교의 영역으로 서둘러 달아났고, 신성한 영역으로, 이상의 영역으로 피신했다. 그러므로 그 이후 '신성한 인간의 권리, 양도할 수 없는 인간의 권리'를 얻기 위한 싸움이 시작되었다. '영원한 인간의 권리'에 대항해 '현존하는 질서에서 정당하게 획득한 권리'는 매우 자연스럽고 평등한 권리로 주장된다. 여기에서 한쪽이 다른 한쪽을 '그릇된 행위'라고 비방하는 것은 당연하다. 그것은 혁명 이후에 권리에 대한 논쟁(Rechtsstreit)[308]을 의미한다.

당신은 다른 사람에 비하여 '올바른' 사람이길 바란다. 당신은 그럴

바이틀링은 1843년 6월 취리히 시내에서 지역 경찰에게 체포되어 그가 관계된 곳에서 많은 극비문서들을 압수당했다.- 옮긴이)

307 슈티르너의 인용은 단시(短詩) 『크세니엔』(Xenien)에 법률문제(Rechtsfrage)라는 878행이다. 『크세니엔』은 괴테와 실러의 공동 작품이다. 그들은 에피그람(2행시) 시인인 로마의 마르티알리스(Marcus Valerius Martialis 40?~104?)의 『에피그람』 시집 가운데 한 권을 『크세니아』(Xenia)라고 불렀다. '크세니아'는 그리스어로 "초대한 사람이 식사를 마친 후 손님들에게 나누어 주는 자그마한 선물"이란 뜻이다.

308 보통 이 말은 '소송'이라는 의미이다.

수 없다. 당신은 다른 사람과 견주어 보아 영원히 '그릇된' 사람으로 남아 있다. 왜냐하면 다른 사람이 '자신들의 올바름'조차 갖고 있지 않다면, 실제로 다른 사람은 분명히 당신의 적대자가 아닐 것이기 때문이다. 다른 사람은 항상 당신을 '옳지 않은' 사람으로 만들 것이다. 그러나 당신의 권리는 다른 사람의 권리와 견주어 보아 더 높고, 더 위대하며, 더 강력한 권리인가, 그렇지 않은가? 절대 그렇지 않구나! 당신이 더 강력하지 않다면, 당신의 권리는 더 강력하지 않다. 중국인은[309] 자유에 대한 권리를 갖고 있는가? 아무튼 중국인에게 자유를 주어라, 그리고 그다음에 당신의 시도가 얼마나 잘못되었는지를 봐라. 왜냐하면 그들이 자유를 사용할 줄 모르기 때문에, 그들은 결코 자유에 대한 권리를 갖고 있지 않다. 또는 더 정확히 말하면, 그들이 자유를 가지고 있지 못하기 때문에, 그들은 자유에 대한 권리를 갖고 있지 않다. 아이들은 결코 성년에 대한 권리를 갖고 있지 않다. 그 이유는 그들이 성년이 아니기 때문이다. 다시 말해 그들이 아이들이기 때문이다. 그들 자신을 미성년으로 남아있도록 하는 사람은 결코 성년에 대한 권리를 갖고 있지 않다. 그들이 미성숙하길 그만두었다면, 그때야 비로소 그들은 성숙한 사람이 될 권리를 가질 것이다.[310] 이것은 다음과 같은 것을 의미할 뿐이다. '그대가 무엇으로

---

309 슈티르너는『유일자와 그의 소유』에서 중국과 일본, 중국인과 일본인에 대한 언급하는데, 이는 슈티르너가 검열을 피하기 위한 책략이다. 사실 그런 언급은 독일을 의미한다. 그런데 그것은 또한 당시 헤겔주의자들과 다른 독일 지식인들 사이에 만연한 역사 및 문화 이론에 대한 조롱이기도 하다. 슈티르너가 조롱했던 관점에서 발견된 명백한 인종적 위계질서는 헤겔에서 나온 것이다. 슈티르너는 이미 "위계질서"라는 제목의 글에서 고대인과 현대인에 대한 그러한 이론들을 조롱하듯 사용하였다.

310 '나이'로 간주될 '권리'는 어떤 사람에게 주어진 것에 있는 것이 아니라 '성숙하게' 행동할 수 있는 능력과 의지에 있다는 것이 슈티르너의 주장이다. 다시 말해서, 행동하는 방식에 따라 자신에게 성숙함 주는 것이다.

존재할 힘을 가지고 있다는 것, 그대는 그것을 위한 권리를 가지고 있다.' 나는 나 자신에게서 모든 권리와 모든 권능을 이끌어 낸다. 왜냐하면 나는 내가 마음대로 제어하는 바로 그 모든 것에 권리가 있기 때문이다. 내가 할 수 있다면, 나는 제우스, 여호와, 신 등등을 전복할 권리가 있다. 그러나 내가 할 수 없다면, 그렇다면 이러한 신들은 나와 대립하여 항상 옳고 [208] 권한이 있을 것이다. 그리고 내가 해야 할 일은 무기력한 '신에 대한 두려움' 속에서 신들의 권리와 그들의 힘을 두려워하는 것이고, 신들의 계율을 지키고 신들의 권리에 따라 내가 행위하는 모든 것이 옳다고 믿는 것이다. 예를 들어 러시아 국경 감시병은 탈출하는 사람을 사살할 자격이 있는 사람이라고 정당하게 생각한다. 왜냐하면 그들은 '더 높은 권위에 기초하여', 다시 말해 '정당하게' 수상한 자를 죽이기 때문이다. 그러나 내가 몸소 나 자신에게 살인을 금지하지 않는다면, 나 자신이 살인을 어떤 '그릇된 행위'로서 두려워하지 않는다면, 나는 나 자신에게 자살할 권리를 준다. 이러한 견해는 샤미소의 「살인의 계곡」[311]이라는 시에 토대를 이룬다. 이 시에서 인도의 백발 살인자는 그가 죽였던 사람의 [종교상의] 형제인 백인의 경외를 얻는다. 내가 행할 권리를 얻지 못하는 유일한 경우는 내가 자유로운 기분에서 행위하지 않은 경우, 다시 말해 내가 나한테 권리를 주지 않는 경우이다.

그것이 내 안에 있는 권리인지 아닌지를 내가 결정한다. 내 바깥에는 어떤 권리도 존재하지 않는다. 그것이 나를 위한 권리라면(Ist es Mir recht), 그것은 정당하다(recht).[312] 어쩌면 이 말은 다른 사람들에게 적합하지 않

311 독일의 유명 작가 아델베르트 폰 샤미소(Adelbert von Chamisso, 1781~1838)의 이 시는 1830년에 쓴 것이다.

312 이곳에서도 언어유희가 드러난다고 볼 수 있다. 또한 "이것이 자기중심적 권리(egoistische Recht)이다. 다시 말해 그것은 나를 위한 권리이다(Mir ist's so recht),

을 것이다. 그러나 그 일은 내 염려가 아니라, 다른 사람들의 염려이다. 그들 자신을 방어하게 하라. 그리고 어떤 것은 온 세상 사람들에게 정당하지 않지만, 나에게 정당하다면, 다시 말해 내가 어떤 것을 원한다면, 그렇다면 나는 온 세상 사람들에게 아무것도 요구하지 않을 것이다. 이것은 자신을 소중히 여기는 것을 아는 모든 사람, 자기중심적 사람과 같은 모든 사람이 그렇게 하는 것이다. 왜냐하면 힘이 권리에 앞서기 때문이다. 더 정확히 말하면 힘이—완전한 권리와 동행하기 때문이다.

나는 '태어날 때부터' 한 인간이기 때문에, 나는 모든 재화를 향유할 동등한 권리를 가지고 있다고 바뵈프는 말한다. 그는 또한 다음을 말하지 말아야만 했다. 나는 '태어날 때부터' 맏아들 왕자이기 때문에, 나는 왕좌에 오를 권리를 가지는가? 인간의 권리와 '충분히 얻은' 권리는 결국 같은 것으로 귀결된다. 다시 말해 두 가지 권리는 나한테 어떤 권리를 주는 천성으로, 다시 말해 출생(더 나아가 상속 등등)으로 귀결된다. '내가 인간으로 태어났다.'라는 것은 '내가 왕의 아들로 태어났다'라는 것과 같은 일이다. 천부(天賦)의 인간은 천부의 권리만을 가지고 있다(왜냐하면 그는 천부의 힘만을 가지기 때문이다). 그리고 천부의 요구만을 가진다. 인간은 천부의 권리와 천부의 요구를 가진다. 그러나 천성은 나에게 나의 행동만이 나에게 권리를 줄 수 있는 능력이나 힘을 나에게 줄 수 없다. [209] 그 때문에 나의 행동만이 나에게 자격을 준다. 왕의 아이가 그 자신을 다른 아이보다 높은 지위에 놓는 것, 그것은 확실히 자신에게 우선권을 확고하게 하는 왕의 아이의 행위이다. 그리고 다른 아이들이 이러한 행위를 시인하고 인정한다는 것, 그것은 아이들을—백성에 어울리게 만드는 아이들의 행위이다.

천성이 나에게 권리를 주든지 말든지, 아니면 신, 인민의 선택 등등

그러므로 그것이 권리(Recht)이다." (209쪽)에서도 언어유희를 하고 있다.

이 나한테 권리를 주든지 말든지, 그것은 모두 같은 타인의 권리이고, 내가 나한테 주지 않은 권리이거나 내가 받지 않은 권리이다.

그러므로 공산주의자는 다음과 같이 말한다. '동등한 노동이 사람들에게 동등한 향유의 권리를 준다.' 이전에 사람들은 '미덕이 있는 사람'이 이 땅에서 '행복한' 사람이 아니어야만 하는지에 대한 의문을 품었다. 또한 유대인은 정말로 '지상에서 그대와 잘 지내기 위하여'라는 결론을 내렸다. 아니다, 동등한 노동이 그대한테 같은 향유의 권리를 주는 것이 아니라, 오히려 오로지 같은 향유가 그대한테 같은 향유의 권리를 주는 것이다. 향유하라, 그러면 그대는 향유의 권리가 있다. 그러나 그대가 노동하였는데 그대의 향유를 빼앗기도록 둔다면, 그렇다면—'그대가 그렇게 된 것은 당연한 일이다.'

당신이 향유를 자기 것으로 만들어 간다면, 향유는 당신의 권리이다. 이와 반대로 향유를 움켜쥐려고 하지 않고 향유를 동경만 한다면, 향유는 여전히 그전과 같이 향유에 특별한 권리가 있는 그런 사람의 어떤 '정당하게 획득한 권리'로 남는다. 향유를 움켜쥐어야 당신의 권리가 될 수 있듯이, 향유는 당신들의 권리이다.

'소유의 권리'를 둘러싼 다툼이 격렬한 활동으로 휘청거리고 있다. 공산주의자는 다음과 같이 주장한다. "땅은 당연히 땅을 경작하는 사람의 소유이다. 그리고 땅의 생산물을 생산한 사람의 산물이다."[313] 내가 생각하기에, 땅은 땅을 사용하는 법을 아는 사람, 혹은 자기로부터 땅을 빼앗기지 않는 사람, 땅에서 자기 자신을 빼앗기지 않는 사람의 소유이다. 만약 그가 땅을 제 것으로 한다면, 땅은 그의 소유일 뿐만 아니라, 땅에 대한 권리도 그의 소유이다. 이것이 자기중심적 권리(egoistische Recht)

313 원주 60, 베커(August Becker), 『오늘날의 민중철학』, (취리히 근처 노이뮌스터 1843), 22쪽과 그다음 쪽.

이다. 다시 말해 그것은 나를 위한 권리이다(Mir ist's so recht), 그러므로 그것은 권리(Recht)이다.

그렇지 않으면, 권리는 그야말로 '떡 주무르듯 할 수 있는 것'이다. 나를 공격하는 호랑이는 권리가 있다. 그리고 호랑이를 찌르는 나도 권리가 있다. 나는 호랑이에 맞서 내 권리를 보호하는 것이 아니라, 오히려 나 자신을 보호한다.

[210] 인간다운 권리는 언제나 주어진 것이므로, 그것은 언제나 사람들이 주는, 다시 말해 결국 서로에게 '인정한' 권리가 된다. 갓 태어난 아이들에게 존재의 권리가 인정된다면, 그때 아이들은 권리를 가진다. 그러나 스파르타인과 고대 로마인의 경우에서처럼, 인간의 권리가 갓 태어난 아이들에게 인정되지 않는다면, 아이들은 권리를 갖지 못한다. 왜냐하면 오로지 사회가 그들에게 권리를 주고 인정하기 때문이다. 그러니까 아이들은 스스로 권리를 가질 수 없거나 그들 자신에게 권리를 줄 수 없다. 어떤 사람은 아이들이 여전히 '날 때부터' 존재할 권리를 가졌다는 것에 반대할 것이다. 스파르타인들만이 이러한 권리에 대한 인정을 거절하였다. 하지만 그때 스파르타인들이 맹수들 앞에 던져진 자신들의 삶을 인정했어야 하는 만큼 이 인정에 대한 권리를 전혀 가지고 있지 않다.

사람들은 타고난 권리에 관해 너무 많이 말하고 불평을 늘어놓는다.

> 아아, 슬프도다! 권리에 관해 묻지 않는구나,
>
> 권리, 그것은 우리와 함께 태어난 것인데[314]

---

314 괴테의 『파우스트』, 1권, 1978-9행에서, 메피스토펠레스가 학생에게 한 말을 약간 잘못 인용한 것이다. 원문은 "우리가 타고난 권리에 대해선, 유감스럽게도 한 번도 문제 삼는 일이 없단 말이야!"

대관절 어떤 종류의 권리가 나와 함께 태어났단 말인가? 후계자가 될 권리, 왕좌를 물려받을 권리, 왕자의 혹은 귀족의 교육을 누릴 권리, 혹은 그뿐만 아니라 가난한 부모가 나를 낳았기 때문에—무료 학교에 갈 권리, 자선 기부한 옷을 입게 될 권리, 그리고 최종적으로 석탄 광부이거나 직공이 되어 나한테 내 빵과 청어를 얻을 수 있는 권리인가? 이것이 타고난 권리라면, 출생을 통해 내 부모로부터 나한테 온 권리인가? 당신은 그렇지 않다고 생각한다. 왜냐하면 이것들은 이른바 부적절하게 불리는 권리들이고, 당신이 정말로 타고난 권리를 통해 폐지하려고 애쓰는 권리들일뿐이기 때문이다. 이것을 확립하기 위해, 당신은 가장 단순한 것으로 되돌아가서 모든 사람은 출생을 통해 다른 사람, 요컨대 한 인간과 평등하다고 주장한다. 나는 다음과 같은 말을 첨가하고자 한다. 곧 모든 사람은 인간으로 태어나고, 그 결과 새롭게 태어난 사람은 인간으로 태어났다는 점에서 서로 평등한 존재이다. 왜 그들은 평등한가? [211] 오직 그들은 아직 벌거벗은—인류의 자식, 벌거벗은 작은 인간에 불과하다는 것을 보이고 행동하기 때문이다. 따라서 그들은 이미 자기 자신을 중요한 사람으로 만들었던 사람, 그리고 단지 벌거벗은 '인류의 자식'이 아니라, 오히려—그들 자신 창조물의 자식인 사람과는 즉각적으로 다르다. 후자가 단지 타고난 권리보다 더 많은 권리를 소유한다. 이를테면 그들은 권리를 획득해 왔다. 이 얼마나 대조적인가! 이 얼마나 전쟁터인가! 인간이라는 타고난 권리와 정당하게 획득한 권리와의 오래된 싸움. 당신은 결국 당신의 타고난 권리를 언급한다. 그리고 사람들은 정당하게 얻은 당신의 권리에 반드시 반대할 것이다. 양자 모두 '권리의 토대' 위에 서 있다. 왜냐하면 양자 모두로부터 각자는 다른 사람에 대하여 어떤 '권리'가 있는데, 곧 한 사람은 타고난 혹은 자연적 권리가 있고, 다른 사람은 후천적 권리 혹은 '정당하게 획득한' 권리가 있다.

당신이 권리의 토대(Rechtsboden) 위에 남아 있다면, 당신은—독단적 태도(Rechthaberei)를 하고 있다.[315] 다른 사람은 당신에게 당신의 권리를 줄 수 없다. 그리고 다른 사람은 당신을 '정당하게 평가'할 수 없다. 힘을 가진 사람이—권리를 가진다. 그러나 당신이 힘을 갖지 못한다면, 권리조차 갖지 못한다. 이러한 슬기를 얻기가 그리 어려운가? 정말로 강력한 사람들과 그들의 행위를 봐라! 물론 우리는 여기서 오직 중국과 일본에 관해서 이야기하고 있다. 당신이 중국인과 일본인, 그들이 틀렸다는 것을 알도록 한번 시도해 봐라, 그러면 어떻게 그들이 당신을 투옥하는지를 경험으로 알 거다. (이것을 중국과 일본에서 허용하는 '선의의 충고들'과 혼동하지 말아야만 한다. 왜냐하면 그것들이 강력한 사람들을 방해하는 것이 아니라, 오히려 가능한 한 방식으로 그들을 지원하기 때문이다.) 그들에게 옳지 않다고 알리고 싶어 하는 사람에게 그 일을 할 수 있는 유일한 방법은 그것을 하는 것, 힘에 열려 있는 것이다. 그가 강력한 사람들에게서 그들의 힘을 빼앗는다면, 그러면 그는 정말로 그들을 옳지 않은 사람으로 알린 것이고, 그들에게서 그들의 권리를 빼앗은 것이다. 그러나 다른 경우에 그는 주머니에 연약한 주먹을 찔러 넣는 것, 혹은 어떤 건방진 바보로서 희생되는 것 이외에는 아무것도 할 수 없다.

한마디로 말하면, 중국인이나 일본인이 권리를 요구하지 않았다면, [212] 특히, '당신과 함께 태어났던' 권리를 요구하지 않았다면, 그때 당신은 정당하게 획득한 권리조차 전혀 요구할 필요가 없을 것이다.

당신은 다른 사람들 앞에서 깜짝 놀라 뒷걸음질 친다. 왜냐하면 당

---

315 원주 61, "내가 너한테 간청하네, 내 폐에 손상을 입히지 않도록 말이네! 올바르다고 우기는 사람과 한 가지 말만 하는 그런 사람이 실제로 올바르다네!"
(이 문장은 말장난을 하고 있다. 슈티르너는 파우스트가 메피스토펠레스에게 한 말을 잘못 인용하고 있다. 원문은 다음과 같다. "부탁하건대, 내가 너무 떠들어대지 않도록 해다오. 제가 옳다고 하려는 자가 한 가지 말만 고집한다면, 틀림없이 이기게 되겠지." 『파우스트』, 1권, 3067-70행 -옮긴이)

신은 그들 곁에 있는 권리의 허깨비를 본다고 생각하기 때문이다. 허깨비는, 호메로스의 전투에서처럼, 그들의 편에서 그들을 도와주는 여신처럼, 싸우는 것처럼 보인다. 당신은 무엇을 하는가? 당신은 창을 던지는가? 아니요, 당신은 유령이 당신의 편에서 싸울 수 있도록, 유령을 당신 편으로 끌어들이기 위하여 살금살금 돌아다닌다. 이를테면 당신은 허깨비의 은혜를 얻으려고 애쓴다. 다른 사람은 단순히 다음과 같이 물을 것이다. 내 적대자가 하고자 하는 것을 내가 하고자 하는가? '그럴 리가!' 그렇다면 이제, 그를 위해 천 개의 악마나 신들이 싸울지도 모른다. 나는 그에게 똑같이 덤벼든다!!

다른 것들 중 특히 『포시쉐 차이퉁』이 법치국가를 지지하듯이, '법치국가'는 공무원은 행정부에 의해서가 아니라, 오로지 재판을 통해서 해임될 수 있어야만 한다고 요구한다. 헛된 착각이구나! 한때 술 취한 모습을 보인 공무원은 자신의 공직에서 해임되어야 한다고 법으로 정해졌다면, 재판관은 증인의 증언으로 공무원에게 유죄판결을 내려야만 할 것이다, 등등. 한마디로 말하면 입법자는 공직의 상실을 수반하는 모든 가능한 근거들을 정확하게 명시하기만 하면 될 것이다. 아무리 그러한 근거들이 우스꽝스러운 것일지라도 말이다(예를 들어 그의 윗사람을 비웃으며 쳐다보는 사람, 매주 일요일에 교회에 가지 않는 사람, 4주 내내 영성체를 하지 않는 사람, 빚을 지고 있는 사람, 평판이 나쁜 동료가 있는 사람, 결단력이 없는 사람 등등은 해임되어야 할 것이다. 입법자는 명예로운 입법부가 이러한 일을 지시해야 한다고 생각할 것이다), 그래서 재판관은 피고의 저 '위법 행위'가 '죄가 되는지' 아닌지를 단지 조사할 것이다. 그다음에 증거를 제시하고, '법에 의거하여' 그에게 해임 선고를 내린다.

재판관이 기계적이기를 그만둘 때, '증거 규명이 포기될 때', 그는 어찌할 바를 모른다. 그런 다음 그가 다른 사람처럼 관점만을 갖고 있으면서, 이 관점에 따라 판결한다면, 그의 행위는 더 이상 직무상 행위가 아니다. [213] 그는 재판관으로서 법에 따라서만 판결해야 한다. 나는 오히려 혁명 이전의 낡은 프랑스 고등 법원들이 내 마음에 든다. 이러한 고등 법원들은 무엇이 합법적인지를 스스로 조사하고 싶어 했다. 그리고 이러한 고등 법원들은 자신들의 동의 이후에만 그것을 기록하길 원했을 뿐이다. 물론 재판관으로서의 그들이 그들 자신의 기계가 되어야만 했을지라도, 그들은 적어도 그들 자신의 올바름에 따라 재판하였고, 입법부의 기계가 되는 것에 자기 자신을 기꺼이 포기하지 않았다.

사람들의 말에 따르면, 처벌이 범죄자의 권리라고 한다.[316] 그러나 처벌받지 않음도 그것과 똑같이 그의 권리이다. 그의 사업이 성공하면, 그 일은 그에게 권리를 제공한다. 그리고 그의 사업이 성공하지 않으면, 마찬가지로 그 일은 그에게 권리를 제공한다. 자업자득이다. 어떤 사람이 부주의하게 위험에 빠지고 그 속에서 죽는다면, 우리는 다음과 같이 말하는 경향이 있다. "그 일은 그에게 옳았다. 그는 더 나은 것을 원하지 않았다." 하지만 그가 위험을 극복했다면, 다시 말해 그의 힘이 승리를 거둔다면, 그는 또한 옳을 것이다. 어떤 아이가 칼을 가지고 놀다가 상처를 입는다면, 그것은 그에게 권리를 제공한다. 그러나 상처를 입지 않는다면, 그 또한 그에게 권리를 제공한다. 따라서 그가 위험한 일을 겪을 때, 의심의 여지 없이 권리가 범죄자에 생기는구나! 또한 그가 가능한 결과를 알기 때문에 우리는 그가 위험을 무릅쓴 이유를 묻는구나! 그러나 우리가 그에게 내린 벌은 그의 권리가 아니라, 우리의 권리일 뿐이다. 우리의 권리는 그의 권리에 반대한다. 그리고 그는—'올바르지 않다.' 왜냐

316 헤겔, 『법철학』, 1부 3장, "범죄자에게 가해지는 손해는 그 자체로 정당할 뿐만 아니라, 이런 손해는 정당한 것으로서 범죄자에게 본래 존재하는 의지 다시 말해 현존하는 그의 자유이며, 그의 권리이다."

하면—우리가 우위를 점했기 때문이다.

그러나 사회에서 무엇이 옳은가, 무엇이 올바른 것인가는 역시 이 단어—**법**으로 귀결된다.

법이 무엇이든지, 법은—충성스러운 시민에 의해 존중받아야만 한다. 그래서 구영국(Old Englands)[317]에서 법을 지키는 마음은 찬양받았다. 법을 준수하는 마음은 저 에우리피데스의 말과 완전히 일치한다.[318] "신들이 무엇이든지 간에, 우리는 신들을 섬긴다."[319] **법 일반, 신 일반**은 오늘날 우리와 매우 멀리 떨어져 있는 것이다.

사람들은 자의적 **명령**, 훈령과 법을 구분하려고 애쓴다. 법은 정당한 권위에서 생긴다. 그러나 인간다운 행위에 미치는 법(윤리적 법, 국가의 법 등등)은 언제나 어떤 **의지의 선언**이다, 그래서 명령이다. [214] 그렇다, 심지어 내가 자신한테 법을 주었을지라도, 법은 바로 다음 순간에 내가 복종을 거부할 수 있는 내 명령일 뿐이다. 틀림없이 누군가는 기꺼이 참으려 한다고 확실히 선언할지도 모르고, 그가 법을 통해, 반대자들에게 관용을 베푸는 것을 거절하는데, 그렇지 않으면 그는 범죄자를 그의 적으로 취급하는 것이 될 것이다. 그러나 어느 누구도 **나 자신의** 행위를 지배할 수 없고, 나한테 내 행위를 규정할 수 없고, 나한테 내 행위의 법칙

---

317 제임스 2세의 왕권신수설에 입각한 전제정치는 결국 영국 의회의 반발을 가져왔다. 1688년 네덜란드의 총독이자 메리 공주의 남편이었던 오렌지공 윌리엄이 영국 의회의 지원을 받아 제임스 2세를 퇴위시키고 새로운 국왕으로 즉위하는 명예혁명이 일어났다. 이 후 영국은 입헌군주제를 도입하게 된다. 슈티르너가 이것을 말하지는 확실하지 않다.

318 에우리피데스(Euripides, 기원전 480~406년)는 아테네 출신으로, 아이스퀼로스, 소포클레스와 더불어 가장 뛰어나다고 평가되는 고대 그리스 비극 시인으로서 오늘날 그가 쓴 18편의 비극이 남아 전해지고 있다.

319 에우리피데스, 『오레스테스』, 412.

을 제시할 수 없다. 나는 그가 나를 자신의 적으로 다루는 것을 불평 없이 참아야만 한다. 그러나 내가 절대로 참을 수 없는 것은 그가 나를 그의 피조물로 거칠게 다루거나, 그가 자신의 이성 혹은 심지어 비이성을 나의 원칙으로 만드는 것이다.

국가는 지배하는 의지가 존재하는 한에서만 그리고 이러한 지배하는 의지가 자신의 의지와 같은 의미로 여겨지는 한에서만 지속된다. 지배자의 의지가—법이다. 아무도 당신의 법에 복종하지 않는다면, 당신한테 당신의 법이 무슨 소용이 있는가? 어떤 사람도 당신의 명령을 받아들이지 않는다면, 당신의 명령이 무슨 소용이 있는가? 국가는 개인의 의지를 결정하는 자신의 권리를, 이것을 추측하고 계산하는 자신의 권리를 절대로 포기할 수 없다. 국가의 입장에선 아무도 자기 자신의 의지를 지녀서는 안 된다는 것은 절대적이다. 그래서 어떤 사람이 이것을 갖는다면, 국가는 이러한 사람들을 쫓아내야(감금, 추방) 할 것이다. 그러나 모두가 자신의 의지를 갖는다면, 그들은 국가를 폐지하는 것이다. 국가는 지배(Herrschaft)와 굴종(Knechtschaft(복종)) 없이는 생각할 수 없다. 왜냐하면 국가는 국가가 포괄하는 모든 사람의 지배자가 되어야만 하기 때문이다. 그리고 사람들은 이러한 의지를 '국가의 의지'라고 부른다.

존속하기 위하여 타자의 의지 결핍에 의지해야만 사람은 누구나, 주인이 노예의 조잡한 산물이듯이, 이 타자의 조잡한 산물이다. 굴종을 그만둔다면, 지배는 끝날 것이다.

나 자신의 의지는 국가의 파괴자이다. 따라서 국가는 그것을 '자기의지'라고 비난한다. 자신의 의지와 국가는 불구대천의 힘들이고, 그것들 사이에 '영원한 평화'는 절대로 가능하지 않다. 국가가 자기 입장을 굽히지 않는 한, 국가는 자기의지, 국가에 영원히 적개심에 불타는 반대자를 비합리적으로, 사악하다고 묘사한다. [215] 그리고 국가는 그런 일을 믿고, 참으로, 실제로 국가는 그렇다. 국가는 아직 국가의 위엄 그 자체에 그리고 국가의 위엄이라는 의식에 도달하지 않았다. 그 결과 국가는 여전히 불완전하고, 여전히 감언이설에 넘어간다.

모든 국가는 전제정치이다. 독재자가 한 사람이든 다수이든, 또는 마치 어떤 사람들이 공화국을 상상하듯이, 모두가 지배자이든, 다시 말해 서로가 서로에게 전제 군주 노릇을 하든 말이다. 주어진 법, 아마도 어떤 대중적 집회의 의견으로 표현된 의지일 때마다, 개인이 복종해야 하거나, 개인이 복종할 의무를 지니는 개인을 위한 법이어야만 한다. 만약 심지어 국민 속 모든 개인이 동일한 의지를 표현했고, 이를 통해 완전한 '집단 의지'가 탄생했다고 생각하는 경우라도, 문제는 여전히 동일할 것이다. 나는 어제의 내 의지에 오늘도 그리고 앞으로도 묶여있지 않을까? 이 경우에 내 의지는 굳어질 것이다. 불쾌한 고정성이구나! 내 창조물—요컨대, 특정한 의지의 표현—이 내 명령자가 되었을 것이다. 하지만 내 의지 속의 나, 창조자인 나는 나의 흐름과 나의 해체 속에서 방해받을 것이다. 왜냐하면 나는 어제 바보였기 때문에, 나는 그런 바보로 평생 남아있어야 한다. 그래서 국가-삶 속에서 나는 최선의 경우에—게다가 최악의 경우에도—나 자신의 노예라고 말할 수 있다. 왜냐하면 나는 어제 의지가 있는 사람이었고, 오늘은 의지가 없는 사람이기 때문이며, 어제는 자발적 사람이었고, 오늘은 비자발적 사람이기 때문이다.

어떻게 바꾸지? 내가 어떤 의무도 인정하지 않을 때만, 다시 말해 자신을 속박하지 않거나, 자신이 속박되지 않도록 할 때만 그럴 수 있다. 내게 어떤 의무도 없다면, 그때 나는 어떤 법도 알지 못한다.

'아이고, 나를 속박하겠다고!' 아무도 나의 의지를 속박할 수 없다. 게다가 나의 반항은 여전히 자유롭다.

'모두가 원하는 것을 한다면, 저런, 모든 것이 뒤죽박죽될 거라고!' 도대체, 모두가 모든 것을 행할 수 있다고 누가 말하는가? 바라건대, 모든 것을 참을 필요가 없는 그대는 도대체 무엇을 위해 거기에 있는가?

자기 자신을 방어하라, 그러면 아무도 그대한테 아무것도 하지 않을 것이다! [216] 그대의 의지를 꺾고자 하는 사람이 그대와 관계 맺고 있다. 그리고 그런 사람은 그대의 적이다. 그를 적으로 상대하라. 만약 수백만 명이 그대의 보호를 위하여 그대 뒤에 서 있다면, 그대는 압도적 힘으로 가볍게 승리할 것이다. 그러나 그대가 권력으로 적에게 경외(敬畏)의 마음이 생기게 할지라도, 여전히 그대는 신성한 권위가 아니다. 그때 적은 도둑임이 틀림없다. 적이 그대의 힘을 조심하는(in Acht nehmen) 한, 적은 그대한테 존경과 존중(Achtung)의 의무가 없다.

우리는 늘 '최고의 권력(Gewalt)'이 분배되는 다양한 방식에 따라 국가들을 구분하곤 한다. 한 개인이 최고의 권력을 갖는다면—군주정이고, 모든 사람이 최고의 권력을 갖는다면—민주정이다, 등등. 그래, 최고의 권력이구나! 누구에 거스르는 권력인가? 개인과 개인의 '자기의지'에 거스르는 권력이다. 국가는 '폭력'(Gewalt)을 휘두른다. 개인은 폭력을 휘둘러서는 안 된다. 국가의 행위는 폭행(Gewalttätigkeit)이고, 게다가 국가는 국가의 폭행을 '법'이라고 부른다. 하지만 국가는 개인의 폭행을 '범죄'(Verbrechen)라고 부른다. 따라서 그렇게 범죄를 개인의 폭행이라고 부른다. 그리고 국가가 개인보다 위에 있는 것이 아니라, 오히려 개인이 국가보다 위에 있다고 개인이 생각할 때, 개인은 범죄를 통해서만 국가의 폭력을 극복한다(brechen).

이제, 만약 내가 선량한 사람으로서 어처구니없게 행동하고 싶다면, 내가 당신한테 나의 자기발전, 나의 자기활동, 나의 자기창조를 손상시키는 어떤 법도 만들지 말라고 타이를 수 있다. 그러나 나는 이러한 도움이 되는 말을 하지 않는다. 왜냐하면 만약 당신이 그 말을 따랐다면, 당신은 어리석었을 것이고, 나는 나의 모든 이익을 속일 것이기 때문이다. 나는 당신한테 아무것도 요구하지 않는다. 왜냐하면, 비록 내가 당신에게 무엇을 요구한다고 하더라도, 당신은 여전히 권력을 휘두르는 입법자일 것이고, 틀림없이 그럴 것이기 때문이다. 그 이유는 갈까마귀(Rabe)는 노래하지 않고, 강도(Räuber)는 결코 강도질(Raub)을 하지 않고 살아갈 수 없기 때문이다. 오히려 나는 자기중심적 사람이기를 원하는 사람들에게 무엇이 더 자기중심적이라고 생각하는지를 묻고, 당신이 그들에게 법률을 만들어 주도록 허용하고, 주어진 사람들을 존중하고, 혹은 **반항성**, 그렇다 완전한 불복종을 실행할 수 있도록 허용한다. 선량한 사람은 법은 국민의 감정에 공정하고 정당하다고 여기는 것만을 규정해야 한다고 생각한다. 그러나 국민이 정당하다고 생각하는 것이 나와 무슨 상관이 있는가? [217] 국민은 아마도 신성모독자(Gotteslästerer)와 대립할 것이다. 그러므로 법은 신성모독과 대립할 것이다. 그러므로 나는 신성을 모독하지(lästern) 않아야 하는가? 이러한 법이 나한테 '명령'보다 더 높은 명령이어야 하는가? 나는 이것을 질문한다고!

오직 모든 **옳음**과 모든 **권력**은 **국민의 집단성**에 속한다는 원리로부터 모든 정체(政體)가 발생한다. 왜냐하면 그것들 중 어느 것도 집단성을 향한 이런 호소가 부족하지 않으며, 대통령, 혹은 어떤 귀족, 등등뿐만 아니라 전제 군주도 '국가라는 이름으로' 행위하고 명령하기 때문이다. 정체들은 '국가 권력'을 소유하고 있다. 그리고 가능하다면 모든 개인이라는 **집단**으로서의 국민이 이러한 국가—**권력**을 행사하는지, 아니면 귀족정처럼 다수가 이러한 집단의 대표자일 수 있을 뿐인지, 혹은 군주정처럼 한 사람이 이러한 집단의 대표자일 수 있을 뿐인지는 전혀 중요하지 않다. 언제나 집단은 개인보다 상위에 있고, 게다가 집단은 **정당한**(berechtigt) 것이라 불리는 것, 즉 **옳음**(Recht)이라는 권력을 가지고 있다.

국가라는 신성함에 대립하는 것으로서의 개인은 단지 불명예의 그릇이고, 그 그릇에 남아 있는 모든 것은 '제멋대로 굴기(Übermut), 악의, 조롱과 헐뜯음, 무례함 등등'이다. 일단 개인이 저 성역, 곧 국가를 인정할 만한 것으로 생각하지 않는다면, 국가의 백성과 하인의 정신적 오만(Hochmut)은 비정신적 '제멋대로 굴기'에 대해 강렬한 처벌을 한다.

정부가 국가에 저항하는 모든 정신적 놀이를 처벌한다고 선언할 때, 온건파 자유주의자들이 와서 다음과 같이 말한다. "재미, 풍자, 재치, 유머 등등은 여전히 마구 쏟아져야만 하나, 천재는 반드시 자유를 향유해야 한다." 그랬구나, 실제로 개인이 자유로워야만 하는 것이 아니라, 천재가 자유로워야만 한다는 말이구나. 여기서 국가는 완전히 국가의 올바름으로, 또는 정부는 정부의 이름으로 다음과 같이 말한다. "나와 함께하지 않는 사람은 나를 반대하는 사람이다."[320] 한마디로 말하면 국가의 본질을 우습게 만드는 일, 곧 재미, 농담 등등은—항상 국가의 명성을 떨어뜨렸다. 그런 일은 '무죄'가 아니다. 그리고 더군다나, 죄가 있는 농담과 죄가 없는 농담 등등 사이에 그어야 할 경계는 무엇인가? [218] 이러한 질문에 온건파는 크게 당혹스러워하며, 모든 질문을 다음과 같은 요청으로 축소시킨다. 곧 부디 국가(정부)가 매우 민감하지 않기를, 매우 신경질적이지 않기를. 또한 국가가 '해가 없는' 것들에서 바로 악의의 낌새를 알아채지 못하길, 일반적으로 약간 '더 관대'하길. 과도한 민감성은 확실히 약점이고, 약점의 기피는 아마도 칭찬할 가치가 있는 미덕일 것이다. 그러나 전쟁의 시기에 사람은 친절할 수 없다, 아마도 평화로운 상황에서 허용될 수 있었던 것이 포위 공격의 상황이 선언되면 허용되지 않는다. 선량한 자유주의자는 대부분 이것을 느끼기 때문에, 그들은 실제로 '국민의 헌신' 때문에 두려워할 위험이 없다고 서둘러 설명한다. 하지만 정부는 더 현명할 것이고 그런 종류를 이야기하도록 내버려 두지 않을 것이다. 정부는 사람들을 아름다운 말로 구슬리는 방법을 잘 알고, 그러한 전시용 음식에 만족하지 않을 것이다.

---

320 바리새인들이 귀신의 왕 베엘제불(Beelzebul)의 도움 없이 귀신을 쫓아낼 수 없다는 주장에 대한 예수의 응답을 인용한 것이다. 「마태복음」, 12장 30절.

그러나 그들은 그들 자신의 놀이터를 갖고 싶어 한다. 왜냐하면 그들은 어린이이고, 노인처럼 침착할 수 없기 때문이다. 장난치는 것은 당연하다(Jugend hat keine Tugend).[321]

그들은 이러한 놀이터를 위해서만, 몇 시간 즐겁게 이리저리 뛰어다님을 위해서만 계약한다. 그들은 국가가 성을 잘 내는 아빠처럼 지나치게 툭하면 화를 내지 않아야만 한다고 요구할 뿐이다. 그들은 교회가 중세에 어느 정도 바보의 행렬과 바보들의 놀이를 허용했듯이, 국가가 약간 바보의 행렬과 바보들의 놀이를 허용해야만 한다고 요구할 뿐이다. 그러나 국가가 위험 없이 이것을 허용할 수 있었던 시대는 지났다. 이제 일단 광장으로 나오고, 징계용 회초리 없이 시간을 보낸 아이들은 더는 작은 독방으로 들어가려 하지 않는다. 왜냐하면 광장은 이제 더 이상 작은 독방을 보충하는 것이 아니기 때문이고, 어떤 신선한 기분 전환이 아니라, 국가와의 대립, 어떤 양자택일이기 때문이다. 한마디로 말하면 국가는 더 이상 아무것도 승인하지 말아야 하거나 모든 것을 시인해야만 해서 멸망해야만 한다. 그러니까 국가는 완전히 민감해야 하거나, 죽어버린 사람처럼 둔감해야 한다. 관용은 끝장났다. 국가가 손가락만 내밀면, 사람들은 이내 전체 손을 잡을 것이다. 거기에서는 더 이상 '익살이 있을 수' 없고, 재미, 재치, 유머 등등의 모든 익살은 엄한 진지함으로 변한다.

[219] 언론 · 출판의 자유에 대한 '자유주의자'의 외침은 그들 자신의 원칙, 그들의 진정한 의지와 충돌한다. 그들은 그들이 원하지 않는 것, 다시 말해 그들이 바라는 것, 기꺼이 하고 싶은 것을 하고자 한다. 그러므

---

321 문자 그대로 "청소년은 미덕이 없다."로 번역할 수 있다. 그러나 'Jugend'와 'Tugend'는 운이 맞는다. 그 때문에 이 문장은 장난기 있는 격언으로 보인다. 이것은 영어의 "사내아이는 역시 사내아이이다, 장난치는 것은 당연하다"(boys will be boys.)라는 느낌과 가장 밀접하다.

로 일단 이른바 언론 · 출판의 자유가 나타나면, 그들은 역시 쉽게 배반하고, 그다음에 검열을 원한다. 아주 당연하다. 국가는 똑같이 자유주의자에게도 신성하다. 도덕 등등에도. 그들은 단지 국가에 대해서 뻔뻔한 악동처럼, 부모의 약점을 이용하려고 애쓰는 간교한 자식처럼 행동한다. 아빠 국가(Papa Staat)는 그들이 국가를 마음에 들어 하지 않는다는 말을 많이 하도록 허용해야만 한다. 그러나 아빠는 엄중한 시선으로 그들 중 건방진 놈을 검열하여 삭제할 권리를 가진다. 그들이 국가를 자신들의 아빠로 인정한다면, 그 경우에 그들은 모든 아이처럼, 국가 앞에서 말하기의 검열을 불평하지 말고 참아야만 한다.

만약 그대가 타인에게서 그대의 언행이 옳다고 듣는다면, 마찬가지로 타인에게서 그대의 언행이 그르다고 들어야만 한다. 타인으로부터 그대 행위의 정당화와 보답이 온다면, 똑같이 타인으로부터 고소와 처벌을 기대하라. 정당함 옆에 부당함이 있고, 적법 옆에 위법이 있다. 그대는 어떤 사람인가?—그대는 일종의—범죄자이구나!

'범죄자는 국가에 최고 등급의 범죄이구나!'[322]라고 베티나[323]는 말한다. 비록 베티나 자신이 이해하는 것과 정확히 일치하지 않더라도, 사람은 이 말을 인정할 수 있다. 왜냐하면 억세되지 않은 나—오로지 나한테

322 원주 62, 아르님(Bettina von Arnim) (익명으로), 『이 책은 왕의 것이다』(베를린, 1843), 376쪽.

323 베티나 폰 아르님(Bettina von Arnim, 1785~1859년)은 독일의 작가이다. 1835년, 괴테와 주고받은 40여 통의 편지에 상상력을 추가해서 방대한 서간소설을 완성한 것인 『괴테가 한 아이와 주고받은 편지』(Goethes Briefwechsel mit einem Kinde)으로 유명하다. 1843년, 익명으로 베를린 교외의 빈민가 조사를 첨부한 『이 책은 왕의 것이다』을 출판하고, 프로이센 국왕 프리드리히 빌헬름 4세에게 사회개혁을 하도록 진언한다. 베티나는 슈티르너의 글에 대한 응답을 하였다. 이 응답의 글은 1847년, Die Epigonen. V에 「인간에 의한 유일자의 폐지」로 출판되었다.

속하는 나—는 국가 속에서, 나의 성취와 현실화에 도달할 수 없기 때문이다. 우선 첫째로 모든 나(Ich)는 인민, 국가에 거스르는 타고난 범죄자이다. 그런 까닭에 국가는 정말로 모든 것을 감시한다. 국가는 모든 사람에게서—자기중심적 사람을 보고, 게다가 국가는 자기중심적 사람을 두려워하기 때문이다. 국가는 모든 사람을 가장 나쁜 사람으로 전제하고, '국가가 손해를 입지 않도록'(ne quid respublica detrimenti capiat.)[324]이라는 경찰행정의 주의에 주의를 기울인다. 억제되지 않은 나 그리고 이 나가 원래 우리이다. 동시에 항상 우리의 은밀한 내면에 남아 있는 억제되지 않는 나는 국가에 있는 절대로 끝나지 않는 범죄자이다. [220] 자신의 대담한 행위, 의지, 가차 없음과 겁 없음에 의해 이끌리는 사람은, 국가로부터, 국민으로부터 [보내진] 밀정에 의해 포위당하게 된다. 나는 국민 입장에서 말하노라! 국민—당신은 선량한 대중이 마음속에 들여놓은 국민을 굉장한 일이라고 생각한다—그 국민은, 완전히 머릿속이 경찰행정의 기질로 꽉 차 있다. —자신의 나를 부정하는(verleugnet) 사람, 곧 '자기부정'(Selbstverleugnung)을 실천하는 사람만이 국민을 받아들일 수 있다.

인용된 책 전반에 걸쳐, 베티나는 국가를 오직 병든 것으로 여길 만큼 그런대로 선량하고, 국가의 쾌유, 그녀가 '선동가들'[325]을 통해 실현하려는 쾌유를 희망할 만큼 그런대로 선량하다. 그러나 국가는 병든 것이 아니다. 오히려 국가가 충만한 힘 속에 있을 때, 국가는 개인을 위해, '모두'를 위해 무언가를 획득하고자 하는 선동가들을 거부한다. 국가는 국가

---

324 이 말은 '원로원 비상 결의'(세나투스 콘술툼 울티뭄(senatus consultum ultimum))의 일부이다. 전시(戰時)나 국가 비상사태에서 국가사무와 관련한 주요 의사 결정권한을 독재관(dictator)에게 양도하는 원로원의 결정을 의미하는 라틴어 법률용어로 헌법상 '계엄'(戒嚴)의 시초로 여겨지고 있다.

325 원주 63, 아르님(익명으로), 『이 책은 왕의 것이다』, 376쪽.

를 믿는 사람들이 있을 때, 최고의 선동가들, 국민의 지도자들을 갖춘다. 베티나에 따르면, "국가는 인류의 자유라는 싹을 발육시켜야만 한다. 그렇지 않으면 국가는 무자비한 어미(Rabenmutter)[326]이고, 국가는 까마귀 먹잇감(Rabenfutter)을 주는구나!"[327] 국가는 달리할 수 없다. 왜냐하면 정확하게 국가가 인류(그런데 이미 인류는 '인간다운' 혹은 '자유로운' 국가이어야 한다)를 돌보는 동안에, '개인'은 국가를 위한 까마귀 먹잇감이 되었기 때문이다. 이와 달리 시장(市長)은 얼마나 올바르게 말하는가.

> "뭐라고? 국가는 단지 가망이 없는 환자를 돌보는 것 이외에 다른 의무가 없다고?—그렇지 않다. 옛날부터 건강한 국가는 병든 재료를 버렸고, 결코 병든 재료와 섞이지 않았다. 국가는 국가의 수액(樹液)을 매우 절약할 필요가 없다. 다른 사람이 번성할 수 있도록, 두려워하지 말고 강도라는 가지를 절단하라. —당신은 국가의 가혹함에 벌벌 떨지 않는다. 국가의 도덕, 국가의 정치와 종교가 국가에게 이것에 대해 가르친다. 당신은 국가에게 냉정하지 않다고 죄를 씌운다. 국가의 동정은 국가의 가혹함에 저항하지만, 국가는 경험적으로 이러한 냉엄함에서만 행복을 찾는구나!—강렬한 치료만이 도움이 되는 질병이 있다. 질병 그 자체를 인식하나 소심하게 완화제를 사용하는 의사는 결코 병을 제거하지 못한다, 그러나 [221] 아마도 더 짧거나 더 긴 병 이후에 환자를 굴복시킬 것이다."[328]

---

326 'Rabenmutter'는 글자 그대로 '까마귀 어미'를 의미하고 무자비한 어미를 암시한다. 까마귀는 한때, 예를 들어 중세 동물 우화집에서 자식의 날개에 검은색이 나타날 때까지, 자식에게 먹이를 주지 않았던 새로 믿었다.

327 원주 64, 아르님(익명으로), 『이 책은 왕의 것이다』, 374쪽.

328 원주 65, 아르님(익명으로), 같은 책, 381-2쪽.

"만약 당신이 죽음을 강렬한 치료제로 사용한다면, 그때 어떻게 치료가 일어날 수 있는가?"라는 라트 부인[329]의 질문은 요점을 벗어난 것이다. 그렇군, 국가는 죽음을 국가 자체에 적용하는 것이 아니라, 오히려 국가를 화나게 하는 구성원에 적용한다. 그러니까 그것은 그것을 화나게 하는 어떤 눈을 뽑아낸다, 등등.[330]

"병든 국가를 회복시키는 유일한 방법은 국가 안에 인간을 번성하게 하는 것이다."[331] 베티나처럼, 이 글에서 당신이 인간을 '인간'이라는 개념으로 이해한다면, 그녀는 옳다. '병든' 국가는 '인간'의 번영을 통해 회복할 것이다. 왜냐하면 더 열광하는 개인은 '인간'과 관련이 있고, 그 일은 국가를 위해 더 좋기 때문이다. 그러나 만약 당신이 인간을 개인, '모든 사람'으로 이해한다면(저자도 어느 정도 이렇게 이해한다. 왜냐하면 그녀는 여전히 '인간'에 관해 분명치 않게 이해하고 있기 때문이다), 어쩌면 인간은 다음과 같은 말로 들릴 것이다. 병든 강도 집단을 구조하기 위한 유일한 방법은 병든 강도 집단 속에 충직한 부르주아가 번성하도록 하는 것이구나! 이런 식으로 강도 집단은 단순히 어떤 강도 집단으로서 멸망하게 될 것이다. 그리고 강도 집단은 이것을 알아채기 때문에, 따라서 강도 집단은 어떤 '행실이 바른 사람'이 되려는 경향을 지닌 모

---

329 라트 부인(Frau Rat)은 괴테의 어머니이다. 이 명칭은 1742년에 괴테의 아버지한테 준 'Rat'라는 작위에 대한 언급이다. 'Frau Rat'는 『이 책은 왕의 것이다』라는 책의 대화 속 주요한 참가자이고, 아르님 자신의 사회적이고 정치적인 견해를 대변한다. 특히 조직화한 종교에 대한 강한 적대감을 드러낸다. 그리고 가난한 사람들과 억압받는 사람들의 고통에 대한 동정을 대변한다.

330 "만일 너의 오른쪽 눈이 너를 실족케 하거든 뽑아 던져 버려라. 네 지체 가운데 하나가 없어지는 것이 네 온몸이 지옥에 던져지는 것보다 나으니라." 「마태복음」, 5장 29절을 보라.

331 원주 66, 아르님(익명으로), 『이 책은 왕의 것이다』, 385쪽.

든 사람을 사살하는 것을 선호할 것이다.

그녀의 책에서 베티나는 애국자이고, 혹은 조금 더해, 박애주의자이며, 인류의 행복을 위해 일하는 사람이다. 그녀는 그녀 책의 제목인 유령[332]에서처럼, 선량한 믿음, 오래된 믿음, 그리고 그것들에 드리워져 있는 것을 되찾고 싶어 하는 모든 사람들과 아주 똑같은 방식으로 현존하는 질서에 불만을 품고 있는 사람이다. 정치인, 공무원과 외교관이 악의가 있는 사람, '국민을 타락시키는 사람'에게 국가를 망하게 했다고 책임을 전가하는 동안에, 그녀는 반대로 오로지 정치인, 공무원과 외교관이 국가를 망하게 했다고 생각한다.

자신의 것을 얻으려고 애쓰는 대신 국민의 것을 찾으려고 노력하는 치명적 실수를 저질렀던 사람과 평범한 범죄자는 다른 사람인가? 평범한 범죄자는 비열한 재물, 곧 타인의 재물을 얻고자 애썼고, [222] 이는 신의 것을 얻으려고 노력했던 신자들의 행위와 같다. 범죄자를 훈계하는 성직자는 무엇을 하는가? 성직자는 범죄자한테 심하게 그릇된 행위를 했다고, 곧 국가가 신성한 것으로 섬긴 것, 국가의 소유(여기에서 물론 국가에 속한 사람들의 삶까지도 포함되어야 함)를 그의 행동으로 모독하였다고 타이른다. 이렇게 말하는 대신, 성직자는 차라리 타자의 것을 경멸하는 것이 아니라, 오히려 그것을 훔칠 가치가 있다고 여김으로써, 자기 자신을 더럽혔다고 범죄자를 꾸짖을 수 있었다. 그가 성직자가 아니었다면, 그렇게 했을 텐데. 자기중심적 사람과 마찬가지로 이른바 범죄자와 이야기를 나누어 봐라, 그러면 범죄자는 자기가 당신의 법을

332 프리드리히 빌헬름 6세(Friedrich Wilhelm, 1795~1861년)는 베티나한테 자신에게 그녀의 책을 헌정할 것을 허락했다. 1849년에 베티나는 또 다른 도덕적이고 사회적인 대화, 곧 『악마와의 대화』(Gespräch mit Dämonen)를 출판했다. 그 책의 주요한 대화는 왕과 왕의 유령이다.

어기고 재산을 빼앗았던 것을 부끄러워하지 않고, 오히려 당신의 법을 피하고 당신의 재산을 원하는 것이 가치 있다고 간주하는 것에 부끄러워할 것이다. 다시 말해 그는 당신과 함께 당신의 재산을 경멸하지 않은 것을 부끄러워할 것이며, 자신이 충분히 자기중심적 사람이 아니었다는 것을 부끄러워할 것이다. 그러나 당신은 범죄자에게 자기중심적으로 말할 수 없다. 왜냐하면 당신은 범죄자만큼 위대하지 않기 때문에, 당신은—아무런 범죄도 저지르지 않는구나! 당신은, 어떤 자기 자신을 소유한 나(ein eigenes Ich)가 범죄자가 되는 것을 단념할 수 없다는 것을 알지 못하고, 범죄가 자신의 삶이라는 사실을 알지 못한다. 그럼에도 불구하고 '우리는 모두 죄인'이라고 당신이 믿기 때문에, 당신은 그것을 알아야만 한다. 그러나 당신은 몰래 죄를 속이려 생각한다, 그리고 당신은 악마를 두려워하기 때문에, 죄가 사람의 가치라는 것을 이해하지 못한다. 오, 당신이 죄인이라면! 하지만 바로 지금 당신은 '올바른 사람이다'(Gerechte). 이거 원—당신의 주인을 위해 모든 것을 근사하게 올바르게(gerecht) 만드는구나!

기독교의 의식 혹은 기독교인이 어떤 형법을 작성할 때, 거기에서 범죄의 개념은 단순히—냉정함 이외에 무엇이란 말인가? 각자가 애정이 깊은 관계들과의 단절, 모욕은 범죄이다. 신성한 본질을 향한 각자의 냉정한 태도는 범죄이다. 그 관계가 더 진심일수록, 그 관계를 비웃는 것은 더 엄청난 범죄가 되고, 범죄가 더 처벌받는다. 지배자에게 복종하는 모든 사람은 지배자를 사랑해야만 한다. 이 사랑을 부정하는 일은 일종의 사형에 처할 만한 대역죄이다. 간통은 처벌받아 마땅한 비정함이다. 누군가는 결혼의 신성함에 그 어떤 마음도 없고, 열광하지도 않으며, 정열적이지도 않다. 마음 혹은 영혼이 권위를 가지고 법을 명령하는 한, [223] 마음이 충만하거나 영혼이 충만한 사람만이 법의 보호를 누린다. 영혼이 충만한 사람이 법을 만든다는 것은 정확히 도덕적 인간이 법을 만든다는 것을 의미한다. 이러한 인간의 '도덕적 감정'에 반대 의견을 말하는 것, 그것은 법을 시인하지 않는 것이다. 예를 들어 불충성, 탈퇴(Abfall), 선서 위반—한마디로 말하면 모든 급진적 중단, 더 오래된 결합 관계의 모든 끊어짐은 도덕적 인간의 눈에 얼마나 신앙심이 없고 죄를 범하는 일이겠는가? 영혼의 이러한 요구를 끊은 사람들은, 모든 도덕적, 모든 영혼이 충만한 사람을 적으로 간주한다. 어떤 정해진 법률안이 충분히 입증하듯이, 크룸마허와 그의 공범자만이 마음의 형벌법전을 한결같게 제정할 권리가 있는 사람들이다. 기독교적 국가의 일관된 입법은 완전히—성직자들의 손에 맡겨져야만 한다. 그리고 그 입법이 항상 어중간한 성직자들일 뿐인—성직자들의 하인에 의해 만들어지는 한, 입법은 오로지 순수하지 않고 일관되지 않을 것이다. 그때 비로소 모든 불친절함, 모든 냉정함은 용서하기 어려운 범죄로서 확인될 것이다. 그래야만 모든 영혼의 동요를 벌할 수 있고, 비판과 의심이라는 모든 항의를 파문할 것이다. 그때 비로소 자기 소유자(der eigene Mensch)는 기독교적 의식 앞에서 출발부터 입증된—범죄자이다.

혁명가들은 종종 인민의 '정당한 복수'(gerechten Rache)를 인민의 '권리'(Rechte)로서 말했다. 여기서 복수와 권리(Rache und Recht)는 일치한다. 이것은 나 대 나의 태도인가? 인민은 상대 당이 상대 당에 대해서 '범죄'를 저질렀다고 외친다. 내가 온당한 것을 찾듯이, 그도 행동해야만 한다는 것을 가정하지 않고, 그가 행동해야만 한다고 가정하지 않고, 어떤 사람이 나한테 범죄를 저지른다고 가정할 수 있는가? 그리고 이러한 행동을 나는 정당하다고, 선량하다고, 등등이라고 부른다. 여기서 벗어난 행위를 범죄라고 부른다. 그 결과 나는 다른 사람들이 나와 같은 목표를 겨냥해야만 한다고 생각한다. 그러니까 나는 그들은 그들 자신 속에 자신의 법을 지니며 그것에 따라서 살아가는 유일자로 취급하지 않고, 오히려 좌우간 어떤 '이성적' 법에 순종해야만 하는 본질로 취급한다. 나는 '인간'이란 무엇인지를 생각해내고, '참으로 인간다운' 방식으로 행동하는 것이 무엇인지를 말한다. [224] 그리고 나는 이러한 법이 인간한테 규범과 이상이 되도록 모든 사람한테 요구한다. 이러한 법이 규범과 이상이 아닌 사람은 자신을 죄인이자 범죄자로서 입증할 것이다. 아이고, '법의 처벌'이 '죄인'에게 떨어지는구나!

여기서 세상 사람들은 범죄와 죄의 개념 그리고 그것들과 함께 권리의 개념까지 초래하는 사람이 어떻게 다시 '인간'인지를 본다. 내가 '인간'이라고 인식하지 못하는 사람이 '죄인, 죄를 지은 사람'이다.

범죄자들은 어떤 신성한 것에 대립해서만 존재한다. 그대는 나에 대해 결코 범죄자일 수 없으며, 오히려 나에 대해 적대자일 뿐이다. 그러나 신성한 것을 손상한 사람을 미워하지 않는 것은 그 자체로 범죄이다. 이는 생쥐스트가 당통에게 다음과 같이 외친 것과 같다. "그대가 조국의 적들을 미워하지 않는다면 그대는 일종의 범죄자가 아닌가? 그리고 그대는 그러한 일에 책임이 있지 않은가?"[333]

혁명의 시기에서처럼, '인간'이란 무엇인가를 '선량한 시민'으로 이해했다면, 그때 '인간의' 이러한 개념으로부터 잘 알려진 '정치적 위법 행위와 범죄'가 나온다.

이 모든 것에서 개인, 개별적 인간을 인간쓰레기로 여기고, 이와 반대로, 보편적 인간, '인간'한테 경의를 표한다. 이제 이 허깨비에는 기독교인, 유대인, 무슬림, 선량한 시민, 충직한 국민, 자유인, 애국자 등등과 같은 이름이 붙게 되었다. 인간의 다른 개념을 성취하고 싶어 하는 사람들뿐만 아니라, 압도적인 승리를 거둔 '인간' 앞에서 자신의 의지를 끝까

---

333 원주 67, 생쥐스트, 「당통에 대한 연설, 국민의회에서 1794년 3월 31일에 한 연설문」, 루텐베르크(Adolf Rutenberg)(발행), 『18세기와 19세기의 정치 연설 총서 제3권』 (베를린 1844), 166쪽.

지 밀고 나가려는 사람들도 마찬가지이다.

그리고 종교적 축성(祝聖)과 함께 여기서 법, 주권을 가진 국민, 신 등등의 이름으로 학살이 진행되었구나!

이제, 만약 박해받은 사람들이 엄격하고 독실한 체하는 판사로부터 교묘하게 자기 자신들을 숨기고 지킨다면, 사람들은 그런 사람들을 '위선자'라고 꾸짖는다. 예를 들어 생쥐스트가 당통에 반대하는 연설에서 비난한 사람들도 그러하다.[334] 사람들은 어떤 바보이어야만 하고 자신들을 그들의 몰렉(Moloch)[335]에게 넘겨주어야만 한다.

[225] 범죄는 **고정 관념**에서 발생한다. 결혼 생활의 신성함은 하나의 고정 관념이다. 이런 신성함 때문에 당연히 부부가 서로 정조를 지키지 않은 것은 하나의 **범죄**가 되고, 그런 까닭에 어떤 혼인법은 그런 정조를 지키지 않는 일에 더 짧거나 긴 **처벌**을 부과한다. 그러나 '자유가 신성하다'고 일반에게 널리 알린 사람들한테, 이 처벌은 자유에 대립하는 범죄로 여겨져야만 한다. 그리고 이러한 의미에서만 여론이 사실상 혼인법에 부당하게 낙인을 찍었다.

사회는 **모든 사람**이 자신의 정당한 권리를 얻어야 한다고 주장하긴 하지만, 그럼에도 이 권리는 사회가 허락한 사회권이지, 실제로 **자신의** 권리가 아니다. 하지만 나는 나 자신의(eigen) 풍부한 힘으로 나한테 권리를 주거나 나에게서 권리를 가져간다. 그리고 나는 더 높은 모든 권력에 거스르는 가장 참회할 뜻이 없는 범죄자이다. 내 권리의 소유자(Eigener)이자 창조자인 나는—나 이외에 다른 권리의 원천을 절대로 인정하지 않

334 원주 68, 루텐베르크(Adolf Rutenberg)(발행), 『18세기와 19세기의 정치 연설 총서 제3권』 (베를린 1844), 153쪽.

335 페니키아 사람이 받들던 소의 모습을 한 화신(火神)의 이름으로 사람을 그 신의 제물로 바쳤다고 한다. 비유적으로 막대한 인명의 희생을 요구하는 것의 상징이다.

는다. 신도, 국가도, 자연도, 심지어 '영원한 인간의 권리'와 함께하는 인간 그 자체도 권리의 원천이 아니며, 신다운 권리도, 인간다운 권리도 권리의 원천이 아니다.

'그 자체로 그리고 그 자체를 위한' 권리. 그래서 나와 관계가 없다는 말이구나! '절대적 권리.' 그래서 나와 분리되었다는 말이구나! 그 자체로 그리고 그 자체를 위해 존재하는 어떤 것이구나! 어떤 절대적 존재이구나! 어떤 영원한 참과 같은, 어떤 영원한 권리이구나!

자유주의의 표상 방식에 따르면, 권리는 '불합리'한 **나의 이성**에 의해 만들어진 것이 아니라, **인간의 이성**에 의해 만들어진 것이기 때문에 나의 의무이어야만 한다. 예전에 사람들은 신성한 이성이라는 이름으로 약한 인간의 이성을 통렬히 비난하고, 지금은 강한 인간의 이성이라는 이름으로 '불합리'하다고 거부되었던 자기중심적 이성을 통렬히 비난한다. 그럼에도 무엇보다도 바로 이러한 '불합리' 이외에 어떤 것도 현실이 아니다. 신다운 이성도 인간다운 이성도 현실이 아니고, 오히려 당신과 내가 현실이듯이 그리고 당신과 내가 현실이기 때문에, 오로지 어떤 주어진 시간에 존재하는 그대와 내 이성이 현실이다.

권리라는 생각은 근원적으로 내 생각이다. 혹은 권리라는 생각은 내 안에 권리의 기원이 있다. 그러나 그러한 생각이 나로부터 탈주(entsprungen)할 때, 곧 그 '말'로 나타날 때, 그때 말은 '육화한 것'이다.[336] [226] 말은 하나의 **고정 관념**이다. 이제 나는 더 이상 생각을 벗어나지 못한다. 내가 아무리 몸을 돌려도, 생각은 내 앞에 서 있다. 따라서 사람들은 자신들이 창조했던 권리라는 '생각'의 주인이 다시 되지 못했다. 그들의 창조물이 그들과 함께 달아나고 있다. 그것은 나로부터 면제된 혹은 나에게서 분리된 절대적 권리를 의미한다. 우리가 권리를 절대

336 「요한복음」, 1장 14절, "그 말씀이 육신이 되어 우리 가운데 거하시므로."

적으로 존경하기에, 다시 그것을 먹어 없앨 수 없다. 그리고 권리는 우리에게서 창조의 힘을 빼앗는다. 그러니까 창조물은 창조자보다 더 높은 것이고, '그 자체로 그리고 그 자체를 위해' 존재한다.

일단 당신이 더는 권리가 자유롭게 여기저기로 뛰어다니지 못하게 하면, 일단 당신이 권리를 원래대로 권리의 기원, 곧 당신 속으로 되돌아가게 하면, 그것이 너의 권리이다. 그리고 그것이 너한테 어울리는 권리이다.

권리는 권리 자체의 내부에서, 다시 말해 권리의 관점에서 어떤 공격을 경험해야만 했다. 왜냐하면 자유주의가 '특별한 권리'에 전쟁을 선포했기 때문이다.

특별한 권리와 부여받은 평등한 권리-사이의 어떤 완강한 투쟁은 이 두 가지 개념 주위에서 벌어진다. 배제된 것과 권한을 부여받은 것—이것은 같은 것일 것이다. 그러나 힘은 신, 법처럼 상상할 수 있는 것에 있을까? 아니면 나처럼, 실재하는 그대—그것 앞에 모두가 '평등한 권리를 부여' 받지 않은, 다시 말해 결코 사람을 존중하지 않는다—에 있을까? 모두가 신을 숭배하면, 신에게 모두는 똑같이 소중히 한다. 모두가 법을 지키는 사람이라면, 법은 모두를 똑같이 받아들인다. 신이나 법을 섬기는 사람이 곱사등이든지 불구이든지, 가난하든지 부자이든지 따위는 신과 법에 전혀 문제가 되지 않는다. 그대가 물에 빠져 죽을 찰나에, 그대에게 구조자로서 탁월한 백인뿐만 아니라 흑인도 똑같이 소중하다. —아니 그뿐인가, 이러한 상황에서 개는 사람 못지않게 몹시 소중하다. 그러나 이와 반대로 누구를 위해서 각각의 사람은 우대받거나 무시당하지 않는가? 신은 나쁜 사람을 자신의 분노로 처벌하고, 법은 법을 지키지 않는 사람을 법으로 처벌한다. 그대는 매 순간 어떤 사람이 그대를 방문하게 하고 다른 사람은 내쫓는다.

[227] '권리의 평등'은 단지 환상이다. 왜냐하면 권리는 허가, 은혜의

일 이상도 이하도 아니니까. 그런데 그것을 자신의 공로(功勞)로 얻을 수 있다. 왜냐하면 공로와 은혜는 서로 모순되지 않기 때문인데, 은혜는 '공로로 얻어지길' 원하고, 은혜를 어떻게 우리에게 강요하는지를 아는 사람에게만 우리의 자비로운 미소가 주어진다는 점에서 그렇다.

그래서 세상 사람들은 '국가의 모든 시민이 평등한 권리를 가지고 서로 나란히 서 있어야만 한다.'라고 꿈꾼다. 국가의 시민으로서 그들은 의심할 여지 없이 국가를 위해 모두 평등한 사람이다. 그러나 국가는 다른 이유가 없다면, 이미 국가의 특수한 목적에 따라 국가의 시민을 구분하고 선호하거나 무시한다. 그리고 더욱더, 국가는 국가에 좋은 시민과 국가에 나쁜 시민을 구분해야만 한다.

브루노 바우어는 유대인 문제를 '특별한 권리'는 정당한 것이 아니라는 관점에서 해결한다. 유대인과 기독교인은 상대와 비교해서 각각 장점이 있고, 이 장점이라는 점에서 배타적이기 때문이다, 그러므로 그들은 비판가의 눈길 앞에서 무효(Nichtigkeit)[337]로 분해된다. 그들과 함께 국가는 동일한 비난에 마주친다. 왜냐하면 국가는 그들이 가지는 장점을 정당화하고 그 장점을 어떤 '특별한 권리' 혹은 특별히 베푸는 은전으로 나타내기 때문이다. 그러나 그렇게 해서 '자유로운 국가'가 되라는 국가의 소명을 방해한다.

그러나 지금 모든 사람은 자기 자신 혹은 자신의 유일성에서 다른 사람보다 뛰어나다. 이 속에서 모두는 배타적으로 남는다.

그리고 또다시, 누구나 제3자 앞에서 자신의 특이성(Eigentümlichkeit)을 최대한 주장한다. 그리고 (기왕 그가 그를 이기고 싶어 할 바엔) 그에게 자신의 특이성이 매력적으로 나타나도록 노력한다.

---

337 단수 형태의 "Nichtigkeit"은 판결, 계약, 선거 등과 같이 법적 무효 또는 무효를 나타내는 법적 또는 사법적 용어로 가장 자주 사용된다.

이제, 제3자는 어떤 사람과 다른 사람과의 구별에 무감각해야만 하는가? 사람들은 자유로운 국가 혹은 인류의 이 사람을 요구하는가? 그렇다면 이 사람들은 전혀 자신의 이해관계가 없어야만 할 것이고, 어떤 사람에게도 관심을 표현할 수 없어야만 할 것이다. 사람들은 (자기 자신을 사악한 존재와 분리한)신이나, (착한 시민과 나쁜 시민을 구분하는 방법을 알고 있는)국가도 그렇게 무관심하다고 생각하지 않았다.

[228] 하지만 사람들은 더 이상 '특별한 권리'를 허가하지 않는 바로 이 제3자를 찾고 있다. 그런 경우 그것은 어쩌면 자유로운 국가 혹은 인류 혹은 그밖에 어떤 것이라고 불린다.

기독교인과 유대인이 특별한 권리를 주장하여, 브루노 바우어에 의해 그들이 낮게 평가되자, 그들은 자기부정 혹은 비(非)자기유용성을 통해서 자신들의 편협한 관점으로부터 자기 자신을 자유롭게 할 수 있고 자유롭게 해야만 했다. 만약 그들이 자신들의 '자기중심성'을 버린다면, 서로의 부당한 대우가 그칠 것이고, 그것과 더불어 기독교적이고 유대교적 종교성 일반이 그칠 것이다. 단지 그들 중 둘 다 독특한 것을 더 이상 원하지 않기만 하면 된다.

그러나 그들이 이러한 배타성을 포기한다면, 그들의 적대관계가 정말로 일어난 토대는 이것을 통해 뒤에 남겨지지는 않을 것이다. 그들이 기껏해야 제3자를 찾아낸다면, 거기에서 그들은 '보편적 종교', '인간다움의 종교' 따위로 하나가 될 수 있을 것이다. 요컨대 모든 유대인이 기독교인이 된다면, 이를 통해 이와 마찬가지로 한 사람의 특별한 권리가 다른 사람의 특별한 권리에 앞서는 것이 종말을 맞는다면, 일어날 것보다 더 나을 필요가 없는 동등화 말이다. 실제로 응력(Spannung)[338]이 사라질 것이지만, 양자의 본질이 응력에 있는 것이 아니라, 오히려 그들의

338 응력(應力)은 물체가 외부 힘의 작용에 저항해서 원형을 지키려는 힘을 말한다.

가까움에 있다. 그들이 서로 구별될 때, 그들은 필연적으로 서로 저항하고(gespannt), 같지 않음은 항상 있을 것이다. 사실을 말하자면, 그대가 나에 대해서 그대 자신을 강경하게 하고(spannen) 자신의 독특함이나 특이성을 강력히 주장하는 것은 그대의 흠이 아니다. 그대 자신을 굽히거나 부정할 필요가 없다.

사람들이 '통일시키는' 제3자를 위한 공간을 만들기 위하여 오직 대립을 '해체'하려고만 한다면, 그들은 대립의 의미를 너무 형식적이고 약하게 이해한다. 오히려 대립은 날카롭게 될 가치가 있다. 당신들 유대인과 기독교인은 아주 아주 사소한 대립 속에 있고 오직 종교문제로, 말하자면 하찮은 일로, 시시한 일로 싸운다. 실제로 종교에서는 적이지만, 그 외에 당신들은 여전히 좋은 친구로 남고, 예를 들어 인간으로서 서로 동등하다. 그럼에도 불구하고 나머지 것 역시 각각 동일하지 않다. [229] 그리고 당신이 대립을 완전히 인정할 때, 그리고 모든 사람이 자신을 머리 꼭대기에서 발끝까지 유일하다고 주장할 때, 그제야 비로소 당신은 당신의 대립을 더 이상 단순히 감출 수 없을 것이다. 그러면 이전의 대립은 확실히 해소될 것이지만, 더 강한 대립이 스스로 대립을 받아들였기 때문일 것이다.

우리의 약함은 우리가 다른 사람들과 대립하는 것에 있는 것이 아니라, 오히려 우리가 매우 완전하지 않다는 것, 다시 말해 우리가 다른 사람들과 완전히 분리되지 않았다는 것, 혹은 우리가 '일치', '결합 관계'를 얻고자 애쓴다는 것, 우리가 일치에 대한 이상을 가지고 있다는 것에 있다. 동일한 믿음, 동일한 신, 동일한 이념, 모두에게 적합한 동일한 지위이구나! 모두를 통일시켰다면, 확실히 아무도 더 이상 다른 사람들에 대해 존경심을 가질 필요가 없을 것이다.

최후의 그리고 가장 단호한 대립, 유일자에 대한 유일자의 대립은, '통일'과 일치에 빠져들어 가는 것이 아니라, 근본에 있어서 이른바 대립을 넘어서는 것이다. 유일자로서의 그대는 더 이상 다른 사람과 공통성을 갖는 것이 아무것도 없고, 그런 까닭에 아무것도 분열하거나 적대적 존재가 아니다. 그래서 그대는 제3자 앞에서 그를 상대로 올바르게 되려고 애쓰지 않고, 그와 함께 '올바름의 토대' 위에서도, 그 외에 어떤 공통의 기반 위에서도 서 있지 않다. 대립은 완전한—**구별성**과 유일성 속으로 사라진다. 이것은 정말로 새로운 공동성 혹은 새로운 동등성(Gleichheit)으로 여겨질 수 있다. 하지만 여기서 동등성은 정확히 비동등성(Ungleichheit)으로 존재한다. 그리고 동등성 그 자체는 모름지기 비동등성이다. 동등성 그 자체는 동등하게 비동등성으로 있는 것이다. 동등성 그 자체는 '견주어 보는'(Vergleichung) 사람한테 해당이 될 뿐이다.[339]

'특별한 권리'에 반대하는 논쟁은 자유주의의 특징을 형성한다. 자유주의는 '특별한 권리'에 노발대발 반대한다. 왜냐하면 자유주의 그 자체가 '권리'에 호소하기 때문이다. 자유주의는 특별한 권리를 비난할 수밖에 없다. 특별한 권리들은 단지 권리의 형태들이어서, 권리가 몰락하기 전에 특별한 권리들은 몰락하지 않기 때문이다. 그러나 힘이 권리를 꿀꺽 삼킬 때, 다시 말해 사람들이 '힘이 권리에 앞선다'는 점을 확실히 이해할 때, 권리는 권리의 무(無)로 붕괴한다. [230] 그때 모든 권리는 그 자체로 특별한 권리로 밝혀지고, 특별한 권리 그 자체는 힘(Macht)으로—**보다 높은 힘**(Übermacht)[340]으로 밝혀진다.

그러나 보다 높은 힘에 맞선 강력한 투쟁은 주심(主審), '권리' 앞에서,

---

339 이 문장에서 슈티르너는 여러 단어로 이어지는 동일한(gleich)이라는 음절로 단어 놀이를 한다.

340 슈티르너는 "Übermacht"가 "유산으로 남기다"로 번역되는 동사 "übermachen"과 분명히 관련이 있다는 점에서 말장난을 했을 수 있다. 그리고 특별한 권리의 "보다 높은 힘"은 종종 정당한 가족에서 태어났기 때문에 상속 문제이다.

재판관의 마음에 따라 싸워야만 하는 특별한 권리에 맞선 겸손한 투쟁과는 사뭇 다른 모습을 보여야 하지 않겠는가?

이제, 결론으로, 내가 여전히 권리의 내부를 파헤치고, 적어도 그 말을 그대로 두는 한에서만, 내가 기꺼이 사용했던 어중간한 표현법을 여전히 철회해야만 한다. 그러나 사실 [권리] 개념과 함께 [권리라는] 단어 역시 그 의미를 잃어버린다. 내가 '나의 권리'라고 불렀던 것, 그것은 전혀 권리가 아니다. 왜냐하면 권리는 오로지 정신에 의하여 주어질 수 있기 때문인데, 권리가 자연의 정신이든, 종개념(種槪念)의, 인류의 정신이든, 신의 정신이든, 신이라는 신성함의 정신이든, 신이라는 높음의 정신이든 어떤 정신일지라도 말이다. 내가 권리를 준 정신이 없다는 것, 그것은 내가 권리가 없다는 것이다. 나는 오로지 내 힘을 통해서 권리를 가진다.

나는 어떤 권리도 요구하지 않는다. 그런 까닭에 나는 어떤 권리도 인정할 필요가 없다. 내가 힘으로 얻을 수 있었던 것, 그것을 나는 힘으로 얻는다. 그리고 내가 힘으로 얻지 못하는 것에 대해 나는 어떤 권리도 없다. 나는 양도할 수 없는 권리를 자랑하지도 않거나 그러한 권리로 마음을 달래지도 않는다.

절대적 권리와 함께 권리 그 자체가 죽는다. 동시에 '권리라는 개념'의 지배는 제거된다. 왜냐하면 지금까지 개념, 이념 혹은 원리가 우리를 지배했다는 사실, 그리고 이러한 지배자 중에 권리의 개념 혹은 정의의 개념이 가장 중요한 역할 중의 하나를 맡았다는 사실을 잊어서는 안 되기 때문이다.

권리를 주거(Berechtigt)나 권리를 주지 않는 것은—내 알 바 아니다. 만약 내가 단지 힘이 있다(mächtig)면, 나는 이미 나 자신에게 무엇을 할 권력을 주는(ermächtigt) 것이고 결코 다른 전권위임(Ermächtigung) 혹은 자격

부여(Berechtigung)도 필요치 않다.

권리는—미친 것이고, 권리에는 어떤 유령이 자리하고 있다. 힘—그것이 나 자신이고, 나는 강력한 사람(Mächtige)이고 힘(Macht)의 소유자이다. [231] 권리는 내 위에 있는 것이고, 절대적이다. 그리고 권리는 권리의 은혜(Gnade)로서 나에게 흘러 들어오는 더 높은 존재 속에 있다. 권리는 재판관이 주시는 은혜의 선물(Gnadengabe)이다. 그러나 능력과 권력은 오로지 강력하고 힘 센 내 안에서만 있다.

2. 나의 교류

사회, 인간 공동체에서 기껏해야 인간다운 요구는 만족될 수 있다. 반면에 자기다운 요구는 항상 손해를 봐야만 한다.

오늘날은 '사회' 문제와 같은 다른 문제에 활발한 관심을 보이지 않는다는 사실에서 누구도 벗어날 수 없기에, 사람들은 특히 사회에 눈길을 돌려야만 한다. 실제로, 만약에 사회에 대해 마음에 품은 관심이 덜 정열적이고 덜 맹목적이라면, 사람들이, 사회를 다룰 때, 사회 안에 있는 개인들을 그렇게 자주 시야에서 놓치지 않을 것이다. 그리고 사람들은 사회를 형성하고 구성하는 사람이 늙은 사람으로 남아 있는 한, 사회는 새롭게 생성될 수 없다는 것을 인식할 것이다. 예를 들어, 만약 유대 민족 안에 새로운 신앙을 온 땅에 퍼뜨릴 사회가 발생했다면, 이 사도들은 정말로 바리새인으로 남아 있어서는 안 될 것이다.

그대는 있는 그대로 그대 자신을 나타내고, 그렇게 사람을 향해 처신한다. 이를테면 위선자로서의 위선자, 기독교인으로서의 기독교인. 그러므로 사회 구성원의 성격이 사회의 성격을 규정한다. 사회의 구성원들이 바로 그 사회의 창조자이다. 비록 그대가 '사회'라는 개념 그 자체를 조사하고 싶지 않더라도, 최소한 이것만은 알아차려야만 한다.

사람들은 언제나 자신들의 충분한 발전과 가치에 도달하기는커녕, 자기 자신들에 기초하여 사회를 세울 수 없었다. 더 정확히 말하자면, 사람들은 '사회'를 세우고 사회 속에서 살 수만 있다. 사회들은 늘 인격들, 강한 인격들, 이른바 도덕적 인격들, 다시 말해 유령들이었다. [232] 유령들 앞에서 개인은 적당히 미친 사람이었고, 유령들을 두려워했다. 유령들처럼, 그것들은 '민족'(Volk)과 '종족'(Völkchen)이라는 각각의 명칭으로 가장 적절하게 표현될 수 있다. 이를테면 이스라엘 민족, 그리스 민족, 등등, 마침내—인간의 종족, 인류(아나카시스 클루츠(Anacharsis Cloots)[341]는 인류라는 '국민'에 열광하였다). 그다음에 이러한 '민족'의 모든 하위 구분, 그러한 구분은 특정한 사회들, 곧 스페인 민족, 프랑스 민족, 등등을 가질 수 있었고 가져야만 했다. 그리고 그러한 것 내부에 다시, 신분들, 도시들, 요컨대 모든 종류의 단체가 있었다, 마침내 극단으로 줄어들어—가족이라는 작은 무리가 있었다. 지금까지 모든 사회에서 유령처럼 돌아다닌 사람을 민족이라고 말하는 대신에, 또한 두 극단은—요컨대 '인류' 아니면 '가족'이라고 명명될 수 있었다. 두 극단은 '가장 자연스러운 단위'이다. 우리는 '민족'이란 단어를 선택했다. 왜냐하면 이 단어의 어원을 그리스어 폴로이(Polloi), 곧 '다수' 혹은 '대중'과 연결하였기 때문이다. 하지만 오늘날에 '국가적 열망들'이 흔히 있는 일이기 때문에 더욱더 그렇다. 그리고 또한 최근의 반란자들조차 이러한 기만적 인격을 아직도 떨쳐 버리지 못했기 때문이다. 다른 한편 비록 최종적으

---

341 이 인물은 독일 출신의 클로츠(Johann Baptist Hermann Maria Baron de Cloots, 1755~1794년)이다. 그는 1789년 인권선언문이 작성될 당시에도 프랑스인의 권리선언이 아닌 인류를 염두에 둔 선언문이 되어야 한다고 주장했으며, 프랑스 공화국이 아닌 '세계공화국'을 주장한 유물론자였다.

로 고려하여 '인류'라는 표현을 우선시해야 할지라도, 사람들은 모든 측면에서 '인류'에 대해 열광하기 시작했기 때문이다.

따라서 민족—인류 혹은 가족—이 지금까지 겉보기에, 역사에 흥미가 있는 체했다. 이러한 사회에서 자기중심적 이해관계가 아니라, 오히려 오로지 보편적, 국민의 혹은 민족의 이해관계, 계급의 이해관계, 가족의 이해관계와 '보편적 인간의 이해관계'가 발생해야 한다. 그러나 역사는 민족들의 몰락을 들려주었는데, 그 민족들을 누가 무너뜨렸는가? 자기 자신의 만족을 추구했던 자기중심적 사람이 아니고 누구란 말인가! 일단 자기중심적 이해관계가 슬쩍 끼어들면, 사회는 '망가졌고' 사회의 붕괴를 향해 나아갔다. [233] 그러니까 예를 들어 로마 세계가 고도로 발달된 사법(私法) 체제로 입증하듯이, 혹은 기독교가 끊임없이 용솟음쳐 나오는 '합리적 자기결정', '자기의식', '정신의 자율성' 등등으로 입증하듯이 말이다.

기독교 민족은 두 가지 사회를 만들어 내었다. 그 사회의 지속은 그 사람들의 지속적 존재와 동등하게 유지된다. 이것들이 국가와 교회라는 사회들이다. 국가와 교회에 자기중심적 사람들의 연합이라고 이름 붙일 수 있는가? 우리는 그들 속에서 자기중심적, 자기만의, 자기 자신의 이해관계를 추구하는가? 아니면 대중적 이해관계(전통적, 곧 기독교-민족들의 이해관계), 요컨대 국가와 교회의 이해관계를 추구하는가? 나는 그들 속에서 나 자신으로 있을 수 있고 나 자신이어도 되는가? 나는 내가 원하는 대로 생각하고 행동해도 되는가? 나는 나 자신을 표명(表明)하고, 실현하며, 나 자신으로 행동해도 되는가? 나는 국가의 존엄, 교회의 신성함이 손상되지 않도록 해야만 하지 않는가?

자 이제, 나는 내가 원하는 대로 해서는 안 된다. 그러나 나는 어느 사회에서 그렇게 허용된 무한한 자유를 발견할 수 있을까? 어림도 없구나! 따라서, 우리는 만족해도 좋을까? 천만에! 내가 나의 반응 현상과 민족,

보편자의 반응 현상을 살피는 것은 다른 문제이다. 전자의 모습에서 나는 내 적의 대등한 적이다. 그러나 후자의 모습에서 나는 경멸받는 적이고 통제된 적이며 아이처럼 취급받는다. 그러니까 전자의 모습에서 나는 사람 대 사람으로 있다. 하지만 후자의 모습에서 나는 학교 친구에게 아무것도 할 수 없는 남학생이다. 왜냐하면 아버지와 어머니한테 도와달라고 외치고 앞치마 밑에 숨기 때문이다. 반면에 후자의 모습에서, 내가 개구쟁이로서 충분히 꾸지람을 받고, '투덜거리지' 않아야만 한다, 그리고 전자의 모습에서 나는 어떤 뼈와 살을 갖춘 적과 마주하여 싸우나, 후자의 모습에서 인류에, 일반화에, '존엄'에, 유령에 반항하여 싸운다. 하지만 어떤 존엄도, 어떤 신성한 것도, 내가 극복하는 방법을 모르는 것, 즉 제한이 아니다. 오로지 내가 극복할 수 없는 것, 그것만이 내 힘을 여전히 제한한다. 그리고 나는 제한된 힘에 의해 일시적으로 제한된 나인데, 그런 나는 내 **외부의** 힘에 의해 제한된 게 아니라, 오히려 아직 부족한 **나 자신의** 힘에 의해, **나 자신의 무능력**에 의해 제한된 것이다. 그러나 '근위병이 죽었지만 항복하지 않노라!' 무엇보다도 오로지 어떤 뼈와 살을 갖춘 적이노라!

[234]

나는 모든 적과 용감히 맞서며,

그를 바라보며, 눈에 눈을 고정하노라,

용기가 충만한 자, 그자가 나에게서

용기 또한 불타오르게 하도다.[342]

---

342 이것은 슈티르너가 독일의 시인 프리드리히 실러(Friedrich Schiller)가 지은 3부작 희곡 『발렌슈타인』 중 3부 '발렌슈타인의 죽음', 1막 4장, 200-2행을 인용한 것이다.

실로 시간이 흐르면서 많은 특권이 파괴되었다. 하지만 그 일은 결코 나의 것을 강화시키는 것이 아니라, 오로지 공공의 이익, 국가와 국가의 복지를 위해서만 그랬다. 예를 들어 단 하나의 지배자, 국민의 지배자, 절대적 권능을 갖는 권력을 강화하기 위하여, 세습적 농노의 신분이 폐지되었을 뿐이다. 그렇게 하여 세습적 농노는 하나의 군주 아래에서 훨씬 더 가혹하게 되었다. 전제 군주를 위해서만, 그가 '군주'나 '법'으로 불리든, 특권들이 무너졌다. 프랑스에서 부르주아는 실로 왕의 노예가 아니라, '법'(헌장)의 노예이다. 종속 관계는 지속되었고, 기독교 국가만이 한 사람은 두 주인(지주와 군주, 등등)을 섬길 수 없다는 것을 인정하였다. 그런 까닭에 한 사람은 모든 특권을 얻었다. 이제 그는 다시 사람을 다른 사람 위에 배치할 수 있고, '높은 자리에 있는 사람'을 만들 수 있다.

하지만 공공의 복지가 나와 무슨 상관이란 말인가? 공공의 복지 그 자체는 나 자신의 복지가 아니라, 오히려 자기부정의 가장 극단일 뿐이다. 내가 '순종해야'만 하는 동안에, 공공의 복지는 큰소리로 환호성을 지를 수 있다. 그러니까 내가 굶주리는 동안에, 국가는 광채가 날 것이다. 정치적 자유주의자들의 어리석음이 국민이 정부에 반대하고 국민의 권리에 대해 이야기하는 것이 아니라면, 무엇에 있겠는가? 거봐 국민은 성년이 되어야만 한다, 등등. 마치 입(Mund)이 없는 사람이 성년이 될(mündig)[343] 수 있는 것처럼! 개인들만이 성년이 될 수 있다. 그래서 언론 · 출판의 자유가 '국민의 권리'로서 받아들여졌을 때, 언론 · 출판의 자유에 대한 모든 물음은 거꾸로 뒤집혀졌다. 언론 · 출판의 자유는 개인의 권리 혹은 더 나은 개인의 힘일 뿐이다. 어떤 국민이 언론 · 출판의 자유를 가진다면, 내가 그러한 국민 한가운데 있을지라도, 나는 언론 · 출판의 자유를 갖지 못한다. 이를테면 국민의 자유는 나 자신의 자유가 아니

343 성년이 된(mündig)이란 독일어는 입(Mund)이란 말에서 유래했다.

다. 그리고 국민의 자유로서의 언론 · 출판의 자유는 나를 거슬러서 주어진 언론법이라는 측면을 갖는다.

[235] 자유를 향한 오늘날의 노력에 다음과 같이 주장해야만 한다.

국민의 자유는 나의 자유가 아니구나!

국민의 자유와 국민의 권리라는 이 범주를 인정해 보자. 예를 들어, 모든 사람이 무기를 소유할 수 있다는 것이 국민의 권리이다. 왜 사람은 그러한 권리를 박탈당하지 않는가? 사람은 자기 자신의 권리를 박탈당할 수 없다. 그러나 나의 권리가 아니라 국민의 권리를 충분히 박탈당할 수 있다. 나는 국민의 자유를 위해 감금될 수 있다. 나는 죄수로서 무기를 소유할 권리를 잃을 수 있다.

자유주의는 국민의 자유, 공동체의 자유, '사회'의 자유, 그러니까 보편의 자유, 인류의 자유, 성숙한 인류라는 꿈, 성숙한 국민이라는 꿈, 성숙한 공동체라는 꿈, 성숙한 '사회'라는 꿈을 창조하기 위한 최후의 시도로서 나타난다.

국민은 개인을 희생하지 않고는 자유로울 수 없다. 왜냐하면 이러한 자유에서 주요한 문제는 개인이 아니라, 오히려 국민이기 때문이다. 국민이 더 자유로울수록 더욱더 개인은 구속된다. 이를테면 아테네 국민은 정확히 가장 자유로운 시기에 도편추방제(Ostrazismus)[344]를 창조하였고, 무신론자들을 추방하였으며, 가장 성실한 사상가를 독살하였다.

아테네 국민은 지하 감옥에서 도주하라는 충고에 저항하는 소크라테스의 양심을 얼마나 칭찬하는가! 소크라테스는 자신한테 유죄 판결을

344 오스트라시즘(ostracism)은 고대 그리스에서 기원전 508년 헌법을 제정한 이후 민주적 체제 유지에 위험한 인물을 투표로 결정해 5년에서 10년간 국외 추방했던 이른바 도편추방제(陶片追放制)를 말한다. 그리스어 ostrakon에서 비롯된 말인데, ostrakon은 도편, 다시 말해 '도기 파편(陶器 破片)'이란 뜻이다.

내릴 권리를 아테네인에게 양보한 멍청이이다. 그런 까닭에 확실히 그가 유죄 판결을 받은 것은 그에게 당연한 일이다. 그렇다면 왜 그는 아테네인들과 같은 입장에 있는 것일까? 왜 그는 아테네인과의 관계를 끊어버리지 못하는가? 그가 자신이 어떤 사람이었는지를 알았다면, 그리고 알 수 있었다면, 그는 그러한 재판관에게 어떤 청구권도, 어떤 권리도 양보하지 않았을 텐데. 그가 달아나지 못한 것이 정확하게 그의 약함이었고, 아테네인과 여전히 어떤 공통성을 지닌다는 그의 망상이었거나, 그가 구성원, 단지 아테네 국민의 구성원에 지나지 않는다는 소견이었다. 그러나 오히려 그는 본인 자신이 아테네 국민 그 자체였고 오로지 자기 자신의 재판관일 수 있었다. 소크라테스는 스스로 자신에게 공개적 판결을 내렸고 그 자신이 프리타네움(Prytaneums)[345]을 받을 자격이 있다고 판결하였기 때문에, 소크라테스를 넘어서는 어떤 재판관도 없었다. [236] 그리고 그는 그것을 고수해야 했고, 자신에 대해 사형 선고를 하지 않았기 때문에 아테네인들의 사형 선고를 경멸하고 도망쳤어야 했다. 하지만 그는 자기 자신을 굴복시켰고 국민을 자신의 재판관으로 인정했다. 그러니까 그는 국민이란 존엄 앞에서 자신을 보잘것없는 것으로 생각했다. 그가 '권리'를 잃어버릴 수밖에 없었던 힘에 자기 자신을 굴복시켰던 것은 자기 자신을 저버리는 일이었다. 그것이 미덕이었다. 이야기꾼들은 추정컨대

345 프리타네움은 고대 그리스 도시 국가의 모든 수도의 공관(公館)이다. 프리타네움에는 평의회의 집행위원회에 해당되는 50명의 프리타네이스(prytaneis)가 매일 주간 및 야간 근무를 했다. 프리타네움은 집행위원에 해당하는 프리타네이스나 외국의 사절에게, 그리고 올림피아 제전에서 우승을 하거나 국가에 큰 공헌을 한 사람에게 국비로 식사를 제공하였다. 플라톤의 저서 『소크라테스의 변론』에서 소크라테스는 자신은 죄가 없다며 오히려 시민들을 일깨우고 있는 자신이야말로 국가에 공헌한 사람이므로 국가의 무료식사 제공을 받아야 마땅하다고 주장한다.

하늘에 있는 군대의 힘을 사용하지 않은 예수 그리스도에게[346] 동일한 양심의 가책이 있다고 말한다. 루터는 보름스[347]로 가는 길에 안전을 문서로 보장받기 위해 매우 잘 그리고 현명하게 행동했다. 그리고 소크라테스는 아테네인들이 자신의 적들이었고, 자신만이 자신의 재판관이었다는 사실을 알았어야 했다. '법의 지위, 법' 등등의 자기기만은 서로의 관계는 힘의 관계이다, 라는 인식에 자리를 비켜주었어야 했다.

그리스의 자유는 엉터리 변호와 음모로 끝났다. 어째서? 평범한 그리스인들은 그들의 사상의 영웅인 소크라테스조차 끌어낼 수 없었던 저 논리적 결론에 더욱더 도달할 수 없었기 때문이다. 엉터리 변호는 기존의 것을 제거하지 않고 사용하는(ausnutzen) 방법이 아니면 도대체 무엇이란 말인가? 나는 '자기 자신의 이익을 위해서'(zu eigenem Nutzen)라는 말을 덧붙일 수도 있다. 하지만, 어때 아시겠지, 그 말에는 실제로 '사용'(Ausnutzung)이라는 말이 있다는 점 말이야. 그러한 엉터리 변호사들은 신의 말씀을 '왜곡하고 궤변을 늘어놓는' 신학자들이다. 그런데 '현존하는' 신의 말씀이 없다면, 그들은 무엇을 왜곡해야만 하는가? 그래서 그러한 자유주의자들은 '현존하는 질서'를 뒤흔들고 비틀기만 한다. 그들은 법을 왜곡하는 사람들과 똑같이 모두 왜곡하는 사람이다. 소크라테스는 법률, 법을 인정하였다. 그리스 사람들은 법과 법률의 권위를 끊임없이 유지하였다. 그럼에도 불구하고 그들이 이러한 인식을 가지고 각자 자기 자신의 이익을 주장하길 원했다면, 그들은 바로 법을 왜곡하면서

---

346 아마도 예수가 사탄의 유혹을 이겨낸 것을 말하고 있는 것으로 보인다. 「마태복음」, 4장 5절-7절을 보라.

347 1521년 3월 신성로마제국 황제 카를 5세가 보름스(Worms)에서 제국의회를 소집하고 종교 개혁가 마르틴 루터를 소환해 루터의 견해를 심의하였다. 프리드리히 3세는 루터의 신변을 보름스 의회가 안전하게 지켜줄 것을 요구했고, 이를 전제로 루터는 보름스 심문에 응하였다.

혹은 음모를 꾸며서 각자 자기 자신의 이익을 찾아야만 했다. 천재적 음모가인 알키비아데스[348]는 아테네 '몰락'의 시대를 시작하는 인물이다. 스파르타의 리산드로스[349]와 다른 사람들은 음모가 일반적으로 그리스 사람에게 어울린다는 점을 보여준다. [237] 그리스 **국가들**을 떠받쳤던 그리스의 **법**은 국가 내부에 있는 자기중심적 사람에 의해 비틀리고 전복되어야만 했다. 그리고 **국가**가 멸망했기에 개인은 자유로울 수 있었다. 그리스 국민이 몰락했는데, 그건 개인들이 자신들보다 그리스 국민을 대수롭지 않게 여겼기 때문이다. 사실 모든 국가, 헌법, 교회, 등등은 개인의 **탈퇴(Austritt)**[350]에 의해 몰락했다. 왜냐하면 개인은 모든 **보편**, 모든 **굴레**, 다시 말해 모든 속박과 화해할 수 없는 적이기 때문이다. 그럼에도 불구하고 세상 사람들은 오늘날까지 개체로서의 한 사람은 '신성한 결합 관계'가 필요하다고 잘못 생각한다. 그 사람은 모든 '결합 관계'의 불구대천의 원수이다. 세계사는 모든 결합 관계는 여전히 분열된다는 점을 가르쳐주고, 그 사람은 이 모든 종류의 결합 관계에 저항하며 지침 없이 자신을 방어한다는 점을 가르쳐 준다. 그럼에도 불구하고 맹목적 사람들은 계속하여 새로운 결합 관계를 생각한다. 그리고 이른바 자유로운 헌법, 아름다운, 헌법상의 결합 관계로 그들을 묶어줄 때, 사람들은 올바른 결합 관계에 이르렀다고 믿는다. 예를 들어 결사 관계들(Ordensbänder)[351], 곧

348 알키비아데스(Alcibiades, 기원전 450~404년경)은 고대 그리스 아테나이의 정치가, 웅변가, 장군이다.

349 리산드로스(Lysander, 기원전?~기원전 395년))는 스파르타의 장군, 제독이다.

350 'Austritt'라는 단어가 특정 상황에서 '출현'을 의미할 수도 있다는 점은 흥미롭다. 슈티르너가 이 단어를 이중적 의미로 사용하고 있다면, 개인이 자신의 모습으로 등장할 때, 개인들은 국가, 헌법, 교회 등을 벗어날 수 있다는 점을 함축하고 있다.

351 'Ordensbänder'는 문자 그대로 '리본으로 장식한 훈장'을 의미한다. 이렇듯 문자 그대로 번역하면 그 의미가 잘 연결되지 않는다. 그러나 'Orden'는 결사, 훈장이란

'누구와 누구' 사이의 신용을 묶는 끈들이 사실상 어느 정도 닳아 없어진 것처럼 보이지만, 사람들은 유아의 걸음걸이 연습용 끈(Gängelbande)에서부터 양복바지 멜빵들과 장식용 목걸이(Hosen-und Halsbande)까지 자신들을 묶는 끈을 넘어서지 못했다.[352]

신성한 모든 것은 굴레이고, 족쇄이다.

신성한 모든 것은 법을 왜곡하는 사람들에 의해 왜곡되고 왜곡되어야만 한다. 그러므로 현재 우리 시대는 모든 영역에서 그렇게 법을 왜곡하는 사람들을 잔뜩 가지고 있다. 그들은 법률 위반, 불법을 준비한다.

엉터리 변호와 궤변으로 고발당한 아테네인. 음모로 고발당한 불쌍한 알키비아데스. 바로 이것이 당신의 최고의 장점이었고, 자유의 첫 번째 발걸음이었다. 당신의 아이스킬로스[353], 헤로도토스[354] 등등은 오로지 자유로운 그리스 국민을 원했다. 그래서 당신은 맨 먼저 당신의 자유가 무엇인가 하고 생각했다.

국민은 강력한 시민을 도편추방제로, 교회의 이단자를 종교재판으로, 국가의 반란자를—엄한 문초 등등으로 자신의 존엄보다 훨씬 뛰어난 사람들을 억압한다.

[238] 국민에게 중요한 것은 자기주장이기 때문에, 국민은 모든 사람에게 '애국이 깃든 자기희생'을 요구한다. 그 결과 국민에게 자기 자신인

뜻이 있고 슈티르너가 '끈'(Band)라는 단어를 사용하고 있고 'Band'는 '유대'라는 의미가 있기 때문에, '결사 관계들'이라고 번역하였다.

352 슈티르너는 'Band'라는 단어가 들어가는 말을 이용하여 인간이 만들려는 굴레를 조롱하고 있다.

353 아이스킬로스(Aeschylus, 기원전 525~456년)는 고대 그리스의 대표적인 비극작가이다.

354 헤로도토스(Herodot, 기원전 484~425년)는 고대 그리스의 역사가이다.

모두는 무관심하고, 아무것도 아니다. 그리고 국민은 개인과 그만이 해야만 하는 것—요컨대 자신을 실현하는 것을 절대로 허용하지 않는다. 모든 국민, 모든 국가는 자기중심적 사람들에게 부당하다.

개인이 폐지할 수 없는 하나의 사회제도가 여전히 존재하는 한, 나의 독특성과 자기소유성은 여전히 매우 멀리 있다. 예를 들어 내가 선서하며 자신을 헌법, 헌장, 법에 묶어야만 할 때, 내 국민에게 '육체와 영혼을 헌신해야'만 할 때, 나는 얼마나 자유로울 수 있는가? 내 재능들이 "사회의 조화를 어지럽히지 않은"(바이틀링)[355] 한에서, 오로지 내 재능들이 발전하는 것이 허용될 때, 어떻게 나는 나 자신일 수 있는가?

국민과 인류의 망함이 나를 흥함으로 초대할 것이다.

들어라,
바로 지금 내가 이 글을 쓰고 있을 때조차,
우리의 존경하는(lieb) 독일[356]이
천 년 동안 살아 있음을 기념하는 내일의 축제를 위해
딸랑딸랑 종소리를 울리기 시작한다.

울려라,
독일의 상엿소리를 울려라!
마치 시체를 호송하고 있다는 불길한 예감에

355 원주 69. 결코 문자 그대로의 인용 혹은 의미에 맞는 인용이 아니다. 바이틀링(Wilhelm Weitling), 『조화와 자유의 보장』, 브베(Vivis), 1842, 113쪽 다음 페이지 이하.

356 여기서 '존경하는'(lieb)이라는 말은 문자 그대로 존경한다는 의미보다는 반어적으로 비꼼의 의미이다.

당신의 혀가 움직이는 것처럼, 너는 확실히 충분히 엄숙해 보인다.

독일 국민과 독일 민족들은 그들 뒤로 천 년의 역사를 살아왔다.

얼마나 긴 생명인가!

오, 쉬러 가라,

더 이상 다시 살아나지 말라,

그리하여

당신이 그토록 오랫동안 속박해왔던

모든 사람들이 자유로울 것이다.

—국민은 죽는다.—**나는** 만수무강하노라(Wohlauf Ich)[357]!

오, 많은 고통을 받은 나의 독일 국민이여—그대의 고통은 무엇이었는가? 그것은 육체 그 자체를 창조할 수 없는 정신의 고통이었다. 그리고 그것은 수탉이 울 때마다 무(無)로 녹아 사라지나, 구원과 성취를 갈망하는 배회하는 유령의 고통이었다. 사랑스런(lieb)—생각, 친애하는(lieb)—환영인 그대는 또한 내 안에서 오랫동안 살아왔다. 이미 나는 그대의 구원의 말을 발견했고, 방황하는 정신을 위한 살과 뼈를 발견했다고 거의 생각할 뻔했다. [239] 그때 나는 그대를 장례를 치르는 종소리를 듣는다. 마지막 희망이 점점 사라지고 있을 때, 마지막 남은 사랑의 분위기가 잠잠해질 때, 그때 나는 죽은 이의 황폐한 집을 떠나서—살아있는 이의 집 안으로 다시 돌아온다.

357 "Wohlauf Ich"는 문자 그대로 "나는 잘 있다." 혹은 "나는 건강하다"로 옮길 수 있다. 하지만 문맥상 위와 같이 옮겼다. 그리고 이 단락은 원래 시의 형식은 아니지만 시의 형식으로 옮기는 것이 더 좋다고 판단하여 그렇게 했다.

왜냐하면 오로지 살아있는 사람이 옳기 때문이다.

잘 가라,
수백만의 꿈인 그대여!
잘 가라,
그대 자식들의 천 년 폭군인 그대여!

내일 자식들이 그대를 무덤으로 끌고 가리라.
이어 그대의 자매들, 사람들도 그대의 뒤를 따를 것이다.
그들 모두가 그대 뒤를 따르고 나면—인류는 매장된다.
그러면 그 인류의 무덤 위에서 내 유일한 주인인 나,
인류의 상속자인 내가 소리 내어 웃으리라!

'사회'(Gesellschaft)라는 말의 기원은 '공간'(Sal)이라는 말이다. 만약 한 공간에 많은 사람이 있다면, 그 공간은 이러한 사람들을 사회 안에 존재하게 만든다. 사람들은 사회 안에 존재하는데, 그들은 전통적 살롱(Salon)에서 진부한 표현으로 이야기하는, 기껏해야 살롱 사회를 형성한다. 실제 교류에 관해서 말한다면, 교류는 사회와 관계없는 것으로 여겨져야 한다. 실제 교류는 사회라는 이름의 본질을 바꾸지 않고, 발생할 수 있거나 부재할 수 있다. 강당(Saale) 안에 말없이 있는 사람들조차, 혹은 그들이 서로 단지 의례적으로 나누는 말로 식사를 끝낼 때라도 하나의 사회 안에 있다. 교류는 개인들 사이의 호혜주의(Gegenseitigkeit), 행위, 친밀한 관계(**commercium**)이다. 그러나 사회는 공간의 공유일 뿐이고 어떤 박물관 공간 안에 있는 동상들조차 사회 안에 있다. 그 동상들은 '집단으로' 있다. 물론 세상 사람들은 노상 다음과 같이 말하곤 한다. '우리는 이러한 공간을 공동으로 점유하고 있다.' 그러나 오히려 더 정확히 말하자면, 공간이 우리를 점유하거나 공간 안에 우리가 있다. 여기까지가 사회라는 단어의 자연스러운 의미이다. 여기서 사회는 나와 너에 의해 만들어지는 것이 아니라, 오히려 어떤 제3의 요소, 곧 우리 양자 외부의 사교가에 의해 만들어진다는 것이 아주 분명해진다. 그리고 바로 이 제3의 요소가 사회를 창조하는(Schaffende) 창조자(Erschaffende)이다.

[240] 이것이 바로 감옥-사회 혹은 감옥-집단(Gefängnis-Genossenschaft)[358](동일한 감옥을 경험하는(geniessen)[359] 사람)이다. 여기서 우리는 그저 특정 지역의 공간보다 넓고 더 내용이 풍부한 제3의 요소인 공간에 들어간다. 감옥은 더는 공간만을 의미하는 것이 아니라, 오히려 공간의 거주자와 관련된 공간을 의미한다. 왜냐하면 감옥은 죄수를 위한 감옥이고, 죄수가 없는 감옥은 그야말로 그저 건물에 지나지 않을 것이기 때문이다. 감옥에 모인 사람에게 공통성을 주는 것은 무엇인가? 분명히 감옥이다. 왜냐하면 그들이 죄인이 되는 것은 감옥에 의해서만 가능하기 때문이다. 그렇다면 감옥-사회의 삶의 양식을 결정하는 것은 무엇인가? 감옥이구나! 무엇이 죄수들의 교류를 결정하는가? 혹시, 또 감옥인가? 물론 감옥 법이 허용하는 한에서만, 오직 죄수들은 죄수로서 교류를 시작할 수 있다. 하지만 나와 당신 자신들이 주고받는 교류를 감옥이 실현할 수 없다. 이와 반대로 감옥은 이러한 자기중심적 교류, 순전히 개인적 교류(그리고 오로지 그 자체로 정말로 나와 당신 사이의 교류이다)가 일어나지 않게 신경을 써야만 한다. 우리가 집단적으로 일하고, 기계를 작동시키고, 무엇을 실행에 옮기는 것, 그것을 감옥은 잘 제

---

358 'Genossenschaft'은 협동조합 혹은 식자공 동료라는 뜻이다. 그러나 슈티르너는 사회를 비자발적 연합체로 이해하기 때문에 'Genossenschaft'을 '집단'로 번역하였다.

359 geniessen는 '누리다, 향유하다'의 뜻이고 Genosse는 동무, 동료라는 뜻이다.

공할 것이다. 그러나 내가 죄수라는 사실을 잊고, 그것을 동등하게 무시하는 당신과 교류한다는 것은 감옥에 위험을 일으키고, 감옥에서 일어날 수 없을 뿐 아니라, 더군다나 감옥에서 절대로 허용되지 않아야만 한다. 이러한 이유에서 성인 같고 도덕적 마음을 품고 있는 프랑스 국회의원은 '독방 감금'의 도입을 결정한다. 그리고 다른 성인들은 '풍기 문란한 교류'를 차단하기 위하여 같은 결정을 할 것이다. 투옥은 제정된 규정이자—신성한 규정이고, 이것에 손상을 입히는 어떤 시도도 하지 말아야만 한다. 사람을 제지하고 구속하는 신성한 것에 항의하는 모든 반란처럼, 가장 대수롭지 않은 이런 종류의 항의도 처벌받는다.

공간처럼, 감옥은 틀림없이 사회, 집단, 공동체를 형성하지만(예를 들어, 노동 공동체), [241] 결코 **교류**도, 서로 이로움을 주고받는 원칙도, **연합**도 만들지 못한다. 이와 반대로, 감옥 안의 모든 연합은 자체 안에 유리한 환경하에서 싹이 트고 열매를 맺을 수 있는 위험한 '짬짜미'의 씨앗을 품고 있다.

그럼에도 불구하고 사람들은 보통 감옥에 자발적으로 들어가지도, 또한 감옥에 좀처럼 자발적으로 남지도 않고, 오히려 자유에 대한 자기중심적 열망을 키운다. 그러므로 개인의 교류 행위는 감옥 사회에 지극히 적대적이고, 바로 이 사회, 곧 공동 구금을 해체하는 경향이 오히려 여기에 있다는 사실이 분명해진다.

그러므로 우리의 자기중심적 욕망에 의해 공동체를 위험에 빠뜨리고 싶지 않고, 우리가 공동체에 기꺼이 자발적으로 남아 있는 것처럼 보이는 그런 종류의 공동체를 둘러보자.

가족은 맨 먼저 필수적 종류의 공동체로서 나타난다. 부모, 아내와 남편, 자녀, 형제자매는 전체를 나타내거나 가족을 형성한다. 가족을 더 멀리 확장하기 위해서 부양 친족을 헤아려 보는 것도 또한 도움이 될 수 있다. 가족의 법, 효성(Pietät[360]) 혹은 가족 사랑을 가족의 구성원이 지킬 때만, 가족은 참된 공동체이다. 부모, 형제, 그리고 자매에 무관심한 아들은 왕년의 아들이다. 왜냐하면 자식임 그 자체는 더 이상 효력이 없기 때문에, 탯줄을 통한 어머니와 자식이라는 오랜 관계보다 더 큰 의미를 갖지 못한다. 사람이 일단 신체적 관계 속에서 살아왔다는 것은 사실상 취소할 수 없는 일이다. 그리고 그 점에 있어서, 사람은 이 어머니의 아들이자 나머지 자식의 형제라는 변경할 수 없는 상태로 남는다. 그러나 이것은 오직 지속하는 효성, 가족 정신을 통해서 영원한 가족 관계에 도달할 것이다. 개인들은 가족의 지속성을 자신들의 과업으로 삼을 때만, 온전한 의미에서 가족의 구성원이다. 그러니까 보수주의자로서의 개인들이 그들의 토대, 가족을 의심하는 일을 삼가야 할 때만, 가족의 구성원이다. [242] 가족의 모든 구성원에게 한 가지, 다시 말해 가족 그 자체, 혹은 더 뚜렷하게 말하면, 효성은 고정되어야 하고 신성해야만 한다. 가족이 존속해야만 한다는 것은, 개인이 가족, 즉 불가침의 진리에 적대적인 그 자기중심성에서 벗어나 있는 한, 가족의 구성원에게 남아 있다. 한마디로 말하면, 만약 가족이 신성한 것이라면, 가족에 속한 그 누구도 가족과 결별을 선언할 수 없을 것이다. 이와 달리 가족과 결별을 선언한 사람은 가족에 대한 '범죄자'가 된다. 가족과 결별을 선언할 수 없는 사람은 결코 가족에 적대하는 이해관계를 추구하지 않을 것이고, 예를 들어 그릇된 결혼(Missheirat)[361]을 하지 않을 것이다. 가족에 반대하는 이해관

360 이 독일어 단어는 종교적 의미보다는, 우리가 '자식으로서의 효도'(filial piety)라고 말하듯이 가족의 결합 관계에 대한 충실성을 의미한다. 그 밖에 'fromm'은 종교적 문맥에서 '신앙심이 깊은', '경건한'으로 번역할 수 있다.

361 가족을 다루는 문맥이기 때문에, 'Missheirat' 단어는 가족이 받아들일 수 없는 결혼이나 결혼하지 않은 성적 관계를 의미할 가능성이 가장 높아 보인다. miss(부당(不當)) +Heirat(결혼)을 뜻한다.

계를 추구한 사람은 '가족의 이름을 더럽힌' 사람이고, '가족에게 모욕을 준' 사람이다, 등등.

자, 만약 한 개인의 자기중심적 충동이 충분히 힘을 발휘하지 못한다면, 그는 가족의 요구에 순종하여 가족의 요구에 어울리는 결혼을 하고, 가족의 입장과 조화를 이루는 어떤 자세를 취한다. 요컨대, 그는 '가족에게 존경을 나타낸다.'

이와 반대로 그의 혈관에서 자기중심적 피가 충분히 불같이 흐른다면, 그는 가족에게 '범죄자'가 되고 가족의 법에서 벗어나는 것을 더 좋아한다.

가족의 행복과 나의 행복, 둘 중에 어느 것이 나에게 더 소중한 것인가? 헤아릴 수 없이 많은 경우에 둘 다 함께 서로 평화롭게 진행한다. 그러니까 가족의 이익은 동시에 나의 이익이고 그 반대의 경우도 마찬가지이다. 그때 내가 자신의 이익을 위해 생각하는 것인지, 아니면 공동의 이익을 위해 생각하는 것인지를 결정하는 것은 확실히 어렵다. 그래서 아마 나는 나 자신한테 유용하지 않아도 만족하고 흡족해한다. 그러나 양자택일의 결정이 나를 떨리게 하는 날, 내가 내 족보에 불명예를 끼치고, 부모, 형제자매, 친척에게 모욕을 주는 날이 다가온다. 그다음은 뭐지? 이제 내 마음의 밑바닥에 내가 어떻게 있는지 나타날 것이다. 그러니까 이제 효성이 과거에 나를 위한 자기중심성을 능가했는지가 명백해질 것이고, 이제 자기에게 유용한 사람(Eigennützige)은 더 이상 자기에게 유용하지 않음(Uneigennützigkeit)이라는 가상 뒤로 숨을 수 없다. 소망이 내 마음속에서 떠오르고, 시간이 지날수록 성장하여, 정열이 된다. [243] 효성, 가족 정신에 거슬러 흘러나올 수도 있는 가장 대수롭지 않은 생각 속에 가족 정신에 거스르는 위법 행위를 품고 있다는 것을 언뜻 보아 누가 생각하겠는가? 실제로, 누가 그 문제를 단숨에 순식간에 완전히 의식하는가? 그 일은 『로미오와 줄리엣』에서 줄리엣에 해당한다. 억제되지 않은 정열은 최종적으로 더 길들일 수 없고, 효성의 구조를 뒤집어엎는다. 물론 당신은 다음과 같이 말할 것이다. '가족이 효성보다는 자신들의 열정에 더 귀를 기울이는 저 고집 센 사람을 가족의 품 밖으로 내팽개치는 것은 자기의지(Eigensinn)에서 비롯된 것이다.' 선량한 개신교도는 똑같은 변명을 가톨릭교도에게 아주 성공적으로 사용했고, 심지어 그런 변명을 믿었다. 그러나 그 일은 단지 자기 자신의 실수를 남에게 넘겨씌우려는 핑계이지, 그 이상은 아니다. 가톨릭교도는 교회의 공동 결합을 지지하였고, 오로지 자신들에게서 이교도들을 뿌리쳐 떨어내었다. 왜냐하면 이교도들은 교회의 결합에 그들의 신념을 희생할 만큼 교회의 결합을 그다지 중요하게 여기지 않았기 때문이다. 따라서 가톨릭교도는 결합을 굳게 지켰다. 왜냐하면 결합, 가톨릭의 (공동의 그리고 하나가 된) 교회는 가톨릭교도에게 신성한 것이었기 때문이다. 이와 반대로 이교도들은 결합을 무시하였다. 그들은 효성이 없는 사람과 아주 똑같다. 그들은 쫓겨난 것이 아니라, 오히려 가족의 결합보다 그들의 정열, 그들 자신의 의지를 더 높이 평가함으로써 스스로 가족의 연합에서 나온 것이다.

바로 지금 소망은 때때로 줄리엣의 마음보다 덜 정열적이고 덜 고집 센 마음으로 희미하게 빛난다. 고분고분한 소녀는 가족의 평화를 위해 자기 자신을 희생한다. 세상 사람들은 다음과 같이 말할 수 있을 것이다. '여기서도 자기유용(Eigennutz)이 중요시되었다. 왜냐하면 고분고분한 소녀는 자신의 소원 성취보다 가족의 화합에 자기 자신이 더 만족한다는 감정에서 그녀의 결정이 나왔기 때문이다.' 그럴 수도 있다. 그러나 자기중심성이 효성을 위해 희생되었다는 확실한 표시가 남아 있다면, 어찌 될 것인가? 심지어 가족의 평화에 역행하였던 소망이 희생된 이후에도, 적어도 신성한 결합 관계에 '희생'됐다는 기억이 남아 있다면, 어찌 될 것인가? 고분고분한 소녀가 자기의지(Eigenwillen)를 불만족스럽게 남겨 둔 것을, 그리고 높은 힘에 비참하게 굴복했었다는 것을 의식한다면,

어찌 될 것인가? [244] 효성이라는 미신이 그녀에게 지배권을 휘둘렀기 때문에, 굴복했고 희생되었구나!

전자에서는 자기중심성이 승리했다. 후자에서는 효성이 승리하여 자기중심적 가슴은 피를 흘린다. 그러니까 전자에서 자기중심성이 강했고, 후자에서 자기중심성이—약했다. 그러나 우리가 가장 오랫동안 알고 있듯이 약한 사람은—자기에게 유용하지 않은 사람들이다. 가족은 그들을, 곧 가족의 약한 구성원인 그들을 돌본다. 왜냐하면 그들은 자신들에 속하지 않고 자신들을 돌보지 않고, 가족에 속하고(angehören), 친척(Familienangehörige)이기 때문이다[362]. 예를 들어 헤겔은, 자식들이 결혼 상대자를 부모의 선택에 맡기고 싶어 할 때, 이 약함을 칭찬한다.[363]

개인이 복종의 의무가 있는 신성한 공동체로서, 가족은 재판 기능을 지니고 있다. 예를 들어 그러한 '가정법원'은 빌리발트 알렉시스(Wilibald Alexis)[364]의 『카바니스』에 기술되어 있다. 아버지는 이러한 처벌 행위를 통해서 더럽혀진 가족을 다시 깨끗이 하기 위해, '가족회의'라는 이름으로 순종하지 않는 아들을 군인들 속에 처박아 놓고 그를 가족에서 내쫓는다. —가족 책임이 가장 일관성 있게 만들어진 것은 중국의 법률에 포함되어 있다. 중국의 법률에 따르면 개인의 죄를 온 가족이 속죄해야만 한다.

그럼에도 불구하고 오늘날 가족 권력의 힘은 변절자(대부분 경우 국

---

362 여기서도 슈티르너의 언어유희가 드러난다.

363 헤겔, 『법철학』, 162절을 참조하라.

364 독일 소설가. 빌헬름 헤링(Georg Wilhelm Heinrich Häring (1798~1871)의 가명이다. 1815년 자원병으로 복무하였고, 브란덴부르크에서 취재한 역사소설로서 프로이센의 프리드리히 2세 통치를 배경으로 한 『카바니스』(Cabanis)(1832)를 썼다. 이 책은 첫 번째 애국주의 역사 소설이고 1832년에 출판되었다.

가는 상속권 박탈조차 법적으로 보호한다)를 진지하게 처벌할 만큼 확장되어 있지 않다. 가족에 대한 범죄자(가족—범죄자)는 국가의 영역으로 도망가서, 미국으로 피신한 국사범처럼 자유롭고 더 이상 자기 나라의 처벌을 받지 않는다. 가족을 더럽혔던 사람, 버릇없는 아들은 가족의 처벌로부터 보호된다. 왜냐하면 국가, 이 보호자는 가족의 처벌에서 가족의 '신성함'을 제거하고, 그건 '복수'일 뿐이라고 선언함으로써, 그것을 모독하기 때문이다. 이를테면 국가는 이 처벌, 이 신성한 친족법을 저지한다. [245] 왜냐하면 가족의, 국가의 '신성함' 앞에서, 이 신성함이 더 높은 신성함과 갈등을 일으키자마자, 가족이라는 하위의 신성함은 항상 희미해지고 모독받기 때문이다. 가족이 국가와 대립하지 않는다면, 국가는 가족의 더 작은 신성함을 관대히 봐준다. 그러나 대립한다면, 국가는 심지어 가족에 대한 범죄를 명령한다. 예를 들어, 부모들이 아들에게 국가에 거스르는 범죄를 저지르도록 부추기자마자 아들에게 가족에 순종하지 않도록 명령했다.

이것 참, 자기중심적 사람은 가족의 결합 관계를 파괴하였고, 매우 모욕받은 가족의 정신에 대항하여 자신을 보호할 어떤 후원자를 국가에서 찾았다. 하지만 그는 지금 어떤 상태에 도달하였는가? 곧바로 어떤 새로운 **사회**이다, 거기에서 그의 자기중심성이 방금 위협에서 가까스로 벗어났던 똑같은 올가미와 함정이 자기중심성을 기다린다. 왜냐하면 국가는 연합이 아니라, 역시 사회이기 때문이다. 그러니까 국가는 확장된 **가족**이다.('조국의 아버지—조국의 어머니—조국의 자식.')

사람들이 국가라고 부르는 것은 의존과 충성의 직물(織物)이자 편물(編物)이다. 그리고 그것은 **소속이 같음**(Zusammengehörigkeit), 합쳐서 하나가 됨(Zusammenhalten)이다. 그리고 거기서 함께 명령받은 것들은 서로에게 순응한다. 한마디로 말하면 서로서로 의존한다. 국가는 이러한 **의존**의 질서이다. 하급 벼슬아치에 이르기까지 모든 사람에게 권위를 주는 권위를 가진 그런 왕이 사라진다고 가정해 보자. 여전히 질서 의식이 깨어 있는 모든 사람은 짐승의 성질과 같은 무질서에 반대하여 질서를 굳게 지킬 것이다. 무질서가 승리한다면, 국가는 사라질 것이다.

그러나 서로에게 순응하고, 서로가 들러붙고, 서로가 의존하는 이 사랑의 생각이 정말로 우리를 이길 수 있는가? 이러한 생각에 따르면, 국가는 서로를 위한 존재, 서로가 모두를 위한 삶, 실현된 사랑이 될 것이다. 이 질서 의식에 주의를 기울이는 동안에 자기의지(Eigensinn)는 사라지지 않나? 권력에 의해 질서가 지켜질 때, 다시 말해 아무도 다른 사람을 '모욕하지' 않을 때, 따라서 군중을 신중하게 배치하거나 배열할 때, 사람들은 만족하지 않나? 저런, 그때 모든 것이 '가장 좋은 질서' 속에 있고 이 가장 좋은 질서를 간단히—국가라고 불렀구나!

[246] 사회들과 국가들은 우리가 만들지 않았음에도 있고, 우리가 결합하지 않았음에도 결합하였고, 예정되고 설립되고, 혹은 그것들 자신의 독립적 존재이다. 우리 자기중심적 사람과 대항하여 파기할 수 없고 설립된 질서이다. 바로 오늘날의 세계전쟁은 그 '설립된 질서'에 대항한다는 소문이 있다. 세상 사람들은 마치 지금 설립된 질서가 단지 또 다른 것, 곧 보다 좋게 설립된 질서와 교환되어야만 하는 것처럼, 이것을 노상 잘못 이해하곤 한다. 그러나 전쟁은 오히려 특정 국가가 아니라, 예를 들어 국가의 현재 상태만이 아니라, 확립된 질서 자체, 즉 국가(Staate(상태(status))에 대항하여 선언될 수도 있다. 그러니까 사람들이 겨냥하는 것은 또 다른 국가('국민의 국가')가 아니라, 오히려 자신들의 연합, 결합, 존속하는 모든 것의 끊임없는 유동적 연합이다. —국가는 내 도움 없이도 존재한다. 나는 국가 안에서 태어났고, 그 안에서 교육받았으며, 국가에 의무를 지고 있다. 그래서 나는 국가에 '존경하는 뜻을 나타내야'(huldigen)만 한다. 국가는 나를 국가의 '호의'(Huld)로 취급한다. 그리고 나는 국가의 '은혜'로 살아간다. 따라서 국가의 자립적 존립은 나

의 비자립성에 근거한다. 그러니까 국가의 '마땅함', 국가라는 유기체는 나의 성질이 자유롭게 성장하는 것을 요구하는 것이 아니라, 오히려 국가에 맞게 재단될 것을 요구한다. 국가가 자연스럽게 발전할 수 있도록, 국가는 '문명'이라는 가위를 나한테 갖다 댄다. 국가는 나에게가 아니라, 국가에게 적당한 교육과 문화를 나에게 제공한다. 그리고 국가는 나에게 법을 존경하라고 가르치고, 나에게 국가 소유(다시 말해 사적소유)의 훼손을 그만두라고 가르치며, 거룩한 높음과 지상의 높음을 섬기라고 가르친다, 등등. 한마디로 말하면 국가는 나에게—죄를 짓지 말라고 가르치고, 나에게 '신성함'(가능한 모든 것이 신성하다, 예를 들어 소유, 타인의 생명 등등.)을 위해 나의 자기소유성을 희생하라고 가르친다. 이런 식으로 국가가 나에게 줄 수 있는 문명과 문화가 있다. 이를테면 국가는 나를 어떤 '쓸모 있는 도구'로, '사회의 쓸모 있는 구성원'으로 기른다.

위와 같은 일을 모든 국가가 해야만 한다. 위와 같은 일을 전제 국가 혹은 입헌 국가뿐만이 아니라 국민 국가도 해야만 한다. 그때 국가가 국가 자신에게 어떤 '도덕적, 신비적 혹은 국가적 인격'이라는 이름을 붙이기 때문에, 우리가 국가는 어떤 나(Ich)라는 그러한 오류에 빠져있는 동안, 국가는 그 일을 해야만 한다. [247] 실제로 나인 나는 점잔빼며 엉겅퀴를 먹는 놈으로부터 그 나라는 이러한 허세를 벗겨내야만 한다. 나가 세계사에서 참지 못한 강도질이 얼마나 많은가! 세계사에서 나는 태양, 달과 별, 고양이와 악어를 나로 여겨지는 영광을 갖도록 허용한다. 그러니까 그때 여호와, 알라, 우리 하느님 아버지가 나타났고 그것들에게 그 나(dem Ich)라는 말이 주어졌다. 또한 그때 가족들, 종족들, 국가들과 마침내 인류까지 나타났고, 그것들은 나들(Iche)로서 명예로운 것이었다. 그때 국가, 교회는 나라는 존재(Ich zu sein)인척 나타났다. 그리고 나는 그 모든 일을 가만히 바라보았다. 그 경우에 그 일을 향상시켜 실제로 나 또한 항상 있다고 하더라도, 그리고 공공연하게 그것들은 나의 그대가 아니라, 나 자신의 나라고 주장했다고 하더라도 이상할 건 없다. 그렇군, 그 인간의 자식(der Menschensohn)이 탁월하게(par excellence) 그와 똑같이 행동했다. 어떤 인간의 자식(ein Menschensohn)은 그것을 또한 행하지 말아야만 할까? 나는 항상 나 자신보다 위에서, 나 자신의 바깥에서 나의 나를 찾았기 때문에 결코 실제로 나 자신으로 되돌아갈 수 없었다.

나는 결코 나 자신을 믿지 않았다. 나는 결코 지금의 나를 믿지 않았다. 나는 미래 속에서만 나 자신을 보았다. 청년은 자신이 어떤 어른이 되었을 때만, 자신이 어떤 진정한 나이고, 진정한 사람일 것이라고 믿는다. 그러나 어른은 올세상에서만 진정한 나일 것이라고 생각한다. 그러면서도 바로 현실성을 상세히 조사하는 가장 우수한 사람들도 오늘날 여전히 서로에게 다음과 같이 그럴싸하게 거짓말을 한다. 곧 어떤 진정한 나, 어떤 '자유로운 시민', 어떤 '국가의 시민', 어떤 '자유로운 혹은 진정한 인간'으로 존재하기 위하여, 사람들은 국가를, 자신의 국민을, 인류를 그리고 그 밖의 유사한 모든 것을 자기 내면에 받아들여야만 한다고. 또한 그들은 어떤 타자의 나를 받아들이고 바로 그와 같은 것을 위한 헌신 속에서 나의 진리와 나의 현실성을 본다고 그럴싸하게 거짓말을 한다. 그러면 어떤 종류의 나인가? 그런 나는 나도 아니고 그대도 아니며, 상상속의 나, 허깨비이다.

중세 시대에 교회는 교회 안에서 많은 국가들이 하나가 되어 살아가는 것을 잘 받아들일 수 있었다. 마찬가지로 국가도 종교개혁 이후에, 특히 30년 전쟁 이후, 많은 교회들(종파들)이 한 국왕의 지배 아래 모여도 견디는 것을 배웠다. 그러나 모든 국가들은 종교적이다. 그리고 모든 국가의 경우처럼, 자주 '기독교적 국가'이다. [248] 모든 국가들은 길들지 않는 사람들, 곧 자기중심적 사람들을 부자연스러운 결합 관계로 강제하여 그들을 기독교인으로 만든다. 기독교적 국가의 모든 공공 기관들은 국민을 기독교인으로 교화하는 목적이 있다. 그러므로 사법기구는 사람들을 정의로 강제하려는 목적이 있고, 학교는 사람들을 정신 수양으로 강제하려는 목적이 있다. 한마디로 말하면 기독교적 국가는 비기독교적으로 행동하는 사람들로부터 기독교적으로 행동하는 사람들을 보호하려는 목적이, 기독교적 행동으로 지배하려는 목적이, 기독교적 행동을 강력하게 만들려는 목적이 있다. 또한 국가는 교회를 이러한 강제 수단으로 보았고, 모든 사람에게 어떤—특정한 종교를 요구했다. 뒤팽[365]은 최근에 성직자들에게 다음과 같이 말했다. '가르침과 교육은 국가의 일이다.'

틀림없이 도덕 원칙과 관련된 모든 것은 국가의 문제이다. 따라서 중국 국가는 가족의 일에 쓸데없이 매우 많이 참견한다. 그래서 무엇보다도 아이가 자기 부모에게 좋은 아이가 아니라면, 그 아이는 하찮은 사람이다. 우리의 일과 마찬가지로, 가족의 일은 철저히 국가의 일이다. 우리 국가의 본분은 불안한 감시를 하는 것이 아니라, 가족을 신뢰하는 것이다. 우리의 국가는 결혼이란 결합 관계를 통해 가족을 묶고, 이러한 결합 관계는 국가 없이 깨질 수 없다.

그러나 국가가 나에게 나의 원칙에 대해서 책임지라고 하고, 그리고 국가가 나한테 특정한 원칙을 요구하여, 나는 다음과 같이 질문한다. 국가는 내가 '미친 것'(원칙)과 무슨 관련이 있는가? 매우 많다. 왜냐하면 국가는—지배의 원리이기 때문이다. 세상 사람들은 이혼의 문제에서, 혼인법 일반에서, 중요한 것은 교회와 국가 사이의 정당함의 비율이라고 생각한다. 더 정확히 말하자면 신성한 것을 믿음이라고 부르든, 도덕률(도덕성)이라고 부르든, 중요한 것은 신성한 것이 인간을 지배해야 한다는 것이다. 지배자로서의 국가는 교회가 했던 방식과 똑같은 방식으

---

365 앙드레 마리 장 자크 뒤팽 (André Marie Jean Jacques Dupin, 1783~1865년)은 프랑스 정치가, 법률가, 판사였다. 1830년 프랑스 혁명과 연루되었고, 나중에 더 보수적인 사람이 되었다.

로 행동한다. 교회는 깊은 신앙심에 의해 지탱되고, 국가는 도덕성에 의해 떠받쳐진다.

사람들은 관용에 대해, 반대 성향을 자유롭게 놓아두는 것에 대해, 기타 등등에 대해 말하는데, 그것들이 문명국가들을 구분하는 특성이다. 실제로, 어떤 국가들은 가장 자유로운 집회조차 수수방관하며 지켜볼 만큼 충분히 강력하다. [249] 이와 달리 다른 국가들은 국가의 앞잡이들한테 담배 한 대 피우는 사람을 추적해서 잡으라는 과제를 준다. 그러나 다른 국가들과 마찬가지로 오로지 한 국가한테도, 개인들 서로 간의 놀이, 여기저기서 그들의 와글거리는 소리, 그들 일상의 삶은 우연이다. 의심의 여지 없이 국가가 개인들 자체에 맡겨야만 하는 우연한 사건이다. 왜냐하면 국가는 그것들과 관련해서 아무것도 할 수 없기 때문이다. 일반적으로 인정하듯이, 많은 사람들이 하루살이는 걸러내고 낙타는 삼킨다.[366] 반면에 다른 사람들은 훨씬 더 영리하다. 영리한 개인들이 '더 자유로운' 사람이다. 왜냐하면 개인들이 덜 괴롭힘을 당한(geschuhriegelt)[367] 사람이기 때문이다. 그러나 나는 어떤 국가에서도 자유롭지 않다. 국가가 찬양한 관용은 그저 '해롭지 않은 것들', 곧 '위험하지 않은 것들'에 대한 관용이다. 그리고 국가가 찬양한 관용은 하찮음을 북돋워서 높이는 일일 뿐이고, 더 존경받을만한, 더 웅대한, 더 거만한—전제정치일 뿐이다. 당분간 특정한 국가는 열광적으로 수행될 수 있는 문학적 전투를 마음에 두지 않는 것처럼 보였다. 영국은 대중적 소동과—흡연을 마음에 두지 않

366 「마태복음」, 23장 24절을 보라. "너희 눈먼 안내자들아, 너희가 하루살이는 걸러내고 낙타는 삼키는구나." 이는 율법의 작은 것들을 철저히 지키지만, 율법의 더 중대한 것은 지키지 못한다는 것을 의미한다.

367 schurigeln(괴롭히다, 못살게[짓궂게] 굴다)의 오타로 보인다. 과거분사는 geschuhrigelt이다.

았다. 그러나, 국가 자체를 공격하는 문학은 화가 미칠진저! 그리고 국가를 '위태롭게 하는' 민중의 도당에 화 있으라! 사람들은 어떤 특정한 국가에서 어떤 '자유로운 학문'을 꿈꾼다. 그러니까 저 영국에서 어떤 '국민의 자유로운 삶'을 꿈꾼다.

의심의 여지 없이 국가는 개인들을 가능한 한 자유롭게 놀게 한다. 오로지 개인들은 진지하게 행동해서는 안 되며, 국가를 잊어서는 안 된다. 사람은 다른 사람과 즐거운 방식으로 교류해서는 안 되고, '더 높은 감독과 중재' 없이 교류해서는 안 된다. 나는 내가 할 수 있는 모든 것을 실행해야만 하는 것이 아니라, 오히려 국가가 허락한 것만큼만 실행해야만 한다. 나는 나 자신의 생각, 나 자신의 노동, 또는 대체로 나 자신의 어떤 것을 사용해서는 안 된다.

국가는 항상 개인들을—어떤 일반성 혹은 다른 일반성에 복종시키기 위하여 개인들을 제한하고, 길들이며, 종속시키는 유일한 목적을 지닌다. 그래서 국가는 개인이 둘도 없이 소중한 것이 아닌 한에서만 지속한다. 그리고 국가는 분명히 뚜렷하게 표기된 나의 한계, 나의 제한, 나의 노예근성일 뿐이다. 따라서 국가는 결코 개인의 자유로운 활동을 목표로 삼는 것이 아니라, 오히려 항상 개인을 국가의 목적에 속박하는 것을 목표로 삼는다. [250] 그리고 당신이 어떤 직물을 기계의 모든 개별 부품들의 공동 노동이라고 부를 수 없는 것과 마찬가지로, 국가를 통해서는 공동의 어떤 것도 생겨나지 않는다. 오히려 직물은 하나의 통일체로서의 전체 기계의 노동, 곧 기계 노동이다. 같은 방식으로 모든 일은 또한 국가기계에 의해서 이루어진다. 국가기계가 개인에 마음의 톱니바퀴 장치를 움직이기 때문에, 개인의 마음의 어느 것도 자기 자신의 충동을 따르지 않는다. 국가는 국가의 검열, 국가의 감시, 국가의 경찰행정을 통해 모든 자유로운 활동을 금지하려고 노력한다. 그리고 국가는 이러한 금지를 국가의 의무로 여긴다. 왜냐하면 실제로 그러한 금지가 자기 보존의 의무이기 때문이다. 국가는 인간을 사용하여 어떤 것을 만들길(machen) 원한다. 그러므로 만들어진(gemacht) 인간만이 국가 안에서 살아간다. 그래서 자기 자신으로 존재하길 원하는 모든 사람은 국가의 적대자이고 하찮은 사람이다. '그는 하찮은 사람이다'라고 말하는 것은, 국가가 그를 사용하지 않고, 그한테 어떤 지위도, 어떤 공직도, 어떤 생업 따위도 허용하지 않는다는 것과 같은 의미이다.

에드가 바우어는 『자유주의자의 노력 2』[368] 50쪽에서 여전히 "결코 국민과 반대 입장에 설 수 없는, 국민으로부터 생겨난 정부"를 꿈꾼다.[369] 그는 69쪽에서 실제로 '정부'라는 말을 철회한다.

> "공화국에서 어떤 정부도 작동하지 않는다, 오히려 정부는 실행 권력일 뿐이다. 순전히 유일하게 국민으로부터 생겨난 권력은, 자립적 힘, 자립적 원리, 국민을 상대로 하는 자립적 공무원을 가지고 있는 것이 아니라, 오히려 유일하고, 최상의 국가 권력인 국민 속에서 권력의 근거, 권력의 힘과 원천을 가지고 있다. 따라서 정부라는 개념은 국민 국가에 전혀 어울리지 않는다."[370]

그러나 문제는 똑같이 남는다. 곧 '생겨났던, 근거였던, 그리고 권력의 원천인' 것은 '자립적인' 어떤 것으로 되고, 자궁에서 태어난 아기처럼, 곧바로 반대 입장에 들어선다. 정부가 자립적이고 대립적인 것이 아니라면, 정부는 아무것도 아닐 것이다.

---

368 원주 70, '인간적 자유주의' 이후의 결론에서 말했던 것은 다음과 같은 장점이 있다. -즉 인용한 책이 출판된 직후에 썼다는 점이다.

369 원주 71, 바우어(Edgar Bauer), 『독일에서의 자유주의자의 노력』, 취리히와 빈터투어, 1843, 제2호, 50쪽.

370 같은 책, 69쪽.

[251] "자유로운 국가에는 정부가 존재하지 않는다, 등등."[371] 이것은 확실히 다음과 같은 것을 의미한다. 국민이 주권자일 때, 더 높은 권력이 국민 그 자체를 이끌어서는 안 된다. 이것은 전제 군주정과 뭐가 다른가? 어쩌면 전제 군주정에 주권자를 넘어서는 주권자를 위한 정부가 있는가? 바우어가 군주 혹은 국민이라고 부르든, 주권자를 넘어서는 정부는 절대로 존재하지 않는다는 것, 그것은 당연한 일이다. 그러나 공화주의 혹은 '자유주의' 국가와 절대주의 국가에서처럼, 모든 '국가'에서도 나를 넘어서는 정부가 세워질 것이다. 그로 인하여 다른 국가에서처럼, 어떤 국가에서 나는 매우 궁핍하다.

공화정은—전제 군주정과 절대 다른 것이 아니다. 왜냐하면 최고 지배자를 군주라고 부르든 국민이라고 부르든, 양자가 '존엄'이기에, 아무런 차이가 없기 때문이다. 입헌주의 자체는 아무도 자발적이지 않고 오직 꼭두각시에 불과할 수밖에 없다는 사실을 보여준다. 장관들은 그들의 주인인 군주를 지배하고, 국회의원들은 그들의 주인인 국민을 지배한다. 자 이제, 여기에서 적어도 정당들은 이미 자유롭다. —바꿔 말하면 공적 정당(이른바 국민의 정당)은 자유롭다. 군주는 장관들의 의지에 복종해야만 하고, 국민은 국회의원들의 장단에 춤춰야만 한다. 입헌정은 공화정보다 더 많이 진척되어 있다. 왜냐하면 그것은 해체의 과정에 있는 국가이기 때문이다.

에드가 바우어는 입헌 국가에서 국민이 어떤 '인격체'라는 것을 부정한다.[372] 그렇다면 공화국에서는 그와 반대인가? 자 이제, 어떻게든 도덕적 인격으로서의 '국가적'[373] 인격에 대해 일단 이야기하고자 한다면,

371 같은 책, 94쪽.

372 같은 책, 56쪽.

373 같은 책, 76쪽.

입헌 국가에서 국민은—정당이고, 정당은 확실히 '인격체'이다. 도덕적 인격을 국민의 당이라고 부르든, 국민이라고 부르든, 심지어 '하느님'이라고 부르든 도덕적 인격은 결코 인격 아니라, 오히려 허깨비이다.

더군다나, 에드가 바우어는 계속해서 이야기한다. "후견 역할(Bevormundung)[374]은 정부의 특성이다."[375] 사실을 말하자면, 후견 역할의 특징은 국민과 '국민 국가'의 특징보다 그 이상이다. 후견 역할은 모든 지배의 특징이다. [252] '모든 절대 권력을 자체 안에 통합하는' 국민 국가, 곧 '절대적 지배자'는 내가 강해지게 놔둘 수 없다. 그리고 국가 공무원이 '국민의 자유롭고, 합리적 법 의지를 실행하기' 때문에, '국민의 공복들'을 '하인들, 도구들'이라고 기꺼이 말하지 않다니, 얼마나 키메라(Chimäre)다운가![376] 그는 다음과 같이 생각한다. "오로지 모든 공식적 영역은 정부의 견해에 종속하기 때문에, 국가 안에서 통일성을 만들게 될 것이다."[377] 그러나 그의 '국민 국가'는 역시 '통일체'가 있어야만 한다. 국민 국가에 종속하지 않는 것이 어떻게 허용될 것인가?—국민의 의지에 종속.

"입헌 국가에서 통치자와 그의 기질이 결국 모든 지배 구조의 근거이다."[378] '국민 국가'에서 지배 구조는 어떻게 다른가? 군주의—기질에

---

374 'Bevormundung'은 가장 문자 그대로의 의미에서 누군가를 어린애 취급하는 것이고 누군가에 대한 마음을 결정하는 것이다.

375 같은 책, 69쪽.

376 같은 책, 73쪽.
(키메라는 그리스 신화에 나오는 기이한 짐승으로 머리는 사자, 몸통은 양, 꼬리는 뱀 또는 용의 모양을 하고 있다. 또한 '키메라'는 두 개 이상의 아주 다른 것이 한데 합쳐서 붙어 하나의 식물체를 이룬 것을 의미한다.- 옮긴이)

377 같은 책, 74쪽.

378 같은 책, 130쪽.

의존하는 나를 보든지, 이른바 '공적 의견'이라는 국민의—기질에 의존하는 나를 보든, 나는 국민 국가에서 국민의—기질에 의해 지배되지 않는가? 그리고 지배 구조는 나에게 어떤 변화를 가져오지 않는가? 에드가 바우어가 올바로 주장했듯이, 종속이 기본적으로 '종교적 관계'을 의미한다면, 국민 국가에서 국민은 나에게 보다 높은 힘, 곧 존엄으로 남는다(왜냐하면 신과 군주는 존엄을 본래의(eigentlich) 본질로 가지기 때문이다). 보다 높은 힘, 존엄은 내가 종교적 관계로 참가하는 것이다. —마치 주권이 있는 지배자처럼, 그렇게 주권이 있는 국민 또한 법의 손이 닿지 않는 곳에 있다. 에드가 바우어의 모든 노력은 결과적으로 지배자들의—교체가 된다. 그는 국민을 자유롭게 만들려고 하지 말고, 실현할 수 있는 유일한 자유, 곧 그 자신의 자유에 신경을 썼어야만 한다.

입헌 국가에서 전제정치는 마침내 그 자체와 충돌하게 되었고, 거기에서 전제정치는 이원성으로 폭파될 것이다. 왜냐하면 정부는 절대적이길 원하고, 국민도 절대적이길 원하기 때문이다. 이 두 가지 절대자는 서로를 섬멸할 것이다.

통치자는 탄생에 의해, 우연에 의해 규정된 사람이라는 주장을 에드가 바우어는 극구 반대한다. 그런데 "국민이 국가에서 유일한 권력"이 될 수 있을 때[379], 그때 우리는 지배자를 우연히 갖지 않는가? [253] 아니 도대체 국민이란 무엇인가? 국민은 언제나 정부의 신체였다. 그것은 많은 사람들이 하나의(군주의) 지위나 하나의 헌법 아래에 있는 것이다. 그리고 헌법은 그—군주이다. 군주와 국민은 양자가 함께 붕괴하지 않는 한 존재하게 될 것이다. 하나의 헌법 아래에 가지각색의 '국민'이 있다면, 예를 들어 고대 페르시아 군주제와 오늘날 군주제에서처럼, 그때 이러한 '국민들'을 '행정 구역'으로만 여긴다. 어느 경우든 나에게 있어 국

379 같은 책, 132쪽.

민은 어떤 —우연적 힘이고, 어떤 자연적—권능이며, 내가 이겨야만 하는 적이다.

무엇을 "조직된"[380] 국민으로 상상할 수 있는가? "더 이상 정부가 없는" 국민, 그 자신을 지배하는 국민이다. 따라서 도편추방제로 조직된 국민에 의해 나는 두각을 나타내지 못한다. 나들(Iche)의 추방, 도편추방제는 국민을 독재자로 만든다.

당신이 국민에 대해 말한다면, 당신은 반드시 많은 군주에 대해 말해야만 한다. 왜냐하면 만약 국민이 주체이어야만 하고 역사를 만들어야만 한다면, 국민은 모든 행동하는 존재들처럼 머리를, 국민의 우두머리를 가져야만 하기 때문이다. 바이틀링은 이것을 "3인조"(Trio)라고 표현하고[381], 프루동은 다음과 같이 선언한다. "이른바 지도자가 없는 사회에서는 살 수 없다."(une société, pour ainsi dire acéphale, ne peut vivre.)[382]

인민의 소리(vox populi)는 이제 항상 우리의 지지를 받는다. 그리고 '대중의 의견'은 군주를 지배할 것이다. 인민의 소리가 신의 소리(vox dei)와 똑같다는 것은 확실하다. 그러나 이 양자는 오히려 쓸모없지 않은가? 지배자의 소리(vox principis) 또한 신의 소리가 아닌가?

이런 경우 아마도 '국민들'이 생각날 것이다. 독일의 38개 주를 하나의 국민으로 행동할 것을 요구하는 것은, 38개의 여왕벌이 이끄는 38개 꿀벌 떼들이 하나의 무리로 뭉쳐야만 한다는 무의미한 욕망을 나타낼 뿐

---

380 같은 책, 132쪽.

381 원주 72, 바이틀링, 『조화와 자유의 보장』, 브베, 1842, 151쪽 다음 페이지. (슈티르너가 여기에 쓴 것은 명확하지 않지만, 바이틀링의 『조화와 자유의 보장』의 2부 9장에 대한 언급일 가능성이 높다. 2부 9장의 제목이 "3인조에 관하여"이다. "3인조"는 바이틀링이 그리는 이상적인 사회에서 행정 계층의 정점이었고, 과학-치유, 물리학, 역학이라는 세 가지 분야의 지도자로 구성되었다.- 옮긴이)

382 원주 73, 『인류에서의 질서의 창조』, 파리 브장송, 1843, 485쪽.

이다. 그것들은 모두 꿀벌들로 남아 있다. [254] 그러나 함께 일원이고 서로 결합할 수 있는 꿀벌들이 아니라, 오히려 오로지 공순한 꿀벌들만이 지배하는 여왕벌들과 관계 맺고 있다. 꿀벌들과 민중들은 자기의지가 없으며, 그래서 그들의 여왕벌들의 본능이 그들을 이끈다.

누군가가 꿀벌한테 어떤 경우에도 서로에게 모두 동일한 기질의 꿀벌이 되라고 지시한다면, 이제 독일인에게 독일인의 기질을 매우 맹렬히 참조하라고 하는 것과 같은 것을 행하는 것이다. 그렇군, 독일인의 기질(Deutschtum)은 분열과 분리의 필요성을 그 자체로 지니고 있다는 측면에서 완전히 꿀벌의 기질(Bienentum)과 같다.[383] 그럼에도 불구하고 분리 과정을 완전히 실행하는 최후의 분리까지 밀고 나아가지 않는데, 그것의 결말은 다음과 같다. 이를테면 나는 인간을 인간으로부터 분리할 생각이다. 독일인의 기질은 다양한 민족과 종족, 다시 말해 벌집들로 분리된다, 그러나 어떤 독일인임의 속성을 가지는 개인들은, 개별적 꿀벌처럼 여전히 매우 무기력하다. 그럼에도 오로지 개인들은 서로서로 연합할 수 있다. 그리고 개인들은 모든 민중—동맹과 결합 관계이고 기계적 조직(Zusammensetzungen)으로 남는다. 왜냐하면 적어도 지금까지 '민중'을 여럿이 모인 사람으로 여기는 한에서, 기계적으로 모인 사람들(Zusammentretenden)[384]은 자기의지가 없기 때문이다. 분리 그 자체는 비로

383 슈티르너가 사용하는 "꿀벌의 기질"(Bienentum), "독일의 기질"(Deutschtum)이라는 말로부터 그가 말하는 '소유'(Eigentum)라는 말의 의미가 명확해진다. 'eigen'은 '자신의'이란 뜻이고 '—tum'은 '성질'을 의미한다. 나의 소유는 나의 소유성이다. 소유성은 나를 나 자신의 것으로 만드는 것이다.

384 이 명사는 동사 "zusammentreten"에서 파생된 것이다. 이 동사는 "회합하다", "모이다"를 의미할 수 있지만, 또한 "짓밟다"를 의미할 수 있다. 그래서 여기서 이 명사는 이중의 의미가 있을 수 있다. 다시 말해 "기계적으로" 모인 사람들은 짓밟혔던 사람들이다.

소 마지막 분리를 마치고 통일로 변화한다.

이제 국민들은 꿀벌 기질의 추상적이고, 생명 없는 통일을 확립하기 위하여 애쓰고 있다. 그러나 자기 소유의 의지는 자기의지의 통일을 위해, 연합을 위해 투쟁할 것이다. 국민들이 보편스러운 어떤 것, 추상, 공허하고 생명 없는 개념을 만들길 원하는 것은 모든 반동다운 욕망의 상징물이다. 이에 반하여 자기 소유자(die Eigenen)는 옹골차고, 활기찬 개인들을 일반성이라는 허섭스레기로부터 면제하기 위해 노력한다. 반동주의자는 기꺼이 민족, 국민을 신속히 만들길 바랄 것이다. 그러나 자기 소유자는 자기 자신만을 마음속에 둔다. 근본적으로 이런 두 가지 노력은 오늘날 흔히 일어나는 일이다. [255] 요컨대 대교구의 관할 아래에 있는 권리의 회복, 오래된 종족 분류의 회복(프랑크 사람, 바바리아 사람 등등, 라우지츠 사람 등등), 그리고 전체—국적의 회복은 함께 하나가 되는 것이다. 만약 독일인이 그들의 꿀벌의 기질뿐만 아니라 모든 꿀벌통도 때려눕힌다면, 독일인은 오로지 합의(Einig)에 이르고, 스스로 연합(Vereinigen)할 것이다. 다른 말로 하자면, 독일인이 독일인 이상이 될 때, 그제야 비로소 독일인은 '독일인 연합'을 형성할 수 있다. 그들은 다시 태어나기 위하여 그들의 국적으로, 모태로 되돌아가길 원해야만 하는 것이 아니라, 오히려 각자가 자기 자신으로 돌아가길 원해야만 한다. '저 사람도 독일 사람이다'이기 때문에, 한 독일인이 다른 사람과 신성한 떨림으로 악수를 할 때, 얼마나 우스꽝스럽게 감상적인가! 그가 독일인이어서, 어떤 자격을 가지고 있구나! 그러나 사람이 '형제애'에 열광하는 한, 다시 말해 '가족주의'를 가지고 있는 한, 그것은 확실히 마음을 움직이게 하는 것으로 여겨질 것이다. '효성'이라는 미신으로부터, '형제애'나 '순진함'으로부터, 혹은 그 밖의 마음씨 고운 효성이란 상투어로 여겨질지라도, 독일인 대가족을 원하는 국민은 그 가족 정신으로부터 스스로 자유로울 수 없다.

이 외에도, 이른바 국민이 선량한 독일인 광신도 기질과의 관계에서 벗어나기 위해서 자기 자신들을 올바로 이해하기만 하면 될 것이다. 국민들이 독일인에게 요구한 물질적 목적과 이해관계를 위한 연합은 정말로 자발적 연합에 불과하기 때문이다. 카리에(Carrière)는 열정에 휩싸여(begeistert) 다음과 같이 외친다. "철도는 더 통찰력 있는 눈으로 보면 아직까지 그 어느 곳에서도 그와 같은 의미로 등장한 적이 없는 국민의 삶으로 가는 길이다."[385] 매우 맞는 말이다, 그 어느 곳에서도 나타나지 않았다는 것은 바로 사람들의 **국민의 삶**일 것이다. 왜냐하면 그것은—국민의 삶이 아니기 때문이다. —그다음에 카리에는 스스로 이의를 제기한다. "순수한 인간다움 혹은 인류는 자신의 사명을 완수하는 국민보다 더 잘 표현될 수 없다."[386] 실제로, 이 국민 정체성만이 표현된다. [256] '막연한 일반성은 그 자체가 전체인 자신이 포함된 형태보다 가치가 떨어지고, 진정으로 일반적인 것, 조직된 것의 부분으로 살아가듯이 산다.' 정확히 국민은 바로 '막연한 일반성'이다. 그리고 '자신이 포함된 형태'는 사람일 뿐이다.

세상 사람들이 '민족, 국민'이라고 부르는 개인과 관계치 않음(Unpersönliche) 역시 다음과 같은 이유에서 분명해진다. 자신의 **나**를 자신의 힘이 닿는 데까지 최대한 발휘하려는 국민은 **의지 없는** 지배자를 우두머리로 세우려고 한다. 국민은 다음 두 가지에서 대안을 찾는다, **오로지**

---

385 원주 74, 카리에(Moriz Carrière), 『자유로운 독일 교회로서의 쾰른 대성당. 다시 착공했을 때의 국적, 예술, 종교에 대한 생각』(Der Kölner Dom als freie deutsche Kirche. Gedanken über Nationalität, Kunst und Religion beim Wiederbeginn des Baues)(슈투트가르트, 1843), 4쪽.
(모리츠 카리에(1817~1895)는 독일의 철학 교수이고 역사학자이다. 그는 1853년 뮌헨 대학교 교수로 임명되어 주로 미학을 강의했다.- 옮긴이).

386 같은 책, 10쪽.

자신을 실현하는 군주, 개인적 즐거움만을 실현하는 군주에 복종하든지—그때 국민은 그 '절대적 지배자'에서 국민 자신의 의지, 이른바 국민의 의지를 인식하지 못한다. 혹은 결코 자신의 의지를 실행하지 못하는 군주를 왕좌에 앉혀야만 하는 것에서—그때 국민은 의지 없는 군주를 가지는데, 그 군주의 자리에 어떤 정교한 시계 장치가 아주 잘 채울 것이다. 그러므로 통찰력은 오직 한 걸음 더 나갈 필요가 있다. 그렇다면 국민의—나(Volks—Ich)는 개인과 관계없는, '정신적' 힘—법이라는 사실이 자연히 명확해진다. 그러므로 국민의 나는 나가 아니라 어떤—유령이다. 내가 나 자신을 만든다는 사실, 즉 나를 만드는 일이 다른 사람의 일이 아니라, 나 자신의 일이어야만 한다는 이 사실에 의해서만 나는 나이다. 그런데 나는 저 국민의-나와 어떤 관계가 있을까? 우연이 나에게 국민의 이익이 되도록 행동하게 하고, 우연이 나에게 이런저런 타고난 지배자를 제공하며, 우연성은 나에게 선택된 지배자를 마련해 준다. 그런데 내가 나의 생산물이듯이, 선택된 지배자는 나('주권을 가진' 국민)의 산물이 아니다. 그대는 그대 자신의 나가 아니라, 철수 혹은 수철이라는 이름이 그대의 나였다고 믿도록 그대에게 설득하려는 사람을 상상해 봐라! 그러나 그것은 정확히, 국민과 관계되는 문제이다. 왜냐하면 비록 11개의 행성이 공통의 중심을 중심으로 회전할지라도, 함께 계산된 11개의 행성보다, 국민이 더 많은 나를 갖고 있지 못했기 때문이다.

바일리[387]의 발언은 이전에 군주 앞에서처럼, 주권을 가진 국민 앞에서 노예근성을 나타낸다. 그가 말하듯이, "보편 이성 그 자체가 선언되었을 때, 나에게 결코 그 외의 이성(Extravernunft)은 없다. [257] 내 첫 번째

387 바일리(Jean Sylvain Bailly, 1736~1793년)는 프랑스 혁명 초기의 정치 지도자였다. 그는 테니스 코트 서약을 주재하고 1789년에서 1791년까지 파리 시장으로 봉사했으며 통치 기간 동안 단두대에서 처형되었다.

법은 국민의 의지였다. 국민의 의지가 모여졌을 때, 나는 국민의 주권 의지 너머 있는 것은 아무것도 알지 못했다."[388] 그는 "그 외의 이성"을 결코 가지려고 하지 않는다. 그럼에도 이러한 그 외의 이성이 단독으로 모든 것을 성취한다. 그와 똑같이 미라보는 바일리의 발언을 통렬히 비난한다. "지상의 어떤 권력도 국민의 대표자한테 말할 권리를 가지지 못하는구나, 그 권리는 내 의지이노라!"[389]

그리스인과 마찬가지로, 이제 사람들은 인간을 정치적 동물(zoon politikon), 국가의 시민 혹은 정치적 인간으로 만들기를 바랐다. 그래서 인간은 오랫동안 '천국의 시민'으로 여겨졌다. 그러나 그리스인은 그의 국가와 함께 품위가 떨어졌고, 마찬가지로 천국의 시민은 천국과 함께 품위가 떨어졌다. 반면에 우리는 국민, 민족과 국적과 함께 몰락하려고 하지 않을 것이고, 정치적 인간 혹은 정치인에 불과한 사람이 되지 않을 것이다. 혁명 이후에 그들이 '국민의 행복'을 위해 노력하였고, 국민을 행복하게, 위대하게, 등등 만드는 동안에, 그들은 우리를 불행하게 만든다. 이를테면 국민의 행복은—나의 불행이다.

정치적 자유주의자가 공허한 잡담에 두드러진 미풍양속의 옷을 입혀 퍼트리는 것을 사람들은 나우베르크의 『국가의 참여에 관하여』[390]에

---

388 원주 75, 에드가 바우어, 『베일리와 프랑스 혁명의 첫날』(Bailly und die ersten Tage der Französischen Revolution), (샤를로텐부르크, 1843), 25쪽.

389 원주 76, 같은 책, 99쪽.
(원문은 다음과 같다. "Keine Macht auf Erden hat das Recht, zu den Repräsentanten der Nation zu sagen: Ich will!" 그런데 여기서 'Ich will'(나는 …할 작정이다)는 그 의미가 불행히도 모호하다. 따라서 영어 본을 참조하였다. "No power on earth has the right to say to the nations representatives: it is my will",- 옮긴이)

390 나우베르크(Karl Nauwerk, 1810~1891년)는 독일의 동양학자, 신학자이고, 베

서 정확히 다시 본다. 그 책에서 저자는 완전한 의미에서 국가의 시민이 아니고, 국가에 대해 무관심하고, 국가에 참여하지 않는 사람에 대해 불평을 늘어놓고, 마치 사람이 활발히 국가 제도에 참여하지 않는다면, 다시 말해 정치가가 아니라면, 사람은 전혀 인간이 아닌 것처럼 말한다. 그 점에 있어서 그는 옳았다. 왜냐하면, 국가가 모든 '인간다운 것'의 수호자로 여겨진다면, 우리는 국가에 참여하고, 그렇지 않으면 아무런 인간다움도 가질 수 없기 때문이다. 그러나 이것은 자기다운 사람(Egoisten)에 대해 말하는 것인가? 전혀 그렇지 않다. 왜냐하면 자기다운 사람 그 자신이 자기 자신을 위한 인간다움의 수호자이고 국가에 대해 오로지 다음과 같이 말하기 때문이다. "나에게서 햇빛을 가리지 마라."[391] [258] 국가가 그의 자기소유성과 접촉할 때만, 그는 국가에 대해 어떤 적극적 관심을 보인다. 국가의 상황이 책상물림 학자를 괴롭히지 않는다면, 그것이 그의 '가장 신성한 의무'이기 때문에, 그는 국가와 관련을 맺어야만 하는가? 국가가 그 학자가 원하는 대로 하는 한, 그가 자신의 연구에 눈길을 쏟을 필요가 무엇인가? 자신의 이해관계에서 상황을 다르게 원하는 사람들한테 일을 처리하게 하자. 사람이 '신성한 의무' 때문에 과학의 제자, 예술가 등등이 되지 않는 것과 마찬가지로, 지금도, 앞으로도 '신성한 의무' 때문에 사람들이 국가를 생각하지 않을 것이다. 자기중심성만이 사람들을 국가로 몰아넣을 수 있다. 그리고 국가가 훨씬 더 나빠지자마자 국가는 그렇게 할 것이다. 만약 당신이 사람들의 자기중심성이 국

를린에서 헤겔 철학 강사였으며 '자유인' 모임의 구성원이었다. 그의 저서 『국가의 참여에 관하여』, 편집인 비간트(Otto Wigand)에 의해 라이프치히에서 1844에 출판되었다.

391 이는 견유학파의 창시자인 안티스테네스(Antisthenes, 기원전 440~336년)의 제자인 디오게네스(Diogenes, 기원전 494~323년)가 알렉산드로스 대왕이 무엇을 해주면 기쁘겠냐고 물었을 때, 한 말이기도 하다.

가 체제에 대한 고려를 요구한다는 것을 사람들에게 보여줄 수 있다면, 당신은 오랫동안 그들에게 호소하지 않을 것이다. 이와 반대로 당신이 조국에 대한 사랑 등등을 그들에게 호소했다면, 당신은 오랫동안 이러한 '사랑의 헌신' 대신에 무감각한 가슴에 설교하게 될 것이다. 당신의 생각대로 자기다운 사람이 전혀 국가의 일에 관여하지 않을 것은 확실하다.

나우베르크는 진정한 자유주의적 상투어를 16쪽에 게재한다.

> "인간은 자신을 인류의 구성원으로서 느끼고 알 때, 그리고 그런 구성원으로서 활동적일 때, 비로소 자신의 소명을 완전히 완수한다. 개인들은, 자신의 근거를 모든 인류에 두지 않는다면, 자신의 힘을, 안타이오스(Antäos)[392]처럼, 모든 인류에서 얻지 않는다면, **인간다움**의 이상을 실현할 수 없다."[393]

같은 곳에서 그는 다음과 같이 말한다. "인간의 **국가**(res publica)[394]와 관계는 신학적 관점에 의해 순전히 개인적 문제로 지위가 떨어졌다. 따라서 그런 관계는 부정에 의해서 제거되었다."[395] 마치 정치적 관점이 종교와 다른 것처럼! 정치적 관점에서 종교는 일종의 '개인적 문제'이다.

만약에 '신성한 의무', '인간의 운명', '온전한 인간성을 향한 소명' 그리고 유사한 계율들 대신에, 국가 안에서 모든 것을 되는대로 둔다면,

---

392 안타이오스(Antaeus)는 바다의 신 포세이돈과 땅의 여신 가이아 사이에 나온 둘째 아들이다. 자신의 어머니인 땅에 몸이 닿을 때마다 더욱 강해지는 특성이 있었다. 헤라클레스는 안타이오스를 공중에 들어 올려 기운을 뺀 뒤에 목 졸라 죽였다고 한다.

393 나우베르크, 『국가의 참여에 관하여』, 라이프치히, 1844, 16쪽.

394 "공화국"을 뜻하는 영어 단어 republic은 라틴어 "res publica"(레스 푸블리카)에서 파생된 어휘이다. res publica를 직역하면 공적인(publica) 일(res)이라는 뜻이다.

395 원주 77, 나우베르크, 『국가의 참여에 관하여』, 라이프치히, 1844, 16쪽.

[259] 사람들의 **자기유용성**을 침해하는 거라고 사람이 생각할 것이고, 그 다음에 장광설 없이, 그런 계율들을 청원할 것이다. 왜냐하면 자신의 목적을 달성하려면 결정적 순간에 사람은 그런 계율들을 청원해야 하기 때문이다. 이것 대신에, 신학을 혐오하는 저자는 다음과 같이 말한다. "만약에 언제든지, **국가**가 모든 것을 **국가의** 것이라고 주장한다면, 우리의 것도 국가의 것이다. ―생각하는 사람은 국가의 이론과 실천에 참여하는 것을 어떤 의무, 그에게 주어진 가장 신성한 의무 중 하나로 이해한다."―그리고 그다음에 "모든 사람이 국가에 참여하는 절대적 필연성"[396]을 훨씬 더 상세한 관찰에서 끌어낸다.

그의 머리나 마음에 혹은 그 둘에 **국가**가 자리 잡은 사람, 국가에 의해 정신을 빼앗긴 사람 혹은 **국가를 믿는 사람**은, 정치가이며 그런 사람으로 영원히 남는다.

"국가는 인류의 완전한 발전을 위해 가장 필연적 수단이다."[397] 우리가 인류를 발전시키고자 하는 한, 국가는 틀림없이 존재할 것이다. 그러나 우리가 우리 자신을 발전시키고자 한다면, 국가는 우리한테 어떤 억제 수단으로만 존재할 수 있다.

지금도 역시 국가와 국민을 새롭게 뜯어고치고 좋게 만들 수 있는가? 귀족, 성직자, 교회 등등을 새롭게 뜯어고치고 좋게 만들 수 없는 것과 마찬가지로, 국가와 국민을 파기하고, 무효로 하며, 없앨 수 있지, 새롭게 뜯어고칠 수 없다. 도대체 내가 그것들을 새롭게 뜯어고쳐서 무의미한 한 조각을 의미 있는 것으로 바꿀 수 있는가? 혹은 내가 그것을 서슴없이 포기해야만 하는가?

지금부터 해야 하는 일은 더 이상 **국가**(국가의 형태 등등)에 관한 문

396 원주 78, 같은 책, 5쪽.

397 원주 79,(결코 나우베르크의 인용문이 아니다. 발행인)

제가 아니라, 오히려 나에 관한 문제이다. 이것과 함께, 군주의 권력, 헌법 등등에 대한 모든 질문은 그것들의 진정한 심연 속으로 가라앉고, 그것들의 진정한 무(無) 속으로 가라앉는다. 나(Ich), 이러한 무(無)가 나 자신에게서 나의 **창조물**을 낳을 것이다.

최근 일부 사람들한테 찬사를 받은 '정당' 역시 사회의 지부(支部) 가운데 하나이다.

국가에서 **정당**은 중요하다. [260] '정당, 정당에 가입하지 말아야 할 사람이 누군가?' 그러나 개인들은 **유일한** 존재이고, 결코 정당의 구성원이 아니다. 개인들은 자유롭게 연합하고 다시 자유롭게 분리한다. 정당은 국가 속에 국가(Staat im Staate)일 뿐이고, 훨씬 큰 꿀벌국가 속에서와 아주 똑같이 훨씬 작은 꿀벌국가 속에서도 '평화'를 유지해야만 한다. 국가에 **반대해야만** 한다고 가장 크게 소리치는 바로 그 사람이, 정당 안의 모든 불일치를 극구 반대한다. 이런 일은 그들도 정확히 어떤—국가를 원한다는 증거이다. 모든 정당은 국가에 부딪혀서 산산조각이 나는 것이 아니라, 오히려 유일자에 거슬러서 산산조각이 난다.

이제 세상 사람들은 자신의 정당에 충실하라는 훈계보다 더 빈번히 듣는 것은 아무것도 없다. 그래서 정당인은 당원조차 경멸하지 않는다. 그들은 자신의 당과 함께 온갖 고난을 무릅쓰고 헤쳐나가야만 하고 동시에 정당의 주요한 원칙을 무조건 시인하고 지지해야만 한다. 실제로 여기서 그러한 일은 폐쇄된 사회처럼 그렇게 완전히 나쁘게 진행하지 않는다. 왜냐하면 저 정당의 주요한 원칙은 정당의 당원들을 견고한 법 혹은 법령(예를 들어 수도회, 예수 공동체 등등)에 묶어 놓기 때문이다. 그러나 그럼에도 불구하고 정당이 특정한 원칙들을 **구속하는** 바로 그 순간에, 그리고 그 원칙들이 공격 앞에서 안전하기를 원하는 바로 그 순간에 정당은 연합이길 멈춘다. 그러나 이 순간이 정확히 정당의 출생 행위이다. 정당으로서의 정당은 이미 태어난 사회이고, 죽은 연합, 고정되어 버린 이념이다. 절대주의 정당으로서의 정당은 당원들이 뒤집을 수 없는 이 원리의 진리를 의심하는 것을 원하지 않을 것이다. 그러나 그들이 여전히 그들의 정당 밖의 다른 존재, 당파에 속하지 않은 사람이기를 원하고 싶을 만큼 충분히 자기중심적이라면, 그들은 오로지 이러한 의혹을 품을 수 있을 것이다. 그들은 당원으로서 초당파인 사람의 신분이 아니라, 오히려 자기중심적 사람으로서만 당파에 속하지 않을 수 있다. 그대가 개신교도이고 개신교라는 정당에 속하는 사람이라면, 그때 그대는 개신교를 거부할 수 없고, 오로지 개신교의 정당함을 인정할 수 있고, 기껏해야 개신교를 '정화시킬' 수 있다. 그리고 그대가 기독교인이고 기독교 정당의 사람이라면, 그때 그대는 정당의 당원으로서 기독교 정당을 넘어설 수 있는 것이 아니라, 오히려 그대의 자기중심성, 비당파성이 당신을 그렇게 하도록 격려할 때만, 기독교 정당을 넘어설 수 있다. [261] 헤겔과 공산주의자에 이르기까지 기독교인은 자신들의 당을 강하게 만들기 위하여 얼마나 많은 노력을 기울였는가! 그래서 그들은 기독교가 영원한 진리를 포함해야만 하고, 게다가 사람들은 오직 영원한 진리를 찾아내고, 확립하고 정당화해야 한다고 고집한다.

한마디로 말하면, 당파는 비당파성을 참지 못하는데, 그리고 정확히 그 점에서 자기중심성이 나타난다. 당파는 나와 상관없지 않은가? 나는 내 깃발에 충성을 맹세하지 않고도 나와 연합할 수 있는 사람을 여전히 충분히 찾을 것이다.

세상 사람들은 한 당파에서 다른 당파로 옮기는 사람을 곧바로 '변절자'라고 욕한다. 도덕성은 사람들이 자신의 당파에 충실할 것을 요구하고, 자신의 당파를 버린다는 것은 불성실의 명예롭지 못한 흠으로 자신을 욕되게 하는 것을 의미한다. 하지만 자기소유성은 어떤 '충실, 충성 등등'의 계율도 알지 못한다. 자기소유성은 모든 것을, 심지어 믿음과 의리를 저버리는 것, 당파를 바꾸는 것도 허가한다. 도덕이 깃든 사람이 자신들의 당파를 위반하는 사람을 판단할 때, 도덕이 깃든 사람도 무의식적으로 자기소유성의 원리에 따라 행동하고,—실제로, 그들은 전향자가 될 가능성이 높다. 오로지 동시에, 도덕이 깃든 사람은—여기에서 자기 자신을 행동하기 위해서 비도덕적으로 행동해야만 한다는 사실을, 다시 말해 도덕적 고려에 의해 결정되는 사람보다는 자기 자신이 결정하기 위하여 믿음, 아니 그뿐인가, 자신의 맹세까지 깨드려야만 한다는 사실을 인식해야만 한다. 엄격한 도덕적 판단을 하는 사람의 눈에 전향자는 항상 어정쩡한 색으로 아른거린다. 그리고 개종자는 엄격한 도덕적 판단을 하는 사람의 신뢰를 쉽게 얻을 수 없다. 왜냐하면 실제로 '성실하지 못함', 곧 부도덕성이라는 명예롭지 못한 흠이 전향자에게 달라붙어 있기 때문이다. 이러한 의견은 비천한 사람들 사이에서 거의 보편적으로 발견된다. 여느 때와 마찬가지로, 그들의 개념에 대한 혼란 때문에 계몽된 사람들도 여기서 불확실성과 혼란에 빠지고, 도덕성의 원리에서 필연적으로 발생하는 모순이 명확하게 그들의 의식에 나타나지 않는다. 계몽된 사람들은 거리낌 없이 감히 전향자를 비도덕적이라고 말하지 않는다. 왜냐하면 그들은 자기 자신을 유혹해서 한 종교에서 다른 종교로의 개종, 곧 변절하도록 하기 때문이다. 여전히 그들은 도덕성의 관점을 포기할 수 없다. 그럼에도 불구하고 여기에서 도덕성에서 벗어날 기회를 잡을 수 있을 것이다.

[262] 혹시 자기 자신인 사람들 혹은 유일한 사람들이 한 당파인가? 그들이 한 당파에 속한 사람이라면, 어떻게 그들이 자기 자신인 사람일 수 있는가?

혹은 사람은 당파와 관계 맺어서는 안 되는가? 당파와 내가 같은 목적을 끝까지 추구하는 한, 그야말로 사람들과 어울리고 그들의 무리에 들어가는 것만으로도, 사람들은 지속되는 연합을 형성한다. 그러나 내가 오늘 여전히 당파의 목적을 공유하고 설사 내일 내가 더 이상 정당의 목적을 공유할 수 없다고 하면, 나는 정당을 '배반할' 것이다. 당파는 나에게 아무런 구속력(의무)이 없으며, 나는 당파를 존중하지 않는다. 그래서 내가 더 이상 당파를 좋아하지 않는다면, 나는 당파의 적이 된다.

당파 그 자체와 당파의 존립을 소중히 여기는 모든 당파에서 당원은 자기중심성이 부족한 만큼, 당파의 저 열망에 헌신하는 만큼, 그만큼 자유롭지 못하거나, 더욱더 자기 자신이 아닌 사람이다. 당파의 자립성은 당원의 비자립성을 조건으로 요구한다.

어떤 종류의 당파일지라도, 당파는 절대로 신앙 고백 없이 존재하지 못한다. 왜냐하면 당파의 구성원은 당파의 원리를 믿어야만 하고, 당원은 당파를 의심하거나 의문을 품지 않아야만 하며, 당원에게 당파는 확실하고, 의심할 바 없는 것이어야만 하기 때문이다. 이것이 의미하는 것은 다음과 같다. 곧 육체와 영혼은 당파에 속해야만 한다. 그렇지 않으면 진정한 당원이 아니라, 오히려 다소간—자기중심적 사람이다. 기독교에 대해 의혹을 품는다면, 그대는 이미 더 이상 결코 참된 기독교인이 아니다. 그대는 기독교에 대해 어떤 질문을 던지고 그대라는 자기중심적 판사석 앞으로 기독교를 끌어냄으로써 '뻔뻔스러움'(Frechheit)으로 자신을 북돋워서 높였다. 그대는 기독교, 곧 기독교라는 당파가 마땅히 해야 할 큰 도리(왜냐하면 예를 들어 기독교가 마땅히 해야 할 큰 도리는 확실히 유대인을 위해, 어떤 다른 당파를 위해 마땅히 해야 할 큰 도리가 아니기 때문이다)에—죄를 지었다. 그러나 그대가 자신을 두려워하지 않는다면, 그대를 위해 좋다. 그대의 뻔뻔스러움은 그대를 도와 자기 소유성을 얻게 한다.

그러면 어떤 자기중심적 사람은 결코 당파를 채택하거나 선택할 수 없는가? 그렇고말고, 오로지 자기중심적 사람은 당파가 자신을 채택하거나 선택하도록 할 수 없다. 자기중심적 사람한테 당파(Partei)는 항상

어떤 놀이(Partie)에 지나지 않는다. 자기중심적 사람은 놀이에 참여하고 있다.[398]

[263] 최고의 국가는 분명히 가장 충직한 시민을 가진 그런 국가일 것이다. 그리고 적법성에 대한 충실한 마음을 더 잃어버릴수록, 그만큼 더 국가, 곧 도덕성이라는 이러한 체제, 이러한 도덕적 삶 그 자체는 힘과 품질이 줄어들 것이다. '선량한 시민'과 함께 선량한 국가도 타락해 가고 무법 상태와 법의 부재로 분해된다. '법을 존중하라!' 이런 접합제로 국가 전체가 결합이 된다. '법은 신성하니, 그런 관점에서 죄를 범하는 누구든지 범죄자이다.' 범죄가 없으면, 국가도 없다. 도덕적 세계(다시 말해 국가)는 불량배, 사기꾼, 거짓말쟁이, 도둑 등등으로 꽉 차 있다. 국가는 '법의 지배', 바로 법의 위계질서이기 때문에, 자기중심적 사람은 자신의 이익이 국가의 이익과 충돌하는 모든 곳에서, 범죄를 통해서만 자기 자신을 만족시킬 수 있다.

국가는 국가의 법과 질서가 신성하다(heilig)는 주장을 포기할 수 없다. 이러한 이유로 개인들은 정확히 신성하지 않은 사람(Unheiligen)(야만인, 자연 그대로의 사람, '자기중심적 사람')으로 여겨진다. 왜냐하면 개인은 교회가 한때 자신을 보았던 정확히 그 방식인 국가에 반대하기 때문이다. 개인에게 국가는 어떤 성인(聖人)의 후광을 띤다. 그래서 국가는 결투 금지법을 선언한다. 어떤 대의(어느 것이라도 문제가 안 된다)를 위해 목숨 거는 것에 둘 다[개인과 국가가] 동의하는데, 국가가 그러한 대의를 원하지 않기 때문에 그런 일을 해서는 안 된다. 그다음에 국가는 그

398 여기서 번역에 어려움이 있는 말장난이 있다. 'Partei'는 특히 '정당' 또는 '계약'을 의미한다. 다른 말로는 '한 패'를 의미한다. 'Partie'는 '놀이'를 포함하여 여러 의미가 있다. 또한 'Partie'는 '함께 소풍을 가는 일행의 무리'라는 의미도 있다. 슈티르너가 말하고 있는 요점은 자기중심적 사람은 당파를 진지하게 받아들이지 않는다는 것이다.

일에 형벌을 정한다. 그렇다면 자기결정의 자유는 어디에 있는가? 예를 들어 북아메리카에서처럼, 사회가 결투자들에게 지금까지 향유한 명성을 도로 거두어들이는 일과 같은 자기들의 행위의 확실한 부정적 결과를 받아들이도록 결정할 때, 이 일은 완전히 다른 문제이다. 명성을 거부하는 것, 그것은 모든 사람의 관심사이다. 그리고 어떤 사회가 이런저런 이유로 명성을 철회한다면, 그 때문에 피해를 본 사람은 자기 자유의 침해에 관하여 불평할 수 없다. 사회는 단지 사회 자신의 자유만을 주장한다. 이것은 결코 죄에 대한 형벌이 아니고, 범죄에 대한 형벌도 아니다. [264] 여기서 결투는 결코 범죄가 아니라, 오히려 행위일 뿐이다. 행위에 반해서 사회는 대책을 강구하고, 방어를 확립한다. 이와 반대로 국가는 결투를 어떤 범죄, 다시 말해 국가의 신성한 법의 위반으로 여긴다. 그러니까 국가는 결투를 어떤 형사사건으로 만든다. 개인이 자신의 행동으로 인해 자신에게 나쁜 결과와 불편함을 가져오고 싶은지를 개인의 결정에 맡기고, 이러한 방식으로 사회가 개인의 자유로운 결정을 인정한다면, 정반대로 국가는 개인의 결정에 대한 모든 권리를 부정하고, 국가 자신의 결정을, 다시 말해 국가의 법에 대해서만 권리를 인정한다. 그 결과 국가의 명령을 어긴 사람을 신의 계명을 어긴 사람처럼 본다. 이것은 한때 교회도 유지했던 견해이다. 여기에서 신은 그 자체로 성스러운 것이다. 그리고 국가의 명령처럼 교회의 계명은 신의 계율이다. 신은 신—의—은총—을—받은 구세주와—지배자를 통해 세상에 교회의 계몽을 전달한다. 교회가 영원한 죽음을 불러올 죄악을 가지고 있다면, 국가는 사형에 처할 만한 범죄를 가지고 있다. 그리고 교회가 이단자를 가지고 있듯이, 국가는 반란자를 가지고 있다. 그러니까 전자가 교회의 형벌을 가진다면, 후자는 국가의 형벌을 가진다. 그리고 전자에게 종교적 재판이 있다면, 후자에게 국가적 재판이 있다. 한마디로 말하자면, 교회에는 [종교적] 죄가 있고 국가에서는 [국가적] 범죄가 있으며, 교회에서는 [종교적] 죄인이 있고 국가에서는 [국가적] 범죄자가 있으며, 교회에서는 이단 심문이 있고, 국가에서는—엄한 문초가 있다. 국가의 신성함은 교회의 신성함처럼 타락하지 않을까? 국가의 법에 대한 두려움, 국가의 통치에 대한 경외, '국가 신민'의 겸손, 이것은 지속될 것인가? 신성한 얼굴은 보기 흉하게 되지 않을까?

국가 권력은 개인과 정직하게 싸워야만 하고, 언론 · 출판의 자유로 사람들이 자기 자신을 표현하듯이, 태양과 바람을 동등하게 공유해야만 한다고 국가 권력에 바라는 것은 얼마나 우둔한 일인가! 국가, 곧 국가라는 개념이 유효한 힘이 되어야 한다면, 국가는 단지 개인보다 더 높은 힘이어야만 한다. 국가는 '신성한' 것이고 개인들의 '뻔뻔스러운(frech) 공격'에 자신을 노출해서는 안 된다. 국가가 **신성하다면**, 그러면 검열은 있어야만 한다. 정치적 자유주의자는 전자를 인정하고 그 결론을 부정한다. [265] 그러나 어떤 경우에도 그들은 국가의 억압적 행동 규범을 시인한다. 왜냐하면—그들은 국가가 개인보다 **더 높은** 것이고 형벌이라는 이름의 정당한 징벌을 실행해야 한다고 고집하기 때문이다.

처벌이 신성한 것을 어긴 것에 대한 속죄일 때에, **처벌**은 오직 의미가 있다. 어떤 것이 어느 사람한테 신성할 때, 그가 어떤 것을 적대시한다면, 틀림없이 그는 처벌받을 만하다. 사람의 생명이 그에게 신성하고 사람의 생명을 침해하는 것을 두려워하기 **때문에**, 인간의 생명을 계속 유지하도록 하는 사람은 그저 일종의—**종교적** 인간이다.

바이틀링은 범죄에 대한 책임을 '사회적 무질서'에 씌운다. 그러면서 그는 예를 들어 공산주의적 제도에서 화폐와 같은 유혹이 제거될 것이기 때문에, 범죄는 불가능할 것이라는 기대로 살아간다. 그럼에도 불구하고 그가 조직했던 사회조차 신성하고 침범해서는 안 되는 것으로 드높여질 것이기 때문에, 저 선량한 관점의 기대가 어긋난다. 입으로는 공산주의 사회를 지지한다고 선언했지만, 다른 한편 손으로는 공산주의 사회의 몰락을 위해 일했던 그런 사람들은 부족하지 않을 것이다. 게다가 바이틀링은 "사람의 질병과 약함의 자연스러운 불완전함에 대한 치료법(Heilmittel)"에 계속 머물러 있어야 한다.[399] 그리고 '치료법'은 항상 처음부터, 개인을 확실한 '구원'(Heil)[400]을 위한 소명으로 여겨지는 것이라고, 따라서 이러한 '인간의 소명'에 따라서 개인을 취급할 것이라고 통지한다. 치료법 혹은 치유는 처벌의 감춰진 면일 뿐이다. 치유이론은 처벌이론과 평행을 이룬다. 그러니까 처벌이론이 어떤 행위에서 정당함에 거스르는 죄를 본다면, 치유이론은 어떤 행위를 자기 건강의 쇠퇴로서, 자기 자신에 대한 인간의 죄로 생각한다. 그러나 적절한 일은, 내가 어떤 행동을 내 마음에 드는 행동이거나 내 마음에 들지 않은 행동으로 여기거나, 나한테 적대적 행동이거나 친절한 행동으로 여기는 것, 다시 말해 어떤 행동을 내가 경작하거나 파괴하는 나 자신의 소유로 취급하는 것이다. [266] '범죄' 혹은 '질병'은 문제에 대한 자기중심적 의견, 나로부터 시작하는 판단이 아니며, 오히려 다른 것—요컨대 일반적으로 어떤 행동이 정당함을, 일반적 권리를 혹은 부분적으로 개인(환자)의 건강을, 부분적으로 보편(사회)의 건강을 손상하는 것인지—으로부터 시작하는 판단이다. '범죄'는 무자비하게 취급되었고, '질병'은 '사랑스런 친절, 동정' 따위로 취급되었다.

---

399 원주, 80, 바이틀링, 『조화와 자유의 보장』, 브베, 1842, 191쪽.
(바이틀링이 스위스의 제네바에서 쓴 이 저작은 스위스에 와 있던 러시아의 망명자 바쿠닌에게 아나키즘 사상을 형성하는데 큰 영향을 미쳤으며, 청년 마르크스가 공산주의 사상을 형성하는데 강한 인상을 주었다.- 옮긴이)

400 여기에서 바이틀링이 '질병과 약함'을 위한 '치료법'에 대해 말하고 있기 때문에, 이 문맥에서 'Heil'을 '건강'이라고 번역할 수 있지만 '구원'이라고 번역하기로 결정했다. 왜냐하면 기독교적 공산주의자인 바이틀링은 '치료법'을 '구원'의 관점에서 생각했을 것이기 때문이다. 두 용어는 가능한 번역이다.

범죄에는 처벌이 뒤따른다. 범죄를 저지르면, 신성한 것이 사라지기 때문에, 처벌을 바로 이 경우에 끌어들여야만 한다. 그 까닭은 처벌 역시 신성한 것과 관련해서만 의미가 있기 때문이다. 사람들은 교회의 처벌을 폐지하였었다. 왜 그랬지? 누군가가 '신성한 신'에 대하여 어떻게 행동하는지는 자기 자신의 일이기 때문이다. 그러나 이러한 하나의 처벌, 교회의 처벌이 타락하는 것처럼, 그렇게 모든 처벌은 반드시 몰락한다. 이른바 신에 대한 [종교적] 죄가 사람 자신의 일이듯이, 이른바 신성한 것이라는 모든 종류에 대한 죄도 사람 자신의 일이다. 우리의 형법학에 따라, 형법학을 '시대에 적합하게 고쳐 다시 정하는 일'로 사람들은 쓸데없이 고생하고 있고, 사람들은 이런저런 '인간답지 않음'에 대해 사람들을 처벌하고 싶어 하고, 그와 동시에 좀도둑을 교수형에 처하고 큰 도둑을 풀어주어, 그들 행동의 일관성으로 그러한 형법학의 어리석음을 특히 분명히 하고 싶어 한다. 소유의 침해에 대한 대비로 교도소가 있고, 생각의 속박, '자연스러운 인권'의 억압에 대한 대비로 단지—항의와 청원이 있다.

형법은 신성한 것에 의해서만 존속한다. 그리고 처벌이 포기되면, 형법은 저절로 사라진다. 그런데 사람들은 처벌 그 자체에 관해 양심의 가책(Bedenken)을 갖지 않고, 어떤 새로운 형법을 도처에 만들어 내길 원한다. 그러나 만족에 자리를 양보해야만 하는 것은 정확하게 처벌이다. 만족은 다시 올바름 혹은 정의를 만족시키는 것을 목표로 삼을 수 없고, 오히려 우리에게 만족한 결과를 마련해 주는 것을 목표로 할 수 있다. 만약 사람이 우리가 받아들이고 싶지 않은 것을 우리에게 받아들이게 한다면, 우리는 그의 힘을 꺾어버리고 우리의 힘을 효과적으로 휘두른다. 우리는 그에게 우리 자신을 납득시키고 올바름(유령(Spuk))을 만족시키고자 하는 어리석음에 빠지지 않는다. [267] 사람에 대항하여 자신을 지켜야만 하는 것이 신성한 것이 아니라, 오히려 사람에 대항하여 인간을 지키는 것이 신성한 것이다. 에—뭐라고 할까, 신은 또한 더 이상 사람에 대항하여 신 자신을 지키지 않듯이. 이전에(부분적으로, 참으로, 바로 지금) 모든 '성직자들'한테 신성모독자를 처벌하기 위해 손을 내밀었듯이, 모든 성직자들은 여전히 바로 지금 신성한 것에 자신들의 손을 빌려준다. 그래서 신성한 것에 대한 이러한 헌신은, 또한 자신의 것에 활발히 관여하지 않는 사람이 범죄자를 경찰행정과 사법기구의 손아귀로 넘겨주는 일만을 불러일으킨다. 정부에 양도하는 데 무관심한 사람은 '당연히, 신성한 문제를 매우 잘 돌볼 것이다.' 국민은 신성한 것이 비윤리적이고, 종종 단지 무례하게 보이는 모든 것을 경찰행정으로 쫓게 한다는 점에서 완전히 미친 사람이다. 그리고 윤리적인 것을 위한 이러한 대중적 분노는 어떤 식으로든 윤리적인 것을 보호할 수 있었던 정부보다 더 경찰행정기관을 보호한다.

지금까지 자기중심적 사람은 범죄로 자신을 주장했고 범죄로 신성한 것을 조롱했다. 신성한 것과의 단절, 더 정확히 말하자면 신성한 것을 파괴하는 것은 두루 통해질 수 있다.[401]

지금 다가오고 있는 것은 혁명이 아니다.
그러나 어떤 강력한, 가차 없는, 염치없는, 양심 없는, 당당한—범죄,
그것이 먼 곳에서 우레와 같은 소리로 화내지 않는가?
그리고 불길한 예감으로 가득 차 무거워진 하늘이
어두워지며 침묵하는 모습이 그대에게는 보이지 않는가?

자신의 힘이 가족, 정당, 국민과 같은 제한된 사회를 위해 사용되는

401 아래의 구절을 시의 형식으로 변형하였다. 범죄에 대한 송가로 보이기에 이런 방식으로 변형하였다.

것을 거부하는 사람은 여전히 항상 더 품위 있는 사회를 동경하고, '인간다운 사회' 혹은 '인류' 속에서 진정한 사랑의 대상을 찾을지도 모른다고 생각하면서, 그것들을 위해 자신을 희생하는 것이 그의 명예를 구성한다. 이제부터 '그는 인류를 위해 살고 인류에 헌신한다.'

국민은 육체의 이름이고, 국가는 지금까지 나를 억압해 온 저 지배하는 인격이라는 정신의 이름이다. 사람들은 국민과 국가를 '인류'와 '보편적 이성'으로 확장하여 변용시키고 싶었다. 그러나 이러한 확장에 의해 노예근성은 여전히 더 강렬해질 뿐이다. 그래서 박애주의자와 인간주의자는 정치가와 외교관 못지않은 절대적 지배자이다.

[268] 현대의 비판가들은 종교를 극구 반대하는데, 그 이유는 종교가 신, 신다운 것, 도덕다운 것 등등을 인간의 외부에 두거나 그것들을 어떤 객체로 만들기 때문이다. 이것에 반대하여 이들 비판가들은 차라리 바로 이러한 동일한 주체들을 인간 내면으로 옮긴다. 그러나 이 비판가들은 마찬가지로 인간에게 '운명'을 준다는 점에서 종교 본래의 오류에 빠진다, 즉, 인간이 신다운 것, 인간다운 것, 기타 등등을 갖게 하기를 원하는데 그건 도덕, 자유, 그리고 인간다움 등등이 인간의 본질이라는 것이다. 그러니까 종교처럼, 정치도 또한 인간을 '교육하고' 싶어 했다, 인간에게 인간의 '본질', '운명'을 실현하고 싶어 했다. 인간으로부터 무엇을 만들고 싶어 했다 — 요컨대 '참된 인간', '참된 신자'의 형태인 '참된 인간', '참된 시민 혹은 국민'이라는 또 다른 형태인 '참된 인간'을 만들고 싶어 했다. 실제로 운명을 신다운 것으로, 인간다운 것으로 부르던, 그것은 결국 같은 일이다.

종교와 정치 아래서, 인간은 당위의 입장에 놓인다. 이를테면 인간은 이것저것이 되어야만 하고, 이렇게도 저렇게 존재해야만 한다. 모든 사람은 이러한 도덕적 요청, 이러한 명령을 다른 사람 앞에 내놓을 뿐만 아니라, 자기 자신 앞에서도 또한 내놓는다. 저 비판가들은 다음과 같이 말한다. 그대는 하나의 완전한 인간, 하나의 자유로운 인간이어야만 한다. 그러므로 그들은 또한 새로운 종교를 선포하고, 조금도 제한이나 구속이 붙지 않은 새로운 것, 어떤 이상, 요컨대 자유를 세우려는 유혹에 빠진다. 인간은 자유롭게 되어야만 한다. 그때 기독교가 모든 사람은 실제로 기독교인이 되기로 되어있다는 신념을 가지고 신앙의 전도사를 파견했던 것처럼, 자유의 전도사가 생길 수도 있다. 그러면 자유는—지금까지 믿음이 있는 교회, 도덕이 있는 국가와 같은, 그런 새로운 **공동체** 자체를 확립할 것이고,—그로부터 유사한 '선전 활동'을 계속할 것이다. 실제로 함께 모이는 것에 대해 결코 이의를 제기할 수 없다. 그러나 **우리의 복지**(Fürsorge)[402]를 위한 낡은 **돌봄**, 어떤 목적을 위한 교육, 한마디로 말하면 그것이 기독인이든, 국민 혹은 자유인이든 인간이든 상관없이, 우리로부터 **무엇을 만들려는** 원리에 대항해 더욱더 많이 맞서야만 한다.

[269] 세상 사람들은 포이어바흐나 다른 사람과 함께 종교가 인간에게서 인간다움을 제거하였고, 그것을 도달 불가능한 곳인 올세상으로 옮겼고, 인간다움은 인간다움의 현존을 그 자체를 위해 있는 인격적 존재, 곧 신으로 이끌고 갔다고 잘 말할 수도 있다. 그러나 종교의 오류는 결코 이것으로 바닥이 드러난 것이 아니다. 그들은 올세상으로 옮겼던 인간다움의 인격성을 매우 잘 빠뜨릴 수 있었고, 신을 신다운 것으로 변화시킬 수 있었다. 그럼에도 불구하고 그들은 종교에 머물러 있다. 왜냐하면 종교는 **현재의** 인간과 함께하는 불만족함에, 다시 말해 얻으려는 '완전성'을 세우는 시작에, "자신의 완성을 위해 고군분투하는 인간"에 존

402 "Fürsorge"은 "돌봄"이라는 뜻도 있지만 "복지"의 뜻도 있다. 아마도 영적 복지를 의미하는 것으로 보인다. 십자군 '면죄부'는 과거에 지은 모든 죄를 일소하고 한 사람을 영적으로 무죄한 상태로 회복시킨다고 일반적으로 이해되었다.

재하기 때문이다.[403](“그러므로 하늘에 계신 너희 아버지께서 온전하심과 같이 너희도 온전하여라.”「마태복음」, 5장, 48절) 이를테면 종교는 어떤 이상의 고정, 어떤 절대성의 확정이다. 완전성은 ‘최고의 착함’이고, 선량한 사람의 목표(finis bonorum)이다. 그래서 모든 인간의 이상은 완전한 인간, 진실한 인간, 자유로운 인간 등등이다.

현대의 노력은 ‘자유로운 인간’의 이상을 세우는 것을 목표로 삼는다. 그러한 이상을 찾을 수 있다면, 거기에는 어떤 새로운—종교가 있을 것이다. 왜냐하면 거기에는 어떤 새로운 이상, 그러니까 어떤 새로운 동경, 어떤 새로운 괴롭힘, 어떤 새로운 헌신, 어떤 새로운 신성, 어떤 새로운 회개가 있기 때문이다.

‘절대적 자유’의 이상 때문에, 누군가는 모든 절대적인 것에서 그렇듯이 똑같은 속임수를 부리고 있다. 예를 들어 헤스에 따르면, 절대적 자유는 ‘절대적으로 인간다운 사회에서 실현 가능’해야만 한다.[404] 실제로 바로 그다음에 바로 이러한 실현을 ‘소명’이라고 말한다. 그런 다음 바로 그가 자유를 ‘도덕’으로 정의한다. ‘정의’(평등)와 ‘도덕’(자유)의 왕국이 시작한다, 등등.

[270] 누군가가 자신과 동시대 사람들인 종족, 가족, 국민을 높게 가치 평가할 때, 그 일은 동시대 사람들의 공로(功勞)를—‘부풀린 것’에 지나지 않는다면, 그는 어리석다. 그러나 오로지 ‘인간’이기만을 원하는 그런 사람 또한 현혹된 것이다. 그들 중 누구도 자신의 가치를 배타성 속에

403 원주 81, 브루노 바우어(익명으로), 「이제 비판의 대상은 무엇인가?」, 월간 『일반문예신문』(샤를로텐부르크, 7월, 1844), 22쪽.

404 원주 82, 모제스 헤스, 「사회주의와 공산주의 Sozialismus und Kommunismus」, 편집인, 헤르베크, 『스위스에서 보낸 21개 전지(全紙)』(취리히와 빈터투어 1843), 89-90쪽.

놓는 것이 아니라, **결합성** 속에, 그를 다른 사람과 결합하게 하는 '결합 관계', 곧 혈연, 국민, 인류라는 결합 관계 속에 놓는다.

오늘날의 '국민들'은 자신들만이 인간다운 피와 인간다운 혈연을 가지고 있다고 생각하는 사람과 자신들의 특별한 피와 특별한 혈연을 주장하는 다른 사람들 사이에서 다시 논쟁을 일으키고 있다.

자존심이 자기를 과대평가할 수도 있다는 사실을 도외시하자, 그리고 단지 자존심을 의식을 위해서만 받아들이자. 그러면 자신이 어떤 국민'에 속하는' 자존심, 즉 그 국민의 소유인 자존심과 어떤 국적을 자신의 소유라고 부르는 자존심 사이에 엄청난 차이가 있다는 것을 알 수 있다. 국적은 나의 속성이다. 그러나 국민은 나의 소유자이고 지배자이다. 그대가 신체의 힘을 소유한다면, 그대는 신체의 힘을 적당한 장소에 사용할 수 있고 신체의 힘으로부터 자기의식 혹은 자존심을 가질 수 있다. 이와 반대로 그대의 강력한 육체가 그대를 소유한다면, 그대의 강력한 육체는 도처에서 그대를 자극하고, 가장 적당하지 않은 장소에서 그대의 강력한 육체가 가진 힘을 보여줄 수 있다. 그대는 그대의 강력한 육체와 악수하고 있지 않고는, 아무와도 악수할 수 없다.

어떤 사람은 가족 구성원 그 이상이고, 종족의 일원 그 이상이며, 사람 중에서 개인의 표본(Individuum) 그 이상이라는 통찰력은 마침내 사람들에게 다음과 같이 말하게 했다. 사람은 인간이기 때문에 이 모든 것 이상이다, 또는 인간이 유대인, 독일인 등등 그 이상이다. "그러므로 모두가 온전히 그리고 오로지 ―인간이 되게 하라!" 오히려 누군가는 다음과 같이 말할 수 없다. 우리는 규정된 존재 그 이상이기 때문에, 그래서 저 '그 이상'뿐만 아니라 이 사람이길 원하는가? 따라서 우리는 인간이면서 동시에 독일인, 인간이면서 동시에 겔프 당원(Welfe)[405] 등등이란

---

405 겔프 당원은 첫째, 중세 이탈리아의 교황 당원을 의미하고, 둘째 19세기 초 이탈

말인가? 국민들이 옳다면, 당신은 자신의 국적을 부정할 수 없다. 그리고 인간다운 자들이 옳다면, 당신은 국민들이라는 편협 고루함에 머물지 말아야만 한다. 모순은 **유일성** 속에서 해결된다. 말하자면 국민이라는 것은 나의 속성이다. [271] 그러나 아무리 인간다움이 나의 속성이더라 하더라도, 나는 나의 속성으로 흡수되어 없어지지 않는다. 나는 나의 유일성을 통해 맨 먼저 인간한테 실존을 준다.

역사는 인간을 추구한다. 그러나 인간은 나, 그대, 우리이다. 어떤 신비한 **본질**로서, 거룩한 것으로서, 처음에는 신을 추구했고, 그다음에는 인간(인간성, 인간다움 그리고 인류)을 추구했다면, 이제 인간은 개인(Einzelne)[406], 유한자, 유일자로서 발견되었다.

나는 인간성의 소유자이고, 인간성이다. 그리고 나는 어떤 다른 인간성의 행복을 위하여 아무것도 하지 않는다. 유일한 인간성이라는 그대 멍청이는 그대 자신보다 다른 사람을 위해 살고 싶다고 뽐낸다.

지금까지 관찰했던 나와 인간 세계와의 관계는 다른 경우에도 몇 번이고 반복해서 다루어야 할 정도로 풍부한 현상들을 제공하지만, 여기서는 단지 광범위하게 설명하기만 하면 된다. 나와 인간 세계와의 관계는 나와 인간 세계가 발산하는 두 가지 다른 측면에 대한 지각의 공간을 만들기 위해 분리되어야만 한다. 왜냐하면 사람들이 '인간'이란 개념으로 자기 자신들을 나타내는 한, 혹은 인류의 자식(신의 자녀라 말했던 것처럼, 인류의 자식)인 한, 나는 인간들의 관계에서 나를 발견할 뿐만 아니라, 사람들이 인간에 대해 가지고 있는 것과 그들의 소유물이라고 부르

리아의 비밀결사 당원을 의미한다. 슈티르너가 이것 중 무엇을 의미하는지는 명확하지 않다.

406 개인의 표본(Individuum)에 대립하는 것은 개인(Einzelne)이다. 슈티르너는 "Einzelne"을 각각이 가지고 있는 유일성의 의미로 사용한다.

는 것과의 관계에서도 나를 발견한다. 그러므로 나는 그들이 인간을 통해 존재하는 것과 관련이 있을 뿐만 아니라, 그들의 인간적 소유와도 관련이 있다. 아 그랬구나, 인간의 세계에 더하여, 감각의 세계와 관념의 세계를 우리 논의의 범위로 끌어들여야만 하고, 그들이 정신적 재산에서뿐만 아니라 감각적 재산에서도 또한 자신들의 것이라고 불렀던 것에 대해 뭔가를 말해야 한다.

사람이 인간이란 개념을 어떻게 발전시켰고 표상했느냐에(sich vorstellig gemacht hatte)[407] 따라서, 인간이란 개념을 존중할 존경의 인격으로서 이 사람 저 사람에게 요구하고, 마침내 이러한 개념에 대한 가장 확장된 이해력으로부터 다음과 같은 명령이 생겼다. '모든 사람 안에 있는 인간을 존중하도록 하라.' 하지만 내가 인간을 존중한다면, [272] 마찬가지로 인간다움 혹은 인간다운 것도 내 존중의 대상이 되어야만 한다.

사람들은 그들 자신의 어떤 것들을 가지고 있다. 그리고 나는 이것들을 자신 것으로 인식해야 하고 신성한 것으로 유지해야 한다. 그들 자신의 것들의 일부는 외적 소유이고, 일부는 내적 소유이다. 전자는 물건들이고 후자는 지적 문제들, 생각들, 신념들, 고상한 감정들 등등이다. 그러나 나는 항상 오로지 적법한 소유 혹은 인간다운 소유만을 존중해야만 한다. 그러니까 나는 적법하지 않고 혹은 인간답지 않은 소유를 소중히 할 필요가 없는데, 그 이유는 오로지 인간의 소유물이 정말로 사람들의 소유물이기 때문이다. 예를 들어 이러한 종류의 내적 소유는 종교이다. 왜냐하

407 슈티르너가 쓰는 문구는 "sich vorstellig gemacht hatte"이다. 그런데 "vorstellig"란 말은 "bei jedem vorstellig werden"(누구[무엇]에게 의뢰[조회, 문의]하다)라는 용법으로 쓰인다. 이런 의미로 해석하면 문맥에 맞지 않고 슈티르너가 하고자 하는 말과 거리가 멀다. 그래서 형용사 "vorstellig"은 동사 "vorstellen"과 관련하여 사용하고 있다고 보았다. 그러면 "sich et vorstellen"는 "무엇을 표상하다"의 의미이다.

면 종교는 자유롭다. 다시 말해 인간의 종교이기 때문이다. 그러므로 나에게 종교를 훼손하는 것이 허용되지 않는다. 명예도 또한 내적 소유이다. 명예는 자유롭고 나에 의해 훼손되는 것을 허용하지 않는다. (모욕의 한탄, 풍자만화 등등) 종교와 명예는 '정신적 소유'이다. 물질적 소유에서 인격은 맨 위에 있다. 내 인격은 내 최초의 소유이다. 그런 까닭에 인격의 자유이다. 그러나 적법한 인격 혹은 인간다운 인격만이 자유롭고, 다른 인격은 감금된다. 당신의 삶은 당신의 소유이다. 그러나 당신의 소유가 인간답지 않은 인간의 소유가 아닌 경우에만, 당신의 소유는 사람들에게 신성한 것이다.

인간으로서 확보할 수 없는 유형의 재산을 우리가 가져올 수 있다. 이것이 경쟁, 상업의 자유가 지닌 뜻이다. 그가 정신적 재산을 확보할 수 없는 것은 마찬가지로 우리의 소유로 돌아간다. 지금까지 토론의 자유, 학문의 자유, 비판의 자유가 이렇게 행해진다.

그러나 신성한 재산은 손댈 수 없는 것이다. 누구에 의해 재산이 신성해지고 보증되는가? 우선 국가, 사회에 의해서, 그러나 실제로 인간 혹은 '개념', 곧 '대의라는 개념'에 의해서 그렇게 된다. 왜냐하면 신성한 재산이라는 개념은 다음과 같은 것이기 때문이다. 곧 신성한 재산은 참으로 인간다운 것이거나, 더 정확히 말하자면, 소유자는 신성한 재산을 인간답지 않은 인간으로서 소유하는 것이 아니라, 인간으로서 소유한다.

[273] 정신적 측면에서 인간의 믿음은 그러한 재산, 곧 그의 명예, 그의 도덕적 감정,—아니 그뿐인가 그의 예절 바른 감정, 겸손한 감정 등등이다. 명예 훼손의 행위(말하기, 쓰기)는 처벌할 수 있다. '모든 종교의 토대'를 공격하라. 정치적 믿음을 공격하라, 요컨대 '정확히' 어떤 인간이 가진 모든 것을 공격하라.

비판적 자유주의는 재산들의 신성함을 얼마나 멀리 넓힐 것인가, 그것에 대해 비판적 자유주의는 더 이상 발언하지 않았다. 그리고 틀림없이 또한 비판적 자유주의는 모든 신성함을 싫어해야만 한다고 망상한다. 그러나 비판적 자유주의는 자기중심성과 투쟁하기 때문에, 자기중심성에 대해 제한을 정해야만 하고 인간답지 않은 인간이 인간다움을 습격하지 않도록 해야만 한다. 비판적 자유주의가 힘을 얻었다면, 비판적 자유주의의 '대중'에 대한 이론적 경멸은 어떤 실제적 거부와 일치해야만 한다.

'인간'이란 개념을 확장하는 것, 그리고 인간이란 개념을 통해 개별 인간에 도달하는 것, 따라서 인간과 인간다운 것이 무엇인지에 따라 자유주의의 다양한 등급은 서로 나누어져 있다. 그리고 정치적 인간, 사회적 인간, 인간적 인간 각각은 다른 것보다 '인간'을 위해 항상 더 많은 것을 요구한다. 이런 개념을 가장 잘 이해했던 사람은 '인간의 것'이란 무엇인지 가장 잘 안다. 여전히 국가는 이러한 개념을 정치적 한계 내에서 이해하고, 사회는 이 개념을 사회적 한계 내에서 이해한다. 이를테면 인류라는 개념은 그런 개념을 완전히 이해한 최초의 것이다. 혹은 '인류의 역사가 그런 개념을 발전시킨다.' 그러나 '인간이란 개념이 발견된 것'이라면, 그 경우에 우리는 인간 자신의 것, 인간의 소유, 인간다운 것 또한 알고 있다.

그러나 개인은 매우 많은 권리를 요구할 수 있다. 왜냐하면 인간 혹은 인간이란 개념이 개인에게 '권리를 주기'(berechtigt)[408] 때문이다, 다시 말해 개인의 인간이란 존재가 개인에게 권리를 주기 때문이다. 개인의 권리와 개인의 요구가 나와 무슨 상관이냐? 개인이 인간과 관련해서만 개인의 권리를 가지고 나와 관련해서는 개인의 권리를 갖지 못한다면, 그

408 이 단어에 인용부호를 한 것은 포이어바흐와 같은 인본주의자나 '인간적 자유주의자'가 추상적 '인간'을 실제 개별 인간에 일종의 목표, 주인과 노예의 모습으로 제시했다는 점을 조롱하는 의미가 담겨 있다고 볼 수도 있다.

렇다면 개인은 나를 위해 어떤 권리도 갖지 못한다. 예를 들어 개인의 삶이 오로지 내게 가치가 있는 것이기 때문에 개인의 삶은 나한테 가치가 있다. 나는 이른바 소유의 권리도(혹은 개인의 물질적 재산에 대한 권리) 존중하지 않고, '개인 내면의 신성한 곳'에 있는 그의 권리도 아직 존중하지 않는다. [274] (혹은 정신적 재산과 신성함, 그의 신을 가질 권리가 손상되지 않고 남아 있다). 개인의 재산, 곧 감각적 재산뿐만 아니라 정신적 재산도 내 것이다. 그리고 나는 내 —힘의 척도에 따라 재산 소유자로서 그것들을 마음대로 처리한다.

소유에 대한 물음 속에는 질문의 편협 고루한 진술에서 알아낼 수 있었던 것보다 더 넓은 의미가 놓여있다. 우리의 소유라고 부르는 것만으로는 어떤 해결책도 없다. 결정은 맨 먼저 '모든 것을 소유한 사람에서', 그런 사람에게서 일어난다. 소유는 소유자에게 달렸다.

혁명은 '신의 은혜로부터' 온 모든 것을 향해 혁명의 무기를 조준했다. 예를 들어 혁명은 신성한 권리 바로 그 자리에 확립된 인간의 권리를 향해 혁명의 무기를 겨냥했다. 신의 은혜에 의해 주어진 것에는 '인간의 본질에서' 유래한 것과 반대되는 것이 있었다.

실은, 사람들 서로 간의 관계는 신을 위해 서로 사랑하라고 명령하는 종교적 교의(Dogma)에 반대하여, '인간을 위하여 서로 사랑하라'는 인간다운 입장을 받아들여야만 했던 것처럼, 우선 이 세계의 존재물과 인간의 관계에 대해 말하자면, 혁명의 가르침은 세계는 이제까지 신의 명령에 따라 계획되었지만, 지금부터 '인간'의 소유라는 것을 확언하는 것과 다름없었을 것이다.

세계는 '인간'의 소유이고, 나에 의해 인간의 소유로서 존중되어야만 한다.

소유는 나 자신의 것이다!

부르주아적 의미에서 소유는 신성한 소유를 의미하고, 신성한 소유는 내가 당신의 소유물을 **존중해야**만 한다는 것과 같은 것이다. '소유를 존중하라!' 따라서 정치인들은 모든 사람이 자신의 얼마 안 되는 소유를 소유하길 원할 것이다. 그리고 그들은 이러한 노력으로 일부는 엄청나게 많은 토지 분배를 일으켰다. 각자는 각자의 뼈다귀를 가져야만 하고, 그것에서 각자는 물어뜯을 무언가를 발견할 것이다.

자기중심적 의미에서 소유의 문제는 사정이 다르다. 내가 겁먹어서 당신의 소유에서 물러나 있는 것이 아니라, 오히려 당신의 소유를 언제나 내 소유로 여긴다. [275] 나는 내 소유에 대해 아무것도 '존경'할 필요가 없다. 당신이 내 소유라고 부르는 것에 대해서 제발 마찬가지로 해라!

이런 견해에 우리는 가장 쉽사리 서로 의견이 일치할 것이다.

정치적 자유주의자는, 비록 이 땅이 한 사람의 똥거름으로 토질이 충분히 비옥할 정도의 면적을 가지고 있다고 하더라도(심지어 늙은 나이에 결혼했던 저 농부의 이야기에서, '그 농부는 그의 아내의 똥(Kote)으로 이익을 얻을 것이다'), 가능하다면, 모든 노예 상태가 해체되고, 모든 사람이 자기 땅의 자유로운 지배자가 되길 바란다. 비록 자신의 것이 아무리 작더라도, 누군가가 어느 정도 자신의 것을 가지고만 있다면,—다시 말해 그는 **존중된 소유**를 가지는 것이구나! 그런 소유자, 그런 오두막집에 사는 자유 부동산 소유자(Kotsassen)[409]가 더 많으면 많을수록, 국가는 더욱더 '자유로운 국민과 선량한 애국자'를 가진다.

정치적 자유주의는 모든 종교와 마찬가지로 **존경**, 인간다움, 사랑의 미덕을 기대한다. 그러므로 정치적 자유주의는 또한 끊임없이 불만을 터뜨리며 살아간다. 왜냐하면 실제로 사람들은 그야말로 아무것도 존경하

409 여기서 슈티르너는 "Kot"를 혼합하여 단어를 만든다. 이것은 대변을 의미하고 접미사 "—sassen"은 일반적으로 어떤 식으로든 자리를 잡은 사람을 가리킨다. 이것은 이러한 소유의 하찮은 점을 비꼬는 방식으로 지적하는 것 같다.

지 않기 때문이고, 매일 더 큰 소유자가 다시 적은 재산을 사들이기 때문이며, '자유로운 사람'을 날품팔이꾼으로 바꾸기 때문이다.

이와 반대로, '소규모의 소유자들'이 대규모의 소유도 자신들의 것으로 생각한다면, 소규모의 소유자들은 자기 자신들을 대규모의 소유로부터 공손히 배제하지 않을 테고 배제되지 않았을 것이다.

부르주아 자유주의자가 이해하는 소유는 공산주의자와 프루동의 공격을 받을 만하다. 그런 소유는 근거가 빈약하다. 왜냐하면 부르주아 재산 소유자는 정말로 모름지기 어떤 무소유자, 곧 어디에서나 **배제된 사람**이기 때문이다. 그가 원하는 대로 세계를 소유하는 대신, 그는 자신이 돌고 있는 보잘것없는 지점을 소유하지도 못한다.

프루동은 **소유자**(propriétaire)를 원하는 것이 아니라, 오히려 **점유자**(possesseur) 혹은 **용익권자**(usufruitier)[410]를 원한다.[411] 이것은 무엇을 의미하는가? 그는 땅이 누구의 소유가 되는 것을 원하지 않는다. [276] 그러나 바로 그 땅의 이익—비록 어떤 사람이 이 이익, 이 수익의 100분의 1만을 소유할지라도—은 여전히 그가 마음대로 처리할 수 있는 그의 소유이다. 어떤 경작지의 이익만을 가지고 있는 사람은 틀림없이 그 경작지의 재산 소유자가 아니다. 더욱이 프루동이 그것을 원했던 것처럼, 사람은 자신의 필요를 위해 요구되지 않는 그만큼의 이익을 더 포기해야만 하는 것은 아니다. 그러나 그는 그한테 남아 있는 몫의 재산 소유자이다. 그래서 프루동은 **소유**를 부정하는 것이 아니라, 이 사람 저 사람의 소유만을 부정한다는 말이다. 우리가 더 이상 토지를 토지소유자에게 그대

410 용익권자는 다른 사람의 소유물을 일정 기간 동안 사용하여 이익을 얻을 수 있는 권리를 가진 자를 의미한다.

411 원주 83, 프루동(Pierre-Joseph Proudhon), 『소유란 무엇인가?』(Qu'est-ce que la propriété?), (파리, 1841), 83쪽.

로 내버려 두는 것이 아니라, 오히려 그것을 우리의 것으로 하고자 한다면, 우리는 이러한 목적을 위해 연합하고, 연합을 만들고, 재산 소유자 자신의 것으로 만드는 사회(société)를 만든다. 이것이 성공한다면, 그다음 우리는 저 토지소유자로 존재하는 것을 지양한다. 그리고 우리는 소유를 우리의 소유로 만들기 위해, 곧—정복자의 소유로 만들기 위해, 가령 토지와 경작지로부터, 그렇게 한층 더 많은 토지소유자를 다른 사람의 소유 밖으로 추방할 수 있다. 정복자들이 상상할 수 있는 한, 점점 모든 인류를 포괄할 정도로 큰 어떤 인간 공동체를 만든다. 그러나 또한 이른바 인류 그 자체가 하나의 생각(유령)일 뿐이다. 그러나 개인들은 인류의 현실성이다. 그리고 집단적 대중으로서의 이러한 개인들은 뿔뿔이 흩어진 개인이나 이른바 소유자(propriétaire) 못지않게 경작지와 토지를 자의적으로 다룬다. 심지어 그렇다고 하더라도 소유는 지속된다. 더 정확히 말하면 저 인류, 곧 저 큰 인간 공동체가 개인을 인류의 소유에서 배제함(ausschliesst)으로써(그 때문에 아마 개인에게만 소작시키고, 개인에게만 소작지의 일부를 준다.), 인류의 소유만이 '유일하게'(ausschliesslich) 남는다. 말할 것도 없이, 예를 들어 동물의 세계가 소유를 허용하지 않듯이, 사회는 인류가 아닌 것을 소유에서 빼버린다. —그렇게 소유는 남을 것이고 생성될 것이다. 모든 사람이 몫을 가지길 원하는 것을 자신을 위해서만 소유하기를 원하는 그런 개인한테서 빼앗을 것이다. 소유는 공유 재산으로 완성될 것이다. 그로 인하여 각자가 공유 재산으로서 그의 몫을 가지고 있고, 이러한 몫이 그의 소유이다. 그렇군, 그래서 다섯 명의 상속인에 속한 어떤 집은 우리의 오래된 관계 속에서 보면 그들의 공동 재산이다. [277] 그러나 수익의 5분의 1은 각자의 소유이다. 프루동이 다음과 같이 말했다면, 그는 장황한 감정(Pathos)을 아꼈을지 모른다. "오직 소수의 사람이 소유하는 약간의 물건들이 있고, 나머지 우리는 이제부터 그 물건들에 대해 소유권을 주장하거나—그 물건들을 얻으려고 애쓸 것이다. 그것들을 가지고 가자. 왜냐하면 사람은 취득을 통해 소유에 도달하기 때문이다. 그리고 지금도 역시 우리에게서 빼앗은 소유는 이와 마찬가지로 취득을 통해서만 소유자가 되기 때문이다. 소수가 소유를 마음대로 처리하는 것보다는 소유가 우리 모두의 수중에 있다면, 그것이 더 유용할 것이다. 그러므로 우리는 이러한 탈취를 위해 우리 자신을 연합시키자."(책에서) ―이 대신 그는 사회가 양도할 수 없는 권리의 원래 소유자이고 유일한 소유자라고 우리한테 거짓말한다. 사회에 대항하여 이른바 재산 소유자는 도둑이 되었다(소유는 도둑질이다(La propriété c'est le)). 이제 사회가 현재 소유자의 소유를 빼앗는다면, 사회는 양도할 수 없는 권리만을 주장하기 때문에, 사회는 소유자에서 아무것도 빼앗지 못한다. ―지금까지 사람은 사회라는 유령을 도덕적 인격으로 생각한다. 이와 반대로 사람이 획득할 수 있는 것이 그의 소유이다. 이를테면 세계는 내 소유이다. 당신은 상반된 명제로 다른 말을 하는가? "세계는 모든 사람의 소유인가?" 모든 사람은 나이고 다시 나는, 등등. 그러나 그때 '모든 사람'이 개인의 끔찍한 지배자가 되도록, 당신이 '모든 사람'을 유령으로 만들고, 그것을 신성하게 만든다. 그런 경우 '권리'라는 허깨비는 모든 사람 곁에 있다.

공산주의자들처럼, 프루동은 자기중심성과 싸운다. 그런 까닭에 공산주의자들은 기독교적 원리, 사랑이란 원리, 곧 보편적인 것, 낯선 것을 위한 희생 원리의 연속이고 귀결이다. 예를 들어 그들은 그 문제에 오래전부터 있었던 것, 요컨대 개인들의 무소유라는 사실에서만 소유를 완성한다. 법이 소유를 다음과 같이 말할 때, 곧 "만물에 대한 지배력은 왕에게 있고 소유권은 개인에게 있다. 왕은 지배권으로 모든 것을 소유하고, 개인들은 소유권으로 소유한다."(Ad reges potestas omnium pertinet, ad singulos proprietas; omnia rex imperio possidet, singuli dominio), 이것이 의미하는 것은 다음과 같다. 왕은 재산 소유자이다. 왜냐하면 그만이 '모든 것'을 통제할 수 있고, 마음대로 처리할 수 있기 때문이다. 그러니까 왕이 모든 것에 대한 지배력(potestas)과 통치력(imperium)을 가지고 있다. [278] 공산주의자는 저 통치력을 '모든 사회'에 넘겨줌으로써, 이것을 더 명확하게 만든다. 그렇다, 그들은 자기중심성의 적이고, 따라서 기독교인이고, 더 일반적으로 말하자면 종교적 인간, 허깨비를 믿는 사람, 종속된 사람, 좌우간 어떤 보편자(신, 사회, 등등)의 하인이다. 또한 인간들에게 허락하지 않은 것을 신에게 돌린다는 점에 있어서, 프루동은 기독교인과도 동일하다. 그는 신을 땅의 소유자(Propriétaire)라고 말한다.[412] 이렇게 말함으로써 프루동은, 그가 재산 소유자 그 자체를 없는 것으로 생각할 수 없다는 것을 증명한다. 그가 마침내 재산 소유자에 이르렀지만, 그는 재산 소유자를 올 세상으로 옮긴다.

재산 소유자는 신도 인간('인간다운 사회')도 아니라, 오히려 개인이다.

프루동이 믿기에, 소유를 도둑질이라고 부를 때(책에서), 프루동(바이틀링 역시)은 소유에 대해 최악의 말을 하고 있는 것이다. 도둑질에 대해 충분히 근거 있는 이의가 제기할 수 있는 난처한 질문을 완전히 제쳐두고, 우리는 단지 다음과 같이 묻는다. '소유' 개념을 허용하지 않는 한, 도대체 '도둑질'이란 개념이 가능한가? 설미 소유가 있지 않다면, 어떻게 훔칠 수 있는가? 아무에게도 속하지 않는 것을 훔칠 수는 없다. 그러니까 당신은 바다에서 퍼 올린 물을 훔치지 않는다. 그러므로 소유는 도둑질이 아니라, 오히려 소유를 통해서만 어떤 도둑질이 가능한 것이다. 바이틀링은 실제로 모든 것을 모든 사람의 소유로 여기므로, 바이틀링조차 다음 귀결에 도달해야만 한다. 어떤 것이 '모든 사람의 소유'라면, 당연히 소유를 자기 것으로 하는 개인은 어떤 것을 훔치는 것이다.

사적 소유는 법의 은혜로 살아간다. 법을 통해서만 사적 소유는 사적

412 원주 84, 같은 책, 90쪽.

소유를 보증한다. ―왜냐하면 점유(Besitz)는 아직 소유가 아니기 때문이다. 점유는 법의 동의에 의해서만 '나의 소유'가 된다. 그러니까 프루동이 생각하듯이 사적 소유는 어떤 사실이, 기정사실(un fait)이 아니라, 오히려 어떤 허구, 어떤 생각이다. 그것은 법률상의 소유, 합법적 소유, 보증된 소유를 의미한다. 사적 소유는 나를 통해서 나의 것이 되는 것이 아니라, 오히려―법을 통해서 나의 것이 된다.

[279] 그럼에도 불구하고 소유는 어떤 것(물건, 동물, 인간)에 대한 무제한의 지배를 표현하고 있다. 그것에 의하여 '나는 마음대로 처리할 수 있다.' 실제로 로마법에 따르면, "법의 한계 내에서 자신의 것을 사용하고 남용할 수 있는 권리"(jus utendi et abutendi re sua, quatenus juris ratio patitur), 곧 배타적이고 무제한적 권리. 그러나 소유는 힘에 의해 좌우된다. 내가 통제하는 것, 그것이 자기 자신의 것을 의미한다. 내가 나를 소유자로 주장하는 동안, 나는 물건의 소유자이다. 어쨌든 어떤 힘에 의해서든, 예를 들어 물건에 대한 타자의 자격을 내가 승인함으로써, 소유가 다시 나로부터 사라진다면,―그때 소유는 사라진다. 그러므로 소유와 점유는 일치한다. 내 힘의 외부에 있는 권리가 나를 합법으로 인정하는 것이 아니라, 단지 내 힘이 나를 합법으로 인정하는 것이다. 그러니까 내가 더 이상 내 힘을 가지고 있지 않다면, 물건은 나에게서 사라진다. 로마인이 더 이상 독일인에 대해 힘을 가지고 있지 않았을 때, 로마 세계 제국은 독일인에 속했다, 그리고 로마인이 여전히 본래의 소유자로 남아 있다고 주장하는 것은 어리석은 소리처럼 들린다. 자유는 자유를 스스로 자기 것으로 하는 사람의 소유이듯이, 물건을 어떻게 가져오고 유지하는지를 아는 사람이 누구든지, 다른 사람이 그에게서 다시 물건을 가져갈 때까지, 물건은 그 사람의 소유이다.

힘만이 소유를 결정한다. 그리고 부르주아 국가이든 극빈자 국가이든 인간의 국가이든 어쨌든 국가만이 완전히 권력자이기 때문에, 국가만이 재산 소유자이다. 그러나 유일자인 나는 아무것도 소유하지 않는다. 그리고 나는 단지 봉토를 받은 사람이다. 나는 봉신(封臣)이고 그 자체로 노예 같은 사람이다. 국가의 지배하에서 나 자신의 소유는 절대로 존재하지 않는다.

나는 나 자신의 가치, 곧 자기소유성의 가치를 끌어올리길 원하는데, 내가 소유를 과소평가해야 할까? 아니다, 국민, 인류 그리고 수많은 또 다른 일반성이 더 높은 위치에 있었기 때문에, 내가 지금까지 존중받지 못했던 것처럼, 그렇게 소유 또한 오늘까지도 소유의 완전한 가치를 아직 인정받지 못하고 있었다. 또한 소유는 어떤 유령의 소유, 예를 들어 국민의 소유일 뿐이었다. 내 모든 실존은 '조국에 속하였다.' [280] 나는 조국, 국민, 국가에 속하였고, 내가 나 자신의 것이라고 불렀던 모든 것도 마찬가지였다. 사람들은 국가들이 집단 빈곤을 없애야만 한다고 요구하였다. 나한테 그것은 국가가 자기 자신의 머리를 베어서 자신의 발 앞에 놓아야만 한다고 요구하는 것처럼 보인다. 왜냐하면 국가가 나(das Ich)로 존재하는 한, 개인적 나는 일종의 가난한 악마, 어떤 —비아(非我)로 남아 있어야만 하기 때문이다. 국가는 국가 자체가 부유하게 되는 것에만 관심이 있다. 철수가 재물이 많은 사람이든 수철이가 가난한 사람이든, 그런 일은 국가에게 있어 똑같다. 그러니까 수철이 역시 재물이 많을 수 있고 철수도 또한 가난할 수 있다. 국가는 어떤 사람이 가난해지고, 다른 사람이 부자가 되는 이러한 다양한 변화를 무관심하게 생각한다. 그들은 개인으로서 국가의 면전에서 실제로 동등한 사람이고, 그 점에 있어서 국가는 정당하다. 이를테면 우리 '모두가 신 앞에서 죄인이듯이', 빈자와 부자 모두는 국가 앞에서—아무것도 아니다. 다른 한편으로는, 국가를 개인들의 나(Ich)로 만드는 그런 개인들이 국가의 부에 참여해야 한다는 점에 국가는 매우 큰 관심을 가지고 있다. 국가는 개인들을 국가 재산의 참가자로 만든다. 재산을 통해서, 재산으로써 국가는 개인들에게 보상하고, 그것으로써 개인을 길들인다. 그러나 재산은 국가의 재산으로 남는다. 그리고 모든 사람이 국가라는 나를 자기 자신에 지니고 있는 한에서만, 혹은 '사회의 충성스러운 구성원'인 한에서만 국가의 사용권을 가진다. 반대의 경우에 재산은 몰수되거나 괴로운 소송절차에 의해 물거품이 된다. 따라서 소유는 나의 소유가 아니고, 국가의 소유로 남는다. 국가는 개인들이 국가로부터 받은 것을 개인들에게서 제멋대로 빼앗지 않는다는 것, 바로 그것은 국가가 국가 자체를 버리지 않는다는 것을 의미할 뿐이다. 어떤 국가의—나(Staats—Ich)인 사람, 다시 말해 어떤 선량한 시민 혹은 국민은 자기 자신의 나로 존재하는 것이 아니라, 자신의 봉토가 방해받지 않는 그런 나를 마음에 품고 있다. 법전에 따르면 소유는 다음과 같다. 내가 '신과 법에 의거하여' 내 것이라고 부르는 것이 소유이다. 그러나—국가가 소유에 대해 아무것도 가지고 있지 않은 한에서만, 신과 법의 지시에 의하여 소유는 내 것이다.

토지의 몰수, 무장 해제 등등(예를 들어 상속인이 충분히 일찍 나오지 않는다면, 그때 재무부가 상속 재산을 가져갈 때처럼)에서, [281] 실제로 숨겨진 원리에서, 오로지 국민, '국가'가 재산 소유자이고, 이와 반대로 개인은 국가가 준 재산에 대한 세습 사용권을 수령한 사람이라는 사실이 곧 눈에 띈다.

내가 말하고 싶은 것은, 국가는 어떤 사람이든지 자기 자신을 위해 재산을 소유하거나, 실제로 부자이고, 심지어 유복하다고 생각하지 않는다는 것이다. 국가는 나로서의 나에게 아무것도 인정할 수 없고, 아무것도 줄 수 없으며, 아무것도 허용할 수 없다. 국가는 집단 빈곤을 통제할 수 없다. 왜냐하면 소유의 빈곤이 내 것의 빈곤이기 때문이다. 우연이나 또 다른 우연-즉, 국가-가 그를 아주 정당하게 만드는 것일 뿐인 그는, 국가가 그에게 주는 것 이외에는 아무것도 가지고 있지 않다. 그리고 국가는 그가 받을 만한 가치가 있는 것만을, 다시 말해 그가 섬기기 때문에 가치가 있는 것만을 그한테 준다. 그가 자기 자신을 이용하는 것이 아니라, 오히려 국가가 그를 이용한다.

국가경제학(Die Nationalökonomie)[413]은 주로 이러한 주제를 다룬다. 그러나 이 주제는 '국가에 관한 것'(Nationale)을 훨씬 뛰어넘고 국가의 소유만을 알고 국가의 소유만을 분배할 수 있는 그런 국가의 개념과 지평을 능가한다. 그 때문에 국가는 재산의 소유를 어떤 **조건들**(Bedingungen)에 연계시킨다. 예를 들어 국가는 국가에 의해서 재가를 얻은 결혼만을 인정하고, 내 권능에서 결혼을 빼앗음으로써 국가는 모든 것을 조건들에 연계시키는 것처럼 말이다. 그러나 내가 소유를 **무조건적으로** 가지고 있을 때, 소유는 내 소유일 뿐이다. 이를테면 **무조건적 나**(unbedingtes Ich)로서의 나만이 소유하고, 사랑의 관계를 맺으며, 자유로운 상업을 계속해 나간다.

국가는 나 자신을 그리고 나 자신의 것을 걱정하는 것이 아니라, 오히려 국가 자신을 그리고 국가의 것에 관심을 둔다. 나는 나를 국가에 어떤 일을 위한 **국가의 아이**로만, '조국의 자식'으로만 생각했다. 그러나 나로서의 나는 전혀 국가를 위한 사람이 아니다. 국가의 이해력으로 보면, 나로서의 나에게 발생하는 것은 **어떤 우연스러운 것**이다. 이를테면 내 넉넉함과 마찬가지로 내 가난도 그러하다. 그러나 국가의 눈에, 내가 나의 모든 것과 함께 우연이라면, 이러한 사실은 국가가 **나**를 개념적으로 이

---

413 'ökonomie'이 용어는 원래 그리스어를 어원으로 하는 이코노미(economy)에서 출발하였다. 그것은 그리스의 경제 단위인 가족농장(노예농장)의 관리를 가리키는 말이었다. 개인을 단위로 한 이 용어는 국가가 경제 단위로 등장하는 절대주의 시대에 폴리티컬(political)이라는 용어와 결합하였다. 그래서 폴리티컬 이코노미는 가족(사적)경제에 대비되는 국가(공적)경제의 관리라는 의미를 갖는다. 이때 폴리티컬이란 말은 '정치'를 뜻하는 것이 아니라 '국가'를 가리킨다. 따라서 '정치경제학'은 잘못된 번역이고 굳이 직역한다면 '국가경제학'으로 번역할 수는 있다.

해할 수 없다는 것을 논증한다. 이를테면 나는 국가의 개념을 넘어서거나, 국가의 이해력은 편협하여 나를 확실히 이해하지 못한다. 그러므로 국가는 나를 위해 아무것도 할 수 없다.

집단 빈곤은 **나의 무가치성**이고, 내가 나를 이용할 수 없다는 현상이다. [282] 그 때문에 국가와 집단 빈곤은 하나이고 같은 것이다. 국가는 나를 내 가치에 도달하도록 허용하지 않고 내 무가치함을 통해서만 계속 존재한다. 비록 국가가 나로부터 얻은 그런 소비는 오로지 내가 자식(proles)[414](프롤레타리아트(Proletariat))을 조달하는 데 있다 하더라도, 국가는 항상 나로부터 **이익을 얻는** 것에, 다시 말해 나를 착취하고 철저히 이용하며, 소비하는 것에 여념이 없다. 그러니까 국가는 내가 '국가의 창조물'이길 원한다.

나로서의 내가 나 자신을 **가치 있게 사용할**(verwerte) 때, 내가 자신의 가치(Wert)를 나 자신에게 줄 때, 그리고 나 자신의 값을 스스로 만들 때, 그때만 집단 빈곤은 없어질 수 있다. 나는 번영하기 위해서(um emporzukommen) 반드시 저항해야(empören) 한다.

내가 마련한 것—밀, 아마포 혹은 철과 석탄—은 내가 땅에서 힘들여 찾아낸 것이며, 그것은 내가 나를 위해 사용하길 원하는 **나 자신의** 노동이다. 그러나 그때 나는 내 노동이 노동의 가치에 따라 나한테 지급되지 않는다고 오랫동안 불평할 수 있다. 왜냐하면 지급자가 내 말을 듣지 않을 것이고 내가 내 무서운 힘을 분출하지 못하도록 국가가 나를 '달래야'만 한다고 생각하지 않는 한, 국가는 마찬가지로 냉담한 태도를 취할 것이기 때문이다. 그러나 이러한 '달래기'가 끝나게 될 것이고, 더 많은 것에 대한 요구가 나에게 퍼뜩 떠오른다면, 국가는 국가의 사자 앞발과

414 라틴어 proles는 자식, 자녀, 자손을 뜻한다. '프롤레타리아트'는 가진 건 자식밖에 없다는 뜻이다.

독수리 발톱의 모든 힘으로 나에게 반격한다. 왜냐하면 국가는 동물의 왕이고, 사자와 독수리이기 때문이다. 내가 국가가 내 상품과 노동에 대한 가격을 결정하는 것에 만족하지 않는다면, 오히려 내가 내 상품의 가격을 나 자신이 결정하길 열망한다면, 다시 말해 '나 자신을 지급하길' 바란다면, 우선 나는 상품의 구매자와 갈등을 일으킨다. 이러한 일이 양측에 의한 의견의 합의로 해결된다면, 국가는 쉽사리 다른 의견을 제기하지 않을 것이다. 왜냐하면 거기에서 개인이 단지 국가를 방해하지 않는 한, 어떻게 개인이 서로를 상대하든지는 국가를 근심시키지 않기 때문이다. 국가의 손해와 국가의 위험은 개인들이 서로 사이좋게 지낼 때만 시작되는 것이 아니라, 오히려 개인들이 화해하지 않기 때문에 서로의 멱살을 잡을 때만 시작된다. 국가는 사람과 사람이 직접적 관계를 맺고 있는 것을 참을 수 없다. [283] 왜냐하면 국가는 —매개자로서 개입해야만 하고,—조정해야하기 때문이다. 과거의 예수 그리스도, 과거의 성인(聖人), 과거의 교회, 그것은 국가가 된다는 것—다시 말해 '매개자'가 된다는 것을 의미한다. 국가는 국가 자체를 사람들 사이에 '정신'으로서 자리 잡기 위하여 사람으로부터 사람을 떼어낸다. 노동자가 국가를 강제하려고 하자마자, 더 높은 임금을 요구하는 노동자는 범죄자로 취급된다. 노동자는 무엇을 해야만 하는가? 노동자는 강제 없이 더 높은 임금을 얻지 못한다. 그리고 국가는 자신을 스스로 돕는 일, 내가 가격을 결정하는 일, 국가가 허용할 수 없는 국가의 소유를 정말로 자유롭게 사용하는 일을 강제라고 본다. 도대체 노동자는 무엇을 시작해야만 하는가? 자기 자신에 주의하고 국가에 관해 아무것도 질문하지 말아야 하는가?

그러나 재산이 나의 물질적 노동과 일치하는 것처럼, 그렇게 재산 역시 나의 정신적 노동과 일치한다. 국가는 내가 나의 모든 생각을 사용하고 모든 사람에게 전달할 수 있도록 허락한다(실제로 나는 이미 내 생각을 사용하고, 이것을 통해, 예를 들어, 내 생각이 경청자로부터 명예를 나에게 가져다준다, 등등). 그러나 나의 생각인 동안만—국가의 생각이다. 그와 반대로 내가 국가가 승인하지 않은 생각을, 다시 말해 국가가 국가의 소유로 만들 수 없는 생각을 품고 있다면, 국가는 내가 생각을 사용하는 것을 허용하지 않고, 게다가 생각을 교환에 이르도록 절대로 허가하지 않는다. 내 생각이 국가의 은혜에 의해 나한테 허락된 경우, 다시 말해 내 생각이 국가의 생각인 경우에만, 내 생각은 자유롭다. 내가 자신을 '국가철학자'로서 입증하는 한에서만, 국가는 내가 자유롭게 철학적으로 사유하는 것을 허용한다. 그러니까 국가에 반하여 내가 철학적으로 사유하는 것을 허용받지 않을지라도, 내가 국가의 '부족한 측면'을 도와주고, 국가를 '지원하는' 것을 국가는 역시 기꺼이 관대히 봐준다. —그러므로 국가의 합법 증명서와 경찰행정 여권을 가지고, 국가가 자비롭게 허락한 나로서만 내가 행동할 수 있으므로, 내가 국가의 봉토로서 가지고 있는 것이 국가의 재산으로 입증되지 않으면, 국가는 역시 그렇게 내가 나의 것을 사용하는 것을 허용하지 않는다. 내 여정이 국가의 여정이어야만 한다, 그렇지 않으면 국가는 나를 압류한다. 그러니까 내 생각은 국가의 생각이어야만 한다. 그렇지 않으면 국가는 내 입을 막는다.

국가는 내 가치보다 더 두려워할 것을 가지고 있지 않다. [284] 그리고 나 자신을 가치 있게 이용하기 위해 나한테 다가오는 모든 기회보다 더 신중하게 막아야 할 것이 국가한테는 없다. 나는 항상 국가냐 나냐 둘 중 하나를 선택해야 할 길에서 헤매는 국가의 불구대천의 원수이다. 그러므로 국가는 나를 인정하지 않는 것을 엄격히 중히 여길 뿐만 아니라, 내 것을 억누르는 일 또한 엄격히 중히 여긴다. 국가에는 결코—소유, 다시 말해 어떤 개인의 소유가 존재하는 것이 아니라, 오히려 오로지 국가의 소유만이 존재한다. 나는 국가를 통해서만 내가 어떤 사람으로 존재하듯이, 나는 국가를 통해서만 내가 어떤 것을 소유한다. 국가가 국가의 소유로부터 다른 사람들을 차단함으로써(국가의 소유를 사적으로 만듦으로써), 국가가 나한테 국가의 소유를 양도한 것, 바로 그것만이 나의 사적 소유이다. 그러니까 내 사적 소유는 국가의 소유이다.

그러나 국가에 반항하면서, 나는 나 자신을 지배하는 힘, 다시 말해 나에게만 적합하고(eignet) 나 자신의 것(eigen)으로 있는 모든 것을 지배하는 어떤 큰 힘이 나한테 남아 있다는 사실을 여전히 점점 더 명확하게 느낀다.

내 여정이 더 이상 국가의 여정이 아니라면, 내 생각이 더 이상 국가의 생각이 아니라면, 나는 무엇을 하나? 나는 나를 목표로 하고, 국가에 대해 아무것도 묻지 않는다! 결코 찬성, 보증 혹은 은혜에 의해 재가를 얻지 않았다는 내 생각 속에서, 나는 내 현실적 소유, 곧 내가 거래할 수 있는 소유를 가지고 있다. 왜냐하면 내 것으로서의 내 생각은 내 창조물이기 때문이고, 나는 내 생각을 다른 생각에 넘겨줄 입장이기 때문이다. 이를테면 나는 내 생각을 포기하고 내 생각을 다른 생각과 교환한다. 그런 때에 다른 생각은 내가 새로이 획득한 소유이다.

그렇다면 나의 소유는 무엇인가? 그것은 모름지기 나의 힘(Gewalt) 안에 있는 것이구나! 나는 어떤 소유에 권리가 있는가? 내가 나한테—무엇을 할 권능을 주는(ermächtige) 모든 것에 있다. 내가 나 자신에게서 소유를 취함으로써, 혹은 나한테 재산 소유자의 힘(Macht)을 주고, 전권(Vollmacht)을 주며, 전권위임(Ermächtigung)을 줌으로써 나는 소유의—권리를 나한테 준다.

다른 사람들이 나에게서 빼앗을 수 없는 힘이 내 소유로 남아 있다. 이거 참, 그렇다면 힘이 소유를 결정하게 하자, 그리고 나는 내 힘으로 모든 것을 기대하도록 하자! 내가 어떤 다른 사람에게 남겨둔 힘, 곧 타인의 힘은 나를 노예로 만든다. [285] 그렇다면 나 자신의 힘이 나를 소유자로 만들었으면 좋겠다. 그다음에 나는, 내가 나 자신의 힘이 강하다는 것을 몰라서 다른 사람한테 시인했던 힘을 철회하도록 하라! 나 자신에게 다음과 같이 말하자. 나의 힘이 다다르는 것, 그것이 나의 소유이고, 나 자신이 성취할 만큼 충분히 강하다고 느끼는 모든 것을 나는 나의 소유로 요구한다고. 그리고 내가 받을 자격이 있는, 다시 말해—내가 무엇을 할 권력을 주는 것까지 나의 실제적 소유가 미치도록 하자.

여기서 사랑의 원리가 아니라, 곧 연민, 자비, 친절 혹은 심지어 정의와 공평 같은 사랑의 동기가 결정하는 것이 아니라(왜냐하면 정의(iustitia) 또한 —사랑의 어떤 현상이고, 어떤 사랑의 산물이기 때문이다), 자기중심성, 자기유용성이 결정해야만 한다. 사랑은 희생만을 알고 '희생'만을 요구한다.

자기중심성은 어떤 것도 희생해야 한다고 생각하지 않고, 자기중심성이 원하는 것은 무엇이든 제공해야 한다고 생각한다. 그래서 자기중심성은 지체 없이 다음과 같이 결정한다. 내가 필요로 하는 것을 내가 가져야만 하고 내가 필요로 하는 것을 내가 나한테 마련해 주길 원한다.

소유에 대하여 이성적 법률을 제정하려는 모든 시도는 사랑의 품에서 새어 나와 규제라는 황폐한 바다로 흘러 들어간다. 심지어 사회주의와 공산주의도 이 일에서 제외될 수 없다. 모든 사람에게 충분한 수단이 제공되어야만 한다. 여전히 사적 소유에서 사회주의적으로 수단을 찾든지, 재산의 공유에서 공산주의적으로 수단을 마구 퍼 줄지는 별로 중요하지 않다. 개인의 의식은 이 점에서 동일하다. 그러니까 그것은 의존의 의식으로 남아 있다. 분배하는 공평위원회는 내가 공평의 의식을 가질 수 있게 해주고, 모든 사람에 대한 애정이 깊은 염려를 지시한다. 개인인 나에게 있어서, 집단적 부는 다른 개인의 부에 못지않게 불쾌한 것이다. 왜냐하면 집단의 부도 내 것이 아니고, 다른 개인의 부도 내 것이 아니기 때문이다. 부가 부의 일부분을 나에게 허용하는 집단에 속하는지, 개별 점유자에 속하는지의 여부는 나에게 있어서 똑같이 강제이다. 왜냐하면 내가 결코 둘 중 하나를 결정할 수 없기 때문이다. [286] 이와 반대로 공산주의는 모든 개인적 소유(persönlichen Eigentum)의 폐지를 통해 다른 것, 다시 말해 보편 혹은 집단에 의존하도록 나를 훨씬 더 밀어낸다. 그리고 공산주의가 매우 큰 소리로 국가를 공격하더라도, 공산주의가 마음먹은 것은 그 자체로 다시 어떤 국가(Staat), 어떤 상태(status), 곧 나의 자유로운 운동을 방해하는 상태, 나를 지배하는 최고의 주권이다. 공산주의는 내가 개별 재산 소유자로부터 경험한 압박에 대해 당연히 반항한다. 그러나 여전히 더 무서운 것은 공산주의가 집단의 손에 건네준 힘이다.

자기중심성은 무소유의 천민을 뿌리 뽑기 위하여 어떤 또 다른 길로 나아간다. 자기중심성은 '공평위원회가 집단의 이름으로 당신에게—선사하는 것을 기다려라'라고 말하는 것이 아니라(왜냐하면 그러한 선물은 항상 '공로에 따라', 그러므로 그러한 선물을 받을 자격이 있고(verdienen), 그것을 봉사에 의해 얻을 수 있는(erdienen) 척도에 따라 각자에게 주어지는 국가에서 발생했기 때문이다.), 오히려 '그대가 필요로 하는 것을 움켜쥐고 잡아라!'라고 말한다. 이렇게 말함으로써, 만인에 대한 만인의 투쟁이 선언된다. 내가 무엇을 가질지는 나만이 결정한다.

'자, 자기 자신을 추구하는 사람은 언제나 그렇게 행동했기 때문에, 그 일은 참으로 새로운 슬기로움은 아니다!' 그런 일에 대한 인식만이 존재한다면, 새롭게 해야 할 일은 전혀 필요하지 않다. 그러나 아마도 여기서 사람들이 이집트와 스파르타의 법을 포함시키지 않는 한, 그런 일에 대한 인식은 그야말로 수준 높은 시대를 주장할 수 없다. 왜냐하면 바로 윗부분의 주장에서 '자기 자신을 추구하는 사람'에 대해 경멸적으로 말하는 것이 얼마나 알려지지 않았는지 분명하기 때문이다. 사람들이 알아야만 하는 것은 바로 다음과 같은 것이다. 곧 소유하려는 방법이 경멸스러운 것이 아니라, 어떤 자기중심적 사람이 함께 획득하려고 동의한 명확한 행위를 표명하는 것이다.

내가 나 자신한테 줄 수 있는 것을 내가 개인에게 기대하는 것도 아니고, 어떤 집단에게 고대하는 것도 아닌 때에만, 그제야 비로소 나는—사랑이라는 속박에서 탈주한다(entschlüpfe). 그리고 천민이 소유할 때, 그제야 비로소 천민은 천민이길 그만둔다. 소유의 두려움과 소유에 상응하는 처벌만이 그를 천민으로 만든다. 오로지 소유가 종교, [도덕상의] 죄이고, 범죄라는 것,—이러한 규정만이 천민을 만든다. 천민이 천민으로 남아 있다는 사실은 천민에게도 책임이 있다. [287] 왜냐하면 천민이 저 규정의 정당성을 허용했기 때문이다. 그뿐만 아니라 그러한 사실은 특히 저 규정이 존중되어야 한다고 요구하는 '자기 자신을 추구하는' 사람들(그들에게 좋아하는 말로 되돌려주기 위해)도 또한 책임이 있다. 한마디로 말하면 저 '새로운 슬기로움'에 대한 인식의 결핍, 곧 낡은 죄의식만이 책임이 있다.

사람들이 소유에 대한 존경을 잃어버리기에 이른다면, 모든 노예가 자유로운 사람이 되듯이, 모두가 소유를 가질 것이고, 사람은 곧바로 지배자를 지배자로서 더 이상 존경하지 않을 것이다. 그다음 연합들은 이러한 일과 관련하여 개인의 재산들을 증식할 것이고 그의 위협받는 소유를 안전하게 만들 것이다.

공산주의자의 관점에 따르면 공동 사회가 재산 소유자이어야만 한다. 그와 반대로 내가 재산 소유자이고, 나만이 내 재산에 대해서 다른 사람과 의견의 일치에 도달한다. 공동 사회가 나에게 어울리는 일을 하지 않는다면, 나는 공동 사회에 대해 반항하고 내 소유를 지킨다. 내가 재산 소유자이지만, 소유는 신성한 것이 아니다. 나는 다만 점유자인가? 아니다, 지금까지 사람은 단지 점유자였다. 그가 한 구획의 필지를 점유하고 있다는 것은 타인 또한 한 구획의 필지를 점유한다는 것을 허용하기에 보장되는 것이다. 그러나 지금 모든 것은 내 것이고, 나는 내가 필요로 하고 손아귀에 넣을 수 있는 바로 그런 모든 것의 소유자이다. 사회주의자는 다음과 같이 말한다. 사회는 내가 필요로 하는 것을 나한테 제공한다. —그러면 자기중심적 사람은 다음과 같이 말한다. 나는 내가 필요로 하는 것을 나한테 가져간다. 공산주의자가 극빈자로 행동한다면, 자기중심적 사람은 재산 소유자로 처신한다.

사랑의 원리에서 샘솟는 모든 백조형제단들(Schwanenverbrüderungen)[415]과 천민을 행복하게 만들려는 모든 노력들은 실패해야만 한다. 자기중심성만이 천민에게 도움이 되고, 이러한 도움을 천민 스스로가 행해야만 하고—도움을 스스로 성취할 것이다. 천민이 그 자신을 두려워하도록 내버려 두지 않는다면, 그는 어떤 힘이다. "사람들을 이처럼 두려워하도록 강요하지 않는다면, 사람은 모든 존경을 잃어버릴 것이다."라고 『장화신은 고양이』[416] 동화에 나오는 도깨비 법이 말한다.

따라서 소유는 지양해야만 하거나 지양할 수 있는 것이 아니다. 오히려 소유는 허깨비 같은 손에서 빠져나와 내 소유로 되어야만 한다. [288] 그때 내가 나 자신에게 필요로 하는 만큼의 권리를 줄 수 없다는 잘못된 인식은 사라질 것이다.

'아니 인간에게 무엇이 필요하지 않을 수 있겠는가?!' 자 이제, 나폴

---

415 Schwanenverbrüderungen은 1318년에 설립된 종교적인 형제단인 "축복받은 성모님의 아름다운 형제단"이라는 "백조 형제"에 대한 언급일 수 있다. 또는 1440년에 설립된 기사도 기사단인 백조 기사단(Order of the Swan)에 대한 언급일 수 있다. 둘 다 이른바 하느님의 어머니라고 불리는 마리아에 대한 숭배와 관련이 있으며, 아마도 둘 다 자선 활동에 관여했을 것이다. 프로이센의 프리드리히 빌헬름 4세(Friedrich Wilhelm IV of Prussia)가 1843년에 이 명령을 부활시키려고 시도했기 때문에 이것은 후자를 가리킬 가능성이 가장 크다.

416 티에크(Tieck, Ludwig 1773~1853년)의 풍자 동화 『장화신은 고양이』(1797), 전체 인용문은 "내가 그들에게 이렇게 나를 두려워하도록 강요하지 않았다면 이 사람들은 나에 대한 모든 존경심을 잃을 것이다." (3막, 7장). 속임수를 써서 가난뱅이가 된 주인이 부자가 되도록 도움을 준 한 고양이에 관한 이야기이다.

레옹이 대륙과 프랑스를 상대로, 알제리[417]를 얻었던 것처럼, 많은 것이 필요하고 그것을 얻는 방법을 이해하는 사람 누구나 어느 때고 그것을 얻었다. 따라서 중요한 점은 오로지 공손한 '천민'이 마침내 그가 필요로 하는 것을 얻기 위해 스스로 배운다는 것이다. 네가 필요로 하는 것이 너한테 미치지 못한다면, 그때엔, 그렇다면 자신을 방어하라. 당신은 천민에게 어떤 선의를—베풀 필요가 전혀 없다. 그리고 천민이 자신을 알게 될 때,—혹은 오히려 천민 중 누구나 자신을 알게 될 때, 천민은—당신의 자선 행위를 사절함으로써, 비천함을 버린다. 그러나 천민이 자기 자신의 이익을 위해 무언가를 할 수 있기 때문에, 당신의 선행으로 살아가는 것을 기쁘게 생각하지 않는다면, 당신이 천민을 '죄를 지은 사람이고 범죄를 잘 저지르는 사람'이라고 선언하는 것은 웃기는 일이다. 당신의 증여는 천민을 기만하고 천민을 제지한다. 당신의 소유를 방어한다면, 당신은 강하게 될 것이다. 이와 반대로 당신이 당신의 증여할 능력을 유지하고자 한다면, 그리고 어쩌면 실제로 당신이 줄 수 있는 더 많은 정치적 권리, 더 많은 자선(빈민 구제)을 가지고 있길 원한다면, 이 일은 정확히 수령인이 당신이 하는 일을 허용하는 한 계속 일어날 것이다.[418]

요컨대, 소유 문제는 사회주의자가 꿈꾸듯이, 아니, 그뿐인가 공산주의자가 꿈꾸듯이, 그렇게 우호적으로 해결되지 않는다. 소유 문제는 만인에 대한 만인의 투쟁에 의해서만 해결될 것이다. 가난한 사람이 —반항하고(empören), 떨쳐 일어나고(emporbringen), 북돋워서 높일 때에만,

417 프랑스 군대가 1830년 7월 5일에 알제리를 함락시켰고 알제리를 프랑스의 식민지로 만들기를 계속하였다.

418 원주 85, 아일랜드 행정법에서 정부는 5파운드의 조세를 구휼세로 지급하는 자는 유권자가 되게 하자고 제안했다. 그러므로 자선을 베푸는 사람은 여기서는 정치적 권리를 획득할 것이나 다른 곳에서는 백조의 기사(Schwanenritter)가 된다.

그들은 자유롭게 되고 소유자가 될 것이다. 비록 아무리 그들에게 선물을 많이 주더라도, 그들은 여전히 항상 더 많은 것을 원할 것이다. 왜냐하면 그들은 마침내—아무것도 더는 증여되지 않기를 원할 뿐이기 때문이다.

사람들이 질문할 것이다. 그러나 무산자가 용기를 내면, 도대체 어떻게 될까? 그때 어떤 종류의 보상이 있을까? [289] 사람들은 내가 아이의 출생 시 별의 위치로 아이의 운명을 점쳐야 한다고 요구할 수도 있다. 노예가 자신의 족쇄를 부수자마자 무엇을 할지를 알기 위해서, 사람은 반드시—기다려야만 한다.

카이저의 소책자(『사회주의와 공산주의 등과 관련한 재산 소유자의 인격』)는 형식도 내용도 없어서 가치가 없는데, 그는 **국가**로부터 국가가 소유의 평등화를 실현할 것이라고 기대한다.[419] 언제나 국가! 아버지 하느님(der Herr Papa)! 교회가 신자의 '어머니'로 선포되고 여겨졌듯이, 그렇게 국가는 완전히 선견지명이 있는 아버지의 얼굴을 띠고 있다.

경쟁은 그 자체로 부르주아적 생활 방식의 원리와 가장 정확하게 연결되어 있음을 보여준다. 경쟁은 **평등**(**동등**(égalité))과는 다른 것인가? 그리고 동등(Egalität)도 부르주아 계급 혹은 중간 계급에 의해 제시되었던 동일한 혁명의 산물이 아닌가? 아무도 국가(군주는 국가 그 자체를 표상하기 때문에, 군주를 제외한다)에서 모두와 경쟁하는 것을 방해하지 않는다는 것, 그리고 최고로 노력하여 출세하는 것을 방해하지 않는다는 것, 실제로, 아무도 자신의 이익을 위해 사람들을 타도하거나 착취하는 것을 방해하지 않고, 사람들을 능가하고 더 강력한 노력으로 자신들의 번영을 실현하는 것을 방해하지 않는다는 것, 이러한 사실은, 국가라

---

419 원주 86, 카이저(Heinrich Wilhelm Kaiser), 『오늘날 프랑스에서 사회주의와 공산주의와 관련한 소유의 인격』(브레멘, 1843), 63-4쪽.

는 판사석 앞에서 모두가 '단순한 법인'(simplen Individuum)[420]의 가치만을 가지며 결코 어떤 좋은 대우도 기대해서는 안 된다는 사실을 아주 분명히 드러낸다. 경매에서 당신이 좋아하고 할 수 있는 만큼 달려가 밀쳐 넘어뜨리고 [누구보다] 비싼 값을 불러라. 이 일은 내가, 국가가 상관하지 않을 거야! 당신은 경쟁에서 서로 자유롭고, 당신은 경쟁자이다. 이것이 당신의 사회적 위치이다. 그러나 내 앞에서, 국가 앞에서, 당신은 모름지기 '단순한 법인들'이구나![421]

[290] 만인의 평등이라는 원리나 이론의 형태로 제시된 것은 바로 경쟁 속에서 실현되었고 실제로 이루어졌다. 왜냐하면 동등이—자유로운 경쟁이기 때문이다. 모든 사람은 국가 앞에서—단순한 법인들이고, 사회 속에서 혹은 서로의 관계 속에서—경쟁자이다.

나는 국왕과 그의 가족을 제외한 다른 모든 사람과 경쟁할 수 있는 단순한 법인일 뿐이다. 사람들은 자신들의 직업단체(Korporation)[422]를 이

420 이 경우 "Einzelne"이 아니라 "Individuum"이다. 여기서 슈티르너는 법적으로 인정된 "인격"을 의미하는 것 같다. 따라서 우리 시대에 기업은 "Individuum"일 수 있지만 "Einzelne"은 아니다.

421 원주 87. 슈타인 장관(프로이센의 진보적 정치인)은 라이자흐(Reisach) 백작(독일의 행정관, 기록보관인, 작가)이 그토록 냉혈하게 바이에른의 자비를 포기했을 때, 이 표현을 사용했다. 왜냐하면 슈타인이 말했듯이 그에게 "바이에른과 같은 정부는 어떤 단순한 법인(ein simples Individuum)보다 더 나은 가치가 있기" 때문이다. 라이자흐는 슈타인의 명령에 따라 몬트겔라스(Montgelas, 바이에른 정치가이자 개혁가)에 대한 책을 썼다. 슈타인은 나중에 라이자흐와 관계를 끊는 것에 동의하였다. 이 일은 몬트겔라스가 라이자흐가 쓴 바로 그 책 때문에 요구한 것이었다. 힌리히스(Hermann Friedrich Wilhelm Hinrichs)의 책을 보라. 『정치 강의. 독일과 특히 프로이센을 특별히 언급하면서 우리 시대와 그것이 정치적, 교회적, 과학적 조건에 따라 어떻게 되었는지』 1권, (할레, 1843), 280쪽.

422 여기서 조합은 현대의 기업체를 의미하는 것이 아니라, 중세 사회가 운영되는 다

용해서만 그리고 바로 조합 내부에서 노력의 자유를 향유하였기 때문에 이전에 어떤 자유는 불가능하였다.

동업조합과 봉건제도에서 국가는 너그럽지 않고 까다로운 태도로 특별한 권리를 준다. 그러나 경쟁과 자유주의에서 국가는 너그럽고 허용하는 태도로 단지 특허를 주거나(경쟁자에게 해당 직업이 특허권에 따라 개방되어 있음을 보증하는 문서) '면허를 준다.' 이제 국가가 모든 것을 경쟁자에게 남겨놓았으므로, 각자는 모두 경쟁자의 자격이 있으므로, 국가는 모든 사람과 싸워야만 한다. 국가는 '공격당하게'(bestürmt) 될 것이고 이러한 소동(Sturme) 속에서 멸망할 것이다.

도대체 '자유로운 경쟁'이 정말로 '자유로운가'? 자유로운 경쟁이 자신의 권리를 이러한 칭호에 근거를 두기 때문에, 그것이 자유로운 경쟁이라 주장하듯이, 과연 그것이, 실제로 '경쟁', 그것이 그렇게 사람들의 경쟁인가? 에—뭐라고 할까, 자유로운 경쟁은 개인들이 모든 개인적 지배로부터 자유롭게 된다는 그런 이유에서 비롯되었다. 시민적 원리의 지배자인 국가가 수많은 장벽으로 제한하는 어떤 경쟁이 '자유로운가'?[423]

[291] 제조업자와 경쟁하고 싶은 자 : 어떤 부유한 제조업자가 장사를 너무 잘하고 있는데, 나도 그와 경쟁하고 싶군요.

국가 : 그래, 해도 좋다네, 나는 경쟁자로서의 그대의 인격에 대해 아무런 반대도 하지 않을 것이네.

제조업자와 경쟁하고 싶은 자 : 그렇군요! 그런데 나는 경쟁을 위해 큰

양한 길드, 형제회 등을 의미한다.

423 대화 형식의 글이 더 생생함을 제공하기 때문에 아래 글을 제조업자와 경쟁하고 싶은 자와 국가 사이의, 법학 교수와 경쟁하고 싶은 자와 국가 사이의 대화로 구성해 보았다.

건물이 들어설 공간이 필요합니다, 그러니까 경쟁을 위해 화폐가 필요하단 말입니다!

국가: 그것참 안됐군, 하지만 그대가 돈이 없다면, 그대는 경쟁할 수 없다네. 내가 소유를 보호하고 소유에 특별한 권리를 주기 때문에, 그대는 그 누구에게서도 아무것도 가져가서는 안 된다네.

자유로운 경쟁은 '자유롭지' 않다. 왜냐하면 경쟁을 위한 물건이 나한테 부족하기 때문이다. 내 인격에 대하여 어떤 사람도 이의를 제기할 수 없다. 그러나 나는 물건을 가지고 있지 못하기 때문에, 이처럼 내 인격 역시 뒤로 물러서야만 한다. 그러면 누가 필요한 물건을 가지고 있는가? 아마 저 제조업자인가? 저런, 그에게서 내가 물건을 빼앗을 수 있다고! 아니다, 국가는 필요한 물건을 소유로서 가지고 있고, 제조업자는 필요한 물건을 국가가 하사한 봉토로, 점유로서만 가지고 있다.

그러나 제조업자와 경쟁하는 것은 소용이 없기에, 나는 저 법학 교수와 경쟁할 것이다.

법학 교수와 경쟁하고 싶은 자: 저 법학 교수는 바보이고, 내가 저 법학 교수보다 백배 더 많이 알고 있으니, 저 법학 교수의 강의실을 텅 비게 만들고자 합니다.

국가: 여보게, 그대는 대학에서 공부하고 박사학위를 취득하였는가?

법학 교수와 경쟁하고 싶은 자: 아니, 그게 뭔데요? 나는 그 수업에 필요한 것이 무엇인지 충분히 이해하고 있습니다.

국가: 미안하네, 하지만 국가에서 경쟁은 '자유롭지' 않네. 그대의 인격에 대해 할 말은 없지만, 그대는 이 물건, 곧 박사학위가 부족하네. 그리고 박사학위는 국가인 나에게 필요하다네. 먼저 정중하게 나에게 박사학위를 달라고 부탁해 보게, 그러면 그대가 뭘 해야만 하는

지 알아봐 주겠네.

따라서 이러한 것이 경쟁의 '자유'이다. 나의 지배자인 국가만이 나한테 경쟁자의 자격을 준다.

그러나 정말 인물들이 경쟁하는가? 아니요, 또다시 물건들만이 경쟁하는구나! 처음에 돈 등등.

경쟁 속에서 어떤 사람은 항상 다른 사람 뒤에서 낙오한다(예를 들어 어떤 시인 뒤에 어떤 서투른 시인). 그러나 이것은 불행하게도 경쟁자의 부족한 재산이 개인적이거나 사실적이냐에 따라, 그리고 또한, 실제 재산이 개인의 힘을 통해 획득될 수 있는지 혹은 오직 은혜나 증여를 통해서 얻을 수 있는지에 따라 차이가 난다. [292] 보다 정확히 말하면, 예를 들어 더 가난한 사람이 부유한 사람한테 자신의 재산을 남겨놓아야만, 다시 말해 선물해야만 하는 것과 마찬가지이다. 그러나 대체로 재력을 얻거나 사용하기 위하여(예를 들어 박사학위 수여), 그동안 쭉 내가 국가의 동의를 기다려야만 한다면, 나는 국가의 은혜를[424] 통해 재력을 가진다.

따라서 자유로운 경쟁은 다음과 같은 의미일 뿐이다. 이를테면 모든 사람은 국가에서 국가의 동등한 자식들로 여겨지고, 모든 사람은 국가의 재산과 국가가 베푸는 은혜의 증여를 얻기 위하여 달리고 질주할 수 있다. 그러므로 모든 사람 역시 소유물(Habe), 명성(Haben), 재산(이것은 돈이나 지위, 명예 등등이다), 곧 사물(事物)을 얻으려고 혈안이 된다.

---

424 원주 88, 고등학교와 대학 등등에서 가난한 사람은 부자와 경쟁한다. 그러나 가난한 사람은 대부분의 경우 장학금을 통해서만 그렇게 할 수 있다. 이 일은 거의 모두 자유 경쟁이 통제 원칙이 되기에는 아직 멀었던 시기부터 우리에게 전해진 것이다. 경쟁의 원리는 결코 장학금을 주는 것이 아니라, 오히려 자신을 돕고, 자신에게 수단을 제공하라고 말한다. 국가가 국가 자체를 위한 '하인'을 교육하기 위해 장학금을 준 것은 자기 이익의 동기에서 우리에게 지급한 것이다.

부르주아 계급의 마음속에서 모든 사람은 소유자이거나 '재산 소유자'이다. 글쎄, 어째서 대다수가 여전히 거의 소유하지 못하는가? 이것은 마치 아이들이 자신의 첫 번째 작은 바지를 입고 즐거워하거나, 심지어 선물로 준 첫 번째 동전 한 푼[425]에 기뻐하는 것처럼, 비록 그것이 작은 옷 쪼가리일지라도, 어쨌든 이로부터 이미 대다수가 소유자가 된 것을 기뻐하고 있기 때문이다. 그러나 더 정확하게 이 문제는 다음과 같은 방식으로 이해해야만 한다. 자유주의는 인간의 본질이 소유가 아니라, 오히려 재산 소유자라는 선언과 함께 곧 등장하였다. 여기서 헤아려야 할 사항은 개인이 아니라, '인간'에 대한 문제였기 때문에, 정확하게 개인의 특수한 이해관계를 형성하는 어느 정도의 문제는 개인에게 맡겨졌다. 그러므로 개인의 자기중심성은 이러한 어느 정도 내에서 가장 자유롭게 활동할 공간을 유지했고, 지칠 줄 모르는 경쟁을 하였다.

그러나 운 좋은 자기중심성은 덜 운 좋은 자기중심성을 향해 불쾌감을 지니게 되었다. 그리고 인류의 원리를 기반으로 삼고 있는 후자는 여전히 어느 정도 소유하느냐와 같은 문제를 내놓고 이에 대해 '인간은 그가 필요로 하는 만큼 소유해야 한다'라고 대답하였다.

[293] 그것으로 나의 자기중심성 그 자체를 충분히 만족시킬 수 있을까? '인간'이 필요로 하는 것, 그것은 아무래도 나를 위한 그리고 내 필요를 위한 척도를 허용하지 않는다. 왜냐하면 나는 더 적게 혹은 더 많이 이용할 수 있기 때문이다. 도리어 나는 내 자신의 것으로 할 능력이 있는(vermögend)[426] 만큼 가져야만 한다.

---

425 페니히(Pfennig)는 1마르크의 100분이 1이다. 만약 현재 1마르크는 환율이 약 650~750원이라면, 1페니히는 단순 계산하여 6.5원—7.5원이다. 여기서 '페니히'는 '푼돈'으로 번역하였다.

426 독일어 'vermögend' '부유한'으로도 옮길 수 있다. 슈티르너는 여기에서 이 단

경쟁을 위한 자금이 모든 사람의 뜻대로 되지 않는다는 것, 경쟁은 그런 곤경으로 고생한다. 왜냐하면 돈은 인격에서 끌어낸 것이 아니라, 오히려 우연한 일에서 끌어낸 것이기 때문이다. 대부분 사람은 돈이 없고, 그 때문에 대부분 재산이 없다.

그런 까닭에 사회주의자는 모든 사람을 위한 재산을 요구하고 재산을 제공하는 사회를 목표로 한다. 우리는 앞으로 사회주의자가 말하는 그대의 화폐가치를 그대의 능력으로 인정하지 않는다. 그대는 어떤 다른 능력, 요컨대 그대의 노동력을 보여야만 한다. 어떤 소유물의 소유에서 혹은 '소유자'로서의 인간은 확실히 인간으로서의 자기 자신을 나타낸다. 이것이 우리가 '재산 소유자'라고 불렀던 소유자가 그렇게 오랫동안 유효하게 남도록 하는 이유이다. 그럼에도 그대는 '이러한 소유 밖으로 내쫓기지' 않을 동안에만, 물건들을 소유한다.

그러나 소유자는 다른 사람이 소유할 수 없는 한에서만 소유할 수 있다. 그대의 상품은 그대가 상품을 소유한 상태로 간직하고 있는 동안에만, 다시 말해 우리가 상품을 마음대로 처리하지 못하는 동안에만, 그대의 능력을 형성하기 때문에, 그대는 어떤 또 다른 능력을 여기저기 둘러보며 찾는다. 왜냐하면 이제 우리의 힘으로, 우리는 그대가 주장한 능력을 능가하기 때문이다.

소유자로 여겨지는 일이 관철되었을 때, 예외적으로 큰 이득을 얻었다. 이로써 노예 신분이 폐지되었다. 그래서 그때까지 주인에 고용살이로 묶여있었고, 대체로 바로 그 주인의 재산이었던 모든 사람이 이제 '주인'이 되었다. 오로지 이 시간부터 그대의 명성(Haben)과 그대의 재산(Habe)은 더 이상 충분하지 않고 더 이상 인정되지 않을 것이다. 이와 반대로 그대의 노동일과 노동은 가치가 오른다. 과거에 우리가 그

어로 재미를 느낄 수도 있다.

대의 소유물을 존경했듯이, 지금 우리는 물건에 대한 그대의 지배력을 존경한다. 그대의 노동이 그대의 능력(Vermögen)이구나! 그대는 상속받은 것들(Ererbten)의 주인이자 소유자가 아니라, 오로지 일하여 얻은 것들(Erarbeiteten)의 주인이거나 소유자이다. [294] 하지만 요즘은 모든 것이 상속되기 때문에, 게다가 그대가 가지고 있는 모든 동전에 노동의 각인(刻印)이 아니라, 상속의 각인이 있기에, 다시 모든 동전을 쇳물로 만들어야만 한다.

그렇다면 공산주의자가 생각하듯이, 나의 노동은 참으로 나의 유일한 능력인가? 아니면 나의 노동은 내가 할 수 있는 모든 것이 아닌가? 그리고 노동자 사회 자체가 환자, 어린이, 노인,—한마디로 노동할 힘이 없는 사람들을 지원하였으므로, 이것은 이 모든 나의 노동을 인정해야 하지 않는가? 예를 들어 노동할 힘이 없는 사람들은 자살 대신에, 그들의 삶을 보존하기 위해 여러 가지 일들을 여전히 할 수 있다. 만약 그들이 당신으로 하여금 그들의 지속적 현존을 열망하게 할 능력이 있다면, 그들은 당신에 대해 어떤 힘을 갖고 있는 것이다. 당신에 대해 전혀 어떤 힘도 행하지 않는 사람에게 당신은 아무것도 주지 않을 것이다. 그러면 그런 사람은 죽을 수도 있다.

그런 이유로 그대가 할 수 있는(vermagst) 것이 그대의 능력(Vermögen)이란 말이구나! 그대가 수천 명에게 즐거움을 제공할 능력이 있다면, 그러면 수천 명은 그대에게 즐거움에 대한 사례를 지급할 것이다. 왜냐하면 수천 명의 사람에게 즐거움을 주는 것을 그만두는 것은 그대의 힘에 있기 때문이다. 그러므로 그들은 그대의 행위를 구매해야만 한다. 그대가 어떤 사람의 마음을 사로잡을 능력이 없다면, 그대는 그저 굶어 죽을 것이다.

지금 다재다능한 사람인 내가, 어쩌면 덜 유능한 사람보다 우월하지 말아야 하는가?

우리 모두 풍요로움의 한가운데에 있다. 자 이제, 나는 내가 할 수 있는 한 나 자신을 도와야 하는 것이 아니라, 오히려 기다렸다가 나한테 동등한 분배가 어느 정도나 남아 있는지 확인해봐야 하는가?

극빈자 사회의 원리, 곧—분배가 경쟁에 반항하여 궐기한다.

개인은 어떤 단순한 부분, 사회의 어떤 부분으로 여겨지는 것을 견딜 수 없다. —왜냐하면 개인은 사회의 부분보다 그 이상이기 때문이다. 그래서 개인의 유일성은 이러한 편협 고루한 견해를 거부한다.

그러므로 개인은 자신의 능력이 다른 사람에게 분배되는 것을 기대하지 않는다. 게다가 노동자 사회에서도 동등한 분배는 약자가 강자를 착취하게 할 것이라는 양심의 가책이 제기된다. 차라리 개인은 그 자신으로부터 자신의 능력을 끌어내기를 기대하며 이제 다음과 같이 말한다. 나의 능력은 내가 소유할 능력이다. [295] 정말이지 아이는 자신의 미소, 자신의 놀이, 자신의 외침, 한마디로 말하면 다른 어떤 것도 아닌 그의 현존으로 많은 능력을 소유하지 않는가! 그대는 아이의 요구에 저항할 수 있는가? 혹은 그대는 어머니로서 아이한테 젖을 내주지 않는가? 그리고 그대는 아버지로서 그대가 소유한 많은 것을 아이가 필요로 하는 만큼 내주지 않는가? 아이는 그대를 강제한다. 그러므로 아이는 그대가 그대의 것이라고 부르는 것을 소유한다.

그대라는 사람이 나에게 중요한 사람이라면, 그대는 나에게 이미 그대의 실존으로 돈을 지급한 것이다. 내가 당신의 속성들 중에서 하나의 속성에만 관심이 있다면, 어쩌면 그대의 승낙 혹은 그대의 도움은 나를 위해 어떤 가치(화폐가치)를 가지며, 나는 그것을 구매한다.

내가 보건대 그대가 어떤 화폐가치보다 더 많은 것을 자기 자신에게 줄 수 있는 방법을 알지 못한다면, 독일 원주민이 아메리카에 팔렸다고 역사에서 배운 상황이 반복될 수 있다. 자기 자신을 판매되도록 한 사람들이 판매자에게 더 가치 있는 사람인가? 판매자는 자신을 소중하게 여기는 법을 모르는 살아 있는 이 상품보다 현금을 선호했다. 그러나 판매자가 현금보다 더 가치 있는 것을 아무것도 찾지 못했다는 점이 그의 능력의 모자란 점이었다. 그러나 못된 사람만이 자기가 가진 것보다 더 많이 준다. 실제로 못된 사람이 현금을 가지고 있지 않았을 때, 실제로 거의 독일 원주민들을 위한 현금을 가지고 있지 못했을 때, 어떻게 그가 존경을 보여줄 수 있는가?

당신들이 서로 소유자로서도 존경하지 않고, 몹시 가난한 사람 혹은 노동자로서도 존중하지 않고, 오히려 당신 능력의 일부로서, 곧 **'쓸모 있는 존재'**로서 존경할 때, 당신은 자기중심적으로 행동한다. 그때 당신은 그의 소유를 위해 보유자('재산 소유자')에게도 아무것도 주지 않고, 노동하는 보유자에게도 아무것도 주지 않고, 오히려 단지 **당신이 필요로 하는** 보유자에게만 무엇이든 준다. 북아메리카인은 스스로에게 묻는다. **우리는 왕을 필요로 하는가?** 그리고 다음과 같이 대답한다. **왕과 왕의 일은 우리에게 땡전 한 푼의 가치도 없다.**

경쟁은 모든 사람에게 모든 것을 열어놓는다고 말한다면, 정확한 표현이 아니고, 다음과 같이 표현해야 하는 것이 더 낫다. 경쟁은 모든 것을 **살 수 있게** 만든다. 모든 사람이 모든 것을 **포기하는**(preisgibt) 사이에, 경쟁은 모든 것을 그들의 평가(Preise)에 혹은 그들의 판단에 내맡기고 모든 것에 대한 어떤 가격(Preis)을 요구한다.

그렇지만 구매하려는 마음이 있는 사람은 대부분 자신을 구매자로 만들기 위한 수단이 부족하다. 그들은 돈이 없다. [296] 따라서 돈을 위해 구입할 수 있는 물건을 소유하는 것이지만('돈을 위해 모든 것을 소유하는 것이구나!'), 정확하게 부족한 것은 돈이다. 유통되거나 통용되고 있는 재산인 돈을 어디서 구할 수 있는가? 알다시피 그대는 그대가—권능을 가지고 있는 만큼, 그만큼 돈(Geld)을 가진다. 왜냐하면 그대는 자

신을 가치(Geltung) 있게 만드는 만큼, 가치가 있기(giltstt) 때문이다.[427]

사람들은 돈으로 지급하지 않는다. 왜냐하면 화폐 부족이 생길 수 있기 때문이다. 오히려 사람들은 그의 능력(Vermögen)으로 지급하는데, 이러한 일을 통해서만 우리는 오로지 '능력 있는'(vermögend)[428] 사람이다. 왜냐하면 사람들은 우리 힘의 팔이 다다르는 지점까지만 재산 소유자이기 때문이다.

바이틀링은 새로운 지급수단인—노동을 생각해냈다. 그러나 여느 때와 마찬가지로 진정한 지급수단은 여전히 **능력**이다. 그대는 '그대의 능력이 미치는 범위에서' 지급한다. 그러므로 그대 능력의 증대에 마음을 써라.

이렇게 말하면서, 그럼에도 불구하고 다음과 같은 좌우명을 다시 가지고 있는 사람이 여전히 바로 거기에 있다: "각자에게 각자의 능력에 따라!" 누가 나에게 나의 능력에 따라 **주어야**만 하는가? 사회인가? 그렇다면 나는 사회가 나를 평가하는 것을 불평하지 말고 참아야 할 것이다. 오히려 나는 내 능력에 따라 **나의 것으로** 할 것이다.

'모든 것이 모든 사람의 소유라네!' 이러한 명제는 동일한 무가치한 이론에서 유래한다. 그가 할 수 있는 것만이 각자의 소유이다. 내가 '세계는 나의 것이다.'라고 말한다면, 이 말은 정확히 말해서 역시 공허한 잡담이다. 그 말은 내가 결코 남의 소유를 존중하지 않는다는 점에서만 의미가 있다. 그러나 내가 할 수 있는 만큼 혹은 내 능력이 미치는 범위만큼, 오직 그만큼만 나의 소유이다.

---

427 Geld(화폐)의 어원은 gelten(가치가 있다)이다. 'sich Geltung verschaffen'(자신을 유효하게 하다.)

428 일상적으로 '능력의 소유'로 사용된다. Vermögen은 능력, 재산, 힘, 수단을 의미한다.

약하기 때문에 누군가에게 빼앗길 수 있는 것을 가진 사람은 소유에 어울리지 않는 사람이다. 누군가는 소유할 수 없기에, 그는 소유에 어울리지 않는 사람이다.

부자가 가난한 사람에 대해 저지른 '천 년의 잘못'에 대해 사람들은 엄청난 소란을 일으켰다. 마치 부자가 가난에 책임을 져야 마땅하다는 듯이, 똑같이 가난한 사람이 부에 책임지지 않아야 마땅한 것처럼! 둘 사이에 능력과 무능력, 유능한 사람과 무능한 사람 이외의 또 다른 차이가 있는가? 도대체 부자의 죄는 어떤 점에 있는가? '부자의 냉혹함 속에 있다.' [297] 그러나 도대체 누가 가난한 사람을 부양했는가? 가난한 사람이 더 이상 노동할 수 없을 때, 누가 가난한 사람의 영양 공급을 돌보는가? 심지어 자비(자선(Eleemosyne))[429]에서 이름을 따온 그러한 자선(Almosen)을 누가 베풀었는가? 부자는 항상 '자비롭지' 않았는가? 빈민세금, 병원, 온갖 종류의 재단이 증명하듯이, 부자는 오늘날까지 '자비심이 많은' 사람이 아니었는가?

그러나 그것만으로는 당신에게 충분하지 않구나! 그렇다면 의심할 여지 없이, 부자는 가난한 사람과 **나눠야**만 하는가? 여기서 당신은 부자가 가난을 없애야만 한다고 요구한다. 여러분들 중에 이런 식으로 행동하는 사람은 거의 없다는, 그리고 그렇게 행동하는 사람은 바로 어떤 멍청이일 것이라는 점은 별도로 하자. 좌우간 스스로 다음과 같이 물어보라. 부자의 행동이 가난한 사람에게 훨씬 더 유용할 때, 왜 부자는 심하

429 '자선'은 그리스어의 '엘레모시네'(eleemosyne)라는 말에서 비롯된다. '하느님의 자비'를 의미하는 히브리 말 '헤세드'(hesed)가 그리스어로 번역될 때 '엘레오스'(eleos)라는 용어를 사용하는데 '엘레모시네'(자선)와 '엘레오스'(자비)의 어근이 같음을 알 수 있다. 우리 말의 '자선'과 '자비'도 '사랑할 자'(慈)라는 한자말의 같은 어근을 갖고 있다. '가난한 이들에게 복음을 전하는'(「루가」 4,18) 상처입은 외국인에게 '자비를 베푼' 착한 사마리아 사람의 예화(「루가」 10,29-37)

게 고통을 겪어야 하고 자기 자신을 포기해야만 하는가? 하루에 126,900원을 가지고 있는 그대는 25,380원으로 살아가는 수천 명들의 사람보다 부자이다.[430] 수천 명과 나누는 것이 부자의 관심사인가? 아니면 오히려 수천 명들과 나누는 것이 가난한 사람들의 관심사가 아닌가?

경쟁과 관련된 맘먹음은 최선을 다하려고 꾀하는 것이 아니라 최대한 수익성 있고 생산적으로 만들려고 꾀하는 것이다. 따라서 사람들은 지위를 얻기 위해 공부하고(좋은 생계를 위한 수단이 되기 위해 공부하고(Brotstudium), 비굴하게 노력하고 아첨을 떨며, 틀에 박힌 일과 '장사와 관련된 지식'을 살피고, '외모를 유지하기 위해 그러면서 돈을 벌기 위해'(auf den Schein)[431] 일한다. 이런 까닭에 겉으로는 어떤 '좋은 일을' 한 것이지만, 실제로는 어떤 '좋은 사업'과 돈벌이만을 찾는 것이다. 그는 일을 위해서만 일을 한다고 생각하지만, 실제로는 일이 가져오는 이익 때문에 일한다. 실제로, 그는 검열관이 되길 원하는 것이 아니라, 오히려—승진하길 원한다. 그리고 그는 자신의 최선의 신념에 맞추어 판단, 처리 등등을 할 것이다. 그러나 그는 전근이나 심지어 해고를 두려한다. 무엇보다도 먼저, 사람은—살아야만 한다.

따라서 이런 한바탕 소동은 소중한 삶을 위한 투쟁이고, 어느 정도 '즐거운 삶'(Wohlleben)[432]을 위한 단계적 진행이다.

---

430 원어는 각각 1 Taler, 4 Groschen이다. 울피는 이 비교를 이해하기 위해 하루에 100달러를 버는 사람과 하루에 20달러를 버는 사람을 생각해 보라고 한다. 1달러를 1,269원으로 가정하면, 126,900을 버는 사람과 25,380원으로 살아가는 사람으로 이해할 수 있다.

431 'Schein'은 '외모'로 번역할 수 있고 '지폐'로도 번역할 수 있다. 만약 슈티르너가 여기에서 단어를 가지고 놀고 있다고 보면, 두 가지 의미를 모두 의도한다고 가정할 수 있다. 그러니까 사람은 외모를 유지하고 돈을 벌기 위해 일한다.

432 'Wohlleben'은 돈을 많이 벌어서 잘 사는 것을 의미하는 것이 아니다.

그럼에도 불구하고, 그들의 모든 수고와 염려는 그들 대부분에게 '쓰라린 삶'과 '혹독한 가난'만을 가져온다. 모든 것이 그러한 일을 위한 쓰라린 진심이구나!

[298] 끊임없는 자기광고(Werben)[433]는 우리로 하여금 한숨 돌리게 하여, 평온한 향유에 이르게 하지 못한다. 우리는 우리의 소유를 기뻐하지 않는다.

하지만 노동의 조직화는 우리를 위해 다른 사람들이 할 수 있는, 예를 들어 도살, 경작 등등과 같은 그러한 노동과만 관계한다. 그런데 그 외의 노동은 자기중심적 노동이다. 왜냐하면 아무도 당신 대신 당신의 음악 작곡을 할 수 없고, 당신의 그림 디자인 등등을 할 수 없기 때문이다. 누구도 라파엘로(Raffaello)[434]의 작품을 대신할 수 없다. 이러한 노동이 유일한 개인의 노동이다. 이러한 유일한 개인의 노동만이 성취할 능력이 있는 노동이다. 반면에 전자의 노동은 '인간다운' 노동이라고 불릴 자격을 얻게 된다. 왜냐하면 그들에게서 자기 자신의 것은 별로 중요하지 않고, 그저 '모든 인간'이 인간다운 노동을 위해 길들여질 수 있기 때문이다.

우선, 사회는 오로지 공공의 노동 혹은 인간다운 노동만을 헤아려 볼 수 있으므로, 유일한 일을 행하는 사람은 사회의 배려를 받지 못한다. 참으로, 그는 사회의 간섭으로 정신적으로나 육체적으로 건강하지 못한 자

---

433 'Werben'은 문자 그대로 광고이다. 그러니까 널리 알림, 또는 다른 사람들을 끌어들이려는 광범위한 시도이다. 슈티르너는 부르주아 경쟁의 맥락에서 자신을 홍보해야 할 필요성을 구체적으로 언급하고 있다. 다시 말해 광고를 해야 하는 사업주의 필요성과 잠재적 고용주에게 잘 보이기 위한 근로자의 필요성 둘 다 말이다.

434 라파엘로 산치오 다 우르비노(Raffaello Sanzio da Urbino, 1483~1520년)는 르네상스 시대 이탈리아의 예술가·화가이다. '시스티나 성모'는 '가장 훌륭한 그림 중 하나'로 여겨지고 있으며, 특히 19세기 독일에서 가장 유명한 그림이었다. 또한 '아테네 학당'도 특히 유명하다.

신을 발견할 수 있다. 틀림없이 유일한 사람은 자신을 사회 밖으로 드러낼 것이지만, 사회는 결코 유일한 사람을 산출하지 않는다.

그러므로 우리가 인간의 일들에 대한 합의에 도달하는 것은 항상 도움이 되기 때문에, 인간의 일들은 경쟁에서 하는 것처럼, 우리의 모든 시간과 노고를 요구하지 않는다. 이 점에 있어서, 공산주의는 공산주의의 결실을 맺을 것이다. 부르주아 계급의 지배 이전에는, 모든 사람이 할 수 있는 것조차, 혹은 모든 사람이 될 수 있는 그런 가능성은 소수자에게 있었고 나머지 사람들에게는 없었다. 이것은 어떤 특권이었다. 부르주아 계급에게는 모든 '사람'을 위해 존재하는 것처럼 보였던 모든 것을 자유롭게 하는 것이(freizugeben) 공정해 보였다. 그러나 모든 '사람'을 위해 존재하는 것처럼 보였던 것이 자유로워졌기(freigegeben) 때문에, 그런 것은 아직 누구에게도 주어지지(gegeben) 않았고, 오히려 각자에게 자신의 **인간적** 힘으로 모든 '사람'을 위해 존재하는 것을 재빨리 붙잡도록 한다. 이렇게 하여 그때부터 모든 사람에게 손짓하는 인간다운 것의 획득으로 마음을 돌렸다. 그리고 거기에서 '유물론'이라는 이름으로 아주 큰 소리로 불평하는 경향이 나타났다.

[299] 공산주의는 인간다운 것이 매우 큰 문제를 일으킬 가치가 없다는 믿음을 퍼뜨려서, 인간다운 것의 흐름을 저지하려고 애쓴다, 그리고 합리적 배치로 지금까지 필요해 보였던 것을 많은 시간과 힘을 들이지 않고 얻을 수 있었다.

그러나 누구를 위해 획득되어야 하는 시간인가? 무엇 때문에, 인간은 녹초가 된 자신의 노동력에 기운을 주기 위해 필요한 시간보다 더 많은 시간이 필요한가? 이 물음에 공산주의는 침묵한다.

무엇 때문인가? 그가 어떤 인간으로서 자신의 역할을 다한 후에, 유일자로서의 자기 자신을 즐기기 위해서구나!

첫 번째 기쁨 속에서 인간다운 것 쪽으로 손을 쭉 뻗는 것이 허용될 때, 사람들은 그 외에 다른 기쁨을 여전히 원하고 있다는 것을 잊었다. 그리고 마치 인간다운 것의 소유가 우리의 모든 소망의 목적인 것처럼, 사람들은 끊임없이 정력적으로 경쟁했다.

그러나 사람들은 스스로 경쟁하다 지쳤다. 그리고 그들은 '소유가 행복을 주지 않는다'라는 것을 차츰차츰 알아차리고 있다. 그러므로 그들은 더 쉬운 구매로 필요한 것을 얻을 수 있다고 생각한다. 그리고 그들은 꼭 필요로 하는 시간과 노고만큼만 시간과 노고를 소비한다고 생각한다. 재산의 가격이 하락하고, 만족스러운 빈곤, 근심 없는 극빈자가 유혹적 이상이 된다.

모든 사람이 자신의 능력이라고 확신하는 그런 인간다운 행위는 높은 월급을 받아야 하고, 모든 생명력의 수고와 소비를 들여서 요구되어야 하는가? 일상의 말투에서조차 다음과 같이 나타난다. '내가 단지 장관이거나 심지어 …이라면, 그때 완전히 다른 일이 일어났을 텐데'라는 저 확신은 자신을 그런 고위 관직에 있는 사람의 역할을 할 수 있는 사람으로 여긴다는 점을 드러낸다. 비록 정확히 모두는 아닐지라도, 어쨌든 많은 사람에게, 사람들은 거기에서 그러한 종류의 일에 속하는 것은 유일성이 아니라, 오히려 달성할 수 있는 교육일 뿐이라고 인식을 하고 있다. 그러니까 그런 일을 위해서 평범한 인간이기만 하면 된다고 인지하고 있다.

가령 **명령**(Ordnung)이 국가의 본질에 속하듯이, **종속**(Unterordnung)도 국가의 본성에 기초한 것이라고 한다면, [300] 우리는 종속된 사람들(Untergeordneten)[435] 혹은 특권을 받은 사람들이 낮은 계급에 놓여있는 사람들한테 지나치게 엄청난 삯을 요구하게 되고 그들을 속여 이득을 자기 것으

---

435 이 구절에서 슈티르너는 국가 관료의 고용과 관련하여, 특정한 의미에서 "종속"과 "종속된 사람들"이라는 용어를 사용하고 있는 것으로 보인다.

로 만들어 간다는 것을 목격한다. 하지만 낮은 계급에 놓여있는 사람들이 용기를 내어(우선 사회주의자의 관점으로, 그러나 나중에 확실히 자기 중심적 의식으로, 따라서 우리는 우선 그들의 연설에 약간의 착색을 할 것이다) 다음과 같이 묻는다. 당신들 특권을 받은 사람이여, 도대체 무엇에 의하여 당신의 소유가 안전한가?—그리고 낮은 계급의 사람은 스스로에게 다음과 같이 답을 준다. 우리가 영향력을 행하지 않기 때문에 그렇구나! 정말이지 우리의 보호에 의해서 그렇구나! 그 대가로 당신은 우리한테 무엇을 주는가? 해고와 깔봄을 '서민'에게 준다. 그러니까 경찰행정의 감시와 주명제의 교리 문답서는 다음과 같이 말한다. '당신의 것이 아닌 것, 곧 다른 사람의 소유를 존중하라! 다른 사람, 그리고 특히 당신의 윗사람을 존중하라!' 하지만 우리는 다음과 같이 대응한다. '당신이 우리의 존중을 원한다면, 우리 마음에 드는 가격으로 존중을 구입해라. 당신이 충분히 이 나머지를 보상한다면, 우리는 당신의 재산을 남겨둘 것이다.' 정말이지, 장군은 평화 시기에 자신의 연간 수입 수천을 무엇으로 메우는가?—어떤 다른 장군은 평화 시기에 순전히 자신의 연간 수입 수십만, 수백만을 무엇으로 메우는가? 당신이 굴을 음미하며 천천히 먹는 동안 우리가 감자를 씹으며 조용히 바라보는 것을 당신은 무엇으로 보상하는가? 우리가 당신의 감자를 값비싸게 사야만 하는 것과 마찬가지로 당신은 우리의 굴을 비싸게 사야만 한다면, 그러면 당신은 계속해서 굴을 먹을 수 있을 것이다. 또는 당신은 굴이 당신의 소유가 아니듯이 우리의 소유가 아니라고 생각하는가? 우리가 굴 쪽으로 손을 뻗어 굴들을 소비한다면, 당신은 폭력의 잘못을 규탄할 것이다. 그리고 그 일은 당신이 정당하다. 당신이 우리에게 폭력을 가하여 굴을 소유하는 것과 마찬가지로, 우리는 폭력 없이 굴을 얻지 못한다.

그러나 어서 굴을 가져가서 우리 곁의 재산으로, 노동(왜냐하면 다른 하나는 단지 점유이기 때문이다.)으로 여기도록 하라. 우리는 이마에 땀을 흘리며 하루 12시간을 노예처럼 일한다. 그리고 당신은 그 일의 대가로 우리에게 몇 천 원을 준다. 그렇다면 당신의 노동에 대해서도 같은 만큼의 돈을 받아라. 당신은 그런 방식을 원하지 않지? 당신은 우리의 노동은 낮은 임금으로 충분히 지급된 것이고, 이와 반대로 당신의 노동은 수천의 임금 가치가 있다고 공상한다. [301] 당신이 당신의 노동을 매우 높게 평가하지 않는다면, 그리고 우리에게 우리의 노동을 현실화할 더 좋은 기회가 주어진다면, 우리는 의심 없이 당신보다 훨씬 더 중요한 수천만 원을 가져올 그런 상황을 요구했을 것이다. 그리고 당신이 우리와 같은 임금만을 받는다면, 당신은 곧 더 많이 벌기 위하여 더 부지런히 일할 것이다. 그러나 당신이 우리 자신의 노동보다 10배 혹은 100배의 가치가 더 있는 것처럼 우리에게 보이는 어떤 일을 했다면, 그때엔, 그러면 당신 역시 그 일의 대가로 백배 더 받아야 할 것이다. 이와 반대로 우리는 당신이 우리에게 통상적 일급으로 지급하는 것보다 더 가치 있는 일을 당신을 위해 해준다고 우리는 또한 생각할 것이다. 만약 단지 우리가—결코 더 이상 다른 사람에게—어떤 것을 선물할 필요가 없다는 점에 맨 먼저 의견이 일치하였다면, 우리는 기꺼이 서로를 상대하고자 할 것이다. 그다음에 우리가 신체장애인, 병든 사람, 노인에게 적절한 돈을 실제로 지급하는 데까지 갈 수 있으므로, 그들은 굶주림과 궁핍 때문에 우리와 헤어지지 않는다. 우리는 그들이 살길 원하기 때문에, 우리는 우리 의지의 실행을—구매하는(erkaufen) 것이 또한 필요하다. 나는 '구매한다'라고 말한다. 그러므로 나는 그 말이 결코 불행한 '자선'이 아니라고 생각한다. 왜냐하면 그들의 삶은 여전히 노동할 수 없는 사람들의 소유이기 때문이다. 만약 우리가 (무슨 이유로든) 그들이 우리에게서 이 삶을 빼앗지 않기를 바란다면, 우리는 그 삶을 구매(Kauf)를 통해서만 실현할 수 있다고 생각할 수 있다. 실제로, 우리는 어쩌면 (아마도 우리는 주변 사람들에게 친절한 얼굴이고자 하므로) 그들을 위한 즐거운 삶조차 원할 것이다. 간단히 말해서, 우리는 당신이 기증하는 것을 아무것도 원하지 않는다. 그러나 우리는 당신에게 아무것도 또한 선물하지 않을 것이다. 수세기 동안 우리는 마음씨 고운—우둔함에서 당신에게 자선을 베풀었다. 그리고 우리는 가난한 이에게 적으나마 갸륵한 기부를 해왔고—주인의 것이 아닌 것을 주인에게 주어왔다. 지금 어서 당신의 지갑을 열어라. 왜냐하면 지금부터 우리 상품의 가격이 엄청나게 오르기 때문이다. 우리는 당신에게서 아무것도, 전혀 아무것도 빼앗고 싶지 않고, 단지 당신은 당신이 소유하고 싶은 것을 위해 돈을 더 지급해야만 한다.

농가의 머슴: 도대체 당신은 무엇을 가지고 있습니까?[436]

토지 소유자: 나는 771,120평[437]의 대농장을 가지고 있다네.

농가의 머슴: 그러면 나는 당신 농가의 머슴이 되어, 지금부터 일당 2천 원을 받고 당신의 밭을 경작하려 해요.

토지 소유자: 그렇다면 나는 다른 사람을 고용할 것이다.

농가의 머슴: 하지만 당신은 어떤 사람도 찾지 못해요. 왜냐하면 농가의 머슴인 우리는 그 정도의 돈을 받지 않고는 더 이상 일하지 않기 때문이죠. [302] 누가 임금을 덜 받는 모습을 보인다면, 그때 우리는 그를 경계하지요. 저기에 가정부가 있는데요, 그녀 역시 지금 농가의 머슴이 받은 바로 그만큼(2천 원)을 요구하고 있죠. 그래서 당신은

---

436 원문에는 이런 방식의 글은 아니지만 농가의 머슴과 토지 소유자의 대화이기에 이런 방식으로 변형하였다.

437 원어는 천 모르겐(tausend Morgen)이다. 모르겐은 땅 넓이의 단위인데, 두 필의 소가 오전 중에 갈 수 있는 넓이로 흔히 약 2에이커를 의미한다. 그런데 독일의 옛 토지 척도는 지방마다 크기가 달랐다고 한다. 프로이센의 모르겐은 0.63에이커이다. 간단히 1에이커는 약1224평 정도이다. 32평 아파트를 38채 붙여놓은 것과 같다 천 모르겐은 630에이커이니 771,120평이다.

더 이상 이 가격 아래에서 어떤 가정부도 찾을 수 없지요.

토지 소유자: 그렇군, 그렇다면 나는 파산할 거요.

농가의 머슴: 서두르지 마세요! 당신은 아마 우리가 번 돈 만큼 벌 것입니다. 그리고 만약 그렇게 되지 않는다면, 당신이 우리처럼 충분히 먹고 살 만큼 우리는 돈을 덜 받겠습니다.

토지 소유자: 그러나 나는 더 잘 사는 것에 익숙하다네.

농가의 머슴: 우리는 그것을 반대하지 않지요. 그러나 그것은 우리의 염려(Sorge)가 아니지요. 당신이 더 많이 쓰고 남길 수 있다면, 계속하세요. 당신이 기분 좋은 생활을 할 수 있도록 우리를 가격 이하의 머슴으로 고용했지요? 넉넉한 사람은 항상 말로 가난한 사람을 달래지요.

토지 소유자: 그대 궁핍이 나와 무슨 상관이 있는가? 보라, 어떻게 그대가 세상을 헤쳐나가는지. 궁핍은 내 일이 아니라, 오히려 그대 일이네.

농가의 머슴: 그러면, 자 어서, 궁핍이 우리의 문제가 되게 하고, 우리를 이용하기 위해 부자가 우리 재산을 슬쩍 훔쳐 가지 않도록 하자고요.

토지 소유자: 하지만 당신 같은 교양 없는 사람은 정말로 그렇게 많은 돈이 필요하지 않다네.

농가의 머슴: 그런데, 우리는 아마 우리에게 필요한 교육을 우리에게 마련해 줄 수 있도록 더 많은 돈을 받아야 하죠.

토지 소유자: 그러나, 그대가 이런 식으로 부자를 망하게 한다면, 그 후에 누가 예술과 학문을 여전히 후원할 수 있겠는가?

농가의 머슴: 오오, 자 이제, 나, 곧 다중이 그 일을 성취해야만 하죠. 그래서 우리는 비용을 각출하는데, 이것은 적잖은 돈이죠. ―게다가 부자인 당신은 이제 단지 무미건조한 책과 울먹이는 성모 마리아상 혹

은 생기 넘치는 무용수의 두 다리밖에 사지 못하죠.

토지 소유자: 오, 매우 불행한 평등이구나!

농가의 머슴: 아니죠, 친애하는 늙은 선생이여, 결코 평등이 아니죠. 우리는 우리를 가치 있는 존재로 보길 원할 뿐이죠. 그리고 당신이 더 가치 있는 존재라면, 당신은 또한 더 많은 권리를 동반하고 있다고 볼 수 있죠. 우리는 알맞은 가격을 원할 뿐이며, 당신이 지급할 가격이 우리 자신의 가치임을 보여줄 생각뿐이죠.

국가가 농가의 머슴에게 확고한 용기와 강한 자기 존중을 불러일으킬 수 있을까? 국가가 사람이 자기 자신을 자각하게 할 수 있을까? 정말 국가가 국가 자체를 위해 그러한 목표를 설정하는 것을 허용할 수 있을까? 국가는 개인이 자신의 가치(Wert)를 알고 가치 있게 사용하는(verwerte) 것을 원할 수 있을까? 질문을 두 가지로 분리하여 보자, 그리고 우선, 국가가 그런 일을 초래할 수 있었는지를 보자. 농가 머슴의 단결이 요구되므로, 이 단결만이 그러한 일을 불러일으킬 수 있고, [303] 국가의 법은 수없이 여러 번 경쟁을 통해 비밀리에 무시될 것이다. 하지만 국가는 그러한 일을 허용할 수 있을까? 국가는 국가 자체가 아닌 다른 사람으로부터 강제로 고통 받는 사람들을 도저히 허용할 수 없다. 그러므로 국가는 낮은 임금으로 사람들을 고용하길 원하는 그런 사람들을 반대하는 단결한 머슴이 자기를 스스로 돕는 일을 인정하지 않을 것이다. 그러나 국가가 법을 만들었다고 가정해 보자, 그리고 모든 머슴이 그 법에 동의했다고 가정해 보자, 그때 국가는 그 일을 허용할 수 있을까?

머슴이 따로따로인 경우에는—그 일을 허용할 수 있다. 그러나 머슴이 따로따로인 경우는 법 그 이상의 문제이다. 그러니까 그 경우는 근본적 문제이다. 더군다나, 머슴이 따로따로인 경우는 국가에 거스르는 내 자신을 가치 있게 만드는 일(Selbstverwertung des Ichs)의 완전한 구현이, 그래서 또한 국가에 거스르는 나 자신의 자기 존중의 완전한 구현이 중요한 일이다. 공산주의자들은 여기까지 함께 간다. 그러나 자신을 가치 있게 만드는 일이 필연적으로 국가에 거슬러 자신으로 방향을 바꾸듯이, 그렇게 또한 사회에 거슬러 자신으로 방향을 바꾼다. 따라서 자신을 가치 있게 만드는 일은 코뮌과 공산주의를 넘어서—자기중심성에서 자기 것으로 만들어 가진다.

공산주의는 모든 사람이 소유자('재산 소유자')라는 부르주아의 원리를 논박할 수 없는 진실로, 현실성으로 만드는데, 획득에 대한 걱정이 사라지고 모든 사람이 처음부터 필요한 것을 소유한다는 점에서 말이다. 그는 자신의 능력을 자신의 노동력으로 가지고 있는데, 그래서 그가 자신의 노동력을 사용하지 않는다면, 그것은 그의 탓이다. 날쌔게 붙잡는 일과 몹시 서두르는 일은 종말을 고한다. 그리고 지금 자주 발생하는 것처럼, 어떤 경쟁도 남아 있지 않고, 성공하지 못한다. 왜냐하면 매번 노동의 활동으로 필요한 넉넉한 필수품을 집으로 가져왔기 때문이다. 이제 처음으로 사람은 어떤 진짜 소유자이다. 왜냐하면 사람이 자신의 노동력 속에 가지고 있는 것은 자신에게서 벗어날 수 없는 힘이기 때문이고, 그 힘은 경쟁 경제하에서 언제든지 위협받으면 재빨리 달아날 수 있는 것처럼 말이다. 그는 걱정 없고 안전한 소유자이다. 그리고 그는 정확히 그렇다. 왜냐하면 그가 자신의 능력을 상품에서 찾는 것이 아니라, 오히려 자기 자신의 노동, 자신의 노동 능력에서 찾기 때문이다. 그러므로 그는 어떤 극빈자이고, 이상적 부(富)만을 가진 사람이다. [304] 그러나 나는 내가 내 노동 능력으로 장만한 얼마 안 되는 것에 만족할 수 없다. 왜냐하면 내 능력은 단지 내 노동에만 있지 않기 때문이다.

노동을 통해 나는 대통령, 장관 등등의 공무를 수행할 수 있다. 이러한 직무는 오직 일반적 교육,—다시 말해 보통 성취할 수 있는 그런 교육만을 요구한다(왜냐하면 일반 교육은 단순히 모두가 이수한 교육이 아니라, 넓은 의미에서 누구나 이수할 수 있는 교육, 즉 모든 전문 교육, 즉 의학, 군사, 문헌학 교육이기 때문에, '교육받은 사람'은 그런 교육이 자신의 힘 너머에 있다고 생각하지 않는다). 또는 대체로 이러한 직무는 모든 사람에게 가능한 숙련만을 요구한다.

그러나 이러한 직무를 모든 사람이 유지할 수 있다고 하더라도, 이러한 일은 여전히 그에게만 있는 개인의 고유한, 유일한 힘일 뿐이다. 그것이 그런 직무에 이른바 생명과 의미를 준다. 그가 그의 직무를 '평범한 사람'처럼 운영하는 게 아니라, 오히려 그의 유일성이라는 능력을 투입한다면, 일반적으로 그가 오직 공무원이나 장관으로서 임금을 받더라도, 그가 유일성이라는 능력에 대해서는 아직 임금을 못 받은 것이다. 그가 당신의 감사를 얻기 위해 그 일을 했다면, 그리고 당신이 이런 유일한 일의 감사할 만한 힘을 유지하고자 한다면, 당신은 오직 인간다운 일을 하는 사람에 불과한 그에게가 아니라, 오히려 유일한 일을 하는 그에게 임금을 지급해야만 한다. 당신의 노동 역시 그런 식으로 하라!

보편적 평가는 내가 한 인간으로서 행위를 하는 것에 대한 평가이듯이, 나의 유일성에 대해 보편적 평가를 매길 수 없다. 인간으로서 행위하는 경우에만 평가될 수 있다.

따라서 여하튼 인간다운 노동에 대한 일반적 평가를 설정하더라도, 당신의 유일성에서 유일성의 공로를 빼앗지 말라.

인간적 혹은 **보편적** 필요는 사회를 통해 만족될 수 있다. 그러나 그대는 **유일한** 필요의 만족을 위해서 맨 먼저 무엇인가를 찾아야만 한다. 사회는 그대에게 친구와 친절한 봉사, 심지어 개인의 봉사를 마련해 줄 수 없다. 그럼에도 그대는 언제라도 그런 봉사가 필요할 것이다. 게다가 아주 사소한 경우에 그대에게 도움이 될 누군가가 필요하다. [305] 그러므로 사회에 의지하지 말고, 오히려 당신 소망을—성취할 수 있는 수단이 있는지를 확인하라.

자기중심적 사람들 사이에서 화폐는 지속되어야 하는가?—[화폐의] 오래된 각인(刻印)에는 어떤 상속받은(ererbt) 소유가 달라붙어 있다. 당신 자신이 더 이상 화폐로 계산하지 않는다면, 화폐는 파괴된다. 그러니까 당신이 이 화폐를 위해 아무것도 하지 않는다면, 화폐는 모든 힘을 잃는다. 당신은 상속 재산(Erbe)을 장부에서 지우고, 유언 집행자의 법원 인장(印章)을 찢어 버렸다. 실제로, 이제 모든 것이 어떤 상속 재산이며, 상속 재산은 이미 상속된 것이거나 여전히 상속 재산 상속인을 기다린다. 상속 재산이 당신 것이라면, 왜 당신은 당신에게 상속 재산을 봉인(封印)하도록 하는가? 왜 당신은 인장(印章)을 존경하는가?

그런데 왜 당신은 새로운 화폐를 만들지 말아야 하는가? 게다가 당신은 상속 재산에서 상속의 각인(刻印)을 제거함으로써 상품을 무효로 만드는가? 그런데 화폐는 상품이고, 본질적 수단 혹은 능력(재산(Vermögen)) 이다. 왜냐하면 화폐는 재산(능력(Vermögen))의 화석화를 막고, 화폐를 떠돌아다니게 하며 화폐의 회전율을 일으키기 때문이다. 당신이 더 나은 교환 수단을 안다면, 이야기를 계속해라, 그렇지만 그것은 다시 '화폐'일 것이다. 당신에게 손해를 끼치는 것은 화폐가 아니라, 오히려 화폐를 가져갈 수 없는 당신의 무능력이다. 침착해라, 당신의 능력이 발휘되도록 하라, 그러면 화폐,—당신의 화폐, 당신의 도장이 새겨진 화폐는—부족하지 않게 될 것이다. 그러나 나는 노동하는 것을 '당신의 능력이 발휘되도록 하는' 것이라고 부르지 않는다. 오로지 '노동을 찾는' 또는 '열심히 노동하고자 하는' 사람은 그들 스스로 피할 수 없는—실업을 준비한다.

행운과 불행은 화폐에 달렸다. 그러므로 화폐는 부르주아시대에 권력이다. 왜냐하면 화폐는 단지 처녀처럼 구혼 받아도 그 누구와도 확고한 결혼을 하지 않는다. 어떤 값비싼 대상에게 구애하는 모든 기사 이야기와 기사도 정신은 경쟁에서 다시 생기를 얻는다. 갈망의 대상인 화폐를 대담한 '산업의 기사'(Industrieritter)[438]가 납치한다.

운이 좋은 사람은 신부를 맞아들인다. 극빈자에게 행운이 있다. 그는 신부를 자신의 집, 곧 '사회'로 데려가서, 순결을 파괴한다. 극빈자의 집에서 신부는 더 이상 신부가 아니라, 오히려 아내이다. 게다가 그녀의 처녀성과 함께 그녀의 성(姓) 역시 사라진다. [306] 주부로서 처녀 화폐는 '노동'이라고 불린다. 왜냐하면 '노동'이 남편의 이름이기 때문이다. 그녀는 남편의 소유물이다.

이러한 모습을 끝내기 위해, 노동과 화폐의 자식은 다시 소녀, 결혼하지 않은 사람이 되며, 그러므로 화폐이지만 아버지인 화폐로부터 물려받은 특정한 혈통이 있는 화폐이다. 얼굴의 모양, '모습'에는 다른 특징이 있다.

최종적으로 한 번 더 경쟁과 관련하여 말하자면, 경쟁은 바로, 모두가 자신들의 일을 돌보지 않고 서로 함께 경쟁을 넘어 타협했기 때문에 존속해 왔다. 예를 들어 빵은 도시의 모든 주민들의 필수품이다. 그 때문에 모든 주민들은 공공의 제과점을 마련하는 것에 대해 쉽게 합의할 수 있었을 거다. 대신에 주민은 빵의 공급을 경쟁하는 제빵사에게 맡긴다. 아주 똑같이 주민들은 육류를 정육점 주인들에게 맡기고, 포도주를 포도주 상인들에게 맡긴다, 등등.

경쟁을 폐지하는 일은 동업조합을 조성하는 일과 동등한 것이 아니라는 뜻이다. 차이는 다음과 같은 것이다. **동업조합**에서 빵 굽는 일 등등은 동업조합인의 일이다. 그리고 **경쟁**에서 빵 굽는 일은 닥치는 대로 경쟁자의 문제이다. 하지만 **연합**에서 빵 굽는 일은 구운 음식이 필요한 사람들의 일이다. 그러므로 내 일, 네 일은 조합 소속의 빵 제조업자나 허가받은 빵 제조업자의 일이 아니라, 오히려 **연합한 사람**의 일이다.

438 사기꾼 또는 사기성 투기꾼에 대한 다소 오래된 독일의 좀 옛 표현이다.

만일 내가 나의 일에 관심을 기울이지 않는다면, 나는 다른 사람이 나에게 허용한 것에 만족해야 한다. 빵을 가지는 것은 나의 일이고, 나의 희망과 욕망이다. 그럼에도 사람은 이 일을 빵 제조업자에게 맡긴다. 그리고 사람들은 기껏해야 빵 제조업자들의 다툼, 자리를 놓고 서로 경쟁하는 것, 그들의 경쟁심, 한마디로 말하면 그들의 경쟁을 통해서 어떤 이익을 얻길 바란다. 동업조합인이 전적으로 그리고 유일하게 빵 굽기의 독점 판매권을 소유하면 우리는 동업조합인의 경쟁에서 이익을 기대할 수 없을 것이다. 모든 사람이 필요로 하는 것의 조달과 생산에 모든 사람 역시 관여해야만 한다. 그것은 동업조합이나 허가받은 명장의 소유가 아니라, 그의 일이고, 소유이다.

한 번 더 뒤를 돌아보자. 세계는 이 세계의 자식에, 인간의 자식에 종속한다. 그러므로 세계는 더 이상 신의 세계가 아니라, [307 오히려 인간의 세계이다. 모든 인간이 세계를 자신에게 마련해 줄 수 있는 만큼, 인간의 소유라고 부른다. 그리고 오로지 참된 인간, 국가, 인간다운 사회 혹은 인류는, 그가 인간으로서, 다시 말해 인간다운 방식으로 자기 것인 것만을 중히 여길 것이다. 인간답지 않은 사유(私有)는 인간에 의해 승인되지 않는 사유인데, 다시 말해 그런 사유는 어떤 '범죄적' 사유이다. 거꾸로 인간적 사유는 '합법적' 사유, 곧 '합법적 방법'(Rechtswege)으로 획득한 것이다.

사람들은 혁명 이후 이런 식으로 말한다.

그러나 나의 소유는 나로부터 독립적으로 존재하는 그런 어떤 사물이 아니다. 나의 힘만이 나의 것이다. 이 나무가 나의 것이 아니라, 오히려 나무를 지배하는 나의 힘 혹은 나무를 처분할 수 있는 나의 능력이 나의 것이다.

자, 어떻게 이 힘을 잘못된 방식으로 표현하나? 내가 이 나무에 대한 어떤 권리(Recht)를 갖고 있거나 나무가 나의 정당한(rechtlich) 재산이라는 소문이 있다. 그래서 내가 힘으로 나무를 획득해 왔다는 말이군. 힘이 지속되어야 나무가 서 있을 수 있다는 사실, 더 나은 것은,—힘이 그 자체로 존재하는 어떤 것이 아니라, 오히려 오로지 강력한 나 속에, 내 안에, 강력한 사람 속에 존재한다는 사실, 그것을 되레—잊어버리게 된다. 인간다움, 존엄 등등과 같은 나의 또 다른 속성들처럼 힘이 그 자체로 존재하는 어떤 것으로 북돋워서 높여졌기 때문에, 힘은 힘이 더 이상 나의 힘이 아닌 이후에도 여전히 존재한다. 그러므로 어떤 허깨비로 변신한 힘이—권리이다. 심지어 이 불멸의 힘은 나의 죽음으로 사라지지 않고, 오히려 위임되거나 '상속된'다.

이제 물건들은 실제로 나에게 속하는 것이 아니라, 오히려 권리에 속한다.

다른 측면에서, 이러한 주장은 속임수에 지나지 않는다. 왜냐하면 다른 사람이 자신의 힘을 자신의 소유와 결합할 때에만, 개인의 힘은 영속적이고 어떤 권리가 되기 때문이다. 개인이 자신의 힘을 다시 철회할 수 없다고 믿는 것, 바로 그것이 망상이다. [308] 이와 같은 현상이 되풀이된다. 힘이 나로부터 분리되었다. 나는 내가 소유자에게 주었던 힘을 다시 가져올 수 없다. 사람은 '주어진 힘'을 가지고 있고, 자신의 힘을 남에게 주었고, 더 나은 나의 힘을 곰곰이 생각하는 것을 체념했다.

재산 소유자는 어떤 물건을 기증하고, 낭비하는 따위의 일을 함으로써, 어떤 물건에 대한 자신의 힘과 자신의 권리를 포기할 수 있다. 그렇다면 우리는 우리가 저 소유자한테 빌려준 힘을 마찬가지로 포기하지 않을 수 있는가?

합법적(rechtlich) 사람, 올바른 사람(Gerechte)[439]은 그가 '올바르게'(mit

439 "Gerechte"는 더 자주 정당하거나 공정한 것으로 번역된다. 그러나 이 짧은 단락 전체에 걸쳐, 슈티르너는 "Recht"(옳음, 권리 또는 법)에서 파생된 단어로 언어유

Recht) 가지고 있지 않은 것 혹은 그 때문에 권리(Recht)를 가지고 있지 않은 것을, 자신의 것이라고 절대로 부르지 않길 바란다. 그러므로 그는 **적법한**(rechtmässig) **소유**만을 열망한다.

글쎄, 누가 판사가 되어야만 하는가? 그리고 누가 사람에게 인간의 권리를 주는가? 결국, 실제로, 사람에게 인간의 권리를 주는 것은 인간이다. 그때 인간은 테렌츠가 한 이 말—"나는 인간이다, 나와 관계없는 인간다운 일은 아무것도 없다고 생각한다."(humani nihil a me alienum puto)[440]—보다 훨씬 더 넓은 의미에서 다음과 같이 말할 수 있다. **인간다운 것이 내 소유이다.** 이 관점에서, 인간이 시키는 대로 하라, 인간은 재판관에서 벗어나지 않으려 한다. 그리고 우리 시대에 선택된 여러 재판관들은 불구대천의 원수인 두 개의 인격으로—곧 신과 인간으로 서로 대립하고 있다. 신은 신다운 권리에 호소하고, 인간은 인간다운 권리 혹은 인류의 권리에 호소한다.

이 정도는 명백하다. 곧 두 가지 어느 경우에도 개인은 자기 자신에게 권리를 주지 않는다.

오늘날 권리의 위반이 아닐 수 있는 행위를 나에게 찾아 줘봐라! 매 순간 한쪽 편에서는 인간의 권리를 짓밟고, 반면에 다른 반대편에서는 신성한 권리에 대한 신성모독의 소리를 내뱉지 않고서는 입을 열 수 없

희를 하고 있다.

440 테렌츠(Terenz)는 푸블리우스 테렌티우스 아페르(Publius Terentius Afer, 기원전 195년 또는 185년~기원전 159년)를 가리킨다. 그는 고대 로마시대의 희극작가이자 시인이다. 북아프리카 출신의 노예였는데 그의 재능에 감복한 주인에 의해 교육을 받고 해방되어 극작가로 이름을 날렸다. "Homo sum, humani nil a me alienum puto."은 『고행자』에 나오는 경구이다. 포이어바흐는 이 구절에 대해 다음과 같이 말했다. "이 말이 가장 보편적이고 가장 높은 의미에서 이해될 때 비로소 새로운 철학의 좌우명이 된다."(『미래철학의 근원 원리』, 제55항)

다. 거지에 적선한다면, 그때 당신은 인간의 권리를 비웃는 것이다. 왜냐하면 거지와 은혜를 베푸는 사람의 관계가 인간답지 않은 관계이기 때문이다. 어떤 의심의 말을 한다면, 그때 당신은 신성한 권리에 거스르는 죄를 범하는 것이다. 만족스럽게 말라빠진 빵을 먹으면, 그때 당신은 당신의 만족스러운 태연함 때문에 인간의 권리를 손상하는 것이다. 반대로 불만족스럽게 빵을 먹는다면, 당신은 당신의 불만족스러운 반감 때문에 신의 권리를 욕하는 것이다. [309] 매 순간에 범죄를 저지르지 않은 사람은 없다. 이를테면 당신의 말은 범죄이고, 당신의 언론 · 출판의 자유에 대한 모든 억제 역시 범죄이다. 당신들은 모두 범죄자들이구나!

그럼에도 당신들 모두가 **올바름의 토대**(Rechtsboden) 위에 선다는 점에서만, 다시 말해 당신들이 범죄자들이라는 사실조차 알지 못하고 그 사실을 평가하는 방법조차 이해하지 못한다는 점에서만 당신들은 범죄자들이다.

불가침의 혹은 **신성한** 소유는 바로 이러한 토대 위에서 성장했다. 이것이 **법률상의 개념**(Rechtsbegriff)이다.

개가 자신을 너무 약하다고 느낄 때만, 뼈다귀가 어떤 다른 개의 권능 아래 있는 것을 보고 뼈다귀에서 떨어진다. 그러나 사람은 다른 사람의 뼈에 대한 **권리**를 존중한다. 따라서 후자의 행위는 **인간다운** 행위로 여겨지고, 전자의 행동은 **야만적** 혹은 '자기중심적' 행동으로 여겨진다.

그리고 여기에서처럼, 누군가가 모든 것 안에서 어떤 **정신적인** 것을 볼 때(여기서는 권리), 다시 말해 모든 것을 어떤 허깨비로 만들고, 모든 것을 허깨비를 대하듯, 대할 때, 그것은 대체로 '**인간답다**'라고 불린다. 허깨비라는 현상을 위협하여 쫓아버릴 수 있지만, 죽일 수는 없다. 개인들을 개인들로 바라보는 것이 아니라, 오히려 보편자로 바라보는 것, 이것이 인간다운 것이다.

그처럼, 자연 속의 모든 것을 나는 더는 존중하지 않고, 오히려 나 자신이 자연에 대한 모든 권리를 준다는 것을 안다. 이와 반대로 내가 저 정원에 있는 나무에서 나의 것이 아님을 존경해야만 한다면(사람들은 편파적 방식으로 이를 '소유'라고 한다), 나무에서 내 손을 떼어야만 한다. 그러나 내가 내 막대기 등등을 타인에게 양도하듯이, 내가 처음부터 나무를 낯설게, 다시 말해 신성하게 여기지 않고, 정말로 저 나무를 타인에게 양도할 수 있을 때만, 나의 것이 아님은 종말을 맞는다. 내가 원한다고 하더라도, 내가 몸소 나무를 베어 쓰러뜨리는 범죄를 절대로 짓지 않는다. 그리고 내가 다른 사람에게 나무를 양도하는 동안일지라도 나무는 내 소유로 남는다. 나무는 내 것이고 내 것으로 남는다. 나폴레옹이 왕들의 영토에서 타인의 것도 보지 않은 것처럼, 나도 은행가의 재산에서 타인의 것을 보지 않는다. 우리는 그것을 '정복하는 것'을 절대로 두려워하지 않는다. 그리고 또한 우리는 낯선 것을 정복할 수단을 찾아본다. 따라서 우리는 은행가의 재산에서 두려워했던 나의 것이 아님이란 정신을 벗겨낸다.

[310] 나는 더 이상 인간으로서 모든 것을 요구하는 것이 아니라, 오히려 나로서, 지금의 나로서 모든 것을 요구한다는 것이 필연적이기 때문에, 따라서 아무것도 인간다운 것이 아니라, 오히려 모든 것은 내 것이며, 다시 말해 아무것도 인간으로서 내 수중에 들어오는 것이 아니라, 오히려 모든 것이—내가 원하는 것이 되는 것이고 내 의지이기 때문에 내 것이 되는 것이다.

어떤 다른 사람의 정당한(rechtlich) 혹은 합법적(rechtmässig) 소유는 당신이 그것이 그의 소유라고 인정할 때만 가능할 것이다. 그대가 인정하는 것을 중지한다면, 그때 이 소유는 타인을 위한 합법성을 상실하고, 그대는 그 일에 대한 타인의 절대적 권리를 비웃을 것이다.

지금까지 편협한 의미에서 논의한 소유 이외에, 또 다른 소유는 우리의 경외심을 품은 마음을 잃지 않는다. 우리가 훨씬 덜 '죄를 지어야만 하는' 소유가 있다. 이런 소유는 정신적 재산, '내적 신성함'이다. 어떤 사람이 신성하게 여기는 것을 다른 사람이 조롱해서는 안 된다. 왜냐하면 신성하게 여기는 것이 아무리 거짓일지라도, 그리고 신성하게 여기는 것을 붙잡고 그것을 믿는 사람에게 '애정 어리고 겸손한 방식으로' 참된 신성한 것을 확신시키려고 당신이 아무리 노력하더라도, 여전히 신성한 것 그 자체는 항상 신성하게 여기는 사람의 잘못으로 인해 존중받아야 하기 때문이다. 이를테면 가령 신성한 것이 틀린 것이더라도, 잘못 생각하는 사람은 여전히 신성한 것을 믿으니, 적어도 신성한 것에 대한 그의 믿음은 존중되어야만 한다.

우리의 시대보다 더 조야한 시대에 사람들은, 특정한 신앙과 특정한 신성한 것에 대한 헌신을 노상 요구하곤 하였고, 신앙을 달리하는 사람을 가장 온화하게 다루지 않았다. 그럼에도 불구하고, '신앙의 자유'가 점점 더 확산된 이래로, 저 '다른 신 숭배를 용서하지 않는 하느님이자 유일한 하느님'은 점차 꽤 보편적 '최고의 존재'로 번졌고, 모든 사람이 '신성한 어떤 것'을 존경하기만 하면, 그것은 인간다운 관용을 충족시켰다.

가장 인간다운 표현에 도달한, 이 신성한 것은 '인간 그 자체'와 '인간다움'이다. 기만적 가상으로, 마치 인간다움은 전적으로 우리 자신이고, 신적인 것으로 채색된 모든 내세로부터 자유롭다면, 아니 그뿐인가, 마치 인간이 나나 그대만큼 가치 있다면, [311] 그 말들은 '신성한 것'에 대해서는 더는 존재하지 않고, 우리는 이제 어디에서나 친숙하게(heimisch) 느끼고, 두렵고 낯선 것(Unheimlichen), 다시 말해 신성한 것과 신성한 두려움 속에 있다는 것을 더는 느끼지 않는다는 거만한 환상이 생길 것이다. 이를테면 '마침내 발견된 인간'에 대한 황홀경 속에서 자기중심적 고통의 절규가 무시될 것이고 그렇게 친밀하게 된 유령이 우리의 참된 나로 받아들여진다.

그러나 "후마누스(Humanus)는 성자의 이름이다"(괴테를 보라)[441], 그리고 인간다운 것은 가장 정화시킨 신성한 것일 뿐이다.

자기중심적 사람은 거꾸로 의견을 이야기한다.

자기중심적 사람 : 정확히 그대가 어떤 것을 신성하게 붙잡기 때문에, 나는 그대를 조롱한다. 그리고 내가 그대의 다른 모든 것을 존경하더라도, 그대의 거룩한 장소는 정확히 내가 존경하지 않을 것이다.

이러한 대립적 견해와 함께 정신적 재산을 향해 모순적 관계가 있다는 것을 또한 받아들여야만 한다. 이를테면 자기중심적 사람은 정신적 재산을 모욕하고, 반면에 종교적 사람(자신 위에 자신의 '본질'을 놓는 모든 사람)은 그것들을 한결같게—보호해야만 한다. 그러나 어떤 종류의 정신적 재산이 보호되어야만 하고, 보호받지 못하게 되어야만 하는지는 전적으로 사람이 만드는 '최고의 존재' 개념에 달려있다. 그리고 예를 들어 인간을 두려워하는 사람(자유주의자)보다 더 신을 두려워하는 사람을 보호해야만 한다.

정신적 재산 속에서 우리는 감각적 방식과 달리 정신적 방식으로 상처 입는다. 그리고 정신적 재산에 대한 죄는 직접적 **신성모독**이다. 이와 달리 감각적 재산에 대한 죄는 절도나 소유권 이전이다. 그러니까 신성한 재산 자체는 단순히 빼앗기는 것이 아니라, 가치를 잃고 신성화를 잃는 것이다. 신성한 것은 곧바로 위태로운 지경에 이른다. '불경한 언행' 혹은 '뻔뻔스러움'이라는 말은 정신적 재산에 대해, 다시 말해 우리에게 신성한 모든 것에 맞서서 **죄를 저지를** 수 있는 모든 것을 가리킨다. 그

441 슈티르너는 1789년에 쓴 괴테의 미완성 종교 서사시 '비밀들'(Die Geheimnisse)의 245행을 언급하고 있다. 이 시에서 'Humanus'는 12명의 기사로 이루어진 신비한 형제애를 관장한다.

리고 조롱, 욕설, 경멸, 의심 따위는 범죄자의 뻔뻔스러움과는 다른 색조일 뿐이다.

가장 다양한 방식으로 신성모독을 저지를 수 있는 것은 여기서 생략될 것이고, [312] 특히 억제받지 않은 언론을 통해서 신성한 것을 위협하는 신성모독만이 우선적으로 언급될 것이다.

정신적 본질을 위한 존중이 요구되는 한, 말과 언론은 이 본질의 이름 속에서 노예 그 자체가 될 것이다. 왜냐하면 너무나 오래 자기중심적 사람은 자신의 발언들을 통해 정신적 본질을 '위반할' 수 있었고, 적어도 '적당한 처벌'을 통해, 만약에 사람이 정신적 본질에 반대하여 더 올바른 수단을 이어 하지 않는다면, 검열과 같은 예방적 경찰의 폭력을 못 하게 했을 것이기 때문이다.

언론의 자유를 위해 얼마나 탄식하는가! 대체 언론은 무엇으로부터 자유로워야만 하는가? 확실히 어떤 종속, 소속(Angehörigkeit)[442] 그리고 예속으로부터구나! 그러나 그것으로부터 자유롭게 되는 것은 그야말로 모든 사람의 일이다. 그리고 그대가 자신을 예속에서 구해냈다면, 그대가 문서를 작성하고 글을 쓰는 것은 또한 전혀 어떤 힘의 예속에 있다고 생각되지도 만들어지지도 않고, 그대 자신에게 속한다는 것은 확실하다. 그리스도를 믿는 사람이 말할 수 있고 인쇄할 수 있는 것은 그 자신보다 저 기독교의 믿음으로부터 더 자유로울 수 있다는 것인가? 내가 어떤 것을 쓸 수 없고 쓰면 안 된다면, 아마 가장 가까운 잘못은 나에게 있다. 이 점이 그다지 중요하지 않은 것처럼 보이더라도, 그럼에도 불구하고 거의 응용되지 않는다. 어떤 언론법에 의해 나는 내 출판에 경계를 짓거나 경계 짓는 것을 허용한다. 그릇된 행위를 넘어서 그릇된 행위의 처벌을 따른다. 나 자신이 나를 제한한다.

---

442 사상, 단체에 대한 충실, 견지를 뜻한다. 이를테면 당에 대한 충성 같은 것이다.

언론 · 출판이 자유로워야 한다면, 정확히 어떤 법의 이름으로 언론 · 출판에 가하게 될 수 있는 모든 강제에서 언론 · 출판을 자유롭게 하는 것 이외에 매우 중요한 일은 아무것도 없을 텐데 말이다. 그리고 그야말로 내 자신인 내가 법에 대한 복종에서 나를 풀어주어야만 할 것이다.

확실히, 모든 절대적 자유처럼 언론의 절대적 자유는 터무니없는 일이다. 언론은 아주 많은 것에서부터 자유로울 수 있다. 그러나 또한 오직 내가 자유로운 것에서부터 언론은 항상 자유로울 수 있다. 만일 우리 스스로가 신성한 것(Heiligen)에서부터 자유롭다면, 만일 우리가 신성하지 않고(heillos)[443], 법률이 없다면, 우리의 말 또한 그렇게 될 것이다.

[313] 우리가 세상의 모든 강제로부터 거의 자유롭게 될 수 없듯이, 우리의 글은 바로 그 모든 강제에서 거의 벗어날 수 없다. 그러나 우리가 자유로운 만큼, 우리는 또한 우리의 글을 자유롭게 쓸 수 있다.

그러므로 지금까지처럼 어떤 유령을 섬기지 말고, 우리의 글이 우리 자신의 것이 되어야만 한다.

세상 사람들은 언론 · 출판의 자유를 향한 외침에 어떤 의미가 있는지 명확하게 알지 못한다. 세상 사람들이 흔히 요구하는 것은 국가가 언론을 자유롭게 해야만 한다는 것이다. 그러나 자신도 모르는 사이에, 사람들이 실제로 원하는 것은 언론이 국가로부터 자유롭거나 국가에서 벗어나는 것이다. 전자는 국가에 대한 청원이고, 후자는 국가에 맞선 반란이다. '권리에 대한 청원', 심지어 언론 자유의 권리에 대한 진지한 요구는 국가를 주는 사람(Geber)으로 전제하기 때문에, 사람들은 오직 선물(Geschenk)과 허가, 승낙을 기대할 수 있다. 의심할 여지 없이, 국가는 요

443 이 단어는 '사악한', '구제할 길 없는'으로 번역할 수 있다. 그러나 '신성하지 않은'으로 번역해야 여기서 슈티르너의 아주 분명한 말장난과 그가 말하는 요점에 가장 잘 맞는 것 같다.

구받은 선물을 허용할 정도로 매우 무분별하게 행동할 가능성이 있다. 하지만 선물 받은 사람들이 국가를 참된 것으로 여기는 한, 그들이 선물을 사용하는 방법을 모른다는 것은 틀림없는 사실이다. 이를테면 그들은 이 '신성한 것'을 위반하지 않을 것이고, 이것에 감히 대들려는 모든 사람을 처벌하는 언론법을 촉구할 것이다.

한마디로, 언론 · 출판은 내가 자유롭지 못한 것에서부터 자유롭지 않을 것이다.

이런 이유로 혹시 나는 내가 언론 · 출판의 자유에 적대자라는 것을 입증하는 건 아닌가? 천만에, 나는 당신이 오직 언론 · 출판의 자유를 원한다면, 다시 말해 오직 무제한의 허가를 목표로 한다면, 결코 언론 · 출판의 자유를 얻지 못할 것이라고 오직 주장한다. 끊임없이 이러한 허가를 간청해 봐라. 이를테면 당신에게 언론 · 출판의 자유를 줄 수 있는 사람은 이 세상에 아무도 없으므로, 당신은 영원히 그것을 기다릴 수 있다. 당신이 허가에 의한 언론의 사용, 즉 언론 · 출판의 자유를 위한 '자격을' 얻기를 원하는 한, 당신은 헛된 희망과 불평으로 살아간다.

'바보 같다! [314] 그렇군, 그대의 책에 있는 그런 생각을 품고 있는 그대 자신은, 유감스럽게도 행운을 통해서나 또는 불법적 방법으로만 그런 생각을 널리 알릴 수 있다. 그럼에도 불구하고 그대는 국가가 허용하지 않았던 인쇄 허가를 받을 때까지 계속 자신의 국가를 압박하고 조르는 사람을 통렬히 반대할 것인가?' 그러나 이런 식으로 말했던 저술가는 아마도—그런 사람들의 뻔뻔스러움이 지나치기 때문에—다음과 같이 응답할 것이다. '그대가 말한 것을 잘 생각해보시오! 도대체 내 책을 위해 언론 · 출판의 자유를 얻으려면 나는 어떻게 해야 하는가? 나는 허가를 요구하는가? 아니면 나는 적법성에 의문을 품지 않고, 유리한 기회를 찾고 있는 것은 아닌가? 게다가 나는 국가와 국가의 필요를 전혀 고려하지 않는 상태에서 언론 · 출판의 기회를 잡으려는 것은 아닌가? 나는—소름 끼치는 말로 표현했어야만 했다—나는 국가를 기만한다.' 그대는 무의식적으로 똑같은 행위를 한다. 그대는 그대의 설교단에서 국가는 국가의 신성함과 불가침성을 포기해야만 한다고, 또한 그런 이유로 국가는 위험을 두려워할 필요가 없으므로, 저술가의 공격에 국가 자체를 노출시켜야 한다고 국가를 설득한다. 그러나 그대는 국가를 속인다. 왜냐하면 국가가 자신의 접근 불가능성을 잃자마자, 국가의 실존은 끝나기 때문이다. 영국이 했던 것처럼, 실제로 그대에게 국가는 글쓰기의 자유를 쉽게 허용할 수도 있었다. 여하간 아무리 많이 당신이 국가를 새롭게 뜯어고치고 싶고 그것의 '흠을 고치고' 싶을지라도, 그대는 국가를 믿는 사람이고 국가에 거슬러 글을 쓸 능력이 없다. 그러나 국가의 적대자가 자유로운 연설을 이용한다면 어떨까? 그리고 국가의 적대자가 교회, 국가, 도덕 그리고 모든 '신성한 것'을 향해 가차 없이 돌진했다면 어떻게 될 것인가? 그때 그대는 끔찍한 고통 속에서 9월의 법률[444]을 삶으로 불러들인 첫 번째 사람이 될 것이다. 그때 너무나 늦게 그대는, 예전에 국가 혹은 국가의 통치를 감언으로 꾀고 구슬리기로 마음먹었던 자신의 어리석음을 후회할 것이다. —그러나, 나는 내 행위로 두 가지를 논증한다. 첫 번째는 언론 · 출판의 자유가 항상 '유리한 기회'와 결합한다는 것이다. 그러므로 언론 · 출판의 자유는 결코 절대적 자유가 아닐 것이다. [315] 그러나 두 번째는 언론 · 출판의 자유를 향유하고자 하는 사람이 있다는 것은, 그가 국가에 대해 자기 자신의 이익을 주장함으로써, 그리고 자신과 자신의 의지를 국가와 모든 '더 높은 힘'보다 더 큰 것으로 여김으로써, 유리한 기회를 찾아내야 하고 가능하면 만들어 내야 한다. 국가 안에서

444 1835년 7월 28일 루이 필리프(Louis-Philippe) 왕의 목숨을 빼앗고자 시도하였던 것이 실패한 후 프랑스 의회에서 통과된 억압적 법률은 언론과 공개적 표현 형태에 대해 보다 엄격한 통제를 지워 정권에 이의를 제기하는 것을 불법으로 만들었다.

가 아니라, 오히려 국가에 거슬러서만 언론 · 출판의 자유를 관철시킬 수 있다. 언론 · 출판의 자유가 제정되어야만 한다면, 그것은 부탁의 결과로서 얻을 수 있는 것이 아니라, 오히려 반란의 활동으로서 손에 넣을 수 있다. 언론 · 출판의 자유에 대한 모든 청원과 모든 제안은, 그것이 의식적이든 무의식적이든, 이미 반란이다. 어중간한 속물근성은 반란을 스스로에게 고백하지도 않고 고백할 수도 없는데, 전율이 줄어들면서 이 반란이 분명하고 반박할 수 없는 결과로 나타날 때까지 말이다. 처음에 간청해서 얻은 언론 · 출판의 자유는 확실히 친절하고 호의 있는 얼굴을 하므로, 언론 · 출판의 자유는 적어도 '언론 · 출판의 뻔뻔스러움'이 드러나도록 내버려 두지 않을 것이다. 그러나 서서히 언론 · 출판의 자유에 대한 마음이 더 무정해질 것이다. 그리고 언론 · 출판의 자유가 국가, 관습 혹은 법을 위해 헌신하는 것이라면, 자유는 결국 자유가 아니라고 언론 · 출판의 자유에게 알랑거려 환심을 살 것이라는 결론이 나온다. 실제로, 검열의 강제로부터의 자유는 아직 법의 강제로부터의 자유는 아니다. 한때 자유에 대한 욕망에 사로잡혔던 언론 · 출판은 마침내 작가가 자신에게 다음과 같이 말할 때까지 점점 더 자유로워지기를 원한다. '내가 아무것도 요구하지 않을 때, 그때만 나는 완전히 자유롭다.' 그런데 저술이나 자신의 것일 때에만 저술은 자유롭고, 그리고 권력도, 권위도, 믿음도, 두려움도 나에게 명령하지 않을 때, 저술은 자유롭다. 그러나 언론 · 출판이 자유롭지 말아야 한다는 것—그것은 충분하지 못하다. '언론 · 출판은 나의 것이어야만 한다. 말하자면 언론·출판의 자기소유성 혹은 언론·출판의 소유, 그것은 내가 내 자신을 위해 선택하려는 것이다.'

'실제로, 언론 · 출판의 자유는 언론·출판에 대한 허가(Presserlaubnis)일 뿐이다. 그리고 국가는 내가 언론 · 출판으로써 국가를 분쇄하는 것을 결코 나한테 허락하려고 하지 않고 자발적으로 허락할 수도 없다.'

'이제 최종적으로, 우리가 여전히 불확실하게 위에서 말한 '언론 ·

출판의 자유'라는 말을 더 낫게 이해하고자 한다면, 다음과 같이 하는 것이 좋을 것이다. 자유주의자가 큰 소리로 요구하는 언론·출판의 자유는 확실히 국가 안에서 가능할 것이다. 실제로 그런 자유는 국가 안에서만 가능할 것이다. 왜냐하면 언론 · 출판의 자유는 일종의 허가(Erlaubnis)이기 때문이다. 그 결과 허가하는 자(Erlaubende), 곧 국가가 없으면 안 되기 때문이다. 그러나 허가로서의 언론 · 출판의 자유는 정확히 국가 자체와 국가의 복지가 일치하는 것보다 그 이상을 정당하게 허용해서는 안 되는 국가 안에서 언론 · 출판의 자유의 한계를 가진다. [316] 말하자면 국가는 그것의 현존과 범위의 법으로서 이 자유의 한계를 규정한다. 어떤 국가가 다른 국가보다 더 많이 용인한다는 것은 양적 차이일 뿐이다. 그럼에도 불구하고 정치적 자유주의자에게 대단히 중요한 것은 양적 차이일 뿐이다. 예를 들어 정치적 자유주의자들은 독일에서 오직 '자유로운 말의 더 확장된, 더 넓어진 허용'을 원한다. 정치적 자유주의자들이 찾는 언론 · 출판의 자유는 국민의 일이다. 게다가 국민(국가)이 언론 · 출판의 자유를 소유하고 있을 때까지, 내가 언론 · 출판의 자유를 사용하는 것은 허용되지 않는다. 언론 · 출판을 소유라는 관점에서는 확실히 다른 태도를 취한다. 만약 내 국민이 언론 · 출판의 자유가 없어서 아쉬워한다면, 나는 인쇄하기 위해 간지와 권능을 샅샅이 찾을 것이다. 나는 —오직 나 자신과 내 힘으로부터 인쇄할 수 있는—허가를 얻는다.'

언론이 나 자신의 것이라면, 내 코를 풀기 위해 국가의 허가를 청원하지도 않듯이, 나는 언론을 사용하기 위해 국가의 동의가 필요하지 않다. 나에게 나 자신보다 더 높은 것은 아무것도 없는 순간부터 언론은 내 소유이다. 이 순간부터 국가, 교회, 국민, 사회 따위가 멈추는데, 왜냐하면 그것들은 오로지 나 자신을 업신여기는 것에 힘입어 존재하기 때문이다. 그리고 그것들은 이 얕봄이 사라지는 것과 함께 소멸하기 때문이다. 그것들이 내 위에 존재할 때만, 그것들은 존재하고, 권력자와 힘이 있는 자로서만 존재한다. 아니 당신은 국가의 시민 전체가 국가를 대수롭지 않게 여기는 국가를 상상할 수 있는가? 그런 국가는 '단일한 독일'처럼 확실히 어떤 꿈, 어떤 가상의 존재일 것이다.

'나 자신이 나의 소유, 자기 소유인 개인이 되자마자, 언론은 나의 소유이다. 세계는 자기중심적 사람에 속한다. 왜냐하면 자기중심적 사람은 결코 세계의 힘에 종속하지 않기 때문이다.'

"여기에 덧붙여 지금처럼, 내 언론은 여전히 매우 자유롭지 못할 수 있다. 하지만 세계는 넓고, 게다가 사람은 그가 할 수 있는 만큼 자신을 돕는다. 만약 내가 내 언론의 소유를 기꺼이 포기한다면, 어디에서나 내 손가락이 생산할 수 있었던 것만큼 많이 인쇄할 수 있는 지점에 쉽게 도달할 수 있다. 그러나 내가 나의 소유를 주장하고 싶으므로, 나는 반드시 내 적들을 속여야만 한다. [317] '적들의 허가가 그대한테 주어진다면, 그대는 적들의 허가를 받아들이지 않겠는가?' 확실히, 기쁘게 받아들일 것이다. 왜냐하면 적들의 허가는 나한테, 내가 적들을 속였고 그들을 파멸의 길로 내몰았다는 증거가 될 수 있기 때문이다. 나는 적들의 허가에 관심 있는 것이 아니라, 적들의 우둔함과 패배에 더욱더 관심이 많다. 마치 내가 정치적 자유주의자처럼, 우리 양자, 곧 적들과 내가 서로 나란히—평화롭게 사이좋게 지낼 수 있고, 실제로 아마도 서로를 향상시키고 도울 수 있다고 아부했던 것처럼, 나는 적들의 허가를 얻으려고 애쓰는 것이 아니라, 오히려 나는 적들이 바로 그 허가로 인해 피 흘려 죽도록, 그 일로 마침내 허가하는 사람들 그 자신들이 허가하는 일을 곧 멈추게 만들기 위하여, 적들의 허가를 얻으려고 애쓴다. 나는 의도적 적으로서 행동하여, 적들을 속여 이득을 자기 것으로 만들면서 적들의 경솔함을 이용하고 있다."

'내가 언론을 이용함에 전적으로 내 외부에 재판관을 인정하지 않을 때, 다시 말해 내 글쓰기가 더 이상 도덕, 종교 혹은 국법에 대한 존경 따위에 의해 결정되지 않고, 오히려 나에 의해 그리고 내 자기중심성에 의해 규정될 때, 언론은 내 것이구나!'—

이제 당신은 당신한테 매우 뻔뻔스러운 대답을 한 그한테 뭐라 응답해야만 하는가?—아마도 우리는 다음과 같이 가장 설득력 있게 질문할 수 있을 것이다. 언론은 국민(국가)의 것인가, 아니면 나의 것인가? 그들의 편에서 정치적인 것들은, 실제로 언론이 모든 사람에게 열려 있어야만 한다는 사실을 인지하지 못한 채, 권력자들의 개인적이고 자의적 간섭으로부터 언론을 자유롭게 하려는 것일 뿐이다. 언론은 또한 법들로부터, 다시 말해 국민의 의지(국가의 의지)로부터 자유로워야만 한다. 그것들은 언론을 '국민의 일'로 만들고자 한다.

그러나 국민의 소유가 된 것은 여전히 결코 나의 소유가 아니다. 오히려 국민의 소유는 나에게 어떤 허가라는 종속적 의미를 간직하고 있다. 국민이 내 생각들에 대해 재판관처럼 굴고, 나는 재판관에게 내 생각들을 변명할 의무가 있거나 책임이 있다. 배심원들은 자신들의 고정 관념이 공격받을 때, 가장 황소 같은 머리를 한 군주들(stiersten Despoten)[445]과 그 군주의 노예 같은 공무원과 아주 똑같이 굳은 머리와 가슴을 가지고 있다.

[318] 『자유주의자들의 노력들』[446]에서 에드가 바우어는 독재국가와 입헌국가에서 언론 · 출판의 자유는 불가능하고, 이와 반대로 '자유국가'에서 제자리를 찾는다고 주장한다. 저서는 다음과 같이 말한다. '자

---

445 'stiersten'는 '가장 멍한'으로 번역할 수 있다. 그러나 이 형용사는 독일어 명사 'Stier'(황소)에서 파생되었다. 이렇게 보면 슈티르너가 'Stier'로 익살을 부리고 있는 것이다.

446 원주 89, 『독일에서 자유주의자들의 노력들』(Die liberalen Bestrebung in Deutschland)(취리히와 빈터투어, 1843). 2권, 91쪽 다음 페이지 이하.(위의 내 주해를 보라)

유국가에서' '개인은 더 이상 개인이 아니라, 오히려 참되고 이성적 보편자이므로, 개인은 자신을 표현할 권리를 가지고 있다고 인정받는다.' 그런 이유로 개인이 아니라, 오히려 '구성원'이 언론 · 출판의 자유를 가진다는 말이군. 하지만, 언론 · 출판의 자유를 얻을 목적을 위하여, 만약 개인이 가장 먼저 보편, 곧 국민에 대한 자신의 믿음을 증명해야만 한다면, 만약 개인이 이러한 자유를 **자기 자신의 힘을 통해** 가지지 못한다면, 그때 그것은 **국민의 자유**, 그의 믿음, 그의 '구성원 자격'을 위해 그에게 주어진 자유이다. 거꾸로 각자가 자기 자신을 표현할 수 있는 자유는 정확히 개인에게 맡겨져 있다. 그러나 개인은 권리를 가지고 있지 않다, 저 자유는 확실히 개인의 '신성한 권리'가 아니다. 개인은 오직 힘을 가지고 있다. 하지만 힘만이 개인을 소유자로 만든다. 나는 언론 · 출판의 자유를 위한 허가도 필요하지 않고, 그것을 위한 국민의 동의도 필요하지 않으며, 그것에 이르는 '권리'도 필요하지 않고, 어떤 '자격부여'도 필요하지 않다. 언론 · 출판의 자유 역시, 모든 자유와 마찬가지로, 내가 '선택'해야만 한다. '그야말로 유일한 재판관'인 국민은 언론 · 출판의 자유를 나에게 줄 수 없다. 내가 나 자신을 위해 선택하는 자유를 국민이 불평하지 않고 참을 수 있거나 반대로 저항할 수 있다. 말하자면 국민은 자유를 줄 수 없고, 선사할 수 없고, 허용할 수 없다. 나는 국민임**에도 불구하고** 순전히 개인으로서 자유를 행한다. 다시 말해 나는 나의—적, 곧 국민과 싸워 언론 · 출판의 자유를 얻는다. 그리고 내가 실제로 언론 · 출판의 자유를 위해 국민과 싸울 때만 언론 · 출판의 자유를 얻는다, 다시 말해 내가 그런 자유를 **내 것으로** 얻는다. 하지만 언론 · 출판의 자유가 내 소유이기 때문에, 나는 그것을 선택한다.

에드가 바우어의 글에 반대하여 산더[447]는 언론 · 출판의 자유를 '국

447 게오르그 아돌프 산더(Georg Adolf Sander, 1801~1845)는 바덴주 의회의 독

가 시민들의 권리와 자유로서' 요구한다.[448] 달리 에드가 바우어는 뭐라고 하는가? 그에게도 언론 · 출판의 자유는 자유로운 시민의 권리일 뿐이다.

언론 · 출판의 자유는 '보편적 인간의 권리'라는 이름으로도 요구되었다. [319] 이런 주장에 반대하는 항변은 다음과 같이 근거가 충분하였다. 곧 모든 인간은 언론 · 출판의 자유를 올바르게 사용할 방법을 몰랐다. 왜냐하면 개인들은 모두 참으로 인간이 아니었기 때문이다. 결코 어떤 정부도 인간에게 언론 · 출판의 자유를 거절하지 않았다. 그러나 인간은 유령이기 때문에, 인간은 정말 아무것도 기술하지 않는다. 정부는 항상 언론 · 출판의 자유를 개인들에게만 거부하고, 다른 것들, 예를 들어 언론 · 출판의 기구들에는 준다. 그러므로 사람이 모두를 위해 언론 · 출판의 자유를 갖기를 원한다면, 그가 인간인 한에서 그것이 인간 혹은 개인에게가 아니라, 개인, 나에게 어울린다고 솔직히 역설해야만 한다. 어떤 경우에도 인간이 아닌 것(예를 들어 동물)은 그것을 사용할 수 없다. 예를 들어 프랑스 정부는 인간의 권리로서의 언론 · 출판의 자유를 부정하는 것이 아니라, 오히려 개인들에게 그가 정말로 인간이라는 보증을 요구한다. 왜냐하면 프랑스 정부는 언론 · 출판의 자유를 개인들에게 주는 것이 아니라, 오히려 인간에게 주기 때문이다.

정확히 그것이 인간답지 않다는 구실로, 얼마나 나한테서 나의 것을 빼앗았는가! 사람들은 나에게서 인간다운 것이 감소하지 않도록 하였다.

언론 · 출판의 자유는 오직 책임이 있는 언론 · 출판을 초래할 수 있고, 책임이 없는 언론 · 출판은 오로지 언론 · 출판의 소유에서 발생한다.

종교적으로 사는 모든 사람 사이에서는 명확한 법이 사람들과 교류하기 위해서 무엇보다도 우선시된다. 사람들이 아마도 때때로 그 법의

일 변호사이자 진보적인 의원이었다.

448 『독일에서 자유주의자들의 노력들』(취리히와 빈터투어, 1843). 2권, 99쪽.

준수를 잊긴 하지만, 바로 그 법의 절대적 가치를 감히 부정하지 않는다. 그러니까 이것은—사랑의 법이다, 그 원리에 거슬러 투쟁하고 그 이름을 싫어하는 듯이 보이는 사람들조차 아직 그것에 충실하다. 왜냐하면 그들 역시 여전히 사랑이 있고, 실로 그들은 더 깊이 숭고하게 사랑하며, '인간과 인류'를 사랑하기 때문이다.

이러한 법의 의미를 형식화한다면, 그 의미는 아마 다음과 같을 것이다. 모든 사람은 자기 자신보다 더 좋은 것이 자신에게 있어야만 한다. [320] 더 좋은 것은 다른 사람의 행복, 조국의 복지, 사회의 복지, 공동의 복지, 인류의 복지, 선량한 대의 등등과 같은 것이라면, 그대는 그대의 '사적이익'을 무시해야만 하는구나! 조국, 사회, 인류 등등이 그대에게 그대 자신보다 더 좋은 것이어야만 한다. 그리고 그러한 것들의 이해관계에 직면하여 그대의 '사적이익'을 단념해야만 한다. 왜냐하면 그대는—자기중심적 사람이 되어서는 안 되기 때문이다.

사랑은 광범위한 종교적 요구이다. 그런 요구는 신과 인간에 대한 사랑에 국한되는 것이 아니라, 오히려 모든 관계의 맨 앞에 서 있다. 우리가 행위하고, 생각하고, 원하는 무슨 일이든지 항상 그런 일의 토대는 사랑이어야만 한다. 그러므로 우리는 판단할 수 있지만, '사랑으로'만 판단할 수 있다. 성경은 확실히 비판될 것이고, 더욱이 매우 정확히 비판될 것이다. 그러나 비판가는 무엇보다도 먼저 성경을 사랑해야만 하고 성경에서 그 신성한 책을 보아야만 한다. 이것은 다음과 같이 말하는 것과 다른 것을 의미하는가? 말하자면 비판가는 성경을 지독하게 비판하지 않아야 하고, 성경을 보존해야만 하며, 더 정확히 말하면 성경을 논박할 수 없는 어떤 신성한 것으로 보존해야만 한다. —인간에 대한 우리의 비판에서조차, 사랑은 변하지 않는 지배적 분위기로 남아 있어야만 한다. 확실히 증오가 불어넣은 판단은 전혀 우리 자신의 판단이 아니고, 오히려 우리를 지배하는 증오의 판단, '증오심이 가득 찬 판단'이다. 그러나 사랑이 우리에게 불어 넣은 판단들은 더 우리 자신의 것인가? 판단들은 우리를 지배하는 사랑의 판단들이다. 그리고 판단들은 '애정이 깊은, 관대한' 판단들이고, 우리 자신의 것이 아니다, 그러므로 전혀 현실적 판단들이 아니다. 정의를 위한 사랑에 불타는 사람은 다음과 같이 외친다. "세상이 망할지라도, 정의를 행하라!"(fiat iustitia, pereat mundus). 물론 그는 대관절 정의가 도대체 무엇인지 질문하고 탐색할 것이다. 혹은 어디서 정의를 요구하는지, 어디서 정의가 구성되는지, 그렇지 않으면, 정의가 어떤 것인지 질문하고 탐색할 것이다.

"사랑 안에 거하는 사람은 신 안에 거하고, 신께서도 그 사람 안에 거하시느니라."(요한일서, 4장 16절)는 말은 매우 진실이다. 신은 그 사람에 머무른다. 그 사람은 신으로부터 벗어나지 못하고, 신이 없는 사람이 되지 못한다. 그리고 그는 신 안에 머무르고, 그 자신에 이르지 못하며 자기 자신의 고향에 들어오지 못한다. 그는 신의 사랑 안에 머무르고 사랑이 없는 사람이 되지 못한다.

"신은 사랑이노라! 모든 시대 모든 인종은 기독교의 핵심을 이러한 말로 인식한다." 신은 사랑이고, 신은 쓸데없이 참견하는 신이다. 말하자면 신은 세상을 평화롭게 둘 수 없고, 오히려 세상을 축복하고 싶어 한다. [321] "신은 사람들을 신답게 만들기 위하여 인간이 되었다."[449] 신은 어디에서나 관여한다. 그리고 그런 일 없이는 아무것도 일어나지 않는다. 그러니까 어디에서나 신은 자신의 '최선의 의도', 자신의 '이해할 수 없는 계획과 의지'를 가지고 있다. 신 자신인 이성 또한 세상 구석구석까지 나아가고 실현되어야만 한다. 아버지다운 신의 돌봄은 우리의 모든 독립을 빼앗는다. 우리는, '그것은 신이 한 것이다'라고 말하지 않고

449 원주 90, 예수의 신성을 부정하는 교리인 아리우스주의를 반대한 것으로 가장 잘 알려진 초기 기독교 신학자 아타나시우스(Athanasius).

는 합리적으로 아무것도 할 수 없다. 그리고 우리는 '신이 부과한 말씀'을 듣지 않고, 어떤 불행도 우리 자신에게 가져올 수 없다. 우리는, 우리가 신으로부터 가지고 있지 않았던 것을 아무것도 가지고 있지 않다. 말하자면 신이 모든 것을 '주었다.' 그러나 신이 하듯이, 그렇게 인간이 한다. 신은 절대적으로 세상을 축복하고 싶어 하고, 인간은 세상을 행복하게 만들고 싶어 하며, 모든 사람을 행복하게 만들고 싶어 한다. 그런 까닭에 모든 '사람'은 자신이 가지고 있다고 생각하는 이성을 모든 곳에서 깨우고 싶어 한다. 말하자면 온갖 것이 절대적으로 이성적이어야만 한다. 신은 악마로 자기 자신을 괴롭히고 철학자는 비이성과 우연으로 자기 자신을 괴롭힌다. 신은 어떤 존재도 제 갈 길을 가도록 내버려 두지 않는다. 그리고 마찬가지로 인간은 오로지 우리가 어떤 인간다운 삶의 길에 이르길 원한다.

그러나 신성한(종교적, 도덕적, 인간적) 사랑으로 머릿속이 가득 찬 사람이면 누구든지 유령만을, 곧 '참된 인간'만을 사랑한다. 그리고 그런 사람은 '인간답지 않은 인간'에 대해 법률 절차라는 냉담한 법적 권리에 의거하여, 개인들, 곧 현실적 인간들을 무감각한 매정함으로 괴롭힌다. 그는 가장 가혹할 정도로 무자비함을 행하는 것을 칭찬할 가치가 있는 것이고 없어서는 안 될 것으로 생각한다. 왜냐하면 유령 혹은 보편을 위한 사랑은 허깨비 같지 않은 자들, 다시 말해 자기중심적 사람들 혹은 개인들을 미워해야 한다고 그에게 명령하기 때문이다. 이런 일은 사람들이 '정의'라고 불렀던 유명한 사랑의 현상을 의미한다.

고통스런 피고인은 어떤 자비도 기대할 수 없다. 게다가 아무도 그의 불행한 벌거벗음 위로 친절하게 옷을 덮어씌우지 않는다. 감정이 없는 엄격한 재판관은 불쌍한 피고인의 몸에서 변명의 마지막 조각을 잡아 뜯는다. 또한 동정심이 없는 교도관은 피고인을 질질 끌어서 그의 곰팡내 나는 거처로 옮긴다. [322] 형벌의 집행 기간이 끝났을 때, 용서하는 마음이 없는 교도관은 자신의 선량한, 충직한 기독교인 형제들을 경멸하면서 자신에게 침을 뱉은 오명을 씌운 사람들을 다시 내쫓는다. 그렇다, 은혜 없이 '사형을 받아 마땅한' 범죄자를 단두대로 끌고 간다. 그리고 환호하는 군중의 눈앞에서 보상받은 도덕률이 자신의 숭고한—복수를 축하한다. 도덕률 혹은 범죄자 중 하나만이 살아갈 수 있다. 범죄자가 처벌받지 않고 살아가는 곳에서 도덕률은 몰락할 것이고, 도덕률이 다스리는 곳에서 범죄자는 쓰러져야만 한다. 그것들의 적개심은 파괴할 수 없다.

정확하게 기독교의 시대는, 사람들에게 마땅히 해야만 하는 것을 받아들이기 위한, 실제로 사람들이 자신들의 인간다운(신다운) 소명을 달성하는 곳으로 그들을 데려가기 위한 자비의 시대, 사랑의 시대, 관심의 시대이다. 그러므로 교류를 위해 사람들은 다음과 같은 것을 가장 중요시 하였다. 이것저것이 인간의 본질이고 그 결과 이것저것이 인간의 소명이며, 인간의 소명을 위해 신이 인간에게 소명을 주었거나 (오늘날의 개념에 따르면) 인간의 인간다운 존재(유개념)가 인간에게 소명을 준다. 이러한 일로부터 개종을 위한 열정이 나온다. 공산주의자와 인간주의자가 기독교인보다 더 인간들에게 기대한다는 사실은 그런 관점에서 조금도 벗어나지 않는다. 인간은 인간다운 것이 되어야 할지니라! 신앙심이 깊은 사람들에게 신다운 것이 자신의 일부가 되는 것이 충분하였다면, 인간적인 것은 사람에게 인간다운 것이 쇠약해지지 않길 요구한다. 양자는 자기다운 것을 완강하게 반대한다. 물론이다, 왜냐하면 자기다운 것은 사람에게 승인될 수 있거나 수여될 수 있는 것(봉토)이 아니기 때문이다. 오히려 사람은 자기다운 것을 자신을 위해 마련해야만 한다. 사랑은 인간다운 것을 주고, 나는 나 자신에게 자기다운 것만을 줄 수 있다.

지금까지의 교류는 사랑, 사려 깊은 행동거지, 서로를 위한 행동에 근거해 왔다. 마치 사람이 자신을 구원받게 하거나, 자신에게 최고의 본질인 축복받음을 받아들이거나, 그것을 진리(vérité(사실과 실제))로 가져오는 것을 그 자신에게 빚지고 있었듯이, 사람은 그들의 본질과 그들의 소명을 그들이 실현하도록 도와주는 것을 다른 사람에게 빚지고 있었다. 그야말로 양자의 경우 모두 사람은 인간 본질의 실현에 기여하는 것을 인간의 본질에 빚지고 있었다.

[323] 하지만 사람이 자신을 무엇인가로 만드는 것은 자신의 덕분도 아니었고, 다른 사람들을 무엇인가로 만드는 것도 다른 사람의 덕분도 아니었다. 왜냐하면 사람은 자신의 본질과 다른 사람의 본질에 아무것도 빚지고 있지 않기 때문이다. 본질에 근거를 둔 교류는 현실적인 것과의 교류가 아니라, 유령과의 교류이다. 내가 가장 높은 본질과 교류한다면, 나는 나와 교류하는 것이 아니다. 그리고 내가 인간이란 본질과 교류한다면, 나는 인간들과 교류하는 것이 아니다.

꾸밈없는 사람의 사랑은 교육을 통해 어떤 **계율**이 된다. 그러나 계율로서의 사랑은 **나에** 속하는 것이 아니라, 그 자체로 **인간**에 속한다. 그런데 세상 사람들은 계율로서의 사랑이 나의 **본질**(Wesen)이라며, 그 본질에 대해 **야단법석**을 떤다(von dem man viel Wesens macht).[450] 계율로서의 사랑은 내 소유가 아니다. 인간, 다시 말해 인간다움은 나에게 다음과 같은 것을 요구한다. 그러니까 사랑은 **요구된** 것이고, 사랑은 내 **의무**이다. 그러므로 사랑은 실제로 **내가** 노력하여 얻은 것이 아니라, 보편자, 곧 **인간**이 자신의 소유 혹은 자기소유성으로서 얻은 것이다. 요컨대 '인간이라면 누구나 사랑할 의무가 있다. 말하자면 사랑은 인간의 의무와 소명이다, 등등.'

따라서 나는 다시 나 **자신을 위한** 사랑을 되돌려줄 것을 청구해야만 하고 나 자신을 위한 사랑을 **인간**의 힘에서 구해내야만 한다.

---

450 "von dem man viel **Wesens** macht"는 "야단법석을 떨다"는 뜻이다. 슈티르너는 말장난을 보여주기 위해 강조를 추가했다.

하지만 원래 나의 것이었던 것이, 우연히, 무의식적으로 인간의 소유로서 나에게 주어졌다. 내가 사랑했을 때, 내가 인류의 봉신(封臣)이 되었을 때, 인류라는 유개념의 표본일 뿐일 때, 그리고 나로서 사랑하는 것이 아니라, 오히려 인간으로서, 곧 인류라는 표본으로서, 다시 말해 인간답게 사랑으로 행동했을 때, 나는 봉토(封土) 소유자가 되었다. 소유가 나의 것이 아니라, 인간 혹은 인류의 소유이어서, 문명의 전체 조건은 봉건제이다. 일종의 거대한 봉건 국가가 세워졌고, 개인은 모든 것을 강탈당했고 모든 것은 '인간'에게 남겨졌다. 마침내 개인은 '철저하게 죄인'으로 나타나야만 했다.

혹시 내가 다른 사람한테 강렬한 관심이 없다고 생각하는가? 다른 사람의 기쁨과 다른 사람의 안녕은 나한테 대단히 소중하지 않다고 생각하는가? 내가 다른 사람한테 제공한 즐거움이 나한테 나 자신의 또 다른 즐거움보다 많지 않다고 생각하는가? 그러기는커녕, 나는 기쁘게 그에게 무수한 즐거움을 희생으로 바칠 수 있고, 나는 그의 즐거움을 드날리기 위해 한없이 많은 나의 것들을 단념할 수 있다. [324] 게다가 나는 그에게 없으나 내게 가장 값비싼 것, 곧 내 생명, 내 복지, 내 자유를 그를 위해 위험을 무릅쓸 수 있다. 실제로, 그의 행복과 그의 즐거움을 만끽하는 것이 나의 즐거움과 행복을 형성한다. 그러나 나는 나를, 나 자신을, 그에게 희생으로 바치는 것이 아니라, 오히려 자기중심적 사람으로 남아서—그를 향유한다. 내가 그를 사랑하지 않고 계속 모든 것을 그에게 희생으로 바친다면, 그런 일은 매우 쉬운 일이고, 게다가 삶 속에서 그런 일은 보이는 것보다 훨씬 더 흔해 빠졌다. 하지만 그런 일은 내 속의 하나의 열정이 나머지 다른 모든 열정보다 더 강력하다는 점을 논증하는 것일 뿐이다. 기독교 역시 하나의 열정에 모든 다른 열정을 희생하라고 가르친다. 그러나 만약 내가 하나의 열정에 다른 열정들을 희생으로 바친다면, 그런 이유 때문에 나는 여전히 나를 희생하지 않는다면, 게다가 내가 참으로 나 자신이므로 어떤 것도 희생하지 않는다면, 나는 내 본래의(eigentlich)[451] 가치, 나의 **자기소유성**(Eigenheit)을 희생으로 바치지 않는다. 이런 추악한 사건이 일어나는 곳에서, 사랑은 내가 맹목적으로 순종하는 다른 열정보다 나을 것이 없다. 야망에 휩싸여 조용한 순간에 그에게 실지로 보이는 모든 경고를 들은 체도 하지 않는 사람, 곧 야심에 찬 사람은 이러한 열정을 어떤 전제 군주로 뿌리를 내리게 했다. 이러한 전제 군주에 맞서 그는 폐지의 모든 힘을 상실하였다. 그는 열정을 **폐지할**(auflösen) 수 없기 때문에, 그는 자기 자신을 포기했다. 따라서 그는 열정에서 벗어날(erlösen) 수 없다. 그는 자신의 정신을 빼앗긴 사람이다.

나는 또한 소수의 사람(einzelne)[452]뿐만이 아니라, 모든 사람을 사랑한다. 하지만 나는 자기중심성에 대한 의식으로 모든 사람들을 사랑한다. 그러니까 나는 사랑이 **나를** 행복하게 만들기 때문에 그들을 사랑한다. 나는 사랑이 나에게 자연스럽기 때문에, 사랑이 나를 즐겁게 하기 때문에 그들을 사랑한다. 나는 어떤 '사랑의 계율'도 알지 못한다. 나는 모든 감정이 있는 존재와 **공감한다**. 그리고 그들의 고통이 나를 고통스럽게 하고, 또한 그들의 기분 좋음이 나를 기분 좋게 한다. 나는 그들의 감정들을 죽일 수 있지, 고문할 수 없다. 이와 반대로 『파리의 신비』에 등장하는 고결하고, 덕 있는 속물 왕자 루돌프는 악인들이 자신을 '화나게

---

451 여기서 독일어 'eigentlich'은 보통 '', '고유한', '실제의'로 번역할 수 있다. 그런데 여기에서 슈티르너는 이 단어를 'Eigenheit'(자기소유성, 특성, 특이성)에 대한 놀이로 더 많이 사용하는 것 같다.

452 여기서 슈티르너는 'einzelne'이라는 형용사 형태를 사용한다. 명사 'Einzelne'은 '개인'으로 번역할 수 있다. 'einzelne'은 형용사로서 '소수'로 번역될 수도 있다. 이 문장에서 알 수 있듯이 슈티르너는 소수만을 사랑하는 것과 모든 인간을 사랑하는 것 사이의 구별을 강조하고 있다.

했기' 때문에, 악인들에 대하여 고문을 꾀한다.[453] 저 공감은 감정을 느끼는 사람의 감정 역시 나의 것, 나의 소유라는 것을 논증할 뿐이다. [325] 이와 대조적으로 '공정한 사람'(예를 들어 공증인(公證人) 페랑[454]과 대비하여)의 무자비한 방식은 자기 침대의 길이에 맞게 포로의 다리를 자르거나 늘리는 저 강도의 무감각과 같다.[455] 말하자면 사람들을 재단하려는 루돌프의 침대 틀은 '착함'이라는 개념이다. 옳음, 미덕 등등의 감정은 사람들을 냉정하고 편협하게 만든다. 루돌프는 공증인처럼 느끼는 것이 아니라, 오히려 거꾸로, '악인에게 옳게 하기 위한 일'이라고 느낀다. 이것은 결코 공감이 아니다.

당신은 인간을 사랑한다. 그러므로 당신은 개인들, 자기중심적 사람들을 괴롭힌다. 그러니까 당신의 인류애[456]는 사람들을 괴롭히는 일이다.

내가 사랑하는 사람이 괴로워하는 것을 본다면, 나는 함께 괴로워한다. 그리고 나는 사랑하는 사람을 위로하고 기분을 풀어주기 위해 모든 것을 시도할 때까지, 결코 안식을 취할 수 없다. 마찬가지로 내가 사랑하는 사람이 기뻐하는 것을 본다면, 나 역시 그의 기쁨에 기뻐하게 된다. 이러한 일로부터, 내가 그가 어떤 육체적 고통을 느끼듯이 내가 느끼지 않기 때문에, 마치 어떤 육체적 고통을 충분히 입증하는 것처럼, 사랑하는 사람에게서 똑같은 효과를 불러일으키는 것처럼, 나에게서 똑같은 고통

453 원주 91, 외젠 쉬(Eugène Sue), 『파리의 신비』(Les mystères de Paris), 파리, 1842-43.

454 페랑(Ferrand)은 루돌프 왕자의 분노를 겪는 캐릭터 중 하나이다.

455 고대 그리스 신화의 프로크루스테스에 대한 언급이다. 프로크루스테스의 침대라는 말은 바로 이 프로크루스테스의 이야기에서 유래된 말로 자기 생각에 맞추어 남의 생각을 뜯어고치려는 행위, 남에게 해를 끼치면서까지 자신의 주장을 굽히지 않는 횡포를 말한다.

456 'Menschenliebe'는 인도주의, 박애로 번역할 수 있다.

과 기쁨을 불러일으킨다고는 할 수 없다. 그러니까 그의 치아가 그를 고통스럽게 하지만, 그의 고통은 나를 고통스럽게 한다.

그러나 내가 사랑하는 사람의 이마 위에 슬픈 주름살을 참을 수 없기 때문에, 바로 그런 이유로, 그다음에 나를 위하여, 나는 사랑하는 사람의 이마에 입 맞추어 걱정을 사라지게 한다. 내가 이 사람을 사랑하지 않았다면, 여하튼 그가 그의 이마를 주름지게 했을지라도, 그 일은 나를 괴롭히지 않을 것이다. 나는 내 근심만을 씻어 버린다.

저런, 어떻게 내가 사랑하지 않는 누군가가 혹은 그 무엇이 나에게 사랑받을 권리가 있는가? 나의 사랑이 먼저인가? 아니면 그의 권리가 우선인가? 부모, 친척, 조국, 국민, 고향 등등 마침내 대체로 같은 공동체에 소속된 사람('형제, 형제애')은 나의 사랑에 대한 권리를 가져야만 한다고 주장하고 손쉽게 내 사랑을 요구한다. 그것들은 내 사랑을 자신들의 소유로 여긴다. 그리고 내가 그것들의 소유를 존중하지 않는다면, 그것들은 나를 그것들의 소유여야 하는 것과 그것들의 소유를 그것들에게서 빼앗은 강도로 여긴다. 나는 사랑하기로 되어 있다. 사랑이 어떤 계율과 법이라면, 나는 그것으로 교육되어야만 하고, 양성되어야만 한다. [326] 그리고 내가 그런 법을 위반하면, 처벌받아야 한다. 그런 까닭에 사람들은 나를 사랑으로 데려가기 위해 나에게 가능한 한 강력한 '도덕적 영향력'을 휘두를 것이다. 그리고 사람을 다른 열정, 예를 들어 미움으로 유혹할 수 있는 것처럼, 의심할 바 없이 인간으로 하여금 사랑하도록 부추기고 유혹할 수 있다. 미움은 모든 세대까지 뻗쳐 있다. 왜냐하면 단순히 어떤 사람의 조상은 교황파(Guelfen)에 속하고, 다른 사람의 조상은 황제파(Ghibellinen)에 속하기 때문이다.[457]

---

457 두 파는 전통적으로 중세 이탈리아 정치의 두 부분으로 간주되었다. 여기서 슈티르너가 말하는 미움의 유형은 애팔래치아 지방의 아메리칸 가족의 전설적인 라이벌 관

그러나 사랑은 계율이 아니라, 오히려 나의 각각의 감정처럼 내 소유이다. 내 소유를 취득한다면, 다시 말해 내 소유를 구입한다면, 그다음에 나는 당신에게 내 소유를 넘겨줄 수 있다. 나는 나의 사랑을 얻는 방법을 모르는 교회, 민족, 조국, 가족 등등을 사랑할 필요가 없다. 그리고 나는 완전히 내 기쁨에 따라 내 사랑의 구입 가격을 결정한다.

자기에게 유용한 사랑은 자기에게 유용하지 않은, 신비로운, 혹은 공상적(romantisch)[458] 사랑으로부터 멀리 떨어져 있다. 사람들은 가능한 모든 것을 사랑할 수 있다, 그러니까 단지 사람들만이 아니라, 적어도 어떤 '대상'(포도주, 자신의 조국 등)을 사랑할 수 있다. 사랑은 내 힘에서 사랑을 빼앗는 당위를 통해(홀딱 빠짐) 눈 멀게 되고 미치게 된다. 당위가 사랑 속으로 들어감을 통해, 다시 말해 나에게 신성하게 된 '대상'을 통해, 혹은 의무, 양심, 맹세로 대상과 묶인 나를 통해, 사랑은 낭만적으로 된다. 이제 대상은 더 이상 나를 위한 것이 아니라, 오히려 여기에서 나는 대상을 위해 존재한다.

사랑은 내가 감정을 소유물인 양 내 소유로 보유하는 것을 선호하는 그런 감정이 아니라, 오히려 대상의 타자성을 통해, 정신을 빼앗긴 상태

계인 햇필드(Hatfields)와 맥코이(McCoys) 가족의 불화와 유사하다.

458 이 단락 전체에서 슈티르너는 낭만주의의 운동과 관련하여 'romantisch'이라는 용어를 사용하고 있다. 우리 대부분이 지금 이해하고 있는 의미에서의 '낭만적'은 아니다. 따라서 당시 독일에서는 일종의 '국가에 대한 사랑'이 있었다. 이것은 예를 들어 '낭만적인 사랑'이 될 것이다. 영국이나 프랑스에서 시민사회가 성립되었을 때 독일은 전제정치에 머물고 있었다. 이 때문에 독일의 사상가들은 처음에는 프랑스 혁명을 환영하고, 그 자유의 빛을 받아들이기 위해 계몽운동을 전개했다. 그러나 자본주의의 모순이 심해져 감에 따라서 시민사회를 부정하고, 자유주의나 합리주의에 반대해서 중세사회를 이상으로 하는 사조가 나타났다. 이것이 독일의 낭만주의이다. 그 대표자는 헤겔로서 『법철학』에서 개인을 초월하는 따뜻한 인간감정을 국가 가운데서 최고의 도덕과 정신적 자유로 찾아내려고 했다.

이다. 왜냐하면 종교적 사랑은 사랑하는 사람을 '거룩한 사람'으로 사랑하거나 거룩한 사람에 들러붙는 계율로 존재하기 때문이다. 자신에게 유용하지 않은 사랑한테는, 내 심장이 뛰어야 하는 절대적으로 사랑스러운 대상들, 예를 들어 동료 인간들, 혹은 부부, 친척 등등이 있다. 신성한 사랑은 사랑받는 사람의 신성함을 사랑한다. 그런 까닭에 또한 사랑받는 사람을 점점 더 어떤 신성한 존재(예를 들어 일종의 '인간')로 만들기 위해 애쓴다.

[327] 사랑받는 사람은 내가 사랑해야 하는 어떤 대상이다. 그는 내가 그를 사랑한다거나, 사랑하기 때문에 혹은 사랑을 통해서 내 사랑의 대상이 아니라, 오히려 그 자체로 사랑의 대상이다. 내가 그를 어떤 사랑의 대상으로 만드는 것이 아니라, 오히려 그는 처음부터 그런 사랑의 대상이다. 대상이 약혼녀, 남편 따위로 존재한다면, 비록 그렇다고 하더라도 그는 어쨌든 일단 선택된 사람으로서 '내 사랑에' 대한 그 자신의 '권리'를 획득했기 때문에, 그리고 내가 그를 사랑했기에, 나는 영원히 그에게 사랑을 갚아야 할 의무가 있기 때문에, 그는 내 선택에 의해 그런 대상이 된다는 것은 여기서 당치 않다. 따라서 그는 내 사랑의 대상이 아니라, 오히려 사랑 일반의 대상이다. 말하자면 사랑받아야만 하는 대상이다. 사랑은 그에게 적합하고, 당연히 그에게 속해야 하거나, 그의 권리이다. 그러나 나는 그에게 사랑을 갚아야 할 의무가 있다. 내 사랑, 다시 말해 내가 그에게 조세로 바치는 사랑이 진짜로 그의 사랑이다. 그의 사랑은 그가 나에게서 조세로서만 회수하는 것이다.

심지어 의무의 가장 작은 지점에 매달리는 모든 사랑은 자기에게 유용하지 않은 사랑이고 그러한 지점에 닿는 한, 모든 사랑은 정신을 빼앗긴 상태이다. 자기 사랑의 대상에 어떤 의무를 지고 있어야 한다고 믿는 사람, 그런 사람은 낭만적이거나 종교적으로 사랑한다.

예를 들어 가족 사랑이 보통 '효성'으로 이해되듯이, 가족 사랑은 어떤 종교적 사랑이다. 마찬가지로 조국에 대한 사랑을 '애국심'이라고 설교했다. 우리의 모든 낭만적 사랑은 같은 양식으로 움직인다. 말하자면 언제나 거짓 착함 혹은 오히려 어떤 '자기에게 유용하지 않은 사랑'이라는 자기기만, 대상을 위한 대상의 관심은 나를 위한 것(더 정확히 말하면 전적으로 나를 위한 것)이 아니라 대상을 위한 것이다.

종교적 혹은 낭만적 사랑과 감성적 사랑은 대상의 차이에 의해서 구별되기는 하나, 대상에 대한 종속적 관계에 의해서는 아니다. 후자의 관점에서 둘은 정신을 빼앗긴 상태이다. 전자의 관점에서 대상 중 하나는 세속적이고, 또 다른 대상은 신성한 것이다. 대상이 어느 때는 더 감각적이고, 다른 때에는 정신적(유령적)일 뿐이라는 점을 제외하면, 내 위의 지배적 대상은 두 경우 모두 같은 것이다. [328] 내 사랑의 중요성이 완전히 자기에게 유용하고 자기중심적 관심에 있을 때만, 내 사랑은 나 자신의 것이고, 그렇게 내 사랑의 대상이 참으로 내 대상이거나 내 소유이다. 어쩌면 나는 내 눈에 어떤 의무가 없는 것과 마찬가지로, 나는 내 소유에 아무런 것도 어떤 의무도 없다. 그럼에도 불구하고 내가 더 큰 정성으로 내 소유를 지킨다면, 그것은 나를 위해 그렇게 하는 것이다.

기독교의 시대와 마찬가지로 고대에도 사랑이 부족하지 않았다. 왜냐하면 [다신교의] 사랑의 신이 [기독교의] 사랑의 신보다 더 오래된 것이기 때문이다. 그러나 신비스러운 정신을 빼앗긴 상태는 현대인에게 속한다.

사랑에 정신을 빼앗긴 상태는 대상의 넘겨줌에 혹은 대상의 타자성과 대상의 더 높은 권력에 대항하는 나의 무기력에 놓여있다. 자기중심적 사람이 대상에 대해 굴욕감을 느낄 정도로 상당히 높은 것은 아무것도 없고, 대상에 대한 사랑으로 살아갈 수 있을 정도로 독립적인 것은 아무것도 없으며, 그가 대상에 목숨을 바칠 정도로 신성한 것은 아무것도 없다. 자기중심적 사람의 사랑은 자기유용성에서 솟아나고, 자기유용성의 침대로 몰려들어 다시 자기유용성으로 흘러든다.

이것을 여전히 사랑이라고 말할 수 있을까? 당신이 사랑에 관한 다른 말을 안다면, 계속해라, 그리고 그것을 선택하라. 그때 사랑이란 달콤한 말은 사멸한 세계와 함께 시들어 버릴지 모른다. 왜냐하면 현재로서는 적어도 나는 우리의 **기독교적** 언어에서 어떠한 사랑도 발견하지 못하기 때문이다. 그런 까닭에 나는 오래된 울림에 전념하고 나의 대상, 곧 나의—소유를 '사랑한다.'

나는 나의 감정들 중 하나로서만 사랑을 소중히 여긴다. 그러나 나를 지배하는 어떤 힘으로서, 어떤 거룩한 힘으로서(포이어바흐), 내가 피하지 않아야만 하는 어떤 열광으로서, 어떤 종교적이고 도덕적 의무로서의 사랑을—나는 경멸하며 물리친다. 내 감정으로서의 사랑이 내 것이다. 그러나 내가 내 영혼을 바치고 내 영혼을 '내맡기는'(verschwöre)[459] 원칙으로서 사랑은 지배자이고 **거룩하고**, 그와 똑같이 증오는 **흉악**하다. 이를테면 어떤 사랑이 다른 사랑보다 나은 것이 아니다. 한마디로 말하면 자기중심적 사랑, 다시 말해 나의 사랑은 신성한 것도 아니고 신성하지 않은 것도 아니며, 거룩한 것도 아니고 흉악한 것도 아니다.

"신앙에 의해 제한된 사랑은 참되지 못한 사랑이다. [329] 사랑의 본질과 모순되지 않는 유일한 제한이 이성과 지성에 의한 사랑의 자기제한이다. 지성의 엄격함이나 지성의 법칙을 경멸하는 사랑은 이론적으로 잘못된 사랑이며 실천적으로 부패하기 쉬운 사랑이다."[460] 그래서 사랑은 본질적으로 **이성적**이란 말이군! 포이어바흐는 그렇게 생각한다. 이와

---

459 'verschwören'는 또한 '공모하다'로 번역할 수 있다. 만약 누군가가 원칙으로서 자시 자신을 사랑에 내맡긴다면, 그는 자기 자신에 거스르는 사랑을 공모하는 것이다.

460 원주 92, 『기독교의 본질』, 제2판(라이프치히, 1843), 394쪽.

반대로, 종교를 믿는 사람은 사랑은 본질적으로 믿음이 깊은(gläubig)[461] 것으로 생각한다. 전자는 이성이 없는 사랑을 극구 반대하고, 후자는 믿음이 없는 사랑을 극구 반대한다. 둘 다 모두 그런 사랑을 기껏해야 어떤 지독한 악덕(splendidum vitium)으로 여긴다. 두 사람 모두 사랑은 이성도 믿음도 없는 형태로 존재하도록 둘 수 없을까? 그들은 비이성적이거나 믿음이 없는 사랑은 터무니없고, 사랑이 아니라고 과감히 말하지 않는다. 그들이 비이성적이거나 믿음이 없는 눈물은 결코 눈물이 아니라고 말하지 않았으면 한다. 그러나 비록 비이성적일지라도, 등등, 사랑은 사랑으로 여겨야만 한다, 그리고 그럼에도 불구하고 그런 사랑들이 인간에 어울리지 않는다고 여겨지면, 이것은 단순히 다음을 말한다. 사랑은 최고의 것이 아니라, 오히려 이성이나 믿음이다. 비이성이거나 믿음이 없는 사람조차 사랑할 수 있다. 그러나 이성적이고 믿음이 깊은 사람의 사랑일 때에, 사랑은 오직 가치를 가진다. 포이어바흐가 사랑의 이성성을 사랑의 '자기제한'이라고 부를 때, 그것은 환상이다. 믿음이 깊은 사람은 동등한 권리로 신앙을 신앙의 자기제한이라고 부른다. 비이성적인 사랑은 '잘못된' 것도 '파멸의 근원이 되는' 것도 아니다. 그것은 사랑으로서 그것의 봉사를 행한다.

세계에 대해, 특히 사람들에 대해 나는 어떤 특정한 감정을 당연한 것으로 여겨야만 한다, 그러니까 처음부터 그것들을 사랑의 감정으로, 곧 '사랑으로 맞이해야'만 한다. 확실히, 이 경우에는 내가 세계가 가능한 모든 감정으로 나를 공격하게 내버려 둘 때보다, 그리고 가장 혼란스럽고 무작위적 인상들에 계속 노출된 채로 남아 있을 때보다, 자유재량과 자기

---

461 독일어 'gläubig'은 종교적 의미를 담고 있으며 '경건한' 또는 '신앙을 가진'으로도 번역될 수 있다. 여기서 함축하는 것은 그 단어가 이성과 반대되는 믿음의 문제라는 것이다.

결정이 훨씬 더 잘 드러난다. 차라리 나는 어떤 선입관에 사로잡힌 감정, 말하자면 마치 어떤 편견과 어떤 선입관에 사로잡힌 관점을 가지고 세계로 나간다. [330] 왜냐하면 나는 세계를 향해 내 행동을 미리 결정하였고, 게다가 세계의 모든 시련에도 불구하고 내가 한 번 느끼기로 결정한 대로만 세계를 느끼고 생각하기 때문이다. 나는 사랑이라는 격률을 통해 세계의 지배로부터 나 자신을 안전하게 보호한다. 왜냐하면 어떤 일이 닥쳐도, 나는—사랑하기 때문이다. 예를 들어 추한 것은 나에게 역겨운 인상(印象)을 준다. 하지만 사랑하기로 하였기에 나는 어떤 반감도 그렇듯이 이 인상을 참는다.

그러나 내가 처음부터 나를 규정해왔고 나 자신을—비난해(verurteilt)왔던 감정은 그야말로 **편협 고루한** 감정이다. 왜냐하면 그 감정은 내가 스스로 거기에서 벗어날 수 없거나 결별을 선언할 수 없는 어떤 숙명적 감정이기 때문이다. 선입관에 사로잡혔기 때문에, 감정은 하나의 **편견**(Vorurteil)이다. 나는 세계와 마주하여 더 이상 나를 드러내는 것이 아니라, 오히려 내 사랑이 사랑 자체를 드러낸다. **세계가** 나를 지배하는 게 아니라, **사랑의** 정신이 더욱더 필연적으로 나를 지배한다. 나는 이러한 정신의 노예가 되기 위하여 세계를 극복해왔다.

처음에 내가 세계를 사랑한다고 말했다면, 지금은 나는 다음과 같은 말을 또한 덧붙인다. 나는 세계를 사랑하지 않는다. 왜냐하면 내가 나 자신을 무효로 하듯이, 나는 세계를 **무효로 하기**(vernichte)[462] 때문이다. 말하자면 **나는 세계를 해체한다**. 나는 사람들에 대한 한 가지 감정에 나 자신을

---

462 'vernichten'은 보통 '무효로 하다', '파괴하다'로 번역할 수 있다. 그러나 특정 문맥에서 '삼켜 버리다'로 번역할 수 있다. 왜냐하면 슈티르너가 이 단어로 매우 종종 장난기 가득한 선택을 하기 때문이고, 사랑을 먹는 것과 관련시키기 때문이다. 읽는 이는 여기서 이 점을 염두에 두어야 할 것이다. 독어본 331쪽을 보라.

제한하는 것이 아니라, 오히려 내가 할 수 있는 모든 것에 자유로운 활동의 공간을 제공한다. 어떻게 내가 할 수 있는 모든 것을 과감히 귀에 거슬리는 말로 나타내지 않을 수 있겠는가? 그렇다, 나는 세계와 사람들을 이용하는구나! 이런 식으로 나는 세계와 사람들에 대한 인상(印象)에서 나 자신을 억지로 떼어놓지 않고, 모든 인상에 나 자신을 개방할 수 있다. 나는 사랑할 수 있는데, 곧 온 마음을 다해 사랑할 수 있다. 게다가 나는 그 자체로 항상 원기를 회복하는 내 정열이라는 자양분 이외에 다른 어떤 것으로도 애인을 선택하지 않고, 내 마음속에 최대한으로 죄다 태워버리는 정열의 불꽃이 타오르게 할 수 있다. 애인에 대한 내 모든 염려는 내 사랑의 대상에게만 해당되고, 내 사랑을 필요로 하는 애인에게만 해당되며, '열렬하게 사랑받는 애인'에게만 해당된다. 이러한—나의 사랑이 없다면 애인은 나에게 얼마나 무관심했을까! 나는 오로지 애인과 함께 나의 사랑을 먹는다. 오로지 이 일을 위해서만 나는 애인을 이용한다. 말하자면 나는 내 애인을 향유한다.

쉽게 떠오르는 또 다른 예를 선택해 보자. [331] 나는 사람들이 허깨비들 무리 때문에 칠흑같이 어두운 미신 속에서 얼마나 두려워했는지 알고 있다. 만약 내 힘의 한도만큼 내가 야행성의 유령에 약간의 밝음이 비쳐 들어오게 한다면, 그것은 어쩌면 당신에 대한 사랑이 나에게 이런 일을 고취하기 때문인가? 내가 인간에 대한 애정에서 글을 쓰는가? 아니다, 나는 세상에 내 생각을 주어 세상에 현존하기를 원하기 때문에 글을 쓴다. 그리고 내가 이러한 생각이 당신한테서 당신의 휴식과 평화를 빼앗을 것이라고 예견할 수 있을지라도, 이러한 생각의 씨앗으로부터 가장 잔혹한 전쟁과 많은 세대의 멸망이 싹튼다는 것을 알고 있을지라도,—여전히 나는 내 생각을 널리 퍼뜨릴 것이다. 당신이 하고자 하고 할 수 있는 것을 해라. 그것은 당신의 일이고 나는 그 일에 신경을 쓰지 않는다. 아마 당신은 오로지 그것으로부터 근심, 전쟁과 죽음을 겪을 것이고, 그것에서 기쁨을 이끄는 사람은 거의 없을 것이다. 당신의 안녕이 나한테 대단히 중요하다면, 나는 교회가 평신도에게서 성경을 빼앗았던 교회처럼 혹은 기독교 정부가 '보통의 대중을 나쁜 책으로부터 보호하는 것'을 그들 자신의 어떤 신성한 의무로 만드는 것처럼 행동할 것이다.

하지만 내가 내 생각을 표현하는 것은 당신을 위해서도 아니고, 진리를 위해서도 아니다. 아니다-

새가 노래하듯, 나는 노래하네
나무에 깃들어 있는 저 새처럼
목구멍에서 흘러나오는 이 노래가
이미 수고 값을 충분히 치른 것이라네.[463]

나는 노래한다, 왜냐하면—나는 가수이기 때문이다. 그러나 가수이기 위해 나는 당신을 **이용한다**(gebrauche). 왜냐하면 —나는 귀가 필요하기(brauche) 때문이다.

세계가 나를 방해하고—모든 곳에서 나를 방해할 때—그때 나는 내 자기중심성의 배고픔을 멈추기 위하여 세계를 소비한다. 마치 나 역시 그대가 즐기면서 먹고, 사용하는(verbraucht) 것처럼, 나에게 그대는 모름지기 —나의 양식이다. 우리는 서로서로 어떤 관계만을 맺고 있는데, 그 관계는 **사용할 수 있음**(Brauchbarkeit), 쓸모가 있음, 유용이다. 우리는 **서로에게** 아무런 의무도 없다. 왜냐하면 내가 그대에게 의무가 있는 것처럼 보이는 것은 기껏해야 내가 나한테 의무가 있는 것이기 때문이다. 게다가 내가 그대를 즐겁게 하기 위하여 그대에게 쾌활한 얼굴을 보여준다

463 슈티르너의 이 인용은 괴테의 『빌헬름 마이스터』, 제2권 제11장에 나오는 하프연주자 중 한 사람인 '가수'라는 시의 두 번째 연부터 마지막 연까지를 옮긴 것이다.

면, 나에게 그대의 기분 좋음이 중요한 것이고 [332] 나의 표정이 나의 소망을 들어준 것이다. 그래서 내가 즐겁게 해줄 생각이 없는 수천 명의 다른 사람들에게 나는 쾌활한 얼굴을 보여 주지 않는다.

'인간의 본질'에 기초하는 사랑으로 혹은 교회의 시대와 도덕의 시대에 하나의 '명령'으로서 우리에게 놓여있는 그러한 사랑으로 사람은 교육되었어야만 한다. 우리 교육의 주요—요소인 도덕적 영향력이 인간의 교류를 통제하려고 노력하는 방식은 적어도 여기서 하나의 예에서 자기중심적 눈으로 고려될 것이다.

우리를 교육하는 사람들은 우리의 거짓말을 이른 시기에 고치는 것에 마음을 쓰고, 항상 진실을 말해야만 한다는 원칙을 우리에게 각인시키는 것을 중시한다. 만약 그들이 자기유용성을 그러한 규칙의 토대로 삼는다면, 모든 사람은, 어떤 사람이 다른 사람들을 자각시키고 싶었던 자신의 확신을 거짓말함으로써 어떻게 아깝게 놓치는지를 쉽게 이해할 수 있을 것이다, 그리고 거짓말쟁이가 진실을 말해도 아무도 거짓말쟁이를 믿지 않는다는 격언이 얼마나 올바른지를 쉽게 이해할 것이다. 그러나 동시에 어떤 사람은 자신이 진실을 들을 수 있도록 권한을 부여한(befugt), 그런 사람들에게만 진실이 다가와야만 한다고 또한 느낄 것이다. 만약 어떤 스파이가 변장하여 적의 진영을 헤매고 다니는데, 누군가가 '당신은 누구인가'라고 질문한다면, 질문하는 사람들은 확실히 스파이의 이름을 물어 볼 권한을 부여하니까, 그러나 변장한 사람은 질문하는 사람들에게 자신으로부터 진실을 알 권리를 주지 않는다. 그러니까 변장한 사람은 질문하는 사람들에게 그가 원하는 것을 말하지만, 그가 원하는 것은 올바른 것이 아니다. 그런데도 도덕은 다음과 같이 요구한다. '거짓말하면 안 돼!' 도덕은 질문하는 사람들에게 진실을 기대할 수 있는 권리를 준다. 그러나 나는 그들에게 진실을 기대할 수 있는 권리를 주지 않으며, 나는 내가 승인한 권리만을 인정한다. 경찰관은 혁명가의 집회에 돌입하여 연설자에게 그의 이름을 묻는다. 모든 사람은 경찰관이 이런 일을 할 권리가 있다는 것을 알고 있다. 그러나 혁명가는 경찰관의 적이기 때문에, 경찰관은 혁명가에 대해서는 그런 일을 할 권리가 없다. 혁명가는 경찰관에게 거짓 이름을 말한다—거짓말로 경찰관을 속인다. 그리고 경찰관이 자신의 적에게 진실에 대한 사랑을 기대할 만큼 그렇게 어리석게 행동하지 않는다. [333] 이와 반대로 경찰관은 더 자세한 정보 없이는 자신의 적을 믿지 않는다, 오히려 할 수 있다면 문제가 되는 개인이 '본인임에 틀림없음을 확인한다.' 실제로, 국가는 언제나 개인들에 대해 믿지 않는 태도를 취한다. 왜냐하면 국가는 개인들의 자기중심성에서 국가의 천적을 인식하기 때문이다. 국가는 예외 없이 사람들에게 '신분증'을 요구한다. 그리고 자신의 신분을 증명할 수 없는 사람은 자신을 탐지하는 신문(訊問)을 받는다. 국가는 개인을 믿지도 않고 신뢰하지도 않는다. 그래서 국가 자체는 개인에게 거짓말에 대한—행동 규범으로 나타난다. 말하자면 국가는 국가가 내 진술의 진실성을 확신했을 때만 나를 믿는다. 내 진술의 진실성을 위해서 국가에는 종종 맹세 이외에 다른 수단이 없다. 맹세는 또한 국가가 우리의 정직함과 진실성에 의지하는 것이 아니라, 오히려 우리의 이해관계, 우리의 자기유용성에 의지한다는 것을 얼마나 분명하게 증명하는가! 국가는 우리가 거짓 맹세로 신과 사이가 나빠지게 되지 않으려는 것에 의지한다.

이제 1788년의 프랑스 혁명가를 생각해보자. 그는 친구들에게 다음과 같이 잘 알려진 말을 슬쩍 언급한다. "마지막 왕이 마지막 성직자의 내장에 묶여 교수형을 당하기 전까지 세상은 평화롭지 않을 것이다." 그 무렵에 왕은 여전히 모든 권력을 가지고 있었다. 그리고 공교롭게 누군가가 그 진술을 밀고하였지만, 그럼에도 불구하고 증인을 내세울 수 없는 경우에, 친구들은 피고의 자백을 요구한다. 피고는 자백해야 하나 자백하지 않아야 하나? 만약 그가 자백하지 않는다면, 그는 거짓말을 하고—처벌받지 않는다. 그러나 그가 자백한다면, 그는 정직한 것이고—참수형에 처해진다. 그에게 진실이 가장 중요한 것이라면, 그렇다면, 그는 죽는다. 오직 비참한 시인이 자기 삶의 최후를 비극으로 만들기 위해 노력할 수 있을 것이다. 사람이 비겁함에 어떻게 굴복하는지를 보는 것에 무슨 흥미가 있는가? 그러나 만약 그가 진실과 정직의 노예가 되지 않을 용기가 있었다면, 그는 아마 다음과 같이 물을 것이다. 무엇 때문에 재판관들은 내가 친구들 사이에서 나눴던 말을 알 필요가 있는가? 재판관들이 내가 했던 말을 알기를 내가 원했다면, 내가 친구에게 말했던 것처럼 내가 했던 말을 그들에게 말할 것이다. 나는 그들이 내가 했던 말을 아는 것을 원하지 않는다. 내가 그들을 부르지 않았고 그들을 신뢰할 수 있는 친구로 만들지 않았는데도, 그들은 내 신용으로 억지로 다가온다. [334] 그들은 내가 숨기려고 하는 것을 알길 원한다. 자, 그럼, 당신 의지로 내 의지를 꺾으려고 해 봐라, 그리고 당신의 술책을 부려 봐라. 당신은 나를 고문으로 고통을 줄 수 있다. 당신은 나를 지옥과 영겁의 벌로 위협할 수 있다. 당신은 내가 거짓 서약을 할 정도로 나를 녹초가 되게 만들 수 있다. 그러나 내가 당신에게 거짓말을 할 것이기 때문에, 당신은 나에게서 진리를 짜내지 못할 것이다. 왜냐하면 나는 당신에게 결코 내 정직에 대한 요구도 주지 않았고 내 정직에 대한 권리도 주지 않았기 때문이다. 비록 아무리 '진리인' 신이 매우 위협적으로 나를 멸시하더라도, 아무리 거짓말이 나를 매우 힘들게 하더라도, 그럼에도 불구하고 나는 거짓말할 용기를 가지고 있다. 그리고 내가 내 인생에 싫증이 날망정, 나에게 당신의 사형 집행인 칼보다 더 반가운 것이 아무것도 없을망정, 그럼에도 불구하고 당신은 당신 사제의 술책으로 자신의 의지를 배반하게 만드는 진리의 노예를 나에게서 찾아내는 기쁨을 느끼지 못할 것이다. 내가 저런 반란죄의 말을 했을 때, 그때 나는 당신이 그런 말에 대해 아무것도 알지 못하길 원했다. 나는 지금 같은 의지를 굳게 지키고 있으며, 거짓말의 저주가 나를 두렵게 하지 않는다.

그래서 군주인 지기스문트[464]가 자신의 약속을 지키지 않았기 때문에, 가엾은 놈이 아니라, 오히려 가엾은 녀석이었기 때문에, 그는 자신의 약속을 어겼다. 그가 자신의 약속을 지킬 수 있었다면, 그는 여전히 가엾은 녀석, 성직자의 노예가 되었을 것이다. 더 높은 힘에 이끌린 루터는 자신의 수도사 맹세를 지키지 않았다. 그는 신을 위해 그렇게 했다. 양자 모두 정신을 빼앗긴 사람으로서 자신의 맹세를 어겼다. 지기스문트는 신성한 진리, 다시 말해 참되고, 진정한 가톨릭 신앙의 정직한 신봉자로 보이길 원했기 때문에 그랬다. 루터는 몸과 마음으로 정직하고 온전한 진리로 복음을 증명하기 위해서 그랬다. 양자 모두 '더 높은 진리'를 향해 정직하기 위해 거짓 맹세를 하였다. 성직자가 지기스문트의 죄를 용서한 것이고, 루터가 자기 자신의 죄를 용서한 것뿐이다. 양자는 "그대가 사람에게 거짓말을 한 것이 아니라, 오히려 신께 거짓말을 한 것이니라."[465] 라는 사도(使徒)의 말에 들어 있는 것 이외에 다른 무엇을 지켰단 말인가? [335] 그들은 신을 속이기 위해서가 아니라, 오히려 신을 섬기기 위해서, 인간에게 거짓말을 했고, 세상 앞에서 자신의 맹세를 위반했다. 그러므로 그들은 우리가 사람들 앞에서 진리를 신봉하는 방법을 제시한다. 신

---

464 신성 로마 제국 황제이자 바츨라프 4세의 동생인 지기스문트(Kaiser Sigismund, 1361~1437년)는 콘스탄츠 공의회를 소집하는 데 중요한 역할을 했다. 무엇보다도 공의회는 체코 개신교의 선구자인 얀 후스의 이단을 다루기 위한 것이었다. 지기스문트는 얀 후스에게 안전을 보장하면서 후스로 하여금 종교 회의에 참석할 것을 요구하자, 후스는 동의하였는데, 그는 콘스탄츠에 오자마자 체포되어 감옥에 갇혔고 고문을 당했다. 하지만 뜻을 버리지 않는 절개를 보여 1415년 7월 6일 화형에 처해졌다. 이 일에 대한 지기스문트의 개입 정도는 논쟁의 여지가 있지만, 그는 공의회가 무너지는 것보다 후스의 죽음이 더 낫다는 것을 받아들였다.

465 「사도행전」, 5장 4절.

의 영광을 위하여, 그리고 신을 위해서,—서약을 위반하고, 거짓말을 하며, 군주의 약속을 지키지 않는구나!

이제 우리가 상황을 아주 조금 바꾸어 다음과 같이 쓰면 어떻게 될까?—나를 위한 거짓 맹세와 거짓말! 이 일은 모든 비열한 행위를 변호하는 것이 아니겠는가? 그 일은 확실히 그런 것 같긴 한데, 하지만 나를 위한다는 점에 있어서 완전히 '신을 위한' 것과 같다. 도대체 모든 비열한 행위가 신을 위해 저질러지지 않았는가? 도대체 모든 단두대를 신을 위해 채우지 않았는가? 모든 종교재판의 판결 선고 및 처형이 신을 위해서 지속되지 않았는가? 대관절 모든 우민화(愚民化)가 신을 위해서 도입되지 않았는가? 그리고 사람들은 오늘날에도 여전히 신을 위한 종교 교육으로 연약한 아이들의 마음을 속박하지 않는가? 사람들은 신을 위해 신성한 서약을 깨뜨리지 않았는가? 그리고 전도사와 성직자는—신을 위해 유대인, 이교도, 개신교도 혹은 가톨릭교도 등등이 그들 조상의 신앙을 저버리게 하기 위해 여전히 날마다 정처 없이 떠돌아다니지 않는가? 그리고 이 일은 나를 위해 더 나빠져야 하는가? 대관절 나를 위한 것은 무엇을 말하는가? 여기에서 사람들은 바로 '부정한 이익'을 생각한다. 그러나 '부정한 이익'에 대한 사랑에서 행동하는 사람은, 실제로 자기 자신을 위해 그것을 행한다. 어떤 경우에도, 특히 그중에서도 신의 영광을 위해 행하여지는 모든 일은—자기 자신을 위해서 행하지 않는 일이 하나도 없기 때문이다. 그럼에도 불구하고 신의 영광을 위해 이익을 얻으려고 애쓰는 그는 이익을 넘어선 사람이 아니라, 이익의 노예이다. 말하자면 그는 자기를 소유한 사람이 아니라, 이익, 돈 가방에 종속된 사람이다. 그는 자기 소유자가 아니다. 탐욕의 열광이 지배하는 사람은 이 지배자의 명령을 따라야만 하지 않는가? 그리고 만약 한 번 나약한 선량함이 그를 사로잡으면, 이 일은 신앙이 깊은 신자가 때때로 자신의 하느님의 이끎에 의해 버림받고 '악마'의 꾀에 속아 넘어갈 때와 마찬가지로 그야말로 정확하게 똑같은 종류의 예외적인 경우로만 나타나지 않는가? 따라서 탐욕스러운 사람은 결코 자기 소유자(Eigener)가 아니라, 오히려 노예이다. 그리고 탐욕스러운 사람은—정확히 신을 두려워하는 사람처럼, 자신의 지배자를 위하여 아무것도 하지 않으면서 동시에 자신을 위하여 아무것도 할 수 없다.

[336] 프랑수아 1세가 황제 카를 5세에게 저지른 서약 위반은 유명하다.[466] 프랑수아 왕이 그의 평의회 앞에서 문서를 첨부하고 서명했음에도, 은밀한 항의를 통해서는 물론이고 마음속으로 서약을 취소했던 일은, 나중이 아니라 그가 자신의 약속을 충분히 헤아렸을 때, 오히려 바로, 그가 서약했을 때의 일이다. 그러니까 프랑수아 1세는 미리 생각한 거짓 맹세를 말했다. 프랑수아 1세는 뇌물을 주어 자신의 석방을 매수하는 것에 반대하지 않았지만, 카를이 제시한 가격이 자신에게 너무 비싸고 합리적이지 않다는 것을 표시했다. 비록 카를이 가능한 한 많이 강탈하려고 애쓸 때 인색하게 행동했을지라도, 프랑수아가 더 적은 몸값으로 자신의 자유를 교환하길 원하는 일은 여전히 초라한 것이었다. 그리고 자신의 말을 두 번째로 어기는 와중에 발생한 프랑수아의 행동은 흥정하려는 마

466 원문에서 슈티르너는 '프랑수아 2세'(Franz II)라고 쓰고 있으나, 카를 5세와 프랑수아 1세의 1521년~1526년에 걸쳐 진행된 밀라노 공국을 둘러싼 다툼을 말하고 있다면, 프랑수아 1세가 맞다. 프랑수아 1세는 1525년 2월 24일 벌어진 파비아 전투에서 카를 5세의 군대에게 결정적으로 패배하여 밀라노를 잃고 심지어 그의 포로가 되었다. 이제 자신의 말대로 "명예를 제외한 모든 것을 잃은" 프랑수아 1세는 1526년 1월 마드리드 조약에 서명해야 했다. 그 조약에는 밀라노와 나폴리 왕국에 대해 더 이상 개입하지 않는다는 것과 구부르고뉴 공국에 대한 모든 권리를 포기한다는 내용이 담겼다. 또한 그가 풀려나면 그의 두 아들 프랑수아와 앙리가 그 대신 볼모로 마드리드에 온다는 조건도 들어 있었다. 하지만 3월 17일 포로에서 석방되어 프랑스로 돌아온 프랑수아 1세는 이 모든 조약이 강요에 의한 것이었기에 무효라고 주장하면서 계속해서 이탈리아에 개입하고자 했다.

음이 어떻게 그를 노예로 만들고 초라한 사기꾼으로 만들었는지 충분히 증명한다. 그러나 우리는 그의 거짓 맹세에 대한 비난에 대해 무엇을 말해야 하는가? 물론, 애초부터 이 말은 다시 다음과 같이 말해야만 한다. 그를 추하게 만든 것은 거짓 맹세가 아니라, 오히려 그의 인색함이라는 것이다. 그러니까 그는 자신의 거짓 맹세에 대해 경멸을 받을 만한 사람이 아니라, 오히려 그가 경멸받을 만한 사람이었기 때문에 그 자신이 거짓 맹세라는 죄를 범했다는 것이다. 그러나 그 자체로 고려하면, 프랑수아의 거짓 맹세는 또 다른 판단을 요구한다. 세상 사람들은, 카를이 프랑수아를 석방함으로써 프랑수아에게 준 확신에 프랑수아가 응답하지 않았다고 말할 수 있을 것이다. 그러나 만약 카를이 실제로 프랑수아를 확신했다면, 석방의 가치가 있다고 생각했던 가격을 프랑수아에게 제시했을 것이다. 그리고 그다음에 그를 석방했을 것이고 프랑수아가 몸값을 지급할 것으로 기대했을 것이다. 카를은 결코 그러한 믿음을 갖고 있지 않았고, 오히려 프랑수아가 자신의 맹세에 반하는 행동을 하는 것을 허용할 수 없는 프랑수아의 무능함과 쉽게 믿어버리는 성향만을 믿었다. 그러나 프랑수아는 이러한—쉽게 믿어버리는 계산만을 속여 넘긴다. 카를이 자신의 적인 프랑수아의 서약을 확신한다고 믿었을 때, 바로 그때 프랑수아는 어떤 의무로부터 자유롭게 되었다. 카를은 프랑수아에게 약간의 무지, 편협한 양심을 신뢰하였고, 프랑수아에 대한 믿음 없이, 프랑수아의 어리석음, 곧 양심성만을 믿었다. [337] 카를은 종교에 의해 사람의 마음에 육성된 큰 지하 감옥이라는 양심성의 교도소에다 오로지 더 욱더 확실하게 그를 잡아 가두기 위하여, 프랑수아를 마드리드의 감옥에서 풀어주었다. 말하자면 카를은 프랑수아를 눈에 보이지 않는 쇠사슬로 단단히 가둬 프랑스로 돌려보냈다. —프랑수아가 탈출을 시도하고 쇠사슬을 톱질했다면 어떻게 되었을까? 프랑수아가 적의 권능에 있었기 때문에, 마드리드에서 은밀히 도망간다고 할지라도, 어떤 사람도 그를 나쁘게 생각하지 않았을 것이다. 그러나 모든 선량한 기독교인은 프랑수아 역시 신의 속박에서 벗어나길 원했다는 일을 크게 한탄한다.(교황은 나중에서야 비로소 그의 서약을 면제하였다.)

우리가 자발적으로 이끌어 낸 신뢰를 속이는 것은 경멸할 만하다. 그러나 서약을 통해 우리를 자신의 권력 안으로 끌어들이고 싶어 하는 사람이 신뢰하지 못하는 자신의 간지(List)의 실패로 피 흘리며 죽게 하는 것은 자기중심성에 결코 창피한 일이 아니다. 그대가 나를 속박하고 싶었다면, 내가 그대의 속박을 끊어 버리는 방법을 알고 있다는 것을 배워라.

중요한 것은, 내가 신뢰할 수 있는 사람에게 신뢰에 권리를 주는지에 달려 있다. 내 친구의 추적자가 나한테 내 친구가 어디로 달아났는지 묻는다면, 확실히 나는 그 추적자를 잘못된 길로 이끌 것이다. 왜 그는 꼭 쫓기는 사람의 친구인 나에게 물어보는가? 어떤 거짓된 친구, 믿음과 의리를 저버린 친구가 아니기 위하여, 나는 적에게 거짓된 사람이 되기를 더 좋아한다. 나는 확실히 용기 있는 양심으로 다음과 같이 대답할 것이다. "나는 말하지 않을 것이다"(그렇게 피히테는 사건을 결정한다). 이런 방식으로 나는 나의 진리에 대한 사랑의 정당함을 입증할 것이고 나의 친구를 위해 거의—아무것도 하지 않을 것이다. 왜냐하면 만약 내가 적을 속이지 않는다면, 적은 우연히 정확한 길로 접어들 수 있기 때문이고, 나의 진리에 대한 사랑이 거짓말을 할 나의—용기(Mute)를 방해하기 때문에, 나의 진리에 대한 사랑이 내 친구를 배신했을 것이기 때문이다. 참으로 어떤 섬김의 대상, 어떤 신성한 것을 가지고 있는 누구든 신성한 것 앞에서 겸손해야(demütigen)만 하고, 신성한 것의 요구에 반항할 수 없으며, 용감하게(mutig) 저항할 수 없다. 한마디로 말하면, 그는 거짓말이라는 영웅적 용맹(Heldenmut)을 체념해야만 한다. 왜냐하면 거짓말에 속하는 용기(Mut)는 진실에 속하는 용기 못지않기 때문이다. [338] 가장 흔히 젊은이에게 노상 용기가 부족한데, 그런 사람은 거짓말의 뻔뻔스러움으로 적의 힘을 꺾고 싶어 하기보다는, 진실을 자백하고 진실을 위해 단두대에 오르는 것을 더 좋아한다. 그런 사람에게 진실은 '신성한 것'이다. 그리고 신성한 것은 항상 맹목적 존경, 굴복과 자기희생을 요구한다. 당신이 뻔뻔스럽지 않다면, 신성한 것에 대해 조롱하는 사람이 아니라면, 당신은 길들여진 사람이고 신성한 것의 하인이다. 누군가가 당신을 위해 덫에 진실이라는 어떤 곡물을 뿌리기만 한다면, 당신은 확실히 그것을 쪼아 먹는다. 그 결과 그들이 바보를 사로잡는다. 당신은 거짓말을 하고 싶지 않다. 이것 참, 그렇다면, 진실의 제물이 되고—순교자가 되는구나! 순교자이구나!—무엇을 위한 순교자인가? 당신 자신을 위해서, 자기소유성을 위해서인가? 아니다, 당신의 여신, 곧—진실을 위해서이다. 당신은 오로지 두 가지 **고용살이**, 곧 진실의 하인과 거짓의 하인이라는 두 하인만을 안다. 그때 신의 이름으로 진실을 섬기는구나!

또 다른 사람도 진리를 섬기지만, 그들은 '적당히' 섬긴다. 예를 들어 그들은 일상의 거짓말과 맹세한 거짓말을 큰 차이로 구분한다. 그리고 여전히 맹세의 모든 사건은 거짓말의 모든 사건과 일치한다. 왜냐하면 물론 맹세는 오직 강력히 보증된 진술이기 때문이다. 오직 당신이 아직도 거짓말하겠다고 맹세하지 않았다면, 당신은 자신이 거짓말을 할 자격이 있다고 생각하는가? 맹세를 진지하게 생각하는 사람은 거짓말을 거짓 맹세처럼 틀림없이 가혹하게 판단하고 비난할 것이다. 그러나 지금은 도덕에 대한 고대의 논쟁이 유지되어서, '선의의 거짓말'(Notlüge)[467] 이란 이름으로 노상 다루어지고 있다. '선의의 거짓말'을 지지하는 사람도 감히 일관성 있게 '필요한 맹세'(Noteid)를 거절할 수 없다. 만약 내가 내 거짓말을 선의의 거짓말로 정당화한다면, 나는 정당화한 거짓말에서

467 Notlüge는 문자 그대로 '필요한 거짓말'이다.

가장 강력한 확증을 잃게 할 정도로 소심해서는 안 된다. 내가 무엇을 하든지, 어째서 나는 그것을 완전히 그리고 무조건으로(심리유보(reservatio mentalis))[468] 하지 말아야 할까? 내가 거짓말을 할 때, 어째서 내 온전한 의식으로 그리고 내 온 힘을 다해 완전히 거짓말을 하지 않는가? 스파이로서 나는 적의 요구에 따라 내 거짓 진술 하나하나가 진실하다고 맹세해야만 할 것이다. 만약 내가 적에게 거짓말을 하려고 결심했다면, 나는 어떤 맹세에 직면했을 때, 덜컥 겁이 많고 우유부단해야 하는가? 그랬다면 나는 처음부터 거짓말쟁이와 밀정이 되기엔 글러 먹은 것이다. [339] 어때, 알겠지, 왜냐하면 내가 자발적으로 적의 수중에 나를 체포할 수 있는 수단을 내 줄 것이기 때문이란 말이야. —국가 또한 필요한 맹세를 두려워한다. 그 때문에 피고에게 맹세할 기회를 주지 않는다. 그러나 당신은 국가의 두려움이 정당하다고 인정하지 않는다. 당신은 거짓말을 하지만, 거짓으로 맹세하지 않는다. 예를 들어 당신이 어떤 사람이 호의를 알아주기를 바라지 않으면서, 어떤 이에게 선행을 베풀지만, 그가 선행을 추측하여 당신에게 단도직입적으로 선행을 베풀었다고 확언하면, 당신은 선행을 부정한다. 그러니까 그가 끝까지 주장하면, 당신은 '진실로 선행을 베풀지 않았다고!'라고 말한다. 선행이 맹세에 이르면, 그때 당신은 맹세를 거부할 것이다. 왜냐하면 당신은 신성한 것의 두려움 때문에 항상 도중에 멈추기 때문이다. 신성한 것과 마주해서 당신은 결코 자기 자신의 의지를 갖지 못한다. 당신이 '적당히' 자유롭고, '적당히'

468 분명히 로마 가톨릭 도덕 신학의 '심리유보'라는 선서 방식에 대한 언급으로 보인다. '심리유보'는 진실을 말해야 하는 의무가 신뢰를 유지해야 하는 의무와 충돌하는 상황에서 거짓말을 하지 않는 것이다. 진실의 이름으로 사람은 거짓말을 하기보다는 모호함과 다의성에 의지한다. 다른 진의를 마음속(심리)에 보류(유보)한다는 의미에서 심리유보라고 한다. 앞 단락에서 슈티르너가 거짓말할 용기의 부족을 언급하는 것과 관련시켜서 생각해 볼 수 있다.

종교적이듯이(성직자는 '다른 영역에 관여하지' 않아야만 한다. 이런 주장과 관련해서 가장 빠른 논쟁이 현재 교회 반대편 대학 측에서 진행되고 있다), '적당히' 군주제 성향(당신은 헌법에 의해, 국가 기본법에 의해 제한된 어떤 군주를 원한다)이듯이, 당신은—적당히 거짓말을 한다. **적당히 섞인** 모든 것, 미지근하면서 열기가 없는 것, 절반은 신의 것, 절반은 악마의 것이다.

학생들이 대학 심사위원에게 주어졌어야만 하는 모든 명예로운 말을 무익하고 무효로 여길 수 있는 것이 일반적 행동 규범이었던 어떤 대학이 있었다. 정확히 말하면, 학생들은 바로 이 일을 위한 요구에는 덫이 있다는 것을 보았는데, 그것은 모든 의미를 제거하는 것 말고는 거기에서 벗어날 수 없는 덫일 뿐이었다. 똑같은 곳에서, 동료 학생에게 자신의 명예로운 약속을 어겼던 사람은 불명예스러운 사람이었다. 그런데 대학 심사위원에게 명예로운 약속을 지켰던 사람은, 약속이 친구나 적들 사이에서 동일한 가치를 지닌다고 착각할 정도로 잘 속아 넘어가는 다른 학생들과 함께 비웃음을 당했다. 대학에서 학생에게 그렇게 행동하도록 가르쳤던 것은 올바른 이론이었다기보다는 실천의 필요였다. 그 기준이 없으면 학생들은 무자비하게 그의 동지들을 배반하게 될 것이다. 그러나 수단 그 자체가 실천적으로 증명해 보였듯이, 수단 그 자체도 이론적으로 증명된다(Bewährung)[469]. 명예를 걸고 한 약속, 맹세는 내가 받을 자격을 주었던 그 사람을 위한 것일 뿐이다. [340] 나를 강요하는 사람은 폭력, 다시 말해 **적대적** 말, 신뢰가 없는 적의 말만을 듣는다. 왜냐하면 적은 우리에게 그 권리를 주지 않기 때문이다.

---

469 'Bewährung' 법적 의미에서 '보호관찰'로 자주 번역된다. 그러나 '자신을 증명하고, 그 자체를 증명하고, 그 자체의 가치를 증명하는 것'으로 번역될 수도 있다. 그래서 'haben seine Bewahrung'은 '자신을 증명하다'가 될 것이다.

덧붙여 말하자면 정부의 법원은 맹세의 거역할 수 없음을 절대 인정하지 않는다. 왜냐하면, 만약 내가 나를 심문하기 위해 온 사람에게, 불리한 증언을 하지 않을 것이라고 맹세한다면, 법원은 나를 속박하는 맹세에도 불구하고, 나의 증언을 요구할 것이고, 내가 증언을 거절할 경우, 법원은 내가—맹세를 깨뜨린 사람이 되기로 결심할 때까지 나를 감금할 것이다. 법원은 '나를 나의 맹세에서 풀어준다.'—관대하기도 하여라! 만약 그 어떤 힘이 나를 나의 맹세에서 풀어줄 수 있다면, 확실히 나 자신이 바로 그렇게 할 자격이 있는 최초의 힘이다.

호기심으로, 그리고 모든 종류의 관례적 맹세를 상기하기 위해, 러시아 황제 파벨 1세[470]가 사로잡힌 폴란드인(코시치우슈코(Kosciuszko), 포토츠키(Potocki), 니엠체비치(Niemcewicz) 등등)[471]을 석방할 때, 폴란드인에게 받아들이도록 명령했던 것을 여기서 얘기해도 좋을 것이다. "우리는 황제에게 충성과 복종을 맹세할 뿐만 아니라, 황제의 영광을 위하여 우리의 피를 흘리는 것 또한 약속합니다. 그리고 우리는 우리가 이제껏 배워 알고 있는 황제의 인격이나 제국을 위협하는 모든 것을 폭로하기로 약속합니다. 마침내 우리는 지구상의 어느 곳에 있어도 황제가 한마디 하시면, 우리가 모든 것을 버리고 바로 황제와 합류하게 될 것임을 선언합니다."

한 영역에서 자기중심성이 오래전에 사랑의 원리를 능가했던 것처럼 보이고, 여전히 오직 확실한 인식, 말하자면 선량한 양심의 승리가 필요

---

470 본명은 파벨 페트로비치 로마노프((Павел Петрович Романов, 1754~1801년)는 러시아 제국의 황제(재위 1796~1801년)이다.

471 1794년 러시아에 저항하는 폴란드 봉기에 참여했던 폴란드 민족주의 지도자들이다.

한 듯이 보였다. 이 영역이 사변이자 투기(Spekulation)[472]이다. 사변이자 투기는 생각과 상업으로서 이중으로 나타난다. 어떤 사람은 생각이 어떤 결과에 이르든지 열심히 생각한다. 그리고 어떤 사람은 비록 많은 사람이 아무리 우리의 투기적 사업으로 고생할지라도, 투기한다. 그러나 그것이 마침내 심각하게 될 때, 종교성, 꾸며낸 이야기 혹은 '인간다움'의 마지막 조각이 없어져야만 할 때, [341] 그때 종교적 양심이 뛰고 사람들은 적어도 인간다움을 신봉한다고 고백한다. 탐욕스러운 투기꾼(Spekulant)은 자선함에 몇 푼 안 되는 돈을 던지고 '착한 일을 한다.' 뻔뻔스러운 사상가는 자신이 인류의 증진을 위해 일하고 있다는 사실로, 그리고 자신을 황폐하게 만드는 일이 '인류에게 도움이 된다는' 사실로, 혹은 그가 '이념을 섬긴다'라는 사실로 스스로 마음을 위로한다. 그에게 있어 인류, 이념은 그가 다음과 같이 말해야만 하는 어떤 것이다. "저에게, 그것은 나를 넘어서는 것입니다."

지금까지 사람들은—신을 위하여 생각했고 거래했다. 6일 동안은 자신들의 유용의 목표에 따라 모든 것을 짓밟고, 일곱째 날에 신에게 바쳐진 사람들, 그리고 자신들의 무모한 생각으로 셀 수 없이 많은 '선량한 대의명분'을 파괴하였던 사람들은, 여전히 또 다른 '선량한 대의명분'을 위한 헌신으로 그렇게 한 것이었고, 그들은 여전히—자기들 이외에—자신의 자기만족(Selbstbefriedigung)[473]이 이익을 가져다준 또 다른 것, 국민,

---

472 슈티르너는 'Spekulation'의 의미가 '사변', '투기'라는 것을 이용하여 사변과 현실을 비판하고 있다.

473 'Selbstbefriedigung'은 '자위행위'를 뜻하는 독일어이다. 그러나 더 비유적으로도 사용된다. 슈티르너가 자신의 단어를 선택하는 장난스런 관심을 알기(그리고 때때로 외설적이 되려는 그의 의지) 때문에, 나는 그가 일부러 이 단어를 선택했다고 생각한다… 그리고 아마도 당시 독일에는 이미 '정신적 자위'라는 개념이 존재했을 것이다.(Wolfi Landstreicher), *The Unique and Its Property*, (Underworld Amusements, 2017,

인류 등등을 생각해야만 했다. 그러나 이 다른 것은 그들을 넘어서는 본질이고, 더 높은 본질이거나 최고의 본질이다. 이것이 내가 그들이 신을 위해 수고하고 있다고 말하는 이유이다.

그런 까닭에 나는 또한, 그들 행위의 궁극적 토대는—사랑이라고 말할 수 있다. 그러나 자발적이거나 그들 자신의 사랑이 아니라, 오히려 이자를 바칠 의무가 있는 사랑, 혹은 더 높은 본질의 자기 사랑(즉, 자신이 사랑인 신의 사랑)이다. 한마디로 말하면, 자기중심적 사랑이 아니라, 오히려 종교적 사랑이다. 그러니까 사랑에 경의를 표시해야만 한다는, 다시 말해 결코 '자기중심적 사람'이 되어서는 안 된다는 그들의 망상에서 샘솟는 사랑이다.

만약 우리가 세상에서 가지각색의 속박을 제거하고자 한다면, 그런 일은 세상을 위한 일이 아니라, 오히려 우리를 위한 일이다. 왜냐하면 우리는 결코 직업으로 그리고 '사랑'을 통해서 세상을 구원하는 사람이 아니기에, 다른 방식들로 세상을 얻고 싶을 뿐이다. 우리는 세상을 우리 자신 것으로 만들기를 원한다. 그러니까 세상은 더 이상 신(교회)의 노예가 되어 있지 않아야 하고, 법(국가)의 노예가 되어 있지 않아야 하며, 오히려 우리 자신의 것으로 있어야만 한다. 그러므로 우리는 세계를 '얻으려고' 애쓰고, 세상의 마음을 '사로잡으려고' 애쓴다. [342] 그리고 그렇게 함으로써 세상이 우리를 향해 사용하는 폭력을 종식시키고 그 폭력을 불필요하게 만든다, 그 결과 우리가 세상을 환대하고 세상이 우리를 환대한다. 게다가 세상이 우리의 소유가 되자마자, 세상은 우리 자신에게 '몰두하는' 것처럼 세상에 '몰두한다.' 만약 세상이 우리의 것이라면, 세상은 더 이상 우리에 대항해서가 아니라, 오히려 우리와 함께 어떤 힘을 시도한다. 세상이—나의 소유가 되도록, 내 자기유용성은 세상을 자유롭

317쪽, 주석 385.)

게 하는 것에 관심이 있다.

인간의 본원적 상태는 외따로 홀로 떨어짐 혹은 혼자의 삶이 아니라, 오히려 사회이다. 우리가 숨쉬기 이전에, 이미 우리는 어머니와 함께 살기 때문에, 우리의 실존은 가장 친밀한 결합과 함께 시작한다. 그다음에 우리가 태어났을 때, 바로 우리는 다시 어떤 사람의 품에 안겨있고, 그녀의 사랑은 우리를 그녀의 품속에서 흔들며 달래고, 우리를 마음대로 조종하고(leitet Uns am Gängelbande), 그녀의 인격에 수천 개의 결합 관계들(Banden)로 우리를 붙들어 맨다. 사회는 우리의 **자연–상태**이다. 이 때문에, 우리가 우리 자신을 더 많이 느끼는 법을 배움에 따라, 예전에 가장 친밀했던 결합(Verband)은 점점 더 느슨해지고 원래 사회의 해체는 더욱 분명해진다.[474] 어머니는 이전에 자기 가슴에 누워있던 아이를 또다시 자신의 아이로 소유하기 위해, 길에서 노는 아이의 친구들 가운데서 아이를 데려와야만 한다. 아이는 자신이 들어가지는 않았지만, 오히려 태어났을 뿐인 **사회**보다는 **자기 동료**와 함께 **교류**에 들어가는 것을 더 좋아한다.

그러나 **사회**의 해체는 **교류** 혹은 **연합**(Verein)이다. 물론 사회는 연합으로부터 발생하나, 고정 관념이 다음과 같은 방식으로 생각에서 발생할 때만 그렇다, 생각의 에너지, 생각하기 그 자체, 굳어진 모든 생각의 끊임없는 철회가 생각에서 사라져서 그렇다. 어떤 연합이 굳어져 사회가 되면, 연합은 연합화(Vereinigung)를 멈출 것이다. 왜냐하면, 연합은 서로 끊임없이 연합하는 것이기 때문이다. 그런데 연합이 흐름을 멈추게 되고, 정지되고, 고정된 것으로 퇴화했다는 것(그것은—연합으로서는 죽은 것이고, 연합 혹은 연합화의 시체이다)은 사회, 공동체가 되었다는 것이다. 정당이 이러한 종류의 두드러진 예이다.

---

474 여기서 슈티르너는 '끈'(Band)이라는 단어로 언어 놀이를 하고 있다.

[343] 나는 어떤 사회(국가 사회)가 나의 자유를 축소한다는 사실에 그다지 두렵지 않다. 그렇군, 나는 나의 자유를 온갖 종류의 힘 그리고 더 강한 모든 사람에 의해, 참으로 모든 동료에 의해 제한하도록 해야만 한다. 그리고 내가 모든 러시아(R-)[475]의 독재자라면, 나는 아직 절대적 자유를 향유하지 못할 것이다. 하지만 **자기소유성**, 나는 이것을 나에게서 빼앗기지 않을 것이다. 그리고 틀림없이 모든 사회는 자기소유성에 살의를 품고 있다. 정확히 자기소유성은 모든 사회의 힘에 굴복돼야만 하는 것이다.

내가 가입한 어떤 사회가 나의 많은 자유를 빼앗긴 하지만, 그 대신 나에게 또 다른 자유를 제공한다. 그뿐만 아니라 나 자신이 나에게서 이런저런 자유를 빼앗는다면(예를 들어 어떤 계약에 의해), 이 일 역시 할 말이 없다(auch hat es nichts zu sagen).[476] 그럼에도 나는 내 자기소유성을 방심하지 않고 간직하고자 한다. 모든 공동체는 공동체의 힘의 충만함에 따라 더 강력한 성향 혹은 더 약한 성향을 띠며, 공동체 구성원에게 어떤 **권위자**가 될 것이고, 공동체 구성원을 **제한**할 것이다. 공동체는 어떤 '국민이라는 편협한—지적 능력'을 요구한다, 틀림없이 요구할 것이다. 공동체는 공동체에 속한 구성원이 공동체에 복종하길(untertan), 공동체의 '신하'(Untertanen)이길 요구한다. 공동체는 공순(Untertänigkeit)에 의해서만 존재한다. 그때 어떤 일정한 관용은 결코 배제될 필요가 없다. 반대로 사회는 사회의 이익에 적합한 한에서 더 좋게 만듦, 꾸짖어 바로잡음과 나무람을 환영할 것이다. 그러나 나무람은 '호의 있는' 것이어야만

475 '모든 러시아의' 황제를 의미한다. 이런 형식으로 쓴 것은 검열의 예방책을 강구하기 위한 것이다.

476 사회는 개인이 특정한 자유를 박탈하기로 선택하는지 여부에 할 말이 없다는 것을 의미했을 수 있다.

하고, 꾸짖음은 '뻔뻔스러운 그리고 경건하지 않은' 존재를 허용하지 않는다. —달리 말해서, 사람은 사회라는 실체를 다치지 않게 해야만 하고 신성하게 유지해야만 한다. 사회의 구성원이 사회를 넘어서고 극복하는 것이 아니라, 오히려 '적법성의 한계 안에' 머물게 하는 것을, 다시 말해 사회와 사회의 법이 구성원들에게 허가하는 그만큼만을 그들 자신에게 허락하는 것을 사회는 요구한다.

사회에 의해 나의 자유나 나 자신의 자기소유성이 제한되는가에는 차이가 있다. 오직 전자의 경우는 **결합**, 협정, 결사이다. 그러나 사회가 자기소유성을 파괴한다고 위협한다면, [344] 사회는 **사회 자체를 위한** 힘이고, **나를 지배하는** 힘이며, 나에게 접근할 수 없는 어떤 것이다. 그것을 내가 진정으로 존경하고, 숭배하고, 명예를 부여하고, 존중할 수 있지만, 정복할 수 없고 소비할 수 없고, 내가 **단념하기**(resigniere) 때문에 나는 이것을 할 수 없다. 사회는—**겸손**(Demut)[477]이라고 불리는 나의 단념(Resignation), 나의 **자기부정**, 나의 용기없음(Mutlosigkeit)에 의해 존재한다. 나의 겸손(Demut)은 사회의 용기(Mut)를 만들고, 나의 순종은 사회에게 지배를 제공한다.

그러나 **자유**와 관련하여 국가와 연합은 결코 어떤 본질적 차이가 없다. 국가가 무한한 자유와 양립할 수 없는 것과 아주 똑같이 연합도 가지가지의 방식으로 자유를 제한하지 않고는 발생하거나 존재하지 않을 것이다. 자유의 제한은 어디에서나 피할 수 없다. 왜냐하면 사람들이 모든 것을 **제거할** 수 없기 때문이다. 사람은 단지 새처럼 날고 싶을 뿐이지, 새처럼 날 수 없다. 왜냐하면 사람은 자신의 무게에서 자유롭지 못하다. 또한 사람은 물고기처럼 물속에서 마음대로 살 수 없다. 왜냐하면 공기 없이 지낼 수 없고 이러한 필연적 필요로부터 자유로울 수 없기 때문이다.

---

477 이 문장과 다음 문장에서 슈티르너는 'Mut'(용기)로 언어유희를 하고 있다.

기타 등등. 마치 종교 그리고 가장 결정적으로 기독교가 자연스럽지 못한 것과 자기모순을 실현하려는 요구로 사람들을 괴롭혔던 것처럼, 그렇게 마침내 **자유 그 자체**, 곧 **절대적 자유**를 이상으로 섬겼다는 것은 단지 저 기독교의 지나친 언행과 지나치게 열광적 성향의 진정한 귀결처럼 보인다. 그러므로 과장된 불가능한 일의 허튼짓은 백일하에 드러내야 했다. —확실히 연합은 더 큰 자유를 제공하는 것과 마찬가지로 '어떤 새로운 자유'로 여겨지는 것을 허용할 것이다. 왜냐하면, 사람은 특히 연합을 통하여 국가의 삶과 사회적 삶의 특정한 모든 억압에서 벗어나기 때문이다. 그러나 그럼에도 불구하고 연합은 여전히 속박과 강제를 충분히 포함할 것이다. 왜냐하면, 연합의 목적은 이러한 자유(반대로 자기소유성을 위해 희생하는)가 아니라, 오히려 오직 **자기소유성**이기 때문이다. 이것과 관련하여 국가와 연합의 차이는 제법 크다. 국가는 **자기소유성**의 적이고 살인자이다. 연합은 자기소유성의 아들이고 동업자이다. 국가는 정신과 믿음으로 섬겨질 수 있는 정신이다. 하지만 연합은 나의 노동이고, **나의 생산물**이다. [345] 국가는 내 정신의 지배자이고, 나에게 믿음을 요구하며 나에게 믿음의 규약, 곧 적법성이라는 믿음의 규약을 규정한다. 그리고 국가는 도덕적 영향력을 휘두르고, 내 정신을 지배한다. 국가는 국가 자체를 '나의 참된 나'로 자리매김하기 위하여 나의 나를 몰아낸다. —한마디로 말하면 국가는 **신성한** 것이고 나, 곧 개인들과 대비하여 국가는 참된 인간, 정신, 허깨비이다. 그러나 연합은 나 자신의 창조이고, 내 창조물이고, 내 마음을 지배하는 어떤 정신적 힘이 아니다, 좌우간 어떤 종류의 협회(Assoziation)보다 중요하다. 마치 나는 나의 행위원칙들의 노예로 존재하길 바라는 것이 아니라, 오히려 나의 끊임없는 비판으로 행위원칙들이 어떤 정당한 이유도 없다고 들추어내고, 전혀 행위원칙들의 존립을 보장하지 않는 것처럼, 그렇게 나는 하물며 연합에 내 미래를 약속하지 않고 더욱더 연합에 내 영혼을 맹세하지 않는다. 이때의 연합은 행위원칙들이 악마와 함께했던 것이고, 실제로 국가와 모든 정신적 권위와 함께 있는 경우와 같은 것이다. 하지만 나는 국가, 교회, 신 그리고 기타 등등보다 나 자신이 그 이상이고 그 이상으로 남아 있다. 그 결과 나는 연합보다도 무한히 그 이상이다.

공산주의가 건설하려는 저 사회는 연합과 가장 흡사해 보인다. 왜냐하면 저 사회는 '만인의 복지'를 목적으로 해야만 하기 때문이다. 하 그런가, 만인이구나, 바이틀링은 수 없이 외치네, 만인이라고![478] 만인의 복지는 정말로 아무도 복지에서 벗어나게 하지 않는 것처럼 보인다. 그러나 도대체 어떤 것이 이러한 복지일까? 만인이 하나의 똑같은 복지를 가지고 있다면, 모두가 하나의 똑같은 복지로 동등하게 잘살고 있는가? 만약 그런 복지라면, 그런 복지는 '참된 복지'에 관한 것이다. 참된 복지로, 우리는 종교가 자신의 폭력적 지배를 시작하는 지점에 정확하게 도달하지 않았는가? 기독교는 다음과 같이 말한다. '지상의 보잘것없는 것에 얽매이지 말고, 당신의 참된 복지를 추구해서,—신앙이 깊은 기독교인이 돼라.' 기독교인의 삶이 참된 복지이다. 기독교인의 삶이 '만인'의 참된 복지이다. 왜냐하면 기독교인의 삶이 이와 같은(이런 유령과 같은) 인간의 복지이기 때문이다. 이제, 만인의 복지는 여전히 또한 나와 너의 복지이어야만 하는가? 그러나 나와 네가 만인의 복지를 우리의 복지로 여기지 않는다면, [346] 그 경우에 사회는 우리가 찾는 복지에 관심을 기울일까? 천만에, 사회는 하나의 복지를 '참된 복지'라고 일반에게 널리 알렸다. 게다가 만약 이러한 복지를 예를 들어 '성실히 일하여 얻은 향유'라고 불렀다면, 그러나 만약 당신이 많은 즐거움을 주는 게으름, 일하지 않는 향유를 더 좋아했다면, 그렇다면 '만인의 복지'를 돌보는 사회는 현명하게 당신의 복지를 돌보는 일을 하지 않을 것이다. 만인의 복지를 선

---

478 원주 93, 바이틀링: 『조화와 자유의 보장』, 브베(Vivis), 1842. 175쪽.

언함으로써, 공산주의는 지금까지 자신들의 연금으로 살아왔고, 아마도 바이틀링의 엄격한 노동시간이란 전망보다 자신들의 연금에서 더 나은 전망을 느꼈던 사람들의 행복을 노골적으로 파괴한다. 그런 까닭에 바이틀링은 수백만 명의 복지는 수천 명의 복지와 함께 존재할 수 없으므로, '보편적 복지를 위하여' 수천 명의 개별적 복지를 포기해야만 한다고 주장한다.[479] 아니다, 당신은 사람들에게 보편적 복지를 위하여 자신들의 개별적 복지를 희생으로 바치는 것을 요구하지 않는다. 왜냐하면 당신은 이러한 기독교적 요구를 들어주지 않을 것이기 때문이다. 사람들은 어떤 사람에게도 그들 자신의 복지를 빼앗기지 않고, 오히려 그들 자신의 복지를 영구적 기초 위에 두어야 한다는 상반된 독촉을 더 잘 이해할 것이다. 그다음 그들이 이러한 목적을 위해 다른 이들과 결합할 때, 다시 말해 '그들 자유의 일부분을 희생으로 바칠 때', 자신의 복지를 위해 최선을 다하지만, 다른 사람들의 복지를 위해서가 아니라 그들 자신의 복지를 위해 그렇게 한다는 것을 알게 된다. 어쨌든 인간 자신을 희생하는 마음가짐과 자신을 부정하는 사랑에 대한 호소는 마침내 그 유혹적 그럴듯함을 상실했어야만 했는데, 몇천 년 세월의 활동 이후에, 그것은 오늘날의—비참함 이외에 아무것도 남겨 두지 않았다. 도대체 왜 여전히 자기희생이 우리에게 더 나은 시간을 가져다줄 것이라고 쓸데없이 기대하는가? 오히려 왜 사람들이 찬탈에서 희망을 느끼지 않는가? 구원은 더는 주는 사람, 선물을 주는 사람, 애정이 깊은 사람에게 찾아오지 않고, 오히려 잡는 사람, 사용자(불법으로 사용하는 자), 소유자에게 찾아온다. [347] 의식적이든 무의식적이든 공산주의, 그리고 자기중심성을 모독하는 인간주의는 여전히 사랑에 기댄다.

만약 확실히 인간에게 공동체가 필요한 것이고 인간이 자신의 목표

---

479 원주 94, 결코 바이틀링의 인용이 아니다. 편집인.

를 달성하는 데 그 공동체의 도움을 받는다면, 그때 공동체는 인간의 원리가 되기 때문에, 공동체 역시 매우 빨리 인간에게 공동체의 법, 사회의 법을 규정한다. 인간의 원리가 사람을 지배하는 주권으로 찬양되고, 인간의 가장 높은 본질, 인간의 신, 그리고 이를테면—입법자가 된다. 공산주의는 이러한 원리에 가장 강력한 계승자이고, 기독교는 사회의 종교이다. 왜냐하면 포이어바흐가 올바로 말한 것처럼, 비록 그 말을 올바르게 의미하지 않았을지라도, 사랑은 인간의 본질, 다시 말해 사회의 본질 혹은 사회적(공산주의적) 인간의 본질이다. 모든 종교는 사회의 숭배(Kultus)이다. 이러한 원칙에 의해 사회적(교양을 갖춘(kultiviert)) 인간은 지배된다. 그러니까 어떤 신도 나의 유일한 신이 아니라, 오히려 항상 사회 혹은 공동체의 신이다. 사회의 신은 '가족'(라르(Lar)), 페나테(Penaten))[480]이거나 '국민'의 신('국가의 신') 혹은 '모든 인간'의 신("그는 모든 인간의 하느님 아버지이다.")이다.

그래서 우리가 사회를 폐기하고 사회라는 원리에서 흘러나온 낡은 모든 것을 폐기할 때만, 그런 경우에 지상 위에 종교를 박멸할 전망이 생긴다. 그러나 이 원리는 공산주의에서 절정에 달하려고 시도한다. 왜냐하면 공산주의에서는—'평등'의 확립을 위해 모든 것이 **공동의 것**이 되어야만 하기 때문이다. 이러한 '평등'이 획득된다면, '자유' 또한 부족하지 않다. 그러나 누구의 자유인가? **사회**로구나! 그럴 때 사회가 둘도 없이 소중한 것이고, 사람들은 '서로를 위해서'만 존재한다. 이것은—사랑국가의 영광일 것이다.

하지만 나는 사람들의 '자선', 자비, 연민 등등에 의존하기보다, 차라리 사람들의 자기유용성에 반드시 의지했으면 한다. 사람의 자기유용성

---

480 각각 로마 신화에서 가정의 수호신인 조상신 라르와 화로의 신이자 금고의 수호자인 페나테이다.

은 호혜주의를 요구하고(그대가 나한테 하듯, 그렇게 나도 그대한테), 아무것도 '공짜로'(umsonst)[481] 하지 않고, 노력하여 획득하고—보상을 치르고 얻을 것이다. 그러나 나는 무엇으로 자선을 얻을 수 있을까? [348] 내가 바로 지금 '애정 어린 사람'과 상대할지 말지는 우연에 달려 있다. 애정 어린 사람의 헌신은 나의 완전히 한탄스러운 외모, 나의 궁핍함, 나의 불행, 나의—고통을 통해서만 구걸하여 얻을 수 있다. 애정 어린 사람의 도움을 얻기 위해 나는 그에게 무엇을 내어놓는가? 아무것도 내어놓지 않는구나! 나는 애정 어린 사람의 도움을—일종의 선물로 받아들어야만 한다. 사랑은 갚는 것을 넘어선 것이다. 혹은 정확히 말하자면, 사랑은 가장 확실히 갚을 수 있지만, 상대의 사랑에 대한 응답으로서의 사랑으로만 갚을 수 있다("가는 호의가 있으면 오는 호의가 있다."). 예를 들어 선물들이 가난한 날품팔이꾼으로부터 꼬박꼬박 징수되는 것처럼, 타인의 호의에 대한 보답 없이 해마다 선물을 받는 데에는 궁색함과 비참함이 필요하지 않은가? 수취인은 애정 어린 사람을 위해 무엇을 할 수 있고 그의 재산인 기부한 동전을 위해 무엇을 할 수 있는가? 만약 날품팔이꾼이 갚아야 하는 것을 자신의 법, 제도 등등으로 가지고 있는 수령인이 전혀 존재하지 않는다면, 날품팔이꾼은 참으로 더 많이 향유할 것이다. 그럼에도 불구하고 그때 불쌍한 놈은 자신의 주인을 사랑한다.

아니, 지금까지 역사의 '목적'이었던 공통성은 불가능하다. 오히려 우리 스스로 공통성이라는 모든 거짓 꾸밈과 결별을 선언하고, 우리가 인간으로서 동일하다면, 바로 우리는 인간이 아니기 때문에 우리는 동일하지 않다는 것을 인식한다. 우리가 실제로 그리고 육체적으로 존재하지 않고, '우리'라고 생각될 때만, 우리는 생각에서만 동일하다. 나는 나이고 그대는 나이다. 그러나 나는 이러한 생각 속에서만 존재하는 나가 아니

481 이 단어는 또한 '목적 없이'를 의미한다.

다. 오히려 우리가 모두 같다는 나는 나의 생각일 뿐이다. 나는 인간이고 그대는 인간이다. 그러나 '인간'이라는 말은 단지 생각, 일반성일 뿐이다. 나도 그대도 말로 나타낼 수 없다. 우리는 말로는 표현할 수 없는 존재이다. 왜냐하면 생각만이 말로 나타낼 수 있고 말속에 존재하기 때문이다.

그러므로 공통성을 얻으려고 노력하지 말라, 오히려 유일성을 얻으려고 노력하라. 가장 포괄적 공동 사회, 곧 '인간다운 사회'를 얻으려고 애쓰지 말라, 오히려 다른 사람한테서 우리의 소유로서 우리가 사용할 수 있는 수단과 조직만을 찾아라! 우리가 나무, 동물에서 우리와 동등한 것을 바라보지 않듯이, [349] 다른 사람이 우리와 동등한 사람이라는 전제는 그렇게 거짓 꾸밈에서 발생한다. 누구도 나와 동등한 사람이 아니다. 오히려 나는 다른 모든 존재들과 똑같이 다른 사람을 내 소유로 여긴다. 이와 반대로 어떤 사람은 나한테, 나는 '같은 인간들'[482] 중의 한 사람이어야만 한다고 말하고, 나는 같은 인간들에 [공통성인] 같은 인간을 '존경해야'만 한다고 말한다. 나에게 존경받을 사람은 아무도 없다. 정말이지, 같은 인간이 아니라, 오히려 다만 다른 존재들처럼 어떤 대상은 내가 관심을 보이거나 보이지 않는 것, 곧 어떤 흥미롭거나 흥미롭지 않은 대상이고, 어떤 쓸모 있는 대상이거나 쓸모없는 대상이다.

더구나 다른 사람이 내게 쓸모 있다면, 합의로 내 힘을 더 강화하기 위하여, 공동의 힘으로 개인의 힘이 실현할 수 있었던 것보다 더 성취하기 위하여, 의심할 바 없이 그와 타협한다. 이러한 결속에서 나는 내 힘의 상승만을 본다. 그리고 오로지 결속이 내 증가된 힘인 한에서만, 나는 결속을 유지한다. 하지만 이렇게 결속은 어떤—연합이다.

어떤 자연적 결합 관계도, 어떤 정신적 결합 관계도 연합을 결속시키지 못한다. 연합은 결코 자연적 결합 관계도, 정신적 결합도 아니다.

---

482 원주 95, 브루노 바우어, 『유대인 문제』, (브라운슈바이크, 1843), 60쪽.

혈연이 연합을 성사시키지 않고, 믿음(다시 말해 정신)도 연합을 완성시키지 않는다. —가족, 종족, 민족, 아니 그뿐인가 인류 같은 자연적 결속에서,—개인들은 종개념이나 유개념이라는 표본의 가치만이 있다. 그리고—공동 사회, 교회처럼, 정신적 결속에서—개인은 동일한 정신의 구성원일 뿐임을 의미한다. 그래서 양자의 경우에서 그대가 유일한 개인으로 존재한다는 것, 그것은—억제되어야만 한다. 그대는 연합에서만 그대 자신을 유일자로 주장할 수 있다. 왜냐하면 연합이 그대를 소유하는 것이 아니라, 오히려 그대가 연합을 소유하거나 연합을 이용하기 때문이다.

소유는 연합 속에서, 그리고 연합 속에서만 인정된다. 왜냐하면 사람들은 자신의 것을 더 이상 어떤 본질이 하사한 봉토로 가지고 있지 않기 때문이다. [350] 공산주의자들은 종교적 진화 과정에서, 그리고 특히 국가에서 이미 오랫동안 존재해 왔던 것을 한결같이 계속해서 행할 뿐이다. 곧 재산이 없는 상태, 다시 말해 봉건제를 말이다.

국가는 욕망하는 사람을 길들이려고 애쓴다. 달리 말하면 국가는 바로 그런 사람의 욕망을 오로지 국가에 맞추려고 애쓰고 국가가 그에게 제공하는 것에 그가 만족하도록 애쓴다. 국가는 욕망하는 사람에 욕망을 충족시켜주는 것을 생각하지 않는다. 반대로 국가는 구속이 없는 욕망을 발산하는 사람에게 '자기중심적 사람'이라고 욕한다. 그래서 '자기중심적 사람'은 국가의 적이다. 왜냐하면 국가는 바로 자기중심적 사람과 잘 지낼 능력이 부족하기 때문이다. 국가는 정확하게 자기중심적 사람을 '확실히 이해'할 수 없다. 국가는 (달리 가능한 방법이 없듯이) 자신을 위해서만 행동하기 때문에, 내 필요에는 전혀 관심을 두지 않고, 오직 어떻게 나를 죽일지에 관심을 쏟는데, 다시 말해 나를 또 다른 나, 곧 선량한 시민으로 만들지에 관심을 쏟을 따름이다. 국가는 '도덕을 더 좋게 만들' 채비를 한다. —그러니까 국가 자체는 무엇으로 개인을 이기는가? 그 자체로, 다시 말해 국가의 것으로, 곧 **국가 소유**로. 국가는 모든 사람을 국가의 '재산'에 관여시키는 일에, 모두를 위하여 '문화라는 재산'을 갖추어 주는 일을 끊임없이 부지런히 할 것이다. 국가는 그들에게 국가의 교육을 제공하고, 그들이 국가의 문화 기관을 향하여 들어가게 열어놓으며, 그들이 산업을 통해 소유를, 예를 들어 봉토를 얻을 능력을 준다, 등등. 이러한 모든 봉토들에 대해 국가는 오로지 끊임없는 감사의 공정한 임대료를 요구한다. 그러나 '은혜를 모르는 사람'은 이러한 감사의 임대료 지급을 잊어버린다. ―이제 본질적으로 '사회'는 국가와 다르게 행동할 수 없다.

그대는 연합 속으로 그대의 모든 힘, 그대의 능력을 가져와 자신을 가치 있게 만든다. 그러나 사회에서 그대는 그대의 노동력 덕택에 고용된다. 그래서 연합에서 그대는 자기답게 살고, 사회에서는 인간답게, 다시 말해 독실하게 '하느님 신체의 일원'으로 살아간다. 그대는 사회에 그대가 갖고 있는 것을 빚지고 있고, 사회에 의무가 있으며, '사회적 의무'에―정신을 빼앗겨 있다. 이와는 반대로 연합은 그대가 이용하는 것이고, [351] 더 이상 이용할 방법이 없다고 생각할 때는 '아무런 책임이나 의리 없이' 그것을 포기해도 좋다. 만일 사회가 그대 이상의 것이라면 사회는 그대 자신보다도 상위의 것이다. 이와 반대로 연합은 그대의 타고난 힘을 갈고 더하여 커지는 그대의 도구 혹은 칼에 불과하다. 연합은 그대를 위하여 또한 그대에 의하여 존재한다. 이와 반대로 사회는 그대에게 사회 자체를 위하여 존재할 것을 요구할 뿐 아니라 그대 없이도 존재한다. 요컨대 사회는 신성한 것이고 연합은 그대 자신의 것이다. 사회가 그대를 소비하고, 그대가 연합을 사용한다.

그럼에도 불구하고, 세상 사람들은 완결된 합의가 다시 우리를 귀찮게 하고 우리의 자유를 제한 할 수 있다는 의견에 이의를 철회하지 않을 것이다. 또한 사람들은 다음과 같이 말할 것이다. 우리도 결국에는 '모든 사람은 일반성을 위해 자신의 자유 일부분을 희생해야만 한다.'라는 결론에 도달할 것이다. 그러나 내가 '일반성'을 위하여 혹은 심지어 좌우간 어떤 다른 사람을 위하여 합의를 맺지 않았던 것과 마찬가지로, '일반성'을 위한 희생은 전혀 일어나지 않을 것이다. 오히려 나는 나 자신의 유용을 위해서, 자기유용성에서 합의에 동의한다. 그러나 희생과 관련하여 말하자면, 확실히 나는 여전히 내 힘 안에 있지 않은 것에만 '희생하는데', 이 말은 내가 전혀 아무것도 '희생하지' 않는다는 말이다.

다시 소유를 화제로 삼는 경우엔, 지배자가 재산 소유자이다. 그렇다면 그대가 지배자가 되려고 하는지, 사회가 지배자가 되어야 하는지 선택하라! 그대가 소유자가 되는지, 극빈자가 되는지는 이 선택에 달려있노라! 자기중심적 사람은 소유자이고, 사회주의자는 극빈자이다. 하지만 극빈자 신세 혹은 무소유성은 봉건성, 봉건제도를 의미하는데, 신의 자리에 '인간'을 놓고 이전에 신의 은혜로 있었던 봉토를 인류의 은혜로 받아들임으로써 봉건제도는 지난 100년 이래로 봉토 지배자만을 바꾸었다. 공산주의의 극빈자 신세가 인간다운 원리에 의해 완전한 혹은 가장 초라한 극빈자 신세로 마무리되었다는 것을 위에서 보여 주었다. 그러나 동시에 우리는 어떻게 그런 식으로만 극빈자 신세가 갑자기 자기소유성으로 변할 수 있는지도 위에서 보여 주었다. 낡은 봉건제도는 혁명 속에서 매우 철저히 무너졌기 때문에, 그 후로 모든 반동적 속임수는 헛된 것으로 남았고, 죽은 것은—생명이 없기 때문에 항상 효과 없는 것으로 남을 것이다. 하지만 또한 기독교 역사에서 부활은 부활 자체가 진리임을 증명해야만 했고 그 자체로 증명되었다. 왜냐하면 어떤 올세상에서 봉건제는 변용된 육신으로, 곧 '인간'이라는 종주권 아래서 새로운 봉건제로 다시 살아나기 때문이다.

기독교는 없어진 것이 아니다. 오히려 충실한 신자들이 기독교는 기독교의 정화와 강화를 위해서만 헌신할 수 있었다는 주장에 반대하여 지금까지 모든 투쟁을 신뢰하여 당연한 것으로 여겨 왔던 것은 옳다. 왜냐하면 기독교는 정말로 찬미되어 왔었을 뿐이기 때문이다. 그리고 '폭로된 기독교'[483]는—인간다운 기독교이기 때문이다. 우리는 여전히 완전히 기독교 시대에 살고 있으며, 기독교에 대해 가장 화난 이들이 바로 기독교를 '완성하기' 위해 가장 열정적으로 기여하고 있다. 더 인간다운 것일수록, 더욱더 소중한 것일수록 우리에게 봉건성이 될 것이다. 왜냐하면 우리는 하물며 그런 것들이 여전히 봉건성이었다고 믿지 않기 때문이다. 그리고 또한 우리가 '인간다운 것'을 발견했을 때, 우리는 더욱더 확신에 차 그런 것들을 자기소유성으로 여기고 '대부분 정말로 우리 자신'을 찾았다고 생각하기 때문이다.

자유주의는 나에게 나의 것을 주려고 한다. 하지만 자유주의는 나의 것이라는 칭호 아래에서가 아니라, 오히려 '인간다운 것'이라는 칭호 아래에서 나에게 나의 것을 마련해 준다고 생각했다. 마치 이러한 속임수로 나의 것을 획득할 수 있는 것처럼! 혁명의 값비싼 성과인 인간의 권리는 내 안에 있는 인간이 나에게 이런저런 권리를 준다는 의미이다. 그러니까 개인으로서의 나, 다시 말해 이 사람으로서의 내가 권리가 있는 것이 아니라, 오히려 인간이라는 것이 권리가 있고 나에게 권리를 준다. 따라서 인간으로서의 나는 틀림없이 권리가 있을 것이다. 그러나 나는 인간보다 더 높은 존재인데, 요컨대 나는 독특한 인간(absonderlicher Mensch)이기 때문에, 인간은 바로 이런 나에게, 곧 독특한 인간(Absonderlichen)에게 거부될 수 있다. 다른 한편 당신이 당신에게 주어진 가치를 중히 여긴다면, 당신에게 주어진 가치를 유지하려면, 자신을 헐값으로 팔아넘기지 않도록 하라, 당신의 상품이 가치가 없다고 확신하지 마라, '터무니없이 싼 값'으로 당신을 조롱거리로 만들지 말라, 오히려 다음과 같이 말하

483 1843년 취리히에서 출판된 바우어(Bruno Bauer)의 맹렬한 무신론자 논쟁인 『폭로된 기독교』(Das entdeckte Christentum)에 대한 언급이다.

는 용감한 사람을 본받으라. [353] '나는 내 삶(소유)을 값비싸게 판매하고자 하니, 적은 나의 삶을 값싸게 구매하지 않아야만 한다.' 그때 당신은 공산주의를 거꾸로 올바르게 인식해서, '당신의 소유를 포기하라!'라고 말하지 않고, 오히려 '당신의 소유를 실현하라(Verwerte)!'[484]라고 말한다.

우리 시대의 출입구에는 저 아폴로 신전의 유명한 금언인 "너 자신을 알라"가 새겨져 있지 않고, 오히려 "너 자신을 실현하라(Verwerte Dich)!"라는 금언이 새겨져 있다.

프루동은 소유를 '강탈'이라고 부른다(책에서). 그러나 그때 소유는 타인의 소유이다. ―그리고 그는 단지 이러한 소유에 대해서만 말한다. ―타인의 소유는 포기와 양도, 겸손을 통해서 현존하는 것과 마찬가지이다. 타인의 소유는 어떤 선물이다. 사람이 어리석고, 비겁하게 선물을 주는 자일뿐일 때, 왜 강도의 가난한 희생자처럼 그렇게 감상적으로 동정을 요구하는가? 우리 자신이 다른 사람들을 강탈하지 않은 채 남겨두는 동안에, 여전히 우리 자신이 잘못을 저지르는 것인데, 마치 그들이 우리를 강탈했던 것처럼, 왜 여기서 다시 다른 사람에게도 잘못을 전가시키는가? 빈자는 부자의 존재에 대해 책임이 있다.

대체로, 아무도 자신의 소유에 대해 격분하지 않고, 오히려 타자의(fremd) 소유에 대해 화를 낸다. 실제로 그들은 소유를 공격하는 것이 아니라, 오히려 소유의 소외(Entfremdung)를 공격한다. 그들은 더욱 적지 않게 그들의 것이라고 부르길 원하고, 모든 것을 그들의 것이라고 부르려 한다. 또한 그들은 타자성(Fremdheit)과 투쟁하거나, 소유와 유사한 말을 만들기 위하여 타자의 것(Fremdentum)[485]과 싸운다. 그렇다면 그때 얼마나

484 verwerten은 '사용하다'로 옮길 수 있는데, 다음 문장에서도 같은 동사를 사용하여 '**Verwerte Dich!**'라고 쓰며 강조하고 있기 때문에 보다 적극적 의미로 옮겼다.

485 'Fremdentum'과 그 다음 문장에 등장하는 'Fremde'은 슈티르너의 신조어이다.

자신에게 도움이 되는가? 그들은 타자의 것(Fremde)을 자기의 것으로 바꾸지 않고, 공평무사한 사람인 체하고 모든 소유가 제3자(예를 들어 인간다운 사회)로 넘겨주는 것을 요구할 뿐이다. 그들은 타자의 것을 그들 자신의 이름으로 주장하는 것이 아니라, 오히려 제3자의 이름으로 주장한다. 자, '자기만의' 특색은 지워지고 모든 것은 매우 깨끗하고 ―매우 인간답구나!

무소유성 혹은 극빈자 신세, 그것은 또한 기독교가 모든 종교성(다시 말해 깊은 신앙심, 도덕성, 인간다움)의 본질이듯이, '기독교의 본질'을 의미한다. 그리고 이것은 오로지 절대적 종교 속에서 가장 아주 분명하게 자신을 알리고 기쁜 소식으로 발전할 수 있는 복음이 되었다. [354] 우리 앞에서 소유에 반대하는 현재의 투쟁, 곧 '인류'를 승리로 이끌어야만 하고 완전히 무소유로 만들어야만 하는 투쟁에서 우리는 뚜렷한 발전을 하였다. 이를테면 승리하는 인간다움은 ―기독교의 승리이다. 그러나 그렇게 '폭로된' 기독교는 완성된 봉건성이고, 일체를 포함하는 봉건제도, 다시 말해 ―완전한 극빈자 신세이다.

그러한 이유로, 아마 무소유성 혹은 극빈자의 생활이 다시 한 번 봉건제도에 거스르는 '혁명'이란 말인가?

혁명과 반란을 동의어로 여겨서는 안 된다. 혁명은 상황들의 뒤집어엎음, 곧 만들어진 상황 혹은 **상태**의 뒤집어엎음, 국가나 사회의 뒤집어엎음이다. 그러므로 혁명은 **정치적** 또는 **사회적** 행위이다. 그러나 반란은 피할 수 없는 결과로서 실제로 상황의 어떤 변화를 가져오기는 하지만 상황의 변화에서 시작하는 것이 아니라, 오히려 사람들 자신의 불만에서 시작한다. 반란은 무장봉기[486]가 아니라, 상황의 변화로부터 발생

486 여기서 독일어는 'Schilderhebung'은 말 그대로 '방패 올리기', '간판 올리기'를 의미한다. 혁명을 언급하는 부분을 보면, 함축된 의미는 항상 통치자를 뿌리 뽑는 것이

하는 설계를 생각하고 헤아리지 않는 개인의 반란, 번영이다. 혁명은 새로운 설계를 목표로 한다. 그러나 반란은 더 이상 우리 자신을 설계되도록 우리를 이끄는 것이 아니라, 오히려 우리 자신이 설계하도록 우리를 이끄는 것이다. 그리고 반란은 '제도'에 아무런 장밋빛 희망도 걸지 않는다. 반란이 번영한다면, 만들어진 질서는 자연히 붕괴하기 때문에, 반란은 만들어진 질서에 대한 투쟁이 아니다. 반란은 오로지 만들어진 질서에서 나를 애써 끌어내는 일이다. 내가 만들어진 질서를 포기한다면, 만들어진 질서는 죽은 것이고 상하기 시작한다. 자, 내 목표는 만들어진 질서의 뒤집어엎음이 아니라 그것을 뛰어넘어 나를 높이 북돋는 일이기 때문에, 내 생각과 행동은 정치적이거나 사회적이지 않고, 오히려 (오로지 나 자신과 내 자기소유성 쪽으로 방향을 돌렸듯이) **자기중심적** 속셈과 행위이다.

혁명은 우리에게 **설계**할 것을 명령하는 데 반해, 반란(Empörung)은 **자신을 높이거나—자신을 추켜올릴**(sich auf-oder emporzurichten) 것을 요구한다. 어떤 헌법을 선택할 것인가, 이러한 질문은 혁명적 수뇌부를 사로잡았다. [355] 그리고 어떤 사회적 설계(팔랑스테르(Phalansterien)[487] 따위)라는 사회적 능력 역시 대단히 독창적이었듯이, 모든 정치적 시기에는 헌법에 대한 투쟁과 헌법에 대한 질문이 마구 쏟아져 나온다. 반란자는

아니라 교체하려는 의도를 가진 봉기였다(독일어본 121쪽을 참조). 이것은 특히 새로운 통치자를 구축하려는 무장봉기를 의미한다는 점을 염두에 두어야 한다.

487 생각건대 슈티르너는 프랑스의 공상적 사회주의자 샤를 푸리에(Charles Fourier, 1772~1837)의 공동체 모델을 언급하고 있다. 팔랑스테르(프랑스어: phalanstère, 영어: phalanstery)는 19세기 초 샤를 푸리에가 제안한 자급자족적 유토피아 공동체건물로, 500명-2000명의 사람들이 거주하면서 상부상조하는 체제를 만드는 것을 목표로 했다. 그 이름은 팔랑크스(phalanx,(고대 마케도니아의) 밀집방진(密集方陣)과 모나스테르(프랑스어: monastère, 수도원)의 합성어다.

헌법이 없는 상태가 되도록 노력한다.[488]

좀 더 명확하게 비교하기 위해 고민하던 중, 기대와 달리 기독교의 건국이 내게 퍼뜩 떠올랐다. 사람들이 자유주의적 입장에서 보면, 초기 기독교인들이 확립된 이교도 사회 질서에 복종하라고 설교했고, 이교도 권위의 인정을 명령했으며, '카이사르의 것은 카이사르에게 돌려주라'[489]고 자신 있게 명령했다는 것은 나쁜 일로 인식된다. 그렇지만 같은 시기에 로마의 통치에 거스르는 얼마나 많은 소란이 일어났는가! 유대인과 로마인조차 그들의 현재 정부에 거슬러 얼마나 선동적인지를 보여주었는가! 짧게 말해, '정치적 불만'이 얼마나 인기가 있었는가! 초기 기독교인들은 그 일에 대해서 아무것도 알고 싶지 않았다. 그러니까 그들은 '자유주의다운 성향'에 가담하기를 원하지 않았다. 복음서에서 말하듯이, 시대가 너무 정치적으로 동요했기 때문에, 사람들은 기독교의 창시자를 '정치적 음모'라고 비난하는 것보다 더 성공적으로 고발할 수 있는 일은 없다고 생각했다. 그러나 동일한 복음서들은 그가 정확히 그러한 정치적 혼잡에 가장 적게 참여했던 사람이었다고 보고한다. 그러나 왜 그는 유대인들이 보고 싶어 했던 선동가도, 혁명가도 아니었는가? 그는 왜 자유주의자가 아니었는가? 왜냐하면 그는 상황의 변화에서 어떤 구원도 기대하지 않았고, 이러한 모든 정치적 혼잡에 무관심했기 때문이다. 예를 들어 그는 카이사르와 같은 혁명가가 아니라, 오히려 반역자

---

488 원주 96, 형사 고발로부터 나를 안전하게 하기 위해, 나는 '반란'이라는 말을 그 말의 어원학상의 의미와 관련하여 선택한 것이고, 그래서 반란이란 말을 형법에서 금기시된 좁은 의미로 사용하지 않는다는 점을 명확하게 사족으로 적어 놓는다.(국가의 언론 감시법을 피하기 위한 슈티르너의 예방적 노력이다. 옮긴이)

489 「마태복음」, 22장 21절, 그들이 '카이사르의 것이니이다.'라고 주께 말씀드리자 주께서 그들에게 말씀하시기를 '그러면 카이사르의 것은 카이사르에게, 하느님의 것은 하느님께 바치라.'고 하시더라.

(Empörer)이다. 그러니까 그는 국가를 뒤집어엎는 사람이 아니라, 오히려 자신을 추켜올렸던(emporrichtete) 사람이다. 특수한 경우에 '카이사르의 것은 카이사르에게 돌려주라'라는 말과 같은 의미를 표현하는 '뱀처럼 지혜로워라'[490]라는 말은 도대체 왜 그에게만 관계되었는가. 왜냐하면 실제로 그는 인정된 정부에 대항하여 자유주의적 혹은 정치적 투쟁을 주도하지도 않았고, [356] 오히려 이러한 정부에 개의치 않고(방해받지 않고 자기 자신의 생애를 살아가길 원했기 때문이다. 정부의 적들은 정부만큼이나 그에게 무관심했다. 왜냐하면 어느 쪽도 그가 원했던 것을 이해하지 못했고, 게다가 그는 뱀 같은 지혜로움으로만 적들이 자기 곁에 오지 못하게 해야 했기 때문이다. 그러나, 비록 국민 선동가도 아니고, 대중 선동가도 혹은 혁명가도 아닐지라도, 모든 고대 기독교인처럼 그는 정부와 정부의 적대자들이 숭고하게 생각했던 모든 것보다 자신을 추켜올렸던(emporhob) 훨씬 더한 반역자(Empörer)였다. 그리고 그들을 속박한 모든 것에서 자신을 해방했다. 그리고 그는 동시에 말할 것도 없이 확립된 국가와 함께 시들어야만 했던 모든 이교도 세계의 생명에 원천을 파서 없앴다. 정확히 그는 확립된 질서의 뒤집어엎음을 단호히 거부하기 때문에, 확립된 질서의 불구대천의 원수이고 진정한 파괴자였다. 왜냐하면 그는 벽에 갇힌 사람들의 고통에 주의를 기울이지 않고, 자신있게 마구 확립된 질서 위에 자기 신전의 건물을 쌓으면서 확립된 질서를 벽으로 둘러쌌기 때문이다.

무릇, 세상에 이교도의 질서가 나타났듯이, 그렇게 세상에 기독교적 질서가 발표될 수 있는가? 먼저 어떤 반역이 완성되지 않는다면, 확실히 어떤 혁명도 목적에 이르지 못하노라!

---

490 「마태복음」, 10장 16절, "보라, 내가 너희를 내보내는 것이 마치 양을 이리들 가운데로 보냄과 같도다. 그러므로 너희는 뱀처럼 지혜롭고 비둘기처럼 순수하라."

내가 세계와 교류하는 것은 무엇을 목표로 삼는가? 나는 세계를 향유하고자 하는데, 그런 까닭에 세계는 나의 소유로 존재해야만 하고, 그러므로 나는 세계를 획득할 것이다. 나는 자유를 원하지 않고, 사람들의 동등성을 원하지 않는다. 오히려 나는 오로지 세계를 지배하는 **나의** 힘을 원하고, 세계를 나의 소유로 만들기를 원하는데, 다시 말해 세계를 **향유할 수 있게**(geniessbar)[491] 만들기를 원한다. 그리고 만약 내가 이 일에 성공하지 못한다면, 그럼 나는 또한 교회와 국가가 최종 결정권을 갖고 있는 생사여탈권을—내 것이라고 부른다. 저 장교—미망인이 러시아로 도주하면서 다리에 총을 맞아 쓰러진 이후, 자신의 다리에서 양말대님을 잡아빼서, 그것으로 자신의 아이를 질식사시키고 그다음에 아이의 시체 옆에서 피를 흘리며 죽었다고 비난한다. 그리고 그녀를—유아 살해자라는 기억으로 오명을 씌운다. 만약 이 아이가 살아있었다면, 이 아이가 얼마나 '세상에 이로움'이 되었을지 누가 안단 말인가! 어머니는 아이를 죽였다. 왜냐하면 그녀는 마음의 안정을 취한 채 **만족스럽게** 죽고 싶었기 때문이다. 아마도 이 일은 여전히 당신의 감성에 호소할 것이고, [357] 당신은 이 일에서 더 많은 것을 찾아내는 방법을 모른다. 그렇다면 좋다, 나는 이 일을 다음과 같은 예로 사용한다. **나의** 만족이 사람들과의 나의 관계를 결정한다는 것이다. 그리고 나는 또한 겸손이라는 갑작스러운 심경 때문에 생살여탈권을 체념하지 않는다는 것이다.

대체로 '사회적 의무'에 관해서 말하자면, 다른 사람이 나에게 타자에 대한 나의 입장을 주지 않는다. 따라서 신도 인간다움도 나에게 사람에 대한 내 관계를 규정하지 않고, 오히려 내가 나 자신에게 이러한 입장을 규정한다. 이 일에 대해 더 분명하게 말하면 다음과 같다. 내가 나를 나 자신과 구별하는 한에서만(내 불멸의 영혼을 내 지상의 현존재 등등

491 이 단어는 '먹을 수 있게'라고도 번역할 수 있다.

과 구별하는 한) 나 역시 나 자신에 대한 어떤 의무가 있는 것처럼(예를 들어 자기 보존의 의무, 그러므로 자살하지 않는 것), 나는 다른 사람에 대해 어떤 의무도 없다.

나는 더 이상 어떤 힘 앞에서 결코 나 자신을 낮추지 않는다. 그리고 모든 힘이 나를 거스르는 힘으로 위협하거나 내 위에 있는 힘으로 해를 가한다고 위협할 때, 나는 곧바로 모든 힘들이 내가 굴복시켜야만 하는 나의 힘일 뿐이라는 사실을 인식한다. 그래서 그 힘들 각각은 나를 관철시키기 위한 내 수단의 하나이어야만 한다. 어떤 사냥개처럼 우리의 힘은 사냥감을 향해 있다. 하지만 힘이 우리 자신을 공격한다면, 우리에 의해 파괴될 것이다. 게다가 나는 나에게 헌신하기 위해 나를 지배하는 모든 힘들을 과소평가한다. 우상들은 나에 의해 존재한다. 내가 단지 우상들을 새롭게 창조할 필요가 없다면 우상들은 더 이상 존재하지 않는다. 왜냐하면 '더 높은 힘들'은 오로지 내가 우상들을 찬양하고 자신을 낮추기 때문에 존재할 뿐이기 때문이다.

따라서 말하자면 세계와 나와의 관계는 다음과 같다. 나는 더 이상 세계를 위해, '신을 위해' 어떤 일도 하지 않고, 나는 '인간을 위해' 아무것도 하지 않지만, 내가 하는 일은 '나를 위해' 하는 것이다. 그러므로 오로지 세계가 나를 만족시킨다. 반면에 내가 도덕적이고 인간다운 입장도 고려하는 종교적 관점의 특징은 세계의 모든 것이 어떤 신앙이 깊은 소망(경건한 소망(pium desiderium)), 다시 말해 어떤 올세상, 어떤 실현되지 않는 어떤 것으로 남아 있다는 것이다. 그러므로 인류라는 보편적 구원, 보편적 사랑이라는 도덕적 세계, 영원한 평화, 자기중심성의 중지 등등이 남아 있다. '이 세상에서는 아무것도 완전하지 않다.' [358] 이러한 불쾌한 격언으로, 선량한 사람들은 세상과 분리되어 신을 위한 그들의 작은 방으로, 또는 그들의 거만한 '자기의식'으로 피신한다. 하지만 비록 우리가 이러한 '불완전한 세상에 머물더라도, 우리는 불완전한 세상을 우리의—자기향유를 위해 사용할 수 있다.

내가 세계와 교류하는 것은 내가 세계를 향유하는 것이고, 그래서 나의 자기향유를 위해 세계를 사용하는 것이다. 교류는 세계향유이며 나의—자기향유에 속한다.

3. 나의 자기향유

우리는 어떤 시대의 경계선에 서 있다. 지금까지의 세계는—생명을 보살피고, 생명을 얻는 것 이외에 아무것에도 뜻을 두지 않았다. 왜냐하면—모든 활동이 지금 세계의 생명을 위해 움직이거나 올세상의 생명을 위해 움직이고, 또 '일용할 양식'("오늘 우리에게 일용할 양식을 주소서")[492]을 갈망하거나 '신성한 양식'("하늘에서 내려온 참된 빵" "하늘에서 내려와 세상에 생명을 주는 신의 빵." 곧 '생명의 빵'[493])을 갈망하기 때문이다. '소중한 생명'이나 '영원한 생명'을 제공하는데, 이것은 두 경우 모두 생명으로 증명되는 긴장과 돌봄의 목적을 바꾸지 않는다. 현대의 경향은 다른가? 지금 세상 사람들은 아무도 가장 필요한 생활필수품에 곤란한 처지이길 원하는 것이 아니라, 오히려 모두가 가장 필요한 생활필수품에서 안전하길 원한다. 게다가 다른 한편 세상 사람들은, 인간은 올세상에 대한 헛된 걱정 없이 지금 세계에 관심을 두어야만 하고 현실 세계에 적응해야만 한다고 가르친다.

똑같은 문제를 다른 측면에서 이해해보자. 생존하는 일만을 염려하는 사람은, 그러한 근심 때문에, 걸핏하면 삶을 향유하지 못하고 넘어간다.

---

492 「마태복음」, 6장.

493 「요한복음」, 6장.

그의 유일한 관심사가 생존이라면, 그리고 '소중한 삶을 살면 좋을텐데' 라고 그가 생각한다면, 그는 그의 온 힘을 삶을 이용하는데, 다시 말해 삶을 향유하는 데 바치지 않는다. 그러나 어떻게 삶을 이용하는가? [359] 등불을 태워 사용하듯이, 삶을 소비하는 것이다. 사람들은 삶과 자신을 소비함으로써, 삶을 이용하고 그러므로 자신을, 곧 생동하는 자신을 이용한다. 삶의 향유는 삶의 소비이다.

자,—우리는 삶의 향유를 찾는구나! 그렇다면 종교적 세계는 무엇을 했는가? 종교적 세계는 삶을 찾았다. '참된 삶, 구원받은 삶 등등이 어디에 있는가? 어떻게 거기에 도달하는가? 참으로 살아있는 사람으로 존재하기 위하여, 무엇을 해야만 하고 무엇이 되어야만 하는가? 어떻게 그러한 소명을 완수하는가?' 이와 같은 그리고 유사한 질문은 다음과 같은 내용을 넌지시 일깨워 준다. 곧 질문하는 사람은 여전히 자기 자신을,—다시 말해 참된 의미에서, 진정으로 살아있다는 의미에서 자기 자신을 찾고 있는 사람이었다. '현재의 나, 그것은 물거품과 그림자이다. 그러나 무엇이 되어야 하는 나, 그것이 나의 참된 나(Ich)이다.' 다시 살아나기 위해서 죽어야만 하고, 죽기 위해 살아야만 하고, 참된 삶을 찾기 위하여 살아야만 하는 죽음을 면할 수 없는 사람은 이러한 나를 추구하기 위하여, 이러한 나를 생산하기 위하여, 이러한 나를 실현하기 위하여, 힘든 사명을 만들어 낸다.

내가 나 자신을 확신하고 더 이상 나를 찾지 않을 때, 그제야 비로소 나는 참으로 내 소유이다. 나는 나 자신을 소유한다. 그러므로 나는 나 자신을 사용하고 향유한다. 이와 반대로 나는 여전히 내 진정한 나를 찾아야만 한다고 생각하고, 내 안에서 내가 살아가야만 하는 것이 아니라, 오히려 내 안에서 그리스도가 살아가야만 하거나 혹은 좌우간 어떤 다른 정신적 나, 다시 말해 유령 같은 나(참된 인간, 인간이란 본질 등등)가 살아가야만 한다고 생각하는 한, 나 자신은 결코 행복할 수 없다.

엄청난 차이가 견해를 두 가지로 나눈다. 이를테면 해묵은 나는 나를 향하여 가고, 새로운 나는 나로부터 출발한다. 전자에서 나는 나 자신을 그리워하고, 후자에서 나는 나 자신을 소유하고, 사람들이 어떤 다른 소유물로 만들 듯이 나 자신을 내 소유물로 만든다. —나는 나의 뜻대로 나를 향유한다. 나는 더 이상 내 삶을 두려워하는 것이 아니라, 오히려 내 삶을 '소비한다.'

지금부터 질문의 내용은 다음과 같다. 어떻게 삶을 얻을 수 있는가가 아니라, 오히려 어떻게 삶을 소비하고, 향유할 수 있는가이다. 혹은 어떻게 참된 나를 자신으로 회복할 수 있는가가 아니라, 오히려 어떻게 자신을 해체할 수 있고, 자신을 실현할 수 있는가이다.

[360] 정말로 이상은 항상 멀리 떨어진 나를 찾으려는 것과 다른 무엇이란 말인가? 사람은 자기 자신을 찾는데, 그 결과 아직 자신을 찾은 것은 아니고, 인간으로 존재해야만 하는 것을 얻고자 노력하는데, 그 결과 자신을 찾지 못한다. 사람은 갈망에 살고 갈망 속에서 수천 년을 살았고, 희망 속에 수천 년을 살았다. 산다는 것은 완전히 다른 일,—향유인데 말이다!

이 일은 혹시 이른바 신앙이 깊은 사람한테만 영향을 주는가? 아니다, 이 일은 역사의 중요한 시기와 이별하는 사람에 속한, 심지어 방탕아에 속한 모든 사람에게 영향을 준다. 그들에게도 근무일 다음에는 일요일이 이어졌고, 더 나은 세상이라는 꿈, 보편적 인간의 행복이라는 꿈, 한마디로 이상(Ideal)에 대한 꿈으로 세상의 소란이 이어졌다. 그러나 특히 철학자들은 신앙이 깊은 사람과 대조를 이루었다. 자, 그들은 이상 이외의 다른 어떤 것을 생각하고 있었는가, 절대적 나 이외의 다른 어떤 것을 계획하였는가? 갈망과 희망은 어디에나 있고, 이것들 이외에는 아무것도 없다. 나는 이것을 낭만주의라고 부른다.

삶의 향유가 삶의 갈망 혹은 삶의 희망을 이겨서 의기양양하다면, 삶의 향유는 실러가 제시한 『이상과 삶』[494]이라는 이중적 의미에서 삶의 갈망과 삶의 희망을 제압해야만 한다. 이를테면 정신적이고 세속적 가난을 없애야만 하며, 이상을 완전히 없애야 하고 일용할 양식을 위해 궁핍을 뿌리 뽑아야만 한다. 자신의 생명을 연명하기 위하여 그의 삶을 소비해야만 하는 사람은 삶을 향유할 수 없다. 그리고 자신의 삶을 찾으려는 사람은 삶을 소유하지 못하고 아주 똑같은 정도로 거의 삶을 향유할 수 없다. 곧 양자 모두 가난하다, "하지만 가난한 자들은 구원을 받는다."[495]

진정한 삶을 갈망하는 사람들은 현재의 삶을 지배할 권리를 갖는 것이 아니라, 오히려 진정한 삶을 얻기 위한 목적을 위해 현재의 삶을 사용해야만 하고, 이러한 열망과 이러한 사명에 현재의 삶을 완전히 희생해야만 한다. 올세상의 삶을 희망하고 지금 세상의 삶을 단순히 올세상의 삶에 대한 준비로 여기는 그런 믿음이 깊은 사람에게, 그들이 오로지 원했던 천국 같은 것에 헌신하는 그들의 세속적 현존의 예속성이 아주 뚜렷하게 분명해진다면, 그렇다면 사람들은 확실히 일 처리를 더 잘 못할 수 있고, 가장 진보적 사상가들과 가장 계몽된 사람들을 자신을 덜 희생하는 사람으로 여길 것이다. [361] '참된 삶'에서도 '천국 같은'이라고 표현할 수 있는 것보다 더 포괄적으로 많은 의미가 있음을 깨닫게 한다. 이제, 당장 바로 참된 삶의 자유주의 개념을 제시하기 위하여, '인간다운' 삶 그리고 '참으로 인간다운' 삶이 참된 삶이 아닌가? 어쩌면 모든 사람이 이미 처음부터 정말로 이러한 인간다운 삶을 지니고 있는가? 혹은 그는 모진 노고로 비로소 그러한 삶을 시작해야만 하는가? 그는 그러한 삶을 이미 현재 삶으로 가지고 있거나, 그가 '더 이상 결코 자기중

---

494 실러(Friedrich von Schiller, 1759~1805년)가 1795년에 처음 출판된 철학적 시 『그림자 왕국』(Das Reich der Schatten)에 대해 세 번째 제목을 1804년에 달았다.

495 「마태복음」, 5장 3절, "영이 가난한 자들은 복이 있나니, 천국이 그들의 것임이요."

심성에 의해 더럽혀지지 않을' 때, 그제야 그에게 주어진, 자신의 미래의 삶을 노력하여 얻어야만 하는가? 이러한 견해에서 삶은 삶을 획득하기 위해서만 존재하고, 사람은 오로지, 인간이란 본질을 그 자체로 살아있게 만들기 위해서만 살아가며, 사람은 이러한 본질을 위해서 살아간다. 사람은 모든 자기중심성에 의해 정화된 삶인 그런 '참된' 삶을 자신에게 도구로 마련해주기 위한 자신의 삶만을 살아야 한다. 그런 까닭에 사람은 자신의 삶을 자기 뜻대로 사용하는 것을 무서워한다. 참된 삶은 오로지 '올바른 사용'만을 섬겨야만 한다.

한마디로 말하면 사람은 **삶의 소명**, 삶의 사명을 다하고 있고, 그의 삶을 통해 어떤 것을 현실화해야만 하고 생산해야만 하며, 그 어떤 것을 위해 우리의 삶은 오로지 수단과 도구이며, 그 어떤 것은 우리의 삶보다 더 가치가 있고, 그 어떤 것에 삶을 **빚지고 있다**. 그는 **살아있는 제물**을 요구하는 신을 가지고 있다. 오직 산 사람을 제물로 바치는 야만스러운 행위는 시간이 흐름에 따라 점차 사라졌다. 산 사람을 제물로 바치는 것 자체는 줄지 않고 남아 있다. 그래서 금방 범죄자는 정의의 희생물이 되며, '가난한 죄인들'인 우리는 '인간다운 본질', '인류라는 이념', '인간다움', 그 밖에 여전히 우상들 혹은 신들이라고 부르는 것의 희생물이 되기 위해 자신들을 학살한다.

그러나 우리는 우리의 삶에서 어떤 것을 빚지고 있기 때문에, 그래서 우리는 (이것이 중요한 점이다) 우리 자신에게서 그것을 빼앗을 권리가 없다.

[362] 기독교의 보수적 경향은 **죽음**에 대해, 달리 생각하는 것을 허락하지 않는다. 즉 죽음의 고통을 피하여, 잘 살고 유지한다고 생각한다. 만약에 유대인의 우두머리가 오로지 흥정하여 천국으로 몰래 들어갈 수 있다면, 기독교인은 모든 일이 발생하도록 내버려 두고 비난을 무시할 거다. 그는 자기 자신을 죽여서는 안 되고, 오로지 자기 자신

을 보존하고, '미래 거처의 준비'에 노력하는 것만이 허락된다. 보수주의 혹은 '죽음의 극복'은 그에게 대단히 소중하다. "멸망 받게 될 마지막 원수는 사망이라."[496] "예수 그리스도는 죽음을 폐기하시고 복음을 통하여 생명과 불멸(unvergängliches Wesen)을 밝히셨느리라."[497] '불멸성'(Unvergänglichkeit), 안정성.

도덕이 깃든 사람은 착함, 옳음을 원한다. 그리고 만약 그가 이 목적으로 이끄는, 정말로 이끄는 수단들을 움켜쥔다면, 이 수단들은 그의 수단들이 아니라, 오히려 착함, 옳음, 등등의 수단들이다. 이 수단들은 결코 부도덕적이지 않다. 왜냐하면 착한 목적 그 자체가 수단들을 통해 자신을 매개하기 때문이다. 목적이 수단을 신성하게 만든다. 이러한 격률을 예수회의 격률이라고 부른다. 그러나 그 교의는 철저히 '도덕적'이다. 도덕이 깃든 사람은 목적이나 관념에 헌신적으로 행동한다. 이를테면 그는 마치 신앙심이 깊은 사람이 명예를 신의 도구나 장비로 생각하는 것처럼, 자신을 착함이라는 관념의 도구로 만든다. 죽음을 기다리는 것은 도덕적 계율이 선함으로 요구하는 것이다. 다시 말해 자기 자신을 죽이는 것은 도덕적이지 못하고 나쁜 일이다. 자살은 도덕이라는 판사석 앞에서 어떤 용서도 구하지 못한다. 신앙심이 깊은 사람은 자살을 금지한다. 왜냐하면 '그대 자신에게 생명을 준 것은 그대가 아니라, 오히려 신이고, 신만이 그대에게서 다시 생명을 되가져올 수 있기 때문이다(위에서 언급한 생각에서도 그렇고, 마치 기와나 적의 총알이 나를 쓰러뜨릴 때처럼, 내가 자살할 때 신께서 나에게서 생명을 그렇게 가져가지 않으시는 것처럼. 실로, 신이 또한 내 안에서 죽음의 결단을 불러일으켰을 텐데!). 도덕이 깃든 사람은 자살을 허락하지 않는다. 왜냐하면 내가 내 삶

496 원주 97, 「고린도전서」, 15장, 26절.

497 원주 98, 「디모데후서」, 1장, 10절.

을 조국 등등에 빚지고 있기 때문이고, '내가 평생 착한 일을 할지도 않을지도 모르기 때문이다.' 물론, 신이 의지하는 수단을 잃어버리듯이, 선(善)도 내 안에서 수단을 잃어버린다. [363] 내가 비도덕적이라면, 나의 잘못된 마음을 고침으로써 선을 섬기고, 내가 '신앙이 없는' 사람이라면, 신은 나의 **참회**를 기뻐한다. 그러므로 자살은 양심의 가책이 없는 것뿐만 아니라 신앙이 없는 것이다. 만약 신앙심이 깊은 사람이 목숨을 끊는다면, 그는 신을 잊어버린 행동을 하는 것이다. 그러나 도덕성이 깊은 사람의 자살이라면, 그는 신의 망각에서 행동하는 것이다. 세상 사람들은 에밀리아 갈로티[498]의 죽음이 도덕보다 앞서 정당화될 수 있는지에 대한 고민으로 많이 괴로워했다(마치 그들은 실제로 자살인 그녀의 죽음을 자살인 것처럼 받아들인다). 그녀가 순결, 그러한 도덕적 선에 너무나 열중한다는 것, 심지어 순결을 위해 목숨을 버리기도 한다는 것, 그런 일은 어쨌든 도덕적이다. 그러나 그녀가 자신의 육신을 지배하는 자신의 힘을 믿지 않는다는 것, 그것은 다시 비도덕적이다. 그러한 모순은 보편적으로 도덕적 비극 속에서 비극적 갈등을 만든다. 그래서 당신이 비극적 갈등에 관심을 가질 수 있으려면 도덕적으로 생각하고 느껴야만 한다.

신앙심과 도덕성에 참인 것은 인간성에도 필연적으로 들어맞게 될 것이다. 왜냐하면 세상 사람은 [추상적] 인간에, 인류 혹은 유개념에 똑같이 자신의 삶을 빚지고 있기 때문이다. 내가 어떤 본질에도 갚아야 할 의무가 없을 때만, 삶의 보존은—나의 일이다. '이러한 관계를 급격하게

---

498 『에밀리아 갈로티』(Emilia Galotti)는 고트홀트 레싱(Gotthold Ephraim Lessing)이 쓴 부르주아 비극으로 1772년에 초연되었다. 르네상스 시대 이탈리아의 작은 공국 구아스탈라의 영주가 에밀리아를 수중에 넣기 위해 음모를 꾸미고 부당한 권력을 휘두르자, 그녀의 아버지가 딸의 순결을 지키기 위해 딸을 칼로 찔러 죽인다는 내용을 바탕으로 하고 있다.

변화시키는 것이 나를 자유롭게 만드는구나!'

그러나, 만약 우리가 우리 안에 살아있는 것으로 만들어야만 하는 저 본질에 우리의 생명을 유지하는 데 빚지고 있다면, 그와 마찬가지로 우리의 의무는 우리의 즐거움에 따라 이 삶을 이끄는 것이 아니라, 오히려 저 본질에 따라서 우리의 삶을 형상화하는 것이다. 나의 모든 감정, 사유와 의지, 나의 모든 행동과 속셈은—저 본질의 소유이다.

저 본질과 일치하는 것은 바로 그 본질이라는 개념의 결과로서 생긴다. 그런데 이 개념은 얼마나 다르게 생각되었는가! 혹은 저 본질이 얼마나 다르게 상상되었는가! 최고의 본질을 요구하는 것은 이슬람교도를 만든다. 그리고 다시 기독교인에게 요구하는 또 다른 것은 기독교인이 최고의 본질을 듣고 믿는 것이다. 그러므로 두 가지 삶의 방식이 얼마나 다르게 나타나야 하는가! 오로지 모두는 다음과 같은 점을 굳게 지킨다. 곧 최고의 본질이 우리 삶을 판결해야 한다고.

[364] 신을 자신의 재판관으로 삼고, 신의 말씀을 삶의 안내서로 삼는 신앙인을 나는 어디에서나 무시한다. 왜냐하면 신앙이 깊은 사람은 발전의 쇠약한 시기에 속하기 때문이고, 그의 고정된 자리에 화석처럼 남아있을 수도 있기 때문이다. 우리의 시대에, 신앙이 깊은 사람이 더 이상 허풍 떨지 않고, 오히려 자유주의자가 허풍 떤다. 게다가 깊은 신앙심 자체는 자유주의의 안색을 지닌 자신의 창백한 얼굴을 붉히지 않을 수 없다. 그러나 자유주의자는 신을 자신의 재판관으로 섬기지 않고, 게다가 거룩한 말씀의 안내서로 자신의 삶을 해결하지 않고, 오히려 자기 자신을 인간이라는 기준에 맞추어 판단한다. 이를테면 '신답게' 존재하고 살길 원하는 것이 아니라, 오히려 '인간답게' 존재하고 살길 원한다.

인간은 자유주의자의 최고 본질이고, 자유주의자의 삶에 재판관이며, 인간다움은 그의 안내서 혹은 교리 문답서이다. 신은 정신이다. 그러나 인간은 '가장 완전한 정신', 오랫동안 정신을 추적한 최종적 결과이거나,

정신의 깊은 곳 다시 말해 ‘신성(神性)의 심연(深淵)에 대한 탐구’의 최종적 결과이다.

그대의 모든 특징은 인간다운 것이어야만 한다. 그리고 그대 자신은 머리 꼭대기에서 발끝까지, 외부에서처럼 내부에서 인간다운 것으로 존재해야만 한다. 왜냐하면 인간다움이 그대의 **소명**이기 때문이다.

소명—운명—사명!

누군가가 될 수 있는 것, 그도 그것이 된다. 타고난 시인이 호의적이지 않은 주위 사정 때문에 그 시대의 최고 정점에 서 있지 못할지도 모르고, 그리고 최고 정점을 유지하기 위해 없어서는 안 되는 많은 공부 이후에, **숙련된** 예술 작품을 생산하는데 방해받을지도 모른다. 그러나 그가 농가의 머슴이든 바이마르의 궁정에 살만큼 운이 좋든지 상관없이 그는 시를 쓸 것이다. 마찬가지로 타고난 음악가는 모든 악기로든 보리피리만으로든 전혀 문제없이 음악을 만들 것이다. 타고난 철학적 머리는 자신을 대학의 철학자로서 혹은 시골의 철학자로서 입증할 수 있다. 최종적으로 구두닦이 일과 매우 잘 어울리는 타고난 바보는 동시에 교활한 녀석일 수 있고, (아마 학교에 갔던 모든 사람이 [365] 동급생 가운데 많은 예시로 자신을 생생하게 그려낼 수 있는) 멍텅구리로 남을 것이다. 이제 그는 사무장으로 훈련받고 교육받을지도 모르거나, 구두닦이로서 그와 같은 사무장을 섬길지도 모른다. 사실 타고난 천박한 머리는 논쟁할 여지 없이 가장 많은 인간 계층을 형성한다. 게다가 왜 모든 동물의 종에서 오해의 여지가 없는 똑같은 차이가 인간 종에서 나타나지 말아야 한단 말인가? 타고난 재능이 더 많은 사람과 타고난 재능이 더 적은 사람은 모든 곳에서 발견된다.

그럼에도 불구하고 오직 소수가 너무 저능하여 이념을 얻을 수 없다.

그런 까닭에 사람은 모든 인간이 종교를 가질 수 있다고 주장한다. 어느 정도 사람은 또 다른 이념에 이끌려, 다시 말해 약간의 음악적 이해력, 심지어 어떤 철학 등등으로 길들여질 수도 있다. 이 시점에서 종교, 도덕, 문화, 학문 등등이라는 사제직이 시작된다. 그리고 예를 들어 공산주의자는 그들의 '공립학교'를 통해 모두가 접근할 수 있는 모든 것을 만들고 싶어 한다. 이 '다수의 대중'에게 종교 없이는 살아갈 수 없다는 평범한 주장이 들린다. 이를테면 공산주의자는 그 주장을 다음과 같은 명제로 확장한다. 이 '다수의 대중'뿐만 아니라, 또한 완전히 모든 사람이 모든 것에 적임자이다.

비록 대중 대부분을 종교로 길들이는 것이 충분하지 않을지라도, 이제 공립학교는 '모든 인간다운 것'과 한층 더 관계를 맺어야만 한다. 길들임은 더욱더 일반적이고 포괄적으로 되어가고 있다.

이 불쌍한 사람아, 너 자신의 감정을 굳게 지키며 산다면, 매우 행복하게 살아갈 수 있을 텐데, 너 자신을 위해 절대로 사용하지 않을 재주를 부리기 위해서, 당신은 교사와 곰 조련사의 장단에 맞춰 춤출 것이다. 그리고 마침내 당신은 당신이 당신에게 주고 싶은 생각과는 다른 어떤 생각을 위해 받아들이는 것을 항상 거역하여 쫓아내지도 못한다. 오히려, 당신에게 따라 하도록 먼저 말했던 질문을 당신 자신이 기계적으로 따라 한다. '나의 천직은 어느 것인가? 나는 무엇을 해야만 하는가?' [366] 그러므로 당신이 오직 해야 할 일은 어떤 사람이 다음을 묻도록 요청하는 일이다, 즉 당신이 해야만 하는 것을 당신에게 말하게 하고 그것을 하도록 당신에게 명령하게 하고, 누군가가 당신을 위해 당신의 소명을 미리 확정하게 하고, 그렇게 하지 않으면 정신의 명령에 따라 그것을 행하도록 자신에게 명령하고, 그것을 당신 자신에게 강요해야 한다고. 그런 다음 사람은 의지(Willen)와 관련하여, 나는 내가 해야 할 일을 하고자 한다(will)고 말한다.

식물 혹은 동물도 '소명'을 받지 않듯이, 사람도 '소명을 받지' 않고, 어떤 '사명'도, 어떤 '운명'도 없다. 꽃은 자신을 완성하기 위한 소명에 부응하는 것이 아니다. 꽃은 가능한 한 세계를 향유하고 소비하기 위해서 자신의 모든 힘(Kräfte)을 들인다. 다시 말해 꽃은 들이마시고 수용할 수 있는 만큼 땅속의 양분과 창공의 공기와 태양의 빛을 흡수한다. 새는 어떤 소명을 위해서 살아가는 것이 아니라 가능한 한 최대로 날기 위해서 자신의 힘을 사용한다. 다시 말해 새는 곤충을 잡아먹고 자기 마음껏 노래한다. 꽃과 새의 힘은 사람의 힘과 차이가 거의 없다. 자신의 힘을 사용하는 자는 오히려 꽃과 동물보다 훨씬 더 강력하게 세계에 영향을 미칠 것이다. 사람은 소명을 받지 않는다. 오히려 사람은 그들이 존재하는 곳에서 자기 자신을 분명히 나타내는 힘을 갖고 있다. 왜냐하면 힘의 존재는 오로지 힘의 표시(Äusserung) 속에서 존재하기 때문이다, 마치 생명처럼 절대 활동하지 않고 머무를 수 없기 때문이다. 한순간조차 '침묵'하더라도, 삶이 더 이상 삶이 아닌 것처럼 힘은 하는 일이 없이 남을 수도 없기 때문이다. 자 이제, 사람들에게 '당신의 힘을 사용하라'라고 큰 소리로 말할 수 있다. 물론 이러한 명령에는 자신의 힘을 사용하는 것은 인간의 사명이라는 의미가 놓여있을 수도 있다. 저 명령에 그런 의미가 있는 것이 아니다. 오히려, 가장 먼저 이 명령을 자신의 소명으로 바라보지 않고 각자가 실로 자신의 힘을 사용하는 것이다. 항상 모든 사람은 그가 소유한 만큼의 힘을 사용한다. 세상 사람들은 어떤 패배한 사람에게 그의 힘을 더 발휘했어야만 했다고 말한다. 그러나 사람들은, 패배의 순간에 그가 그의 힘(예를 들어 신체의 힘)을 발휘할 수 있었다면, 힘을 발휘하는 것을 중단하지 않았을 것이라는 사실을 잊어버린다. 비록 그의 힘을 발휘하는 것이 단 1분간의 무기력(Mutlosigkeit)이었을지라도, 그것은 여전히 긴 1분의—힘의 결핍(Kraftlosigkeit)이었다. 확실히 힘은 특히 적대적 저항 혹은 우호적 도움에 의해 날카로워지고 강화될 수 있다.

[367] 그러나 힘의 적용을 그리워하는 곳에서 힘의 부재 또한 확신할 수 있다. 돌을 부딪쳐 불을 피울 수 있다. 그러나 부딪힘 없이 결코 불을 피울 수 없다. 같은 방식으로 인간 또한 '자극'이 필요하다.

그런데, 자기 자신의 힘은 항상 자기 자신을 활동적으로 입증하기 때문에, 힘을 사용하라는 명령은 불필요하고 의미 없을 것이다. 자신의 힘을 사용하는 것은 인간의 소명이나 사명이 아니라, 오히려 항상 그의 행위, 실재하고 현존하는 행위이다. 힘은 힘의 표시(Kraftäusserung)라는 말을 더 줄인 말일뿐이다.

실은 마치 이 장미가 시작부터 참된 장미이고, 이 나이팅게일이 언제나 참된 나이팅게일이듯이, 그렇게 내가 나의 소명을 행하고 나의 목적에 따라 살아갈 때만, 내가 참된 인간이 아니라, 오히려 나는 처음부터 '참된 인간'이다. 내 최초의 옹알거림은 '참된 인간'의 생명 유지에 필수적 표시이고, 내 삶의 투쟁은 그런 힘의 산출(Kraftergüsse)이며, 내 최후의 호흡은 '인간'이 지닌 최후의 힘의 발산(Kraftaushauchen)이다.

참된 사람은 갈망의 대상을 미래에 놓는 사람이 아니라, 오히려 현존하고 실제 하는 대상을 현재에 놓는 사람이다. 내가 어떻게 누구로 존재하든지 간에, 곧 즐겁거나 슬프게, 어린아이이거나 노인으로, 확신하거나 의심하거나, 잠을 자고 있거나 깨어 있는 사람으로 존재하든지, 나는 이것, 곧 나는 참된 사람이다.

하지만 내가 바로 그 인간(der Mensch)이라면, 그리고 종교적 인류가 먼 목표라고 부른 그 인간을 정말로 나 자신에게서 발견했다면, '참으로 인간다운' 모든 것 역시 나 자신의 것이다. 인류라는 관념에 귀속되는 것이 나의 소유이다. 예를 들어 인류가 아직 달성하지 못한 저 자유무역,—그리고 매혹적 꿈처럼 인류의 황금 미래를 향해서 출발하는 저 자유무역,—나는 이것을 내 소유로 선취하고, 당분간 밀수의 형태로 자유무역을 계속해 나간다. 확실히 몇 명의 밀수꾼이 자신들의 행위를 이런 식으로 자기 자신의 소유로 충분히 이해할 수 있다. 그러나 자기중심성이라는 본능은 그들의 의식을 바꾼다. 위에서 나는 언론 · 출판의 자유에 대해 똑같은 것을 보여 주었다.

[368] 모든 것은 나 자신의 것이다. 그러므로 나는 나에게서 벗어나려는 것을 나에게로 되돌린다. 그러나 좌우간 내가 나 자신의 어떤 예속에서 탈주했을 때, 무엇보다도 나는 항상 나를 되찾는다. 하지만 이것 역시 내 소명이 아니라, 오히려 내 자연스러운 행위이다.

내가 나 자신을 출발점으로 삼는 것과 나 자신을 목적지로 여기는 것은 상당히 강한 차이가 있다. 목적지로서의 나는 나 자신을 소유하지 못하며, 그러므로 나는 여전히 나 자신의 것이 아니며, 나는 나의 본질, 곧 나의 '참된 본질'이다. 게다가 이러한 나의 것이 아닌 '참된 본질'은 수천 가지 이름의 어떤 유령으로서 나를 조롱할 것이다. 왜냐하면 나는 아직 내가 아니기 때문이다. 그래서 어떤 타자(신, 참된 인간, 참으로 신앙이 깊은 사람, 이성적 사람, 자유인, 등등)가 나이고, 나의 나이다.

여전히 나 자신으로부터 멀리 있는 나는 나를 반으로 나눈다. 그중 하나는, 성취되지 못하고 성취되어야 하는 것은 참된 것이다. 또 다른 하나는, 참되지 않은 나, 구체적으로 말해서 정신적이지 않은 나는 희생물로 사용되어야만 한다. 또 다른 나, 곧 참된 나는, 완전한 인간, 즉 정신으로 존재해야만 한다. 그때 다음과 같이 말할 수 있다. '정신이 인간의 본래의(eigentlich) 본질'이거나 '인간은 정신적 인간으로서만 존재한다.' 이제 정신을 잡기 위해 탐욕스럽게 정신으로 달려가는데, 마치 그때 사람이 자기 자신을 찾는 것 같다. 그래서 그는 자신을 찾아 헤매는 과정에서 자신이 누구인지를 알지 못한다.

그뿐 아니라, 그는 결코 도달할 수 없는 자기 자신을 맹렬히 추적하듯이, 그렇게 그는 사람들을 있는 그대로 여기는 현자들의 방식조차 경멸했고, 사람들을 마땅히 있어야만 하는 사람으로 여기는 것을 더 좋아한다. 게다가 이러한 이유 때문에, 그는 모두가 마땅히 그래야만 하는 나(seinsollenden Ich)가 되라고 쫓아다니며 괴롭히고 "모든 사람한테 동일한 권리를 주기 위해, 동일하게 존경할 수 있게, 동일하게 도덕적이거나 이성적 인간으로 만들기 위해 노력한다."[499]

참으로, "만일 사람이 존재해야만 하는, 존재할 수 있는 사람이라면, 만일 모든 사람이 이성적이라면, [369] 모두가 형제처럼 서로 사랑할 수 있다면", 그런 경우 천국 같은 삶일 텐데.[500]—자 이제, 사람들은 존재해야만 하고, 존재할 수 있는 존재이다. 사람들은 무엇으로 존재해야만 하는가? 확실히 사람들은 존재할 수 있는 것보다 더 나은 것은 아니군! 게다가 그들은 무엇으로 존재할 수 있는가? 게다가 사람들은—할 수 있는 것보다 더 많이, 다시 말해 그들이 가지고 있는 능력, 힘보다 더 낫게 존재할 수 없다. 그러나 사람들은 참으로 이렇게 있다. 왜냐하면 그들이 아닌 것은 그들이 존재할 수 없는 것이기 때문이다. 다시 말해 존재할 수 있다는 것은—실제로 존재한다는 것을 의미하기 때문이다. 사람들은 실제로 존재하지 않는 어떤 것도 할 수 없다. 사람들은 실제로 하지 못하는 어떤 것도 할 수 없다. 백내장으로 눈이 먼 사람이 볼 수 있을까? 그렇고말고, 그가 백내장을 성공적으로 제거했다면 말이다. 바로 지금 그는 볼 수 없다. 왜냐하면 그는 보지 못하기 때문이다. 가능성과 현실성은 항상 일치한다. 사람들은 할 수 없는 것을 아무것도 하지 못하듯이, 하지 못하는 것을 아무것도 할 수 없다.

이러한 주장의 유별남은, 사람들이 '…이 가능하다'라는 말은 거의 '

---

499 원주 99, (익명의) 『스위스의 공산주의』, (이른바) 『바이틀링에게서 압수한 자료에 의한 스위스의 공산주의자』에 대한 블룬칠리 박사님의 위원회 보고서 (베른, 1843) 24쪽.

500 원주 100, 『스위스의 공산주의』, 63쪽.

나는 …을 상상할 수 있다'라는 의미만을 포함한다고 생각할 때, 사라진다. 예를 들어 '모든 인간이 이성적으로 사는 것은 가능하다'라는 말은, 곧 '나는 모든 인간이 이성적으로 사는 것을 상상할 수 있다' 등등과 같은 말이다. 실은 모든 사람이 이성적으로 살아가도록, 내 생각이 그렇게 할 수 없고, 그러므로 그렇게 할 수 없으므로, 오히려 이 일은 사람들 자신에게 남겨 두어야만 한다. ―그래서 보편적 이성은 나에게 단지 생각할 수 있고, 사고 과정이다. 하지만 그러한 것은 실제로 어떤 현실성인데, 이 현실성은 내가 만들 수 없는 것, 즉 다른 사람의 합리성과 관련해서만 어떤 가능성이라고 불린다. 그것이 그대에게 달려 있는 한, 모든 인간은 이성적 존재일 수 있다. 왜냐하면 그대는 상상할 수 있는 것에 거역하는 일을 아무것도 안 하기 때문이다. 실제로, 그대의 생각이 확장되는 한, 그대는 아마 어떤 방해도 발견하지 못할 것이다. 따라서 그대의 생각에 훼방을 놓는 것은 아무것도 없다. 이를테면 그대의 생각은 그대에게 생각할 수 있는 것이다.

그러나 이제 사람들이 모두 이성적이지 않으므로, 대부분―이성적일 수 없다.

[370] 사람이 쉽게 가능하리라고 상상하는 어떤 것이 일어나거나 일어나지 않는다면, 그때 사람들은 어떤 방해가 있고 그 일은―불가능하다고 확언할 수 있다. 우리 시대는 우리 시대의 예술, 과학 등등이 있다. 그런데 예술은 확실히 나쁜 것일 수도 있다. 그러나 사람들은 '만약 우리가 오직 하려고 한다면, 우리는 어떤 더 좋은 예술을 얻을 만한 가치가 있고, 그것을 가질 '수 있다'라고 말할 수 있을까? 우리는 우리가 가질 수 있는 꼭 그만큼의 예술을 가지고 있다. 오늘날 우리의 예술은 유일하게 가능한 예술이며, 따라서 지금 현실적이다.

마침내 '미래'란 의미인 '가능한'(möglich)이란 단어를 제한할 수 있는 의미에서조차, 단어는 '현실'의 충만한 힘을 보유한다. 예를 들어 누군가가 '내일 태양이 뜨는 것은 가능하다'라고 말한다면,—이것은 '오늘에 있어서 내일은 현실의 미래이다'라는 의미일 뿐이다. 오직 미래가 아직 나타나지 않았을 때는, 미래가 현실의 '미래'라고 암시할 필요가 거의 없기 때문이다.

그런데 무엇 때문에 '가능한'이란 말을 평가하는가? 만약에 수천 년 동안 가장 중대한 오해가 그 단어 뒤에 숨겨져 있지 않다면, 만약에 정신을 빼앗긴 사람의 모든 유령(Spuk)이 '가능한'이란 작은 단어의 이 단일 개념 속에서 유령으로 돌아다니지(spukte) 않았다면, 그 단어를 깊이 고려하는 것은 여기서 우리에게 거의 문제가 되지 않았을 것이다.

방금 보여 주었듯이, 생각이 정신을 빼앗긴 세계를 지배한다. 자, 그렇다면, 가능성(Möglichkeit)은 생각할 수 있음일 뿐이고, 지금까지 수많은 희생자들은 소름끼치는 생각할 수 있음에 빠져 있었다. 사람들이 이성적으로 될 수 있다는 것은 생각할 수 있었다. 그리스도를 인식할 수 있었다고 생각할 수 있었다. 그들은 착함에 열광하는(sich begeistern) 사람이 될 수 있었고 도덕적 사람이 될 수 있었다고 생각할 수 있었다. 그들 모두 교회의 품속으로 피신할 수 있었다고 생각할 수 있었다. 그들은 깊이 생각하고, 말할 수 있었고, 또한 국가를 위태롭게 하는 일은 아무것도 하지 않았으리라고 생각할 수 있었다. 그들은 순종하는 국민일 수 있었다고 생각할 수 있었다. 그러나 생각할 수 있었기 때문에,—그렇게 추론이 가능할 수 있었기 때문에, 더 나아가 생각할 수 있는 것이 사람에게 가능했기 때문에(바로 여기에 사기(詐欺)가 있다. 왜냐하면 나에게 생각할 수 있기 때문에, 그것은 사람들에게 가능하다), 그러므로 그들은 그렇게 존재했어야만 하고, 그것이 그들의 소명이었다. [371] 그리고 마침내—그들은 사람들을 "현실로서의 사람들"(wie sie sind)이 아니라, "이상으로서의 사람들"(wie sie sein sollen)[501], 오로지 이러한 소명에 따라서만, 소명을 받은 사람으로서만 받아들여야 했다.

또 그 이외의 결론은 무엇인가? 인간은 개인이 아니라, 오히려 인간은 어떤 생각, 어떤 이상이다. 인간에 대한 개인의 관계는 심지어 어른에 대한 아이의 관계와 같은 것이 아니며, 오히려 상상의 점에 대한 분필로 쓴 점의 관계, 또는 영원한 조물주에 대한 유한한 창조물의 관계와 같은 것이고, 혹은 현대의 견해에 따르면 유개념에 대한 실제의 본보기의 관계와 같은 것이다. 그런 다음 여기서 '인류'의 예찬이 나타나고, 개인은 '영원한, 죽지 않는 것'의 명예(인류라는 더 큰 영광을 위하여(in maiorem humanitatis gloriam))[502]를 위하여 자신을 희생해야만 한다. 그리고 개인은 '인류라는 정신'을 위하여 무엇인가를 하는 것에서 개인의 '불멸의 명성'을 찾아야만 한다.

그래서 성직자 혹은 교사의 시대가 지속되는 동안, 사상가(Denkenden)가 세계를 지배한다. 그리고 사상가가 상상하는 것은 가능한 것이다. 그러나 가능한 것은 현실화되어야만 한다. 사상가는 어떤 인간의 이상을 생각하는데(denken), 그동안에 그것은 오직 사상가의 사고(Gedanken) 속에서만 현실적으로 존재한다. 하지만 사상가 또한 그것을 실행하는 가능성을 상상한다. 그리고 논쟁할 것은 없고, 실행은 실질적으로—생각할 수 있고, 그것은—관념이다.

그러나 그대와 나, 우리는 실로 크룸마허와 같은 사람이 우리는 여전히 선량한 기독교인이 될 수도 있었다고 생각할 수 있는 사람들일 수

---

501 바이틀링, 『인류, 그 현실과 이상』(Die Menschheit, wie sie ist and wie sie soil sein)(1839)에 대한 암시일 가능성이 크다.

502 예수회의 좌우명인 "하느님의 더 위대한 영광을 위하여"(Ad Maiorem Dei Gloriam)를 풍자적으로 개작한 것이다.

도 있다. 그러나 그가 우리를 '설득하려고' 한다면, 우리는 곧바로 그에게 우리의 기독교 정신은 생각할 수 있을 뿐이지, 그 외에는 불가능하다는 점을 이해하도록 만들 것이다. 그가 진절머리 날 정도로 간섭하는 그의 생각으로, 그의 '선량한 믿음'으로 계속 우리를 비웃는다면, 그는 우리가 되고 싶지 않은 사람이 될 필요가 전혀 없다는 것을 배워야 할 것이다.

그러므로 그런 일은 신앙인 중 가장 신앙이 깊은 사람을 훨씬 넘어서 계속된다. '모든 사람이 이성적이라면, 모든 사람이 권리를 행한다면, 인류애가 모든 사람을 이끈다면 등등!' [372] 이성, 권리, 인류애 등등은 사람들의 소명으로서, 열정의 목표로서 사람들의 눈앞에 나타난다. 그러니까 이성적이라는 것은 무엇을 의미하는가? 그것은 사람들 자신의 말을 들어주는가? 아니다, 이성은 자기중심성에 반하여 제정된 법으로 가득 찬 책이다.

지금까지의 역사는 지적 혹은 영적 인간의 역사였다. 육욕성(Sinnlichkeit)의 시대 이후에 엄밀한 의미에서 역사, 다시 말해 지성, 영성(靈性), 비육욕성(Unsinnlichkeit), 초자연성(Übersinnlichkeit), 터무니없는 생각(Unsinnigkeit)의 기간, 그런 역사를 시작한다. 이제 인간은 무언가가 되고 싶어 하기 시작하고 무언가로 되기 시작한다. 무엇으로? 착한, 아름다운, 진실한, 더 정확하게, 도덕적, 신앙이 깊은, 상냥한 인간 등등이다. 그는 자신을 어떤 '진정한 인간', '어떤 진정한 것'으로 만들려고 한다. 인간이 자신의 목표, 자신의 의무, 자신의 운명, 소명, 사명, 자신의—이상이다. 이를테면 인간은 그 자신에게 어떤 미래의 존재, 올세상의 존재이다. 그러니까 그를 '진정한 인간'으로 만드는 것은 무엇인가? 그것은 참된 존재, 선한 존재, 도덕적 존재 등등이다. 이제 그는 그와 같은 '무엇을' 인식하지 않고, 그와 같은 도덕을 얻고자 애쓰지 않고, 그와 같은 믿음을 갖지 않은 모든 사람을 탐탁하지 않게 본다. 이를테면 그는 '분리주의자, 이교도, 종파' 등등을 쫓아낸다.

어떤 양도, 어떤 개도 '진정한 양, 진정한 개'가 되려고 애쓰지 않는다. 그러니까 어떤 동물에게도 자신의 본질은 실현해야 할 사명으로, 곧 개념으로 나타나지 않는다. 자신의 본질은 삶을 즐길 대로 즐기면서, 다시 말해 소멸되면서, 사라져 없어지면서 본질 자체를 실현하는 것이다. 자신의 본질은 있는 그대로의 것 이외의 다른 어떤 것으로 존재해야 하거나 되어야 한다고 요구하지 않는다.

내가 당신한테 동물같이 되라고 충고하는가? 나는 확실히 당신이 동물처럼 되어야만 한다고 제안할 수 없다. 왜냐하면 그러한 제안 또한 어떤 사명, 어떤 이상이기 때문이다('꿀벌은 부지런함에서 너를 지배할 수 있다'). 마치 당신이 동물은 인간이 되어야 한다는 제안 역시 마찬가지의 일이다. 당신의 본성은 이제 확실히 인간다운 본성이고, 당신은 인간다운 기질의 인간이고, 인간이다. 그러나 오로지 당신은 이미 그런 인간이니까, 여전히 인간다운 기질의 인간이 될 필요가 없다. 동물도 '길들여진다'(dressiert), 그리고 길들여진(dressiert) 동물은 가지각색의 부자연스러운 행동을 한다. 길들여진 개는 그 자신을 위하여 자연 그대로의 개보다 더 나은 개가 아니고, 심지어 개가 우리에게 더 붙임성이 있을지라도, 이런 일에서 어떤 이익도 얻지 못한다.

[373] 모든 인간을 도덕적, 이성적, 신앙심이 깊은, 인간다운, 등등의 '본질을 형성하려는' 노력, 다시 말해 길들임은, 아득한 옛날부터 유행해 왔다. 그것들은 굴하지 않는 나다움(unbezwinglichen Ichheit), 자기 자신의 기질, 자기중심성에 부딪혀서 난파한다. 길들여진 사람들은 결코 자신의 이상을 성취하지 못하고, 고상한 교의를 입으로만 신봉하거나, 고백, 신앙 고백만을 한다. 이러한 고백에 직면하여 자신들의 삶에서 '자신들 모두가 죄인이라는 것을 인정'해야만 하고, 게다가 자신들의 이상에 미치지 못한다는 것을 인정해야만 하는 길들여진 사람들은 '약한 사람'이고 '인간적 약함'의 의식을 품고 있다.

그대가 어떤 이상을 그대의 '운명'으로서 찾아 헤매는 것이 아니라, 오히려 시간이 모든 것을 해체하듯이(auflöst) 자기 자신을 해체한다면(auflösest), 얘기는 달라진다. 해체(Auflösung)는 그대의 '운명'이 아니다. 왜냐하면 해체는 지금 있음이기 때문이다.

사람들에 대한 교육, 종교성은 확실히 그들을 자유롭게 만들지만, 한 지배자로부터만 자유롭고 그들을 또 다른 지배자로 데리고 간다. 나는 종교에서 나의 욕망을 억제하는 법을 배웠다. 나는 과학을 통해 내 손에 주어진 간지(奸智)로 세상의 저항을 돌파한다. 나는 어떤 사람도 섬기지 않는다. '나는 어떤 사람의 노예가 아니다.' 그러나 그런 경우 다음과 같은 일이 생긴다. 그대는 사람보다 신에게 순종해야만 한다. 똑같은 방식으로, 나는 비이성적 결단을 하는 나의 본능에서 자유롭긴 하지만, 이성이라는 지배자에 순종한다. 나는 '정신적 자유', '정신의 자유'를 획득하였다. 그래서 그다음에 나는 정확히 정신에 복종하게 되었다. 정신은 나에게 명령하고, 이성이 나를 지도한다. 정신과 이성은 내 지도자이고 지배자이다. '이성적인 것들', '정신의 하인들'이 지배한다. 그러나 내가 육체가 아니라면, 또한 나는 참으로 정신도 아니다. 정신의 자유는 내 노예근성이다. 왜냐하면 나는 정신 혹은 육체보다 더 나은 존재이기 때문이다.

의심할 여지 없이 교육은 나를 **강력한 사람**으로 만들었다. 교육은 나에게 모든 **충동들**, 내 본능들을 지배하는 힘을 주었을 뿐만 아니라, 세상의 무리한 요구들과 폭행들을 지배하는 힘도 주었다. [374] 나는 내 욕구, 욕망, 흥분 등등에 의해, 나 자신을 강요할 필요가 없는 교육을 통해, 지식에 따라 행동할 수 있는 힘을 알고 획득하였다. 마찬가지 방식으로, 나는 과학과 예술을 통해 내 욕망, 쾌감, 흥분, 등등의—**지배자**이다. 나는 바다와 땅이 복종하고, 게다가 별들조차 자신들을 해명해야만 하는 다루기 어려운 세상의 **지배자**가 된다. 정신은 나를 **지배자**로 만들었다. —그러나 나는 정신 그 자체를 지배하는 힘을 소유하고 있지 않다. 나는 종교(교육)로부터 '세상을 이기기' 위한 수단을 잘 배웠으나, 신 또한 제압할 수 있고 신의 지배자가 될 수 있는 방법을 배우지 않았다. 왜냐하면 신은 '정신이기' 때문이다. 사실, 내가 지배자가 될 수 없는 이 정신은 가장 다양한 모습을 띨 수 있다. 이를테면 정신은 신이거나 민족정신(Volksgeist)[503], 국가, 가족, 이성, 그뿐만 아니라—자유, 인간다움, 인간이라 부를 수 있다.

나는 나를 위해 획득해온 수 세기에 걸친 교육을 감사하게 받아들인다. 그래서 나는 그러한 교육의 어떤 것도 버리거나 포기하지 않을 것이다. 이를테면 나는 헛되이 살아오지 않았다. 나는 내 본성을 지배하는 힘을 가지고 있고 내 욕구들의 노예가 될 필요가 없다는 경험을 나는 놓치지 않을 것이다. 그러니까 내가 교육의 수단으로 세상을 제압할 수 있다는 경험은 너무 비싸게 손에 넣은 것이어서 잊을 수가 없다. 하지만 나는 더 많은 것을 원한다.

세상 사람들은 다음과 같이 질문한다. 인간이 무엇이 될 수 있는가? 인간은 무엇을 성취할 수 있는가? 인간은 어떤 재화들을 마련해 줄 수 있는가? 그리고 모든 것 중 가장 높은 것을 소명이라고 주장한다. 마치 나한테 모든 것이 가능한 것처럼!

누군가가 어떤 병적 욕망(Sucht), 어떤 열광 등등으로(예를 들어, 폭리를 얻으려는 장사의 마음으로, 질투로) 망해가는 어떤 사람을 본다면, 이 일은 그를 이러한 정신을 빼앗긴 상태로부터 구해내려는 욕망과 그가 '자기 극복'하도록 도와주려는 욕망을 자극한다. '우리는 누군가를 어떤 인간으로 만들기를 원하는구나!' 만약 다른 병적 욕망이 바로 이전의

503 이 말은 헤겔에서 발견된 개념이지만 각 국가에는 특별한 '인격'이 있다는 생각에 기반한 독일 낭만주의로 거슬러 올라 갈 수 있다.

병적 욕망을 대신하지 않는다면, 그 일은 정말로 좋을 것일 텐데. 그러나 그를 깊은 신앙심, 인간다움, 그 밖의 어떤 원리에 내어주기 위해서만 그리고 다시 그를 어떤 고정된 관점으로 돌리기 위해서만, 화폐에 대한 열망의 노예였던 사람을 화폐에 대한 열망에서 자유롭게 한다.

[375] 어떤 제한된 관점에서 어떤 고상한 관점으로의 전환은 다음과 같은 말로 표현된다. 감각은 덧없는 것(Vergängliche)을 향해서는 안 되고, 오히려 단지 불멸의 것(Unvergängliche)을 향해야 한다. 이를테면 허무한 것을 향해서는 안 되고, 오히려 영원한 것, 완전한 것, 신적인 것, 순전히 인간다운 것 등등을, 다시 말해—정신적인 것을 향해야 한다.

세상 사람들은 무엇에 마음을 두는 것, 혹은 무엇에 전념하는 것이 중요하지 않은 것이 아니라는 것을 순식간에 이해했다. 그들은 대상의 중요성을 알았기 때문이다. 개별 사물들보다 위로 높아진(erhaben) 대상이 사물들의 본질(Wesen)이다. 어디 그뿐인가, 본질만이 사물들에서 생각할 수 있는 것이고, 생각하는 사람을 위한 것이다. 그러므로 더 이상 그대의 감각을 사물들에 맞추지 말라, 오히려 그대의 생각을 본질에 맞추어라. "보지 않고 믿는 자들은 복이 있도다."[504], 다시 말해 생각하는 사람이 복 받은 사람이다. 왜냐하면 생각하는 사람은 눈에 보이지 않는 것을 다루고 그것을 믿기 때문이다. 하지만 수 세기 동안 중요한 쟁점이었던 사유의 대상도 마침내 '더 이상 말할 가치가 없는' 지경에 이르게 되었다. 세상 사람들은 이것을 알고 있었다. 그러나 마치 인형이 아이에게, 코란이 터키인에게 가장 중요한 것이 아닌 것처럼, 여전히 그들은 항상 본질적으로 타당한 대상의 중요성, 대상의 절대적 가치를 염두에 둔다. 내가 나 자신에게 유일한 중요성이 아닌 한, 내가 그런 대상에 대해서 '아주

---

504 예수님의 상처를 보고 부활을 믿지 않은 제자 도마에게 한 예수의 말이다. 「요한복음」, 20장 29절.

크게 떠들어 대는'(viel Wesens mache) 것은 중요한 일 아니며, 오직 대상에 대한 더 큰 혹은 더 작은 나의 범죄만이 가치가 있다. 내 충성과 복종의 정도는 내 예속을, 내 죄의 정도는 나의 자기소유성의 척도를 나타낸다.

그러나 마침내, 만약 사람이 오로지—잠들 수 있으려면, 그는 일반적으로 모든 것을 '잊을 수 있는' 방법을 알아야만 한다. 우리가 관심을 두지 않는 것은 아무것도 우리와 관련될 수 없다. 야심이 가득 차 있는 사람은 그의 야심 찬 계획에서 빠져나올 수 없고, 신을 두려워하는 사람은 신의 생각에서 가까스로 벗어날 수 없다. 왜냐하면 홀딱 빠짐과 정신을 빼앗긴 상태는 하나로 일치하기 때문이다.

[376] 오직 감각적 인간과 죄 많은 인간, 그 인간이 감각의 행복과 영혼의 평화 사이에서 불편한 선택을 하는 한, 그가 '가난한 죄인'[505]인 한, 그는 자신의 본질을 실현하길 원하거나 자신의 개념에 따라 살아가길 원한다고 결심할 수 있다. 이런 일은 신을 믿는 사람에게 신앙이 깊은 것과 같은 것을 의미하고, 인간다움을 믿는 사람에게 '인간답게' 사는 것과 같은 것을 의미한다. 기독교인은 감각적 인간에 지나지 않는다. 왜냐하면 그는 신성한 것을 알고 바로 그 신성한 것을 손상한다는 것을 의식하기 때문에, 자기 자신에서 가난한 죄인을 본다. '죄지음'으로 인식된 육욕성, 그것은 기독교적 의식을 의미하고, 기독교인 그 자신을 의미한다. 그리고 만약에 이제 더는 현대인이 '죄'와 '죄지음'을 사용하지 않고,—오히려 그 대신에 '자기중심성', '자기찾기'(Selbstsucht), '자기유용성' 따위에 몰두한다면, 만약에 악마가 '인간답지 않은 인간', 혹은 '자기중심적 인간'으로 번역되었다면,—그때 기독교인은 이전보다 더 적게 존재하는가? 선과 악 사이의 오랜 갈등이 사라지나? —인간인 우리를 지

505 아마도 1843년에 처음 출판된 바이틀링의 『가난한 죄인의 복음』에 대한 언급일 것이다. 이 책에서 예수를 공산주의의 선구자로 묘사하고 있다.

배하는 어떤 재판관이 사라지나? 자신을 인간답게 만들어야 한다는 그런 소명이—사라지나? 더 이상 사람들이 그러한 소명을 소명이라고 부르지 않고, 오히려 '사명' 혹은 또한 물론 '의무'라고 부른다면, 이름의 변경은 완전히 올바르다. 왜냐하면 신처럼 '인간'은 '부를 수' 있는 개인적 본질이 아니기 때문이다. 그러나 이름 문제만 뺀다면 구태의연한 일로 남는다.

모두가 대상들과 관계를 맺고 있고, 사실 누구나 대상들과 다르게 관계를 맺고 있다. 수백만 명의 사람들이 이천 년 동안 관계를 맺어왔던 성경이라는 저 책을 예를 들어 보자. 각자한테 성경은 무엇이고, 무엇이었던가? 확실히, 각자가 **성경과의 관계로 만들었던** 것일 뿐이구나! 성경을 전혀 대수롭지 않게 여기는 사람에게 성경은 정말 아무것도 아니다. 왜냐하면 성경을 액막이로 사용하는 사람에게, 성경은 단지 마법 수단이라는 의미, 가치를 가지기 때문이다. 그리고 아이처럼 성경을 가지고 노는 사람에게 성경은 장난감, 등등에 불과하다.

이제 기독교는 성경이 가령 신성한 책 혹은 '신성한 문자'와 같이 **모든 사람들에게 똑같아야만** 한다고 요구한다. [377] 이러한 요구는, 기독교인의 견해 역시 다른 사람들의 견해가 되어야만 한다는 것을 의미하고, 그 누구도 성경과 다른 관계를 맺어서는 안 된다는 것을 의미한다. 그리고 이렇게 함으로써 관계의 자기소유성이 파괴된다. 그리고 하나의 의미, 하나의 태도가 '**참된**', '오로지 참된' 관계로 확립된다. 성경으로 내가 하고 싶은 것을 할 자유를 막고, 대체로 행위의 자유를 막는다. 그리고 그 자리에 견해나 판단의 강제가 놓인다. 성경이 인류의 오래된 오류였다는 판단을 내렸던 사람을 누구든지—**범죄자**로 판단한 것이다.

실제로 성경을 갈기갈기 찢거나 그것으로 놀이를 하는 아이가, 그리고 성경에 귀를 대고는 성경이 여전히 말을 하지 않을 때 성경을 경멸적으로 내던져 버리는 잉카의 아타우알파[506]는, 바로 성직자가 성경을 '신의 말씀'으로 찬양하거나 비판가가 성경을 사람의 손으로 만든 것이라고 부를 때처럼, 성경에 대해 정확히 판단하는 것이다. 왜냐하면 우리가 물건들을 어떻게 마음대로 다룰 것인지, 그것은 우리의 선택, 우리 자유재량의 문제를 의미하기 때문이다. 우리는 물건들을 우리 마음껏 사용하거나, 더 명확하게, 우리는 바로 우리가 할 수 있는 만큼 물건들을 사용한다. 성직자들이 어떻게 헤겔과 사변적 신학자들이 성경의 내용을 사변적 사상으로 만드는지를 볼 때, 아니 대체, 성직자들은 무엇에 관해 큰소리를 지르는 것인가? 이것은 정확히, 그들이 성경을 제멋대로 다룬다는 것, 혹은 '성경을 계속하여 자기 마음대로 한다'는 것이다.

하지만 우리는 모두 대상을 자기 마음대로 다루는 모습을 보이기 때문에, 다시 말해 우리가 가장 좋아하는 대로, 우리의 좋아함에 따라 대상을 취급하기 때문이다(예를 들어 신을 두려워하는 사람이 성경을 신성하게 간직하듯이, 신을 두려워하는 사람은 모든 것을 통해 신을 자신의 친구로 만드는 것을 좋아하는 것처럼, 철학자는 모든 것에서 '이념'을 찾아낼 수 있을 때가 가장 좋다). 그래서 우리는 정확히 우리 자신의 마음

506 아타우알파(Atahualpa, 1497~1533년)는 잉카 제국의 마지막 사파 잉카이다. 아타우알파는 스페인 군대가 잉카 제국을 침입하여 멸망시킬 때까지 제국을 다스리게 되었다. 프란치스코 피사로는 1532년 11월 15일에 마침내 잉카 제국의 심장부 까하마르카에 도착하게 된다. 피사로가 도착했을 때, 아타우알파는 도시 근처의 군사 캠프에 있었다. 아타우알파가 그다음 날 도시로 들어오기로 동의하였고, 유일하게 그들을 맞은 사람은 도미니코회의 수사 발베데코이었다. 아타우알파는 수사가 들고 있던 성경책에 더 관심을 보였고, 수사에게 성경책을 잠시 보여달라고 한다. 아타우알파는 잠시 성경책을 훑어본 후, 이 책을 바닥에 던지고 만다. 이에 격분한 수사는 곧바로 피사로에게로 돌아가 공격하라고 요구하였다. 피사로는 임시로 법정을 세우고, 아타우알파를 우상 숭배, 스페인에 대한 반란 등에 대한 죄목으로 유죄를 선고했다. 그는 1533년 7월 26일 교살로 사형당했다.

대로 함의 이 영역에서처럼 그러한 고통스러운 마음대로 함, 그러한 무서운 폭력, 그러한 어리석은 강제를 어디에서도 접할 수 없다. [378] 만약에 우리가 신성한 대상들을 이렇게 저렇게 자기 마음대로 취급하면, 그때 왜 우리는, 만약에 성직자들이 자신들의 방식으로 자기 마음대로 우리를 취급한다면, 성직자들의 마음을 나쁘게 보고 싶어 하는가? 그리고 왜 우리가 이단자의 화형이나 다른 형벌, 아마—검열을 하는 데에 어울린다고 생각하는가?

사람이 존재한다는 것이 존재물들을 만든다. '그대가 세계를 바라보듯이, 세계도 그대를 되돌아본다.' 그다음에 현명한 조언을 들을 수 있다. 그대는 오로지 세계를 '올바르고, 편견 없이' 바라봐야만 한다, 등등. 마치 아이가 성경을 장난감으로 만들 때, 아이가 성경을 '올바르고, 편견 없이' 바라보지 않는 것처럼. 예를 들어 포이어바흐는 이러한 영리한 가르침을 우리에게 준다.[507] 사람은 존재물들을 자신이 원하는 것으로 만들 때, 존재물들을 그야말로 정확히 바라보는 것이다(여기서 존재물들은 일반적으로 신, 우리의 동료들, 어떤 애인, 어떤 책, 어떤 동물 등등과 같은 대상으로 이해된다). 그러므로 존재물들과 존재물들의 바라봄이 우선하는 것이 아니라, 오히려 내가 존재한다는 것, 내 의지가 우선하는 것이다. 사람은 존재물들에서 생각을 끌어내길 원하고, 세계에서 이성을 발견하길 원하며, 세계에서 거룩함을 소유하길 원한다. 따라서 사람은 존재물들을 찾을 것이다. "찾으라, 그러면 너희가 찾을 것이요."[508] 내가 찾고자 하는 것은 내가 결정한다. 예를 들어 나는 성경에서 교화를 얻고

---

507 원주 101, 포이어바흐의 『미래철학의 근본명제』(취리히와 빈터투어, 1843) 70쪽을 보라.

508 「마태복음」, 7장 7절을 보라. 7장은 그리스도의 산상 수훈(山上垂訓) 가운데 마지막이다. 7절은 기도에 대한 가르침이다.

자 한다. 그래서 교화는 찾게 되는 것이다. 이와 달리 나는 성경을 철저히 읽고 속속들이 검사하길 원한다. 그래서 나의 성과는—내 능력에 따라 철저한 가르침과 비판이 될 것이다. 나는 내가 하고자 하는 것을 나 스스로 선택하고, 그러한 선택 속에서 나는—자기 마음대로 하는 나 자신을 증명한다.

이것은 다음의 통찰력과 연결된다, 즉 내가 어떤 대상에게 판결을 내린 모든 것은 내 의지의 **창조**이며, 이러한 깨달음은 내가 창조물, 판단에 열중하는 것이 아니라, 오히려 **창조자**, 곧 끊임없이 새롭게 창조하고 판단하는 자로 남도록 한다. 대상들에 대한 모든 칭호들은 나의 언명들, 나의 판단들, 나의—창조물들이다. 만약에 이것들이 나를 뿌리치고 빠져나오려고 하고, 자신들을 위해 어떤 것으로 존재하려고 하거나, 심지어 나에게 공경하면서 두려워하는 마음이 생기게 하려고(imponieren) 한다면, [379] 그렇다면 나는 온갖 일을 제쳐놓고, 그것들을 그것들의 존재하지 않음으로, 창조자인 내 안으로 되돌릴 것이다. 신, 그리스도, 삼위일체, 도덕, 착함 등등은 그러한 창조물이다. 그것들에 대해 내가 그것들은 진리일 뿐만 아니라, 속임이라고 말할 수 있도록 내가 허락되어야만 한다. 내가 한때 그것들의 현존을 원하고 선언했듯이, 그렇게 나는 역시 그것들의 존재하지 않음(Nichtsein)을 자유롭게 의지하기를 원한다. 그리고 나는 그것들이 나를 능가하도록 해서는 안 되고, 또한 나는 그것들이 '절대적인' 것이 되도록 나약하지도 말아야 한다. 그렇게 되면 그것들이 영원하게 될 것이고 나의 힘과 결정에서 빠져나갈 것이다. 이런 일로 나는 종교 본래의 생명 원리, **안정성의 원리**를 위해 쓰러진다. **이것은** 내가 손댈 수 없는 성역, '영원한 진리', 한마디로 말하면 '신성한' 어떤 것을 창조하려는 것에 마음을 쓰고, 당신에게서 **당신의 것을** 빼앗는 데에 마음을 쓴다.

그 대상은 초감각적(übersinnlich) 대상이자 감각적(sinnlich) 대상으로서, 우리를 그 신성한 형태와 세속적 형태에 정신을 빼앗긴 사람으로 만든다. 양자는 열망 혹은 병적 욕망과 관련된다. 그리고 화폐에 대한 열망과 천국에 대한 갈망은 같은 수준이다. 계몽주의 철학자는 사람들이 감각적 세계에 대해 승리하길 원했고, 라바터[509]는 눈에 보이지 않는 것에 대한 갈망을 설교했다. 라바터는 감동(Rührung)을 불러일으키고 싶었고, 계몽주의 철학자는 활동(Rührigkeit)을 불러일으키고 싶었다.

신, 그리스도, 세계 등등이 있었고 가장 다양한 방식으로 이해되었던 것처럼, 대상에 대한 견해[510]는 완전히 다르다. 이 점에서 보면 모든 사람은 일종의 '다르게 생각하는 사람'이다. 그리고 세상 사람들은 피투성이의 전쟁 이후에 마침내, 같은 대상에 대하여 대립된 견해가 더 이상 사형에 처할 만한 이단으로서 몹시 비난받을 수 없다는 견해에 도달했다. '다르게 생각하는 사람'은 서로 사이좋게 지낸다. 그런데 왜 나는 오직 어떤 일에 대해서 다르게 생각해야만 하는가? 왜 다른 생각을 극단으로 밀어붙이지 않는가? 요컨대 왜 더 이상 그 일을 전혀 헤아려 보지 않는 곳까지 밀고 나아가지 않는가, 그리하여 왜 그 일을 전혀 생각하지 않고, 격파하지 않는가? 그런 일을 한 후에, 견해(Auffassung) 그 자체는 종말을 고한다. 왜냐하면 거기에는 더 이상 해석할 수 있는(aufzufassen) 것이 아무것도 없기 때문이다. 어째서 나는 다음과 같이 말해야 하는가? [380] '신은 알라도 아니고, 브라만도 아니며, 여호와도 아니라,—신이다.' 하지만 '신은 속임수에 지나지 않는 것이 아닌가?' 내가 '무신론자'라면, 왜 세상 사람들

509 요한 카스파르 라바터(Johann Caspar Lavater, 1741~1801년)는 스위스의 목사이자 작가이고 기독교의 정서적 형태를 장려했다. 괴테는 1786년에 그와의 우정을 끝냈다.

510 'Auffassung'은 또한 '이해', '견해'로 번역될 수 있다. 이 단어는 이미 정해진 개념(Begriff) 그 이상을 생각하는 활동성을 함축하고 있는 것처럼 보인다.

은 나에게 오욕을 씌우는가? 왜냐하면 그들은 창조자 위에 창조물을 놓고("그들이 피조물을 창조주보다는 더 경배하고 섬겼음이라."[511]) 지배하는 대상을 필요로 하기 때문이다, 그 결과 주체는 상당히 비굴하게 헌신한다. 나는 절대자 밑에 굴복해야만 하고, 그 일을 해야만 한다.

'생각의 왕국'에 의해 기독교 그 자체가 완성되었다. 생각은 저 내면성이다. 저 내면성에서 세상의 모든 빛이 꺼지고, 모든 실존이 존재하지 않게 되며, 정신적 인간(영혼, 정신)이 모든 것 속에 모든 것이다. 이러한 생각의 왕국은 생각의 구원을 고대하고, 스핑크스처럼 수수께끼에 대해 오이디푸스[512]의 해답을 고대하고, 그리하여 생각의 왕국은 마침내 생각의 죽음에 이르게 될 것이다. 나는 그것의 존속을 파괴하는 사람이다, 왜냐하면 창조자의 왕국에서 그것은 더 이상 자신의 왕국을 형성하지 않고, 국가 속에 국가(Staat im Staate)를 형성하지 않고, 오히려 내 창조적—생각하지 않음의 창조물을 형성하기 때문이다. 오직 감각을 잃은 생각의 세계와 동시에 그리고 함께 기독교인의 세계, 기독교와 종교 그 자체가 몰락할 것이다. 오직 생각이 다 사라질 때만 더 이상 믿는 사람들이 존재하지 않는다. 생각하는 사람에게 그의 생각은 '고상한 노동, 신성한 행위'이다. 그리고 그의 생각은 확고한 믿음에 의해, 곧 진리에 대한 믿음에 의해 지탱된다. 맨 먼저 기도는 신성한 활동이고, 그다음에 이러한 신성한 '헌신'은 이성적이고 합리적 '사유'로 이행한다. 하지만 마찬가지로 기도는 '신성한 진리'에서 기도의 확고한 믿음의 기초를 보유하고,

511 원주 102, 「로마서」, 1장, 25절.

512 스핑크스는 뮤즈가 가르쳐 준 "목소리는 같지만 발이 4개가 되기도 하고 2개가 되기도 하고 3개가 되기도 하는 것은 무엇인가?" 스핑크스는 수수께끼를 못 맞히는 사람은 족족 잡아먹어 사람들을 공포에 떨게 했다고 한다. 마침내 오이디푸스가 정답을 맞히자 스핑크스는 수치심을 견디지 못하고 절벽에서 추락사했다. 여기서 수수께끼의 정답은 '인간'이다.

진리라는 정신을 기도라는 헌신으로 끌어올리는 놀라운 기계일 뿐이다. 자유로운 사유와 자유로운 학문이 나의 마음을 차지한다. ―왜냐하면 내가 자유로운 것이 아니라, 내가 전념하는 것이 아니라, 오히려 사유가 자유롭고, 사유가 천국과 신성한 것 혹은 '신적인 것'으로 나를 차지하기기 때문이다. 정확히 그것은 내가 세계와 [381] 세속, 곧 이 세상이 아니라 '저' 세상에 몰두하는 것을 의미한다. 그리고 이것은 단지 세상을 뒤집고 세상을 교란시키는 일이고, 세상의 본질에 전념하는 것이다. 그러므로 일종의 정신 착란이다. 생각하는 사람은 사물들의 직접적 접촉에 눈먼 사람이고 사물들을 지배할 수 없다. 이를테면 생각하는 사람은 먹지도, 마시지도, 향유하지도 않는다. 왜냐하면 먹는 사람과 마시는 사람은 결코 생각하는 사람이 아니기 때문이다. 정말로, 생각하는 사람은 사유를 넘어서 먹고 마시는 일, 삶 속에서 자신의 생계, 음식물에 대한 관심 등등을 망각한다. 그러니까 마치 기도하는 사람 역시 그런 일을 망각하듯이 생각하는 사람은 그런 일을 망각한다. 그런 이유로―꼭 미치광이가 고대인에게 그렇게 나타난 것처럼, 생각하는 사람이 강력한 기질의 사람을 대단한 사람으로 여길지라도, 생각하는 사람은 강력한 기질의 사람에게 어떤 미친놈으로, 어떤 바보로 나타난다. 이 자유로운 사유는 광기이다. 왜냐하면 이 자유로운 사유는 나머지 사람들을 이끌고 조절하는 그저 정신적 인간의 순수한 마음의 움직임이기 때문이다. 무당과 사변 철학자는 정신적 인간, 곧―몽골인의 사닥다리의 가장 낮은 발판과 가장 높은 발판을 표시한다. 무당과 철학자는 허깨비들, 악마들, 정신들, 신들과 싸운다.

이러한 자유로운 사유는 자신의 사유, 나의 사유, 나를 이끌지 않고, 오히려 내 기쁨에 따라 나에 의해 이끌리고, 지속하거나 중지하였던 사유와는 완전히 다르다. 내가 기뻐하는 대로 만족하는 나 자신의 육욕과 내가 굴복하는 자유로운, 제어하기 어려운 육욕이 다른 것처럼, 이런 자신의 사유는 자유로운 사유와 다르다.

포이어바흐는 그의 『미래 철학의 원리』에서 항상 존재를 주장한다. 그 점에 있어서 그는 헤겔과 절대 철학에 대한 그의 모든 적대감에도 불구하고, 추상에 매달린다. 왜냐하면 '존재'는 '그 나' 자체처럼 추상이기 때문이다. 오로지 나만이 추상이 아니다. 하지만 나가 만물 안에서 모든 것이면, 그 결과 정말이지 추상이거나 존재하지 않음이다. 그러니까 나는 단순한 생각이 아니라, 동시에 나는 생각으로 머릿속이 꽉 찬 사람이고, 어떤 생각의 세계이다. 헤겔은 자신의 것, 나의 것(das Meinige), 곧—'관점'[513](Meinung)을 전면적으로 거부한다. [382] '절대적 사유'는 그것이 나의 사유라는 것, 내가 생각한다는 것 그리고 나의 것은 나를 통해서만 존재한다는 것을 망각하는 그런 사유이다. 그러나 나로서의 나는, 나의 것을 다시 꿀꺽 삼켜 넘기고, 나의 것의 주인이다. 그것은 나의 관점일 뿐이다. 나는 나의 관점을 언제라도 변화시킬 수 있으며, 다시 말해 무효할 수 있으며, 그것을 다시 내 속에 집어넣고 삼킬 수 있다. 포이어바흐는 헤겔의 '절대적 사유'를 정복되지 않는 존재로 싸워서 이기려 한다. 그러나 나에게서, 존재는 사유만큼이나 정복된다. 사유가 나의 사유인 것처럼, 존재는 나의 감각(Sinn 존재?(Sein?))[514]이다.

물론 그와 동시에 포이어바흐는, 나는 모든 것을 위해 감각(Sinne)이 필요하다는, 혹은 나는 그러한 감각 기관 없이 전적으로 지낼 수 없다는

513 헤겔에게 있어서 'Meinung'은 단지 구체적 사상(事象)을 구별하는 데에만 사용되었을 뿐이므로 보편적 이성이나 보편적 사고에는 아무런 의미가 없었다. 슈티르너에게 이러한 보편은 유령이었고 구체적 사상(더 구체적으로는 특히 나 자신)이 중요했다. 그래서 'Meinung'은 당신과 내가 실제로 세상을 경험하는 방식이라고 할 수 있다.

514 '감각(Sinn (존재?Sein?))'로 쓴 것을 인쇄의 오류로 볼 수도 있다. 그러나 슈티르너가 요점을 파악하기 위해 말장난을 했을 가능성이 있다. 다시 말해 내가 나 자신을 감각할 때에만 나는 존재한다. 이렇게 보는 것은 또한 다음 단락에서 발견되는 포이어바흐의 '감각적' 사용에 대한 슈티르너의 비판과도 맞아떨어진다.

그 자체로 사소한 논증보다 앞으로 더 나아가지 않는다. 내가 감각적으로 존재하지 않는다면, 확실히 나는 생각할 수 없다. 그러나 생각뿐만이 아니라 감각을 위해서도, 그러므로 추상에 관한 것뿐만 아니라 감각에 관한 것을 위해서도, 우선 첫째로 나를, 보다 정확히 말하면 이러한 아주 특정한 나를, 이러한 유일한 나를 필요로 한다. 예를 들어 내가 이러한 특정한 이 사람, 헤겔이 아니라면, 나는 헤겔(Ich)[515]이 세계를 바라보듯이 그렇게 세계를 바라보지 않을 것이고, 나는 정말 헤겔이 했던 것처럼 바로 그 철학의 체계로 세계를 이해하지 않을 것이다, 등등. 나는 참으로 다른 사람들처럼 감각들을 가졌을 것이다. 그러나 다른 사람이 사용하듯이 나는 감각들을 사용하지 않을 것이다.

따라서 포이어바흐는, 헤겔은 자연스러운 의식이 많은 말들을 이해하는 것과는 다르게 이해했다는 점에서 언어를 잘못 사용하였다고 헤겔을 비난하였다.[516] 그럼에도 불구하고 포이어바흐는 자신이 '감각적인' 것에 평소보다 훨씬 더 고귀한 의미를 붙여줄 때, 또한 헤겔과 똑같은 오류를 저지른다. 그래서 포이어바흐는 다음과 같이 말했다. "감각적인 것은 그 자체로 이해되는 것인 세속적인 것, 생각이 없는 것, 뻔하게 자명한 것이 아니다."[517] 그러나, 만약 그것이 신성한 것, 가득 찬 생각, 눈에 띄지 않는 것, 중재에 의해서만 이해할 수 있는 것이라면,—그때엔, 그것은 더 이상 감각적인 것이라고 부를 수 있는 것이 아니다. 감각적인 것은 오로지 감각을 위해 존재하는 것이다. [383] 이와 달리, 감각을 넘어서 향

---

515 여기서 '나'(Ich)는 슈티르너 자신을 말하는 것이 아니라 특정한 나를 의미하므로 헤겔을 의미한다.

516 원주, 103, 『미래철학의 근본명제』(*Grundsätze der Philosophie der Zukunft*) (취리히와 빈터투어, 1843), 47-48쪽.

517 같은 책, 68-69쪽.

유하는 사람들, 다시 말해 감각적 향유 혹은 감각적 수용[518]을 넘어서는 사람들에게 오로지 향유할 수 있는 것은 기껏해야 감각에 의해 매개되거나 도입된 것이다, 다시 말해 감각은 향유할 수 있는 것을 획득하기 위한 조건을 형성한다. 그러나 그것은 더는 감각적인 어떤 것이 아니다. 감각적인 것, 그것이 무엇이든, 내 안으로 흡수되었을 때, 그것은 비감각적인 것이 된다. 그렇지만 예를 들어, 내 감정이나 내 피를 휘저음에 의해, 그것은 다시 감각적인 효과를 가질 수도 있다.

포이어바흐가 감각적인 것을 명예로운 것으로 만드는 것은 확실히 좋은 일이다. 그러나 그가 그것으로 할 수 있는 유일한 일은 자신의 '새로운 철학'의 유물론에 지금까지의 관념론의 소유였던 '절대적 철학'이라는 옷을 입히는 것이다. 그래서 사람들은, 빵 없이 단지 '정신적인 것'을 먹으며 살아갈 수 있다고 자신들에게 거의 설득할 수 없고, 감각적 존재로서 사람은 이미 모든 것이고, 그러므로 정신적이며, 생각으로 가득 차 있다, 등등이라는 포이어바흐의 말을 거의 믿지 않을 것이다.

존재에 의해서는 전혀 아무것도 정당화되지 못한다. 상상 속의 것은 —비상상 속의 것과 마찬가지로 존재한다. 그러니까 도로 위에 돌이 존재하고, 그 돌에 대한 나의 표상도 존재한다. 그 둘은 다른 공간에 존재할 뿐이다. 전자는 바람이 잘 통하는 곳에 존재하고, 후자는 내 머릿속에, 내 안에 존재한다. 왜냐하면 나는 도로처럼 공간이기 때문이다.

전문가 혹은 특권층은 결코 생각의 자유를 허용할 수 없다, 다시 말

---

518 '감각적 수용'으로 번역한 실제 단어는 'Sinnenempfängnis'이다. 이 말은 문자 그대로 아이의 임신(empfängnis)과 같은 의미에서 '감각의 임신'(Sinnenempfängnis)을 의미한다. '임신'(Empfongnis)을 '수용 혹은 맞아들임'(Empfang)으로 간주하면, '감각적 수용'(Sinnenempfängnis)으로 이해할 수 있다. 이 경우의 수용은 지각과 같은 것을 의미한다.

해 그가 신, 교황, 교회 혹은 기타 등등이라고 불렀던 '모든 착함을 주는 자'로부터 생기지 않은 어떤 생각도 허용할 수 없다. 만약 누군가가 그런 불법적 생각을 한다면, 그는 그 생각을 틀림없이 고해신부의 귀에 속삭일 것이고, 노예 채찍이 자유로운 생각을 참을 수 없게 될 때까지 그에 의해 자신을 매질하여 벌하여 왔다. 또한 다른 방식으로 전문가의 정신은 자유로운 생각이 전혀 생기지 않도록 보장한다. 맨 먼저 어떤 숙련된 교육을 통해서 말이다. 도덕성의 원리가 내면에 충분히 새겨져 있는 사람은 결코 도덕적 생각으로부터 다시 자유로워지지 않는다. 그리고 강도, 거짓 맹세, 사기 취득, 등과 같은 것은 생각의 자유가 그를 보호하지 못한다는 고정 관념을 그에게 남긴다. 그는 '상부로부터' 그의 생각을 가지며 그 상태에 머문다.

[384] 허가나 특허가 있는 사람에게는 전혀 사정이 다르다. 모든 사람은 그가 원하는 대로 생각하고 생각할 수 있어야만 한다. 만약 그가 생각할 능력을 허가나 특허로 받는다면, 그는 어떤 개별적 특권도 필요하지 않다. 그러나 '모든 사람이 이성적이기' 때문에, 모든 사람은 자유롭게 자신의 머리에 어떤 생각이든 불어 넣을 수 있다. 그리고 모든 사람은 자신의 타고난 재능의 특징에 따라, 생각이라는 부를 더 많이 혹은 더 적게 소유할 수 있다. 그래서 다음과 같은 훈계를 듣는다. 사람은 '모든 관점과 신념을 존경해야만 한다.', '모든 신념은 정당한 것이다.', '다른 사람의 견해에 대해서 관대'해야만 한다, 등등.

그러나 '당신의 생각은 나의 생각이 아니고 당신의 방식은 나의 방식이 아니다.' 혹은 더 정확히 말하자면 나는 다음과 같이 거꾸로 말할 수 있다. 당신의 생각은 내가 원하는 대로 처리하고, 내가 무자비하게 쓰러뜨리는 나의 생각이다. 그러니까 당신의 생각은 내가 원하는 대로 내가 효력이 없게 하는 내 소유이다. 나는 먼저 당신의 생각을 분해하고 불어 날려버리기 위해 당신의 허가를 기다리지 않는다. 나는 당신이 또한 이러한 생각을 당신의 것이라고 부르는 일에 개의치 않는다. 그럼에도 불구하고 당신의 생각은 나의 것으로 남아 있다. 그리고 내가 그러한 생각을 어떻게 처리하고 싶은지는 나의 일이지, 결코 주제 넘는 일이 아니다. 당신이 당신의 생각대로 하는 것은 나의 마음에 들 수 있다. 그러면 나는 아무 말도 하지 않을 것이다. 생각들이 새처럼 자유롭게[519] 이리저리 날아다니고 있으니, 그 결과 모두가 얻을 수 있는 것을 침범해서는 안 되는 자신의 소유라고 그가 나에게 주장할 수 있다는 것을 당신은 믿는가? 이리저리 날아다니고 있는 모든 것은 모두—나의 것이다.

당신이 당신 자신을 위하여 당신의 생각을 지니고 있고, 아무한테 당신의 생각을 대답할 필요가 없다고, 믿는가? 혹은 아마 당신이 역시 말하듯이, 신한테만 당신의 생각을 설명해야 한다고, 믿는가? 아니다, 당신의 크고 작은 생각은 나의 소유이고, 그래서 나는 당신의 생각을 내 기쁨에 따라(nach meinem Gefallen) 대한다.

매 순간 내가 생각을 치명적 위험 속으로 가져가는 것에 전혀 양심의 가책을 느끼지 않을 때, 내가 생각의 상실을 나에 대한 손해로서, 나의 상실로서 무서워하지 않아야만 할 때, 생각은 오직 나 자신의 것이다. [385] 내가 생각을 제압할 수 있을 때, 그러나 생각이 나를 결코 제압할 수 없을 때, 생각이 결코 나를 광신자로 만들지 않을 때, 나를 생각의 실현을 위한 도구로 만들지 않을 때, 그제야 비로소 생각은 나 자신의 것이다.

따라서 내가 모든 가능한 생각을 가질 수 있을 때, 생각의 자유는 실존한다. 그러나 생각이 지배자가 될 수 없을 때, 그때만 생각은 소유가 된

---

519 '새처럼 자유롭게'라는 문구는 독일어로 'vogelfrei'라는 단일 단어이며 '법률의 보호 밖에 놓인'으로 번역될 수도 있다. 따라서 이 구절은 '법 밖에 있는' 어떤 공간을 따르는 오래된 재산법을 다시 언급할 수 있다. 왜냐하면 그런 공간에서는 어떤 소유권도 주장할 수 없었기 때문에, 소유권을 주장한 첫 번째 취득자가 소유할 수 있었다.

다. 생각이 자유로운 시기에는 생각(관념)이 지배한다. 그러나 내가 생각 속의 소유에 도달한다면, 생각은 내 창조물처럼 행동한다.

위계질서가 너무나 사람들의 내면 깊숙이 침투하여 자유로운 생각, 즉 신의 마음에 들지 않는 생각을 추구하는 모든 용기를 사람들에게서 빼앗지 않았다면, 우리는 생각의 자유를 소화의 자유처럼 공허한 말로 여겨야만 할 것이다.

전문가의 관점으로부터 생각이 나에게 주어지고, 자유사상가[520]의 관점으로부터 내가 생각을 얻으려고 애쓴다. 거기에서 진리는 이미 발견됐고 존재하기에, 나는 진리를 주는 사람으로부터 은혜로 진리를—받기만 하면 된다. 여기서 진리는 얻으려고 애써야만 하는 것이고 미래에 놓여있는 나의 목표이며, 나는 그 목표를 향해 질주해야만 한다.

두 가지 경우 모두, 진리(참된 생각)는 우리 외부에 놓여있고, 그래서 나는 진리를 선물(은혜)로서 혹은 수입(나 자신의 소득(Verdienst))[521]으로 얻으려고 노력했다. 따라서 1) 진리는 어떤 특권이다. 2) 아니다, 진리에 이르는 길은 모두에게 허용되어 있다. 성서도, 성자도, 교회도, 그 밖의 어떤 것도 진리를 소유하고 있지 않다. 그러나 사람은 진리를—사변으로 소유할 수 있다.

사람들이 보는 두 가지 다, 진리와의 관계에서 소유가 아니다. 이를테

---

520 자유사상가(Freidenker)는 특히 종교 문제를 합리적으로 고찰하며 교회의 권위를 무시하는 사람을 말한다.

521 누군가가 그녀 외부에 있는 것을 그녀에게 선물로 줄 때, 그녀가 자신 외부에 있는 것으로 보고 있는 것을 어떤 사람은 소유할 수 있다는 점을 강조하기 위해, 그녀가 자기 외부에 있는 것을 자신의 것으로 이해할 때, 그것을 받아들일 것이다. 이는 경제적 은유인 'spekulieren'의 이중적 의미와도 부합한다. 이 문단의 마지막 문장에 있는 'erspekulieren' 단어는 잘못 인쇄된 것으로 보인다. 'spekulieren'는 '사색하다'와 '투기하다'라는 이중의 의미가 있다. 340쪽에서 이 단어를 다시 언급하고 있다.

면 그들은 진리를 봉토로서도 소유하고(왜냐하면 예를 들어 '성자'는 유일한 개인이 아니기 때문이다. 그러니까 유일한 개인으로서 그는 한 사람인 교황 식스토, 교황 클레멘스 등등이다. 하지만 교황 식스토, 교황 클레멘스 등등으로서 그가 진리를 소유하는 것이 아니라, 오히려 '성자', 다시 말해 어떤 정신으로서 그가 진리를 소유하는 것이기 때문이다.) 이상으로서도 소유한다. 봉토로서의 진리는 소수의 사람(특권이 있는 사람)만을 위한 것이고, 이상으로서의 진리는 모든 사람(허가를 받은 사람)을 위한 것이다.

그러므로 생각의 자유는 다음과 같은 의미를 지니고 있다. 실제로 우리는 모두 어둠 속을 헤매고 오류의 길을 걷긴 하지만, [386] 모두가 이 길 위에서 바로 그 진리에 접근할 수 있다, 따라서 올바른 길 위에 있을 수 있다('모든 길은 로마에, 세상의 끝에 도달한다, 등등'). 그래서 생각의 자유는, 참된 생각이 나 자신의 생각이 아니라고 말하는 것을 의미한다. 왜냐하면, 참된 생각이 나 자신의 것이라면, 누군가가 나를 참된 생각에서 떼어내고 싶어 하겠는가?

생각은 완전히 자유롭게 되었고, 내가 복종해야만 하는 수많은 진리들을 확립해왔다. 생각은 생각 자체를 하나의 체계로 완성하려고 애쓰고 생각 자체를 하나의 절대적 '체제'로 만들려고 노력한다. 예를 들어 생각은 국가에서 '이성—국가'를 세상에 소개할 때까지, 이념을 얻으려고 애쓴다. 그때 나는 이성—국가에 적합한 사람이 되어야만 한다. 생각이 인간(인류학)에서 '인간을 발견했을' 때까지이다.

생각하는 사람이 믿는 사람보다 훨씬 더 많이 믿는다는 점에서만 믿는 사람과 다르다. 믿는 사람은 자신의 믿음(신조)을 가지고 있어서 훨씬 덜 생각한다. 믿는 사람이 얼마 안 되는 교조와 사이좋게 지내는 곳에서 생각하는 사람은 천 가지 교조를 가지고 있다. 그러나 생각하는 사람은 자신의 신조를 서로 연관시키고 또다시 그런 인과 관계를 자기 신조의 평가의 기준으로 삼는다. 자신의 신조 중 어떤 신조 혹은 다른 신조가 그의 목적에 맞지 않는다면, 그는 그것을 버린다.

생각하는 사람은 자신의 발언에서 믿는 사람과 나란히 있다. 생각하는 사람은 '신조가 신으로부터 나온 것이라면, 당신은 신조를 없애지 않아야 할 것이다'라고 말하지 않고, '신조가 진리에서 나온 것이라면, 신조는 참된 것이다, 등등'이라고 말한다. 생각하는 사람은 '신에게 영광을 돌려라'라고 말하지 않고 '진리에게 영광을 돌려라'라고 말한다. 그러나 신이 승리하든 진리가 승리하든, 그 모든 일은 내게 똑같은 일이다. 무엇보다도 먼저 내가 승리하고 싶다.

그런 점에서 국가나 사회의 테두리 내에서 '무제한 자유'를 어떻게 생각해야 할까? 물론 국가는 다른 사람으로부터 한 사람을 잘 보호할 수 있다. 그러나 그럼에도 국가는 무한한 자유, 이른바 무절제(Zügellosigkeit)[522]로 국가 자체를 위험에 빠뜨리지 않을 것이다. 그러므로 '교육의 자유'와 관련하여, 국가는 오로지 다음과 같이 말한다. 국가가 가르치는 것을 모두가 만족하고, 더 이해하기 쉽게 말해 국가 권력을 가지고 가르치는 것을 원한다. [387] 경쟁자에게 있어서 모든 것은 '국가가 원하는 일'에 달려있다. 예를 들어 만약 성직자가 국가가 하는 일을 원하지 않는다면, 성직자는 경쟁 그 자체에서 배제된다(프랑스를 참조하라). 각각의 국가와 모든 경쟁에서 반드시 설정해야 하는 제한이 이른바 '국가의 감시와 감독'이다. 국가가 적절한 제한 내에서 교육의 자유를 보여주듯이, 국가는 동시에 생각의 자유에 목표를 정하여 세운다. 왜냐하면 보통 사람들은 자신들의 교사가 생각했던 것보다 더 많이 생각하지 않기 때문이다

522 이 단어 'Zugellosigkeit'를 '무질서'(anarchy)로 번역할 수도 있다는 것은 흥미로운 일이다.

기조[523] 장관의 말을 들어 보자. "오늘날 가장 큰 어려움은 마음을 이끌고 지배하는 것이다. 옛적에 교회가 이 사명을 완수했다. 그러나 지금 교회는 그 과업을 하기에 충분하지 않다. 이러한 가장 큰 헌신을 기대해야만 할 곳은 대학이다. 그리고 대학은 그러한 헌신을 실행하는 데 실패하지 않을 것이다. 우리 정부는 대학에 그러한 헌신을 지원할 의무가 있다. 헌장(憲章)은 생각의 자유와 양심의 자유를 요청한다."[524] 아 그랬구나, 생각의 자유와 양심의 자유를 위하여 장관은 '마음을 이끌고 지배하기'를 요구한다.

가톨릭교는 교회 법규의 법정 앞으로 신문을 받는 사람을 끌고 왔고, 개신교는 성서적 기독교의 법정 앞으로 심리를 받는 사람을 끌고 왔다. 루게가 하고자 하듯이, 이성의 법정 앞으로 신문을 받는 사람을 끌고 왔다면, 이 일은 아주 조금만 나아졌을 것이다.[525] 교회나 성경 혹은 이성이 (잠시 덧붙여 말하자면 이미 루터와 후스[526]가 거기에 호소하였다) 신성

523 기조(François Pierre Guillaume Guizot, 1787~1874년)는 프랑스의 정치가이자 역사가이다. 그는 신교도 가정에서 출생하여 파리에서 법률을 배우고 뒤에 문학을 공부하였다. 1812년 소르본 대학 근세사 교수가 되었다. 왕정복고 후에 내무성, 법무성에 근무하였다. 정부의 정책과는 입장을 달리하여 사직한 뒤 하원의원이 되고, 7월 혁명 때 부르봉가를 쓰러뜨리는 데 힘썼다. 그러나 1848년 2월 혁명이 일어나 영국으로 망명하였으며, 이듬해 귀국하여 역사 연구에만 몰두하였다.

524 원주 104, 국회에서, 1844, 4월 25일.

525 원주 105, 아놀드 루게, 「브루노 바우어와 자유론」, 편집인 아놀드 루게, 『최근 독일 철학과 정치적 저널리즘에 관한 일화집』제1권(취리히와 빈터투어, 1843), 120쪽.

526 후스(Jan Hus, 1372?~1415년)는 체코의 기독교 신학자이며 6세기에 활동한 마르틴 루터보다 100여 년 앞서 활동한 종교 개혁가이다. 그는 영국인 종교 개혁자 존 위클리프(John Wycliffe, 1330~1384)의 영향으로 성서를 믿음의 유일한 권위로 강조하는 복음주의적 성향을 보였다. 그는 로마 가톨릭 교회 지도자들의 부패를 비판하여 1411년 교황 요한 23세에 의해 파문당했다. 1414년 10월 스위스의 콘스탄츠에서 종

한 권위이든 아니든 본질적으로 결코 차이가 없다.

'우리 시대의 물음'은 다음과 같이 질문을 제기해도 결코 해결될 수 없다. 도대체 어떤 보편적 실재가 정당하냐? 혹은 개인들만이 정당하냐? 보편성(국가, 법, 관습, 도덕성, 등등과 같은 것)이 정당하냐? 개별성이 정당하냐? [388] 더는 '정당성'에 대해 전혀 질문하지 않을 때, 그리고 '특별한 권리'와 싸움뿐인 싸움을 계속하지 않을 때, 처음으로 '우리 시대의 질문'은 해결될 수 있다. ―'이성의 양심만을 인정하는'[527] '이성적' 교육의 자유는 우리를 목표로 데려가지 않는다. 우리는 되레 **자기중심적** 교육의 자유, 모든 자기소유성을 위한 교육의 자유가 필요하다. 그리고 그 안에서 나는 자신에 귀 기울이는 사람(Vernehmbaren)이 되고 방해 없이 나 자신을 알릴 수 있다. 아무리 이성답지 못하더라도, 내가 내 자신의 '생각을 들려주는'(vernehmbar) 것, 그것은 '이성'(Vernunft)일 뿐이다. 내가 내 자신의 생각을 들려줌으로써, 그래서 내 자신에 귀 기울임으로써, 다른 사람을 비롯하여 나 자신을 향유하고, 동시에 나를 소비한다.

도대체 무엇을 획득할 수 있었는가? 예전에 독실한 신자, 충직한 사람, 도덕적 사람, 등등으로서 나는 언제, 어떻게 자유로웠는가? 이제 이성적 나는 언제, 어떻게 자유로울 수 있는가? 이 자유가 내 것이 될 것인가?

내가 '이성적 나'로서 자유롭다면, 그땐 내 안에 있는 이성적인 것 혹

교회의가 열렸는데, 신성 로마 제국 황제인 지기스문트(Sigismund Luxcemburg)가 안전을 보장하면서 후스로 하여금 종교 회의에 참석할 것을 요구하였고, 그가 콘스탄츠에 오자마자 체포되어 감옥에 갇혔고 고문을 당했다. 콘스탄츠 공의회의 결정에 따라 1415년 7월 6일 화형에 처해졌다. 그의 사상을 계승한 후스파(Hussites, Husité)는 지금까지도 현존하고 있다.

527 원주 106, 아놀드 루게, 「브루노 바우어와 자유론」, 편집인 아놀드 루게, 『최근 독일 철학과 정치적 저널리즘에 관한 일화집』제1권(취리히와 빈터투어, 1843), 127쪽.

은 이성이 자유롭다, 이 이성의 자유 혹은 생각의 자유는 항상 그전부터 기독교적 세계의 이상이었다. 사람은 생각을—이미 말한 바와 같이 생각이 믿음이듯이 믿음도 또한 생각이다—자유롭게 만들려고 하였다, 생각하는 사람, 믿음이 있는 사람과 마찬가지로 이성적 사람도 자유롭게 존재해야만 했었고, 그동안 나머지 사람에게 자유는 불가능하였다. 그러나 생각하는 사람들의 자유는 '신의 자식들의 자유'이고, 동시에 무자비한 위계질서이거나 생각의 지배이다. 왜냐하면 내가 생각에 굴복하기 때문이다. 만약 생각이 자유롭다면, 나는 생각의 노예이다. 그러니까 나는 생각을 지배할 힘이 없고, 생각에 의해 지배되는 사람이다. 하지만 나는 생각을 갖고 싶고, 생각으로 머릿속을 꽉 채우고 싶다. 하지만 동시에 나는 생각을 하지 않으려는 사람이다. 그리고 나는 생각의 자유 대신에, 자기 자신을 위해 생각하지 않기로 한다.

만약 자기의 말을 남에게 이해시키는 것 그리고 자신의 감정을 알리는 것이 중요하다면, [389] 물론 그때 나는 동시에 인간이기 때문에, 나는 내 뜻대로 되는 인간다운 수단만을 사용할 수 있다. 그리고 정말이지 나는 오직 인간으로서 생각한다. 동시에 나로서의 나는 생각하지 않는 사람이다. 어떤 생각에서 벗어날 수 없는 사람은 그때까지 오직 인간이고, 언어의 노예이고, 이런 인간다운 제도이고, 이런 인간다운 생각의 보고(寶庫)이다. 언어 혹은 '말'은 우리를 가장 과격하게 전제적으로 다스린다. 왜냐하면 그것은 우리에 맞서 고정 관념이라는 모든 군대를 세우기 때문이다. 제발, 바로 지금 한번 자신을 스스로 돌이켜 생각하면서 그대를 관찰하라, 그러면 그대는 그대가 매 순간 생각하지 않고 말하지 않게 되었을 때만 얼마나 발전하는지를 알 것이다. 너는 단지 잠잘 때 생각하지 않고 말하지 않는 것이 아니라, 오히려 가장 깊은 반성에서조차 생각하지 않고 말하지 않는다. 아니 그뿐인가, 정확히 그때 가장 많이 그런다. 그리고 이러한 생각하지 않기, 이러한 인정받지 못한 '생각의 자유' 혹은 생각으로부터의 자유를 통해서만 그대는 그대 자신의 것이다. 오직 그렇게 하여 그대는 언어를 그대의 소유로서 소비하는 곳까지 다다른다.

그 생각이 나의 생각이 아니라면, 그것은 정신이 혼란스러운 생각이다. 그러니까 그런 생각은 노예의 노동 혹은 어떤 '말에 순종하는 하인'의 일이다. 왜냐하면 내 생각의 시작은 생각이 아니라, 오히려 나이다. 그러므로 마침 생각의 모든 전개 과정이 오직 내 자기-향유의 전개 과정인 것처럼, 나 역시 생각의 목표이다. 이와 반대로 절대적이거나 자유로운 생각을 위해서는 생각 그 자체가 시작이다. 그리고 이것은 가장 극단적 '추상'(예를 들어 존재)으로서 이 시작을 고안하여 자신을 괴롭힌다. 그다음에 바로 이런 추상 혹은 이런 생각을 더 쥐어짠다.

절대적 생각은 인간다운 정신의 일이다. 동시에 인간다운 정신은 신성한 정신이다. 따라서 이러한 생각은 성직자의 도리이고, 성직자는 '그것에 적합한 감각'을, '인류의 가장 높은 관심'에 적합한 감각을, 정신에 적합한 감각을 지녔다.

신자에게 진리는 확정된 문제, 사실이다. 그리고 자유로운 생각을 하는 사람에게 어떤 문제는 이제 확정되어야만 하는 일이다. 절대적 생각이 아무리 의심이 많더라도, 그것의 의심 많음은 그것의 한계를 가지고 있다. 그리고 그것은 진리, 정신, 이념과 그것들의 최종적 승리에 대한 믿음이 여전히 있다. [390] 그것은 신성한 정신에 거슬러 죄를 범하지 않는다. 그러나 거룩한 정신에 거슬러서 죄를 범하지 않은 모든 생각은 정신이나 유령에 대한 믿음이다.

내가 감각의 활동도 정신의 활동도 포기할 수 없는 것과 마찬가지로, 감각도 생각도 포기할 수 없다. 감정이 물건에 대한 우리의 감각이듯이, 생각은 본질(생각)에 대한 우리의 감각이다. 본질은 모든 감각적인 것에, 특히 언어에 존재한다. 언어의 힘은 물건의 힘을 뒤따른다. 말하자면 사람은 회초리로 제압당하고, 그 후에 신념으로 제압당한다. 물건의 힘이 우리의 용기, 우리의 정신을 이겨낸다. 하지만 신념의 힘에, 따라서 언어의 힘에 맞서 고문 기구와 칼조차 그것들의 우세와 힘을 잃어버린다. 신념을 가진 사람은 사탄의 모든 유혹에 저항하는 성직자다운 사람이다.

기독교는 이 세상의 물건에서 물건의 저항할 수 없음을 제거했고, 우리를 물건에서 독립시켰다. 같은 방식으로 나는 진리와 진리의 힘보다 나 자신을 드높인다. 내가 감각을 넘어서 있듯이 진리를 넘어서 있다. 내 앞에 있는 진리는 물건처럼 평범하고 무관심한 것이다. 물건은 나를 흥분시키지 않고 나를 열광케 하지(begeistern) 않는다. 또한 하나의 진리도, 옳음도, 자유도, 인간다움, 등등도 존재하지 않는데, 이것들은 내 앞에서 영속할 것이고, 나는 그것들에 굴복했다. 기독교인에게 그것들은 모름지기 '허무한 존재물'인 것처럼, 그것들은 언어이고, 언어일 뿐이다. 기독교인을 위한 구원이 결코 물건과 허영에 있지 않듯이, 언어와 진리 속에 (사람은 결코 거짓말을 말할 수 없다고 헤겔이 주장하듯이, 모든 언어는 일종의 진리이다.) 나를 위한 구원은 절대 없다. 이 세상의 부가 나를 행복하게 하지 못하듯이, 이 세상의 진리도 나를 행복하게 하지 못한다. 유혹 이야기를 하는 것은 이제 더는 사탄이 아니라, 오히려 정신이다. 그리고 정신은 이 세상의 물건으로써 유혹하는 것이 아니라, 오히려 이 세상의 생각으로써, '이념이란 광채'로써 유혹한다.

세속적 재화와 함께 모든 신성한 재화도 더 이상 가치가 없다고 주장해야만 한다.

진리들은 실없는 말, 허튼소리[528], 언어(로고스)이다. [391] 그리고 그것들을 연결하거나 이어서 논리, 과학, 철학을 만든다.

먹기 위해 음식이 필요하듯이, 생각하기와 말하기를 위해 나는 진리와 언어가 필요하다. 그것들 없이 나는 생각하지도 말하지도 못한다. 진

528 'Redensart'는 종종 엉뚱한 문구나 진부한 표현의 부정적 의미를 내포한다.

리는 인간의 생각이다, 그리고 진리가 비록 정신이나 생각을 위해서만 이용할 수 있지만, 다른 물건들처럼 이용할 수 있다. 진리는 인간의 제도이고 인간의 창조물이다. 사람들이 또 진리를 신의 계시(啓示)라고 주장할지라도, 그때 낯섦(Fremdheit)의 속성은 나를 위해 진리 속에 남는다. 아니 그뿐인가 나 자신의 창조물로서 진리는 창조 행위 이후에 이미 나에게서 멀어진다.

기독교인은 생각을 믿는 사람인데, 그들은 생각의 최고 통치권을 믿고, 생각 이른바 '원리'가 지배하길 원한다. 참으로 어떤 사람들은 생각을 조사하고, 비판 없이는 생각을 자신들의 지배자로서 선택하지 않는다, 그러나 '자신의 주인'의 냄새를 맡기 위해 킁킁거리며 사람들의 냄새를 맡는 점에 있어서 개와 닮아있다. 기독교인은 항상 지배적 생각을 겨냥하고 있다. 기독교인은 무한히 많이 새롭게 뜯어고치고 봉기를 일으킬 수 있고, 수 세기의 지배적 개념을 파괴할 수 있다. 기독교인은 언제나 다시 새로운 '원리' 혹은 새로운 지배자를 찾을 것이고, 항상 다시 높은 혹은 '심오한' 진리를 세우고, 항상 다시 숭배를 불러일으키며, 항상 통치자의 지위로 부르심을 받은 정신을 선포하고, 모든 사람을 위한 법을 제정한다.

사람이 자신의 생명과 힘을 바쳐야만 하는 심지어 단 하나의 진리가 존재한다면, 그가 인간이기 때문에, 그러면 그는 어떤 규칙, 지배, 법 등등에 복종해야 한다. 그러니까 그는 노예 같은 사람이다. 인간, 인간다움, 자유, 등등이 그러한 진리가 되어야 한다.

이와 반대로 다음과 같이 말할 수 있다. 그대가 생각을 더 다룰지는 그대한테 달려있다. 그리고 만약 그대의 생각에서 중요한 어떤 것을 성취하고 싶다면, 그대가 해결해야 할 어려운 문제들이 많고, 이러한 문제들을 극복하지 않고서는 멀리 갈 수 없다는 사실만을 알아라. [392] 그러므로 그대는 생각(이념, 진리)에 참견할 어떤 의무와 소명도 없다. 그러나 그대가 생각에 참견하고자 한다면, 그때엔 그대는 이러한 어려운 주제를 풀기 위해 이미 달성했던 다른 사람들의 힘을 이용하는 것이 도움이 될 것이다.

이처럼 생각하려는 누군가는 확실히 사명을 가지는데, 그가 의식하든 의식하지 못하든 그 사명은 스스로 기꺼이 정립한 것이다. 그러나 생각이나 믿음의 사명을 가지지 않는 사람도 있다. ―전자의 경우는 다음과 같이 말할 수 있다. 그대는 충분히 넓은 세상으로 나가지 못하고 있고, 어떤 편협 고루한 이해관계를 가지고 있으며, 마땅히 해야 할 일의 진상을 규명하지 못한다. 요컨대, 그대는 마땅히 해야 할 일을 완전히 지배하지 못한다. 그러나 이와 반대로 사명을 가지고 있지 않은 경우는, 아무리 그대가 언제든지 멀리 도달하더라도, 그대는 항상 여전히 마지막이고, 계속해야 할 소명도 없다. 그리고 그대가 원하는 만큼 혹은 그대가 할 수 있는 만큼 그것을 가질 수 있다. 다른 힘든 일과 마찬가지로, 힘든 일 때문에 그대에게서 즐거움이 없어지면, 그대는 힘든 일을 포기할 수 있다. 이와 마찬가지로, 그대가 어떤 해야 할 일을 더 이상 믿을 수 없다면, 신학자나 철학자가 하듯이, 마치 신성한 믿음의 진리를 가지고 그대 자신에게 믿음을 강요하거나 해야 할 일에 지속적으로 전념해야 하는 것이 아니라, 오히려 침착하게 해야 할 일로부터 그대의 관심을 끊을 수 있고 그것을 놓아줄 수 있다. 성직자다운 정신은 이러한 그대의 무관심성(Interesselosigkeit)을 확실히 '게으름, 생각하지 않기, 고집, 자기기만' 등으로 해석할 것이다. 그러나 그럼에도 불구하고 그대는 단지 부질없는 생각을 무시하라. 어떤 도리도, 이른바 어떤 '인류의 가장 높은 관심'도, 어떤 '신성한 도리'도 당신이 섬길 가치가 없고, 그것들을 위해 그것들과 관계 맺을 가치가 없다. 그대는 그것들이 그대에게 그대를 위하여 어떤 가치가 있는 것인가의 여부에서만 그것들의 가치를 찾을 수 있다. 어린아이들처럼 되라고 성경의 격언은 우리에게 훈계한다.[529] 그러나 어린이들은 결코 신성한 것에 관심이 없고 '선량한 도리'에 대해 아무것도 모른다. 그들은 자신들이 좋아하는 것을 모두 더 정확하게 알고 있다. 그리고 그들은 그것에 어떻게 도달해야 하는지를 최선을 다해 생각한다.

감각이 중지되지 않듯이 생각도 중지되지 않을 것이다. [393] 그러나 생각과 이념의 힘, 이론과 원리의 지배, 정신의 위엄, 요컨대—**위계질서**가 성직자로서 지속하는 한, 다시 말해 신학자, 철학자, 정치인, 속물, 자유주의자, 교사, 하인, 부모, 아이, 부부, 프루동, 조르주 상드[530], 블룬칠리[531] 등등으로서 지속하는 한, 위계질서는 대화를 독차지 한다. 위계질서는 사람이 원리를 믿고, 생각하는 동안, 혹은 심지어 원리를 비판하는 동안에도 지속될 것이다. 왜냐하면 모든 효력이 있는 원리를 뒤집어엎는

---

529 예를 들어 「마태복음」, 18장 3절, 예수의 말을 보아라. "너희가 회심하지 아니하고, 또 어린아이들과 같이 되지 아니하면 결코 천국에 들어가지 못하리라."

530 조르주 상드(George Sand, 1804~1876년)는 프랑스 낭만주의 시대의 대표적 여성 작가이다. 그녀의 아버지는 폴란드 왕가로까지 거슬러 올라가는 귀족 출신이고, 어머니는 파리 센 강변의 새 장수 딸로 가난한 서민 출신이다. 일찍 아버지를 여읜 상드는 프랑스 중부의 시골 마을 노앙에 있는 할머니의 정원에서 루소를 좋아하는 고독한 소녀 시절을 보냈다. 18세 때 뒤드방 남작과 결혼했으나 순탄치 못한 생활 속에 이혼하고, 두 아이와 함께 파리에서 문필 생활을 시작한 후 『피가로』(Le Figaro)에 짧은 글들을 기고하며 남장 여인으로 자유분방한 생활을 했다.

531 블룬칠리(Johann Casper Bluntschli, 1808~1881년)는 스위스의 우익 자유주의 법률가이자 정치가, 취리히 대학 교수. 후에 독일로 망명해 뮌헨 대학, 하이델베르크 대학 교수를 역임. 1840년대 전반기 취리히 주 정부의 추밀고문관의 자리에 있었던 블룬칠리는 당시 스위스 각 주에서 비밀결사를 조직해 급진적인 정치활동을 전개하고 있던 독일 수공업직인들이나 망명 지식인들의 실태를 구명하는 위원회에 소속되어 있었다. 그 작업은 1843년 6월 취리히에서의 공산주의자 바이틀링 체포와 문서 압수에 의해 성공리에 진전되며, 사후에 보고서가 공표되었다.

가장 무자비한 비판조차 결국 여전히 원리를 믿고 있기 때문이다.

모두가 비판하지만 비판의 기준은 다르다. 세상 사람들은 '올바른' 기준을 찾아 헤맨다. 올바른 기준은 첫 번째 전제이다. 비판가는 명제, 진리, 믿음에서 출발한다. 그것들은 비판가의 창조물이 아니라, 오히려 독단가의 창조물이다. 실제로, 예를 들어 '자유', '인간다움' 등등과 같은 독단가의 창조물은 일반적으로 손쉽게 그 시대의 문화로 받아들였다. 비판가가 '인간을 발견했던' 것이 아니라, 오히려 독단가가 그러한 진리를 '인간'으로 확립했던 것이다. 그리고 비판가(덧붙여 말하면 독단가와 같은 사람일 수 있는 사람)는 그러한 진리를, 그러한 종교상의 신조를 믿는다. 그는 그러한 믿음 속에서, 그리고 그러한 믿음에 정신을 빼앗겨 비판한다.

비판의 비밀은 좌우간 어떤 '진리'이다. 이 진리는 비판에 활기를 불어넣는 신비로 남는다.

그러나 나는 노예근성의 비판과 자기 자신의 비판을 구분한다. 내가 어떤 최고의 본질을 전제로 비판한다면, 그렇다면 나의 비판은 본질을 섬기는 것이고 본질을 위하여 수행된다. 예를 들어 내가 '자유로운 국가'의 믿음에 정신을 빼앗겨 있다면, 그렇다면 나는 이 국가에 좋은 것인지 아닌지의 관점에서 국가에 나쁜 영향을 주는 모든 것을 비판한다. 왜냐하면 나는 이 국가를 사랑하기 때문이다. 게다가 내가 신앙이 깊은 사람으로서 비판한다면, 그렇다면 나는 모든 것을 신다운 것과 악마다운 것으로 나눈다. 그리고 내 비판 앞에서, 자연은 신이나 악마의 표지(이와 같은 명칭이다: 신의 선물, 신의 산, 악마의 설교단 등등)로 되며, 사람은 신앙이 있는 사람이거나 신앙이 없는 사람으로 된다. [394] 또한 내가 인간다움을 '참된 본질'로 믿으면서 비판한다면, 나는 맨 먼저 모든 사람을 인간다운 인간과 인간답지 않은 인간 등등으로 나눈다.

오늘날까지 비판은 사랑의 노동으로 남아 있다. 왜냐하면 모든 시대에 우리는 어떤 본질에 대한 사랑을 위해 비판했기 때문이다. 모든 노예 근성의 비판은 사랑의 산물, 정신을 빼앗긴 상태의 사례이고, 저 『신약성서』의 계율에 따라 행동한다: “모든 일을 시험하여 보고 선한 것을 붙잡으라.”[532] ‘선함’이 시금석이고, 판단의 기준이다. 수천 가지의 이름들과 모습들로 반복되는 선함은 항상 전제로 남고, 이러한 비판을 위한 독단적 고정 관점, 고정 관념으로 남았다.

비판가가 비판을 시작할 때, 그는 솔직히 ‘진리’를 전제하고 진리가 발견될 것이라는 믿음으로 진리를 찾으려고 애쓴다. 그는 진리를 밝혀내려 하고 정확히 진리를 저 ‘선함’이라고 한다.

전제는 어떤 생각에 우선순위를 주는 것과 다름없다. 혹은 전제는 다른 것 이상으로 어떤 것을 생각하는 것이고, 생각해 왔던 이것에서 나머지 것들을 생각하는 것, 다시 말해 이것으로부터 나머지 것들을 측정하고 비판하는 것과 다름없다. 다른 말로 하자면, 생각하기는 이미 생각했던 어떤 것에서 시작해야만 한다고 말하는 것과 같다. 만약 존재가 시작되지 않고, 생각이 시작된다면, 만약 생각이 어떤 주체라면, 심지어 식물이 그런 것처럼, 어떤 자신의 활동적 인격체라면, 그렇다면 생각은 그 자체로 시작해야만 한다는 원칙을 정말로 절대로 포기하지 않을 것이다. 하지만 정확히 저 생각의 인격화가 셀 수 없는 오류들을 일으킨다. 헤겔 철학의 학문 체계에서 그러한 오류들은 마치 생각 혹은 ‘생각하는 정신’(곧 인격이 된 생각, 허깨비로서의 생각)이 생각했고 행동했던 것처럼 항상 말한다. 비판적 자유주의에서는 ‘비판’이 이것저것을 행하고, 그렇지 않으면 ‘자기의식’이 여러 가지를 찾는다고 언제나 말한다. 그러나 생각을 개인의 행위자로 여긴다면, 생각 그 자체가 전제되어야만 한다. 그리고 비판을 개인의 행위자로 본다면, 마찬가지로 어떤 생각이 앞서서 있

532 원주 107, 「데살로니가전서」, 5장, 21절.

어야만 한다. [395] 생각과 비판은 오로지 자신으로부터만 시작하여 활동할 수 있었고, 존재 없이 생각과 비판이 활동할 수 없는 것처럼, 자기 활동성의 전제인 자기 자신이 존재해야만 할 것이다. 그러나 전제된 어떤 것으로서 생각은 어떤 고정된 생각이고, 어떤 독단이다. 그러므로 생각과 비판은 오직 독단, 곧 생각, 고정 관념, 전제로부터 출발할 수 있다.

이것은 위에서 이야기했던 것으로, 곧 기독교의 주요 특징이 생각 세계의 발전에 있다는 것, 혹은 기독교는 진정한 '생각의 자유', '자유로운 생각', '자유로운 정신'이라는 것을 다시 화제로 삼는다. 그런 까닭에 내가 '노예근성의' 비판이라고 불렀던, '참된' 비판은 아주 똑같이 '자유로운' 비판이다. 왜냐하면 '자유로운' 비판은 자기 자신의 것이 아니기 때문이다.

그대의 것이 그 자체로 존재하는 것으로 만들어지지 않을 때, 인격화되지 않을 때, 자기 자신의 '정신'으로 자립하지 않을 때, 상황은 달라진다. 그대의 생각은 전제로서 '생각'을 가지고 있는 것이 아니라, 오히려 전제로서의 그대를 가지고 있다. 하지만 그렇게 그대는 그대 자신을 전제로 하는가? 그렇다, 그러나 나를 위해서 아니라, 오히려 내 생각을 위해서 나를 전제로 한다. 나의 생각하기에 앞서서—나는 존재한다. 이런 이유에서, 나의 생각하기는 어떤 생각을 전제하지 않는다는 결론이 나온다. 혹은 나의 생각하기는 어떤 '전제' 없이 존재한다는 사실이다. 왜냐하면 나의 생각하기를 위해 내가 존재한다는 전제는, 절대로 생각에 의해 만들어진 것도 생각의 대상도 아니라, 오히려 가정된 생각 그 자체이고, 생각의 소유자이기 때문이다. 게다가 생각은 모름지기—소유라는 사실, 다시 말해 '자립적' 생각, '생각하는 정신'은 전혀 존재하지 않는다는 사실을 증명할 뿐이기 때문이다.

사물을 보는 일반적인 방식을 이렇게 뒤집어서 보는 일은 추상화를 가지고 노는 공허한 놀이와 닮아 보일 수 있으므로, 실제 결과와 뒤집어

보는 일이 연결되지 않으면 뒤집어 보는 일을 목표로 삼는 사람들조차 뒤집어 보는 일의 무해한 표현에 굴복할 것이다.

뒤집어서 보는 일을 간결하게 표현하기 위해, 이제 나는 다음과 같이 주장한다. 곧 인간이 만물의 척도가 아니라, 오히려 내가 만물의 척도라는 것이다. 노예근성의 비판가는 그가 섬기려는 또 다른 본질, 이념을 마음에 둔다. [396] 그러므로 그는 자신의 신을 위해 우상을 죽일 뿐이다. 이러한 본질의 사랑을 위해 무엇이 행해졌는가? 사랑이란—노동 이외에 무엇이 있겠는가? 하지만 내가 비판할 때, 나는 결코 나 자신을 마음에 두는 것이 아니라, 오히려 내 취향에 따라 나 자신을 향유하고, 나 자신을 즐기고 있을 뿐이다. 그러니까 나의 필요에 따라 나는 물건을 잘 씹거나 물건의 향기를 흡입할 뿐이다.

사랑이 그를 이끌기 때문에, 노예근성의 비판가라고 생각할 때, 그리고 그가 대의(大義) 자체를 섬기고 있다고 가정할 때, 이 둘의 구분이 한층 더 뚜렷하게 아주 분명해질 것이다.

사람들은 **바로 그 진리** 혹은 '진리 일반'을 포기하려고 하는 것이 아니라, 오히려 얻으려고 애쓴다. 진리는 **최고의 존재**(être suprême), 최고의 본질과 다른 무엇인가? 진실한 비판이 진리에 대한 믿음을 상실한다면, '진실한 비판'조차 자포자기해야만 한다. 그런데도 진리는 단지 한—생각이다. 그러나 진리는 어떤 생각일 뿐만 아니라, 또한 모든 생각보다 상위에 있는 생각이기도 하고, 논박할 수 없는 생각이기도 하다. 진리는 맨 처음에 다른 모든 것을 신성하게 하는 **생각** 그 자체이고, 생각의 축성(祝聖)이며, '절대적' 생각, '신성한' 생각이다. 진리는 모든 신보다 오랫동안 지속한다. 왜냐하면 모든 진리의 헌신 속에서만 그리고 진리의 사랑을 위해서, 사람은 신들을 뒤집어엎었고 마침내 신 그 자체를 뒤집어엎었기 때문이다. 진리는 신(神)세계의 몰락보다 더 오래간다. 왜냐하면 진리는 이러한 덧없는 신세계의 죽지 않는 영혼이기 때문이다. 진리는 신성(神性) 그 자체이다.

나는 빌라도의 질문에 대답하고자 한다. 진리란 무엇인가? 진리는 자유로운 생각, 자유로운 이념, 자유로운 정신이다. 다시 말해, 진리는 그대로부터 자유로운 것, 그대에게 고유한 것이 아닌 것, 그대의 힘 속에 있는 것이 아니다. 그러나 진리는 또한 완전히 독립하지 못한 것, 개인과 관계없는 것, 실재하지 않는 것, 그리고 생명이 없는 것이다. 그래서 진리는 그대가 행동하듯이, 행동할 수 없고, 운동할 수 없으며, 변화할 수 없고 발전할 수 없다. 그리고 진리는 그대에게서 모든 것을 기다리고 있고 받아들이고 있으며 그대를 통해서만 진리 그 자체이다. 왜냐하면 진리는—자네 머릿속에서만 존재하기 때문이다. 그대는 진리가 어떤 생각이었다는 것을 인정한다. 그러나 모든 생각이 어떤 참된 것은 아니라고 말한다. [397] 혹은 또한 물론 그대가 표현했듯이, 모든 생각이 참으로 그리고 정말로 생각이 아니다. 그러니까 무엇에 의하여 그대가 참된 생각을 측정하고 인식하는가? 그대의 무기력에 의해서구나! 요컨대, 그대가 더 이상 생각을 공격할 수 없는 존재라는 사실에 의해서구나! 생각이 그대를 제압하고, 열광케 하여(begeistert), 그대의 마음을 빼앗을(fortreisst) 때, 그때 그대는 생각을 참된 생각으로 여긴다. 그대보다 높은 생각의 지배는 생각의 진리를 그대에게 분명하게 드러내 보인다. 그리고 생각이 그대를 소유하고 그대가 생각에 정신을 빼앗길 때, 그때 그대는 생각 곁에 잘 있다. 왜냐하면 그때 그대는 그대의—지배자와 주인을 찾았기 때문이다. 그대가 진리를 얻으려 애쓸 때, 무엇에 주의를 기울이는가? 그대의 주인이구나! 그대는 그대의 힘을 얻으려고 노력하지 않고, 오히려 어떤 강력한 신을 갈망하며, 강력한 신을 찬양하길 원한다("너희는 우리 주 우리 하느님을 높이고!"[533]). 나의 친애하는 빌라도여, 진리는 하느님

533 『구약성서』,「시편」, 99장 5절.

이다. 그리고 어떤 참된 것을 얻으려고 애쓰는 모든 사람은 하느님을 찾으려고 애쓰고 찬양한다. 하느님은 어디에 존재하는가? 자네 머릿속 외에 다른 곳에 있는가? 하느님은 오로지 마음이다. 그리고 그대가 어디에서 정말로 하느님을 본다고 믿어도, 거기에서 하느님은 어떤—허깨비이다. 왜냐하면 하느님은 하여튼 어떤 생각 속에만 존재하기 때문이다. 그리고 오로지 눈에 보이지 않는 것을 눈에 보이게 만들고, 정신적인 것을 뼈와 살을 갖춘 것으로 만들고, 허깨비는 기독교적 무서움과 고통을 만들고, 허깨비는 유령에 대한 믿음이라는 무서운 불행이었다.

그대가 진리를 믿는 한, 그대는 자기 자신을 믿지 않는다, 그리고 그대는 —하인이며, —종교적 인간이다. 그대만이 진리이다. 또는 더 정확히 말하자면, 그대는 이전에 그대에게 전혀 아무것도 아니었던 진리보다는 더 나은 존재이다. 확실히 그대 또한 진리에 대해 묻고, 틀림없이 그대 역시 비판한다. 그러나 그대는 어떤 '더 높은 진리',—다시 말해 그대보다 더 높아야 하는 진리에 대해 묻지 않는다. 그리고 그대는—결코 그러한 진리를 기준으로 비판하지 않는다. 그대는 사물의 모양을 다루는 것처럼, 생각과 표상을 다루지만, 오로지 그것들을 입에 맞게, 향락할 수 있는 것으로 그리고 자신의 것으로 만들기 위한 목적으로만 다룬다. [398] 그것들이 그대에게서 더 이상 탈주할 수 없을 때, 더 이상 놓치거나 이해되지 않는 장소를 가지지 않을 때, 또는 그것들이 그대한테 정당할 때, 그것들이 그대의 소유일 때, 그대는 오로지 그것들을 지배하고 싶어 하고 그것들의 소유자가 되고 싶어 한다. 그러니까 그대는 자기 자신의 방향을 정하길 원하고 그것들을 편하게 느끼길 원하며, 게다가 그대는 그것들에 진리를 찾고 그것들을 그것들의 참된 빛으로 본다. 더 나아가, 그것들이 다시 더 맹렬해져서, 다시 그대의 힘을 뿌리친다면, 이것이 바로 그것들의 허구성, 요컨대 그대의 무능력이다. 그대의 무능력(Ohnmacht)이 그것들의 힘(Macht)이고, 그대의 겸손이 그것들의 통치이다. 따라서 그것들의 진리는 그대이거나 그대가 그것들을 위해 있다는 것은 하찮은 것(Nichts)이다. 그리고 그것들이 녹아 없어지는 곳에서, 그것들의 진리는 그것들의 덧없음(**Nichtigkeit**)이다.

오로지 나의 소유로서, 정신, 진리는 휴식에 도달한다. 그리고 그것들은 그들의 불쾌한 실존을 빼앗겼을 때, 그때 그것들은 처음으로 정말로 존재하고 더는 다음과 같이 말하지 않을 때, 그것들은 내 소유가 된다. '진리 자체가 발전하고, 지배하며, 주장한다, 따라서 역사가(또한 개념이) 승리한다.' 등등. 진리는 결코 승리한 적이 없지만, 항상 검처럼(' 진리의 검') 승리를 위한 나의 수단이었다. 진리는 죽은 것이고, 내가 소비할 수 있는 편지, 언어, 물질이다. 모든 진리는 홀로 죽은 것이고, 시체이다. 모든 진리는 내 폐가 살아 있는 것과 같은 방식으로, 나 자신의 생명력만큼만 살아 있는 것이다. 진리는 약초와 해초와 같은 물질(Material)이다. 약초인지 해초인지는 내가 결정한다.

나에게 대상들은 내가 사용하는 물질일 뿐이다. 내가 잡으려고 손을 내미는 곳에서, 나는 내가 나를 위해 준비한 진리를 움켜쥔다. 진리는 나에게 의심할 여지가 없기에, 나는 진리를 열망할 필요가 없다. 진리에게 복종하려는 것은 결코 나의 의도가 아니다. 왜냐하면 진리는, 마치 감자가 내 소화하는 위(胃)를 위한 것이듯이, 친구가 내 사교적 영혼을 위한 것이듯이, 나에게 생각하는 내 머리를 위한 어떤 식품일 뿐이기 때문이다. 내가 생각할 의욕과 힘을 가지고 있는 한에서, 나에게 모든 진리는 오로지 내 능력에 따라 재료로 사용할 수 있도록 헌신한다. 현실성과 세속성이 기독교인에게 '덧없고 공허한' 것처럼, 그렇게 진리는 나에게 '덧없고 공허한' 것이다. 기독교인이 진리의 덧없음을 증명했는데도, 진리가 이러한 세계의 존재물들로서 끊임없이 존재하는 것처럼, 그것과 똑같이 존재한다. [399] 그러나 진리는 덧없다. 왜냐하면 진리는 자신의 가치를 그 자체로 갖는 것이 아니라, 오히려 내 안에서 가치를 갖기 때문이다. 진리는 홀로 가치가 없다. 진리는 일종의—피조물(Kreatur)[534]이다.

당신이 당신의 활동을 통해 헤아릴 수 없이 많은 물건을 생산하듯이, 실제로, 당신이 대지를 새로운 모습으로 형성하고 어디에서나 사람의 작품을 세우듯이, 그렇게 또한 당신은 여전히 당신의 생각하기를 통해 셀 수 없이 많은 진리를 밝혀낼 수 있고, 우리는 기꺼이 진리들을 즐길 것이다. 그렇지만 정확히 나는 당신이 새로 공개된 기계들을 기계적으로 섬기는 일에 나 자신을 맡기는 것을 좋아하지 않는다, 오히려 나의 이익을 위해 기계들이 움직이도록 도울 뿐이고, 그렇게 나 역시 기계들의 요구에 나 자신이 사용되지 않도록 하고, 당신의 진리들을 사용할 뿐이다.

내 아래에 있는 모든 진리들은 나에게 소중하다. 그러나 내 위에 있는 어떤 진리, 내가 표준으로 삼아야만 하는 어떤 진리를 나는 알지 못한다. 나에게 어떤 진리도 존재하지 않는다, 왜냐하면 나를 넘어서는 것은 아무것도 없으니까! 내 본질조차 나를 넘어서는 것이 아니구나! 인간이란 본질도 나를 넘어서는 것이 아니구나! 더 정확히 말하면 나를, 이 '양동이에 있는 물방울'을, 이 '하찮은 사람'을 넘어서는 것은 아무것도 없구나!

어느 시기나 그 시간의 고유한 진리를 가지고 있기 때문에, '절대적 진리'는 존재하지 않는다고 대담하게 주장할 때, 당신은 최선을 다했다고 믿는다. 그렇군, 그럼에도 그와 동시에 당신은 어느 시기에나 그 시간의 진리를 매번 남겨 놓는다. 따라서 당신은 어떤 '절대적 진리', 어떤 시간도 결핍되지 않은 진리를 아주 진심으로 창조한다. 그 시간의 진리가 무엇일지라도, 어느 시기나 여전히 '진리'를 가지고 있기 때문이다.

---

534 독일어 'Kreatur'는 '피조물'이란 뜻인데 종종 '앞잡이'라는 경멸적인 용어로 사용된다.

사람들이 어느 시기에나 생각해 와서 생각들 혹은 진리들을 가졌다는 것을 의미할 뿐인가? 그리고 이것들은 그 이후에는 이전과 다른 것이었다는 것을 의미하는가? 아니다, 어느 때고 '믿음의 진리'를 가지고 있었다는 의미이다. 그리고 사실 인정되지 않았던 '더 높은 진리'는 아직 믿음의 진리로 나타나지 않았고, 사람들이 굴복해야만 한다고 생각했던 '위엄과 존엄'으로서의 진리는 실제로 믿음의 진리로 나타나지 않았다. 한 시대의 모든 진리는 바로 그 시대의 고정 관념이다. 그래서 만약 사람들이 나중에 다른 진리를 발견했다면, 이 일은 항상 사람들이 다른 진리를 찾았기 때문에 일어난 일일 뿐이다. 이를테면 사람들은 어리석음을 새롭게 뜯어고쳤을 뿐이며 [400] 어리석음에 현대적 의복을 입혔다. 왜냐하면 사람들은 원했고(누가 감히 이것에 대한 정당성을 의심하겠는가?) 다시 말해—사람들이 어떤 '이념에 열광하길'(begeistert) 원했기 때문이다. 사람들은 생각에 의해 지배받고, 정신을 빼앗기길 원했구나! 이러한 종류의 가장 현대적 지배자는 '우리의 본질' 혹은 '인간'이다.

모든 자유로운 비판한테 생각이 비판의 기준이었다면, 자기 자신의 비판한테 나, 말로 다할 수 없는 나(Ich, der Unsagbare)가 비판의 기준이다. 그러므로 단순히 생각된 것이 아니다. 왜냐하면 언어와 생각은 일치함으로, 단순히 생각된 것은 항상 말할 수 있기 때문이다. 나의 것이 진리이고, 내가 누구의 소유인 것은 거짓이다. 예를 들어 연합은 진리이고, 국가와 사회는 거짓이다. '자유롭고 참된' 비판은 생각, 이념, 정신의 한결같은 지배를 위해 힘을 다한다. 이와 달리 '자기 자신의' 비판은 나의 자기향유 이외에는 아무것도 돌보지 않는다. 하지만 후자의 경우에 실제로 본능적 동물 같은 비판과 참으로 닮았다.—우리는 비판의 이러한 '치욕'을 모면하려고 하지 않으니라!— 비판하고 있는 동물의 경우처럼, 나의 경우에, 비판은 오로지 나에 관한 것이지 '대의'에 관한 것이 아니다. 내가 진리의 기준이다. 그러나 나는 결코 이념이 아니라, 오히려 이념을 넘어서는, 곧 말로 표현할 수 없는(unaussprechlich) 존재이다. 나의 비판은 '자유로운' 비판도 아니고, 나로부터 자유로운 것도 아니며, '노예근성의' 비판도 아니고, 어떤 이념에 헌신하는 것도 아니다. 나의 비판은 자기 자신의 비판에 헌신하는 것이다.

참된 혹은 인간다운 비판은 어떤 것이 인간에게, 참된 인간에게 적당한지 아닌지를 드러낼 뿐이다. 그러나 자기 자신의 비판을 통해 그대는 어떤 것이 그대에게 적당한지 적당하지 않은지를 밝혀낸다.

자유로운 비판은 이념들을 다루므로 항상 이론적이다. 자유로운 비판은 이념들에 대해 격렬하게 화를 낼 수 있지만, 여전히 이념들에서 벗어나지 못한다. 자유로운 비판은 허깨비들과 티격태격한다. 그러나 이 일은 자유로운 비판이 이념들을 허깨비들로 생각하고 있을 때만 가능한 일이다. 자유로운 비판이 다루는 이념은 완전히 사라지지 않는다. 새로운 날 아침의 산들바람은 이념들을 위협하여 쫓아 버리지 못한다.

비판가는 이념들 앞에서 평정 상태(Ataraxie)에 도달할 수 있다. 하지만 비판가는 결코 이념들에서 벗어나지 못한다. 다시 말해 비판가는 뼈와 살을 갖춘 사람보다 더 높은 어떤 것, 요컨대 자신의 인간다움, 자유 등등이 존재하지 않는다는 것을 결코 깨닫지 못할 것이다. [401] 여전히 그에게 인간으로서의 '소명', '인간다움'이 남아 있다. 그리고 인간다움이라는 이러한 이념은 실현되지 않은 채로 남아 있다. 왜냐하면 인간다움은 단지 '이념'으로 남아 있고, 앞으로도 그래야 하기 때문이다.

이와 반대로, 내가 이념을 나의 이념으로 이해한다면, 나의 이념은 이미 실현된 것이다. 왜냐하면 내가 내 이념의 현실성이기 때문이다. 이를테면 내 이념의 현실성은 뼈와 살을 갖춘 사람인 내가 내 이념을 가지고 있다는 사실이다.

세상 사람들은 세계사에서 자유라는 이념이 그 자체를 실현한다고 말한다.[535] 거꾸로, 이러한 이념은 어떤 사람이 자유를 생각하는 순간에 실재한다. 그리고 자유가 이념이라는 정도까지, 다시 말해 내가 자유를 생각하거나 소유하고 있는 정도까지 실재한다. 자유라는 이념이 발전하는 것이 아니라, 오히려 인간들이 발전하고 이러한 자기발전 속에서 당연히 그들의 생각도 발전한다.

한마디로 말하면, 비판가는 아직 소유자가 아니다. 왜냐하면 기독교인이 자신의 나쁜 욕망들과 싸워야 하는 한, 그는 그것들의 소유자가 아닌 것처럼, 비판가가 강력한 낯선 사람들과 싸우는 것처럼, 여전히 이념들과 싸우고 있기 때문이다. 이를테면 악덕에 대항하여 싸우는 사람에게 악덕은 존재한다.

비판은 '인식의 자유'에, 정신의 자유에 들러붙어 있다. 그리고 정신을 순수한 이념, 참된 이념으로 가득 채울 때, 그때 정신은 자신의 정당한 자유를 얻는다. 이런 일은 생각 없이는 존재할 수 없는 생각의 자유를 의미한다.

비판은 다른 이념으로만 하나의 이념을 쳐부순다. 예를 들어 인류라는 이념으로 특권이라는 이념을 쳐부수거나 비(非)자기유용성이라는 이념으로 자기유용성이라는 이념을 쳐부순다.

하여튼 기독교의 시작은 기독교의 비판적 끝에서 다시 나타난다. 왜냐하면 여기저기서 '자기중심성'과 싸우게 될 것이기 때문이다. 나는 나 자신을, 개인들을 가치 있게 만들어야 하는 것이 아니라, 오히려 이념, 보편을 가치 있게 만들어야 한다.

그렇군, 자기중심성과 사제직의 전쟁, 지금 세계에 마음이 있는 사람

535 이러한 '사람들' 중에 헤겔은 그의 『역사철학 강의』에서 역사는 자유 이념의 발전이라고 주장한다.

과 성령에 마음이 있는 사람 간의 전쟁은 전체 기독교 역사의 내용을 이루고 있다. 가장 최근의 비판에서 이 전쟁은 모든 것을 포함하고, 광신을 완성할 뿐이다. 사실, 이 전쟁은 전쟁의 생명이 다 펼쳐지고 분노가 가라앉은 후에야, 비로소 사라질 수 있다.

[402] 내가 생각하고 행위 하는 것이 기독교다운 것이든 아니든, 그것이 나와 무슨 상관이 있나? 그것이 인간적인 것이든, 자유로운 것이든, 인도적인 것이든, 그것이 인간답지 않은 것이든 자유롭지 않은 것이든 인도적인 것이 아니든, 내가 그런 일에 어떤 주의를 기울이는가? 오로지 그 일이 내가 원하는 것을 이루기 위한 것이라면, 그 일로 오로지 내가 나 자신을 만족시킨다면, 그렇다면 내가 생각하고 행위 하는 것에 당신이 원하는 대로 칭호들을 덧붙여라. 그런 의견은 나와 무관한 것이다.

나는 또한 바로 다음 순간에 내 이전의 생각으로부터 나 자신을 변호할 수도 있다. 나는 또한 갑자기 나의 행동 방식을 바꿀 가능성이 있다. 그러나 이런 일을 하는 것은 나의 행동 방식이 기독교 정신과 일치하지 않기 때문이 아니라, 나의 행동 방식이 영원한 인간의 권리와 충돌하기 때문이 아니라, 나의 행동 방식이 인류, 인간다움이라는 이념 그리고 인간성을 모욕하기 때문이 아니라, 오히려—내가 거기에서 더 이상 완전히 충족하지 못했기 때문에, 나의 행동 방식이 나에게 결코 더 이상 완전한 향유를 주지 못하기 때문에, 그리고 내가 이전의 생각을 의심하거나 내가 수행한 행동 방식에서 더 이상 즐거움을 찾지 못하기 때문에 이런 일을 하는 것이다.

소유로서의 세계가 내가 원하는 것을 실행하는 재료가 되었듯이, 그렇게 소유로서의 정신 역시, 내가 더 이상 신성한 공포를 품지 않는 재료로 가라앉아야만 한다. 그때 무엇보다 먼저, 나는 생각이 무모하고 '무섭게' 보일지라도, 생각 앞에서 더 이상 몸서리치지 않을 것이다. 만약 생각이 나에게 너무 불편하고 불만족할 것이라고 위협한다면, 생각의 최후는 나의 힘에 달려있기 때문이다. 그러나 신 존재의 부정, 부도덕, 위법성의 정신이 생각에 깃들어 있다고 해서, 나는 절대 어떤 행위 앞에서 뒷걸음질 치지 않을 것이다. 성 보니파시오가 종교적 양심 있음(Bedenklichkeit)에서 이교도의 신성한 참나무를 도끼로 자르는 것을 삼가는 것처럼. 마찬가지로, 언젠가 세상의 물건이 공허한 것이 되었다면, 정신의 생각 또한 공허한 것이 되어야만 한다.

어떤 생각도 '헌신'으로 여기지 말아야 하기에, 어떤 생각도 신성하지 않다. 어떤 감정도 신성하지 않다(우정, 어머니의 감정, 등등도 신성하지 않다), 어떤 믿음도 신성하지 않다. 그것들은 모두 양도할 수 있고, 나의 양도 가능한 소유이다. 그리고 그것들은 내가 창조할 수 있듯이, 내가 그것들을 파괴할 수 있다.

기독교인은, 기독교적 의미에서 자기 자신, 다시 말해 그의 정신, 그의 영혼이 없어진다고 체념하지 않고, 모든 것들 혹은 대상들, [403] 가장 사랑했던 사람들, 자기 사랑의 대상들을 잃어버릴 수 있다. 소유자는 자신의 마음에 소중했던 그리고 자신의 열정에 불을 붙였던 모든 생각들을 자신에게서 팽개칠 수 있고, 마찬가지로 '천 배의 생각들을 다시 얻을' 수 있다. 왜냐하면 생각들의 창조자인 소유자는 남기 때문이다.

무의식적으로 그리고 자기도 모르게 우리 모두는 자기소유성을 위해 노력한다. 그리고 우리 중 누구도 신성한 감정, 신성한 생각, 신성한 믿음을 포기하지 않는 사람은 거의 없을 것이다. 참으로, 우리는 아마 자신의 신성한 생각 중에서 이런저런 것을 제시할 수 없는 사람을 만나지 못한다. 신념에 반대하는 우리의 모든 다툼은, 우리가 아마 적대자를 적대자의 생각이라는 참호에서 몰아낼 수 있다는 관점에서 시작한다. 그러나 내가 무의식적으로 행위 한다는 것은 내가 불충분하게 행동하는 것인데, 그 이유는 내가 믿음에 승리한 이후에 다시 어떤 믿음의 포로(정신을 빼앗긴 사람)가 되고, 그다음에 다시 그것이 나의 모든 나

(mein ganzes Ich)를 그것의 헌신으로 데려가고, 내가 성경에 열광하는 것을 그만둔 이후에 나를 이성에 대한 열광자로 만들거나, 내가 기독교를 위해 충분히 오랫동안 싸워온 이후에 나를 인류의 이념을 위한 열광자로 만들기 때문이다.

생각의 소유자로서 나는, 거의 틀림없이 나의 방패로 나의 소유를 보호할 것이다. 마치 물건들의 소유자인 양, 내가 자진해서 모든 사람들이 물건들을 슬쩍하도록 만들지 않는 것과 꼭 마찬가지이다. 그러나 동시에 나는 미소를 지으며 전투의 최후를 기대할 것이고, 내 생각과 내 믿음의 시체 위에 미소를 지으며 방패를 놓을 것이며, 내가 미소를 지으며 싸워 이겼을 때, 의기양양할 것이다. 이것이 바로 해야 할 일인 유머이다. '더 고상한 감정'을 가진 모든 사람은 자신의 유머로 사람들의 쩨쩨함에 화풀이할 수 있다. 그러나 모든 '훌륭한 생각, 고상한 감정, 고귀한 열광(Begeisterung)과 신성한 믿음'으로 유머를 하려면, 전제가 있는데, 그건 내가 모든 것들의 소유자란 것이다.

만약 종교가 우리는 모두 죄인이라는 명제를 내세웠다면, 나는 그런 명제에 거슬러 다른 명제를 제시한다. [404] 우리 모두는 더할 나위 없이 훌륭한 존재구나! 왜냐하면, 매 순간, 우리는 우리가 존재할 수 있는 전부이고, 그래서 결코 그 이상으로 존재할 필요가 없다. 우리에게 어떤 흠도 달라붙지 않기 때문에, 죄조차 의미가 없다. 더 이상 어느 누구도 더 높은 힘의 마음에 드는 일을 할 필요가 없을 때, 여전히 나에게 이 세상에서 죄인을 보여주라! 내가 나 자신의 마음에 드는 일만을 해야 한다면, 내가 나 자신의 마음에 드는 일을 하지 않을 때 나는 결코 죄인이 아니다. 왜냐하면 나 자신 안에 있는 '신성한 존재'를 화나게 하지 않기 때문이다. 반대로 내가 신앙이 깊은 사람이어야만 한다면, 그렇다면 나는 신의 마음에 드는 일을 해야만 한다. 또한 내가 인간답게 행동해야만 한다면, 그렇다면 나는 인간의 본질, 인류라는 이념, 등등의 마음에 드는 일을 해야만 한다. 종교가 '죄인'이라고 부르는 것, 그것은 인도주의자가 '자기중심적 사람'이라고 부르는 것이다. 하지만 다시, 만약 내가 다른 것의 마음에 드는 일을 할 필요가 없다면, 인도주의자가 자기중심적 사람에게 어떤 최신의 악마를 탄생시켰던 '자기중심적 사람'은 무의미함 그 이상의 무엇인가? 인도적 사람들이 자기중심적 사람 앞에서 전율하는 자기중심적 사람은 악마와 마찬가지로 어떤 유령이다. 이를테면 자기중심적 사람은 그들의 머릿속에서 공포의 대상과 상상의 모습으로만 존재한다. 그들이 각각 '인간다움'(Menschlich)과 '자기다움'(Egoistisch)이라는 현대적 이름을 붙였던, 선과 악의 구식의 대립 속에서 그들이 순진하게 이리저리 표류하지 않았다면, 그들은 늙은 '죄인'을 '자기다운 사람'(Egoisten)이라고 새롭게 표현하지 않았을 테고, 새 천 조각을 낡은 옷에 대고 깁지는[536] 않았을 텐데. 그러나 그들은 다른 것을 아무것도 할 수 없었다. 왜냐하면 그들은 '인간'으로 존재해야만 하는 것을 자신들의 사명으로 여기기 때문이다. 그들이 신을 제거했는데, 선은 그대로 남아 있구나![537]

우리는 모두 더할 나위 없이 훌륭하구나! 그리고 온 땅에 죄인인 사람은 한 사람도 없구나! 자기 자신들을 아버지 하느님, 아들 하느님 혹은 달 속에 있는 사람이라고 상상하는 광인들이 있다. 그다음에 세상은 또한 자기 자신들을 죄인이라고 생각하는 바보들로 우글우글하다. 그러나 광인들이 달 속에 있는 사람이 아니듯이, 그렇게 바보들은—죄인이 아니다. 그들의 죄는 상상된 것이다.

---

536 「마태복음」, 9장 16절. "새 천 조각을 낡은 옷에 대고 깁는 사람은 아무도 없나니."

537 괴테의 『파우스트』1부 2509행의 '마녀의 부엌'에 나오는 메피스토펠레스의 말("악마는 피했는데, 무수한 악마들이 그대로 남아 있거든.")을 슈티르너가 고쳐 말하고 있다.

그러나, 누군가가 다음과 같은 거북한 말을 불쑥 끼워 넣는다. 그들의 광기 혹은 그들의 정신을 빼앗긴 상태는 적어도 그들의 죄이다. [405] 마치 루터의 믿음이 바로 그가—성취할 수 있는 전부였던 것과 마찬가지로, 그들의 정신을 빼앗긴 상태는 그들이—성취할 수 있었던 것, 곧 그들의 성장 결과 이외에 다른 것이 아니다. 한 사람은 자신의 성장 결과로 정신병원으로 가고, 다른 사람은 자신의 성장 결과로 여러 신을 모시는 신전(神殿)으로 데려가고 자신의—발할라(Walhalla)[538]를 잃는다.

어떤 죄인도 없고 어떤 죄 많은 자기중심성도 없구나!

나에게서 그대의 '인류애'를 집어치워라! 인도주의자인 그대여, 몰래 '악덕의 소굴'로 들어가 봐라, 언젠가 혼잡한 대도시에 머물러 봐라. 그대는 어디에서나 죄, 죄, 그런데도 더 많은 죄를 발견하지 않겠는가? 그대는 부패한 인류에 대해 한탄하지 않겠는가? 그대는 괴물 같은 자기중심성에 대해 불평하지 않겠는가? 그대는 인정머리 없고 '자기중심적'이지 않은 부자를 볼 수 있는가? 그대는 이미 자신을 무신론자라고 부를 수도 있지만, 그대는 부자가 '인간답지 않은 인간'이 되지 않는 것보다 낙타가 바늘귀로 들어가는 것이 더 쉬우리라는[539] 기독교적 감정에 충실하다. 하여튼 그대가 '자기중심적 군중'에 내던지지 않을 것이라고 얼마나 많이 아는가? 그렇다면 그대의 인류애는 무엇을 찾았는가? 사랑할 수 없는 인간들일 뿐이구나! 그리고 그들은 모두 어디에서 유래하는가? 그대로부터, 그대의 인류애로부터! 그대는 죄인을 그대의 머릿속으로 가

---

538 고대 노르드어로는 왈홀(Valhǫll)이라는 여성명사인데, 오늘날 북유럽 신화의 1차 자료가 거의 대부분 아이슬란드에서 작성된 고대 노르드 문헌이다. Valhǫll이란 단어에서 hǫll은 영어의 홀(hall)과 같다. 'val'은 고대 노르드어로 '전투를 하다가 죽은 전사'를 가리키는 특수한 어휘이다. 그러므로 Valhǫll이란 '전쟁터에서 죽은 전사의 공간'이라고 풀이할 수 있다. 곧 전사자의 영혼이 향연을 받는 장소를 의미한다.

539 「마태복음」, 20장 24절.

져왔다. 그러므로 그대는 죄인을 발견했고, 그러므로 그대는 죄인을 모든 곳으로 밀어 넣었다. 그대가 사람들을 죄인들이라고 부르지 않는다면, 그들은 죄인이 아니다. 그러니까 그대만이 죄인의 창조자이다. 자신이 사람들을 사랑한다고 상상하는 그대여, 그대가 사람들을 죄의 진창 속으로 내던지고, 그대 자신이 사람들을 유덕한 사람과 사악한 사람으로, 인간다운 인간과 인간답지 않은 인간으로 구분하며, 그대 자신이 정신을 빼앗긴 상태의 독설로 사람들을 더럽힌다. 왜냐하면 그대는 인간들을 사랑하는 것이 아니라, 오히려 인간을 사랑하기 때문이다. 그러나 내가 그대에게 이르노니, 그대는 죄인을 한 번도 본 적이 없다네, 그대는 단지 죄인을—꿈꾸었다네.

내가 다른 것을 섬겨야만 한다고 생각하기 때문에, 나 자신이 그에게 갚아야 할 의무가 있다고 망상하기 때문에, 나 자신이 '희생', '헌신', '열광'이라 불렸던 것을 보유하고 있기 때문에, 내가 자기향유를 싫어하게 된다. 자 이제, 내가 더 이상 어떤 관념, 어떤 '더 높은 본질'을 섬기지 않는다면, [406] 그때 나는 더 이상 어떤 인간을 섬기는 것이 아니라, 오히려—어떤 일이 있더라도 온갖 일을 제쳐놓고—나 자신에게 헌신하는 것임을 자연히 깨닫는다. 그러나 그런 이유로 나는 행위나 존재에 있어서 뿐만 아니라 나의 의식에도—유일자이다.

신다운 것, 인간다운 것 등등, 더 많은 것이 당신의 수중에 들어온다. 왜냐하면 당신의 것이 당신의 수중에 들어오기 때문이다.

사람들이 그대가 무엇이라고 주장하는 것보다, 그대 자신을 더 강한 사람으로 여긴다면, 그대는 더 많은 힘을 가진다. 그리고 그대 자신을 더 나은 존재로 본다면, 그러면 그대는 더 나은 것을 가진다.

그대는 그때 단지 신다운 모든 것에 부름을 받는 것이 아니라, 그리고 단지 모든 인간다운 것에 자격을 주는 것이 아니라, 오히려 그대 것의 소유자, 다시 말해 그대 자신의 것으로 만드는 힘을 소유한 모든 것의 소유자이다. 다른 말로 하면, 그대는 그대의 모든 것에 적합하고 자격을 주는 사람이다.

세상 사람은 항상 나에게 나 자신의 밖에 있는 목적을 주어야만 한다고 생각했다. 그 결과 세상 사람은 내가—인간이기 때문에, 마침내 내가 인간다운 것을 요구해야만 한다고 부당하게 요구하였다. 이것이 기독교의 마법 영역이다. 피히테의 나조차 나 자신 밖에 있는 똑같은 본질이다. 왜냐하면 나는 모두의 나이기 때문이다. 그리고 만약 이런 나만이 옳다면, 그렇다면 이것은 '그 나'(das Ich)이다. 나는 그 나가 아니다. 그러나 나는 어떤 다른 나들(Ichen)과 함께하는 그 나가 아니라, 오히려 유일한 나이다. 그러니까 나는 유일한 나이다. 그러므로 내 욕구조차 유일하고, 내 행위, 한마디로 말하면 나에 관한 모든 것이 유일하다. 그리고 마치 내가 오로지 이러한 나로서 행동으로 나타내고 발전하듯이, 오로지 이러한 유일한 나로서 나는 모든 것을 나 자신을 위해 자기 것으로 한다. 곧 나는 인간으로서(als Mensch) 나를 발전시키는 것이 아니라, 즉 인간을 발전시키는 것이 아니라, 오히려 나는 나로서(als Ich)—나 자신을 발전시킨다.

이것이—유일자의 의미이다.

III

유일자

[407] 그리스도 이전 시대와 그리스도 시대는 대립적 목표를 끝까지 추구한다. 전자는 실재를 이념화하길 원하고, 후자는 이상을 실현하길 원하며, 전자는 '신성한 정신'을 얻으려고 애쓰고, 후자는 '거룩한 육체'를 얻으려고 애쓴다. 따라서 전자는 실재에 둔감한 것으로, 곧 '세계의 경멸'로 종결한다. 그러나 후자는 이상을 벗어던지는 것으로, 곧 '정신의 경멸'로 끝날 것이다.

현실과 이상 사이의 대립은 화해할 수 없는 대립이므로, 결코 한쪽이 다른 쪽이 될 수 없다. 만약 이상이 현실이 된다면, 이상은 더 이상 이상이 아닐 것이다. 또한 현실이 이상이 된다면, 이상만이 있을 것이므로, 현실은 전혀 없을 것이다. 누군가가 현실과 이상을 파괴하지 않으면, 둘 사이의 대립은 극복될 수 없다. 이러한 '누군가'에서만, 제3자에서만 대립은 자신의 종말을 발견한다. 그렇지 않으면 이념과 현실은 절대로 일치하지 않는다. 이념이 이념으로 머무를 때 이념은 실현될 수 없고, 오히려 이념이 이념으로서 죽을 때만 실현될 수 있다. 그리고 이러한 일은 현실에도 아주 똑같이 적용된다.

하지만 자, 그럼 우리 앞에 이념의 추종자인 고대인을 잠깐 청해 오고, 현실의 추종자인 현대인을 잠깐 청해 오자. 양자는 대립에서 벗어나지 못하고 동경할 뿐이다. 그러니까 고대인은 정신을 동경하고, 고대 세계의 이러한 갈망이 만족되었을 때, 이러한 정신이 도래하는 것처럼 보였고, 현대인은 이 정신의 세속화를 다시 동경하였는데, 이것은 영원히 '신앙심이 깊은 소망'으로 남아 있어야만 했다.

고대인의 신앙심 깊은 소망은 신성(神聖)이었고, 현대인의 신앙심 깊은 소망은 체현(體現)이다. 그러나 신성의 갈망이 만족되어야 한다면(고대는 오로지 이러한 갈망으로 구성되었기 때문이다.), 고대가 몰락해야만 했듯이, 그렇게 체현도 기독교 정신의 사슬 속에서는 결코 달성될 수 없다. [408] 하나로 이어지는 성화(聖化)나 정화(淨化)가 옛 세계를 통해(세정식(洗淨式) 등) 진행되듯이, 그렇게 하나로 이어지는 육체 되기는 기독교 세계를 관통한다. 신은 이 세상으로 곤두박질치고, 육체가 되고 이 세상을 구원하길 원한다, 다시 말해 자기 자신으로 세상을 가득 채우기를 원한다. 그러나 신은 '이념' 혹은 '정신'이므로, 마침내, 사람(예를 들어 헤겔)은 이념을 모든 것에, 이 세상에 끌어들이고, '이념이라는 것, 이성이라는 것이 모든 것 안에 있다'라는 것을 논증한다. 이교도 스토아학파의 철학자가 '현인'(賢人)이라고 말한 것은 오늘날의 문화에서 '인간'과 일치한다. 그런데 '인간'은 '현인'과 마찬가지로—육체가 없는 존재이다. 비현실적 '현인', 곧 스토아학파 철학자가 말하는 이러한 육체가 없는 '신성한 자'는 육체가 되신 신 속에서 어떤 현실적 인격, 어떤 육체를 갖춘 '신성한 자'가 된다. 그리고 실재하지 않는 '인간', 육체 없는 나는 뼈와 살을 갖춘 나 속에서, 내 속에서 실재하게 될 것이다.

'신의 현존'에 대한 질문은 처음부터 끝까지 기독교를 휘감는다. 그 질문을 몇 번이고 되풀이하여 받아들이면, 현존, 체현, 인격, 실재에 대한 갈망이 끊임없이 마음(Gemüt)[540]을 점유하고 있음을 증언한다. 왜냐하면

---

540 여기서 이 단어는 정신이라기보다는 마음뿐만 아니라 심정, 정서, 기분, 기질, 성향을 의미한다.

갈망은 결코 적절한 해결책을 찾지 못했기 때문이다. 신의 현존에 대한 질문은 마침내 사라졌지만, '신다운 것'이 존재한다는(포이어바흐) 명제로 다시 나타났을 뿐이다. 하지만 신다운 것 역시 절대로 현존하지 않는다. 그리고 '순수하게 인간다운 것'이 실현될 수 있는 이 마지막 피난처는 더 이상 은신처를 제공하지 않게 되었다. 어떤 이념도 현존이 아니다. 왜냐하면 어떤 이념도 뼈와 살을 갖출 수 없기 때문이다. 실재론과 유명론의 스콜라적 논쟁은 모두 같은 내용이다. 요컨대 이 논쟁은 그 자체로 처음부터 끝까지 모든 기독교 역사를 통해 지어진 것이고, 그 역사 안에서 끝날 수 없다.

기독교인의 세계는 이념들을 개인적 삶의 관계들 속에, 교회와 국가의 제도들과 법들 속에 실현하기 위해 노력하고 있다. 그러나 그것들은 이념들에 저항하고 항상 체현되지 못하고 무언가로 남아 있다(실현할 수 없는 것). 얼마나 많은 체현이 일어나지 않느냐와 상관없이, 이 일은 이 물질성을 끊임없이 좇는다.

[409] 이념을 실현하는 사람은 현실에 거의 관심을 두지 않지만, 모든 것을 이념의 동일한 현실화에 놓는다. 그러므로 그는 실현된 것에 실제로 이념이, 이념에 깃든 이념의 핵심이 있는지 없는지 항상 재조사한다. 그리고 그는 현실을 검사하면서 동시에 이념을 조사한다. 그러니까 그는 이념이 그가 생각하는 것으로 실현 가능한 것인지 불가능한 것인지, 아니면 이념이 그에게 잘못된 생각일 뿐인지 어떤지, 그리고 그 때문에 이념이 실행할 수 없는 것인지 어떤지를 검사한다.

기독교인은 실존으로서 가족, 국가, 등등을 더 이상 돌보지 말아야 한다. 그러니까 고대인과 달리, 기독교인은 이러한 '신성한 것들'을 위해 목숨을 바쳐야 하는 것이 아니라, 오히려 오로지 그것들 속에서 정신이 살아있도록 그것들을 이용하여야만 한다. 현실적 가족은 중요하지 않게 되었고, 이러한 일로부터 '참으로 진정한' 가족이 될 어떤 이상적 가족이, 신의 축복을 받은 어떤 신성한 가족이 생겨나야 하고, 자유로운 사고방식에 따르면 '이성적' 가족이 생겨나야 한다. 고대인들 사이에서 가족, 국가, 조국 등등은 현존하는 것으로서 신성한 것이다. 그러나 현대인들 사이에서 현존하는 것들은 여전히 신성함을 기다리고 있기에, 신성함이 없이 현존하는 것은 죄가 있는 것이며, 아직도 '구제'되어야만 하는, 다시 말해 진정으로 실재하여야만 하는 것이다. 이것은 다음과 같은 의미이다. 가족, 등등이 현존하고 실재하는 것이 아니라, 오히려 신다운 것, 이념이 현존하고 실재하는 것이다. 이러한 가족이 참으로 실재, 이념을 받아들임으로써 스스로를 현실적으로 만들 수 있는지는 불확실하다. 가족을 신다운 것으로서 섬기는 일은 개인의 사명이 아니라, 오히려 거꾸로 신다운 것을 섬기고 아직 신답지 않은 가족을 신다운 것으로 이끄는 일, 다시 말해 이념의 이름으로 모든 것을 굴복시키는 일, 어디에서나 이념의 기치를 내거는 일, 이념을 실재적 효력으로 만드는 일이 개인적 사명이다.

그러나 고대의 관심사와 마찬가지로, 기독교의 관심사는 신다운 것을 위한 것이기 때문에, 이 일은 언제나 다시 고대와 기독교의 대립적 길로 귀결된다. 이교(異敎)의 최후에는 신다운 것이 저세상의 것이 되고, 기독교의 최후에는 신다운 것이 이 세상의 것이 된다. 고대에는 신다운 것을 완전히 세상에 내놓는 데 성공하지 못한다. 그리고 기독교가 이러한 사명을 성취할 때, 신다운 것은 당장 세상 속으로 돌아가고 싶어 하고 세상을 '구제하길' 원한다. [410] 그러나 기독교 내부에서 신다운 것은, 이 세상의 것으로서 신다운 것은 실제로 세속스러운 것이 될 지점에 도달하지 못하고 도달할 수 없다. 이를테면 '나쁜 것', 비이성적인 것, 우연이 깃든 것, '자기다운 것', 나쁜 의미에서 '세속적인 것'으로서 스며들지 않게 자신을 유지하고, 유지해야만 하는 신다운 것이 충분히 남아 있다. 기독교는 신이 사람이 되는 것으로 시작한다. 그리고 기독교는 모든 사람 속에 그리고 인간다운 모든 것 속에 신을 받아들일 준비를 하기 위해, 그리고 모든 것에 정신이 스며들도록 어느 때든지 줄곧 개종하는 일과 구원하는 일에 마음과 힘을 다한다. 이를테면 기독교는 '정신'을 위한 어떤 공간을 마련하는 것을 고집한다.

마침내 그 인간 혹은 그 인류가 강조되었을 때, 그것은 다시 '영원한이라고 불리는' 이념이었다: "그 인간은 절대로 죽지 않노라!" 이제 사람들은 이념의 실재성을 찾았다고 생각했다. 이를테면 그 인간(Der Mensch)이 역사의 그 나(das Ich), 세계사의 그 나이다. 왜냐하면 인간이 그 나, 곧 실제로 자신을 발전시키고, 다시 말해 정말로 자신을 현실화하는 이 이상이기 때문이다. 인간은 정말로 현실이고, 육체를 갖춘 존재이다. 왜냐하면 역사가 인간의 육체이고, 그 속에서 개인은 단지 팔다리이기 때문이다. 예수 그리스도는 세계사의 그 나이고, 더욱이 기독교 이전 세계사의 그 나이다. 왜냐하면 오늘날의 견해에서 그 나는 인간이고, 십자가에 못 박힌 그리스도 상(像)은 인간의 상으로 발전하였기 때문이다. 인간 자체, 본보기인 인간이 역사의 '중심'이다. 상상의 시작은 '인간다움'으로 다시 돌아온다. 왜냐하면 '인간'은 예수 그리스도처럼 그렇게 상상한 것이기 때문이다. 세계사의 나로서 '인간'이 기독교적 관점의 순환을 끝마친다.

실존과 소명, 다시 말해 있는 그대로의 나와 무엇으로 존재해야만 하는 나 사이의 긴장이 멈추면, 기독교 정신의 마법의 영역이 끊어졌을 텐데. 그것은 기독교 정신을 구현하려는 관념의 갈망으로서만 존재하고 실존과 소명의 구분이 줄어들면서 사라진다. 이를테면 참으로 인간 혹은 인류는 어떤 육체가 없는 이념이므로, 이념이—이념으로 남아 있을 때만, 기독교 정신은 계속해서 현존한다. [411] 육체를 갖춘 이념, 육체를 갖춘 혹은 '완전해진' 정신은 '일상의 목표'로서, 혹은 '역사의 목적'으로서 기독교인의 눈앞에 아른거린다. 그러나 그것은 기독교인에게 지금 있는 것이 아니다.

개인은 신의 왕국의 설립에 참여할 수 있을 뿐이거나, 바로 그러한 일에 대한 현대적 묘사에 따르면, 인류의 발전과 인류의 역사에 참여할 수 있을 뿐이다. 게다가 개인이 그러한 일에 참여하는 한에서만, 기독교인이거나, 현대적 표현에 따르면, 인간다운 가치가 개인에게 어울린다. 그 외의 일에서 개인은 먼지이고 벌레 같은 놈이다.

개인은 자기 자신을 위한 세계사이고 세계사의 나머지에서 자신의 소유를 소유한다는 것, 이것이 기독교다운 것을 넘어선다. 기독교인에게 세계사는 고귀한 것이다. 왜냐하면 기독교인에게 세계사는 예수 그리스도의 역사이자 '인간'의 역사이기 때문이다. 그러나 자기다운 사람에게는 오직 자신의 역사만이 가치를 지닌다. 왜냐하면 자기다운 사람은 인류의 이념, 신의 계획, 섭리의 의도, 자유, 등등이 아니라, 오직 자기 자신을 발전시키고자 하기 때문이다. 자기다운 사람은 자신을 이념의 도구 혹은 신의 그릇으로 여기지 않고, 소명도 인정하지 않으며, 인류가 더 발전하는 목표를 위해 자신이 존재한다고 상상 따위도 하지 않기에 그러한 목표를 위해 눈곱만큼도 기여할 생각이 없다. 그는 그저 스스로의 삶을 살아나가고 펼쳐 나갈 뿐, 그것으로 인류가 잘될지 나쁘게 될지 따위에는 전혀 신경 쓰지 않는다. 자연 상태를 찬미해야 한다는 그런 오해를 받지 않았다면, 레나우의 시(詩) '집시 세 사람'[541]이 생각날지도 모른다. —뭐라고, 내가 이 이념을 실현하기 위한 목적으로 이 세상에 있다고? 혹시 나의 시민권을 통해 '국가'의 관념을 실현하기 위해 나의 본분을 다해야 하는가? 혹은 남편과 아버지처럼 결혼을 통해 가족의 관념을 현실로 만들어야 하는가? 그런 소명이 나를 얼마나 괴롭히는가! 꽃이 어떤 소명에 따라 성장하지도 않고 향기가 나지도 않듯이, 나도 어떤 소명

541 니콜라우스 레나우(Nikolaus Lenau, 1802~1850년)의 시. 그는 오스트리아 시인이다.

에 따라 살아가지 않는다.

기독교의 견해가 '나, 이 유일자가 인간이다'라는 명제로 급변할 때, '인간'이라는 이상은 실현된다. '인간이란 무엇인가?'라는 개념적 질문이—'인간이란 누구인가?'라는 개인적 질문으로 바뀌었다. 그것을 실현하기 위하여, '무엇'을 사용하여 개념을 얻으려고 애썼다. 하지만 더 이상 '누가'를 사용하는 질문은 전혀 없다, [412] 오히려 대답은 질문하는 사람 그 자신에게 개인적으로 있다. 질문 자체가 스스로 답한다.

세상 사람이 신에 대해 '신한테 이름 짓지 마라'라고 말한다. 이 말은 나에게도 해당한다. 어떤 개념도 나를 표현하지 않으며, 내 본질이어야만 한다고 말하는 어떤 것도 나를 자세히 깊이 연구하여 밝히지 못한다. 왜냐하면 그런 것들은 그저 이름이기 때문이다. 또한 세상 사람이 신에 대해, 신은 완전하고 완전성을 얻고자 노력할 어떤 소명이 없다고 말한다. 이 말 역시 나에게 해당하는 것일 뿐이다.

나는 내 힘의 소유자이다, 그것도 내가 자신을 유일한 나로 알고 있을 때 그렇다. 유일한 나 속에서 소유자 자신은 자신이 태어난 창조가 깃든 무로 되돌아간다. 그것이 신이든, 인간이든, 내 위에 있는 더 높은 모든 본질은 나의 유일성이란 의식을 약하게 한다, 게다가 그런 것들은 내가 유일하다는 이 자각의 태양 앞에서만 무색해진다. 내가 나의 해야 할 일을 나 자신이, 유일한 내가 결정한다면, 그 다음에 내가 마땅히 해야 할 일을 나 자신을 소비하는 덧없는 사람, 죽음을 면할 수 없는 창조자가 결정한다면, 그러면 나는 다음과 같이 말할 수도 있다.

그 무엇도 내가 마땅히 해야 할 일을 결정하지 않는다.

끝

옮긴이 해제[01]

막스 슈티르너(Max Stirner, (1806~1856))는 『유일자와 그의 소유』(Der Einzige und sein Eigentum, 1844년)의 저자입니다. 그는 정치적, 철학적 논의가 어떻게 이루어져야 하는지에 대한 기대에 이의를 제기합니다. 그리고 그는 현대 문명의 도덕적, 정치적 우월성에 대한 독자의 신뢰를 뒤흔들어 놓습니다. 슈티르너는 개인의 자율성이 꽃피울 수 있는 급진적 "자기중심적" 대안에 대한 훨씬 더 간략한 개요를 제시합니다. 이 일과 함께 그는 "종교적" 사고방식과 억압적 사회 제도가 점점 더 지배하고 있는 현대 세계에 대해 전면적 공격을 합니다. 『유일자와 그의 소유』의 역사적 영향력은 때때로 평가하기 어렵습니다. 하지만, 슈티르너의 작업은 헤겔 좌파 운동에 즉각적이고 파괴적 영향을 미쳤고, 칼 마르크스(1818~1883)의 지적 발전에 중요한 역할을 담당했으며, 그 후 개인주의 아나키즘의 정치적 전통에 중요한 영향을 미쳤다고 말할 수 있습니다.

01 이 글은 『유일자와 그의 소유』와 다음 책을 참조하여 재구성하였습니다. Leopold, David, "Max Stirner", *The Stanford Encyclopedia of Philosophy*(Winter 2019 Edition), Edward N. Zalta (ed.), URL = 〈plato.stanford.edu〉. 초판 6. 27, 2002; 개정판 8. 22, 2019 theanarchistlibrary.org

1. 『유일자와 그의 소유』

1.1 형식과 구조

『유일자와 그의 소유』를 이해하고자 하는 현대 독자들은 특히 슈티르너의 책이 지닌 형식, 구조, 논증과 같은 몇 가지 걸림돌에 직면하게 됩니다. 격언, 강조, 그리고 과장법으로 가득한 슈티르너의 글 대부분은 당혹스러울 정도로 계산된 것처럼 보입니다. 아마도 가장 눈에 띄는 것은 단어 놀이를 사용하는 것입니다. 슈티르너는 전통적 논증을 통해 결론에 도달하기보다는, 종종 관련 어원이나 형식적 유사성을 지닌 단어를 활용하여 자기주장을 합니다. 예를 들어, 그는 소유가 개성을 표현한다는 주장을 장려하기 위해 소유란 단어(이를테면 "**Eigentum**")를 독특한 개인의 특성을 암시하는 단어("자기소유성"(**Eigenheit**))와 연관시킵니다. 202쪽에서 슈티르너는 '자기소유성'을 '자기중심성'(Egoismus)과 같은 의미로 사용하고 있습니다('자기중심성'에 대한 설명은 잠시 뒤에 하겠습니다).

전통적 형태의 지적 토론을 거부하는 것은 언어와 합리성에 대한 슈티르너의 견해와 연결됩니다. 그의 독특한 문체는 언어와 합리성 모두가 창조자를 제약하고 억압하는 인간의 산물이라는 확신을 반영합니다. 슈티르너는 수용된 의미와 논증의 전통적 표준이 개인의 통제를 넘어서는 특권적 영역의 진리 개념에 의해 뒷받침된다고 주장합니다. 결과적으로, 특권적 개념을 받아들이는 개인은 진리의 하인으로서 종속적 역할을 채택합니다. 이러한 종속적 역할을 채택한 사람은 창조적 자기 표현의 잠재적 영역을 포기합니다. 이와는 아주 대조적으로, 슈티르너는 언어 형식이나 논증 구조의 유일한, 정당한 제한은 그것들이 우리 개인의 목적에 부합해야 한다고 주장합니다. 이것이 슈티르너 글의 무자비하고 특이한 형식을 뒷받침하는 기준입니다.

『유일자와 그의 소유』는 다음과 같은 구조를 가지고 있습니다. 제1부 1장 "인간의 삶"에서 처음 소개된 세 가지 인간의 경험에 대한 설명입니다. 이 발전의 이야기에서, 첫 번째 단계는 아이들이 부모와 같은 물질적, 자연적 힘에 의해 제약을 받는 어린 시절의 **현실적** 단계입니다. 이러한 외적 제약으로부터의 해방은 슈티르너가 아래서 말한 것처럼, 정신의 "자기발견이라고 부르는 것을 통해 달성됩니다.

> 정신(Geist)은 제1의 자기발견, 신성한 것, 다시 말해 두렵고 낯선 것, 환상의 이름이고, '더 높은 힘'에 대한 최초의 이름이다. 풋풋한 청년의 감정, 이러한 자기감정은 이제 더 이상 어떤 것을 공경하면서 두려워하는 마음을 생기게 하지 않는다.[02]

왜냐하면 아이들이 자신의 결단력과 교활함으로 그러한 힘을 계략으로 능가할 수 있는 수단을 찾기 때문입니다. 그러나 두 번째 단계는 청년의 **이상적** 단계입니다. 이 단계에서 개인이 다시 한번 양심과 이성이라는 정신적 힘의 노예가 되면서 제약의 새로운 내적 원인이 포함됩니다. 세 번째 단계는 **자기중심성(Egoismus)**의 단계입니다. 이 단계에서 성인이 된 후에야 비로소 개인은 물질적(외적) 제약과 정신적(내적) 제약 모두에서 벗어나, 다른 모든 고려 사항보다 개인적 만족을 더 중요하게 생각하는 법을 배웁니다. 여기서 '자기중심성'에 대한 설명이 필요해 보입니다. 슈티르너는 "신, 조국 따위에 '열광하는' 청년보다 어른이 더 자기 자신을 중심(Mittelpunkte)에 둔다"(24쪽)고 말

02 한글본 2쇄, 『유일자와 그의 소유』, 19쪽.

합니다. 슈티르너는 에고이스트(**Egoist**)를 '어른'으로 비유합니다. 그리고 그의 책에서 청년을 관념론자로 묘사하면서 비판합니다. 그리고 유일자(**Einzige**)는 에고이스트이고 "인간답지 않은 인간(자기중심적 사람)"[194쪽]이기 때문에 '유일자'는 '에고이스트', '자기중심적 사람', '인간답지 않은 인간'과 같은 의미입니다. 따라서 '에고이스트'는 '이기주의자'가 아니라, '자기중심적 사람'으로 옮겨야 합니다. 또한 '50쪽', '252쪽'에서도 '자기 자신을 중심으로 삼는 사람'을 유일자로 표현하고 있습니다. 이러한 맥락에서 'Egoismus'는 '이기주의'가 아니라, 오히려 '자기중심성'으로 옮겨야 합니다.

슈티르너는 제1부 1장에서 개인 성장의 변증법을 역사적 발전과 유사하게 묘사합니다. 이 책의 제1부 2장과 제2부는 역사적 발전에 대한 세 부분으로 구성된 설명입니다. 인류의 역사는 실재론(고대 또는 기독교 이전 세계), 관념론(현대 또는 기독교 세계), 그리고 자기중심성(미래 세계)의 연속적 시대로 이어집니다. 『유일자와 그의 소유』의 제1부는 이 주제들 중 처음 두 주제(과거에 대한 부정적 비판을 제공하고)에 전념하고, 제2부는 그중 세 번째 주제(미래에 대한 긍정적 설명을 제공하고)와 관련됩니다.

개인적 형태와 역사적 형태 모두에서, 이 발전 이야기의 두 번째 단계는 첫 번째 단계의 부정으로 제시되고, 세 번째 단계는 차례로 그 부정의 부정으로 제시됩니다. 이 논증의 삼원 구조는 슈티르너의 헤겔주의적 수행을 확증하는 것으로 읽혀왔지만[03], 다른 관점에서 보면 헤겔주의에 대한 풍자를 구현하는 것으로 볼 수도 있습니다. 이러한 맥락에서, 슈티르너는 자신의 반(反)-헤겔주의적 입장을 발전시키기 위해

---

03 Stepelevich, Lawrence S., 1985, "Max Stirner as Hegelian", *Journal of the History of Ideas*, 46: 597-614.

변증법적 구조를 활용하면서, 도발, 조롱과 유머에 대한 고의적 시도를 모두 제공한 것으로 이해되었을 가능성이 높습니다.[04]

1.2 고대 세계와 현대 세계[05]

『유일자와 그의 소유』의 제1부는 미래보다는 고대와 현대 세계에 관심을 두고 있다는 점에서, 과거 지향적이고, 이 책의 일차적 목적이 현대가 종교적 사고방식에서 벗어나지 못했다는 점을 보여주는 것이라는 점에서 부정적입니다. 슈티르너의 계보적 설명의 대부분은 현대 시대에 할애되어 있으며, 그는 고대 세계가 현대성의 기원에 기여하는 한에서만 고대 세계를 논의합니다.

그러나 두 경우 모두 사례의 대부분은 문화적 그리고 지성적 문제의 영역에서 가져온 것입니다. 이러한 예들은 인류의 현대적 발전을 자유의 점진적 실현으로 묘사하는 역사를 약화시킬 뿐만 아니라, 점점 더 정신적인 것에 의해 억압받는 현대 세계의 개인에 대한 설명을 뒷받침하기 위한 것이기도 합니다. 슈티르너는 개인이 어떤 형태로든 정신에 종속되는 것을 종교적 예속으로 간주합니다.

현대성의 역사적 발전에 대한 슈티르너의 설명은 주로 종교 개혁이라는 단일 사건을 중심으로 전개됩니다. 그는 개인의 관점에서 볼 때, 가톨릭에서 기독교로의 주도권 이동은 개인을 해방시키는 것이 아니

---

04 De Ridder, Widukind, 2008, "Max Stirner, Hegel, and the Young Hegelians: A Reassessment", *History of European Ideas*, 34(3): 285-297.

05 제1부 2장 제목이 "고대인과 현대인"이고 2장 1절과 2절의 제목이 각각 "고대인", "현대인"입니다.

라, 그 대신 정신적 지배의 확장과 강화를 구성한다는 것을 보여 주려고 시도합니다. 종교 개혁은 정신적인 것과 감각적인 것의 구별을 인정하지 않기 때문에, 개인에 대한 종교적 통제 영역을 축소하기보다는 확장합니다. 예를 들어, 기독교는 성직자의 결혼을 금지하기보다는 결혼을 종교적으로 만들어, 정신적 영역을 감각적 영역으로까지 확장합니다. 종교 개혁은 또한 개인과 종교 사이의 유대를 완화하기보다는 강화합니다. 예를 들어, 기독교의 더 많은 내적 신앙은 자연적 충동과 종교적 양심 사이에 끊임없는 내적 갈등을 낳습니다. 슈티르너는 전형적으로 생생하고 전투적 은유를 통해, 개인의 이러한 내적 갈등을 현대 정치 체제에서 주민과 비밀경찰 사이의 투쟁과 유사한 것으로 묘사합니다.

> 개신교는 틀림없이 실제로 사람을 일종의 '비밀 – 경찰 – 국가'로 만들어왔다. 간첩과 엿듣는 사람인 '양심'은 마음의 모든 가벼운 움직임을 감시하고, 게다가 모든 생각과 행동은 개신교에서 '양심이 마땅히 해야 할 일', 다시 말해 경찰행정이 마땅히 해야 할 일이다. 개신교도는 '본능'과 '양심'(내면의 폭도와 내면의 경찰행정)이라는 이러한 인간의 내적 분열로 존재한다.[06]

현대 세계가 종교적 사고방식을 폐지하기보다는 재생산하고 있다는 슈티르너의 주장은 동시대 헤겔 좌파의 저작물에 대한 지속적 공격 기회를 제공합니다. 특히 루트비히 포이어바흐는 개인이 정신에 종속되는 것을 극복하지 못한 사람으로 지목되었습니다. 슈티르너의 연구 계획에서 포이어바흐 비평의 중심성은 포이어바흐의 가장 잘 알려진 작품의 구조적 풍자를 구현한 『유일자와 그의 소유』의 형식에서 분명

---

06 한글본 2쇄, 『유일자와 그의 소유』, 141쪽.

히 나타납니다.

포이어바흐의 『기독교의 본질』의 두 부분에는 ‘신’과 ‘인간’이라는 제목이 붙어 있었는데, 첫 번째 부분은 공격을 받았고 두 번째 부분은 찬사를 받았습니다. 슈티르너의 작품 중 상응하는 두 부분의 이름은 ‘인간’(제1부 제목)과 ‘나’(제2부 제목)입니다. 보다 실질적으로, 슈티르너는 포이어바흐의 업적에 대한 진보적 판단에 이의를 제기하려고 합니다. 그는 종교 비판을 완성한 포이어바흐를 찬양하는 것은 단순한 오류가 아니라 거짓에 가깝다고 주장합니다. 포이어바흐의 문제는 종교를 훼손하기는커녕, 종교의 핵심 특징을 재현하고 증폭시킨다는 것입니다.

포이어바흐가 보기에, 기독교의 가장 큰 오류는 기독교가 인간을 술어로 가져와서 마치 그것이 독립된 존재로 구성된 것처럼 다른 세계에 투영했다는 것입니다. 그는 종교적 신념을 인류가 자기 이해로 발전하는 데 필요한 단계라고 보았습니다. 좀 더 정확하게 말하면, 우리가 인간의 본성이 무엇인지 처음으로 이해하게 되는 것은 기독교의 주어와 술어의 전도된 관계에서 올바른 관계를 회복하는 변혁적 비평을 통해서입니다. 더욱이 포이어바흐는 일단 내세적 형태에서 해방되면, 이러한 본질적 인간 특성, 특히 타인에 대한 우리의 사랑이 미래의 소외되지 않은 사회적, 정치적 삶의 기초를 형성하게 될 것이라고 주장합니다. 그는 기독교를 파괴하는 것이 아니라, 기독교의 내용을 내세적 형태로부터 해방시키려고 노력했습니다. 이 주장은 또한 자신이 무신론자였다는 그의 독특하고도 특이한 부정의 핵심이기도 합니다.

슈티르너는 “진정한 무신론”의 이러한, 아마도 특이한 특징을 포착하고 그 포착에 따라 움직였다고 말할 수 있습니다. 슈티르너는 적절하게 이해된 종교는 개인이 어떤 모습으로든 “정신”에 종속되는 것을 특징으로 한다고 주장합니다. 결과적으로, 초월적 주체로서의 신을 거부하는 것은 종교의 본질적 성격과 실패를 그대로 남겨둡니다. 포이어바흐의 완전론의 문제는 **"겉만 번지르르한 것"**[신의 주어:옮긴이]을 바꾸었을 수도 있지만 **"본래의 핵심"**[신의 속성:옮긴이]은 변하지 않은 채로 남겨둔다고 슈티르너는 말합니다.

> 그는 적어도 인간들에게 겉만 번지르르한 것(Flitter)[신의 주어]을 좀 더 오래 남겨둘 수 있었을 것이다. 왜냐하면 본래의 핵심(eigentliche Kern)인 인형[신의 속성]이 그럼에도 불구하고 여전히 남아 있었기 때문이다.[07]

신성한 것이 신이 아니라면, 신성한 것은 슈티르너가 언급하는 "그 인간"(**Der** Mensch)입니다. 요컨대, 그는 포이어바흐가 인간 본성을 있는 그대로 기술하기보다는, 인간 존재에 관한 규정적 설명을 신격화했다고 말합니다. 그 결과, 포이어바흐는 종교의 진정한 핵심, 즉 "내 위에 있는(über Mir) 어떤 본질"[08] 을 정립하는 것은 그대로 남겨두었습니다. 실제로, 슈티르너는 포이어바흐의 업적이 실제로 개인에 대한 신의 폭정을 더욱더 완전하게 만든 "지배자의 교체"(Herrenwechsel)[09]에 영향을 미쳤다고 상기시킵니다. 첫째, 지배자의 교체는 지배를 확장시킵니다. 왜냐하면 이 새로운 신은 더 이상 충실한 신자들의 전유물이 아니라, 신자와 불신자 모두를 똑같이 소유할 수 있기 때문입니다. 그리고 둘째, 지배자의 교체는 지배를 강화합니다. 왜냐하면 우리 자신의 양심에 대한 감시는 "비둘기처럼 우리 머리 위로"[10] 훨훨 날아다니는 초월

07 한글본 2쇄, 『유일자와 그의 소유』, 94쪽.

08 같은 책, 77쪽.

09 같은 책, 92쪽.

10 같은 책, 150쪽.

적 주체의 감시보다 회피하기가 훨씬 더 어렵기 때문입니다.

슈티르너는 이 비판을 자신이 베를린에서 관계를 맺었던 사람들을 포함하여 모든 헤겔 좌파들에 대한 비판 작업으로 확장합니다. 비록 인간 본질의 내용에 대해서는 의견이 일치하지 않지만, 아르놀트 루게와 같은 "정치적 자유주의자"에게는 인간 본질이 '시민권'과 동일시되고, 모제스 헤스와 같은 "사회적 자유주의자"에게는 인간 본성이 '노동'과 동일시되며, 브루노 바우어와 같은 "인간적 자유주의자"에게는 인간 본질이 '비판적 활동'과 동일시됩니다. 슈티르너는 모든 헤겔 좌파들이 다음과 같은 기본적 포이어바흐주의의 오류를 재현했다고 말합니다. 곧 개인을 인간 본질에서 분리하고서, 개인보다 높은 본질을 얻으려고 애써야 할 것으로 설정합니다. 대조적으로, 슈티르너는 인간 본질은 보편적이거나 규정적 내용을 갖고 있지 않기 때문에, 인간 본질은 우리가 어떻게 살아야 하는지에 대한 어떤 주장도 근거로 삼을 수 없다고 주장합니다. 그가 소명이란 개념이 용납되지 않는 "인간답지 않은 인간"(Unmenschliche)[11], 평범하고 죽기 마련인 나를 회복하려는 시도로 묘사하는 그 자신의 지적 연구 계획은 이러한 동시대 작업과 근본적 단절을 의도했습니다. 여기서 슈티르너가 단호히 반(反)-완전론의 입장에 동의하는 것이 분명해 보일 수도 있습니다.

그러나 이러한 해석은 도전을 받았습니다. 슈티르너는 "본질주의적 완전론"(Essentialist Perfectionism)이라고 부를 수 있는 것을 확실히 거부합니다. 즉, 그것은 인간 본질의 일부 측면을 실현하기 때문에 개인의 특정한 특성들을 소중하게 여기는 윤리 이론입니다. 그러나, 그럼에도 불구하고 그는 이상적 성격, 즉 그것이 가져올 수 있는 행복이나 즐

11 이 단어는 한글본 2쇄, 『유일자와 그의 소유』, 77쪽에 처음 등장하고 이후 책 전체에 걸쳐 나타납니다.

거움과는 별도로, 완벽함을 가치 있게 여기는 자기-통치하는 개인의 모습을 계속해서 받아들입니다. 슈티르너의 자기중심적 사람은 외부 권력에 대한 복종을 피해야만 할 뿐만 아니라, 자기중심적 사람을 외부 권력 그 자체의 실현을 위한 도구로 만드는 것을 보장하는 외부 권력의 생각과 감정을 향하여 감정의 분리도 수양해야 합니다. 여기에서 해석적 제안은 "반-본질주의적 완전론"이라는 이상(理想)이 "인간답지 않은 인간"과 "자기중심적 사람"에 대한 슈티르너의 찬미 속에 살아남는다는 것입니다.[12]

1.3 자기중심성의 미래

『유일자와 그의 소유』의 제2부는 고대나 현대의 세계보다는 자기중심적 미래에 관심을 갖는다는 점에서 미래지향적이고, 슈티르너와 동시대 사람들이 종교의 폭정으로부터 해방될 수 있는 가능성을 확립하고자 한다는 점에서는 긍정적이다.

개인과 사회 사이의 발전하는 역사적 관계에 대한 슈티르너의 설명은 자기중심성을 보다 진보된 문명의 구체화로 묘사하기 위해 고안된 일련의 유사점을 통해 발전됩니다. 그는 사회계약에 대한 초기 근대적 개념을 받아들였습니다. 사회계약에서 진보는 개인주의적 자연상태에서 공동체적 시민 사회로의 이동으로 이루어지는데, 그는 이를 깔끔하게 반전시킵니다. 슈티르너에게 자연 상태는 사회이지 고립이

12 Leopold, David, 2019, "The Non-Essentialist Perfectionism of Max Stirner", in Michael Quante, Douglas Moggach, and Nadine Mooren (eds.), *Perfectionismus der Autonomie,* Munich: Wilhelm Fink, pp. 269–289.

아닙니다.

> 인간의 본원적 상태는 외따로 홀로 떨어짐 혹은 혼자의 삶이 아니라, 오히려 사회이다.[13]

사회는 인류의 "자연-상태"[14]이며, 발전의 초기 단계이며, 그 부적절함은 때가 되면 극복됩니다. 다른 곳에서, 그는 개인과 사회 사이의 발전하는 관계를 어머니와 자녀 사이의 관계와 유사하다고 설명합니다. 개인(아이)이 덜 답답한 환경에 대한 성숙한 선호를 갖게 되려면, 자신을 종속적 위치에 유지하려는 사회(어머니)의 요구를 버려야 합니다.

> 어머니는 이전에 자기 가슴에 누워있던 아이를 또다시 자신의 아이로 소유하기 위해, 길에서 노는 아이의 친구들 가운데서 아이를 데려와야만 한다. 아이는 자신이 들어가지 않았지만, 오히려 태어났을 뿐인 **사회**보다는 자기 동료와 함께 **교류**에 들어가는 것을 더 좋아한다." [15]

두 경우 모두, 슈티르너는 개인이 복종에서 벗어나기 위해서는 사회적 관계에서 자기중심적 관계로 전환해야 한다는 교훈을 이끌어 냅니다. 하지만 "자기중심성"이 의미하는 바가 항상 명확한 것은 아닙니다. 슈티르너는 때때로 심리적 자기중심적 사람, 즉 모든 (의도적) 행동이 행위자의 자기유용에 대한 관심에 의해 동기가 부여된다고 설명

---

13 한글본 2쇄, 『유일자와 그의 소유』, 475쪽.

14 같은 책, 같은 곳.

15 한글본 2쇄, 『유일자와 그의 소유』, 475쪽.

하는 주장의 지지자로 묘사됩니다.

그러나 슈티르너의 입장에 대한 이러한 특성화에는 의문이 제기될 수 있습니다. 특히, 『유일자와 그의 소유』는 자기중심적 경험 형태와 비(非)자기중심적 경험 형태 사이의 대립을 중심으로 구성되어 있습니다. 실제로, 그는 비(非)자기중심적 행동이 역사적으로 (실재론과 관념론의 시대에) 지배적이었다고 주장합니다. 더욱이, 어느 시점에서 슈티르너는 비(非)자기중심적 행동을 거부하기 위해서만 심리적 자기중심성이라는 설명의 입장을 채택하는 것을 명시적으로 고려한 것처럼 보입니다. 이를테면 그녀 가족의 뜻을 존중하기 위해 다른 사람에 대한 그녀의 사랑을 희생하는 젊은 여성에 대한 논의에서, 슈티르너는 여성이 구혼자의 매력보다 그녀 가족의 희망을 분명히 선호했기 때문에, 세상 사람들은 이 경우에 "자기유용"(Eigennutz)이 여전히 만연했다고 주장하고 싶은 유혹을 받을 수 있다고 말합니다.

> "세상 사람들은 다음과 같이 말할 수 있을 것이다. '여기서도 자기유용(Eigennutz)이 중요시되었다. 왜냐하면 고분고분한 소녀는 자신의 소원 성취보다 가족의 화합에 자기 자신이 더 만족한다는 감정에서 그녀의 결정이 나왔기 때문이다.'"[16]

그러나 슈티르너는 이러한 가설적 설명을 거부하며 "고분고분한 소녀가 자기의지(Eigenwillen)를 불만족스럽게 남겨둔 것을, 그리고 높은 힘에 비참하게 굴복했었다는 것을 의식한다."[17]고 주장했습니다. 우

---

16 같은 책, 343쪽.

17 같은 책, 같은 곳.

리는 그녀의 행동을 “효성이라는 미신이 그녀에게 지배권을 휘둘렀기 때문에, 굴복했고 희생”[18]되었다고 보아야 한다는 것입니다.

슈티르너가 일반적으로 이해되는 자기유용의 행동 가치에 관한 규범적 명제를 옹호한다고 생각하는 것도 실수일 것입니다. 슈티르너의 자기중심성은 개인이 판에 박힌 자기유용을 추구하는 것과 구별될 필요가 있습니다. 『유일자와 그의 소유』에서, 슈티르너는 물질적 부를 추구하기 위해 모든 것을 희생하는 탐욕스러운 개인의 중요한 예를 논의합니다. 그러한 개인은 분명히 자기유용을 갖고 있지만(그는 단지 재산을 모으기 위해서만 행동합니다), 그 일은 슈티르너가 일방적이고 편협하다고 거부하는 자기중심성이며 정신을 빼앗긴 상태입니다.

> 재물을 모으기 위하여 자신의 모든 것을 단념하는 탐욕스러운 사람(Geizige)은 자신을 희생하지 않는 사람인가? 혹은 쾌락을 좇는 사람은 자신을 희생하지 않는 사람인가? 하나의 열광이 그를 지배한다. 그는 하나의 열광을 위해 다른 모든 것을 희생한다.
> 그뿐 아니라 이러한 자신을 희생하는 사람들은 어쩌면 자기에게 유용한 사람, 곧 자기중심적 사람이 아닌가? 그들은 하나의 지배적 열광만을 지니고 있으므로, 또한 오로지 하나의 만족에 힘을 다하지만, [82] 만족을 위해 더욱더 열렬한 사람이다. 그들은 만족에 열중해 있다. 그들의 모든 행위와 행동은 자기중심다운 것이다. 그러나 그들의 모든 활동은 어떤 한쪽으로 치우친, 열려있지 않은, 편협하고 고루한 자기중심성이다. 이것은 정신을 빼앗긴 상태이다.[19]

이러한 형태의 자기중심성을 거부한 슈티르너의 이유는 무엇일까

18 같은 책, 344쪽.

19 한글본 2쇄, 『유일자와 그의 소유』, 118-119쪽.

요? 그는 탐욕스러운 사람은 하나의 목적에 노예가 되어 있으며 "그러한 자기중심성은 하찮은 정열들이니, 도리어 그런 정열들에 의해 자신을 노예로 만들도록 해서는 안 된다."라고 말합니다. 그런 자기중심성은 "위대한 대의를 위하여 희생"[20]하는 것이라고 주장하면서 노예 상태는 온당하게 이해된 자기중심성과 상반된다고 제안합니다.

슈티르너주의 자기중심성은 아마도 자기유용의 추구라는 관점뿐만이 아니라, 오히려 개인의 자기 통치 또는 자율성라는 변형으로 가장 잘 생각될 것입니다. 온당하게 이해된 자기중심성은 슈티르너가 "자기소유성"(Eigenheit)이라고 부르는 것과 동일시되어야 하며, 이는 자발적이든 강제적이든 개인의 판단을 보류하는 것과 양립할 수 없는 자율성 유형입니다. 슈티르너는 "육욕이나 어떤 다른 것(신, 인류, 권위, 법, 국가, 교회)에 의해 지배되지 않고, 내가 나 자신의 주인일 때에만 나는 나 자신의 것이다."[21] 라고 썼습니다. 이미 언급했듯이, 이러한 슈티르너의 자기 통치의 이상은 외부적, 내부적 차원을 갖고 있으며, 이는 우리가 타자들에게 우리 자신을 종속시키는 것을 피하는 것을 요구할 뿐만 아니라, 우리 자신의 "탐욕"에 자신의 "마음을 빼앗기"(fortressen)"[22]지 않기를 요구합니다. 간단히 말해서, 슈티르너는 다른 사람의 의지에 종속되는 그 어떤 정당성을 거부할 뿐만 아니라, 개인이 자신의 욕구와 생각으로부터 감정을 분리하라는 것도 권장합니다.

자기중심성에 대한 이러한 설명에 비추어 볼 때, 슈티르너를 "허무

---

20 같은 책, 119쪽.

21 같은 책, 265쪽.

22 같은 책, 95쪽, 'fortressen'라는 동사는 총 3번 언급된다. 95쪽에서 2번, 545쪽에서 "열광케 하여(begeistert), 그대의 마음을 빼앗을(fortreisst) 때", 따라서 '열광케 하는' 것과 '마음을 빼앗기는' 것은 같은 의미로 쓰고 있음을 알 수 있다.

주의자"로 규정한 것(그가 모든 규범적 판단을 거부한다는 의미에서) 역시 잘못된 것으로 보일 것입니다. 슈티르너를 "허무주의자"로 묘사하는 대중적이지만 의심스러운 묘사는 그가 도덕성을 명백히 거부했기 때문에 고무되었습니다. 슈티르너의 설명에 따르면, 도덕성은 특정한 고정된 방식으로 행동해야 하는 '의무'를 설정하는 것을 포함합니다. 결과적으로, 그는 온당하게 이해된 자기중심성과 양립할 수 없는 도덕성을 거부합니다. 그러나, 이러한 도덕성에 대한 거부는 '가치 자체'에 대한 거부에 근거한 것이 아니라, 비도덕적 선이라고 부를 수 있는 것을 긍정하는 데 근거를 두고 있습니다. 즉, 슈티르너는 도덕적이지는 않지만(행동과 욕구가 타인에 대한 의무를 수반하지 않기 때문에), 그럼에도 불구하고 긍정적으로 평가되어야 하는 행동과 욕구가 있다고 인정합니다. 슈티르너는 인격의 특정 종류와 행동 양식(즉, 자율적 개인 및 행동)이 다른 모든 것보다 중요하다는 비(非)허무주의의 관점에 분명히 전념하고 있습니다. 이 점에서 그의 도덕 개념은 협의(狹義)의 개념이며, 그가 도덕적 주장의 정당성을 거부하는 것을 모든 규범적 또는 윤리적 판단의 타당성에 대한 거부와 혼동해서는 안 됩니다. 결과적으로 슈티르너가 명백히 평가하는 어휘를 자주 사용하는 데에는 불일치가 없습니다. 예를 들어 다음과 같습니다. 그는 "거짓말할 용기"[23]를 가진 자기중심적 사람을 칭찬하거나, 가족의 압력에 굴복한 개인의 약함을 비난합니다. 여기서 "약한 사람은—자기에게 유용하지 않은 사람들"[24]입니다. 그리고 '자기에게 유용한 사람'은 '자기중심적 사람'입니다.

따라서 슈티르너의 입장에서 두 가지 특징이 근본적으로 드러납니

23 한글본 2쇄, 『유일자와 그의 소유』, 463쪽.

24 같은 책, 344쪽.

다. 첫째, 그는 "자기소유성"을 많은 선(善) 중 하나의 선으로 생각하는 것이 아니라, 가장 중요한 선, 다른 모든 선보다 우선하는 선으로 생각합니다. 둘째, 그는 타인에 대한 그 어떤 정당한 의무, 심지어 개인이 자발적으로 떠맡은 정당한 의무와 상반되는 자기 통치에 대한 설명을 채택합니다. 이렇게 해서 개인의 자율성과 속박하는 의무를 조화시키는 가장 친숙한 방법을 거부하게 되었을 것입니다. 요컨대, 슈티르너는 개인의 자기 통치를 무엇보다 중시하는 것으로 보이며, 그 자기 통치를 설득력 있고 색다른 방식으로 해석합니다.

1.4 자기중심성의 약간의 결과

슈티르너의 입장이 가져온 결과는 극단적이고 광범위한 것으로 보입니다. 도덕성의 예에서 알 수 있듯이, 자기중심적 사람은 사회 제도 및 관행을 소중히 여기는 누군가와 갈등을 겪을 가능성이 높습니다. 슈티르너는 일관되게 (비(非)자기중심적) 사회를 소속의 관계와 연관시키며, (비(非)자기중심적) 사회를 개인의 예속을 포함하는 것으로 취급합니다. 예를 들어, 그는 "한 가족 유대관계의 결성이 그 사람을 구속"[25]한다고 주장합니다. 자기중심성과 사회 사이의 갈등에 직면한 슈티르너는 자기 통치에 대한 자신의 공약이나 이해를 재검토하도록 촉구 받지 않고, 그 대신 그러한 전통적 제도와 관행의 정당성을 자신 있게 부인합니다. 이는 다음과 같은 응답의 두 가지 예이면 충분할 수 있습니다.

슈티르너의 설명에 따르면, 자기중심적 개인과 국가 사이에는 필연

25 같은 책, 177쪽.

적 반감이 있습니다. 이러한 불가피한 적대감은 슈티르너의 자율성 개념과 법을 준수해야 하는 의무 사이의 갈등에 기초합니다.

> 나 자신의 의지는 국가의 파괴자이다. 따라서 국가는 그것을 '자기의지'라고 비난한다. 자신의 의지와 국가는 불구대천의 힘들이고, 그것들 사이에 '영원한 평화'는 절대로 가능하지 않다.[26]

자기 통치는 법을 준수해야 하는 의무와 양립할 수 없으며, 그보다 더 높이 평가되기 때문에, 슈티르너는 정치적 의무의 정당성을 거부합니다. 이러한 거부는 정치적 의무의 토대와 국가의 형태에 관계없이 적용된다는 점에 유의하십시오. 슈티르너에게 "모든 국가는 전제정치이다. 독재자가 한 사람이든 다수이든"[27] 상관없이 그렇습니다. 집단적 결정이 만장일치로 이루어진 직접 민주주의의 가설 사례에서도, 슈티르너는 자기중심적 사람이 집단적 결정의 결과에 구속될 것이라는 점을 부인합니다.

> 국민 속 모든 개인이 동일한 의지를 표현했고, 이를 통해 완전한 '집단 의지'가 탄생했다고 생각하는 경우라도 문제는 여전히 동일할 것이다.[28]

그는 "어제의 나의 의지"에 의해 오늘을 묶는 것은 나의 "창조물", 즉 "특정한 의지의 표현"을 나의 "명령자"로 바꾸는 것이라고 주장합니다. 그것은 내 의지를 굳게 만드는 것이 될 것이며, 이일은 슈티르너

---

26 같은 책, 304쪽.

27 같은 책, 305쪽.

28 한글본 2쇄, 『유일자와 그의 소유』, 305쪽.

에게 "불쾌한 고정성"이므로, 그는 "나는 어제 바보였기 때문에, 나는 그런 바보로 평생 남아 있어야 한다."[29]는 것을 부인합니다.

약속을 지키는 것은 자기 통치에 대한 공약과 이해의 또 다른 초기 희생입니다. 슈티르너는 약속 제도를 부당한 강제와 연관시킵니다. 왜냐하면 정당하게 이루어진 약속이 지켜져야 한다는 요구는 개인의 자율성에 대한 그의 이해와 양립할 수 없기 때문이다. 슈티르너는 개인을 구속하려는 또 다른 시도로서 약속을 지켜야 하는 그 모든 일반적 의무를 거부합니다. 그는 자기중심적 사람은 "거짓말이라는 영웅적 용맹(Heldenmut)"[30]을 받아들여야 하는데, "왜냐하면 거짓말에 속하는 용기(Mut)는 진실에 속하는 용기 못지않기 때문"[31]이며, "결정되는 사람보다는 자기 자신이 결정하기"[32] 위해 자신이 한 약속조차 기꺼이 깨뜨려야 한다고 제안합니다. 슈티르너가 주장하는 것은 더 큰 정신적 목표를 위해 자신의 약속을 어기는 사람들을 위한 것이 아니라(예를 들어 루터가 하나님을 위해 수도원 서약을 어겼던 것처럼), 오히려 자기 자신들을 위해 자신의 약속을 어기려는 그러한 개인들을 위한 것이라는 점에 유의하세요.

『유일자와 그의 소유』에는 자기중심적 사람들이 자율성과 양립할 수 없는 것으로서 거부해야 하는 제도와 관행에 대한 부정적 설명뿐만 아니라, 개인의 자기 통치와 충돌하지 않는 자기중심적 관계의 가능한 형태에 대한 몇 가지 긍정적 제안도 포함되어 있습니다. 특히, 슈티르

29 같은 책, 같은 곳.

30 같은 책, 468쪽

31 같은 책, 같은 곳.

32 같은 책, 367쪽,

너는 "자기중심적 사람들의 연합"(Verein von Egoisten)[33]에 대한 간략한 개요를 제공합니다.

> 어떤 연합이 굳어져 사회가 되면, 연합은 연합화(Vereinigung)를 멈출 것이다. 왜냐하면, 연합은 서로 끊임없이 연합하는 것이기 때문이다.[34]

자기중심적 미래는 완전히 고립된 개인들로 구성되는 것이 아니라, 오히려 "연합하는" 관계, 즉 독립적이고 자기 결정적 개인들 사이의 비(非)영구적 연결로 구성된다고 합니다. 결과적으로 자기중심적 사람들의 연합의 핵심 특징은 개인의 종속을 포함하지 않는다는 것입니다. 연합은 자율성의 "아들이고 동업자"[35]이며, 개인들이 주권을 잃지 않고, 다른 누구의 "깃발"[36]에 충성을 맹세하지 않고도 연합할 수 있게 해주는 끊임없이 변화하는 동맹입니다.

> 그러니까 사람들이 겨냥하는 것은 또 다른 국가('국민의 국가')가 아니라, 오히려 자신들의 연합, 결합, 존속하는 모든 것의 끊임없는 유동적 연합이다.[37]

자기중심적 사람들의 이러한 연합은 순전히 도구적 연합을 구성하며, 그것의 이익은 관련된 개인이 자신의 개인적 목표를 추구함으로써 얻을 수 있는 이익일 뿐입니다. 그러니까 공유된 최종 목적은 없으며

33 같은 책, 278쪽.

34 같은 책, 475쪽.

35 같은 책, 478쪽.

36 같은 책, 366쪽.

37 같은 책, 346쪽.

연합 그 자체는 가치가 없습니다.

『슈티르너 비평가들』[38]에서, 슈티르너는 자기중심적 연합을 예증하기 위해 마음이 따뜻해지는 두 가지 거리 장면을 상상합니다.

> 아마 지금 이 순간에 헤스의 창 밖에 친선 놀이(Spielkameradschaft)를 하기 위해 몇몇 아이들이 모였을 것이다. 그가 아이들을 본다면, 그는 즐거운 자기중심적 연합을 볼 것이다. 아마 헤스는 친구나 애인이 있을 것이다. 그 다음에 헤스는 그들의 두 마음이 서로를 기쁘게 하기 위해 자기중심적으로 모여들 듯, 한 마음이 다른 마음을 찾는 방법을 알고 있고, 아무도 그런 일로 손해를 보지 않는 방법을 알고 있다. 아마도 헤스가 길거리에서 몇 명의 좋은 친구들을 만나서 친구들이 헤스에게 포도주 마시려 함께 가자고 요구한다. 그가 친구들에게 친절을 베풀기 위해 그들과 함께 가는가? 아니면 그 일이 기쁨을 약속하기 때문에, 그가 그들과 "연합하는가"(vereint)? 친구들은 "희생" 때문에 진심으로 헤스에게 감사해야 하는가? 아니면 그들 모두가 잠시 동안 "자기중심적 연합"을 형성한다는 것을 알고 있는가?[39]

첫 번째 장면에서는, 아이들이 서로 우연히 만나 자발적으로 "친선 놀이"에 참여합니다. 그리고 두 번째 장면에서는, 모제스 헤스(슈티르너의 『유일자와 그의 소유』를 비판했던 문제의 비평가 중 한 명)가 '충실함' 때문이 아니라, '즐거움'을 기대하면서 술을 마시기 위해 친구들을 만났습니다.

슈티르너는 때때로 자기중심적 사회관계에 대한 이러한 기본적 설

---

38 이 책의 출현 이유와 간략한 내용에 대한 확인은 '옮긴이 말'을 참조하면 됩니다.

39 *Max Stirner: Parerga, Kritiken, Repliken* hg. v. Bernd A. Laska. Nürnberg: LSR-Verlag 1986. S. 204.

명을 가장 잘 명료하게 하는 방법에 대해 고민하는 것처럼 보입니다. 적어도, 『유일자와 그의 소유』에서 그가 자기중심적 관계를 공들여 만들어 내는 일은 서로 다른 경로를 취하는 것처럼 보일 수 있습니다.

이러한 경로 중 첫 번째는 다음과 같습니다. 슈티르너는 자신의 견해가 급진적이고 예상치 못한 결과를 초래할 수 있다는 것을 적어도 너무 강하게 암시하는 것을 피하려고 노력합니다. 더 정확하게 말하면, 그는 특정한 친숙하고 가치 있는 관계(예: "사랑")가 자기중심적 미래에도 계속될 수 있다고 제안하려고 합니다. 이러한 제안은 아마도 특히 그러한 친숙하고 가치 있는 관계에 애착을 갖고 있는 사람들에게 미래가 더욱 매력적으로 보이도록 하기 위한 것일 것입니다.

자기중심적 사랑은 개인이 다른 사람의 즐거움을 향상시키기 위해 어느 정도 자신을 부인할 수 있도록 허용하지만, 이는 단지 결과적으로 자기 자신의 즐거움이 향상되기 때문입니다. 바꾸어 말하면, 자기중심적 사랑의 대상은 여전히 개인 자신입니다. 자기중심적 사람은 자신의 자율성과 이해관계를 다른 사람에게 희생하는 것이 아니라, 오히려 "사랑이 나를 행복하게"[40] 만드는 동안에만 사랑합니다. 어느 시점에서, 슈티르너는 이 관계를 개인이 다른 사람을 "즐기는" 관계로 묘사합니다.

> "나는 사랑이 나에게 자연스럽기 때문에, 사랑이 나를 즐겁게 하기 때문에 그들을 사랑한다."[41]

다른 사람을 즐기는 것과 그들을 사랑하는 것은 다소 다른 문제처

---

40 한글본 2쇄, 『유일자와 그의 소유』, 450쪽.

41 같은 책, 같은 곳.

럼 보일 수 있기 때문에, 그 묘사는 깊은 뜻이 있는 문제입니다. 전통적(그리고 비(非)자기중심적) 의미에서 다른 사람을 사랑하는 것은 그것이 우리의 이해관계에 부합하지 않을 때나, 우리 자신의 욕구와 행복과 충돌할 때에도 그 사람의 복지를 증진하려는 욕구를 포함하는 것으로 생각할 수 있습니다. 이런 점에서, 그 일은 슈티르너의 자기중심적 사랑에 대한 설명과 어느 정도 거리를 두고 있습니다. 여기서 요점은 용어의 문제가 아니라(슈티르너는 분명히 우리가 자기중심적 사랑을 "사랑"이라고 부르며 "그런 까닭에 오래된 울림에 전념"[42]하라는지, 아니면 우리가 새로운 어휘를 발명하는지에 거의 관심을 두지 않습니다.), 오히려 이러한 경험이 없는 세상은 낯설고 빈곤한 세상이 될 것이라는 점입니다.

그가 자기중심적 관계를 공들여 만들어 내는 경로 중 두 번째는 다음과 같습니다. 슈티르너는 자기중심적 질서를 채택함으로써 발생하는 급진적이고 생소한 결과를 찬양합니다. 실제로, 여기저기에서 그는 그의 견해가 그의 독자로부터 거의 위안을 얻지 못할 놀라운 결과를 가져왔다는 사실을 인정하는 것을 즐기는 것 같습니다. 이것은 『유일자와 그의 소유』의 일부인 산파 연극 같은 그리고 도발적 어조의 원천 중 하나입니다.

슈티르너는 자기중심적 사람과 그의 대상(물론 사물뿐만 아니라 다른 사람도 포함) 사이의 적절한 관계를 소유 관계로 설명합니다. 자기중심적 사람은 더 넓은 세계에 대한 "소유권"의 관계에 올바르게 서 있습니다. "자기중심적 소유"라는 개념을 보다 친숙한 법률상의 소유권 개념(예: 사유 재산 또는 집단 소유권)과 혼동해서는 안 됩니다. 이러한 보다 친숙한 소유 형태는 권리 개념에 기초하고 있으며, 독점권

42 한글본 2쇄, 『유일자와 그의 소유』, 456쪽.

을 구하거나 사용을 제한하는 것을 포함하지만 슈티르너는 이를 거부합니다. 오히려 자기중심적 소유는 온 세계가 개인의 "무제한의 지배"로 구성됩니다.

> 소유는 어떤 것(물건, 동물, 인간)에 대한 무제한의 지배를 표현하고 있다.[43]

이는 개인이 사람 및 사물과 관계 맺을 때, 도덕적 제약이 없다는 것을 의미하는 것으로 보입니다. 슈티르너는 때때로 사람들 사이의 연합을 "사용할 수 있음(Brauchbarkeit), 쓸모가 있음, 유용"[44]의 관계를 포함하는 것으로 설명합니다. 그는 자기중심적 사람은 다른 사람들을 "마치 나 역시 그대가 즐기면서 먹고, 사용하는(verbraucht) 것처럼, 모름지기 —나의 양식"[45]으로 본다고 제안합니다. 슈티르너는 타인에 대한 그 어떤 일반적 의무를 거부함으로써 초래되는 극명한 결과를 수용하며, 예를 들어 자기중심적 사람은 "생살여탈권"[46]조차 포기하지 않는다고 주장합니다. 책 전체에 걸쳐, 그는 자신의 아이를 질식사시킨 장교의 미망인[47], 자기 여동생을 "부인"으로 대하는 남자[48]를 비난하는 것을 거부합니다. "우리는 서로에게 아무 의무도 없다."[49]는 것입니다.

슈티르너는 『유일자와 그의 소유』의 독자가 자기중심적 미래에 대

43 같은 책, 389쪽.

44 같은 책, 460쪽.

45 같은 책, 같은 곳.

46 같은 책, 493쪽.

47 같은 책, 493쪽.

48 같은 책, 73-74쪽.

49 같은 책, 460쪽.

한 자신의 주장에서 조금도 위안을 얻은 못한다는 점을 인정하지만, 이 독자의 복지는 그에게 아무런 관심이 없다고 주장합니다. 실제로, 슈티르너는 자신이 다른 사람에 대한 관심에서 동기를 부여받았다면, 자신의 생각을 전파하기보다는 숨겨야 했을 것이라고 제안합니다. 슈티르너는 이러한 사상이 "가장 잔혹한 전쟁과 많은 세대의 멸망"으로 이어질 것이라고 믿었더라도, 여전히 그러한 사상을 퍼뜨렸을 것이라고 주장합니다.

> 나는 세상에 내 생각을 주어 세상에 현존하기를 원하기 때문에 글을 쓴다. 그리고 내가 이러한 생각이 당신한테서 당신의 휴식과 평화를 빼앗을 것이라고 예견할 수 있을지라도, 이러한 생각의 씨앗으로부터 가장 잔혹한 전쟁과 많은 세대의 멸망이 싹튼다는 것을 알고 있을지라도, ―여전히 나는 내 생각을 널리 퍼뜨릴 것이다. 당신이 하고자 하고 할 수 있는 것을 해라. 그것은 당신의 일이고 나는 그 일에 신경을 쓰지 않는다.[50]

2. 슈티르너의 영향

슈티르너가 사망할 당시, 슈티르너의 짧은 악명 기간은 이미 끝났고, 그의 책은 몇 년 동안 절판되었으며, 그의 작품이 장기적으로 영향을 미칠 조짐은 거의 없었습니다. 그러나 그 이후로, 『유일자와 그의 소유』는 최소 8개 언어로 번역되었으며, 100개 이상의 판(版)으로 발행되었습니다.

---

50 한글본 2쇄, 『유일자와 그의 소유』, 459쪽.

슈티르너에 대한 후속 해석은 종종 현대의 지적 유행을 따랐습니다. 예를 들어, 20세기 초, 니체의 작업 양식과 내용 모두에 영향을 미치지는 않았지만(니체가 슈티르너의 작품을 읽었다는 것은 확실하지 않습니다.), 예상했던 대로, 슈티르너는 프리드리히 니체(Friedrich Nietzsche, 1844-1900)의 선구자로 자주 묘사되었습니다.[51] 1960년대와 1970년대 초, 슈티르너는 실존주의의 선구자로 재발견되었는데, '창조가 깃든 무'[52]라는 그의 반(反)본질주의적 '나'(Ichf) 개념은 장 폴 사르트르(Jean-Paul Sartre, 1905~1980)가 채택한 인간 본성 개념과 유사했습니다.[53] 더 최근에 슈티르너는 (특히 질 들뢰즈(Gilles Deleuze, 1925-1995)와 관련이 있는) 초기 포스트구조주의자로 확인되었으며, 보편적 인간 본성에 대한 개념을 거부하고, 권력과 정체성에 대한 인본주의적 담론에 대한 계보학적 비판을 사용하며, 국가 중심적 사고의 다양한 형태에 반대했습니다.[54] 이러한 유사점들은 종종 그럴듯하고 흥미롭지만, 회의론자는 그것들이 슈티르너의 철학적, 정치적 사상의 측면을 조명하는 만큼이나 그것들은 변화하는 역사적 열광을 드러낸다고 의심할 수도 있습니다.

슈티르너 작업의 역사적 영향은 아마도 두 가지 다른 맥락에 더 그럴듯하게 위치해 있습니다. 독일 포어메르츠(Vormärz)[55]의 지적 생활에

---

51 Carus, Paul, 1914, *Nietzsche and Other Exponents of Individualism,* Chicago: Open Court, 74-99.

52 한글본 2쇄, 『유일자와 그의 소유』, 12쪽, 565쪽.

53 Paterson, R.W.K., 1971, *The Nihilistic Egoist:* Max Stirner, New York: Oxford University Press.

54 Newman, Saul, 2009, "Empiricism, Pluralism, and Politics in Deleuze and Stirner", *Idealistic Studies,* 33(1): 9-24.

55 Vormärz, '3월 전기'; 독일의 1848년 3월 혁명 이전의 기간.

끼친 동시대의 영향과 관련하여, 『유일자와 그의 소유』는 헤겔 좌파인 동시대 사람들에게 파괴적 영향을 미쳤으며, 칼 마르크스 사상의 발전에 중요한 역할을 했습니다. 장기적 역사적 영향과 관련하여, 『유일자와 그의 소유』는 개인주의적 아나키즘의 정치적 전통의 근거를 두는 출전이 되었습니다.

급진적 헤겔주의자인 동시대인들이 종교적 사고방식을 깨뜨리는 데 실패했다는 슈티르너의 주장은 대부분의 주요 헤겔 좌파들이 이러한 공격에 맞서 공개적으로 자신의 작업을 방어하도록 촉발시켰습니다. 아마도 이러한 답변 중 가장 중요한 답변에서, 방어적이고 화난 것처럼 보였던 포이어바흐(슈티르너가 자비를 들여 자신의 이름을 높이려고 한다고 의심하는)는 포위되고 시대에 뒤떨어진 입장을 유지하기 위해 고군분투하는 것으로 널리 인식되었습니다. 브루노 바우어 또한 슈티르너의 주체성 형태에 맞서 자신의 자기의식 철학을 방어하려고 비판적 반응을 보였습니다.[56] 슈티르너는 이러한 헤겔 좌파의 비평들 중 세 명에게 직접 답변했습니다. 슈티르너는 『슈티르너 비평가들』(1845)이라는 제목의 글에서, "스첼리가"(Szeliga(프란츠 지칠린스키(Franz Zychlinski(1816-1900)의 가명))의 바우어 "인본적 자유주의" 옹호, 그리고 모제스 헤스(Moses Hess)의 사회주의 옹호, 포이어바흐 자신의 포이어바흐 변호에 대해 모두 비판하였습니다. 『슈티르너 비평가들』의 자신감 넘치는 답변에서 슈티르너는 『유일자와 그의 소유』의 핵심 주제 중 일부를 반복하고 자기중심성에 대한 자기 주장의 성격을 명확히 했습

56 Moggach, Douglas, and Widukind De Ridder, 2013 "Hegelianism in Restoration Prussia, 1841–1848: Humanism and 'Anti-Humanism' in Young Hegelian Thought", Lisa Herzog(ed.), *Hegel's Thought in Europe*, London: Palgrave Macmillan, chapter 4.

니다. 슈티르너는 또한 젊은 쿠노 피셔(Kuno Fischer)에게 답변하는 『철학의 반동주의자들』이라는 제목의 가명 기사에서 동시대 비평가들에게 최종 답변을 제공했을 수도 있습니다. (『철학의 반동주의자들』(1847)의 부제는 "피셔(Kuno Fischer)가 쓴 「현대의 소피스트」에 대한 에드워드(G. Edward)의 응답"입니다. "G. Edward"를 막스 슈티르너로 동일시하는 것이 그럴듯하지만 논란의 여지가 없는 것은 아니므로 주의가 필요합니다.)

슈티르너의 작업은 또한 당대 헤겔 좌파들의 동료이자 당시 거의 알려지지 않았던 칼 마르크스에게도 중요한 영향을 미쳤습니다. 슈티르너는 마르크스를 급진적 포이어바흐주의자로 취급하는 방식으로 간접적으로 언급하고 있습니다.

> 이제 나를 인간과 완전히 동일시하기 위하여, 누군가는 나는 어떤 '현실의 유적존재'(Gattungswesen)가 되어야만 한다는 요청을 고안하였고 설계하였다.[57]

1845년과 1846년 사이에, 마르크스는 프리드리히 엥겔스(1820~1895)와 협력하여 현재 일반적으로 『독일 이데올로기』라고 불리는 일련의 원고를 작성했는데, 여기에는 이전의 철학적 동시대인들에 대한 맹렬한, 지속적 공격이 포함되어 있습니다. 이들 문헌의 대부분은 당시 출판되지 않았으며, 바우어, 포이어바흐, 그리고 슈티르너의 작업에 대한 비판이 완전히 인쇄된 것은 1932년이었습니다. 이른바 『독일 이데올로기』에 포함된 슈티르너에 대한 비판은 출판된 한글본의 693쪽 분량을 차지합니다.[58] 그리고 마르크스가 슈티르너의 입장을 무자비하게

---

57 한글본 2쇄, 『유일자와 그의 소유』, 273쪽을 참조하세요.

58 칼 맑스, 이병창 『독일 이데올로기』 1권, 먼빛으로, 2019, 215-908쪽.

비판하기는 하지만, 『유일자와 그의 소유』가 마르크스의 사상에 영향을 미치지 않았다는 것은 거의 성립되지 않습니다. 특히, 슈티르너의 책은 마르크스의 사상에 중요한 역할을 한 것으로 보입니다. 곧 마르크스가 포이어바흐(마르크스의 초기 저작들 중 다수에 상당한 영향을 미쳤다는 것은 쉽게 알 수 있음)의 작업과 단절하도록 동기를 부여했습니다. 그리고 마르크스가 사회 비판에서 인간 본성의 개념이 수행해야 하는 역할을 다시 생각하게 만들었습니다. 그래서 마르크스에게 어떤 의미에서 공산주의가 얼마나 개인주의적이어야 하는지에 대해 더 명확하게 생각하도록 강요합니다.

마지막으로, 오랜 기간에 걸쳐 『유일자와 그의 소유』의 저자는 아나키스트 전통의 구성원이자 아나키스트 전통에 영향을 미친 사람으로 가장 잘 알려지게 되었습니다. 특히, 슈티르너라는 이름은 개인주의 아나키즘의 가장 초기이자 가장 잘 알려진 대표적 인물 중 한명으로서 아나키스트 사상에 대한 역사적 조사에 정기적으로 등장합니다. 그렇다면 슈티르너와 아나키스트는 어떤 유사성이 있을까요? 슈티르너와 아나키스트 전통 사이의 유사성은 국가가 부당한 제도라는 주장에 있습니다. 이 주장에 대한 그의 정교함은 흥미롭고 독특한 것입니다.[59] 슈티르너에 따르면, 국가는 결코 정당할 수 없습니다. 왜냐하면 개인의 자기 통치와 법을 준수할 의무(국가의 합법성을 확인하는) 사이에는 필연적 갈등이 있기 때문입니다. 개인의 자기 통치가 그 어떤 경쟁하는 고려보다 우선한다는 점을 감안할 때, 슈티르너는 국가의 요구가 개인에게 구속력을 갖지 않는다고 결론 내립니다. 그러나, 그는 개인들

---

59 Leopold, David, 2006, "The State and I: Max Stirner's Anarchism", Douglas Moggach (ed.), *The New Hegelians. Politics and Philosophy in the Hegelian School*, Cambridge: Cambridge University Press, 176-199.

이 결과적으로 국가에 반대하고 국가를 제거하려고 시도할 아무런 일반적 의무가 있다고 생각하지 않습니다(국가가 개인들의 권한 내에 있는 한에서는). 오히려 개인은 각 특정 사례에서 국가의 요구를 따를지 여부를 결정해야 합니다. 자기중심적 사람의 자율성과 국가 사이의 요구가 충돌하는 경우에만, 그는 법의 요구 사항을 회피할 것을 권장합니다. 즉, 개인은 국가를 전복할 의무가 없지만, 슈티르너는 자기중심성이 확산하여 국가가 결국에 붕괴할 것으로 생각합니다. 점점 커지는 법에 대한 자기중심적 무례함의 누적 효과는 "국가 자체라는 배"의 "밑바닥을 뚫어 침몰시킬"[60] 것이라고 그는 제안합니다. 슈티르너의 개인주의와 국가에 대한 의심에 영향을 받은 아나키스트들은 여러 유럽 국가에서 찾아볼 수 있습니다.

1912년의 마스던

제임스 워커

벤자민 터커

영국에서, 그의 사상은 도라 마스던(Dora Marsden(1882~1960))과 그녀의 저널 「새로운 자유 여성」(The New Freewoman) 및 「자기중심적 사람」(The Egoist)에 영향을 미쳤습니다. 미국에서, 『자기중심성의 철학』(The Philosophy of Egoism)의 저자인 제임스 L 워커(1845-1904)가 슈티르너의 사상에 관심을 갖고 영향을 받았지만, 미국에서 슈티르너를 찬미하는 가

60 한글본 2쇄, 『유일자와 그의 소유』, 91쪽.

장 잘 알려진 아나키스트들은 벤자민 터커(Benjamin R. Tucker(1854~1939))와 주목할 만한 저널인 「자유」(Liberty(1881년 창간))를 중심으로 형성된 집단에 있었습니다.[61] 슈티르너의 사상을 다른 사람들이 이용할 수 있도록 유지하고, 그의 작품의 많은 판본과 번역본을 제공하는 책임을 맡은 사람들은 종종 개인주의 아나키스트였습니다.

슈티르너는 『유일자와 그의 소유』의 성질과 영향에 대한 이러한 논의를 후회하지 않았을 것 같습니다. 그는 성경에 대한 다양한 해석을 고려하면서, "성경을 갈기갈기 찢거나 그것으로 놀이를 하는 아이"의 판단, 성경이 그에게 말을 하지 않자, "성경을 경멸적으로 내던져 버리는 잉카의 아타우알파"(c.1502-1533)의 판단, "성경을 '신의 말씀'으로" 찬양하는 성직자의 판단, 그리고 "성경을 사람의 손으로 만든 것"으로 분석하는 비평가의 판단들 중 하나만을 선택하는 것을 거절합니다.[62] 슈티르너 자신의 작품에 대한 해석의 다양성은 더할 나위 없이 슈티르너를 즐겁게 했을 것이고, 원문의 의미에 대한 정당한 제약이 있을 수 없다는 그의 관점에서 그를 격려했을 것입니다. 슈티르너 자신은 "세상에 내 생각을 주어 세상에 현존하기를 원하기 때문에 글을 쓴다."라고 묘사한 적이 있으며, 그 생각들 이후에 일어나는 일은 "당신의 일이며 나는 그 일에 신경을 쓰지 않는다."[63]고 주장했습니다.

마지막으로 슈티르너가 괴테의 시 "헛되고, 헛되니, 헛되도다! (Vanitas! Vanitatum Vanitas)"에서 차용한 말(Ich hab' Mein Sach' auf Nichts gestellt.)로 자기 책을 시작하고 끝내는 것은 우연이 아닙니다. 독일어

---

61 Welsh, John F., 2010, *Max Stirner's Dialectical Egoism: A New Interpretation*, Lanham, MD:Lexington Books, 117-225.)

62 한글본 2쇄, 『유일자와 그의 소유』, 518-519쪽.

63 한글본 2쇄, 『유일자와 그의 소유』, 459쪽.

'Sache'는 '대의'(大義)로 옮길 수 있습니다. '대의'는 '사람으로서 마땅히 행해야 할 큰 도리'라는 의미입니다. 괴테의 시는 슈티르너와 마찬가지로 자기 자신 밖에서 대의를 찾는 일을 절망스러운 일로 다룹니다. 돈, 섹스, 여행, 명성, 그리고 전쟁과 같은 수많은 활동에서 삶을 소비하면서도, 개인은 그것들의 그 어떤 것과도 일체감을 갖지 못합니다. 그에게 모든 대의는 무(無)입니다.

이러한 관점에서, 독일어 원문 "Ich hab' Mein' Sach' auf Nichts gestellt"은 "나는 내가 마땅히 해야 할 일을 무(無)에 두었다", 혹은 "나는 나의 대의를 무(無)에 두었다"로 옮길 수도 있습니다. 창조자로서의 내가 모든 대의를 창조하는 "창조가 깃든 무"로 파악하는 한 가지 방법은 대의를 시간으로 생각하는 것입니다. 슈티르너가 유일자가 되는 진정한 방법은 "시간이 모든 것을 해체하듯이(auflöst) 자기 자신을 해체한다면"[64] 이라고 썼을 때, 바로 이것을 암시하는 것입니다. 왜냐하면 시간은 모든 대의를 파괴하고 생명을 부여하며, 모든 대의를 자기 자신의 것으로 소비하고 생산하며, 모든 것을 스스로 소멸시키고 창조하기 때문이다. 물론 모든 대의는 인본주의자에게 '인간다움'입니다. 그러나 모든 대의는 슈티르너에게 무(無)입니다. 왜냐하면 나는 시간이고, 모든 대의의 파괴자이기 때문이다. 그렇다면 모든 '대의', '마땅히 해야 할 일'을 결정하는 주체는 누구일까요? 그것은 '나다움', '나'입니다.

> 모든 인간을 도덕적, 이성적, 신앙심이 깊은, 인간다운, 등등의 '본질을 형성하려는' 노력, 다시 말해 길들임은, 아득한 옛날부터 유행해 왔다. 그것들은 굴하지 않는 나다움(unbezwinglichen Ichheit), 자기 자신의 기질, 자기중심성

64 한글본 2쇄, 『유일자와 그의 소유』, 514쪽.

에 부딪혀서 난파한다.[65]

그 어떤 것이든 타자의 것이 나를 지배해서는 안 된다는 것입니다. 유일자 철학의 자기 통치, 자율성이란 측면을 잊지 않는다면, "Ich hab' Mein' Sach' auf Nichts gestellt"은 "그 무엇도 내가 마땅히 해야 할 일을 결정하지 않는다."라고 옮길 수 있습니다. 이 말을 다시 음미하면 "나만이 내가 해야 할 일을 결정한다."라고 옮길 수도 있습니다. "모든 것은 나에게 아무것도 아니다"(All things are nothing to me)[66]가 아니라, 오히려 유일자는 마땅히 해야 할 일을 자신이 결정한다는 것입니다. 모든 대의는 유일자에게 무입니다.

---

65 같은 책, 513쪽.

66 Stephen Byington의 영어 번역본에서 "Ich hab' Mein' Sach' auf Nichts gestellt"라는 구절은 "All things are nothing to me"으로 옮겨져 있습니다. 그리고 책 제목의 더 정확한 번역이 'Unique and its Property'이어야 함에도 불구하고, 'Ego and His Own'이라는 매우 불행한 제목으로 출판되었습니다.

옮긴이 말[01]

막스 슈티르너는 예나 전투와 나폴레옹의 프로이센 점령 직후인 1806년 10월 25일 바이에른주 바이로이트에서 태어난 요한 카스파르 슈미트(Johann Kaspar Schmidt)의 가명이다. 그는 갓난아기였을 때 사망한 플루트 연주자의 아들이었다. 그가 세 살이 되기 전에 그의 어머니는 나이 많은 약제사와 재혼한 후 그와 함께 서프로이센(지금의 폴란드)의 비스툴라 강을 끼고 있는 쿨름으로 이사했다. 요한도 쿨름에 살게 되었고 그곳에서 소년기를 보냈다. 그런 다음 1818년에 슈미트는 1664년에 설립된 유명한 김나지움에서 인본주의적 기독교 교육을 시작하기 위해 삼촌과 대부(代父)와 함께 다시 바이로이트로 이사했다. 그는 "착하고 부지런한 학생"이었고, 1826년 9월 높은 점수로 김나지움을 떠났다.[02] 그런 다음 그는 베를린으로 이사하여 1835년까지 대학에서 공부를 계속했고, 남은 생애의 대부분을 거기에서 살았는데, 두 번째 아내는 그를 떠났고 극심한 가난에 빠져 두 번이나 감옥에 갇혔다. 슈티르너는 날벌레에 목을 쏘이고는 한 달 후 그로 인한 열병으로

---

01 이 글은 제이슨 맥퀸(Jason McQuinn)의 다음 글을 참조하여 작성하였다. *Clarifying the Unique and Its Self-Creation:An introduction to "Stirner's Critics" and "The Philosophical Reactionaries"*(2012), https://archive.org/details/StirnerStirnersCritics

02 존 헨리 맥케이(John Henry Mackay), 휴버트 케네디(Hubert Kennedy) 옮김, *Max Stirner: His Life and his Work*(Peremptory Publications, Concord, CA, 2005), 32쪽.

1856년 6월 25에 사망했다.

슈티르너는 1839년부터 1844년까지 베를린의 '젊은 여성을 위한 교육 및 교육 기관'에서 가장 존경받는 교사였다. 작가이자 비평가인 막스 슈티르너로 악명이 높아진 후, 그는 불길할 운명인 낙농업을 시작했고, 작가이자 번역가로 일하면서 아담 스미스(Adam Smith)의 『국부론』(*The Wealth of Nations*)와 장바티스트 세(Jean-Baptiste Say)의 『정치경제학 개론』(*Traité 'Economie Politique*)의 가장 중요한 독일어 번역본을 만들었다.

슈티르너는 김나지움과 베를린과 에를랑겐 대학교(각각 그 당시 프리드리히 빌헬름 대학교(Friedrich-Wilhelms-Universität)[지금은 베를린 훔볼트 대학교]와 프리드리히 알렉산더 에를랑겐-뉘른베르크 대학교(Friedrich-Alexander-Universität Erlangen-Nürnberg, FAU)을 가리킨다.)에서 헤겔주의의 큰 영향을 받으며 수년 동안 공부했다. 베를린에서 그는 1826년에 대학 공부를 시작했고, 1835년에 교사양성시험(pro facultate docendi exams)을 마쳤다. 슈티르너는 박사 학위를 받을 자격이 있었지만 지원하지 않았다. 에를랑겐에서 그는 1829년에 잠시만 공부했다. 그의 헤겔 철학의 영향은 그가 8년 동안 공부한 바이로이트에 김나지움의 교장인 게오르크 안드레아스 가블러(Georg Andreas Gabler)[03]와 관계가 있다.(헤겔이 죽었을 때 베를린 대학교 철학 교수의 자리를 이어받은 사람이 가블러였다는 점에 주목하는 것이 중요하다.) 또한 헤겔 철학의 영향에는 슈티르너가 마르하이네케(P.K. Marheineke)[04], 크리스티안 카프(Christian

03 독일의 철학자. 베를린 대학 교수. 헤겔 우파. 1805-06년에 예나 대학에서 헤겔의 강의를 청강했으며, 김나지움 교사를 거쳐 헤겔의 『정신현상학』에 기초한 『철학적 예비학 교과서』*(Lehrbuch der philosophischen Propädeutik)*(1827)를 저술했다.

04 마르하이네케(1780-1846)는 독일의 프로테스탄트 신학자. 하이델베르크 대학 교

Kapp)와 칼 미슐레(Karl Michelet)[05] 같은 저명한 헤겔 철학의 교수 밑에서 공부했던 것과 관련된다. 가장 중요한 것은 슈티르너가 헤겔이 한창 인기 있던 1827년과 1828년에 베를린에 있는 대학에서 게오르크 빌헬름 프리드리히 헤겔(Georg Wilhelm Friedrich Hegel) 자신의 강의에 참석했다는 사실이다. 헤겔주의자들과 더불어, 슈티르너는 베를린에서 가장 저명한 프리드리히 슐라이어마허(Friedrich Schleiermacher)(신학)[06], 하인리히 리터Heinrich Ritter(논리학), (고전 언어학 연구에서)필립 아우구스트 뵈크(Philipp August Böckh)와 요한 아우구스트 빌헬름 네안데르(Johann August Wilhelm Neander) 밑에서 공부했다.

학업을 마치고 교사로서의 경력을 시작한 후, 슈티르너는 그 당시 "자유인"이라고 불렸던 브루노 바우어(Bruno Bauer) 주변의 급진적 지식

수를 거쳐 베를린 대학 교수 겸 삼일교회 설교사. 헤겔 우파의 대표자.

05 미슐레(1801~1893)는 독일의 철학자, 헤겔 중앙파. 1824년에 헤겔의 지도하에 교수자격을 획득, 1829년에는 베를린 대학에서 철학원외교수가 되며, 또한 1825년 이래 프랑스계의 김나지움의 교사였다.

06 슈티르너는 프리드리히 슐라이어마허 밑에서 신학(철학적, 역사적이고 실천적 신학)을 중심으로 공부하였지만, 또한 슐라이어마허의 해석학, 비평, 윤리학 및 변증법을 통합적으로 포함하여 공부하였다. 슈티르너는 슐라이어마허의 신학 소개 보다는 변증론, 논쟁술, 독단론, 통계학, 신조론(信條論)을 포함하여 후자의 4가지로부터 훨씬 더 많은 것을 배웠을 것이다. 그리고 실천신학의 경우에는 교회봉사의 원리, 목회사업, 교회정치의 원리와 같은 흥미진진한 주제를 다룬다. 프리드리히 슐라이어마허, 테렌스 N. 타이스(Terrence N. Tice) 옮긴 1811년과 1830년 개정판, 『연구 분야로서의 신학 개요』*(Brief Outline of Theology as a Field of Study)*, 3판 (Westminster John Knox Press, Louisville, KY, 2011)을 보라. 비록 슈티르너가 (특히 독일)낭만주의 전체 범위의 영향을 확실히 받았지만, 지각과 감정에 대한 슐라이어마허의 강조와 해석학에서 지각과 감정의 중심적인 위치는 슈티르너가 칸트적이고 헤겔적 합리주의를 훼손하고 전복시키는 데 중요한 영향을 미쳤을 가능성이 높다.

인 집단과 교제하기 시작했다. 이 집단은 "박사클럽"이라고 하는 이전 집단의 후계자로 간주될 수 있다. 그 집단의 한 사람에 따르면 "그들 대부분이 이미 학업을 마친 야심 찬 젊은이들"로 구성되어 있었는데, 그 집단 안에서 "최고의… 이상주의, 지식에 대한 갈증 및 자유주의 정신이 지배적이었다…"[07] 브루노 바우어의 중심 역할 외에도, 초창기 집단은 젊은 학생 칼 마르크스의 참여로 유명했다. 그러나 슈티르너가 자유인과 오랜 관계를 시작했을 즈음에, 마르크스는 자유인 집단의 대부분의 사람들과 더 이상 교제를 거부하여 떠났을 때이다. 한때 "청년헤겔학파" 또는 "헤겔 좌파"[08]로 확인된 많은 사람들이 박사클럽 혹은 자유인 모임에 나타난 것 같다. 자유인은 보통 저녁에 베를린의 와인 바나 맥주 선술집 여기저기에서 만났고, 대화, 비평, 토론, 농담, 카드 게임, 흡연 및 음주를 위해 결국 가장 안정적 모임 장소로서 히펠(Hippel) 주점에 자리 잡았다. 그리고 그곳에서 슈티르너는 베를린에 계속 거주하는 한, 마음이 편안할 수 있는 지성을 갖춘, 종종 도전적이며 솔직한 동지들로 이루어진 끊임없이 변화하는 그룹을 찾았다. 자유인에 더 주목할 만한 참가자들 중에서 브루노 바우어는 슈티르너의 가장 친한 친구 중 한 명이 되었고(슈티르너의 두 번째 결혼에 증인으로 참석했고 장례식에 참석했다), 프로이센의 젊은 장교인 프리드리히 엥겔스도 나중에 칼 마르크스와 깊은 우정을 나누기 시작하기 전에, 잠시 슈티르너와 동무가 되었다.

슈티르너가 통신원, 평론가, 수필가로서 급진적인 언론에 기여하

---

07 David McLellan, *Karl Marx: His Life and Thought*(Harper & Row, New York, 1973) 32쪽.

08 이 경우의 헤겔 '좌파'는 종교에 대해 비판적이었고 '우파'는 이런저런 형태로 헤겔주의에 대한 기독교적 해석을 지지했다.

기 시작했던 그 당시는 사회 · 정치사상에서 헤겔 좌파가 우세하던 시기였다. 가장 중요한 것은 1842년 4월과 6월에 『라인 신문』*(Rheinische Zeitung)* 부록에 「우리 교육의 잘못된 원칙」과 「예술과 종교」라는 제목의 규모가 작은 논문을 기고했다는 사실이다(둘 다 우연히 칼 마르크스가 편집자로 취임하기 직전에 출판되었다). 다른 기고문은 다른 곳에서 출판되었다. 그리고 마침내 그는 자신이 책을 쓰고 있다는 암시를 주기 시작했다. 그러나 그의 동무 중 그 누구도 『유일자와 그의 소유』가 실제로 출판되었을 때, 그 책의 급진적 힘과 의도에 대해 준비되어 있지 않았다. 슈티르너는 가능한 모든 종교적, 철학적이고 이데올로기적 체계에 대한 전례 없는 비판을 완성했다.

1844년 가을에 슈티르너의 『유일자와 그의 소유』의 최초 공개 사본이 처음 등장했다. 그는 피할 수 없는 공공연한 논쟁을 예상하고, 이미 10월 1일자로 교사직을 그만둘 것을 통보했다. 이 책은 처음에 흥분에서 분노, 혼동에서 경악에 이르기까지 다양한 반응으로 받아들여졌다. 그중에서도 특히 루트비히 포이어바흐, 프리드리히 엥겔스 그리고 아놀드 루게의 편지는 슈티르너에게 몇 가지 찬사를 보냈다.[09] 그러나 슈티르너의 비판에 대한 처음의 개방성은 재빨리 마음의 폐쇄로 바

---

09 루트비히 포이어바흐는 편지에서 슈티르너의 책에 대해 다음과 같이 썼다. "그 책은 훌륭하고 독창적 작품이다…." 그리고 슈티르너를 비판한 후 그는 다음과 같이 말했다. "그럼에도 그가 가장 독창적이고 자유로운 작가임을 알 수 있는 기회를 얻었다." 1844년 11월 19일자 마르크스에게 보낸 편지에서, 프리드리히 엥엘스는 "분명히 슈티르너는 '자유인' 중에서 가장 재능 있고, 독립적이며, 열심히 일하는 사람이다…." 『독일의 학문과 예술을 위한 독일연보』의 발행인이자 『독불연보』] *(Deutsch-Französiche Jahrbücher)*의 공동 편집자(마르크스와 함께)인 아놀드 루게는 자신의 어머니에게 보낸 편지에서 그 책은 "독일이 생산한 최초의 읽을 수 있는 철학 책"이었다고 전했다.(Max Stirner, David Leopold 편집, *The Ego and Its Own*, Cambridge University Press, Cambridge, 1995, 13쪽)

꿔었다.

막스 슈티르너는 자신의 책 첫 쪽에서 그의 의도를 알렸다. 그는 자기중심성이 신, 인류 또는 술탄에게 어울린다면 왜 나에게는 어울리지 않느냐고 주장했다. 이 세계의 상상한 주인들이 그와 같이 찬미 받는 동안에 왜 항상 실제로-존재하는 사람, 저마다 다른 자기중심적 사람만을 깔보았는가? 왜 우리는 이 상상한 주인들에게서 배우지 않고, 우리 삶의 주인으로서 그들의 자리에 우리 자신을 두지 않는가? 슈티르너는 계속해서 자기 자신을 위해 이 일을 하고 우리가 그의 안내를 따르도록 권유한다. 이 책의 나머지 부분은 자발적 노예 상태에서 의식적 자기 창조라는 관점의 변화에 뒤따르는 함의(含意)들에 대한 조사이다.

하느님이나 신들, 인류, 인간, 사회, 정치 국가, 경제 또는 황제, 왕 또는 대통령과 같은 모든 상상의 이 형상들은 정확히 그것들의 존재와 힘의 대부분을 위해 사람들이 그것들을 실재와 힘으로 상상하는 대중의 믿음에 의존한다. 슈티르너의 걸작은 이 현상에 대한 일관된 조사와 비판이고, 사람들이 실제로 자기소외의 과정 속에서 이러한 환상들에 자신의 현실과 힘의 측면을 어디에 어떻게 바치는지를 묘사한다. 슈티르너는 초월적이거나 절대적 진리, 가치 또는 실재(그것 자체는 창조하기 위해 동일한 유형의 자기 소외를 필요로 한다)를 주장하지 않는다.

그러나 신학자, 철학자, 설교자, 도덕가, 정치가, 경제학자, 판사, 경찰, 이데올로기 학자, 심리학자 및 신성한 힘의 모든 다른 전문가의 노력은 매일 매 순간 계속된다. 그들 모두가 우리 각자가 우리가 섬기고 싶어 하는 상상의 자기중심적 사람인 지배자들에게 충성을 맹세하기 위해 실제로 존재하는, 모든 특정한 개인들의 자기중심성을 깔보는 합창단에 합류하기를 원한다. 당신은 당신의 삶을 얕보고 싶은가? 아니면 프롤레타리아트나 공산주의에, 자유 기업이나 자본주의에, 언어, 자유에 굽실거리고 싶은가?

내재적 비판(내부로부터의 비판)만이 관념의 물화 혹은 상상의 관념(슈티르너가 쓰는 용어로 '정신', '유령', 개념적 '본질', 또는 '고정관념')에 대한 자신들의 자기 노예화를 주장하는 사람들을 몰아낼 수 있다. 반대로 어떤 성공한 초월적 비판은 단지 다른 어떤 상상의 관념이나 관념의 물화로 상상의 관념이나 관념의 물화를 재건하기 위해 하나의 상상의 관념이나 관념의 물화에서 이러한 자기 노예화를 제거한다. 할 수 있는 관념의 물화나 관념에서 모든 형태의 자기 노예화를 제거하는 것은 사람들이 스스로를 노예화하는 특정한 관념에 대한 비판을 요구하는 것이 아니라, 자기 노예화 자체의 실천에 대한 비판을 요구한다. 모든 형태의 노예 상태를 폐지하려면 노예가 된 사람들이 그들 자신의 실질적 자율과 자기-소유를 되찾으려고 그들 자신의 해방을 위해 싸워야 한다. 노예 상태가 된 사람들 각자는 모든 형태의 노예화에 대한 자신의 내재적, 실제적 비판을 구성해야 한다. 그렇지 않으면 노예 상태로 남아 있기 위해 스스로를 비난해야 한다.

막스 슈티르너를 최초로 비판한 비평가들은 모두 독일 포어메르츠기(Vormärz, '3월 전기'; 독일의 1848년 3월 혁명 이전의 기간)의 급진적, 문학적, 철학적 및 정치적 환경 내에서 글을 쓴 동시대 사람들이었다. 그들은 다음과 같은 사람들을 포함한다. 루트비히 포이어바흐(현대 인본주의의 중심 창시자인『기독교의 본질』의 유명한 저자), 모제스 헤스(당시 젊은 칼 마르크스와 어울리던 포이어바흐주의자인 공산주의자), 브루노 바우어(이전에 보수적 헤겔주의의 옹호자가 급진적 비평가가 됨), 셀리가(프란츠 지클린 폰 지칠린스키(Franz Zychlin von Zychlinski의 가명, 브루노 바우어의 "비판적 비판"의 지지자이기도 한 프로이센 장교), 쿠노 피셔(여전히 학생인 동시에 -다른 헤겔 좌파들과 함께- 슈티르너를 "새로운 소피스트"라고 큰 소리로 외치는 소책자의 저자, 나중에 존경받는 철학사가가 됨), 이 중 3개의 비평은 슈티르너의 글이 처음 발행된 후, 슈티르너가 1845년에 『비간트(Wigand)의 계간지』에서 「슈티르너 비평가들」라는 제목으로 응답하기 위해 곧 출판되었다. 슈티르너가 인쇄물로 브루노 바우어에게 답장을 보낸 적은 없지만, 슈티르너의 책에 대한 브루노 바우어의 응답은 같은 해 1845년 호에도 실렸다. 1847년 후반에 슈티르너(G. 에드워드(Edward)라는 이름으로 저술)는 『비간트(Wigand)의 에피고넨』 3권에서 쿠노 피셔에게 「철학의 반동주의자들」이라는 제목으로 응답했다. 불행히도 슈티르너는 마르크스와 엥겔스의 『독일 이데올로기』라는 통렬한 비난에 응답할 수고를 덜었다. 슈티르너나 그들도 자신들의 생애에 『독일 이데올로기』를 출판할 수 없었기 때문이다. 『독일 이데올로기』는 한국어로 2019년에 출판되었다. 이제야 비로소 『독일 이데올로기』에서 그들의 맹렬한 공격과 함께 슈티르너의 『유일자와 그의 소유』을 읽을 수 있게 되었다. 『독일 이데올로기』가 집필된 지 한 세기 반 후, 데리다는 슈티르너와 마르크스 모두를 괴롭히는 얽힌 유령들의 거미줄을 풀려고 시도했다(*Derrida, Specters of Marx* (1994)). 그가 촉구하듯이, "마르크스 없이도, 또는 마르크스에게 맞서 독해 되어야 하는 슈티르너의 독창성, 대담함, 정확히는 철학적-정치적 진지함을 진지하게 받아들여야" 할 때이다.

이제 감사의 마음을 전할 때이다. 번역에 아낌없는 격려를 보내주신 이정호 선생님, 서유석 선생님에게, 번역 글을 정성스럽게 검토해 준 신현부 대표에게 감사합니다. 그동안 함께 격려와 관심을 주신 김성민 선생님과 제자 모임의 모든 구성원들에게 감사의 마음을 전합니다. 지금도 삶의 지혜를 주시는 고향의 부모님과 서로에게 의지하는 형제들에게 조금이라도 보답할 일이 생겼습니다. 물론 혜진이에게도 항상 미안하고 고마운 마음을 간직하고 있음을 전합니다. 세계를 함께 향유하는 삶의 동지이자 동반자인 연수에게도, 또한 나의 번역에 기운을 준 한국철학사상연구회 회원들, 지인들 그리고 스승인 이성백 선생님에게, 생전에 슈티르너 번역에 많은 관심과 지지를 보내주신 고(考) 이규성 선생님과 고(考) 김우철 선생님에게 감사드립니다. '자유인'에 대한 엥겔스의 캐리커처를 토대로 슈티르너를 그려준 민효정 작가에게 감사하며, 마지막으로 포기하지 않고 번역을 마친 유일한 '나'에게 어깨를 두드리며 참으로 고생했다는 말을 전합니다.

찾아보기

한국어

ㄱ

ㄴ

ㄷ

ㄹ

ㅁ

ㅂ

ㅅ

ㅇ

ㅈ

ㅊ

ㅋ

ㅌ

ㅍ

ㅎ